W0198224

Ute Holzkamp-Osterkamp, Dipl.-Psych., Dr. phil., Studium der Psychologie in Hamburg und Berlin; von 1965 bis 1969 wissenschaftliche Mitarbeiterin in einem Forschungsprojekt der Deutschen Forschungsgemeinschaft mit Feldstudien über die Auswirkung von Fluglärm auf die Bevölkerung; seit 1969 wissenschaftliche Angestellte am Psychologischen Institut der FU Berlin. Veröffentlichungen u. a.: Grundlagen der psychologischen Motivationsforschung 1 (1975).

campus

Studium: Kritische Sozialwissenschaft

Ute Holzkamp-Osterkamp

Grundlagen der psychologischen Motivationsforschung 2

Die Besonderheit menschlicher Bedürfnisse – Problematik und Erkenntnisgehalt der Psychoanalyse

Texte zur Kritischen Psychologie, Band 4/2
Psychologisches Institut der FU Berlin

3. Auflage

Campus Verlag
Frankfurt/New York

CIP-Kurztitelaufnahme der Deutschen Bibliothek

Holzkamp-Osterkamp, Ute
Grundlagen der psychologischen Motivations=
forschung. / Ute Holzkamp-Osterkamp. – Frankfurt/
Main ; New York : Campus-Verlag
(Texte zur kritischen Psychologie ; Bd. 4)

NE: GT

2. Die Besonderheit menschlicher Bedürfnisse :
Problematik u. Erkenntnisgehalt d. Psychoanalyse.
– 3. Aufl. – 1982.
(Campus : Studium ; 521 : Krit. Sozialwiss.)
ISBN 3–593–32521–7

NE: Campus / Studium

1. Auflage 1976
2. Auflage 1978
3. Auflage 1982

ISBN 3–593–32521–7

Gestaltung und Produktion: Buchteam Frankfurt
Gesamtherstellung: Friedrich Pustet, Regensburg
Printed in Germany

Inhaltsverzeichnis

Redaktionelle Vorbemerkung

Die ursprünglich zweibändig geplante Behandlung der »Grundlagen der psychologischen Motivationsforschung« mußte modifiziert werden, da die Aufarbeitung der Psychoanalyse einen unvorhergesehen großen Raum beanspruchte. Deswegen wurde es nötig, die Darstellung und Kritik der Lewinschen Feldtheorie, des Konzeptes der Leistungsmotivation und der »humanistischen Psychologie« etc. in einem später erscheinenden dritten Teilband vorzulegen.

Berlin-Lichterfeld, den 20. Mai 1976 Ute H.-Osterkamp

4. Die Spezifik des emotional-motivationalen Aspektes menschlicher Lebenstätigkeit

4.1 Methoden- und Darstellungsprobleme

Der folgende 4. Hauptteil ist in gewisser Weise das Kernstück und der Angelpunkt unserer gesamten Abhandlung: Hier sollen die wesentlichen Züge der emotionalen Prozesse, wie sie sich in der spezifisch menschlichen Bedürfnisstruktur und im motivierten Handeln in seiner menschlichen Besonderheit ausprägen, herausgearbeitet werden, und zwar auf eine Weise, durch die allgemeine Bestimmungen des emotional-motivationalen Aspektes der Lebenstätigkeit des gesellschaftlichen Menschen so gefaßt werden, daß sie zugleich eine adäquate Konkretisierung auf die historisch bestimmten Kennzeichen emotional-motivationaler Prozesse von Menschen in der bürgerlichen Gesellschaft (spezifiziert nach Klassenlage und gesellschaftlichem Standort) erlauben. Es kommt uns darauf an, als Resultat des funktional-historischen Verfahrens der Durcharbeitung empirischen Materials über die phylogenetische und gesellschaftlich-historische Entwicklung des emotional-motivationalen Aspektes der Lebensaktivität eine Grundbegrifflichkeit herauszuanalysieren, deren Adäquatheit zur Erfassung menschlicher Emotionen, Bedürfnisse und Motivation wissenschaftlich nachweisbar bzw. überprüfbar ist und damit den Zustand der weitgehenden Beliebigkeit und Unbegründetheit einschlägiger psychologischer Begriffsbildung zu überwinden. Wir gehen also davon aus, daß nicht nur wissenschaftliche Hypothesen als Zusammenhangsaussagen empirisch überprüft, sondern auch psychologische Grundbegriffe empirisch abgeleitet werden können und müssen, allerdings an einer anderen Art Empirie und mit einem anderen Verfahren als denen der Hypothesenprüfung. Die wissenschaftliche Ableitung psychologischer Grundbegrifflichkeit ist zwar keineswegs ein Ersatz für die aktualempirische Forschung, aber eine unabdingbare Voraussetzung dafür, daß aus den Grundkonzepten abgeleitete aktualempirische Hypothesen in Bezug auf den zu erforschenden Gegenstand Aussagekraft haben (zum Problem des Zusammenhangs zwischen historisch-funktionaler und aktualempirischer Forschung vgl. die grundsätzliche methodologische Abhandlung von Holzkamp, 1977). – Die Darlegungen des I. Bandes haben die Funktion einer Vorbereitung der jetzt zu leistenden Herausarbeitung der Grundbegrifflichkeit zur Erfassung emotional-motivationaler Prozesse des Menschen; in den später folgenden Hauptteilen dieses und des 3. Teilbandes soll die jetzt zu entwickelnde

Grundbegrifflichkeit durch die Kritik bürgerlicher Konzeptionen hindurch in verschiedener Weise expliziert und konkretisiert werden.

Der Argumentationsgang des I. Bandes, an welchen wir im Einzelnen anknüpfen werden, enthielt – grob vereinfacht – folgende Ableitungsschritte der Vorbereitung auf die kategoriale Erfassung menschlicher Emotionen, Bedürfnisse, Motivation: In der Analyse der naturgeschichtlichen Gewordenheit der Motivation (2. Hauptteil) wurde auf dem Hintergrund der Darlegung des motorischen und rezeptorischen Aspektes tierischen Verhaltens der energetische Aspekt und, in dessen Spezifizierung, der emotional-motivationale Aspekt tierischer Aktivität auf die aus biologischen Entwicklungsnotwendigkeiten sich ergebenden Differenzierungsprozesse hin analysiert, so daß die verschiedenen Momente der Bedarfszustände und ansatzweise »motivierten« Handlungen höchstentwickelter Tiere durch Bezug auf die »Erfordernisse« tierischer Umweltauseinandersetzung und Lebenserhaltung in ihrem Realzusammenhang begreifbar wurden; die auf diese Weise aufgewiesene wesentliche Entwicklungslinie war die allmähliche Herausdifferenzierung einer gegenüber den unmittelbar in Gewebedefiziten gegründeten Bedarfszuständen verselbständigten Bedarfsgrundlage zur Absicherung lebensnotwendiger Aktivitäten der Tiere zum Aufsuchen bzw. Herbeiführen von primär »lebenserhaltenden« bzw. Vermeiden von primär »lebensbedrohenden« Situationen und dabei Herausbildung der Fähigkeit zum »Lernen« emotionaler Wertungen, somit Frühformen »motivationaler« Antizipation von erworbenen Befriedigungsmöglichkeiten; Resultat dieser phylogenetischen Analyse war mithin die Herausarbeitung von Grundkategorien zur Erfassung emotional-motivationaler Prozesse auf biologischem Niveau, in welchen sowohl durchgängige Grundeigenarten, wie die emotionalen Wertungen als Vermittlungen zwischen Kognition und Handlung, als auch Differenzierungsprodukte späterer Phasen, wie die »Bedarfsgrundlage« der verschiedenen Aspekte des Neugier- und Explorationsverhaltens, die wir als übergeordneten »Bedarf nach Umweltkontrolle« zusammenfaßten, ebenso die die Umweltzuwendung regulierende »Angstbereitschaft« höchster Tiere etc. als emotional-motivationale Momente artspezifischer Lern- und Entwicklungsfähigkeit charakterisiert werden konnten. Damit waren wesentliche Voraussetzungen für die kategoriale Herausarbeitung der »menschlichen« Spezifik emotional-motivationaler Prozesse (also den Übergang vom ersten zum zweiten und weiterhin dritten Analyseschritt, vgl. I, S. 44ff.) geschaffen.

Der 3. Hauptteil über menschliche Gesellschaftlichkeit in ihrer Besonderheit gegenüber tierischem Sozialleben entstand aus der Einsicht, daß wir mit dem Aufweis der »menschlichen« Spezifik des emotional-motivationalen Aspektes der Lebenstätigkeit nicht unmittelbar an die Analysen der Verhaltensmöglichkeiten einzelner Tiere in ihren aktuellen Beziehungen zueinander anknüpfen können, weil die Besonderheit menschlicher Lebenstätigkeit gerade nicht im Blick auf einzelne Menschen und deren Beziehungen zueinander, sondern nur im Blick auf überindividuelle gesellschaftliche Strukturen als Träger der historischen Entwicklung begreifbar ist. Deshalb hatten wir, da es uns gemäß unserer Grundfragestellung darauf ankommen muß, die »menschliche« Spezifik von Lebensaktivitäten so präzise zu erfassen, daß eine »biologistische« Kontamination mit höchsten tierischen Lebensmöglichkeiten ausgeschlossen ist, in unsere Gesamtableitung einen generalisierenden Zwischenschritt einzuschieben, in dem die übergeordneten tierischen Sozialstrukturen in phylogenetischer Ursprungs- und Differenzierungsanalyse herausgearbeitet werden und die qualitative Besonderheit der Gesellschaftlichkeit des konkreten Individuums gegenüber der »Soziabilität« höchster Tiere klar erkennbar wird; nur so war die Voraussetzung dafür zu schaffen, nun auch die »menschliche« Spezifik emotional-motivationaler Prozesse ohne »individuumszentrierte« Verkürzungen auf den Begriff zu bringen. Im Zuge dieser übergeordneten Analyse wurde auf biologischem Niveau die Herausbildung der Sozietäten höchster Tiere mit gelernter Funktionsteilung, Funktionsmitübernahme und Traditionsbildung, die Bedeutung des sozialen Verbandes für die individuelle Realisierung artspezifischer Möglichkeiten und die Entstehung verselbständigter »sozialer« Bedürftigkeiten der Tiere aus phylogenetischen Notwendigkeiten der Umweltauseinandersetzung abgeleitet, wobei sich die engen Beziehungen zwischen dem früher herausanalysierten selbständigen »Bedarf nach Umweltkontrolle« und dem verselbständigten »sozialen« Bedarf der Tiere aus dem Zusammenhang der Möglichkeiten zur »entlasteten« Umweltexploration und der Abgesichertheit durch den sozialen Verband verdeutlichten. Bei Heraushebung der neuen Qualität der gesellschaftlichen Entwicklung des Menschen wurde in Anknüpfung an die verschiedenen Dimensionen der Entwicklung tierischer Soziabilität detailliert gezeigt, wie durch den Übergang zur bewußten Veränderung der Natur im Interesse der Überwindung der Abhängigkeit von aktuellen Lebensbedingungen in Richtung auf die gesellschaftliche Vorsorge für künftige Notsituationen, d. h. mit der Aufhebung der individuellen in der gesellschaftlichen Lebenserhaltung durch die vergegenständlichende Schaffung einer »menschlichen« Welt die gesellschaftlich-historische Entwicklung als eine Progression neuer Größenordnung sich gegenüber der phylogenetischen Entwicklung verselbständigt, womit zugleich die biologisch überkommenen Handlungsmöglichkeiten des Menschen in jeweils verschiedener Weise und in verschiedenem Grade eine neue »menschliche« Qualität gewinnen: So wurde gezeigt, wie die bloß »sozialen« Beziehungen auf menschlichem Niveau in »kooperativen« Beziehungen, die über gemeinsame Ziele zur gesellschaftlichen Realitätskontrolle und Lebenssicherung vermittelt sind, aufgehoben werden und wie das menschliche Bewußtsein als gesellschaftlich vermittelte Fähigkeit zur Antizipation von durch kooperative Realitätsveränderung erreichbaren künftigen Situationen verbesserter Lebenssicherung sich herausbildet; es wurde aufgewiesen, wie über die Prozesse der individuellen Aneignung gesellschaftlicher Bedeutungsstrukturen als »menschlicher« Form individueller Lern- und Entwicklungsfähigkeit die individuelle Persönlichkeit in ihren Fähigkeiten, Haltungen und Denkweisen als permanentes Resultat der Hineinentwicklung in jeweils historisch bestimmte gesellschaftliche Verhältnisse, also der »individuellen Vergesellschaftung« zu charakterisieren ist. Es wurde ferner dargestellt, wie mit Aufeinanderfolge verschiedener Entwicklungsstufen der Produktionsweise in Abhängigkeit von den jeweiligen Notwendigkeiten der gesellschaftlichen Lebenserhaltung sich auch die individuellen Denkweisen, Fähigkeiten und Daseinsbewältigungstechniken ändern, wobei insbesondere der Einfluß der Herausbildung antagonistischer Klassengesellschaften, speziell der bürgerlichen Gesellschaft, auf die konkreten Lebensbedingungen und damit verbundenen Formen individuellen Bewußtseins der Gesellschaftsmitglieder herausgearbeitet wurde. Schließlich wurde das allgemeine Konzept der menschlichen Persönlichkeit im Hinblick auf die Entstehungsbedingungen individueller Unterschiede innerhalb einer bestimmten, nämlich der bürgerlichen, Gesellschaftsformation hin konkretisiert, damit die Konzeption der »individuellen Vergesellschaftung« persönlichkeitstheoretisch spezifiziert; zugleich wurden allgemeine kategoriale Voraussetzungen zur Erfassung der Vermitteltheit zwischen biologischen Potenzen und individualisierenden Vergesellschaftungsprozessen bei der Entwicklung von gegenüber gesellschaftlichen Anforderungen einheitlich handlungsfähigen Persönlichkeiten dargelegt, etc.

Durch diesen generalisierenden Zwischenschritt der historisch-funktionalen Herausarbeitung der Besonderheit gesellschaftlicher Verhältnisse gegenüber tierischen Sozialstrukturen können jetzt in Anknüpfung an die Resultate der Analyse der naturgeschichtlichen Gewordenheit der Motivation (2. Hauptteil) die »menschlichen« Besonderheiten emotional-motivationaler Prozesse auseinandergelegt werden. Den allgemeinen Rahmen dieser Darlegungen bilden dabei die in Kap. 3.3 gemachten Ausführungen über die Konsequenzen der neuen Qualität der menschlichen Existenzsicherung als vorsorgender gesellschaftlicher Realitätskontrolle für die verschiedenen phylogenetisch überkommenen Funktionsarten, wobei jetzt der emotional-motivationale Aspekt menschlicher Lebenstätigkeit aufgearbeitet und in seinem Zusammenhang mit diesen bereits diskutierten Funktionseigentümlichkeiten der Lebenstätigkeit und Persönlichkeitsentwicklung des gesellschaftlichen Menschen in ihren allgemeinen und historisch bestimmten Charakteristika schrittweise verdeutlicht werden soll.

Wir haben bereits bei der Darstellung der tierischen Phylogenese des Emotional-Motivationalen als »qualitativem« Aspekt der Lebensaktivität den Gesichtspunkt der *»Subjektivität«* einführen müssen, weil für die im Zusammenhang unserer funktional-historischen Analyse notwendige Herausarbeitung des phylogenetischen Gewordenseins emotional-motivationaler Prozesse die Annahme von Vorformen »subjektiver« Erscheinungen unerläßlich war. Allerdings konnten wir solchen Vorformen der Subjektivität, deren emotionale »Qualität« aus den inneren und äußeren Entstehungsbedingungen von Erregungs- und Aktivationsvorgängen erschlossen werden mußte, lediglich den Charakter des »Als Ob« zusprechen (vgl. I, S. 192ff.). Wenn wir im folgenden die Spezifik des emotional-motivationalen Aspektes menschlicher Lebenstätigkeit herausarbeiten werden, so haben wir es nun nicht mehr mit Vorformen subjektiver Qualitäten zu tun, sondern – da dem Menschen, dem der die erkannte Realität permanent am eigenen Zustand wertende, also »emotionale« Charakter seiner Lebenstätigkeit unmittelbar als subjektive Erfahrung gegeben ist – mit der voll entfalteten, prinzipiell bewußt erfahrbaren Subjektivität des gesellschaftlichen Menschen in ihrem emotionalen Aspekt als Gesamtheit seiner unmittelbar »gewerteten« Beziehungen zur Welt und zu sich selbst (wobei »unbewußte« Momente dieser Subjektivität, wie noch zu zeigen, die »Kehrseite« ihrer grundsätzlich »bewußten« Gegebenheit sind); die Motivation ist wie in ihren tierischen Vorformen so beim Menschen in der Emotionalität gegründet und ohne diese nicht wissenschaftlich zu begreifen. Wenn wir mit dieser Abhandlung die Emotionalität des Menschen im Zusammenhang unseres methodischen Grundansatzes in den Forschungsprozeß einbringen, so wird damit die in der Kritischen Psychologie zu leistende Erfassung der empirischen Subjektivität des Menschen in der bürgerlichen Gesellschaft nicht nur um einen wesentlichen Aspekt ergänzt: Vielmehr kann man generell erst dann von »Subjektivität« im Vollsinne des Wortes sprechen, wenn die Emotionalität als Grundlage und Medium »subjektiver« Befindlichkeit in die Analyse einbezogen ist.

Mit dem Erreichen der Entwicklungsstufe, auf der das Emotional-Motivationale als Grundeigenart bewußter menschlicher Subjektivität gegeben ist, hat sich die methodische Situation für uns insofern geändert, als wir die emotionalen Qualitäten nicht mehr nur aus den Rahmenbedingungen des Auftretens der jeweiligen Erregung und Aktivation erschließen müssen, sondern die Emotionalität uns als phänomenaler Tatbestand vorliegt, d. h. als subjektive Gegebenheit, für die die Selbsterfahrung zeugt und über die man sich als den Menschen gemeinsame Befindlichkeit sprachlich verständigen kann. Dadurch ist unser Vorgehen in gewisser Weise erleichtert, weil das jeweils Gemeinte mit dem Hinweis auf gemeinsame Erfahrungen verdeutlicht und besser nachvollziehbar gemacht werden kann. Die Beschreibung der jeweiligen phänomenalen Gegebenheiten samt ihrer Klassifizierung bleibt indessen für sich genommen der Oberfläche verhaftet und hat demgemäß keinen wissenschaftlichen Charakter. Es kommt darauf an, die oberflächlichen phänomenalen Tatbestände im Hinblick auf die in ihnen beschlossenen oder ihnen zugrundeliegenden wesentlichen Zusammenhänge zu erklären. »Erklärung« heißt aber für uns nach wie vor: *Ableitung aus den objektiven Lebensumständen und den darin eingeschlossenen Notwendigkeiten der Lebenssicherung,* seien diese Umstände und Notwendigkeiten nun bloß biologischer oder aber gesellschaftlicher Art. Die allgemeinen kategorialen Bestimmungen solcher Erklärungen, also die dabei zu verwendende Begrifflichkeit, sind in funktional-historischer Analyse zu gewinnen, und die Konkretisierung auf die empirische Vielfalt menschlicher Subjektivität in ihrer Bedingtheit durch je klassen- und standortspezifische gesellschaftliche Lebensumstände ist durch Heranziehung oder Durchführung aktualempirischer Einzelstudien zu leisten. Verfahrensfragen, die durch die Einbeziehung des subjektiv-»phänomenalen« Bereichs über die früher, etwa in der Einleitung zum 3. Hauptteil, geschilderten allgemeinen methodischen Probleme unserer Analyse der gesellschaftlichen Spezifik menschlicher Lebenstätigkeit hinausgehen, werden zum Teil an Ort und Stelle erwähnt und müssen in ihrem prinzipiellen Gehalt, auch im Hinblick auf die präzise kritische Abgrenzung zu »phänomenologischen« oder »hermeneutischen« Versuchen der Erforschung menschlicher Subjektivität, in späteren methodologischen Untersuchungen abgeklärt werden.

In Kapitel 4.2 werden zunächst die phylogenetisch entstandenen Entwicklungslinien verschiedener Arten von Bedarfszuständen aufgegriffen, und es wird unter Einbeziehung der allgemeinen Charakteristika der Gesellschaftlichkeit die biologische Basis und gesellschaftliche Charakteristik der Grundstruktur menschlicher Bedürfnisse herausgearbeitet, weiterhin der Zusammenhang zwischen der gesellschaftlich-historischen Entwicklung der Produktionsweise und der Entwicklung individueller Bedürfnisse verdeutlicht und im Anschluß daran das Problem der individuellen Aktualisierung von Bedürfnissen auf »menschlichem« Niveau behandelt. Darauf aufbauend wird im Kapitel 4.3 (wiederum in Anknüpfung an frühere phylogenetische Analysen und auf dem Hintergrund der generalisierenden Darlegung des Wesens menschlicher Gesellschaftlichkeit) die menschliche Spezifik der Motivation schrittweise entfaltet, angefangen von der allgemeinen Kennzeichnung der Gegründetheit »motivierten« Handelns im bewußten »Verhalten« des Menschen zu seiner eigenen Bedürftigkeit, über die Herausarbeitung der Eigenart gesellschaftlicher Ziele, die eine »motivierte« Zielübernahme durch das Individuum möglich machen, bis zur Konkretisierung der Analyse auf die Bedingungen motivierten Handelns in der bürgerlichen Gesellschaft und schließlich der Darlegung der Voraussetzungen für die individuelle Ausrichtbarkeit emotionaler Befindlichkeiten auf das zu erreichende Ziel. Im Kapitel 4.4 werden sodann die drei wichtigsten marxistischen Versuche einer psychologischen Kennzeichnung des Wesens menschlicher Bedürfnisse und Motivationsprozesse (die von Rubinstein, Leontjew und Sève) dargestellt, wobei einerseits die Besonderheit unserer Konzeption deutlicher hervortreten und andererseits die Frage des angemessenen methodischen Verfahrens zur marxistischen Erforschung von Eigenarten individueller menschlicher Lebenstätigkeit und Subjektivität wie den Bedürfnissen und der Motivation einer präziseren Klärung nähergebracht werden soll. – Der vierte Hauptteil im Ganzen erstellt dabei, wie schon angedeutet, nur die allgemeinen Rahmenbestimmungen einer kritisch-psychologischen Theorie menschlicher Bedürfnisse und Motivation. Eine Explikation dieser Bestimmungen in Richtung auf die Erforschung konkreter menschlicher Entwicklungsprozesse und Persönlichkeitsstrukturen in ihrem emotional-motivationalen Aspekt erfolgt in den weiteren Hauptteilen in kritischer Durcharbeitung bürgerlicher Motivationstheorien, wobei die Kritik und Reinterpretation von Grundbegriffen der Psychoanalyse im anschließenden 5. Hauptteil für einen Ausbau kritisch-psychologischer Persönlichkeitstheorie in Richtung auf die Herausarbeitung konkreter Fragen aktualempirischer Forschung und Klärung von Problemen psychologischer Berufspraxis sich als besonders fruchtbar erweisen wird.

4.2 Die Besonderheit der Bedürfnisse des gesellschaftlichen Menschen

4.2.1 Die Naturgrundlage und allgemeine gesellschaftliche Charakteristik der spezifisch »menschlichen« Bedürfnisstruktur: »Produktive« und sinnlich-vitale Bedürfnisse in ihrem Verhältnis zueinander

Wir werden in den folgenden Ausführungen verschiedene Arten menschlicher Bedürfnisse herausarbeiten und miteinander ins Verhältnis setzen. Dies bedeutet nicht, daß wir den vielen schon vorhandenen Klassifikationen von Bedürfnissen, Antrieben, »Grundtrieben« etc., bei denen die Auswahl, Anzahl und Benennung der Bedürfnisse bzw. Triebe weitgehend unabgeleitet sind und lediglich im subjektiven Vorverständnis des Forschers sich niederschlagende Oberflächenerscheinungen menschlichen Antriebslebens widerspiegeln, auf gleicher Ebene eine weitere Klassifikation hinzufügen wollen. Unsere Unterscheidung mehrerer Bedürfnisarten ist Resultat eines wissenschaftlichen Ableitungsverfahrens, nämlich der funktional-historischen Ursprungs- und Differenzierungsanalyse der Entwicklungsnotwendigkeiten der Herausbildung und Verselbständigung der verschiedenen Formen von Bedarfszuständen bis hin zu menschlicher Bedürftigkeit, also quasi einer Einführung der unterschiedlichen Arten von Bedürfnissen durch »Homologisierung«: dabei ergibt sich mit der Unterscheidung gleichzeitig der innere, aus dem historischen Differenzierungsprozeß ableitbare Zusammenhang zwischen den unterschiedenen Bedürfnisarten, d. h. die Bedürfnisstruktur in ihrer menschlichen Spezifik. Die so darzulegende Bedürfnisstruktur kann, da sie nicht nur ausgedacht, sondern auf bestimmte Weise abgeleitet ist, nicht beliebig ergänzt, verändert etc. werden: Ihre Modifikation setzt eine begründete Kritik und Korrektur des funktional-historischen Ableitungsverfahrens, das zu ihrer Herausarbeitung geführt hat, voraus. – Eine durch das funktional-historische Verfahren zu erreichende Verwissenschaftlichung der Diskussion um psychologische Grundkategorien ist, wie dargelegt, eine der wesentlichen Zielsetzungen kritisch-psychologischer Analysen.

Mit dem Erreichen der spezifisch menschlichen Entwicklungsstufe der Produktion, durch die die gesellschaftliche Lebenssicherung immer mehr zur Voraussetzung für die Möglichkeit individueller Lebenssicherung wird, kommt es zu einer grundlegend neuen Qualität des Verhältnisses zwischen den Bedarfszuständen und den Objekten zu ihrer Befriedigung: hier sind die zur Bedarfsbefriedigung geeigneten Objekte und Situationen weder in phylogenetisch festgelegter Gerichtetheit des individuellen Verhaltens auf biologisch relevante Auslösesituationen, noch allein in individuell gelernter Gerichtetheit auf »bevorzugte« Befriedigungsobjekte zu erreichen; die spezifisch menschliche Form der Existenz besteht vielmehr darin, daß die Menschen ihre individuellen Bedarfszustände im Normalfall nur dadurch befriedigen können, daß sie an den Aktivitäten der Gesellungseinheit zur vorsorgenden, gemeinschaftlichen Lebenssicherung und auf diesem Wege an den dabei geschaffenen Möglichkeiten zur Bedarfsbefriedigung teilhaben. Der in allen Produktionsweisen und Gesellschaftsformationen im gesellschaftlichen Durchschnitt bestehende Zusammenhang zwischen durch Arbeit zu leistenden individuellen Beiträgen zur gemeinsamen Lebenssicherung und Möglichkeit zur Teilhabe an gesellschaftlich produzierten Befriedigungsmöglichkeiten ist objektiv von zwingender materieller Notwendigkeit, da die gesellschaftliche Lebenssicherung nur durch individuelle Beiträge der Masse der Gesellschaftsmitglieder getragen wird. – Bedarfszustände, die im Zusammenhang der Aktivitäten zu gesellschaftlicher Lebenssicherung stehen bzw. auf gesellschaftlich produzierte Objekte oder gesellschaftlich geprägte Situationen gerichtet sind und deswegen nur durch die Produktion und deren Resultate befriedigt werden können, werden von uns »Bedürfnisse« genannt. »Bedürfnisse« sind also

Bedarfszustände in ihrer gesellschaftlichen, d. h. »menschlichen« Spezifik, in denen ihre unspezifisch biologischen Charakteristika aufgehoben sind.

In welchem Verhältnis steht nun der modale Zusammenhang zwischen Bedürfnisbefriedigung und Teilhabe an gesellschaftlicher Produktion zur Bedürfnisstruktur des Menschen? – Es liegt von den Denkformen der bürgerlichen Gesellschaft her nahe, den durch Arbeit zu leistenden gesellschaftlichen Beitrag als einen notwendig durch die Gesellschaft von außen auf das Individuum ausgeübten Zwang zu betrachten, dem der Mensch sich unterwerfen muß, wenn er die Möglichkeit zur Befriedigung seiner individuellen Bedürfnisse erlangen will. Diese (später genauer zu diskutierende) Auffassung, in der lediglich der Reduktion individueller Mangelzustände, sexueller Spannungen o. ä. des Menschen der Charakter der Bedürfnisbefriedigung zugesprochen, die aktive produktive Tätigkeit aber als notwendig gesellschaftlich erzwungen angesehen wird, ist jedoch eine falsche Verallgemeinerung bestimmter Aspekte des Klassenantagonismus, etwa innerhalb der kapitalistischen Produktionsweise, aber zur wissenschaftlichen Erfassung des Wesens menschlicher Bedürfnisse gänzlich ungeeignet. Von derartigen Vorstellungen aus bleibt es völlig unerklärlich, wie der Mensch jemals dazu kommen konnte, die Bedingungen seiner Lebenssicherung gesellschaftlich zu produzieren, da er seiner Natur nach zwar das Bedürfnis zur Konsumtion der gesellschaftlich geschaffenen Produkte, aber keinerlei Bedürfnis zur Schaffung dieser Produkte selbst haben soll; der »Zwang« zur Arbeit kann hier noch nicht in Anschlag gebracht werden, da dieser Zwang eine »Gesellschaft«, die ihn ausübt, schon als gegeben voraussetzt, also das Zustandekommen von produktiven Leistungen des Menschen, durch welche gesellschaftliche Verhältnisse erst einmal entstanden sind, nicht begreiflich machen kann. Wir stehen hier wiederum vor der früher schon ausführlich diskutierten Frage, wie der Mensch seiner phylogenetisch gewordenen Natur nach zur Gesellschaftlichkeit gelangen konnte, nunmehr in Gestalt des Problems, aufgrund welcher phylogenetischen Entwicklungen der Mensch nicht nur zu der Fähigkeit zur gesellschaftlichen Entwicklung, sondern auch zu einer Art von Bedürfnissen gekommen ist, die auf die Teilnahme an der gesellschaftlichen Lebenssicherung hin orientieren; die gesellschaftliche Natur des Menschen ist eindeutig unterbestimmt, wenn man sie nur als Inbegriff der Befähigung zur Gesellschaftlichkeit betrachtet, der Mensch muß seiner Natur nach auch die Bereitschaft, d. h. das in emotionalen Wertungen gegründete Bedürfnis zur Vergesellschaftung (als Moment seiner Befähigung) haben, was zwingend eine phylogenetisch gewordene Bedürfnisgrundlage nicht nur für Aktivitäten zur Reduzierung individueller Mangel- und Spannungszustände, sondern auch für seine produktiven Beiträge zur gesellschaftlichen Lebenssicherung voraussetzt.

Der Schlüssel zur Klärung des damit angesprochenen Problems liegt in der im Kapitel 2.6 und im Kapitel 3.2 (I, bes. S. 221 ff.) abgeleiteten phylogenetisch gewordenen »Verdoppelung« der »Bedarfssysteme« auf höchstem tierischem Niveau, also der Verselbständigung der Bedarfsgrundlage für das Neugier- und Explorationsverhalten und für die damit eng zusammenhängenden sozialen, auf Einbeziehung in die Sozietät gerichteten Aktivitäten, die wir als »Bedarf nach Umweltkontrolle« und nach »sozialem Kontakt« (vgl. I, S. 179 f. u. 221 f.) umschrieben haben[1] und die den jeweils »inhaltlichen«, direkt auf Reduzierung von Gewebedefiziten und anderen aktuellen Spannungen (etwa sexueller Art) bezogenen Bedarfszuständen gegenüberstehen. – Der biologische Sinn, d. h. die phylogenetische Entwicklungsnotwendigkeit der Herausbildung einer Verselbständigung des »Bedarfs« nach lernenden, übenden, die eigenen Fähigkeiten individuell vervollkommnenden Neugier- und Explorationsaktivitäten liegt, wie ausgeführt, darin, daß es aufgrund des genannten selbständigen Befriedigungswertes außerhalb von Ernstfall- und Notsituationen zu ausgedehnten Neugier- und Explorationstätigkeiten und damit zu einer verbesserten Umweltorientierung und -kontrolle kommt, über welche das Tier in artspezifisch optimaler Weise auf den »Ernstfall« vorbereitet ist, so daß durch die Kontrollaktivitäten auch eine quasi »präventive« Absicherung von vital bedeutsamen aktuellen Bedarfszuständen gegeben ist. Diese im Neugier- und Explorationsverhalten zum Ausdruck kommende Umweltzugewandtheit und daraus resultierende Umweltkontrolle ist eine notwendige Kompensation der mit der Entwicklung zunehmenden Offenheit des Verhaltens und den damit verbundenen Risiken der Existenz.

Aus prinzipiell den gleichen Entwicklungsnotwendigkeiten erklärt sich, wie aufgewiesen, der partiell aus den neben ihm auch noch weiterbestehenden Bedarfszuständen im engeren Fortpflanzungsbereich hervorgegangene und in Wechselwirkung mit den Aktivitäten zur Umwelterkundung stehende »Bedarf nach sozialem Kontakt«, der ebenfalls von Ernstfallsituationen unabhängig auftritt und der den Ablauf der Lern- und Entwicklungsprozesse absichert, zugleich aber auch anregt und steuert. Der Schutz, Sicherheit, Beruhigung, Anregung signalisierende Artgenosse erhält hier schon durch seine bloße Existenz emotionale Valenz, d. h. befriedigt entsprechende Bedarfszustände, wobei die Realisation dieser Beziehung über

[1] Diese terminologischen Festlegungen sind nur globale Sammelbezeichnungen für die »bedarfsmäßige« Absicherung unterschiedlicher tierischer Aktivitäten als Einheit von Fähigkeit und Bedarf, hypostasieren also keineswegs einheitliche »Grundantriebe«; ebenso wenig ist damit ausgesagt, daß die Tiere etwa intentional auf »Umweltkontrolle« gerichtet sind: die »Umweltkontrolle« ergibt sich vielmehr als Effekt der Neugier- und Explorationsaktivitäten, deren jeweils selbständige Bedarfsgrundlage hier begrifflich zusammengefaßt ist.

die mannigfachen Möglichkeiten der wechselseitigen Hilfe und Pflege und gemeinsamer »lustvoller« Betätigung im Spiel etc. wiederum dieses emotionale Aufeinanderverwiesensein wesentlich stärkt. Da über die verselbständigten sozialen Beziehungen das biologisch sinnvolle Lernen der eigenen Stellung im Verband, die »Vorhersagbarkeit« des Verhaltens anderer Verbandsmitglieder (etwa in der Dominanzhierarchie), darin die Abstimmung des eigenen Verhaltens auf das Verhalten der Artgenossen gefördert wird, somit der gesamte Verband wie das einzelne Tier innerhalb des Verbandes auf Ernstfall- und Bedrohungssituationen verschiedener Art objektiv besser »vorbereitet« ist, kann man die »soziale« Bedürftigkeit als einen erweiterten Aspekt des »Bedarfs nach Umweltkontrolle« betrachten.

Während die auf höchstem tierischen Niveau in individuellen Lern- und Entwicklungsprozessen erwerbbare Kontrolle über die dingliche und soziale Umwelt (abgesehen vom Sonderfall der tierischen Traditionsbildungen) immer nur dem jeweils einzelnen Tier zugutekommt, worin eine unübersteigbare Schranke ihres Selektionswertes liegt, wird (wie im »Exkurs« des 3. Hauptteils ausführlich dargestellt) beim Übergang vom tierischen zum menschlichen Niveau aufgrund phylogenetischer Entwicklungsnotwendigkeiten die Schranke bloß individueller Erfahrungsgewinnung durchbrochen, womit der phylogenetische Prozeß in den historischen Prozeß überindividueller gesellschaftlicher Erfahrungskumulation mit einer neuen Größenordnung der Informationsverwertung umschlägt: Die individuell erworbenen Kenntnisse und Fähigkeiten gehen jetzt nicht mehr mit dem Tod des Individuums verloren, sondern konstituieren über ihre Vergegenständlichung durch Arbeit das »menschliche Wesen«, welches als Voraussetzung gesellschaftlicher Lebenserhaltung von jeder folgenden Generation angeeignet und zugleich weiterentwickelt wird. Dieses »menschliche Wesen« überschreitet, wie dargestellt, als Niederschlag der Potenzen der menschlichen Gattung bei weitem die Möglichkeiten des einzelnen Individuums, das sich in seiner eigenen Entwicklung nur partiell vermenschlichen (d. h. das menschliche Wesen nur ausschnittweise realisieren) kann. Dies bedeutet, daß die Kontrolle über die relevanten, d. h. sich auch auf die individuelle Existenz auswirkenden gesellschaftlichen Lebensbedingungen nur durch organisierten Zusammenschluß unter dem Ziel der gemeinsamen Absicherung der Lebensmöglichkeiten gelingen, und daß der Einzelne bewußt vorsorgende Kontrolle über seine eigenen Lebensbedingungen nur über die Teilhabe an der gesellschaftlichen Realitätskontrolle gewinnen kann, für die wiederum die Aneignung entsprechender Fähigkeiten und Haltungen als Voraussetzung der Möglichkeit zur arbeitsteiligen Kooperation erfordert ist. Die Kontrolle über die Lebensbedingungen des Individuums, die somit auf menschlichem Niveau nur in gesellschaftlicher Vermittlung möglich ist, hat also zwei eng miteinander zusammenhängende

Aspekte: *Teilhabe an gesellschaftlicher Realitätskontrolle durch bewußte Veränderung der Natur zur vorsorgenden Absicherung des Lebens der Gesellungseinheit* und *Integration in den kooperativen Zusammenhang arbeitsteiliger gesellschaftlicher Beziehungen, über die die gesellschaftliche Realitätskontrolle allein möglich* ist. Die individuellen Fähigkeiten zur Beteiligung an der Produktion gemäß gesellschaftlichen Zielen sind dabei, da das Individuum nur durch seinen Beitrag zur Erreichung des gemeinsamen Zieles mit den anderen Gesellschaftsmitgliedern in kooperative Beziehungen treten kann, einmal Voraussetzung für die kooperative Integration, wie sie andererseits über die Kooperation eine wesentliche Weiterentwicklung und infolge dieses Zusammenwirkens der Kräfte vieler zugleich eine unmittelbare Potenzierung erfahren. Beim Versuch der Heraushebung jener allgemeinen qualitativ-emotionalen Merkmale der Bedürfnisgrundlage für die individuelle Teilhabe an gesellschaftlicher Realitätskontrolle durch Arbeit, die sich aus ihrer phylogenetischen Herkunft ableiten lassen, muß man hier davon ausgehen, daß die überkommenen biologischen Charakteristika zwar einerseits als Naturgrundlage in der gesellschaftlichen Lebenstätigkeit aufgehoben sind, zugleich aber auch als unspezifischer Fundus, aus welchem sich die spezifisch menschlichen Lebensäußerungen überhaupt erst herausbilden konnten, in gewisser Weise nach wie vor bestehen. – Die »Neugier« auf bloß organismischem Niveau z. B. verwandelt sich auf menschlicher Ebene zwar in eine Bedürfnisqualität, durch welche die bewußte Erforschung neuer Umweltgegebenheiten im Zusammenhang der gesellschaftlichen Lebenssicherung Befriedigungswert gewinnt, dabei bleibt aber das unspezifisch-organismische Angezogensein von allem Neuen, der »Reiz«, den neue Gegebenheiten (sofern die Diskrepanz zu Bekanntem nicht zu groß) ausüben, auch in der menschlichen Bedürfnisqualität als Grundlage für ihre Spontaneität bestehen. Der tierische Bedarf nach Exploration und Erkundung der Umwelt wird zwar auf menschlichem Niveau zur Bedürfnisgrundlage für die systematische praktische Analyse von Ursache und Wirkung, die (wie aufgewiesen) notwendige Voraussetzung für die gesellschaftliche Lebenssicherung ist, dennoch ist der biologisch überkommene »Erkundungsdrang«, der »unbewußt« auf das spontane Absuchen der Umgebung nach im Ernstfall oder Notfall relevanten Eigenschaften gerichtet ist, auch in der menschlichen Bedürfnisqualität, die in der forschenden Analyse der Realität ihre Befriedigung findet, als unspezifischer Motor enthalten. Der auf höchsten tierischen Stufen gegebene selbständige Befriedigungswert der übenden Vervollkommnung von Bewegungsformen und dabei Überwindung von Schwierigkeiten bei der Meisterung von Objekten ist zwar in der entwickelteren Bedürfnisgrundlage der bewußten, an gesellschaftlichen Zielsetzungen im Zusammenhang der Lebenssicherung ausgerichteten Arbeitstätigkeit aufgehoben, dennoch ist die darin enthaltene, auf Bewegungs- und Objektbeherrschung gerichtete »Funktionslust« ein zugrundeliegendes unspezifisches Moment des emotionalen Befriedigungswertes »gekonnter« Arbeitstätigkeit und vollkommener Arbeitsresultate. Ebenso ist die Bedürfnisgrundlage für die Tendenz des Menschen zu kooperativer Integration in gesellschaftliche Beziehungen zwar einerseits durch die Gerichtetheit auf die bewußte gemeinsame Bewältigung gesellschaftlicher Ziele im Zusammenhang der Lebenssicherung, damit Koordination der sozialen Beziehungen über eine sachliche »Aufgabe« gekennzeichnet, wobei aber andererseits der unspezifische, biologisch überkommene Bedarf nach sozialen Beziehungen »um ihrer selbst willen«, nach Beruhigung, Sicherheit und Anregung durch die soziale Zuwendung des anderen etc. die Qualität der emotionalen Basis kooperativer menschlicher Beziehungen mitbestimmt.

Wie auf tierischem Niveau dem System des verselbständigten »Bedarfs« nach Umweltkontrolle einschließlich sozialer Beziehungen das System der inhaltlichen, auf aktuellen Mangel- und Spannungserscheinungen beruhenden Bedarfszustände gegenübersteht, so müssen wir also auch auf menschlichem Niveau von zwei Bedürfnissystemen ausgehen, die sich auf der Grundlage biologischer Entwicklungspotenzen herausgebildet haben: auf der einen Seite stehen die Bedürfnisse, die die emotionale Grundlage für Kontrolle der Lebensbedingungen, d. h. – auf menschlichem Niveau – für die Tendenzen zur Teilhabe an gesellschaftlicher Realitätskontrolle und kooperativer Integration bilden. Dieses Bedürfnissystem wird von uns mit dem Terminus der *»produktiven« Bedürfnisse* umschrieben. Die »produktiven« Bedürfnisse sind auf den Erwerb der Kontrolle über die relevanten Lebensbedingungen gerichtet und umfassen alle Tendenzen zur Ausdehnung bestehender Umweltbeziehungen, somit also auch der sozialen Beziehungen, und zwar in ihrem Doppelaspekt: als Teil der zu erkundenden Umwelt, aber auch als über die Kooperationsbeziehung ermöglichte Erweiterung der Basis dieser Umweltbegegnung und Erhöhung der damit verbundenen Erlebnisfähigkeit (s. u.). Den »produktiven« Bedürfnissen stehen als zweites Bedürfnissystem Bedürfnisse gegenüber, die sich nicht auf die gesellschaftliche Absicherung der individuellen Existenzerhaltung beziehen, sondern in denen sich die individuellen Mangel- und Spannungszustände selbst ausdrücken, für deren Reduzierbarkeit durch die Teilhabe an gesellschaftlicher Realitätskontrolle vorgesorgt werden soll, die also Indikatoren für die unmittelbare Gefährdung, Beeinträchtigung o. ä. der individuellen Existenz sind. Diese Art von Bedürfnissen, die aus den geschilderten »inhaltlichen« Bedarfszuständen auf tierischem Niveau hervorgegangen sind, sollen als *»sinnlich-vitale Bedürfnisse«* bezeichnet werden, wobei die Bedürfnisse, die mehr oder weniger eindeutig in Gewebedefiziten und Mangelerscheinungen (Nahrungsmangel, Flüssigkeitsmangel,

Mängel der Temperaturregulation etc.) gegründet sind, also zum Funktionskreis der individuellen Lebenssicherung gehören, organische Bedürfnisse genannt werden, die Bedürfnisse, die aus dem Funktionskreis der Fortpflanzung stammen und im Zusammenhang der Sexualität und damit verbundener elementarer Aktivitäten stehen, als sexuelle Bedürfnisse zusammengefaßt werden. Diese Unterscheidung der »produktiven« Bedürfnisse von den sinnlich-vitalen Bedürfnissen (mit den Unterarten der »organischen« und »sexuellen« Bedürfnisse) ist, wie gezeigt, die begriffliche Fassung eines phylogenetischen Differenzierungsprozesses der Bedürftigkeit gemäß den biologischen Notwendigkeiten der Umweltauseinandersetzung in seiner neuen Qualität und Aufgehobenheit in der Bedürfnisstruktur des gesellschaftlichen Menschen gemäß den Notwendigkeiten kooperativer Produktion.

Bei der Festlegung der Terminologie zur Kennzeichnung der verschiedenen menschlichen Bedürfnisarten ergaben sich für uns beträchtliche Schwierigkeiten. – Die Bezeichnung »produktive« Bedürfnisse hat zweifellos den Nachteil, daß hier einerseits die Meinung nahegelegt sein könnte, es handle sich lediglich um Bedürfnisse nach individueller kreativer Tätigkeit, ein Bedürfniskonzept, das von uns, wie später auszuführen, scharf zurückgewiesen wird; andererseits mag aber auch der Eindruck einer einfachen analogisierenden Verwendung ökonomischer Begriffe zur Erfassung subjektiv-personaler Gegebenheiten entstehen, die ebenfalls für die Erfassung des zu untersuchenden Sachverhaltes unbrauchbar ist, (vgl. bes. unsere Kritik an Sève, S. 144 ff.). Wir hatten deshalb auch die Termini »gesellschaftsbezogene Bedürfnisse« und die Sammelbezeichnung »Kontroll- und Sozialbedürfnisse« in Erwägung gezogen, aber als zu global bzw. zu wenig aussagekräftig wieder verworfen. Der Begriff »produktive Bedürfnisse« (bei dessen Verwendung wir das »produktiv« zur Abhebung von der ökonomischen Kategorie stets in Anführungszeichen setzen) ist nur richtig zu verstehen, wenn man sich deutlich macht, daß damit die phylogenetisch gewordene und gesellschaftlich entwickelte selbständige Bedürfnisgrundlage für individuelle Beiträge zu gesellschaftlicher Realitätskontrolle, also in diesem Sinne das subjektive Bewegungsmoment gesellschaftlicher Produktion gemeint ist; dabei sind aber, wie sich zeigen wird, die Möglichkeiten zur gesellschaftlich vermittelten Verbesserung der Kontrolle über die eigenen Lebensbedingungen und Integration, damit zu »produktiver« Bedürfnisbefriedigung, nicht nur innerhalb des gesellschaftlichen »Produktionsbereichs« gegeben, sondern auch in Lebenssituationen außerhalb der Produktion, z. B. der kindlichen Vergesellschaftung als »Vorbereitungsphase«, aber auch in der »symbolischen« Teilhabe an kumulierter gesellschaftlicher Erfahrung bzw. in Beiträgen zu ihrer Verdichtung und Verallgemeinerung in künstlerischer Rezeption bzw. Aktivität, etc.

»Produktive« Bedürfnisse sind überall da im Spiel, wo der Mensch nicht primär individuelle »Befriedigung« anstrebt, sondern gesellschaftlichen Anforderungen genügt und damit zugleich gesellschaftliche Lebens- und Entwicklungsmöglichkeiten für sich erschließt und weiterentwickelt und auf diesem Wege zur Daseinserweiterung kommt (wie noch genau auszuführen). – Statt der Bezeichnung »organische Bedürfnisse« hatten wir (in einer vorläufigen Textfassung) zunächst den Terminus »konsumtive Bedürfnisse« eingeführt, um damit die Tatsache, daß hier Befriedigungsmöglichkeiten für die Konsumtion gesellschaftlich produziert sind, zu verdeutlichen. Die scheinbar »griffige« Gegenüberstellung von »produktiven« und »konsumtiven« Bedürfnissen hätte aber die Gefahr ökonomisierender psychologischer Begriffsbildung nicht nur als mögliches Mißverständnis, sondern in der Begrifflichkeit selbst fixiert, wobei die feste Zuordnung der »produktiven« Bedürfnisse zum »Produktionsbereich« und der »konsumtiven Bedürfnisse« zum »Konsumtionsbereich«, damit die Auseinanderreißung von Produktion und Konsumtion als Kennzeichen einer historisch bestimmten Gesellschaftsformation schon durch die verwendete Terminologie zu einer allgemeingesellschaftlichen Erscheinung verfälscht worden wäre. – In der jetzt verwendeten neutralen Terminologie kommt allerdings durch die eingeführten Bezeichnungen nicht zum Ausdruck, daß auch sinnlich-vitale (organische und sexuelle) Bedürfnisse, eben als »Bedürfnisse« des Menschen sich auf gesellschaftlich produzierte Befriedigungsmöglichkeiten bzw. gesellschaftlich geformte Befriedigungssituationen beziehen, daß also hier zwar das Befriedigungsziel lediglich in der Aufhebung individueller Mangel- oder Spannungszustände besteht, die Befriedigungsobjekte bzw. -situationen aber in den gesellschaftlich-historischen Entwicklungsprozeß einbezogen sind, womit auch die Qualität der Bedürfnisse selbst sich gesellschaftlich-historisch entwickelt (s. u.). – Der Terminus »organische Bedürfnisse« könnte weiterhin u. U. den Sachverhalt verdecken, daß alle menschlichen Bedürfnisse, also auch die »produktiven«, eine biologische Naturgrundlage haben, in der unspezifisch-organismische Bedarfszustände aufgehoben sind, also in einem allgemeineren Sinne als »organisch« bezeichnet werden könnten. Wenn wir die in Gewebedefiziten gegründeten, also bei Nichtbefriedigung die physische Fortexistenz unmittelbar gefährdenden Bedürfnisse »organische Bedürfnisse« nennen, so geschieht das hier also in einer engeren Fassung des Terminus »organisch«. Die Einbeziehung der sozialen Bedürfnisse in die »produktiven« Bedürfnisse kann insofern auf Unverständnis stoßen, als auch die sexuellen Bedürfnisse insoweit »sozial« sind, als sie sich auf einen »Partner« beziehen. Wenn man jedoch als bestimmendes Moment der »produktiven« Bedürfnisse die Ausdehnung der Umweltbeziehungen im Prozeß individuellen Lernens nimmt, so läßt sich leicht aufweisen, daß die sexuellen Aktivitäten i.e.S., da sie im wesentlichen die Realisation biologisch vorgegebener Aktivitäten zur Reduzierung individueller Spannungszustände sind, wobei der Artgenosse weitgehend nur als Auslöser dieser Aktivitäten dient, eher dem Bereich sinnlich-vitaler Bedürfnisse zuzurechnen sind.

In den »produktiven« Bedürfnissen, deren stringente funktional-historische Ableitung für unsere Gesamtkonzeption zentral ist und deren Stellung im Realzusammenhang der verschiedenen Aspekte der Lebenstätigkeit des gesellschaftlichen Menschen von uns immer klarer herausgearbeitet werden muß, hat die mit der Entstehung aktionsspezifischer Energien einsetzende und auf dem Niveau tierischer Lern- und Entwicklungsfähigkeit im verselbständigten Bedarf nach Umweltkontrolle und sozialem Kontakt eine neue Qualität gewinnende Entwicklung, in welcher Aktivitäten zur Bedarfsbefriedigung selbst Bedarfscharakter gewinnen, ihre höchste Ausprägungsform gefunden, indem die Teilnahme an der gesellschaftlichen Produktion selbst zum genuinen Bedürfnis des konkreten Individuums geworden ist. Nur aus dieser in der phylogenetisch gewordenen gesellschaftlichen Natur des Menschen verankerten Einheit zwischen gesellschaftlichen Notwendigkeiten und biologischen Voraussetzungen der Bedürfnisentwicklung ist begreiflich, daß der Mensch zu gesellschaftlicher Produktion nicht nur fähig, sondern auch bereit wurde; nur aus dem Ineinander von kognitiv-motorischer Fähigkeit und emotional gegründeter Bereitschaft zu gesellschaftlicher Arbeit kann hinreichend erklärlich gemacht werden, daß der Mensch jemals das Stadium bloß naturgeschichtlicher Entwicklung hat verlassen und in die gesellschaftlich-historische Entwicklung hat eintreten können. – In der Subjektivität des Menschen ist also die Naturgrundlage für die Entwicklung einer »menschlichen« Bedürfnisstruktur, in welcher »produktive« und sinnlich-vitale Bedürfnisse in spezifischer Weise aufeinander bezogen sind (s. u.), als einheitliche Voraussetzung der »Vermenschlichung« seiner Existenz angelegt. Die Eigenart dieser Bedürfnisstruktur und damit auch die Bedingungen der Behinderung der Herausbildung einer spezifisch »menschlichen« Struktur »produktiver« und sinnlich-vitaler Bedürfnisse können nur aus dem Zusammenhang zwischen der gesellschaftlich-historischen Entwicklung und der aneignungsvermittelten individuellen Bedürfnisentwicklung begriffen werden.

4.2.2 Die Einbezogenheit der Bedürfnisse in den gesellschaftlich-historischen Prozeß; Bedürfnisentwicklung als subjektive Notwendigkeit fortschreitender Aufhebung individueller Abhängigkeit in gesellschaftlicher Integration

Die spezifisch menschliche Natur besteht (wie früher ausführlich dargelegt, vgl. I, S. 328) nicht in bestimmten fixen Eigenschaften des Menschen, etwa besonderen physiologischen Ausstattungen oder für ihn charakteristischen Verhaltensweisen, sondern bildet als biologische Potenz die Voraussetzung für eine spezifische Art von Lern- und Entwicklungsfähigkeit, über welche es möglich wird, die Eingeschlossenheit in den bloß individuellen Entwicklungsprozeß zu sprengen und Anschluß an den überindividuellen kumulativen Lernprozeß der gesellschaftlich-historischen Entwicklung zu finden. Entsprechend sind auch die biologischen Voraussetzungen der spezifisch menschlichen Eigentümlichkeit der Bedürfnisse, die als wesentliche Bestimmungsmomente der menschlichen Natur von uns herausgearbeitet wurden, keine dem Menschen generell zukommenden inhaltlich festgelegten »Grundtriebe« o. ä., sondern die phylogenetisch gewordene Grundlage für die gesellschaftlich-historische Entwicklungsfähigkeit der menschlichen Bedürfnisse, die in Abhängigkeit von den jeweils erforderlichen Aktivitäten der gesellschaftlichen und individuellen Lebenssicherung und -erweiterung entstehen: Die Bedürfnisse sind keine abstrakt »im« konkreten Individuum hockende Wesenheiten, sondern treten in konkret historischer Form als Realisierungsweise des »außermittigen« menschlichen Wesens (Sève, vgl. I, S. 306ff.) in Erscheinung. Auch für die menschlichen Bedürfnisse gilt, daß in ihnen die menschliche Natur als Inbegriff spezifisch menschlicher Entwicklungsmöglichkeiten mit dem »menschlichen Wesen« als Inbegriff der gesellschaftlichen Verhältnisse vermittelt ist, in die hinein sich diese Entwicklungsmöglichkeiten allein realisieren können, und erst im Zueinander von »Natur« und »Wesen« des Menschen sich seine »Menschlichkeit« verwirklicht (vgl. I, S. 328). Auf die phylogenetischen Stufen der artspezifischen Festgelegtheit und der artspezifisch vorgeprägten individuellen Modifikabilität der Bedarfszustände und zugehörigen Bedarfsobjekte folgt also die neue Qualität der nur dem Menschen aufgrund seiner genetischen Ausstattung »artspezifisch« möglichen *überindividuellen gesellschaftlich-historischen Modifikabilität der Bedürfnisse und ihrer Objekte*, womit die Bedürfnisentwicklung in geschichtlicher Größenordnung nun nicht mehr wie die tierische Bedarfsentwicklung phylogenetischen, sondern *gesellschaftlich-historischen Gesetzen unterliegt* (vgl. etwa I, S. 334ff.). Die Bedürfnisse jeweils individueller Menschen als wesentliches Bestimmungsmoment ihrer Subjektivität sind mithin, wie alle Funktionseigenarten in ihrer »menschlichen« Spezifik, Resultat der individuellen Aneignung gesellschaftlicher Erfahrung, d. h. hier, der individuellen Realisierung gesellschaftlich möglicher Bedürfnisse; wie schon auf tierischem Niveau, so entstehen auch beim Menschen Bedürfnisse zugleich mit den Objekten oder Situationen ihrer Befriedigung, nur daß die Objekte und Situationen hier Ergebnisse gesellschaftlicher Produktion bzw. Bestandteil gesellschaftlicher Verhältnisse sind und demnach, wie die Bedürfnisse, die sich in ihnen verwirklichen, durch die gesellschaftliche Produktionsweise auf der jeweiligen historischen Entwicklungsstufe determiniert sind.

Die überindividuelle gesellschaftliche Bedürfnisentwicklung oder genauer: die historische Entwicklung der gesellschaftlichen Möglichkeiten individueller Bedürfnisentwicklung ist ein Aspekt der historischen Entwicklung des gesellschaftlichen Lebensprozesses als Realzusammenhang zwischen gesellschaftlicher Produktion und individueller Konsumtion, was Marx in folgender Weise auseinandergelegt hat:

»Die Produktion schafft das Material als äußerlichen Gegenstand für die Konsumtion; die Konsumtion schafft das Bedürfnis als innern Gegenstand, als Zweck für die Produktion.« (MEW 13, S. 624f.). Dabei wird einerseits »erst in der Konsumtion das

Produkt wirkliches Produkt . . . Z. B. ein Kleid wird erst wirklich Kleid durch den Akt des Tragens; . . . also als Produkt, im Unterschied von bloßem Naturgegenstand bewährt sich, *wird* das Produkt erst in der Konsumtion« (a.a.O. S. 623); die Konsumtion gibt der Produktion ihre Ziele vor, produziert wird um der Konsumtion willen. Andererseits aber, und dieses Moment ist besonders wichtig, produziert die Produktion auch die Konsumtion, indem der produzierte Gegenstand »in einer bestimmten, durch die Produktion selbst wieder (zu) vermittelnden Art konsumiert werden muß. Hunger ist Hunger, aber Hunger, der sich durch gekochtes, mit Gabel und Messer gegeßnes Fleisch befriedigt, ist ein andrer Hunger, als der rohes Fleisch mit Hilfe von Hand, Nagel und Zahn verschlingt. Nicht nur der Gegenstand der Konsumtion, sondern auch die Weise der Konsumtion wird daher durch die Produktion produziert, nicht nur objektiv, sondern auch subjektiv. Die Produktion schafft also den Konsumenten.« »Die Produktion liefert dem Bedürfnis nicht nur ein Material, sondern sie liefert dem Material auch ein Bedürfnis. Wenn die Konsumtion aus ihrer ersten Naturroheit und Unmittelbarkeit heraustritt – und das Verweilen in derselben wäre selbst noch das Resultat einer in der Naturroheit steckenden Produktion –, so ist sie selbst als Trieb vermittelt durch den Gegenstand. Das Bedürfnis, das sie nach ihm fühlt, ist durch die Wahrnehmung desselben geschaffen. Der Kunstgegenstand – ebenso jedes andre Produkt – schafft ein kunstsinniges und schönheitsgenußfähiges Publikum. Die Produktion produziert daher nicht nur einen Gegenstand für das Subjekt, sondern auch ein Subjekt für den Gegenstand« (a.a.O., S. 624). Aus dem Wechselverhältnis von Produktion und Konsumtion, in welchem die Bedürfnisse sich nicht nur in der Produktion realisieren, sondern die Produktion auch die Bedürfnisse schafft, ergibt sich die progressive Entstehung immer weiterer durch die Produktion realisierter Bedürfnisse, jeweils auf der Basis der bereits in den Produkten verkörperten, »indem die Konsumtion das Bedürfnis *neuer* Produktion schafft, also den idealen innerlich treibenden Grund der Produktion, der ihre Voraussetzung ist. . . . Wenn es klar ist, daß die Produktion den Gegenstand der Konsumtion äußerlich darbietet, so ist daher ebenso klar, daß die Konsumtion den Gegenstand der Produktion *ideal setzt,* als innerliches Bild, als Bedürfnis, als Trieb und als Zweck. Sie schafft die Gegenstände der Produktion in noch subjektiver Form« (a.a.O., S. 623). Im Ganzen gesehen ist innerhalb des Wechselwirkungsprozesses von Produktion und Konsumtion die Produktion als Grundlage der gesellschaftlichen und individuellen Lebenserhaltung gegenüber der Konsumtion der übergeordnete Faktor: »Das Wichtigste ist hier nur hervorgehoben, daß, betrachtet man Produktion und Konsumtion als Tätigkeiten eines Subjekts oder einzelner Individuen, sie jedenfalls als Momente eines Prozesses erscheinen, worin die Produktion der wirkliche Ausgangspunkt und damit auch das übergreifende Moment ist. Die Konsumtion als Notdurft, als Bedürfnis ist selbst ein innres Moment der produktiven Tätigkeit« (a.a.O., S. 625).

Wie hat man nun die Funktion der Bedürfnisse als »Notdurft«, als subjektive Not- und Mangelzustände, die in der Bedürfnisbefriedigung ihre Aufhebung finden, als »innres Moment der produktiven Tätigkeit« genauer zu bestimmen? Die Beantwortung dieser Frage scheint einfach, sofern man lediglich die organischen Bedürfnisse berücksichtigt und isoliert mit dem produktiven Prozeß ins Verhältnis setzt. Die Not- und Mangelzustände, wie sie in den Bedürfnissen ihren subjektiven Ausdruck finden, scheinen in dieser Sichtweise hinreichend bestimmt als unmittelbare Gewebedefizite oder andere Spannungszustände des einzelnen Individuums, die nur beim Menschen nicht mehr wie beim Tier durch in der natürlichen Umwelt vorgefundene Objekte und Situationen, sondern über die gesellschaftliche Produktion befriedigt werden. Die »menschliche« Spezifik der individuellen Lern- und Entwicklungsfähigkeit von Bedürfnissen scheint somit hinreichend charakterisiert durch den Aufweis, daß die Qualität der jeweiligen organischen Not- und Mangelzustände sich über die Aneignung der zu ihrer Beseitigung gesellschaftlich produzierten Objekte selbst verändern und entwickeln. Die »menschliche« Besonderheit einer derartigen Bedürfnisentwicklung wäre aufgrund unserer früheren Darlegungen wie folgt von entsprechenden tierischen Lernprozessen abzuheben: Bei tierischem Bevorzugungsverhalten kommt es, wie ausgeführt (I, S. 194ff.) zu »gelernten« Bevorzugungen der unter allen biologisch »möglichen« Objekten zur Bedarfsbefriedigung geeignetsten Objekte, wobei mit dieser »gelernten« Bevorzugung der Befriedigungswert der Objekte und die dazugehörigen Bedarfszustände selbst sich wiederum verändern. Auf menschlichem Niveau haben die Prozesse des »Lernens« von organischen Bedürfnissen eine neue Qualität, da der Mensch nicht nur unter den in der Umgebung als natürliche Gegebenheiten vorfindlichen Objekten die zur Befriedigung geeignetsten bevorzugen lernt, sondern die in der Arbeit geschaffenen Produkte bewußt für die menschliche Bedürfnisbefriedigung hergestellt sind. »Gekochtes, mit Gabel und Messer gegeßnes Fleisch« befriedigt den »Hunger« auf eine vollkommenere Weise als »rohes Fleisch, mit Hilfe von Hand, Nagel und Zahn« verschlungen (was sich sogar physiologisch in der leichteren Verdaulichkeit des gekochten Fleisches niederschlägt); ein festes Haus befriedigt auf vollkommenere Weise das Bedürfnis nach Schutz vor Kälte, Nässe, Bedrohung durch Tiere etc. als die Felsenhöhle; demgemäß schließt das Bedürfnis nach gekochtem Fleisch oder einem festen Haus einen »gelernten«, aber nichtsdestoweniger unmittelbar emotional erfahrenen Not- und Mangelzustand ein, der so beschaffen ist, daß er nur durch das jeweilige zu diesem Zweck produzierte Objekt voll befriedigt werden kann; sofern die Möglichkeit der Befriedigung organischer Bedürfnisse auf höherem Niveau an einem bestimmten gesellschaftlich produzierten Objekte einmal gelernt ist, schließt die Befriedigung des Bedürfnisses an einem Objekt mit geringerem Befriedigungswert (bei gleicher Bedürfnisspannung, s. u.) stets ein emotional erlebtes Ungenügen ein, das umso größer ist, je größer der Abstand zwischen der erreichten und der als möglich erfahrenen Bedürfnisbefriedigung ist. Die gesellschaftliche Progression einer immer größeren Vervollkommnung von Objekten zur Bedürfnisbefriedigung hat Marx, wie angeführt, so charakterisiert, daß dabei die Konsumtion den »idealen, innerlich treibenden Grund« für die Produktion darstellt, daß also die »Konsumtion den Gegenstand der Produktion *ideal setzt*«. Der jeweils erreichte Stand ist also Bezugssystem und Basis für weitere Vervollkommnungen des Befriedigungswertes von Objekten, insofern sich stets erst an der Beschaffenheit des vergegenständlichten Produkts die Möglichkeiten weiterer Verbesserungen ablesen lassen, die wiederum Voraussetzungen für den erlebten Mangel als Ansporn zu seiner Überwindung darstellen. So werden im Laufe der historischen Entwicklung die Möglichkeiten der Befriedigung organischer Bedürfnisse über die Produkte zu ihrer Befriedigung, die ihrerseits aus der »ideal gesetzten« Befriedigung auf dem nächstniedrigeren, d. h. gerade überwundenen Niveau entstanden sind, immer weiter differenziert und verfeinert und sind als Gesamtheit in ihrer Entfaltung, aber (was später noch diskutiert wird) auch in ihrer relativen Verkümmerung oder Pervertierung eine subjektive Widerspiegelung des Standes der auf individuelle Konsumtion gerichteten Produktion im Zusammenhang historisch konkreter Produktionsverhältnisse. Wie die jeweils besondere emotionale Qualität tierischer Bedarfszustände von den phylogenetisch festgelegten bzw. individuell erworbenen, über die jeweiligen natürlichen Bedarfsobjekte vermittelten Rückkoppelungen der Bewegungskoordinationen und die damit verbundenen speziellen propriozeptiven und zentralnervösen Erregungsvorgänge abhängt (vgl. unsere früheren Ausführungen in I, etwa S. 162f. und S. 176), so muß demgemäß auf gesellschaftlichem Niveau, d. h. auf der Ebene der durch die gegenständlich-bedeutungsvolle Realität geformten Tätigkeiten, die jeweils besondere Qualität von Bedürfnissen bzw. ihrer Befriedigung von den nunmehr durch gesellschaftlich produzierte Objekte induzierten besondernen Erregungsformen, Bewegungskoordinationen, Rückkoppelungen mitbestimmt sein. Daraus erklärt sich der Zusammenhang zwischen dem qualitativen Differenziertheitsgrad der möglichen Bedürfnisse mit dem Stand der gesellschaftlich-historischen Entwicklung der Produktionsweise und der damit verbundenen Art der Arbeitsteilung, also, wie Marx es ausdrückt, der Zusammenhang zwischen dem »System der Arbeiten« und dem »System der Bedürfnisse« (Gr. S. 327, vgl. unseren Hinweis auf S. 33). – In diesem gesellschaftlichen Entwicklungsprozeß organischer Bedürfnisse verdeutlicht sich die Marxsche Feststellung, daß einerseits die Produktion die Konsumtion bestimmt und damit den Konsumenten schafft, aber andererseits die Produktion erst durch die Konsumtion ihren gesellschaftlichen Sinn erhält, ». . . ohne Konsumtion keine Produktion, da die Produktion so zwecklos wäre«.

Die damit angedeutete Einbezogenheit der organischen Bedürfnisentwicklung in die Entwicklung der produktiven Tätigkeit läßt sich für die von uns herausgearbeitete andere Art sinnlich-vitaler Bedürftigkeiten, die sexuellen Bedürfnisse, nicht mit gleicher Stringenz aufweisen. Die individuelle Modifikabilität im Fortpflanzungsbereich ist, wie wir zeigten, bereits auf tierischem Niveau sehr viel geringer als im Bereich der individuellen Lebenssicherung, da der Organismus des gegengeschlechtlichen Artgenossen als »Konstante« der sozialen Umwelt zur Bewältigung der Fortpflanzungsaufgaben kaum größere Anpassungen durch individuelles Lernen erfordert (vgl. I, S. 218f.). Demgemäß muß man auch die gesellschaftliche Entwickelbarkeit sexueller Bedürfnisse als Aspekt spezifisch menschlicher Lern- und Entwicklungsfähigkeit hier für sich genommen als relativ gering betrachten. Zwar können sich auch die sexuellen und familialen Beziehungen der Individuen im Laufe der historischen Entwicklung über entsprechende Aneignungsprozesse immer mehr »vermenschlichen«. Derartige Entwicklungsmöglichkeiten beziehen sich aber, wie später noch genau zu zeigen, weniger auf die sexuellen Beziehungen und eingeschlossenen Bedürfnisse als solche, sondern sind mehr als »Überformungen« des sexuellen Bereichs durch allgemeinere, etwa kooperative Entwicklungen der interpersonalen Beziehungen (oder auch durch gesellschaftlich spezifische Unterdrückung menschlicher Entwicklungsmöglichkeiten, s. u.) aufzufassen. Die gesellschaftliche Entwicklung sexueller o. ä. Bedürfnisse kann demgemäß kaum im gleichen Sinne wie die Entwicklung der organischen Bedürfnisse als »innerlich treibendes« Moment der Produktion angesehen werden. Zwar spiegeln die sexuellen Bedürfnisse, soweit sie sich in der Zeugung und dem Gebären von Kindern realisieren, als Grundlage der Arterhaltung auch gesellschaftliche Notwendigkeiten wider. Marx und Engels konnten demgemäß feststellen: Das »dritte Verhältnis« (außer der Erzeugung der Mittel zur Befriedigung organischer Bedürfnisse und der auf dem schon erworbenen Instrument der Befriedigung gegründeten Erzeugung neuer Bedürfnisse als »erste geschichtliche Tat«), welches »hier gleich von vornherein in die geschichtliche Entwicklung eintritt, ist das, daß die Menschen, die ihr eignes Leben täglich neu machen, anfangen, andre Menschen zu machen, sich fortzupflanzen – das Verhältnis zwischen Mann und Weib, Eltern und Kindern, die *Familie*« (MEW, 3, S. 29). Die durch die Fortpflanzung gesicherte Kontinuität des Fortbestandes der menschlichen Art ist jedoch lediglich unspezifisch-biologische Voraussetzung der gesellschaftlich-historischen Entwicklung, aber nicht eine spezifische Notwendigkeit der gesellschaftlich-historischen Form der Lebenserhaltung durch Produktion von Lebensmitteln. Die gesellschaftliche Überformtheit der sexuellen Bedürfnisse entspringt demgemäß weniger der unmittelbaren Produktivkraftentwicklung, sondern eher Erfordernissen der Stabilisierung historisch bestimmter Produktionsverhältnisse (wie später, besonders in Kap. 5.6, noch genau zu untersuchen).

Mit der Heraushebung der Einbezogenheit der sinnlich-vitalen, besonders organischen Bedürfnisse in den gesellschaftlich-historischen Entwicklungsprozeß und dem Aufweis der Funktion der individuellen Vergesellschaftung von so gefaßten Bedürfnissen im Zusammenhang gesellschaftlicher Produktion ist ein Aspekt der Bedürfnisse als innerem Moment der produktiven Tätigkeit adäquat dargelegt. Die Analyse bleibt aber in dem entscheidenden Aspekt einseitig, und zwar auf so gravierende Weise, daß die eigentlich »menschliche« Besonderheit der gesellschaftlichen Entwicklung von Bedürfnissen hier nicht erfaßt werden kann. Die Bedürfnisse werden nämlich in der angeführten Marxschen Argumentationskette, soweit ersichtlich, lediglich als aus der Konsumtion entsprungen und auf diese bezogen dargestellt, wobei das Verhältnis der Bedürfnisse zur Produktion allein das der Zwecksetzung für eine Produktionstätigkeit ist, die im Hinblick auf die Bedürfnisbefriedigung ausschließlich den Charakter eines Mittels hat: ». . . die Konsumtion schafft das Bedürfnis als innern Gegenstand, als Zweck für die Produktion«. Obwohl Marx das objektive dialektische Verhältnis zwischen Produktion und Konsumtion, in welchem die Produktion wirklicher Ausgangspunkt und übergreifendes Moment ist, herausgearbeitet hat, werden die Bedürfnisse als subjektive Seite der Produktion von ihm hier einseitig auf die bloße Konsumtion bezogen; auch wenn die Produktion durch ihre historische Entwicklung neue Bedürfnisse beim Subjekt produziert, so ist der »innerlich treibende Grund«, aus dem das Bedürfnis nach neuer Produktion entspringt, doch immer die Konsumtion. Im dialektischen Verhältnis von Produktion und Konsumtion ist das subjektive Bewegungsmoment, das Bedürfnis als »Notdurft« (auf welchem gesellschaftlichen Niveau auch immer) nur auf der Seite der Konsumtion erfaßt; die Produktion ist in ihren subjektiven, individuellen Beweggründen nicht in die Analyse einbezogen, nicht als subjektive Notwendigkeit repräsentiert, sondern erscheint als bloß objektiven Notwendigkeiten unterliegend, verbleibt also in der Anonymität des Gesellschaftlich-Allgemeinen. Damit bleibt jedoch die früher aufgewiesene Problematik bestehen, daß – sobald allein individuellen Not- und Mangelzuständen Bedürfnischarakter zugesprochen ist, die aktive produktive Tätigkeit aber lediglich als Mittel der individuellen Bedürfnisbefriedigung betrachtet, ihr selbständiger Bedürfnischarakter also nicht begrifflich faßbar wird – die Entstehung der gesellschaftlichen Form der Lebenssicherung wegen Unterbestimmheit ihrer subjektiven Beweggründe unbegreiflich bleiben muß (vgl. unsere Gesamtargumentation im vorigen Abschnitt 4.2.1). Da von den beiden in unseren früheren Darlegungen aus der phylogenetischen Entwicklung und neuen Qualität menschlicher Bedürftigkeit abgeleiteten Bedürfnissystemen nur das System der sinnlich-vitalen (insbesondere der organischen), nicht aber das der »produktiven« Bedürfnisse berücksichtigt ist, kann auch bei Herausarbeitung der gesellschaftlichen Entwicklung menschlicher Bedürfnisse das eigentlich »menschliche« Niveau der Entwicklung nur partiell aufgewiesen werden: Zwar ist die gesellschaftliche Entwickelbarkeit der auf das Individuum rückbezogenen sinnlich-vitalen Bedürfnisse in ihrer Funktionalität für die produktive Tätigkeit erfaßt, die Bedürfnisgrundlage der auf Teilhabe an gesellschaftlicher Realitätskontrolle und kooperative Integration gerichteten Lebenstätigkeit bleibt aber ausgeklammert, so daß die »Vergesellschaftung« der Bedürfnisse hier in gewissem Sinne auf ein über die Produktion gesellschaftlich geformtes, aber dennoch individuelles »Bevorzugungsverhalten« reduziert erscheint.

Der u. E. einseitigen Behandlung des Bedürfnisproblems durch Marx in der zitierten berühmten Passage aus den »Grundrissen« stehen Textstellen gegenüber, in denen Marx die andere, »produktive« Seite menschlicher Bedürfnisse hervorhebt. In einem bestimmten Zusammenhang spricht Marx sogar ausdrücklich von »Produktionsbedürfnissen«, worunter er hier aber nur »Produktion von Produktionsmitteln« versteht und die Aussage auf den Kapitalisten einengt, bei dem mit steigender Produktivkraftentwicklung »die auf Befriedigung des unmittelbaren Bedürfnisses gerichtete Produktion« großenteils in »Befriedigung des Produktionsbedürfnisses selbst oder Produktion von Produktionsmitteln« übergehen kann (Gr., S. 597). In einer zentralen Textstelle (die uns später noch ausführlich beschäftigen wird, vgl. S. 132f. und S. 167ff.) sagt Marx, in einer höheren Phase der kommunistischen Gesellschaft, nach der Überwindung des Gegensatzes zwischen körperlicher und geistiger Arbeit, sei »die Arbeit nicht nur Mittel zum Leben, sondern selbst das erste Lebensbedürfnis geworden«, indem »mit der allseitigen Entwicklung der Individuen auch ihre Produktivkräfte gewachsen und alle Springquellen des genossenschaftlichen Reichtums voller fließen . . .« (MEW 19, S. 21). Der Versuch eines Nachweises, daß Marx neben den Bedürfnissen, die aus der Konsumtion entspringen, auch ein grundlegendes Produktionsbedürfnis des Menschen annimmt, findet sich anhand eingehender Textanalysen bei Taut (1967). – Marx benutzt den Begriff »Bedürfnis« in vielen wesentlichen Zusammenhängen, eine systematische, konsistente Behandlung des Bedürfnisproblems existiert bei ihm jedoch nur als Programm: »Diese Fragen über das System der Bedürfnisse und System der Arbeiten, an welcher Stelle ist es zu behandeln? Wird sich im Verlauf ergeben« (Gr. S. 427). Zur Ausführung dieses Programms ist Marx nicht mehr gekommen.

Wenn bei Herausarbeitung des Zusammenhangs zwischen gesellschaftlicher Entwicklung und Bedürfnisentwicklung die Einseitigkeit und Unzulänglichkeit der Annahme, das subjektive Bewegungsmoment der Produktion entspringe lediglich aus der Konsumtion und die gesellschaftliche Entwicklung von Bedürfnissen sei demgemäß allein aus der Entwicklung der für die individuelle Konsumtion gesellschaftlich geschaffenen Produkte ableitbar, überwunden werden soll, ist die Auffassung, die subjektive »Notdurft« des Menschen sei aus Mängeln der Konsumtion hinreichend und adäquat bestimmbar, als falsch zurückzuweisen. Die Gleichsetzung von subjektiven Not- und Mangelzuständen des Menschen mit seinen individuellen, insbesondere organischen Bedürfnissen ist nicht nur unzulänglich, sondern verfehlt das Wesen der Bedürftigkeit in ihrer »menschlichen« Spezifik. Da »menschliche« Existenzerhaltung, wie ausführlich dargelegt, nicht in der Beseitigung jeweils aktueller Bedürfnisspannungen besteht, sondern als über die Produktion, d. h. die bewußte Veränderung der Natur ermöglichte Vorsorge für die gesellschaftliche, damit individuelle Lebenserhaltung, also als Überwindung der Zufälligkeiten jeweils aktueller Situationen durch kooperative Kontrolle über die Lebensbedingungen zu charakterisieren ist, sind subjektive Notsituationen auf »menschlichem« Niveau nicht primär das erlebte Ungenügen direkter Bedürfnisbefriedigung, sondern der erlebte Mangel der gesellschaftlich vermittelten Kontrolle über die eigenen Lebensbedingungen, damit auch über die Mittel der individuellen Bedürfnisbefriedigung; d. h. sie sind die Erfahrung der unzureichenden Möglichkeit zur bewußten Einflußnahme auf die Lebensverhältnisse, von denen die Befriedigung der sinnlich-vitalen Bedürfnisse wiederum abhängt, der Ausgeliefertheit an Umstände, über die man keine Verfügung hat; sie sind das »Leidensmoment«, d. h. das passive Moment (vgl. Rubinstein s. u.) der »produktiven« Bedürfnisse, wie wir sie dargestellt haben. Die *»Notdurft«* spezifisch menschlicher, also »produktiver« Bedürfnisse ist die *»Not« des Ausgeliefertseins an zufällige Situationen der Fremdbestimmtheit,* des Existenzrisikos, der »Offenheit«, d. h. Beliebigkeit und damit relativen Wirkungslosigkeit individuellen Tuns, der mangelnden Einsicht in die spezifischen Handlungserfordernisse zur Realisierung an sich gegebener Möglichkeiten der Erweiterung der Umweltbeziehungen und damit verbundenen Erlebnisfähigkeit; sie ist zugleich Ausdruck der subjektiven »Not-Wendigkeit« der Überwindung des Zustandes der Hilflosigkeit, die immer nur über die gesellschaftliche Integration infolge der eigenen Beiträge zur bewußten gesellschaftlichen Lebenssicherung und die dadurch gewonnenen Einflußmöglichkeiten auf die allgemeinen und damit auch individuellen Lebensbedingungen erreichbar ist. So bestimmen sich die Bedürfnisse auf »menschlichem« Niveau als spezifische Einheit von subjektiver »Not« und »Not-Wendigkeit«; die erkannte Unzulänglichkeit eines gegebenen Zustandes wird hier in seiner emotionalen Wertung zur subjektiv erfahrenen Unzulänglichkeit, womit die erkannte Notwendigkeit der Veränderung zur erlebten oder »erlittenen« Notwendigkeit seiner Veränderung wird. In den »produktiven« als spezifisch menschlichen Bedürfnissen *wird also der erkannte Widerspruch zwischen der Ausgeliefertheit an einen gegenwärtigen Zustand der Fremdbestimmung und Abhängigkeit und einem erreichbaren Zustand der über kooperative Integration zu gewinnenden Kontrolle über die eigenen Lebensbedingungen* zum *subjektiv erfahrenen Widerspruch* (»Das Gefühl des Widerspruchs ist die Quelle der Energie«, stellt Engels fest, MEW 1, S. 553).

Der Begriff der »Notwendigkeit« im Sinne von »Not-Wendigkeit«, also Wendung der Not, ist von Marx und Engels expliziert worden, am eindringlichsten wohl in der »Heiligen Familie«: ». . . weil in den Lebensbedingungen des Proletariats alle Lebensbedingungen der heutigen Gesellschaft in ihrer unmenschlichen Spitze zusammengefaßt sind, weil der Mensch in ihm sich selbst verloren, aber zugleich nicht nur das theoretische Bewußtsein dieses Verlustes gewonnen hat, sondern auch unmittelbar durch die nicht mehr abzuweisende, nicht mehr zu beschönigende, absolut gebieterische *Not* – den praktischen Ausdruck der *Notwendigkeit* – zur Empörung gegen diese Unmenschlichkeit gezwungen ist, darum kann und muß das Proletariat sich selbst befreien« (MEW 2, S. 38). Diese »praktische«, d. h. subjektive Auffassung von Notwendigkeit haben Marx und Engels, wie Taut (1967, S. 112ff.) aufweist, aus der dialektisch-materialistischen Fortentwicklung entsprechender Feuerbachscher Vorstellungen gewonnen; wo keine Not sei, da sei auch keine Qualität und keine Energie, nur das notleidende Wesen sei das notwendige Wesen (vgl. Taut 1967, S. 118).

Da »produktive« Bedürfnisse »subjektive Notwendigkeiten« der gesellschaftlich vermittelten Verfügung über die eigenen Lebensumstände sind, schließen sie die sinnlich-vitalen Bedürfnisse auf eine besondere Weise in sich ein, und zwar nicht als unmittelbare Notwendigkeit der Beseitigung sinnlich-vitaler Bedürfnisspannungen, sondern als Notwendigkeit der bewußten Vorsorge für die sinnlich-vitale Bedürfnisbefriedigung auf dem jeweils angeeigneten gesellschaftlichen Niveau. Wenn auch die »Notdurft« der »produktiven« Bedürfnisse u. U. durch aktuelle sinnlich-vitale Mangelerlebnisse mitgeprägt sein kann, so ist die »Not-Wendigkeit« der Aufhebung dieser Mangelzustände auf »menschlichem« Niveau nicht lediglich ihre unmittelbare Befriedigung, sondern die *Schaffung von Lebensbedingungen, unter denen für ihre Befriedigung in verallgemeinerter Weise vorgesorgt* ist. Sofern die »Notdurft« aktueller sinnlich-vitaler Mangelerlebnisse lediglich direkt aufgehoben wird, nicht aber gleichzeitig für ihre künftige Aufhebbarkeit Vorsorge getroffen werden kann, ist das »menschliche« Niveau der Bedürfnisse nicht erreicht, der Mensch auf eine lediglich organismische Form von Bedürfnissen und ihrer Befriedigung reduziert. Das früher schon angesprochene Verhältnis zwischen »produktiven« und sinnlich-vitalen Bedürfnissen als spezifisch »menschliche« Bedürfnisstruktur läßt sich also jetzt folgendermaßen näher bestimmen: Die bereits auf höchsten tierischen Entwicklungsstufen entstandene objektive, genetisch programmierte individuelle »Vorsorgefunktion« des übergeordneten Kontroll- und Sozialbedarfs im Hinblick auf die Reduzierbarkeit »inhaltlicher« organischer etc. Mangel- und Spannungszustände gewinnt auf »menschlichem« Niveau die neue Qualität des *Bedürfnisses nach bewußter Vorsorge für die sinnlich-vitale Bedürfnisbefriedigung* über die Teilhabe an gesellschaftlicher Realitätskontrolle, womit der objektive Zusammenhang zwischen Kontrolle und vitaler Existenzerhaltung hier auf dem Wege über die gesellschaftliche Produktion von Lebensmitteln zum bewußt eingesehenen Zusammenhang wird. Sinnlich-vitale Bedürfnisse beim Menschen müssen demgemäß stets in zwei unterschiedlichen funktionalen Beziehungen berücksichtigt werden: Einmal in ihrer Einbezogenheit in die subjektiven Notwendigkeiten »produktiver« Vorsorge, wobei die Befriedigung sinnlich-vitaler Bedürfnisse in diesem Prozeß aufgehoben ist, also im Zusammenhang der spezifisch »menschlichen« Bedürfnisstruktur; zum anderen als verselbständigte Not- und Mangelzustände, für deren Aufhebbarkeit durch Kontrolle über die eigenen Lebensbedingungen nicht vorgesorgt ist, und die deshalb auf *direkte Weise* befriedigt werden müssen; in dieser Befriedigungsweise ist das »organismische« Niveau der Bedürfnisse auch dann im wesentlichen nicht überwunden, wenn die Bedürfnisobjekte und zugeordneten Befriedigungsqualitäten dem jeweils gesellschaftlich möglichen Stand entsprechen: nicht in der bloßen Verfeinerung der sinnlich-vitalen Befriedigungen über die gesellschaftliche Produktion liegt das zentrale Spezifikum »menschlicher« Bedürftigkeit, sondern in der über die bewußte Teilhabe an der Produktion erreichten Überwindung der unmittelbaren Not des Ausgeliefertseins an zufällige Lebensumstände, in der Aufgehobenheit der sinnlich-vitalen Bedürfnisbefriedigung in der bewußten, die gesellschaftlichen Möglichkeiten realisierenden Lebensführung: die Notwendigkeit der jeweils direkten Befriedigung aktuell entstandener sinnlich-vitaler Bedürfnisspannungen ist unmenschlich, einerlei, wie verfeinert die Befriedigungsqualität immer ist. – Wenn man die »Notdurft« menschlicher Bedürfnisse nicht als bloß individuell-organismischen Not- und Mangelzustand vereinseitigt, sondern auf die geschilderte Weise in ihrer »menschlichen« Spezifik erfaßt, ist das Bedürfnis als subjektives Bewegungsmoment der produktiven Tätigkeit in unverkürzter Weise erfaßbar; es wird erkennbar, warum der subjektive Aspekt der Produktionstätigkeit unzureichend bestimmt ist, wenn man Produktion nur als *Mittel* zur Befriedigung von aus der Konsumtion entspringenden Bedürfnissen charakterisiert. Die *Überwindung der »Notdurft« des Ausgeliefertseins an zufällige Lebensumstände und Sicherung der eigenen Existenz als Vorsorge für die sinnlich-vitale Bedürfnisbefriedigung* ist nicht lediglich *auf dem Umweg* über die Produktion erreichbar, sondern *liegt in der Teilhabe an gesellschaftlicher Produktion selbst;* die Erweiterung der Beteiligung an gesellschaftlicher Realitätskontrolle und der kooperativen Integration *ist identisch* mit Verbesserung der Kontrolle über die eigenen Lebensbedingungen und Vorsorge für die sinnlich-vitale Bedürfnisbefriedigung. Demgemäß ist das Bedürfnis hier *unmittelbares* subjektives Bewegungsmoment der produktiven Tätigkeit. Dabei sind im *Verhältnis zwischen »produktiven« und sinnlich-vitalen Bedürfnissen* die *»produktiven« Bedürfnisse das bestimmende und übergeordnete Moment,* da nur in der Teilhabe an der gesellschaftlichen Produktion die *sinnlich-vitale Befriedigung die Qualität der Abgesichertheit und Aufgehobenheit in bewußter selbstbestimmter Lebensführung,* also *»menschliche« Qualität gewinnen* kann, womit die

Marxsche Bestimmung der Produktion als gegenüber der Konsumtion »wirklicher Ausgangspunkt« und »übergreifendes Moment« auch im Hinblick auf die Bedürfnisse als »innerlich treibendem Grund der Produktion« Geltung hat. Nur unter solchen historisch bestimmten Bedingungen, in denen den Menschen die bewußte Kontrolle über die eigenen Lebensbedingungen verwehrt ist, erscheinen die aus der Konsumtion entspringenden Bedürfnisse als alleiniger Antrieb für die produktive Tätigkeit, ist die objektive Teilhabe an der gesellschaftlichen Produktion im wesentlichen bloßes Mittel der Bedürfnisbefriedigung; damit verlieren zugleich auch die sinnlich-vitalen Bedürfnisse die »menschliche« Qualität ihrer Aufgehobenheit in bewußt vorsorgender, selbstbestimmter Lebensführung und nehmen als jeweils immer nur unmittelbar aufzuhebende existentielle Notzustände »unmenschliche« Form an (wir kommen später, bei Diskussion der menschlichen Motivation, ausführlich darauf zurück).

Die Möglichkeiten der individuellen Höherentwicklung »produktiver« und sinnlich-vitaler Bedürfnisse sind allgemein abhängig von der gesellschaftlich möglichen Bedürfnisentwicklung, die wiederum durch den jeweiligen historischen Stand gesellschaftlicher Entwicklung bestimmt ist. Wie ist nun das *Verhältnis zwischen »produktiven« und sinnlich-vitalen Bedürfnissen* im Hinblick auf die *generellen gesellschaftlichen Möglichkeiten und Schranken ihrer individuellen Entwickelbarkeit näher zu bestimmen?* – Wenn wir unter diesem Gesichtspunkt die sinnlich-vitalen Bedürfnisse zunächst für sich betrachten, also von ihrer Einbezogenheit in die »produktiven« Bedürfnisse absehen bzw. ihre verselbständigte Entstehung und Reduzierung unterhalb des eigentlich »menschlichen« Niveaus voraussetzen, so stellt sich heraus, daß die »organischen Bedürfnisse«, bei denen der subjektiv erlebte Mangel sich mehr oder weniger eng in Gewebedefiziten gründet, die also »Organempfindungen« (vgl. I, S. 158f.) einschließen, wie z. B. Bedürfnisse nach Nahrung, Kleidung, Behausung, Erholung, in ihrer Entwickelbarkeit notwendig Beschränkungen unterliegen, die sich aus ihrer allgemeinen Eigenart ableiten lassen. Schon auf tierischem Niveau manifestiert sich die phylogenetische Höherentwicklung, wie gezeigt, vorwiegend in der Herausbildung der aktionsspezifischen Energien, d. h. dem Bedarf nach spontaner, von den Gewebedefiziten unabhängiger Aktivität und ihrer Weiterentwicklung in verselbständigtem Neugier- und Explorationsverhalten bis hin zu der Fähigkeit höchster Tiere zur lernenden und übenden Vervollkommnung und Individualentwicklung artspezifsch möglicher Verhaltensweisen, die selbst wiederum »bedarfsmäßig« abgesichert ist. Die Elementarformen von Bedarfszuständen, in denen sich Störungen des Fließgleichgewichts der Stoffwechselvorgänge, besonders Gewebedefizite, etc. anzeigen, entwickeln sich dagegen, obwohl sie Ausgangspunkt der Höherentwicklung sind und die höheren Bedarfsformen, wenn auch verselbständigt, stets in deren »Dienst« stehen, selbst kaum, sondern bleiben auf allen höheren Entwicklungsstufen hinsichtlich wesentlicher Merkmale neben den entwickelteren Emotionalitätsformen erhalten (vgl. I, S. 158f.) Auf »menschlichem« Niveau sind die in den Gewebedefiziten gegründeten »organischen Bedürfnisse«, wie gezeigt, zwar über die Entwicklung der zu ihrer Befriedigung geschaffenen gesellschaftlichen Produkte ihrer Qualität nach in die gesellschaftlich-historische Entwicklung einbezogen, diese Entwicklungsmöglichkeit ist aber durch eine Grundeigenart, die die »organischen Bedürfnisse« des Menschen mit den »inhaltlichen« Bedarfszuständen der Tiere gemeinsam haben, nämlich die unmittelbare Rückbezogenheit auf den einzelnen Organismus bzw. das einzelne Individuum von vornherein und notwendig beschränkt. Wenn auch durch die gesellschaftliche Vervollkommnung der Objekte der Bedürfnisbefriedigung, etwa der Nahrung, die Befriedigungsmöglichkeit und damit die Verfeinerung des Geschmacks bzw. entsprechender Bedürfnisse immer mehr ausgebildet und differenziert werden, ebenso durch Produktion entsprechender Objekte das Bedürfnis nach immer feinerer und angenehmerer Kleidung, immer komfortablerer Behausung, immer effektiverer und vielgestaltigerer Erholung, etc., so findet diese Vervollkommnung dennoch ihre unübersteigbare Schranke in der »natürlichen« Kapazität des Individuums selbst: Die Menge und Raffinesse der durch das Individuum zu konsumierenden Speisen sind begrenzt, »mehr als essen kann man nicht«, die Kleidung ist nur in relativ engen Grenzen verbesserbar, und niemand wird mehr als einen Anzug gleichzeitig tragen; entsprechendes gilt für die Behausung: jeder Mensch kann nur eine begrenzte Zahl optimal ausgestatteter und klimatisierter Zimmer bewohnen, etc. Dementsprechend haben sich auch in historischer Zeit, verglichen mit dem ungeheuren Fortschritt der Produktivkräfte, die gesellschaftlichen Möglichkeiten organischer Befriedigung nur relativ geringfügig vervollkommnet. – Diese notwendigen Entwicklungsbeschränkungen finden sich in womöglich noch höherem Maße bei den sexuellen und verwandten Bedürfnissen als anderer Art sinnlich-vitaler Bedürfnisse. Schon auf tierischem Niveau machen die Bedarfszustände und Fähigkeiten im engeren Fortpflanzungsbereich, wie gezeigt (I, S. 218f.), selbst kaum eine Entwicklung durch, da Anpassungen durch individuelles Lernen hier wenig gefordert sind. Sie haben »konservativen« Charakter, wobei Entwicklungen im Bereich der Jungenaufzucht sekundär aus der »Vorbereitungsfunktion« für artspezifische Verhaltensmöglichkeiten zur Existenzerhaltung induziert sind; demgemäß bleiben die Bedarfszustände im Fortpflanzungsbereich, wie die in Gewebedefiziten gegründeten, relativ unentwickelt neben den höheren Bedarfszuständen im Zusammenhang der Umweltkontrolle bestehen. Auf »menschlichem« Niveau unterliegt die Befriedigung sexueller Bedürfnisse zwar der historischen Entwicklung und »vermenschlicht« sich durch gesellschaftlich geprägte Kultivierungen und Differenzierungen des »Genusses«; ebenso ist der »Befriedigungswert« sexuell getönter Bindungen zwischen Partnern, auch der Bindungen zwischen Eltern und Kindern im unmittelbaren Pflegebereich etc. gesellschaftlichen Prägungen und Veränderungen unterworfen. Im großen und ganzen ist der historische Fortschritt gesellschaftlich bedingter Befriedigungsmöglichkeiten, sofern man sie für sich betrachtet, also die Vermittlung der Beziehungen über den Bereich der durch Arbeit entstandenen gegenständlichen Wirklichkeit, dem eigentlichen Träger der historischen Entwicklung, ausspart, aber auch hier vergleichsweise sehr beschränkt. Der Weg zum »Glück« über sexuelle Beziehungen und Familienbindungen erfordert, isoliert genommen, heute nicht wesentlich höhere Fähigkeiten als etwa vor tausend Jahren, womit auch die Ausgeprägtheit und Qualität der entsprechenden Befriedigung sich kaum geändert hat. – Die nichtproduktiven, sinnlich-vitalen Bedürfnisse als Merkmale der Subjektivität des konkreten Individuums sind demnach, sofern man sie isoliert betrachtet, dadurch charakterisiert, daß hier die durch Aneignung des gesellschaftlichen Standes der Befriedigungsmöglichkeiten im individuellen Vergesellschaftungsprozeß gegebene Entwicklungsspanne relativ gering ist. Es mangelt in diesem Bereich an gesellschaftlichen Anforderungen, die im erlebten Widerspruch zum individuellen Entwicklungsstand eine umfangreichere personale Höherentwicklung der Fähigkeiten und eingeschlossenen Möglichkeiten der Bedürfnisbefriedigung erlauben würden. Infolge der unmittelbaren Rückbezogenheit der Strebungen bzw. Ziele auf die eigene Person ist die Vervielfältigung subjektiver Möglichkeiten über den kooperativen Zusammenschluß individueller Fähigkeiten, über welchen die spezifisch menschliche Potenz überhaupt erst zur Geltung kommt, ausgeschlossen; nichtproduktive Befriedigungen laufen, sofern man sie unabhängig von ihrer Einbezogenheit in »produktive« Bedürfnisse betrachtet, quasi »in sich selbst zurück«, wiederholen sich auf gleichem Niveau und unterliegen so der »Abnutzung« und Sättigung. Eine isolierte Entwicklung organischer und sexueller Bedürfnisse ist mithin in gesellschaftlicher wie individueller Dimension weitgehend perspektivlos.

Zur angemessenen Charakterisierung der gesellschaftlichen und davon abhängigen individuellen Entwickelbarkeit »produktiver« Bedürfnisse muß man sich klar machen, daß – wie bereits der verselbständigte Kontroll- und Sozialbedarf als Motor der phylogenetischen und individuellen Entwicklung auf tierischem Niveau keine fixierten Befriedigungsobjekte hat, sondern die *emotional-motivationale Grundlage für eine allgemeine, an konkreten Merkmalen gesteuerte Umweltzuwendung ist* – die »produktiven« Bedürfnisse als ihre Fortentwicklung auf »menschlichem« Niveau nicht, wie die sinnlich-vitalen, an bestimmte organismische Mangel- und Spannungszustände gebunden sind, die, wenn auch in gewissem Maße durch gesellschaftliches »Lernen« formbar, dennoch aufgrund ihrer biologischen Beschaffenheit mehr oder weniger eng auf bestimmte zugeordnete Bedürfnisobjekte fixiert sind (»Hunger« erfordert »Nahrung«, »Durst«, »Flüssigkeit«, »Frieren« Wärmeerhaltung oder -zufuhr, sexuelle Spannung die Reizung bestimmter Körperzonen etc.): »Produktive« Bedürfnisse als »subjektive Notwendigkeit« der Überwindung von Ausgeliefertsein und Abhängigkeit durch Teilhabe an gesellschaftlicher Realitätskontrolle und kooperative Integration, damit Kontrolle über die eigenen Lebensbedingungen gründen sich weder in fixierten organismischen Zuständen, noch sind sie auf bestimmte Objekte bezogen, sondern richten sich auf die *Aneignung der für diese bewußte Gestaltung menschlicher Lebensverhältnisse vorausgesetzten Tätigkeiten, d. h. auf die individuelle Realisierung des »menschlichen Wesens« in seiner jeweils historisch bestimmten Entwicklungsstufe.* Da nun, wie dargestellt, das »menschliche Wesen« sich aus dem vergegenständlichten Wissen und den Erfahrungen der vergangenen und gegenwärtigen Generationen konstituiert und durch den jeweils Einzelnen – zumindest in höheren Stadien der gesellschaftlichen Produktivkraftentwicklung – immer nur partiell und in seiner Gesamtheit nur über den kooperativen Zusammenschluß mit den jeweils individuellen Fähigkeiten der anderen realisierbar ist, *wachsen die Potenzen des Einzelnen als Basis seiner Einflußmöglichkeiten auf den gesellschaftlichen Entwicklungsprozeß in Abhängigkeit von der Anzahl der unter einem einheitlichen Ziel vereinigten Kräfte.* Die Entwicklung der Fähigkeit zur Aneignung und Weiterentwicklung der notwendigen Kenntnisse und Erfahrungen zur Kontrolle der Lebensbedingungen ist somit entsprechend den Summationsmöglichkeiten individueller Kräfte praktisch unbegrenzt. Das Individuum hat, welchen Entwicklungsstand es auch immer erreicht haben mag, potentiell bei der Entwicklung seiner »produktiven« Bedürfnisse stets einen unabgeschlossenen Horizont weiterer Entwicklungsmöglichkeiten vor sich. Hinzu kommt, daß der gesellschaftliche Ansporn zur Entwicklung individueller Fähigkeiten – dies schließt immer den Zuwachs an Einflußmöglichkeiten auf die anderen und damit auf die allgemeinen Lebensbedingungen ein – infolge des notwendigen allgemeinen Interesses an ihnen als Teil der gesellschaftlichen Entwicklung in sehr viel intensiverer Weise gegeben ist als das bei den auf das Individuum zentrierten und im wesentlichen nur dieses interessierenden sinnlich-vitalen Bedürfnissen der Fall ist (s. u.). – Was damit allgemein über die Ermöglichung der individuellen Entwicklung »produktiver« Bedürfnisse durch die Produktivkraftentwicklung ausgesagt wurde, findet natürlich in den jeweiligen konkret-historischen Produktionsweisen als widersprüchlicher Einheit von Produktivkräften und Produktionsverhältnissen seine besondere Formbestimmtheit und Einschränkung. In der bürgerlichen Gesellschaft hat die Produktivkraftentwicklung für sich genommen einen außerordentlich hohen Entwicklungsstand erreicht und ist der objektive Vergesellschaftungsgrad der Produktion weit fortgeschritten; dennoch sind die unmittelbaren Produzenten von der Teilhabe an gesellschaftlicher Realitätskontrolle und kooperativer Integration weitgehend ausgeschlossen und können so eine weitgespannte, bewußte Kontrolle über ihre eigenen Lebensbedingungen kaum gewinnen, womit auch die Entwicklung »produktiver« Bedürfnisse als spezifischer Qualität menschlicher Lebenserfüllung in bestimmter Weise behindert und deformiert ist. Gerade in dieser Behinderung der aktiven Einflußnahme auf die allgemeinen Lebensbedingungen, damit Unterdrückung wesentlicher Aspekte menschlicher Bedürftigkeit und Erzeugung menschlichen Leidens liegt das entscheidende Merkmal der »Unmenschlichkeit« bürgerlicher Lebensverhältnisse – was wir noch ausführlich ableiten und darstellen werden.

Die individuelle Höherentwicklung »produktiver« Bedürfnisse als Realisierung bestimmter Aspekte des »menschlichen« Wesens ist, da sie mit der Entwicklung der Möglichkeiten zur Teilhabe an gesellschaftlicher Realitätskontrolle durch Produktion gleichbedeutend ist, auf eine sehr viel direktere Weise mit der Höherentwicklung personaler Fähigkeiten verbunden, als das bei den sinnlich-vitalen Bedürfnissen der Fall ist. Das Individuum verwirklicht hier in immer höherem Maße Fähigkeiten, die nicht nur Modifikationen individueller Merkmale sind, sondern in solchen Qualifikationen und Haltungen bestehen, die zur Produktion und Reproduktion des gesellschaftlichen Lebens auf einer bestimmten Stufe notwendig sind. Die Produktion setzt bestimmte Fähigkeiten voraus und schafft sie zugleich, indem sich in der tätigen Auseinandersetzung mit der gesellschaftlichen Umwelt die spezifischen Anforderungen, d. h. die spezifischen Probleme einschließlich der Möglichkeit ihrer Lösung stellen. Die Entwicklung produktiver Fähigkeiten des Menschen ist also ein *wesentlicher materieller Bestandteil der Produktionskraftentwicklung selbst:* Die Produktion ist nicht nur der Akt, »wodurch das Produkt Produkt, sondern auch, wodurch der Produzent Produzent wird« (Marx, MEW 13, S. 625). – Wenn auch, wie gezeigt, die Einheit der Entwicklung produktiver Fähigkeiten und Bedürfnisse gesamtgesellschaftlich als Notwendigkeit gesellschaftlicher Lebenserhaltung vorausgesetzt werden muß, so kann jedoch – was später noch genauer auszuführen ist – diese Einheit im jeweils einzelnen Individuum unter den Bedingungen antagonistischer Klassengesellschaften auseinandergerissen sein. Bezogen auf einen bestimmten Menschen muß also die Entwicklung gesellschaftlich geforderter Fähigkeiten nicht mit der Entwicklung »produktiver« Bedürfnisse zu ihrer Anwendung und Vervollkommnung einhergehen. Vielmehr bedeutet nur dann der Erwerb solcher Fähigkeiten gleichzeitig auch eine Entwicklung »produktiver« Bedürfnisse, wenn durch die Teilhabe an der Produktion tatsächlich auch eine Erweiterung der Beteiligung an gesellschaftlicher Realitätskontrolle und damit Verbesserung der Kontrolle über die eigenen Lebensbedingungen und Erhöhung individueller Lebensmöglichkeiten erreichbar ist. Sofern jedoch diese Bedingungen gegeben sind, stehen die Fähigkeiten in einem Wechselverhältnis zur gesellschaftlichen Integration des Individuums, sind gleichzeitig Voraussetzung und Folge seiner Hineinentwicklung in die kooperativen Zusammenhänge, durch welche ihm der Einfluß auf die allgemeinen Lebensbedingungen, der die Kontrolle auch der eigenen Existenz einschließt, erst eröffnet ist. Das heißt: Kooperative Beziehungen können von einem Menschen nur in dem Grade aufgenommen werden, wie er Beiträge zum gemeinsamen Ziel, durch das die Kooperationsbeziehungen konstituiert sind, leisten kann, er also über Fähigkeiten verfügt, durch welche seine Handlungen nicht nur für ihn selbst, sondern auch für die anderen Individuen im Kooperationszusammenhang Bedeutung haben. Innerhalb des kooperativen Zusammenhanges werden zugleich neue Anforderungen erwachsen, die das Individuum auf der Grundlage der erreichten Integration als gesicherter Basis neuer Umweltauseinandersetzung durch weitere Entwicklung seiner Fähigkeiten bewältigen muß. Mit dem Grade der kooperativen Integration entwickeln sich die verschiedenen Aspekte seiner »produktiven« Bedürfnisse, in welchen auf die dargestellte Weise der phylogenetisch gewordene unspezifische Kontroll- und Sozialbedarf aufgehoben ist: Bedürfnisse, die auf die bewußte Erforschung und Analyse der Realität, die Meisterung von Problemen im Zusammenhang mit der Teilhabe an gesellschaftlicher Realitätskontrolle und Verbesserung der allgemeinen Lebensbedingungen sich richten, dabei gleichzeitig die Spontaneität elementaren Entdeckens, Erkundens und »gekonnter« tätiger Umweltbeherrschung in sich einschließen. – Die wachsende kooperative Integration und »produktive« Bedürfnisentwicklung des Individuums bedeutet eine ständige Ausdehnung seiner sozialen und sachbezogenen Umweltbeziehungen; es erreicht damit über die Vereinigung und Kumulation der Erfahrungen und Kräfte vieler Menschen eine Potenzierung seiner Fähigkeit zum Erwerb und zur Sicherung historisch gewordener Lebensmöglichkeiten der Menschen, die jede bloß individuelle Existenzsicherung und -entfaltung weit hinter sich läßt. Die Verbesserung der Lebensbedingungen des Einzelnen durch die gesellschaftliche Integration bedeutet als Erschließung immer weiterer Lebensbezüge die dialektische Einheit der Entwicklung von Bedürfnissen als Ausdruck des Erlebnisreichtums und damit des Lebendigseins einerseits und der Möglichkeiten ihrer Absicherung als Voraussetzung ihres »Genusses« andererseits, und zwar zunächst, im Laufe des Sich-Hineinentwickelns in die gegebenen gesellschaftlichen Verhältnisse, im Rahmen der bestehenden Möglichkeiten, bei Erreichung objektiver gesellschaftlicher Entwicklungsschranken jedoch immer mehr in deren Überwindung durch die kooperative Anstrengung zur Verbesserung der allgemeinen Lebensbedingungen.

Da die Kontrolle über die eigenen Lebensbedingungen nur über die gesellschaftliche Integration verbessert werden kann, sind die Aufhebung der Abhängigkeit von anderen Menschen und die Erhöhung der Selbstbestimmung auf der einen Seite und die ständige Erweiterung der kooperativen sozialen Beziehungen auf der anderen Seite nur zwei Aspekte des gleichen Entwicklungsprozesses als Einheit von zunehmender Selbständigkeit und erhöhter Bezogenheit auf die anderen Menschen zugleich. Durch die spezifisch menschliche Existenz als Überschreitung der bloß individuellen Entwicklungsmöglichkeiten über den Anschluß an die gesellschaftliche Entwicklung vervielfältigen sich die eigenen Handlungs- und Erlebnismöglichkeiten in dem Maße, wie sie durch die Beziehung zu den anderen potenziert und gesichert werden können: das Ausmaß der kooperativen Integration des Individuums ist stets Ausdruck seiner persönlichen »Stärke« und »Freiheit«. *Gesellschaftliche Integration*, wie sie hier bestimmt ist, ist also das *Gegenteil von Anpassung und von Konformität*. Anpassung bedeutet die Übernahme von gesellschaftlichen Normen, deren Vernünftigkeit im Interesse aller nicht einsehbar ist und auf deren Gestaltung und Änderung das Individuum keinen Einfluß hat, ist also der Versuch des Arrangements mit den »Mächtigen« unter den Bedingungen der Abhängigkeit; Konformität ist die blinde Angleichung an die Auffassungen und Verhaltensweisen anderer unter Ausklammerung der objektiven gesellschaftlichen Notwendigkeiten der gemeinsamen Verbesserung der Lebenslage, also der Verzicht auf die Erweiterung individueller Umweltbedingungen zur Vermeidung des Risikos der damit verbundenen Auseinandersetzungen mit natürlichen und gesellschaftlichen Widerständen. Sie ist mithin ein Anzeichen individueller Entwicklungslosigkeit und eine Spielart gesellschaftlicher Isolation. Nur weil in den bürgerlichen Sozialwissenschaften Anpassung und Konformität mit ihrem Gegenteil, der gesellschaftlichen Integration, gleichgesetzt werden, kann hier die von Grund auf verkehrte Ansicht entstehen, die Herauslösung des Individuums aus der Gesellschaft und die isolierte Aufblähung seiner Individualität bedeute nicht etwa Auslieferung an die aktuellen Umweltverhältnisse, also individuelle Macht- und Hilflosigkeit, sondern »Freiheit« und »Autonomie« der Persönlichkeit.

In der gesellschaftlich ermöglichten, immer weitergehenden individuellen Höherentwicklung der Bedürfnisse wird also auf der einen Seite ein Prozeß in neuer Qualität fortgesetzt, der sich bereits während der tierischen

Entwicklung in Vorstufen herausbildete: Wie die Tiere mit der über die einfachen Gewebedefizite hinausgehenden Entstehung jeweils »aktionsspezifischer« Bedarfszustände, sodann durch die artspezifische Fähigkeit zum individualgeschichtlichen Erwerb neuer Bedarfszustände in gewissem Sinne immer *bedürftiger*, d. h. von der Befriedigung der höherentwickelten Bedarfszustände *abhängiger*, also gerade durch ihre entwickeltere Existenz prinzipiell bedrohter sind (vgl. I, S. 164f. und S. 172), so wächst auch durch die gesellschaftliche Entwickelbarkeit der Bedürfnisse der Menschen ihre potentielle Abhängigkeit und Bedrohtheit: »Der *reiche* Mensch ist zugleich der einer Totalität der menschlichen Lebensäußerung *bedürftige* Mensch. Der Mensch, in dem seine eigne Verwirklichung, als innere Notwendigkeit, als *Not* existiert« (Marx, MEW Ergbd. I, S. 544). Auf der anderen Seite aber kann, wie in der tierischen Entwicklung die Bedrohtheit durch wachsende Bedürftigkeit in der gleichzeitigen Entwicklung neuer kognitiver Möglichkeiten und auf höchsten Entwicklungsstufen insbesondere durch die Herausbildung von die Existenz der einzelnen Tiere in gewissem Maß absichernden Sozialstrukturen »aufgefangen« wird, die neue Größenordnung und Qualität menschlicher Bedürftigkeit und potentieller »Not« durch Teilhabe an der gesellschaftlichen Lebenssicherung, in welcher die Erhaltung und Entfaltung der individuellen Existenz eingeschlossen ist, aufgehoben werden. Die Bedrohung des Einzelnen wird dabei unter historisch bestimmten Verhältnissen für ihn immer nur in dem Maße abzuwenden sein, wie er die Möglichkeit hat, sich integrativ in die Gesellschaft hineinzuentwickeln und damit seine Existenz abzusichern. Bedürfnisreichtum impliziert also, wie aus unseren Ableitungen zu entnehmen, stets nur in dem Maße Glück, wie die Möglichkeiten zur Befriedigung der Bedürfnisse abgesichert sind, jedoch potentiell verstärkte Abhängigkeit und erhöhtes Leiden, sofern der Mensch aus dem Zusammenhang bewußt-vorsorgender Lebensführung auf das bloß organismische Niveau von Bedürfnissen, d. h. der Abhängigkeit ihrer Befriedigung von ungeplant zufälligen Lebensumständen zurückgeworfen ist (s. u.). – Wie in gesellschaftlich-historischem Maßstab, so ist dabei auch in individualgeschichtlicher Größenordnung die »Abgesichertheit« von menschlichen Lebensverhältnissen niemals ein endgültig erreichbarer, unveränderlicher »Zustand«. Da auf gesellschaftlicher und individueller Ebene Lebensbedingungen nur durch aktiv verändernden Eingriff in die Realität unter Kontrolle gebracht und gehalten werden können, ist die Absicherung stets und notwendig permanentes Resultat einer Erweiterung des aktiven Einflusses auf den gesellschaftlichen Prozeß. Wenn man also Fortschritt und Sicherheit in einen Gegensatz bringen will und meint, durch Vermeidung des Risikos der Entwicklung eine Absicherung des gegenwärtigen Standes erreichen zu können, hat man die Sicherheit schon verloren. Demgemäß sind die Erweiterung der Teilhabe an gesellschaftlicher Realitätskontrolle und des Einflusses des Individuums auf den gesellschaftlichen Prozeß und die Absicherung der Erhaltung und Entfaltung individueller Existenzbedingungen in »produktiver« Bedürfnisentwicklung zwei Seiten des gleichen Lebensvollzuges.

Im Zusammenhang der individuellen Entwicklung »produktiver« Bedürfnisse ist auch die Funktion und Perspektive der sinnlich-vitalen Bedürfnisse auf andere Weise zu bestimmen als wenn man sie nur isoliert betrachtet, bzw. ihre Entstehung und Befriedigung ohne Abgesichertheit in gesellschaftlich ermöglichter Kontrolle über die eigenen Lebensbedingungen voraussetzt. – Zwar muß zunächst festgehalten werden, daß die relativ geringe Spanne der individuellen Entwickelbarkeit der organischen und sexuellen Bedürfnisse, die durch ihre prinzipielle Begrenztheit auf das Individuum in der »Natur« dieser Bedürfnisse liegt, auch bei ihrer Einbezogenheit in den Prozeß der Individualentwicklung »produktiver«, d. h. in der aktuellen Umweltauseinandersetzung auf die Erweiterung der Einflußmöglichkeiten auf die relevanten Lebensbedingungen gerichteter Bedürfnisse nicht überwindbar ist. Bestimmendes Moment der individuellen Entwicklung ist stets der Grad der gesellschaftlichen Integration, d. h. die Ausdehnung der sachlich-personalen Umweltbezüge im Zusammenhang gesellschaftlicher Realitätskontrolle. Eine Entwicklung sinnlich-vitaler Bedürfnisse ergibt sich einmal über die Entwicklung der für die Bedürfnisbefriedigung geeigneten Objekte und Situationen, zum anderen in Abhängigkeit vom Ausmaß der Kontrolle über die bestehenden Lebensbedingungen. Der »Genuß« der Befriedigung sinnlich-vitaler Bedürfnisse wird eine völlig andere Qualität haben, je nachdem, ob es sich dabei um den »Ausbruch« einer unerträglich gewordenen Bedürftigkeit handelt, wobei allein die Aufhebung des Mangels und nicht mehr die spezifische Art der Befriedigung von Bedeutung ist, oder aber der Vorgang der Befriedigung selbst unter Herstellung optimaler Bedingungen und unter Ausschaltung jeglicher Störfaktoren voll genossen werden kann. Abgesichertheit ist dabei nicht lediglich eine Rahmenbedingung, die eine sonst davon unberührte Befriedigung ermöglicht, sondern ein *qualitatives Merkmal sinnlich-vitaler Bedürfnisse in ihrer Befriedigung auf menschlichem Niveau selbst.* Über die Kontrolle der eigenen Lebensbedingungen »abgesicherte« organische oder sexuelle Bedürfnisse sind als solche *andere* Bedürfnisse als im Zustand der Ausgeliefertheit an aktuell sich bietende Befriedigungsmöglichkeiten im Zustand unmittelbarer Bedürftigkeit und können erst in dieser Qualität den gesellschaftlich möglichen Grad ihrer individuellen Entwickelbarkeit erreichen. Nur unter den Bedingungen der Vorsorge gewinnt die sinnliche Befriedigung den bewußten Charakter des Genusses der eigenen elementar-sinnlichen Befindlichkeit über die bloße Beseitigung aktueller Spannungs- und Drangzustände hinaus. – Aus dem Zusammenhang dieser

Überlegungen ergibt sich, daß unsere früheren Ausführungen über die Sättigung und Abnutzung sinnlich-vitaler Bedürfnisse, sofern sie als Teilmoment in die Entwicklung »produktiver« Bedürfnisse im Zusammenhang der Ausdehnung der Umweltbeziehungen einbegriffen sind, nicht in gleicher Weise Gültigkeit haben. Wenn auch im Vergleich zu der Aufgabe der »Vermenschlichung« des Individuums über die Aneignung gesellschaftlich notwendigen Wissens und Könnens und der dadurch gegebenen ständigen Erweiterung der Umweltbeziehungen, die wiederum eine permanente Umstrukturierung bereits erworbener Erfahrungen als Basis der Umweltauseinandersetzung erfordert, der sich aus der Befriedigung sinnlich-vitaler Bedürfnisse ergebende Erlebnisbereich relativ beschränkt ist, so ergibt sich eine Erlebnissteigerung hier dennoch sekundär durch ihr Wechselverhältnis mit den »produktiven« Bedürfnissen: Die sinnlich-vitalen Bedürfnisse gewinnen hier einen quasi kompensatorischen Charakter gegenüber der »produktiven« Ausweitung der Umweltbeziehungen, da sie den psychischen und physischen Anspannungen und Erregungen als Ausdruck der mit der Umweltauseinandersetzung und Selbstentwicklung gestellten Anforderungen, d. h. der steten Auflösung bzw. Gefährdung bestehender Beziehungen und deren erneuter Stabilisierung auf verändertem Niveau gerade dadurch, daß sie als solche keine besondere Befähigung voraussetzen, als wesentliches Regulativ gegenüberstehen; während in der produktiven Auseinandersetzung mit der Umwelt die Zukunft partiell vorweggenommen und der gegenwärtige Entwicklungsstand von da aus in Frage gestellt wird, wird bei den sinnlich-vitalen Bedürfnissen, sofern ihre Befriedigung abgesichert ist, die unmittelbare Erfahrung gegenwärtigen Wohlbefindens und vitalen Aufgehobenseins, der »Stimmigkeit« bestehender Beziehungen in ihrer Ausrichtung auf die angestrebten Ziele bewußt »genossen«. Damit kommt es in diesem Zusammenhang auch nicht zur Abnutzung und Sättigung der Befriedigung sinnlich-vitaler Bedürfnisse, wie das zwangsläufig der Fall ist, wenn diese durch die Rückbezogenheit auf das Individuum und unter Ausklammerung der Umweltauseinandersetzung kurzschlüssig in sich zurücklaufen: ihre Befriedigung gewinnt vielmehr aus ihrem Spannungsverhältnis zu der »produktiven« Auseinandersetzung mit der Umwelt immer wieder neu die Qualität elementaren Genusses. Das »menschliche« Bedürfnisleben hat also in dem spannungsvoll-widersprüchlichen Gleichgewicht zwischen »Produktivität« und Sinnlichkeit seine spezifische Qualität: temporäre Vereinseitigungen in zukunftsbezogen-problematischen »produktiven« Erlebnisweisen »fordern« den Ausgleich in elementar-»gegenwärtiger« Sinnlichkeit, wie umgekehrt der Zustand des Behagens und des zufriedenen Gegenwartsgenusses, wie dargestellt, aus inneren und äußeren Gründen nicht von Dauer sein kann, sondern mit der stattgehabten Befriedigung und der sich abzeichnenden Perspektive der Entwickelbarkeit bestehender Lebensmöglichkeiten in »produktive« Unruhe und Unzufriedenheit umschlägt, die auf erneute Umweltauseinandersetzung drängt. In diesem Wechselverhältnis gewinnt die »Sinnlichkeit« zwar vorübergehend eine relative Autonomie, dennoch ist, wie dargelegt, die »Produktivität« hier das bestimmende Moment, da durch die Teilhabe an gesellschaftlicher Realitätskontrolle die Bedingungen für die vorsorgende Absicherung sinnlich-vitaler Bedürfnisse, damit für die volle Entfaltung einer »menschlichen« Sinnlichkeit zunächst einmal geschaffen werden müssen. (Diese Ausführungen werden bei der Behandlung des Problems »menschlicher« Motivation noch präzisiert und weitergehend begründet).

4.2.3 Die Bedingungen der »Subjektivierung« kognitiv erfaßter objektiver Bedeutungen durch Aktualisierung von Bedürfnissen

Wir haben bisher bei der Herausarbeitung des Zusammenhangs zwischen gesellschaftlich-historischem Prozeß und individueller Bedürfnisentwicklung und der Explikation des Verhältnisses der Individualentwicklung »produktiver« und sinnlich-vitaler Bedürfnisse als Wesensbestimmung der »menschlichen« Bedürfnisstruktur die »Bedürfnisse« nur in ihrer allgemeinen Charakteristik als subjektive Bewegungsmomente gesellschaftlich-historischer und individueller Entwicklung behandelt, von der Frage nach den *äußeren und inneren Bedingungen, von denen es abhängt, ob ein konkretes Individuum in einer bestimmten Situation tatsächlich bestimmte Bedürfnisse zeigt,* aber noch abgesehen. Dieser Gesichtspunkt muß, da er eine notwendige Voraussetzung für die adäquate Kennzeichnung menschlicher Motivationsprozesse in ihrer Beziehung zur Bedürfnisstruktur ist, jetzt behandelt werden, womit die Überleitung von der Analyse der Bedürfnisse zur Einführung unseres Konzeptes »menschlicher« Motivation vollziehbar werden soll.

Um die damit angesprochene neue Fragestellung richtig bestimmen zu können, müssen wir eine Unterscheidung einführen, die bisher noch nicht thematisiert worden ist: die zwischen Bedürfnissen als solchen und ihrer Aktualisierung. Diese Unterscheidung wurde von uns faktisch, wenn auch nicht ausdrücklich, schon bei der Behandlung tierischer Bedarfszustände gemacht: Nach unserer Darstellung verfügt das Tier auf dem Niveau der Gewebedefizite und aktionsspezifischen Energien über bestimmte phylogenetisch gewordene morphologisch-funktionale Voraussetzungen für die Entstehung qualitativ unterschiedlicher Bedarfszustände, die jeweils beim Gegebensein bestimmter Mangelzustände bzw. der »Stauung« aktionsspezifischer Energie aktualisiert werden; bei der Heraushebung von

»gelernten« Bedürfnissen, etwa im Bevorzugungsverhalten, wurde implizit angenommen, daß das Tier bestimmte »Dispositionen« zur Bevorzugung etwa gewisser Nahrungsmittel »lernt«, wobei das tatsächliche Bevorzugungsverhalten aber nur bei der Aktualisierung entsprechender Bedarfszustände auftritt: Das Tier bevorzugt aufgrund vorheriger Lernprozesse ein Nahrungsmittel nur, sofern es »Hunger« hat. Auf »menschlicher« Ebene schließt die Herausstellung des Tatbestandes, daß die Bedürfnisse sich über den Aneignungsprozeß gesellschaftlich entwickeln und sich mit dem historisch-gesellschaftlichen Prozeß verändern, die Abhebung der Bedürfnisse selbst von ihrer Aktualisierung ein; die im biographischen Erstreckungsgrad der individuellen Vergesellschaftung angeeigneten Bedürfnisse eines Menschen gehören zu seinen relativ überdauernden Persönlichkeitseigenschaften; dies heißt aber nicht, daß diese Bedürfnisse ununterbrochen wirksam sind; vielmehr müssen bestimmte konkrete Bedingungen vorliegen, damit die angeeigneten Bedürfnisdispositionen tatsächlich als aktuelle Bedürfnisse in Erscheinung treten und das Handeln bestimmen. Welcher Art diese Bedingungen sind, steht jetzt zur Diskussion. – Bei der Analyse der tierischen Emotionalität (Kap. 2.6) wurde von uns aufgewiesen: Bedarfszustände als »qualitativ« besondere Handlungsbereitschaften setzen einen etwa auf Gewebedefizite, »Stauungen« aktionsspezifischer Energien oder Erregungssteigerungen durch Widerständigkeit der Realität zurückgehenden negativen emotionalen Zustandswert voraus, mit dem gleichzeitig die positive emotionale Umgebungswertigkeit (Valenz) der Objekte verbunden ist, die zur Beseitigung des negativen Zustandswerts geeignet sind. Die Handlung zur Erreichung oder Vermeidung des valenzbesetzten Objekts hat in der Beseitigung des negativen Zustandswerts selbst einen relativen und vom Stadium der aktionsspezifischen Energien an auch absoluten, in den Bereich der »Lust« hineinführenden Befriedigungswert. »Vorzeichen«, Ausmaß und spezifische »Qualität« der Valenzen und zugeordneten Zustandswerte sind von den biologisch relevanten Eigenschaften des Bedarfsobjekts, die die Handlungen zur Bedarfsbefriedigung formen, abhängig; diese Ausrichtung des Verhaltens an jeweils bestimmten Objekteigenschaften ist phylogenetisch festgelegt und auf höheren Entwicklungsstufen immer mehr auch durch individuelles Lernen modifizierbar, so daß die Valenzen und Zustandswerte immer stärker von den »Erfahrungen« des einzelnen Tieres geprägt sind. – Die Frage, aufgrund welcher Bedingungen beim jeweils einzelnen menschlichen Individuum bestimmte Bedürfnisse aktualisiert werden, läßt sich also als das Problem präzisieren, *unter welchen Bedingungen es beim Menschen zu negativen emotionalen Zustandswerten und entsprechenden Valenzen kommt und wie dabei die »menschliche« Spezifik des Verhältnisses von Objekten, Valenzen, Zustandswerten und Befriedigungswert zu charakterisieren ist.*

Da die Besonderheit der menschlichen Lebenstätigkeit primär in der auf das Individuum zurückwirkenden Entäußerung in der Arbeit, damit Schaffung einer gegenständlichen gesellschaftlichen Lebenswirklichkeit gemäß verallgemeinerten menschlichen Zielen liegt, muß hier auch der Schlüssel für die jetzt benötigten Klärungen zu finden sein, d. h. wir müssen das Problem von der gegenständlichen Seite, den Valenzen, her entwickeln. Die emotionalen Valenzen ergeben sich aus emotionalen Wertungen von rezeptorisch bzw. kognitiv erfaßten Objekteigenschaften im Hinblick auf ihre »Geeignetheit« für die Reduzierung eines bestimmten negativen Zustandswerts und verändern sich mit der Veränderung der Kognition der jeweiligen Objekte. Die Spezifik kognitiver Prozesse beim Menschen liegt, wie wir im Anschluß an Holzkamp dargelegt haben (Vgl. I, S. 232ff.), in ihrer Bezogenheit auf Gegenstandsbedeutungen und übergeordnete Symbolbedeutungen als kognitionsrelevantem Aspekt der durch menschliche Arbeit geformten Welt, wobei »Gegenstandsbedeutung« eine psychologische Kategorie zur Kennzeichnung von »Reizsituationen« auf »menschlichem« Niveau darstellt. Die spezifisch »menschliche« Qualität der Valenzen besteht somit darin, daß sie nicht, wie auf tierischem Niveau, emotionale Wertigkeiten von »Reizgegebenheiten« am Maßstab organismischer »Zuträglichkeit«, sondern *emotionale Wertigkeiten objektiver gesellschaftlicher Bedeutungen,* also *»subjektive Bedeutungen«* sind. Die Entstehung aktueller menschlicher Bedürfnisse heißt demnach, daß im Zusammenhang mit bestimmten emotionalen Zustandswerten kognitiv erfaßte objektive Bedeutungen emotionale Valenz, also subjektive Bedeutung als emotionale Handlungsbereitschaft des Individuums gewinnen.

Der Unterschied zwischen objektiven und subjektiven Gegenstandsbedeutungen wird von Holzkamp (1973) nicht gemacht. Für ihn sind Bedeutungen ausschließlich objektiv, und ihre Erfassung ist ausschließlich Sache der Kognition. Da aber Holzkamp im Zusammenhang des materialistischen Ansatzes Bedeutungserfassung als Moment der realen Lebenstätigkeit des Menschen versteht, resultiert daraus über weite Strecken der Eindruck, menschliche Handlungen würden direkt aus der Art der Kognition der bedeutungsvollen gesellschaftlichen Realität sich ableiten; in der damit vollzogenen Ausklammerung des wertenden, emotionalen Charakters menschlicher Subjektivität liegt die Gefahr einer objektivistisch-mechanistischen Vorstellung der Determiniertheit der Handlung durch die Kognition, in jedem Falle aber eine einseitige und damit tendentiell falsche Auffassung über den Zusammenhang zwischen menschlicher Erkenntnis und Handlungsbereitschaft. Wesentliche Gründe für diesen Mangel liegen u. E. bereits in einer einseitigen Bestimmung der objektiven Gegenstandsbedeutungen selbst.

Die Gegenstandsbedeutungen und Symbolbedeutungen, in denen diese auf den Begriff gebracht sind, haben bei Holzkamp zunächst wesentlich *bloß signifikativen Charakter;* die Axt »bedeutet« aufgrund der in ihr vergegenständlichten allgemeinen

Zwecksetzungen das Damit-schlagen-Können, das Haus das Darin-Wohnen-Können; die diesen sachlichen zugeordneten personalen Gegenstandsbedeutungen verweisen in der Formung der Tätigkeit und den personal verallgemeinerten Fertigkeiten und Fähigkeiten auf die sachlichen Gegenstandsbedeutungen und umgekehrt. Die kognitive Erfassung so verstandener Bedeutungen hat, obwohl sie einerseits Bestimmungsmoment menschlicher Lebenstätigkeit sein soll, andererseits lediglich *kontemplativen* Charakter; aus der Kognition der gegenständlichen »Bedeutung« der Axt als »Damit-schlagen-Können« geht in keiner Weise hervor, was ich jetzt mit dieser Axt zu tun habe. Von da aus kann sich hier die Frage nach der Beziehung zwischen objektiven Bedeutungen und subjektiver Handlungsbereitschaft gar nicht erst stellen. – An anderer Stelle hebt Holzkamp den über den bloß signifikativen hinausgehenden Aspekt der gesellschaftlichen Notwendigkeit der Gegenstandsbedeutungen heraus, indem er die Bedeutungsdimensionen als generalisierte Fassungen solcher Bedeutungsunterschiede, die im gesellschaftlichen Durchschnitt angemessen wahrnehmbar sein müssen, damit die gesellschaftliche Lebenserhaltung einer bestimmten Gesellungseinheit als möglich verständlich wird, bestimmt (1973, S. 153). Hier ist zwar ein sehr wichtiges Moment auf den Begriff gebracht, dennoch bleibt die Bestimmung der objektiven Gegenstandsbedeutungen im Bereich des von dem handelnden Subjekt abgetrennten Gesellschaftlich-Allgemeinen. Es wird nicht verständlich, wie ein individueller Mensch auf dem Weg über die Kognition der objektiven Bedeutungen zum Handeln kommen kann; die wirklichen Handlungen der Menschen müßten demgemäß hier in gewissem Grade aus dem Menschen selbst, unabhängig von seinen kognitiven Bezügen zur objektiven gesellschaftlichen Realität, entspringen, was – als Komplementärerscheinung zur einseitig objektivistischen Auffassung der Bedeutungen – bestimmte einseitig subjektivistische Auffassungen über das menschliche Handeln implizieren würde.

Wenn man sich die Voraussetzungen für eine adäquate Einsicht in die Vermitteltheit zwischen objektiven und subjektiven Bedingungen der menschlichen Lebenstätigkeit schaffen will, so muß man sich klar machen, daß die Heraushebung des signifikativen Verweisungscharakters von objektiven Gegenstandsbedeutungen auf in den Arbeitsprodukten vergegenständlichte allgemeine Zwecke, wodurch sie von bloß qualitativ-figuralen Eigenschaften der Dinge auf organismischem Niveau prinzipiell verschieden sind, zwar ein wichtiger und notwendiger Zwischenschritt wissenschaftlicher Reflexion ist, wobei aber nur ein Moment an den objektiven Bedeutungsstrukturen abstrahierend isoliert wurde und der Gesamtzusammenhang gesellschaftlicher Bedeutungen anschließend wieder zu rekonstruieren ist.

Da gesellschaftliche Verhältnisse den menschlichen Modus der materiellen Lebenssicherung darstellen, schließen auch objektive gesellschaftliche Bedeutungen immer den Zusammenhang mit Zielen gesellschaftlicher bzw. individueller Lebenssicherung ein; die Axt offenbart nur in kontemplativen Sondersituationen ihren isolierten Verweisungscharakter »Zum-Schlagen«, steht aber in Situationen praktischer Lebensbewältigung stets in objektiven Zielkonstellationen der Lebenssicherung und hat ihre Bedeutung im konkreten Kontext von Handlungsnotwendigkeiten; jetzt müssen Bäume gefällt werden, um Ackerland zu schaffen, die Flut einzudämmen, jetzt muß ein Balken bearbeitet werden, um ihn beim Hausbau zu verwenden; auch das Haus hat seine Bedeutung im konkreten Kontext: Schutz vor Kälte, Ruhe zur Reproduktion der Arbeitskraft o. ä.; die signifikativen Bedeutungsaspekte der Gegenstände sind dabei nur unselbständiges Teilmoment der übergeordneten Bedeutungskonstellationen der Ziele gesellschaftlicher und individueller Lebenssicherung. Demgemäß ist die kognitive Erfassung der gesellschaftlichen Bedeutungen nicht nur die Kognition der Verweisungscharaktere, sondern die Kognition der objektiven gesellschaftlichen Zielkonstellationen, in die die sachlichen und personalen Momente signifikativer Bedeutungsaspekte jeweils eingebunden sind. Damit ist auch die Vermittlung zwischen Bedeutungserfassung und Handlung geklärt: Die objektiven Bedeutungen der Zielkonstellationen können zu vom Individuum übernommenen Handlungszielen werden, wenn sie durch emotionale Wertungen im Zusammenhang menschlicher Bedürfnisse zu subjektiven Bedeutungen werden. In unserem Zusammenhang des emotional-motivationalen Aspektes menschlicher Lebenstätigkeit ist neben dem signifikativen ein anderes Bestimmungsmoment dieses Begriffs besonders wesentlich: »Bedeutung« als *Relevanz oder Wichtigkeit.* Die objektiven Bedeutungen der Zielkonstellationen haben Relevanz und Wichtigkeit für die allgemeine Lebenserhaltung; sie werden zu »subjektiven« Bedeutungen, sofern diese Relevanz auch für die jeweiligen Individuen gegeben, d. h. in den objektiven Zielen auch die Sicherung und Erweiterung individueller Lebensmöglichkeiten aufgehoben ist.

Zur weiteren Klärung der Frage nach den Bedingungen für die Aktualisierung menschlicher Bedürfnisse müssen wir die von uns in historischer Analyse herausgearbeitete Unterscheidung verschiedener Bedürfnissysteme und Bedürfnisarten in die Darlegungen einbeziehen; gemäß dem aufgewiesenen inneren Zusammenhang zwischen der Eigenart der Bedürfnisse und der Eigenart der Objekte bzw. Situationen, auf die sie sich beziehen, müssen die objektiven Gegenstandsbedeutungen, die durch die Aktualisierung der Bedürfnisse »subjektiviert« werden, je nach der Art der involvierten Bedürfnisse charakteristisch verschieden sein; aufgrund der Differenzierungen in unterschiedlichen Bedürfnissystemen und -arten müssen auch hinsichtlich der zugeordneten, in den Bedürfnissen subjektivierten objektiven Gegenstandsbedeutungen bestimmte wesentliche Unterschiede herausgehoben werden, und das Problem der Bedürfnisaktualisierung ist unter Berücksichtigung der besonderen Charakteristik der jeweils thematisierten Bedürfnisart einschließlich der Eigenart der zugeordneten objektiven Gegenstandsbedeutungen zu diskutieren.

Innerhalb des Systems der *sinnlich-vitalen Bedürfnisse* sind die objektiven Gegenstandsbedeutungen, die sich in den *sexuellen Bedürfnissen* »subjektivieren«, vergleichsweise am wenigsten gesellschaftlich geprägt, also am weitestgehenden im bloß organismischen Niveau der »Reizkonstellationen« und Valenzen verhaftet. Die »Attraktivität« des Sexualpartners ist zwar von gesellschaftlich hergestellten Momenten wie Kleidung, »Aufmachung«, ebenso von gesellschaftlicher Formung der äußeren Haltung, der Bewegungen, des »Sich-Gebens« etc. geprägt, so daß man hier schon vom Erreichen des Niveaus personaler Gegenstandsbedeutungen, die historischen Veränderungen unterworfen sind, ausgehen kann; solche Modifikationen müssen aber wohl dennoch als relativ geringfügige Variationen von »artspezifischen« Merkmalen sexueller Attraktivität und entsprechenden Auslösern und Valenzen angesehen werden. Die Aktualisierung sexueller Bedürfnisse ist auf der »Zustandsseite« von bestimmten organismischen Spannungs-, Entspannungs- und Sättigungserscheinungen abhängig, die zwar bei den höchsten Tieren und beim Menschen kaum mehr periodischen, etwa jahreszeitlich gebundenen Schwankungen unterliegen, aber dennoch in gewissem Grade endogen bedingt sind, da hier aufgrund von Prozessen der »Entladung« von Bedürfnisspannungen in der Regel eine Phase der Sättigung und der allmählichen Wiedererhöhung des Spannungsniveaus folgt, was in gewisser Weise auf der »Gegenstandsseite« entsprechende Schwankungen der Attraktivität quasi als abhängige Variable nach sich zieht; darüber hinaus kann hier auch von einem möglichen Partner mit ausgeprägt »stimulierenden« Sexualmerkmalen und/oder Verhaltensweisen eine »Anregungswirkung« ausgehen, durch welche exogen die sexuelle Spannung erhöht wird, wobei solche äußeren Stimulierungen aber den endogenen Prozeß nur sekundär überlagern: sie sind in Phasen maximaler Spannung und maximaler Sättigung wirkungslos und können offensichtlich nur in den Zwischenphasen latenter sexueller Bereitschaft einen aktuellen Prozeß der Spannungserhöhung einleiten bzw. beschleunigen (eine genauere Analyse derartiger Wechselbeziehungen zwischen Zustandswert und Valenz bei sexuellen Bedürfnissen ist hier nicht erforderlich). – Bei den organismischen Bedürfnissen sind, wie aus unseren früheren Ausführungen hervorgeht, die objektiven Bedeutungskonstellationen, die bei Bedürfnisaktualisierung »subjektiviert« werden, nicht wie bei den sexuellen »personaler« Art; es handelt sich hier vielmehr um zur Bedürfnisbefriedigung gesellschaftlich geschaffene Produkte elementarer Existenzerhaltung, die durch die geschilderte direkte Einbezogenheit der Konsumtion in den gesellschaftlich-historischen Entwicklungsprozeß einen sehr viel ausgeprägteren gesellschaftlichen Charakter besitzen als die »Objekte« sexueller Bedürfnisbefriedigung. Dennoch sind die organischen Bedürfnisse nur auf einen begrenzten Aspekt innerhalb der Bedeutungsstrukturen der durch Arbeit geschaffenen »menschlichen« Welt bezogen, nämlich solche Aspekte, deren objektive Bedeutung allein in ihrer Geeignetheit zur unmittelbaren Beseitigung organischer Mangelzustände des jeweils einzelnen Menschen liegt. Die Aktualisierung der organischen Bedürfnisse, damit die »Subjektivierung« der in den Gegenständen realisierten objektiven Bedeutungen, ist hier weitgehend durch negative Zustandswerte bedingt, die, obwohl einerseits gesellschaftlich entwickelt, andererseits stets Organempfindungen als Ausdruck von Gewebedefiziten oder ähnlichen organismischen Gleichgewichtsstörungen zur Grundlage haben; manche solcher negativen Zustandswerte treten aus innerorganismischen Ursachen vorwiegend zyklisch auf, wie »Hunger«, andere hängen vorwiegend von äußeren Bedingungen ab, wie »Frieren«; immer aber ist hier ein innerorganismischer Ungleichgewichtszustand gegeben, der durch Handlungen zur Beseitigung der Ursachen, wie z. B. Essen, Sich-warm-Anziehen, Ins-Haus-Gehen, reduzierbar ist, womit auch das aktuelle Bedürfnis erlischt. Außer den genannten endogenen Bedingungen kann auch die Aktualisierung von organischen Bedürfnissen durch gegenständliche Momente innerhalb der Bedürfnisbeziehung, etwa »Appetit« beim Anblick von Speisen, gefördert werden, aber auch hier immer nur sekundär innerhalb einer von der Ausgeprägtheit der Zustandswerte abhängigen Variationsbreite. Wenn man »satt« ist, können die appetitlichsten Speisen keine entsprechende Bedürfnisaktualisierung hervorrufen; wenn es heiß ist, läßt der schönste Wollpullover kalt; umgekehrt haben bei sehr stark ausgeprägten Bedürfnisspannungen die jeweils entsprechenden objektiven Bedeutungen ebenfalls keine aktualisierende Wirkung, da die Bedürfnisse ja bereits hochgradig »aktuell« sind; die gegenständliche »Anreizwirkung« ist offensichtlich bei mittleren Graden der Bedürfnisspannung am größten und kann dabei etwa ein bisher »unterschwelliges« Bedürfnis bewußt werden lassen etc. – Die Bedingungen der Aktualisierung sinnlich-vitaler Bedürfnisse haben gemeinsam, daß die Aktualisierung mehr oder weniger eindeutig durch – sei es mehr innerorganismisch entstandene, sei es mehr von außen induzierte – Bedürfnisspannungen als Gleichgewichtsstörungen verursacht wird, wobei die Befriedigung eine Beseitigung dieser umschriebenen Gleichgewichtsstörung ist, so daß man den sinnlich-vitalen Bedürfnissen »homöostatischen« Charakter zusprechen kann (vgl. I, S. 86f.). Ein zweites gemeinsames Merkmal, das mit dem ersten eng zusammenhängt, ist der Umstand, daß die objektiven Bedeutungen, die durch die Aktualisierung der Bedürfnisse »subjektiviert« werden, obwohl mehr oder weniger gesellschaftlich geprägt und entwickelt, stets bestimmte Reizkonstellationen einschließen, durch welche bereits auf organismischer Ebene eine relativ feste Zuordnung zwischen der Art der einzelnen Bedürfnisse und den Objekten zu ihrer Befriedigung gegeben ist; Gegenstand der entwickelten sexuellen Bedürfnisse ist der Sexualpartner, Gegenstand der Nahrungsbedürfnisse das Nahrungsmittel, und zwar unabhängig vom Grad der gesellschaftlichen Geprägtheit und Entwickeltheit der Bedürfnisse aufgrund biologischer Notwendigkeiten im Funktionskreis der Fortpflanzung bzw. individuellen Lebenssicherung.

Im Hinblick auf die Frage der Bedingungen der Aktualisierung von Bedürfnissen im System der *»produktiven« Bedürfnisse* ist die Problemlage schon deswegen eine gegenüber den sinnlich-vitalen Bedürfnissen grundlegend andere, weil bereits dem in den produktiven Bedürfnissen aufgehobenen »Kontrollbedarf« auf organismischem Niveau kein »homöostatischer«, zyklischer Charakter mit umschriebenen Gleichgewichtsstörungen und deren Reduzierung zukommt. – Zwar haben die aktionsspezifischen Energien, mit deren Ausdifferenzierung die phylogenetische Sonderentwicklung bis zum Umschlag in die »produktiven« Bedürfnisse des Menschen einsetzte, noch mehr oder weniger zyklische Verlaufsformen, indem sie gemäß phylogenetisch ermittelten »Bedarfsplänen« in der jeweils für die Arterhaltung notwendigen Häufigkeit sich wieder »aufladen«, so daß im Vollzug der jeweiligen Instinkthandlung eine »Entladung« der Energie auftritt, die als Befriedigung angesehen werden kann, wobei zugleich die positive Valenz des Schlüsselreizes schwindet. Nachdem aber in der weiteren Phylogenese die instinktiven Handlungsfolgen (in den »relativen Hierarchien«) sich immer mehr aufsplitterten und frei kombinierbar wurden und so die an jeweils konkrete Anforderungen anpaßbaren »Willkürbewegungen« im Neugier- und Explorationsverhalten sich immer stärker herausbildeten, ging hier der Zusammenhang zwischen organismischen Gleichgewichtsstörungen und der Aktualisierung von Bedarfszuständen und entsprechenden Handlungsbereitschaften immer mehr verloren. Die früheren aktionsspezifischen Energien wurden jetzt mehr und mehr lediglich zu einer allgemeinen Basis für die Spontaneität tierischer Handlungen. Die das Neugier- und Explorationsverhalten absichernde allgemeine Bedarfsgrundlage (»Kontrollbedarf«) ist demgemäß als eine nur durch Schlaf, Ermüdung o. ä. unterbrochene, mindestens latente permanente Handlungsbereitschaft aufzufassen; derartige Verhaltensweisen als Voraussetzungen der Lern- und Entwicklungsfähigkeit höchster Tiere füllen im Wechselspiel mit aus »inhaltlichen«, in Gewebedefiziten gegründeten Bedarfszuständen entstehenden bzw. instinktiv festgelegten Handlungen mehr oder weniger das gesamte wache Leben der Tiere aus.

Im Zusammenhang mit dem Tatbestand, daß der tierische »Kontrollbedarf« nicht in zyklisch-homöostatischen Prozessen sich aktualisiert, ist der Sachverhalt zu sehen, daß hier auch die für die »inhaltlichen« Bedarfszustände bis hin zu den sinnlich-vitalen Bedürfnissen des Menschen charakteristische relative Fixiertheit des Bedarfs an jeweils bestimmte, dem Bedarfszustand zugeordnete Befriedigungsobjekte fehlt. Die Bedarfsgrundlage des Neugier- und Explorationsverhaltens aktualisiert sich über die allgemeine latente Handlungsbereitschaft hinaus, wenn das Tier durch »neue« Umwelttatbestände im früher diskutierten Sinn bzw. durch Widerstände, die sich im Umgang mit den Objekten ergeben, aktiviert wird; dabei können, wie gezeigt, die Widerständigkeiten gegen die Orientierungs- und Bewältigungsversuche des Tieres je nach Art und Grad der auftretenden »Schwierigkeiten« zu gerichteter Energiemobilisierung im ambivalenten Verhältnis zur steten Angstbereitschaft, zum Überwiegen der Angstbereitschaft und darauf folgender Abwendung oder zur manifesten Angst, d. h. dem Verlust der Handlungsfähigkeit in der vorgegebenen Situation und zur Verhaltensdesintegration führen (vgl. I, S. 179f.). Man kann also verallgemeinernd festhalten, daß die Aktualisierung des tierischen Kontrollbedarfs über die ständige latente Handlungsbereitschaft hinaus als herausgehobene Erhöhung der allgemeinen Umweltzugewandtheit durch die aus jeweils besonderen Beschaffenheiten der individuellen Umwelt des Tieres sich ergebenden biologischen Notwendigkeiten von Kontrollaktivitäten bedingt ist.

Die geschilderten Besonderheiten der Aktualisierung des »Bedarfs nach Umweltkontrolle« gegenüber den einzelnen »inhaltlichen« Bedarfszuständen sind in den Besonderheiten der Aktualisierung »produktiver« Bedürfnisse als Ausgerichtetheit des Menschen auf die Kontrolle des gesellschaftlichen Prozesses der Lebenssicherung gegenüber den nichtproduktiven Bedürfnissen aufgehoben; auch »produktive« Bedürfnisse werden nicht durch umschriebene organismische Gleichgewichtsstörungen aktualisiert und durch Beseitigung der Gleichgewichtsstörungen befriedigt, haben also keinen homöostatischen Charakter, sondern bedeuten eine generelle potentielle Handlungsbereitschaft; auch »produktive« Bedürfnisse haben keine jeweils bestimmten Bedürfnisarten zugeordneten, fixierten Objekte der Bedürfnisbefriedigung, sondern sind eine allgemeine Umweltzugewandtheit, deren Aktualisierung zu jeweils bestimmten Handlungsbereitschaften durch Notwendigkeiten der Umweltkontrolle, die sich aus jeweils besonderen Beschaffenheiten der Realität ergeben, bedingt ist. Mit diesen Feststellungen sind indessen zwar schon wichtige Unterschiede der Aktualisierungsbedingungen »produktiver« und sinnlich-vitaler Bedürfnisse herausgehoben, das Problem der Bedingungen der Aktualisierung von »produktiven« Bedürfnissen in ihrer »menschlichen« Spezifik ist damit aber noch keinesweg geklärt. – Während, wie festgestellt, die Vergesellschaftung der sinnlich-vitalen Bedürfnisse lediglich in der gesellschaftlichen Entwicklung der Bedürfnisobjekte bzw. -situationen und entsprechender Modifikation der Bedürfnisqualitäten besteht, der Modus der Befriedigung aber durch eine direkte Bezogenheit auf das Bedürfnisobjekt gekennzeichnet ist, also organismisches Niveau nicht überschreitet, gewinnen die »produktiven« Bedürfnisse noch auf einer anderen, entwickelteren Ebene eine neue Qualität der Gesellschaftlichkeit, indem ihre Befriedigung über die Teilhabe an der kooperativen gesellschaftlichen Lebenssicherung als Kontrolle über die allgemeinen und damit individuellen Daseinsbedingungen vermittelt ist. Die gesellschaftliche Vermitteltheit der »produktiven« Bedürfnisse bereitete sich in der Herausbildung des verselbständigten organismischen »Kontrollbedarfs« zwar insoweit vor, als hier die Unmittelbarkeit der Beziehung zwischen dem Auftreten von »inhaltlichen« Bedarfszuständen im Funktionskreis der Fortpflanzung und Lebenssicherung und der Entstehung von Handlungsbereitschaften, die schon auf dem Niveau der aktionsspezifischen Energien gelockert wurde, sich immer mehr reduzierte. Jedoch gehören auch die »neuen« Gegebenheiten, »Widerstände«, »Gefügigkeitsqualitäten« etc., an denen sich die Bedürfnisspannungen der Kontrollaktivitäten aktualisieren und steuern, zur jeweils unmittelbaren Umwelt des Tieres, und die Notwendigkeiten der Kontrolle der Umweltgegebenheiten sind lediglich auf den einzelnen Organismus bezogene Notwendigkeiten der aktuellen Lebenserhaltung. Dies gilt auch da, wo auf höheren tierischen Entwicklungsstufen die individuelle Lebenssicherung und Fortpflanzung immer mehr nur im sozialen Verband möglich ist, da in den tierischen Sozietäten keine gegenständliche Realität mit selbständigen Entwicklungsgesetzen geschaffen ist, die Tiere des Verbandes also lediglich wechselseitig zu ihrer »natürlichen Umwelt« gehören und der Träger der historischen Entwicklung mit ihren Notwendigkeiten (abgesehen von dem diskutierten Sonderfall der »Traditionsbildungen«) der einzelne Organismus mit seinen morphologisch-funktionalen Merkmalen ist. Die Realität, auf die sich die »produktiven« Bedürfnisse beziehen, besteht dagegen nicht in »natürlichen«, sachlichen oder sozialen, Merkmalen der individuellen Umwelt, sondern in den objektiven Produktionsbedingungen als Voraussetzung der Sicherung und Entwicklung gesellschaftlicher und individueller Lebensmöglichkeiten, d. h. in den Gegenstandsbedeutungen sachlicher und personaler Art im Zusammenhang gesellschaftlicher Ziele; die objektiven Lebensnotwendigkeiten, die in den produktiven Bedürfnissen »subjektiviert« werden müssen, sind nicht biologische Notwendigkeiten, sondern gesellschaftliche Notwendigkeiten.

Wenn bisher als entscheidender Unterschied hinsichtlich der Aktualisierung sinnlich-vitaler und »produktiver« Bedürfnisse herausgehoben wurde, daß bei den sinnlich-vitalen Bedürfnissen die »Subjektivierung« der objektiven Gegenstandsbedeutungen wesentlich von innerorganismischen Gleichgewichtsstörungen abhängt, während bei den »produktiven« Bedürfnissen die »Subjektivierung« auf der Basis einer allgemeinen Bereitschaft zur Umweltzuwendung durch jeweils bestimmte Umweltbeschaffenheiten, die eine erhöhte Aktivierung erfordern, bedingt ist, der Spannungsverlauf also nicht zentral durch endogene Spannungs- und Entspannungszyklen, sondern durch das Entstehen und die Überwindung von realen Widerständen in der Außenwelt und damit gegebenen Handlungsnotwendigkeiten reguliert ist, so stoßen wir mit Einbeziehung der Tatsache, daß diese »Umwelt« beim Menschen gesellschaftlicher Natur ist, auf eine entscheidende Grenze unserer bisherigen Ableitungsweise: Da die Ziele im Zusammenhang der vorsorgenden Absicherung gesellschaftlicher Lebensbedingungen nicht bloß zur unmittelbaren Umwelt des Menschen gehören, sondern aus übergreifenden gesellschaftlichen Verhältnissen sich ergeben, ist die auf das organismische Niveau der Regulation von Kontrollaktivitäten beziehbare Vorstellung, Widerständigkeiten in der Umwelt seien die direkte Voraussetzung für die Aktualisierung »produktiver« Bedürfnisse, hier unzureichend. Es läßt sich an der Umwelt, wie sie dem einzelnen Menschen unmittelbar gegeben ist, in keiner Weise ein direkter Zusammenhang zwischen bestimmten wahrnehmbaren Realitätsbeschaffenheiten und sich aus deren Widerständigkeit gegenüber den Handlungen des Individuums ergebenden und regulierenden »produktiven« Bedürfnisspannungen aufweisen. Damit ergibt sich ein Problem neuer Qualität und Größenordnung: Es muß geklärt werden, *unter welchen Bedingungen sich objektive Notwendigkeiten der gesellschaftlichen Existenzerhaltung in subjektive Notwendigkeiten umsetzen, auf welche Weise also ein persönlicher Beitrag zur Erreichung gesellschaftlicher Ziele zu einem aktuellen »produktiven« Bedürfnis des Individuums werden kann.* Die Klärung dieser Frage ist, wie im folgenden gezeigt werden soll, gleichbedeutend mit dem *Problem des Wesens der Motivation in ihrer »menschlichen« Spezifik.*

4.3 Wesen und Entstehungsbedingungen motivierter und erzwungener Lebenstätigkeit des Menschen

4.3.1 Motivation als aus bewußtem »Verhalten« zur eigenen Subjektivität resultierende emotionale Anstrengungs- und Risikobereitschaft in Richtung auf die Realisierung gesellschaftlicher Ziele

Um einen adäquaten Ansatz für die Herausarbeitung der »menschlichen« Besonderheit der Motivation zu finden, vergegenwärtigen wir uns zunächst die Zusammenhänge, durch welche wir bei der funktional-historischen Analyse der phylogenetischen Entwicklung des emotionalen Aspektes der Lebensaktivität zur Einführung unseres Motivationskonzeptes kamen:

Beim Nachvollzug der tierischen Phylogenese der Emotionalität wurde der Begriff der *»Motivation«* an der Stelle eingeführt, wo es darum ging, den mit dem *»Bevorzugungsverhalten«* erreichten bedeutsamen Entwicklungsschritt zu kennzeichnen. (I, S. 171 f.) Die Tiere schieben hier die Bedarfsbefriedigung an einem gegenwärtig gegebenen Objekt mit geringerem Befriedigungswert zugunsten von Bedarfsobjekten, deren höheren Befriedigungswert sie individuell gelernt haben, auf, wobei das »motivationale« Moment, wie wir es herausgehoben haben, darin liegt, daß die Tiere den »artspezifisch« vorgegebenen aktuellen Einflüssen von Valenzen und Bedarfszuständen nicht mehr gänzlich ausgeliefert sind, sondern aufgrund individueller Erfahrungen in der Ausrichtung auf zukünftig zu erreichende Befriedigungen eine gewisse *Distanz* gegenüber den unmittelbar gegebenen Bedarfsobjekten, also erste *Vorformen der Kontrolle über ihre Bedarfszustände* gewinnen.

Eine höhere Form der motivationalen Handlungsausrichtung liegt in der geschilderten gerichteten Energiemobilisierung angesichts von prinzipiell bewältigbaren Widerständen gegen das Kontrollstreben des Neugier- und Explorationsverhaltens (vgl. I, 180ff.). Auch hier ist das ausrichtende Moment aufgrund »erworbener« Befriedigungsmöglichkeiten als Charakteristikum des »Motivationalen« zentral, richtet sich dabei aber nicht direkt auf eine zukünftige Befriedigungssituation, sondern auf eine Überwindung des Widerstandes, also Bewältigung der »Schwierigkeit«, woraus sich der mit deren »Erfolg« zusammenhängende und an ihm gesteuerte »befriedigende« Charakter der Aktivitäten zur Situationsbewältigung als *»Funktionslust«* etc. ergibt. Auch hier ist das Tier den gegenwärtigen Situationseinflüssen nicht völlig ausgeliefert, sondern behält seine Aktivitäten trotz der Widerständigkeit der Realität oder »Verlockungen« durch andere Umweltreize »unter Kontrolle«.

Die tierischen Frühformen »motivierten« Verhaltens sind in beiden geschilderten Fällen an mittlere Grade des Bedarfsdrucks gebunden. So verschwindet das Bevorzugungsverhalten, wie dargestellt (I, S. 168f.), mit steigendem Antriebsdruck. Das Tier schiebt dann die Bedarfsbefriedigung nicht mehr zugunsten eines Objektes mit höherem Befriedigungswert auf, sondern nutzt immer mehr jedes »biologisch mögliche« Objekt zur Bedarfsbefriedigung (»in der Not frißt der Teufel Fliegen«); die durch Lernen individualisierten emotionalen Wertungsvorgänge »motivierter« Handlungen werden so wieder zu bloß artspezifischen Wertungen. Entsprechend geht das »motivierte« Bemühen um Überwindung des Widerstandes beim Kontrollstreben des Neugier- und Explorationsverhaltens dann verloren, wenn die Situation bzw. das Objekt dem Tier gegenüber widerständig bleibt, d. h. durch das ihm zur Verfügung stehende Verhaltensrepertoire nicht zu bewältigen ist; wenn gleichzeitig ein Druck in Richtung auf Lösung der Situation bzw. »Aufgabe« besteht, kann sich, wie ausgeführt (I, S. 181ff.), dieser durch die nicht überwindbare Widerständigkeit der Realität hervorgerufene negative emotionale Zustandswert bis zur Angst als Ausdruck der Verhaltensdesintegration steigern.

Motiviertes Verhalten auf tierischem Niveau beruht generell auf der in individueller Erfahrung gewonnenen Differenzierung der Befriedigungsqualität bestimmter Umweltgegebenheiten und schließt die Ausrichtung der Aktivitäten an diesen »gelernten« Befriedigungsmöglichkeiten, damit stets eine gewisse »Steuerung« des Verhaltens ein, wobei mit steigendem Bedarfsdruck diese Kontrolle in das »Überfluten« bloß emotionaler Gesamtzustände, damit das Ausgeliefertsein des Organismus an die inneren und äußeren Einflüsse der aktuellen Situation zurückfallen kann.

Die Situation des Menschen, der sich gesellschaftlichen Anforderungen konfrontiert sieht, ist – wie aus unseren allgemeinen Darlegungen über die Besonderheit menschlicher Gesellschaftlichkeit hervorgeht – dadurch eine prinzipiell andere als auf tierischem Niveau, daß der von ihm geforderte Beitrag zunächst nicht in *Beziehung zu seiner aktuellen Bedürfnislage*, sondern im Zusammenhang *gesellschaftlicher Notwendigkeiten* steht.

Wenn wir mithin einerseits davon ausgehen, daß auch die menschliche Motivation eine »gelernte« antizipatorische Ausrichtung auf zukünftige Situationen erhöhter Befriedigung, nur in diesem Falle spezifisch »menschlicher« Bedürfnisse ist, so ergibt sich hier andererseits für uns die Schwierigkeit, daß – da die dabei anzustrebenden Ziele nicht individueller, sondern gesellschaftlicher Art sind – die Motivation sich weder, wie beim »Bevorzugungsverhalten«, aus vorgängigen Bedürfnisspannungen, noch, wie beim »Bedarf nach Umweltkontrolle«, als unmittelbare Konsequenz auftauchender »Widerstände«, die gerichtete Energiemobilisierung provozieren, ergeben kann. Umgekehrt: *Das gesellschaftliche Ziel ist dem Individuum vor jeder Motivation als objektive Anforderung vorgegeben, unabhängig von seinen aktuellen Bedürfnissen;* das Zustandekommen von »Motivation« würde demnach bedeuten, daß der Mensch quasi »nachträglich« in der Lage gewesen ist, seine individuelle Bedürfnislage so zu strukturieren und auszurichten, daß er zu einem »motivierten« Verfolgen des gesellschaftlichen Zieles kommt, also mit der Zielerreichung verbesserte Möglichkeiten der Bedürfnisbefriedigung antizipieren und sein Handeln daran orientieren kann.

Um einer Klärung darüber näherzukommen, wie bzw. unter welchen Bedingungen der Mensch sich in diesem Sinne »nachträglich« zu einem motivierten Verfolgen vorgegebener gesellschaftlicher Ziele bringen kann, knüpfen wir an frühere Ausführungen über den »bewußten« Charakter der Realitätskontrolle in der Produktion (3.3.4, I, S. 249ff.) an. – Arbeit als »bewußte« Lebenstätigkeit durch eingreifende Veränderung in die Realität in planender Voraussicht künftiger Notwendigkeiten der Lebenssicherung und Bereitstellung der Mittel zu ihrer Bewältigung ist, wie wir darlegten, wesentlich gekennzeichnet durch eine im Vergleich zum tierischen Niveau *fundamental andere Beziehung zur Natur:* Während beim Tier die Naturgesetze in blinder Faktizität »durch das Tier hindurch« zur Geltung kommen, liegen die Gesetze der Natur dem Menschen sozusagen »vor seinen Augen«; er muß sie selbst erkennen und berücksichtigen, um durch vorausschauende Veränderung der Natur sein gesellschaftliches Leben erhalten zu können. Der Mensch »verhält« sich also bewußt zur Natur und ihren Gesetzen (wie Marx und Engels es ausdrückten), während das Tier sich zu Nichts und überhaupt nicht verhält. Dieses bewußte »Verhältnis« zur Natur bedeutet keine Unabhängigkeit von der Natur, sondern nur die Fähigkeit, ihre Gesetze erkennen und richtig anwenden zu können, die Möglichkeit, aus *Einsicht in ihre Notwendigkeiten* die *Natur zu beherrschen* (vgl. S. 252ff.). – Die Gesetze, durch deren Erkenntnis der Mensch zur gesellschaftlichen Lebenssicherung in bewußter Realitätskontrolle auf immer erweiterter Stufenleiter kommt und die sich in erst mystifizierter und dann immer klarerer Weise in dem vom einzelnen anzueignenden gesellschaftlich kumulierten Wissen niederschlagen, sind dabei – wie ausführlich dargestellt – nicht nur Naturgesetze i.e.S., sondern auch *gesellschaftliche* und sogar in gewissem Sinne *»psychologische«* Gesetze. Engels bezieht sich, wenn er von der durch die Gesetzeserkenntnis »gegebnen Möglichkeit, sie planmäßig zu bestimmten Zwecken wirken zu lassen« spricht, ausdrücklich »sowohl auf die Gesetze der äußern Natur, wie auf diejenigen, welche das körperliche und geistige Dasein des Menschen selbst regeln – zwei Klassen von Gesetzen, die wir höchstens in der Vorstellung, nicht aber in der Wirklichkeit voneinander trennen können« (MEW 20, S. 106); in noch zugespitzterer Weise redet Engels von der »auf *Erkenntnis der Naturnotwendigkeiten* gegründeten *Herrschaft über uns selbst* und über die äußere Natur«, die ein notwendiges Produkt der geschichtlichen Entwicklung sei (a.a.O., Hervorh. U. O.). Das bewußte »Verhältnis« des Menschen, durch welches er Gesetze erkennen und der gesellschaftlichen Lebenssicherung dienstbar machen kann, bezieht sich also nicht nur auf die natürliche und gesellschaftliche Umgebung, sondern auch auf sich selbst, seine eigene gesellschaftlich entwickelte Natur. – Wenn wir diese Feststellungen nun auf die für uns thematische menschliche Subjektivität in ihrer emotionalen Grundcharakteristik eingrenzen, so ergibt sich folgende Spezifizierung des dargestellten Zusammenhangs: Bei seiner individuellen Teilhabe an der gesellschaftlichen Lebenssicherung untersteht der einzelne Mensch einerseits bestimmten Aspekten gesellschaftlicher Notwendigkeiten, aus denen objektive Anforderungen an den von ihm zu leistenden Beitrag erwachsen. Dabei kann er sich zu diesen Notwendigkeiten potentiell »bewußt verhalten«, also die gesellschaftlichen Ziele in ihrer objektiven Bedeutung erkennen und damit auch die Notwendigkeit der an ihn gestellten Anforderungen beurteilen. Andererseits sieht sich der Mensch in jedem Augenblick gewissen aktuellen Charakteristika seiner Subjektivität gegenüber, in welcher aufgrund seiner bisherigen Individualentwicklung und seiner je gegenwärtigen inneren und äußeren Situation bestimmte Befindlichkeiten, Impulse, Bedürfnisspannungen zu einer emotionalen Gesamtwertung im Hinblick auf die an ihn gestellten Anforderungen verschmolzen sind. Von der emotionalen Gesamtwertung wiederum hängt die subjektive Bedeutung und damit verbundene Bereitschaft zur Übernahme der gesellschaftlichen Ziele ab; diese Wertung kann dabei mehr oder weniger stark in Einklang oder Widerspruch zu der gesellschaftlichen Anforderung stehen. Sofern das Individuum gesellschaftlichen Anforderungen als Voraussetzungen für die Erhaltung seines individuellen Lebens unterliegt, kann es sich diesen Beschaffenheiten seiner Subjektivität nicht passiv überlassen, sondern muß diese am Maßstab der Anforderungen strukturieren. Die Bereitschaft zur Übernahme gesellschaftlicher Ziele schließt somit ein, daß das Individuum sich auch zu seiner eigenen subjektiven Befindlichkeit »bewußt verhalten« kann und in der Lage ist, durch Erkennen der Gesetzmäßigkeit ihrer Abhängigkeit von den äußeren Gegebenheiten durch Herbeiführung der entsprechenden objektiven Bedingungen insoweit Einfluß auf diese zu nehmen, daß seine subjektive Bedürfnislage durch den Charakter der an ihn gestellten gesellschaftlichen Anforderungen bestimmt ist, d. h. in seiner emotionalen Handlungsbereitschaft sich die objektive Bedeutung widerspiegelt. Das ist allerdings nur in dem Maße möglich, wie diese allgemein-gesellschaftliche Notwendigkeit des Zieles wirklich gegeben, d. h. mit und in seiner Realisierung tatsächlich auch die Erweiterung der individuellen Lebensmöglichkeiten zu erwarten ist.

Daraus folgt vor allen weitergehenden Konsequenzen, daß die Motivation in ihrer »menschlichen« Spezifik als Ausrichtung der Bedürfnislage auf individuelle Beiträge zur gesellschaftlichen Lebenssicherung nur aus dem bewußten »Verhalten« des Menschen zu seiner eigenen Subjektivität in ihrer Beziehung zur gesellschaftlichen Realität entstehen kann. Die menschliche Motivation im Sinne der Bereitschaft zu Handlungen in Richtung auf gesellschaftliche Ziele ergibt sich also einerseits nicht von selbst aus den spontanen Tendenzen und Impulsen des Menschen, sondern muß in bewußtem Verhältnis zu den eigenen Bedürfnissen geschaffen und aufrechterhalten werden. Andererseits läßt sich die Motivation aber auch nicht durch einen Entschluß o. ä. einfach willkürlich herstellen; ihr Zustandekommen ist an die objektiven Gesetzmäßigkeiten gebunden, denen die menschliche Subjektivität in einem je konkreten Falle unterliegt und die zwar durch die praktische Einsicht in ihre Wirksamkeit der Erreichung gesellschaftlicher Ziele unter bestimmten Umständen dienstbar gemacht, aber nicht außer Kraft gesetzt werden können. Die menschliche Lebenstätigkeit erwächst nicht aus rationalem Kalkül, sondern aus der Spontaneität, Spannung und Kraft der unmittelbar erfahrenen Emotionalität; der Mensch kann jedoch auf diese Emotionalität durch Erkenntnis und Berücksichtigung ihrer gesetzmäßigen Abhängigkeit von äußeren und inneren Bedingungen bewußt Einfluß nehmen und sie damit auch in den Dienst gesellschaftlicher Zielsetzungen stellen.

Zur genaueren Herausarbeitung der wesentlichen Züge spezifisch »menschlicher« Motivation ist zunächst deren Verhältnis zur menschlichen Bedürfnisstruktur, wie wir sie auseinandergelegt haben, zu verdeutlichen. Global läßt sich dazu feststellen: Bedürfnisse sind *emotional erfahrene »Notzustände« als subjektive »Not-Wendigkeiten«, Motivation ist die emotionale Bereitschaft zur aktiven Überwindung der Notzustände, realisiert sich also in zielgerichteten Handlungen zur Aufhebung der Bedürfnisse.* – Da wir die »menschliche« Spezifik der Motivation kennzeichnen wollen, können mit den »Notzuständen«, die in motiviertem Handeln aufzuheben sind, nicht die organismischen Mangelzustände als isolierte Aktualisierungen sinnlich-vitaler Bedürfnisse gemeint sein: Sofern der Mensch aufgrund seiner historisch bestimmten Lebensbedingungen allein auf aktuelle Befriedigungen seiner sinnlich-vitalen Bedürfnisse zurückgeworfen ist, kann er – in welchem Grade die Objekte und Befriedigungsqualitäten dieser Bedürfnisse immer gesellschaftlich entwickelt sein mögen – niemals zu motiviertem Handeln in seiner menschlichen Besonderheit kommen, sondern lediglich – insoweit er in diesem Bereich geringere gegenwärtige zugunsten späterer höherer Befriedigungswerte aufzuschieben gelernt hat – zur Motivation auf organismischem Niveau quasi als gesellschaftlich entwickeltes »Bevorzugungsverhalten«. Diese unspezifische Motivationsform ist zwar in der eigentlich menschlichen Motivation stets in gewissem Grade eingeschlossen, signalisiert aber, sofern sie zentral verhaltensbestimmend wird, stets einen »unmenschlichen« Zustand gesellschaftlicher Lebensbedingungen (s. u.). – Die in motiviertem Handeln auf »menschlichem« Niveau aufzuhebenden »Notzustände« sind vielmehr die, die wir früher ausführlich als *»Not« des Ausgeliefertseins an zufällige Situationen* und subjektive »Not-Wendigkeit« der Überwindung der Hilflosigkeit durch bewußte Einflußnahme auf die allgemeinen, damit auch individuellen Lebensbedingungen gekennzeichnet haben, wobei, wie dargelegt, die Möglichkeit bewußter Vorsorge für die sinnlich-vitale Bedürfnisbefriedigung, die erst durch ihre Abgesichertheit in geplant-vorausschauender Lebensführung ihre »menschliche« Qualität gewinnt, in den subjektiven Notwendigkeiten »produktiver« Bedürfnisse eingeschlossen sind. »Menschliche« Motivation ist also die emotionale Bereitschaft zu zielgerichteten Aktivitäten, in welchen die gegenwärtig gegebene (relative) Hilflosigkeit und Fremdbestimmtheit in Richtung auf eine zukünftig zu erreichende erhöhte gesellschaftliche Integration, damit Kontrolle über allgemeine und individuelle Lebensbedingungen mit vorsorgender Absicherung sinnlich-vitaler Bedürfnisse antizipierbar ist.

Emotionale Bereitschaften zu motiviertem Handeln (immer: auf »menschlichem« Niveau) setzten also die individuelle Entwicklung von Fähigkeiten zur Teilhabe an gesellschaftlicher Realitätskontrolle und entsprechende »produktive« Bedürfnisse voraus, wobei mit der wachsenden »Bedürftigkeit« eines Individuums in Abhängigkeit von der Perspektive ihrer prinzipiellen Aufhebbarkeit auch die »Motivation« zu ihrer Aufhebung durch die zu erreichende Verbesserung der Lebenslage sich erhöhen muß. Dies bedeutet aber keineswegs, daß mit den Bedürfnissen als solchen zwingend schon eine emotionale Gesamtbefindlichkeit im Sinne der »motivierten« Bereitschaft zu Aktivitäten in Richtung auf Überwindung der Bedürftigkeit gegeben ist. – Da die Erweiterung der Kontrolle über die eigenen Lebensbedingungen, damit »produktive« Bedürfnisbefriedigung nur über die Teilhabe an gesellschaftlicher Realitätskontrolle und kooperative

Integration möglich ist, was notwendig die Weiterentwicklung der relevanten Fähigkeiten bei ständiger Ausweitung und Neustrukturierung der wesentlichen Umweltbeziehungen einschließt, stehen dem Individuum, wie dargestellt, hier stets gesellschaftliche Anforderungen, die mit seinen aktuellen Bedürftigkeiten nicht vermittelt sind, gegenüber: Der Mensch muß also zur Aufhebung des »Notzustandes« relativer Ausgeliefertheit an aktuelle Lebensbedingungen selbst im günstigsten Fall unausweichlich die Anstrengung und das Risiko der Selbstentwicklung in Auseinandersetzung mit den Anforderungen auf sich nehmen. Die Bereitschaft zu motiviertem Handeln erweist sich mithin schon unter diesem Aspekt als keinesfalls allein durch die Bedürfnisse bestimmt, sondern als emotionale Anstrengungs- und Risikobereitschaft, in welcher auch emotionale Momente, die in Widerspruch zu den subjektiven Notwendigkeiten der Bedürfnisse stehen und für sich genommen gegen Aktivitäten zur Bedürfnisbefriedigung sprechen würden, in einer positiven emotionalen Gesamtbefindlichkeit im Sinne der Motivation aufgehoben sein müssen. – Hinzu kommt, daß die Erfüllung der gesellschaftlichen Anforderungen stets in mehr oder weniger langfristiger Verfolgung von Zielen besteht, wobei die daraus sich ergebenden Handlungsnotwendigkeiten mit den jeweils aktuellen sinnlich-vitalen Bedürfnisspannungen in Widerstreit geraten können: Das Individuum muß also zur »motivierten« Anforderungserfüllung entweder, wenn das möglich ist, die Befriedigung jeweils aktueller Bedürfnisse so planen, daß diese nicht bei der Aufgabenerfüllung »stören«, u. U. aber auch die Zielverfolgung durch Aufschieben von Befriedigungen und »Beherrschen« aktueller emotionaler Störimpulse sichern können (s. u.). – »Menschliche« Motivation ist also nicht lediglich eine Bereitschaft zur Schaffung künftiger verbesserter Befriedigungsmöglichkeiten, die sich aus den subjektiven Notwendigkeiten der Bedürfnisse von selbst ergibt. »Motivation« erwächst vielmehr immer aus dem widersprüchlichen Verhältnis zwischen der »produktiven« Bedürftigkeit als subjektiver Notwendigkeit der Verbesserung der Kontrolle über die eigenen Lebensbedingungen auf der einen Seite und der zur Aufhebung dieser Bedürftigkeit unausweichlichen Notwendigkeit, die Anstrengungen und Riskien der Auseinandersetzung mit der Umwelt auf sich zu nehmen, auf der anderen Seite. Das Problem der Entstehungsbedingungen menschlicher Motivation stellt sich also stets als die Frage, unter welchen Bedingungen es trotz der zwangsläufig dabei erforderten Anstrengung, Risikoübernahme und der »Beherrschung« aktueller Bedürfnisse zu einer »motivierten« Übernahme der gesellschaftlichen Anforderung als emotionaler Anstrengungs- und Risikobereitschaft kommen kann.

Die damit formulierte Grundfragestellung der psychologischen Motivationsforschung läßt sich noch schärfer fassen, wenn man sich verdeutlicht, daß es beim Gegebensein der Bedürftigkeit des Individuums zur Verbesserung der Kontrolle über seine eigenen Lebensbedingungen bzw. zur Aufhebung des Zustandes der Ausgeliefertheit an aktuelle Daseinsumstände auf der einen Seite und dem Bestehen gesellschaftlicher Anforderungen an das Individuum auf der anderen Seite dennoch keineswegs zu einer motivierten Anforderungsübernahme kommen muß. Vielmehr besteht hier stets die Alternative, daß das Individuum trotz ausgeprägter Notzustände infolge der Abhängigkeit der Befriedigung seiner unmittelbaren Bedürfnisse von personalen und sachlichen Mächten, die seiner Kontrolle entzogen sind, nicht zu »motiviertem« Handeln zur Aufhebung dieser Notzustände fähig ist, sondern im Zustand der »Unmotiviertheit« verharrt. – Zur genaueren Charakterisierung des Zustandes der »Unmotiviertheit« bei gleichzeitiger existentieller Notwendigkeit zur Aufhebung eines Notzustandes der Hilflosigkeit durch motiviertes Handeln kommen wir zu einer Spezifizierung des früher in phylogenetischer Ableitung herausgearbeiteten Konzeptes der »Angst« und »Angstbereitschaft« im Zusammenhang des emotional-motivationalen Aspektes menschlicher Lebenstätigkeit: Auf höchster tierischer Ebene ist die »Angstbereitschaft«, wie ausführlich dargestellt (I, S. 183ff.), als emotional-motivationale Steuerung individueller Lern- und Entwicklungsprozesse der Tiere der emotionale Ausdruck des objektiven Risikos, das in der Offenheit und Unsicherheit des Neugier- und Explorationsverhaltens liegt; Angstbereitschaft ist die Tendenz zur Vermeidung möglicherweise eintretender Zustände der Handlungsunfähigkeit und Hilflosigkeit, mithin das Komplementärmoment zur positiven Umweltzuwendung und Energiemobilisierung in den Neugier- und Explorationsaktivitäten, wobei durch diese »ambivalenten« emotionalen Regulationsvorgänge der Umweltbegegnung die Einpendelung des Verhaltens auf ein optimales Verhältnis zwischen bereits gewonnener Erfahrung und Gewinnung neuer Erfahrung sich vollzieht; die Überschreitung der optimalen Diskrepanz zwischen »Gelerntem« und »Neuem« durch Umweltereignisse, deren Bewältigung für das Tier nicht mehr möglich ist, bedeutet den Umschlag von »Angstbereitschaft« in »manifeste Angst«, also Verhaltensdesintegration und Regression des »motivierten«, an Sachanforderungen ausgerichteten Handelns auf ein orientierungsloses Ausgeliefertsein an die aktuellen, das Tier »bedrohenden« Umweltgegebenheiten. Voraussetzung für eine adäquate Charakterisierung der »menschlichen« Spezifik der Lebenstätigkeit auch im Hinblick auf das Moment der »Angst« ist die Berücksichtigung des Übergangs von der bloß individuellen zur gesellschaftlich-historischen Entwicklungsfähigkeit. Auf der Stufe der gesellschaftlichen Lebenssicherung hat der Mensch nicht mehr, wie auf tierischem Niveau, das »Risko« der Anpassung an neue Umweltgegebenheiten lediglich individuell zu tragen, vielmehr kann in gewissem Sinne der gesamte gesellschaftlich-historische Prozeß, an dem das Individuum durch Aneignung teilhat, als ein solcher »risikomindernder« Anpassungsvorgang betrachtet werden. »Angstbereitschaft« in ihrer »menschlichen« Besonderheit ist die erlebte Bedrohung durch Antizipation des Ausgeliefertseins an die zufälligen und undurchschaubaren aktuellen Lebensbedingungen, die nur in der Teilhabe an der bewußten gesellschaftlichen Realitätskontrolle und über kooperative Integration überwindbar ist. Demnach bezieht sich die »Angstbereitschaft« hier auch nicht mehr lediglich auf mögliche Gefahren in der natürlichen Umwelt, sondern ist stets Anzeichen für eine Gefährdung der Kontrolle der gesellschaftlichen Lebensbedingungen, über welche die Kontrolle der eigenen Lebensmöglichkeiten vermittelt ist. Die »Angstbereitschaft«, die durch Verbesserung der individuellen Realisierung gesellschaftlicher Möglichkeiten bewußter Realitätskontrolle reduzierbar ist, muß in dem Grade in manifeste »Angst« umschlagen, wie einerseits eine vorliegende objektive Existenzbedrohung aufgrund vorgängiger Erfahrung als subjektive Notsituation in hohem Maße bewußt ist, andererseits aber die Überwindbarkeit dieser Notsituation nicht antizipierbar ist, der Mensch also nicht zur gerichteten Aufhebung der Notsituation kommen kann, sondern dem Zustand der wachsenden Ausgeliefertheit an die existenzbedrohenden Lebensbedingungen passiv entgegensehen muß; damit aber wird sein Handeln »unmotiviert«, d. h. von den ungerichteten, bloß emotionalen Wirkkräften der aktuellen Situation bestimmt. Angst ist also in gewissem Sinn ein – aktueller oder permanenter – Verlust wesentlicher Charakteristika der personalen Gesellschaftlichkeit des Menschen, indem seine Lebensumstände ihm nicht als gesellschaftlich und demnach prinzipiell von ihm in bewußter Planung kontrollierbar, sondern als von ihm unbeeinflußbare Naturgegebenheiten erscheinen und er sich somit auf einem Niveau bloß »organismischer« – d. h. der organismischen analoger – Weltbegegnung befindet (s. u.).

Sofern ein Individuum trotz der existentiellen subjektiven Notwendigkeit der Aufhebung seiner Hilflosigkeit und Abhängigkeit nicht zur Verbesserung der Kontrolle über seine Lebensbedingungen fähig ist bzw. infolge der Undurchschaubarkeit der Verhältnisse nicht einmal die Richtung erkennen kann, in der das Ziel erreichbar wäre, sich also angesichts der daraus resultierenden Unabgesichertheit seiner Existenz im Zustand mehr oder weniger manifester Angst befindet, so unterbleibt dennoch die Aktivität des Menschen zur Realisierung der gesellschaftlichen Anforderungen nur in Ausnahmefällen. »Normalerweise« muß der Mensch, sofern er seine Existenz wenigstens auf organismischem Niveau erhalten, d. h. die Voraussetzungen für die aktuelle Befriedigung sinnlich-vitaler, besonders organischer, Bedürfnisse schaffen will, gesellschaftliche Anforderungen erfüllen, da er nur auf diesem Wege seine Subsistenzmittel gewinnen kann; er muß also auch dann gesellschaftliche Aufgaben übernehmen, wenn ihm eine »motivierte« Aufgabenerfüllung unmöglich ist. Die reale Alternative zur »motivierten« Übernahme gesellschaftlicher Ziele ist also hier nicht das Ausbleiben von Handlungen, sondern die *Anforderungserfüllung unter äußerem oder innerem Zwang.*

Bei der Übernahme gesellschaftlicher Anforderungen unter Zwang ist das geschilderte, in einer positiven Gesamtwertung aufgehobene Widerspruchsverhältnis zwischen der antizipierten Möglichkeit der über gesellschaftliche Integration erreichbaren Verbesserung der Kontrolle über die eigenen Lebensbedingungen und der darin eingeschlossenen Notwendigkeit der Anstrengungsübernahme und Bedürfniskontrolle, wie es für motiviertes Handeln charakteristisch ist, in Richtung auf das bloße Erfordernis des Aufsichnehmens von Anstrengung und Disziplinierung der sinnlich-vitalen Bedürfnisse vereinseitigt: Eine verbesserte Verfügung über die eigenen Lebensumstände einschließlich abgesicherter, damit »menschlicher« Befriedigung sinnlich-vitaler Bedürftigkeit ist dadurch nicht zu erlangen. Die Anstrengung und die »Beherrschung« der aktuellen Bedürfnisspannungen werden, da sie nicht in einer positiven emotionalen Handlungsbereitschaft aufgehoben sind, für das Individuum zur schweren Last und Lebensbeeinträchtigung (s. u.).

Aufgrund dieser Darlegungen können wir die Grundfragestellung für unsere weiteren Ausführungen in zugespitzter Form zum Ausdruck bringen: Unter welchen Umständen ist ein Individuum zur »motivierten« Übernahme gesellschaftlicher Anforderungen in bewußter Ausrichtung seines Handelns an der Verbesserung der Kontrolle über seine eigenen Lebensbedingungen fähig, und unter welchen Umständen entsteht beim Individuum trotz Bedürftigkeit zur Überwindung seiner Hilflosigkeit und Abhängigkeit keine entsprechende Motivation, so daß es im »unmotivierten« Zustand der Ausgeliefertheit an aktuelle Situationseinflüsse verbleibt und gesellschaftliche Anforderungen nur zwangsweise erfüllen kann. – Die Emotionalität als allgemeine Handlungsbereitschaft des Menschen ist, wie ausführlich dargelegt, die »Wertung« kognitiv erfaßter objektiver Realitätsaspekte am Maßstab der subjektiven Relevanz für das Individuum im Hinblick auf organismische und gesellschaftliche Notwendigkeiten der Lebenssicherung und -entfaltung, ergibt sich also gesetzmäßig aus der Beschaffenheit der kognizierten Realitätsmomente. Um zu Aussagen darüber zu kommen, unter welchen Umständen ein konkretes Individuum tatsächlich durch sein bewußtes »Verhältnis« zu der emotionalen Grundlage der eigenen Subjektivität zur »Motivation« auf eine gesellschaftliche Anforderung hin gelangen kann, und unter welchen Umständen es zur Alternative des Ausbleibens der Motivation und der Erfüllung der Anforderung unter äußerem oder innerem Zwang kommen muß, müssen die relevanten äußeren und inneren Bedingungen, von denen die emotionalen Prozesse hier gesetzmäßig abhängen, unter dem Aspekt ihrer Verfügbarkeit und Veränderbarkeit durch das bewußt sich zu sich selbst »verhaltende« Individuum auseinandergelegt werden.

4.3.2 Die Gesetzmäßigkeit des Zusammenhangs zwischen der kognizierten Beschaffenheit gesellschaftlicher Zielkonstellationen und ihrer »Subjektivierbarkeit« in motivierter Handlungsbereitschaft

Die zentrale, alle anderen Bedingungen übergreifende Voraussetzung für das Entstehen von Motivation zur Erfüllung einer gesellschaftlichen Anforderung ist die subjektive Bedeutung des bei Realisierung dieser Anforderung anzustrebenden gesellschaftlichen Zieles, d. h. die in und mit deren Realisierung erreichbare subjektive Befriedigung. Diese subjektive Bedeutung ist vom Individuum nicht willkürlich herstellbar; der Mensch kann nicht jedem beliebigen gesellschaftlichen Ziel subjektive Bedeutung verleihen. Die positive Valenz eines Objektes hängt, wie dargestellt, schon auf dem tierischen Niveau der Gewebedefizite und aktionsspezifischen Energien davon ab, wieweit die vom Organismus rezipierten wirklichen Beschaffenheiten des Objektes tatsächlich dazu geeignet sind, den jeweiligen biologischen »Notzustand« zu beseitigen und damit den entsprechenden negativen Zustandswert aufzuheben. Daran ändert sich auch nichts, wenn auf höchsten tierischen Stufen die emotionalen Valenzen im Bevorzugungsverhalten oder auch beim Kontrollstreben durch individuelles Lernen modifizierbar sind. Es sind auch hier immer gelernte kognitive Differenzierungen von wirklichen Objekteigenschaften, die den emotionalen Wertigkeiten zugrundeliegen und zu entsprechender Handlungsausrichtung führen. Auf menschlichem Niveau sind es die gesellschaftlich produzierten Objekte bzw. Zielkonstellationen, von deren Eigenschaften bzw. Funktionen im arbeitsteiligen Gesamt der Gesellschaft es abhängt, welche objektiven Bedeutungen an ihnen erfaßbar sind, welche subjektiven Bedeutungen ihnen demgemäß im Hinblick auf ihre Geeignetheit zur Befriedigung bestimmter Bedürfnisse bzw. Möglichkeit zur Verbesserung der individuellen Lebensbedingungen zukommen können. Auch in den individualgeschichtlichen Lernprozessen, in denen der Mensch sich die objektiven gesellschaftlichen Möglichkeiten der Bedürfnisbefriedigung bzw. Kontrolle über seine eigenen Lebensbedingungen, damit »produktive« Bedürfnisse mit Einschluß der Absicherung sinnlich-vitaler Befriedigung in Annäherung an das gesellschaftlich erreichbare Niveau aneignet, können keine Objektvalenzen als subjektive Bedeutungen erworben werden, die nicht in objektiven Bedeutungen gegründet sind, welche tatsächlich entsprechende Bedürfnisbefriedigungen bzw. Verbesserungen der Verfügbarkeit über die eigenen Lebensumstände ermöglichen. – Zwischen den objektiven Bedeutungen eines gesellschaftlichen Zieles, der subjektiven Befindlichkeit und den aus der Beziehung zwischen beiden resultierenden subjektiven Bedeutungen der vorgegebenen Anforderungen besteht also ein gesetzmäßiger Zusammenhang; der Mensch kann seine emotionalen Wertungen bestehender oder angestrebter Objekte oder Verhältnisse, d. h. deren subjektive Bedeutung für ihn, nicht losgelöst von den ihnen objektiv zukommenden Eigenschaften bzw. der Art und Weise, wie diese von ihm kognitiv erfaßt werden, beeinflussen. Daraus folgt, daß ein Mensch niemals dadurch in den Zustand der »Motivation« auf ein gesellschaftliches Ziel gelangen oder zu einer solchen »Motivation« gebracht werden kann, daß bei unveränderter Kognition der objektiven Bedeutung des Zieles lediglich dessen emotionale Wertigkeit verändert wird. Die Valenz des Zieles ist nur zu verändern, wenn sich seine kognitive Erfassung durch das Individuum ändert, wobei diese Kognition selbst jedoch wiederum die objektiven Eigenschaften der gegebenen Verhältnisse – mehr oder weniger adäquat – repräsentiert. Die Motivierung des Individuums oder seine Unfähigkeit zu motiviertem Handeln kann aus einer adäquateren und umfassenderen Widerspiegelung der verschiedenen Aspekte und Bezüge der kognizierten objektiven Gegebenheiten, aber auch über die kognitive Verfälschung der objektiven Realität durch Verkehrungen, Verdrängungen, Ausklammerung von Widersprüchen resultieren (s. u.), womit die so entstehenden emotionalen Wertungen als Handlungsbereitschaften selbst adäquat oder inadäquat, d. h. den gesellschaftlichen und individuellen Lebensnotwendigkeiten entsprechend oder widersprechend sind. Bewußtes »Verhalten« des Individuums zu seiner eigenen Subjektivität setzt also immer die kognitive Analyse der Beschaffenheiten des gesellschaftlichen Zieles voraus. Aus dieser kognitiven Zielanalyse, sofern dabei tatsächlich die Zielbeschaffenheit in ihrer Relevanz für das Individuum adäquat erfaßt ist und aus dem Grad der mit der Zielerreichung antizipierten Verbesserung der Kontrolle über die eigenen Lebensbedingungen, damit der Bedürfnisbefriedigung überhaupt, ergibt sich dann, wieweit der Mensch dieses Ziel »motiviert« übernehmen kann und wieweit er dem Ziel gegenüber im Zustand der »Unmotiviertheit« verharren muß bzw. genötigt ist, das Ziel ohne Motivation unter äußerem und innerem Zwang zu verfolgen.

Die Beschaffenheiten eines gesellschaftlichen Zieles, die kognitiv erfaßbar sein müssen, damit in emotionaler Wertung dieser Kognitionen die Anstrengungs- und Risiko*forderung* sich in »motivierte« Anstrengungs- und Risiko*bereitschaft* zur Übernahme und Verfolgung des Zieles verwandeln kann, lassen sich idealtypisch verallgemeinert aus den früher ausführlich dargestellten »Notzuständen« und »subjektiven Notwendigkeiten« der »produktiven« Bedürftigkeit des Menschen ableiten.

»Motiviert« zu verfolgende Ziele müssen dem Individuum, das sie übernimmt und zu ihrer Realisierung beiträgt, tatsächlich die Möglichkeit geben, durch die Anwendung und Vervollkommnung gesellschaftlich notwendiger Fähigkeiten sich in immer umfassendere kooperative gesellschaftliche Zusammenhänge hineinzuentwickeln, damit seinen Einfluß auf die relevanten Züge des gesellschaftlichen Prozesses zu erweitern, so daß mit der Verbesserung der Kontrolle über die allgemeinen und damit auch individuellen Lebensbedingungen auch die Existenzerhaltung und -entfaltung einschließlich der Vorsorge sinnlich-vitaler Bedürfnisbefriedigung immer umfassender abzusichern ist. Das gesellschaftliche Ziel muß also dem an seiner Verwirklichung teilhabenden Menschen durch die damit erreichbare wachsende gesellschaftliche Integration die fortschreitende Überwindung von Zuständen des Ausgeliefertseins an zufällige Situationen oder Personen, der Isolation und Ausgeschlossenheit von der Mitbestimmung gesellschaftlicher Lebensprozesse erlauben, was gleichbedeutend mit der Aufhebung der für einen »unmotivierten« Zustand typischen emotionalen Labilität als Ausdruck objektiver Ungerichtetheit und der daraus folgenden Verhaltensdesintegration und Angst ist.

Dies bedeutet die in motiviert übernehmbaren Zielen vorauszusetzende Möglichkeit geplanter Forschungstätigkeit, systematischer praktischer Analyse von Ursache und Wirkung und »gekonnter«, die gegenständliche Wirklichkeit verändernder Tätigkeit im Zusammenhang gesellschaftlicher Realitätskontrolle (wobei Zielbeschaffenheiten, die lediglich unspezifisch »Neues« bieten, spontanen Erkundungsdrang ermöglichen und »Funktionslust« befriedigen, bestenfalls eine regressive Motivation auf dem organismischen Niveau erzeugen, s. u.). Dies bedeutet weiterhin die Möglichkeit, über die gesellschaftliche Integration bei der Verfolgung des gemeinsamen Zieles zu einer neuen Qualität kooperativer emotionaler Verbundenheit mit den an der Verwirklichung des gleichen Zieles beteiligten Menschen zu kommen: mit der wachsenden Bedeutung des Beitrags des Einzelnen für die gesellschaftliche Entwicklung gewinnt dieser selbst wesentliche Bedeutung für die anderen und entsprechende Bestätigung und Zuwendung durch diese. Die über die gesellschaftlichen Ziele vermittelte Verbundenheit mit den Mitmenschen erfährt eine weitere Vertiefung über die *Erkenntnis der Notwendigkeit der wechselseitigen Förderung der Entwicklung und Bedürfnisbefriedigung des jeweils Einzelnen durch die anderen* als wesentliche Voraussetzung für dessen weitere motivierte Mitarbeit bei der Verwirklichung der Möglichkeiten und Ziele der erweiterten Existenzsicherung und Daseinserfüllung aller. Durch die Vermitteltheit der Beziehungen über das gegenständlich-überdauernde gesellschaftliche Ziel gewinnt die kooperative Verbundenheit als Voraussetzung der Erweiterung individueller Potenzen einen neuen Grad der Stabilität, der bei den an dieser Kooperation Beteiligten als Befindlichkeit der emotionalen Sicherheit zum Ausdruck kommt, die wiederum, wie gezeigt, eine wesentliche Voraussetzung für die individuelle Bereitschaft zur erweiterten Umweltauseinandersetzung ist. Je umfassender und weitergesteckt das gemeinsam übernommene Ziel ist, umso langfristiger wird die Zusammenarbeit sein und umso dauerhafter somit im allgemeinen auch die aus dieser Perspektive zukünftiger Kooperationsmöglichkeiten erwachsende emotionale Verbundenheit und wechselseitige Förderung der Fähigkeiten und Befriedigungsmöglichkeiten untereinander. Kontrolle über die für die eigene Existenz wesentlichen sozialen Beziehungen, deren Aufnahme, Stabilisierung und Entwicklung, ist nur über die Bedeutung der eigenen Beiträge zur gesellschaftlichen Entwicklung bzw. der Daseinserweiterung der jeweils anderen zu erreichen. Sofern die Möglichkeit der bewußten Einflußnahme auf die sozialen Beziehungen über notwendige Beiträge zur Realisierung von auch für andere bedeutungsvollen Zielen nicht gegeben ist, regrediert die kooperative Verbundenheit auf das organismische Niveau »bloß« sozialer Beziehungen, deren Zustandekommen und Dauer nicht der bewußten Kontrolle der Beteiligten unterliegt, sondern von durch den Einzelnen unbeeinflußbaren Faktoren als quasi schicksalhaften Mächten abhängt.

Aufgrund des notwendig kooperativen Charakters von Aktivitäten zur Verbesserung der Kontrolle über die allgemeinen und damit jeweils individuellen Lebensbedingungen bringen gesellschaftliche Ziele, die »motiviert« zu übernehmen sind, bei ihrer Realisierung nicht nur »Vorteile« für den einzelnen, sondern sind stets auch an den Vorteilen zu messen, die dadurch für andere im gleichen Kooperationszusammenhang entstehen. Da nur über die Zusammenarbeit mit den anderen wesentliche Erweiterungen der Lebensmöglichkeit und Bedürfnisbefriedigung des Einzelnen gegeben sind, d. h. in der Kooperation die Begrenztheit der bloß individuellen Daseinsweise aufgehoben ist, muß als Voraussetzung der Zusammenarbeit und damit Absicherung der dadurch gegebenen Lebensmöglichkeiten die Berücksichtigung der Interessen der anderen genauso wesentlich sein wie die Berücksichtigung der eigenen Interessen: Die mangelnde Fähigkeit und Bereitschaft des Einzelnen zu kooperativen Beiträgen gefährdet die Zusammenarbeit und bedeutet u. U. die Schwächung des gesamten Kooperationsverhältnisses. Bei motivierter Zielverfolgung müssen mit der Zielrealisierung immer auch die Interessen und Bedürfnisse der anderen berücksichtigt und deren Position im Kooperationszusammenhang gestärkt werden, weil nur so der Grad der Ausgeliefertheit jedes einzelnen an zufällige sachliche und personale Umweltgegebenheiten reduziert, damit die Lebenssicherung und Angstbewältigung verbessert werden kann. – Aus diesen Darlegungen geht hervor, daß die emotionale Bereitschaft zur Übernahme von Anstrengungen und Risiken zur Realisierung von gesellschaftlichen Zielen nicht nur aus der geschilderten positiven Bedeutung der Ziele für das jeweils einzelne Individuum, sondern auch aus der negativen emotionalen Wertung einer potentiellen Störung oder Beendigung der eigenen Einbezogenheit in ein kooperatives Verhältnis, damit des Verlustes der erreichten Abgesichertheit der Lebensmöglichkeiten erwächst. Ein Aspekt der Anstrengung zur Entwicklung kooperationsrelevanter Fähigkeiten und Haltungen sind also stets auch die Forderungen der anderen bzw. deren bei mangelhaften eigenen Beiträgen antizipierbare Sanktionen. Diese Forderungen und der ihnen verliehene Druck werden dabei jedoch, sofern das Ziel tatsächlich den Interessen aller entspricht, nicht als »Zwang« empfunden, sondern über die Einsicht, daß man mit den mangelhaften Beiträgen nicht nur den Bedürfnissen der anderen zuwiderhandelt und damit die prinzipielle Verbundenheit mit diesen gefährdet, sondern auch gegen die eigenen längerfristigen Interessen verstößt, letztendlich als Unterstützungsaktivität erlebt, sodaß sie positiv gewertet und in die eigene Anstrengungsbereitschaft überführt werden können. Eine solche positive Wertung von Forderungen und Sanktionen kann allerdings in Abhängigkeitsverhältnissen innerhalb antagonistischer Klassengesellschaften, bei welchen eine Aufgehobenheit der eigenen in den gesellschaftlichen Interessen ausgeschlossen ist, prinzipiell nicht entstehen: Wenn keine bewußt kooperativen, sondern antagonistische Beziehungen vorliegen, bedeutet der Druck des anderen immer den Versuch der Durchsetzung eigennütziger Interessen, können Sanktionen also nur als direkter »Zwang« erfahren werden.

Nur gesellschaftliche Ziele, deren Übernahme eine Teilhabe an gesellschaftlicher Realitätskontrolle, also Verbesserung der Kontrolle über die eigenen Lebensbedingungen erlauben, mithin »motiviert« verfolgt werden können, ermöglichen damit auch Handlungen des Individuums zur tatsächlichen Schaffung von Lebensumständen, in denen gemäß den »Notwendigkeiten« der »produktiven« Bedürfnisse eine vorsorgende Absicherung der Befriedigung sinnlich-vitaler Bedürfnisse, die dadurch erst ihre »menschliche« Qualität erhalten, erreicht wird. Derartige Ziele schließen nach Maßgabe des Standes der gesellschaftlichen Gesamtentwicklung stets allgemein das gesellschaftliche Wissen darüber ein, daß der Mensch bestimmte sinnlich-vitale Bedürfnisse hat, und daß diese Bedürfnisse in bestimmten Zeitabständen bzw. unter bestimmten inneren oder äußeren Bedingungen auftreten. In den gesellschaftlichen Verhältnissen, sofern sie den Notwendigkeiten der allgemeinen Lebenssicherung und damit Absicherung der individuellen Existenz gerecht werden, bestehen demgemäß quasi gewisse »Bedarfspläne«, die sich nicht, wie die in den aktionsspezifischen Energien liegenden »Bedarfspläne«, phylogenetisch im Organismus durchgesetzt haben, sondern bewußter gesellschaftlicher Vorsorge entspringen. Das einzelne Individuum gewinnt in dem Grade, wie es in die kooperative Realisierung solcher gesellschaftlichen Ziele einbezogen ist, eine neue Art von Distanz gegenüber seinen sinnlich-vitalen Bedürfnissen, und zwar nicht nur – wie dies bei tierischem Bevorzugungsverhalten und in der geschilderten noch unspezifischen Motivation des Menschen in Richtung auf Objekte mit optimalem gesellschaftlich produziertem Befriedigungswert der Fall ist – Distanz gegenüber bestimmten Bedarfsobjekten, die zugunsten anderer abgelehnt werden können, sondern als Aspekt seines bewußten »Verhaltens« zu seiner eigenen Subjektivität Distanz gegenüber der Tatsache, daß er sinnlich-vitale Bedürfnisse hat, überhaupt. Dem Individuum ist bewußt, daß gewisse Bedürfnisse zu bestimmten Zeiten bzw. unter bestimmten Bedingungen bei ihm auftreten, und in seine motivierte Aktivität ist nicht nur, wie bei organismischer Motivation, die Gerichtetheit auf aktuelle Befriedigung am »geeignetsten« Objekt eingeschlossen, sondern aufgrund der Aneignung gesellschaftlicher Vorsorgemöglichkeiten darüber hinaus die Tendenz zur Sicherung der allgemeinen Möglichkeit zur Befriedigung der sinnlich-vitalen Bedürfnisse auf dem gesellschaftlich möglichen Niveau. Indem somit durch die Vorsorgemöglichkeit extreme sinnlich-vitale Bedürfnisspannungen verhindert, d. h. die jeweiligen Bedürfnisse in bewußter Planung so befriedigt werden, daß sie mit der gesellschaftlichen Zielverfolgung nicht in Konflikt geraten, ist zugleich über die Ausschaltung möglicher Störimpulse die Ausrichtung individuellen Handelns an den objektiven Erfordernissen erleichtert und damit die Wahrscheinlichkeit der Zielerreichung objektiv erhöht.

Nachdem wir generell dargelegt haben, in welcher Weise gesellschaftliche Ziele, sofern sie in der Kognition der Individuen eine Verbesserung der Kontrolle über die eigenen Lebensbedingungen ermöglichen, trotz der damit verbundenen Anstrengungen und Risiken motiviert übernommen werden können, scheint sich hier folgende Schwierigkeit zu ergeben: Motivation ist unserer Bestimmung nach die Antizipation der Überwindbarkeit einer gegenwärtigen Notsituation durch Erfüllung gesellschaftlicher Anforderungen; wie aber kann sich durch eine bloße Antizipation der mit der Zielverfolgung verbundenen *zukünftigen* Verbesserung der Kontrolle über die eigenen Lebensbedingungen die gegenwärtige emotionale Befindlichkeit in einer Weise positiv verändern, daß motivierte Anstrengungsbereitschaft zur Zielübernahme entstehen kann und nicht lediglich ein durch die bloß kognitive Antizipation späterer Lebensverbesserungen »erzwungenes« Auf-sich-Nehmen der Anstrengung? – Diese Frage stellt sich nicht im Hinblick auf die unspezifische Motivation im Bereich sinnlich-vitaler Bedürfnisse, da hier, wie dargelegt, zusammen mit der Bedürfnisspannung jeweils ganz bestimmte Objekte bzw. Situationen unmittelbar positive Valenz, damit subjektive Bedeutung gewinnen, so daß eine emotional erfüllte Gerichtetheit auf das jeweils »bevorzugte« Befriedigungsobjekt quasi von selbst entsteht. »Produktive« Bedürfnisse haben aber keine fixierten Befriedigungsobjekte, sondern sind lediglich auf die Realisierung bestimmt gearteter gesellschaftlicher Ziele gerichtet, die aufgrund der Durchbrechung der Unmittelbarkeit zwischen sinnlich-vitalen Bedürfnisspannungen und den Aktivitäten zu ihrer Befriedigung keineswegs eine direkte, biologisch gegründete emotionale »Resonanz« im Individuum hervorrufen, so daß auch bei der Einsicht in spätere Möglichkeiten der Bedürfnisbefriedigung die gegenwärtige emotionale Verfassung im Sinne einer motivierten Übernahme von Anstrengung nicht verständlich scheint. Um bei der Klärung des damit aufgeworfenen Problems weiterzukommen, vergegenwärtigen wir uns die früher dargelegten Charakteristika des Spannungsverlaufs »produktiver« Bedürfnisse: Da die »produktiven« Bedürfnisse bereits aufgrund ihrer unspezifisch-organismischen Eigenart nicht zyklisch-homöostatischer Natur sind, also nicht an einem bestimmten Objekt zu endgültiger »Befriedigung« kommen, sondern eine im Wachzustand ständige Verfassung der Aktiviertheit, deren Stärke sich nach der Umweltbeschaffenheit bemißt, darstellen, muß, wie dargelegt, auch bei der Kennzeichnung der Verlaufsform »produktiver« Bedürfnisse auf menschlichem Niveau jede »homöostatische« Vorstellung unbedingt vermieden werden. Der Einzelne wird bei der Verfolgung eines gesellschaftlichen Zieles nicht lediglich auf spezifischen Bedürfnisdruck hin tätig und kommt zur Ruhe, sofern dieser behoben. Die Anwendung und der Erwerb der gesellschaftlich notwendigen Fähigkeiten und Kenntnisse, welche Voraussetzung für die eigene bewußte Lebensführung, Daseinssicherung und gesellschaftlich vermittelte Persönlichkeitsentfaltung, wird vielmehr – wie ausgeführt – selbst Bedürfnis, das im Prozeß der aktiven Auseinandersetzung mit der gesellschaftlichen Umwelt niemals Befriedigung in dem Sinne findet, daß ein ursprünglicher und begrenzter, einem bestimmten feststehenden Reservoir von Befriedigungsmöglichkeiten entsprechender Mangel behoben; da die menschlichen Bedürfnisse nicht allein aus dem Individuum entspringen, sondern über die gesellschaftlichen Ziele und die Diskrepanz zwischen individuell und gesellschaftlich Möglichem gesteuert werden, ist mit der Menge des durch das Individuum zu erwerbenden Wissens und der auszubildenden Fähigkeiten auch das Bedürfnis nach Teilhabe an gesellschaftlicher Realitätskontrolle praktisch unbegrenzt. Die Aktiviertheit eines Individuums bei der Verfolgung eines gesellschaftlichen Zieles reguliert sich mithin an der »subjektivierten« objektiven Bedeutung der Zielkonstellationen, also ihrer kognitiv erfaßten und emotional gewerteten »Geeignetheit« zur Verbesserung der gesellschaftlichen, damit eigenen Lebensbedingungen, wobei die Teilziele einerseits ihre Bedeutung vom jeweils übergreifenden Ziel her erlangen, aber andererseits auch umgekehrt sich durch das Erreichen von Zielen und dem damit gewonnenen höheren Standort neue

Perspektiven zur weiteren Verbesserung der Lebensbedingungen ergeben, so daß hier die Zielsetzungen quasi erst nachträglich als Teilziele auf dem Weg zu weitergesteckten Zielen erkannt werden. Aus dieser zusammenfassenden Darstellung geht hervor, daß die in unserer Ausgangsfrage enthaltene Vorstellung, bei »menschlicher« Motivation werde lediglich ein späterer, mit der Zielerreichung verbundener bestimmter Zustand produktiver Bedürfnisbefriedigung antizipiert, inadäquat ist und zu einer »schiefen« Fassung des Problems führt. Wie gesellschaftliche Ziele niemals endgültig »erreichbar« sind, sondern aufgrund der historischen Entwicklung immer nur Teilziele zu weiteren Zielen darstellen, so ist auch der individuelle Beitrag zu gesellschaftlichen Zielen nicht auf irgendeinen Endzustand gerichtet, sondern der kooperative Tätigkeitsverlauf gliedert sich hier gemäß den sachlichen Erfordernissen in eine Vielzahl von Teilzielen, wobei die Erreichung eines Teilziels jeweils Voraussetzung für die Erreichung der weiteren Ziele ist. Diese Gliederung nach Teilzielen bzw. die Entwicklung der Ziele selbst im Prozeß ihrer Realisierung ist praktisch unbegrenzt. Demgemäß sind auch die »produktiven« Bedürfnisse nicht auf einen (fiktiven) Endzustand gerichtet, sondern, sofern die allgemeingesellschaftliche Bedeutung der Zielerreichung für das Individuum »subjektiv« erfahrbar ist, entsprechend der Unbegrenztheit des Prozesses der Verbesserung gesellschaftlicher und damit individueller Lebensbedingungen selbst unbegrenzt. Man kann sogar davon ausgehen, daß bereits der allererste Akt der Zielübernahme, ja, selbst die kognitive Vorbereitung dazu, »produktive« Befriedigung mit sich bringt, da hier der Zustand relativer »Ziellosigkeit«, der tendenziell die Ausgeliefertheit an zufällige Situationen bzw. die Willkür anderer und damit verbunden Angst einschließt, bereits ansatzweise überwunden und die Isolation individueller Rückbezogenheit bzw. »bloß« sozialer Beziehungen dadurch, daß der Mensch sich selbst in ein kooperatives Verhältnis stellt, in Richtung auf gesellschaftliche Integration überschritten ist. Auf diese Weise erwächst nicht nur von allem Anfang an dem negativen Zustandswert der Anstrengung, die man auf sich nehmen muß, ein positives emotionales Gegengewicht; vielmehr muß die Anstrengung – sofern sie der Übernahme und dem kooperativen Verfolgen eines subjektiv bedeutsamen gesellschaftlichen Ziels dient – als subjektiv notwendige Voraussetzung des Fähigkeitserwerbs zur Anforderungsbewältigung, damit wachsender gesellschaftlicher Integration und emotionaler Verbundenheit mit anderen Menschen bei der gemeinsamen Sicherung der Existenz und Verbesserung der Lebensmöglichkeiten *schon jetzt* einen positiven emotionalen Wert gewinnen, also zur Anstrengungsbereitschaft werden.

Die kognitive Erfassung der Beschaffenheit von gesellschaftlichen Zielen, in deren Realisierung erweiterte Teilhabe an gesellschaftlicher Realitätskontrolle, damit die Verbesserung der Kontrolle über die eigenen Lebensbedingungen antizipierbar ist, ist zwar eine notwendige Voraussetzung für die Entstehung emotionaler Handlungsbereitschaften zur motivierten Zielübernahme, reicht aber für sich genommen für das Zustandekommen von »Motivation« noch nicht aus. Das Individuum muß zugleich mit der Bedeutung des Zieles auch die Möglichkeit eigener nützlicher Beiträge zur Realisierung des Zieles kognizieren können, wenn in der emotionalen Gesamtwertung eine »motivierte« Handlungsbereitschaft zustande kommen soll; wenn ein Mensch nur seine Bedürftigkeit zur Überwindung der Ausgeliefertheit an aktuelle Situationsmomente einerseits und das allgemeine Vorhandensein von gesellschaftlichen Zielen, durch deren Verfolgung eine solche Überwindung möglich wäre, andererseits kogniziert, aber für ihn verfügbare Mittel zur tatsächlichen Teilhabe an der Zielrealisierung nicht erkennen kann, so hat seine emotionale Beziehung zu dem Ziel den Charakter eines *Wunsches* o. ä., aber nicht den der *»Motivation«* als bewußter Ausrichtung der eigenen Emotionalität auf das Ziel; der Zustand der generellen »Unmotiviertheit« als Desorientierung, Hilflosigkeit, Isolation und Angst wird durch derartige Wunschvorstellungen nicht verändert. – Bei der Gewinnung von Einsichten darüber, wieweit eine gegebene Diskrepanz zwischen der Unzulänglichkeit der gegenwärtigen Lebenslage und der durch Beiträge zu gesellschaftlichen Zielen erreichbaren Verbesserung auch der individuellen Existenzsicherung und Lebensführung zu überwinden ist, so daß es zu einer »motivierten« Zielübernahme kommen kann, wird die Einschätzung der in Aneignung gesellschaftlicher Möglichkeiten bereits erworbenen eigenen Fähigkeiten und des Ausmaßes ihrer Entwickelbarkeit wie auch die Beurteilung der konkret gegebenen Möglichkeiten der Zusammenarbeit mit anderen als aktuelle Basis der Umweltauseinandersetzung zum wesentlichen Maßstab werden. Darüber hinaus gewinnt jedoch die über den unmittelbar erfahrenen Entwicklungsstand anderer Menschen gesetzte *Perspektive menschlicher Entwicklungsmöglichkeiten* überhaupt eine besondere Bedeutung. Da in jeder Gesellungseinheit, schon durch unterschiedliches Lebensalter, die Entwicklung der ihr zugehörigen Individuen in unterschiedlichem Ausmaß fortgeschritten ist, bestimmte Möglichkeiten, die anderen noch verschlossen sind, bereits durch manche Menschen realisiert wurden, die dadurch auch höheren Einfluß auf die Bestimmung der allgemeinen Lebensbedingungen haben, bedeutet die Ausrichtung an gesellschaftlichen Zielen immer auch eine Orientierung an Personen oder Personengruppen, die bestimmte Perspektiven setzen, welche es in der eigenen Entwicklung einzuholen gilt. Der Entwicklungsstand der fortgeschrittensten Individuen ist Kriterium dafür, welcher Grad der Persönlichkeitsentwicklung unter den gegebenen gesellschaftlichen Verhältnissen mindestens möglich, also – unter der Vorbedingung des Bestehens kooperativer Beziehungen (allerdings nicht unter den Bedingungen antagonistischer Klassengesellschaften, s. u.) – prinzipiell auch für den Einzelnen erreichbar ist. Auf diese Weise können über die kognitive Erfassung der Möglichkeiten anderer Menschen zu relevanten Beiträgen zur Realisierung gesellschaftlicher Ziele und damit verbundener Lebenserfüllung und Bedürfnisbefriedigung unmittelbar emotionale Wertungen im Sinne der Bereitschaft zur Entwicklung der eigenen Fähigkeiten in Annäherung an den Entwicklungsstand des anderen entstehen. »Produktive« Bedürfnisse sind, wie dargestellt, nicht auf das Individuum rückbezogen, sondern ihrem Wesen nach durch »Hineinnahme« des gesellschaftlichen Beziehungsreichtums in die eigene Subjektivität in kooperativer Verbundenheit über gemeinsame Ziele mit anderen Menschen charakterisiert; das Interesse bezieht sich hier unmittelbar auf den dem gemeinsamen gesellschaftlichen Ziel dienenden Beitrag des anderen, und mit dem Ausmaß des vom anderen geleisteten Beitrags und den sich darin vergegenständlichenden Fähigkeiten und den dadurch bedingten erweiterten Einflußmöglichkeiten ist zugleich auch der Grad der für ihn in seinem Beitrag liegenden »produktiven« Befriedigung direkt erfahrbar. Diese »Fremderfahrung« setzt innerhalb von kooperativen Beziehungen, d. h. bei Vorhandensein gemeinsamer Ziele, keineswegs besondere Akte des auf die andere Person bezogenen »Ausdrucksverstehens«, der »Einfühlung«, »Empathie« o. ä. voraus; da, wie gesagt, die »produktive« Bedürfnisbefriedigung kein unvermittelter, bloß »subjektiver« Tatbestand ist, sondern sich nach dem Erfolg der Tätigkeit bei der Erfüllung der gesellschaftlichen Aufgaben, der damit verbundenen gesellschaftlichen Integration bemißt, ist im Prinzip der Grad der »produktiven« Befriedigung des anderen an der gesellschaftlichen Bedeutung des von ihm geleisteten Beitrags »offen« zu erkennen und emotional zu erfahren.

Aus unseren letzten Darlegungen wird deutlich, daß die Frage nach den Beschaffenheiten gesellschaftlicher Ziele, die von einem konkreten Individuum in »motivierter« Anstrengungsbereitschaft zu übernehmen sind, auf keinen Fall unabhängig von der Frage nach den gesellschaftlichen Bedingungen für die Herausbildung der Fähigkeiten behandelt werden kann, durch welche das Ziel für das Individuum auch als erreichbar zu kognizieren ist, womit aus dem bloßen »Wunsch« erst die »Motivation« zur Teilhabe an der Zielerreichung entsteht. Die Fähigkeiten zur Zielerreichung müssen dabei keineswegs bereits voll ausgebildet sein, das Individuum muß sich nur in der Lage sehen, aufgrund des schon erworbenen Wissens und Könnens und der vorhandenen objektiven Entwicklungsmöglichkeiten die zur Erreichung des Zieles erforderlichen Fähigkeiten zukünftig bei sich herauszubilden und mit der Zielverfolgung immer weiter zu vervollkommnen. Mehr noch: Die Antizipation der mit der Zielverfolgung verbundenen Möglichkeit der eigenen Fähigkeitsentwicklung als Voraussetzung und Resultat kooperativer Integration ist selbst ein wesentliches Bestimmungsmoment der Motivation zur Zielübernahme. Wenn mithin die motivierte Übernahme eines gesellschaftlichen Zieles stets die Antizipation der individuellen Entwicklung relevanter Fähigkeiten einschließt, ist also eine bestimmende Teilbedingung, unter welcher eine gesellschaftliche Anstrengungsforderung in »motivierter« Zielübernahme »subjektiviert« werden kann, immer die Kognition der Möglichkeit des Erwerbs der zur Teilhabe an gesellschaftlicher Realitätskontrolle wesentlichen Fähigkeiten.

4.3.3 Das Problem motivierter Erfüllbarkeit der widersprüchlichen Anforderungen klassenspezifischer Individualitätsformen innerhalb der bürgerlichen Gesellschaft; der emotional-motivationale Aspekt der Aneignung der Individualitätsform des Lohnarbeiters

Unsere bisherige Heraushebung der Beschaffenheiten gesellschaftlicher Ziele bzw. Beziehungen zwischen Zielbeschaffenheiten und individuellen Mitteln zu ihrer Erreichung, die in kognitiver Zielanalyse vom Individuum erfaßbar sein müssen, damit eine emotionale Gesamtwertung im Sinne der »motivierten« Anstrengungsbereitschaft zur Zielübernahme entstehen kann, hat in gewissem Sinne *»idealtypischen«* Charakter und ist in ihrem Verhältnis zu wirklichen gesellschaftlichen Zielkonstellationen quasi *konditionaler Art*: Aus den von uns früher entwickelten Grundeigenarten der spezifisch »menschlichen« Bedürfnisstruktur läßt sich ableiten, daß, *sofern* gesellschaftliche Ziele »subjektive Bedeutung« erlangen, also von einem Individuum »motiviert« übernehmbar sein sollen, ihnen – alle anderen Bedingungen als gleich gesetzt – die dargelegten Beschaffenheiten zukommen *müssen.* Diese abstrahierend aufgewiesenen allgemeinen Zielmerkmale in ihrer Relation zu den Entwicklungsmöglichkeiten des Individuums kommen mithin in der abstrakten Allgemeinheit nicht tatsächlich vor, sondern immer nur als Aspekte konkreter Zielkonstellationen innerhalb des arbeitsteiligen Gesamts historisch bestimmter gesellschaftlicher Verhältnisse; sie sind also Momente der Anforderungsstruktur »gesellschaftlicher Individualitätsformen« bzw. deren Derivate außerhalb der unmittelbaren Produktion, wie wir sie früher (I, S. 317ff.) in Anlehnung an Sève ausführlich dargestellt und diskutiert haben. Da die Charakteristik der Individualitätsformen durch ihren funktionalen Stellenwert im Zusammenhang der Produktion und Reproduktion des gesellschaftlichen Lebens, damit auch durch ihre Position innerhalb der Klassenstruktur antagonistischer Gesellschaftsformationen wie der bürgerlichen Gesellschaft bestimmt ist, müssen bei Konkretisierung der Untersuchung auf das Problem der Beschaffenheit von Zielen unter historisch bestimmten gesellschaftlichen Bedingungen, von der ihre subjektive Übernehmbarkeit in »motivierter« Anstrengungsbereitschaft abhängt, jeweils spezielle, historisch vorfindliche Individualitätsformen daraufhin analysiert werden, wieweit ihre Realisierung durch das konkrete Individuum eine erhöhte Teilhabe an gesellschaftlicher Realitätskontrolle und kooperativer Integration, damit Verbesserung der Kontrolle über die eigenen Lebensbedingungen erlaubt, also in »motivierter« Weise erfolgen kann, und wieweit die Möglichkeit der bewußten Einflußnahme auf den gesellschaftlichen Prozeß durch die historisch bestimmte, klassenspezifische Eigenart der Individualitätsformen in einem Maße widersprüchlich überformt und zurückgenommen ist, daß die Individualitätsform nicht motiviert, sondern nur unter »Zwang« zu realisieren ist. Wir müssen also unsere früheren Ausführungen über Individualitätsformen und ihre individuelle Realisierung auf ihren emotional-motivationalen Aspekt hin analysieren. Dabei beschränken wir uns in diesem Abschnitt auf die kategoriale Herausarbeitung und exemplarische Verdeutlichung der objektiven Eigenarten der Anforderungsstruktur von Individualitätsformen, von denen ihre »motivierte« Realisierbarkeit abhängt; die emotional-motivationalen Probleme der Aneignung der Individualitätsformen durch das konkrete Individuum werden von uns später bei der kritischen Reinterpretation und positiven Umsetzung psychoanalytischer Konzeptionen behandelt; dort wird auch die Analyse über die Betrachtung der eigentlichen Individualitätsformen im Bereich unmittelbarer gesellschaftlicher Produktion und Reproduktion hinaus ausgeweitet und werden die objektiven Anforderungsformen etwa im Prozeß der kindlichen Vergesellschaftung in seinem emotional-motivationalen Aspekt in die Untersuchungen einbezogen.

Da, wie aufgewiesen, Individualitätsformen als *»Vermittlungsinstanz« zwischen gesellschaftlichen und individuellen Lebensnotwendigkeiten* zu kennzeichnen sind, worin das Individuum zur materiellen Reproduktion und Entfaltung des eigenen Lebens gleichzeitig einen Beitrag zur materiellen Reproduktion und Entfaltung des gesellschaftlichen Lebens leisten muß, stellt sich die früher angesprochene Alternative: *»Motivation«* oder *»Zwang«* in der historischen Konkretion der Betrachtung auf die Individualitätsformen in verschärfter Weise. Das Individuum muß, sofern es bewußt Einfluß auf die allgemeinen Lebensbedingungen nehmen will, seine Handlungsfähigkeit bei der Realisierung der Individualitätsformen soweit wie möglich ausdehnen, um von seinen spezifischen Qualifikationen her entsprechende Anstöße zur gesellschaftlichen Entwicklung zu setzen, ist aber andererseits auch dann, wenn die gegebenen Zielkonstellationen der Individualitätsformen nur in mehr oder weniger begrenzter Weise eine Kontrolle über die eigenen Lebensbedingungen erlauben, es somit objektiv weitgehend in einer unmittelbaren Abhängigkeitsbeziehung gehalten ist, um seiner unmittelbaren Existenzerhaltung willen darauf angewiesen, die

Handlungsfähigkeit wenigstens im vorgegebenen Rahmen der Fremdbestimmung herzustellen und den Anforderungen, soweit ihre motivierte Erfüllung nicht möglich ist, unter Zwang nachzukommen. Wenn mithin die Übernahme gesellschaftlicher Aufgaben durch Realisierung von Individualitätsformen zwar generell eine Reduzierung des einseitigen Abhängigkeitsverhältnisses des Individuums von gesellschaftlichen Mächten durch wachsendes »Aufeinander-Angewiesensein« der Gesellschaft und des vergesellschafteten Individuums, damit Zunahme der individuellen Einflußmöglichkeiten auf den gesellschaftlichen Entwicklungsprozeß bedeutet, so ist demnach unter den konkreten Bedingungen der antagonistischen Klassengesellschaft dieser Prozeß zunehmender Selbstbestimmung durch in den Individualitätsformen objektiv gegebene Beschränkungen erweiterter Teilhabe an gesellschaftlicher Realitätskontrolle, damit Kontrolle der eigenen Lebensumstände, begrenzt, also die Abhängigkeit nicht über einen bestimmten Grad hinaus reduzierbar. Die für das Individuum lebensnotwendige, durch Aneignung von Individualitätsformen zu gewinnende Handlungsfähigkeit ist demgemäß stets in mehr oder weniger hohem Maße durch einen objektiven Rahmen der Fremdbestimmung eingeschränkt, unter den Bedingungen der bürgerlichen Gesellschaft also lediglich als *»relative Handlungsfähigkeit«* zu charakterisieren, wobei der Grad der relativen Handlungsfähigkeit von der Position der jeweiligen Individualitätsform im arbeitsteiligen Gesamt der bürgerlichen Klassenstruktur abhängt. – Das Ausmaß, in dem durch Realisierung einer bestimmten Individualitätsform das Ausgeliefertsein an aktuelle Umweltbedingungen in Richtung auf Kontrolle über die eigenen Lebensumstände überwindbar, also die Anforderungen der Individualitätsform motiviert erfüllbar sind, hängt also vom Grad der in Aneignung der Individualitätsform gewinnbaren relativen Handlungsfähigkeit ab. – Je geringer der erreichbare Grad der relativen Handlungsfähigkeit, je enger der Rahmen ist, jenseits dessen die Handlungen des Individuums fremdbestimmt und außenstabilisiert sind, je stärker der Mensch also permanent mit einem von ihm nicht beeinflußbaren Wechsel seiner Lebensumstände rechnen muß, damit ständig durch Verlust der erreichten Handlungsfähigkeit bedroht ist, umso geringer wird unter sonst gleichen Umständen seine Motivation und umso stärker somit der »notwendige« Zwang bei Realisierung der Anforderungen der Individualitätsform sein.

Wenn wir früher festgestellt haben, daß die *motivierte Übernehmbarkeit* eines gesellschaftlichen Zieles davon abhängt, wieweit durch den Beitrag zu seiner Verwirklichung das Individuum Einfluß auf den gesellschaftlichen Prozeß und damit Kontrolle auch über seine eigenen Lebensbedingungen antizipieren kann, so läßt sich jetzt nach Konkretisierung der Analyse durch Einbeziehung des Konzeptes der »Individualitätsform« genauer sagen, unter welchen Voraussetzungen ein solcher Einfluß zustandekommen kann. – Während, wie ausgeführt, der gesamtgesellschaftliche Entwicklungsprozeß allgemein gesehen in einer immer stärkeren Differenzierung der arbeitsteiligen Struktur, damit einer immer stärkeren Möglichkeit der Individuierung, d. h. Herausbildung einmaliger, in kooperativen Beziehungen über gesellschaftliche Ziele zur Verbesserung der Lebenslage und Daseinsentfaltung aller Gesellschaftsmitglieder miteinander verbundener Persönlichkeiten besteht, ist dieser Entwicklungsprozeß durch die klassenbedingte Trennung von körperlicher und geistiger Arbeit und die daraus sich ergebende Entwicklungslosigkeit der Masse der Gesellschaftsmitglieder in der bürgerlichen Gesellschaft gravierend eingeschränkt und widersprüchlich zurückgenommen. Der Grad der Differenzierung der Individualitätsformen ist, in den »unteren« Schichten der Gesellschaft in steigendem Maße, entscheidend begrenzt, d. h. eine große Anzahl von Gesellschaftsmitgliedern ist jeweils unter gleiche oder doch in wesentlichen Bestimmungen ähnliche Individualitätsformen subsumiert. Dies bedeutet nicht, daß alle einer gewissen Individualitätsform untergeordneten Menschen auch als konkrete Individuen »gleich« sind: Wir haben dargestellt, daß sowohl durch die Aneignung mehrerer Anforderungs- bzw. Individualitätsformen durch dasselbe Individuum wie auch durch verschiedene Weisen der Realisierung *einer* Individualitätsform die Unterschiede zwischen konkreten Individuen stets viel größer sein müssen als die Unterschiede der von ihnen realisierten Individualitätsformen; dennoch ist die Variationsbreite der herauszubildenden personalen Verschiedenheiten bei den unter eine bestimmte Individualitätsform subsumierten Individuen notwendigerweise durch den Grad der mit der Individualitätsform objektiv gegebenen Entwicklungseinschränkung mehr oder weniger reduziert. – In dem Maße wie in den unteren Schichten immer ausgeprägter große Massen von Individuen einer im wesentlichen gleichen Individualitätsform subsumiert sind, sind auch die zur gesellschaftlichen Lebenserhaltung notwendigen Beiträge nicht von einzelnen, sondern nur von der großen Masse der die Individualitätsform realisierenden Menschen zu leisten. Das heißt aber, daß der Einzelne hier auf einseitige Weise von den gesellschaftlichen Mächten abhängig ist, da er zwar zur Erhaltung seines individuellen Lebens die Individualitätsform realisieren muß, die »Gesellschaft« aber zu ihrer Lebenserhaltung nicht auf den jeweils individuellen Beitrag, sondern nur auf den Beitrag der Gesamtheit der der Individualitätsform subsumierten Gesellschaftsmitglieder »angewiesen« ist. Diese einseitige Abhängigkeit ist nur durch den organisierten Zusammenschluß aller der jeweiligen Individualitätsform untergeordneten Individuen zu kompensieren, da so die Wechselseitigkeit der Abhängigkeit der gesellschaftlichen und individuellen Lebenserhaltung wieder hergestellt ist, also die Angehörigen einer Individualitätsform Einfluß auf den gesellschaftlichen Prozeß und damit Kontrolle über ihre eigenen Lebensbedingungen erreichen können.

Je geringer mithin der mit Realisierung einer bestimmten Individualitätsform gewinnbare Grad der relativen Handlungsfähigkeit des Einzelnen, damit seiner Entwicklungs- und Einflußmöglichkeiten mit Bezug auf den gesellschaftlichen Prozeß ist, umso notwendiger bedarf es als Voraussetzung der Einflußnahme auf den gesellschaftlichen Produktionsprozeß und damit der Bestimmung der individuellen Lebensbedingungen des organisierten Zusammenschlusses aller unter einer bestimmten Individualitätsform zusammengefaßten Menschen; d. h. in dem Maße, wie eine gesellschaftlich wichtige Funktion nicht von einem Einzelnen bzw. von wenigen kooperierenden Individuen, sondern von einer Masse von Individuen ausgeübt wird, die nicht auf der Basis unbeschränkter Entwicklungsfähigkeit spezifisch bedeutsame Beiträge zu leisten haben, sondern über die in der antagonistischen Klassengesellschaft objektiv bestehenden Entwicklungsbeschränkungen auf einem Stand relativer Entwicklungslosigkeit und damit allgemeiner Gleichheit und Austauschbarkeit festgehalten sind, können diese Individuen auch nur in dieser Allgemeinheit die Bedeutungslosigkeit ihrer individuellen Existenz für die gesellschaftliche Lebenserhaltung und ihre prinzipielle Austauschbarkeit überwinden. Sofern ein Individuum jedoch in seiner Vereinzelung verharrt, verbleibt es zwangsläufig im Zustand der Ausgeliefertheit an zufällige, unkontrollierbare Lebensbedingungen und damit individueller Hilflosigkeit und Angst.

Die früher aufgewiesenen, in Individualitätsformen innerhalb der bürgerlichen Gesellschaft notwendig eingeschlossenen Widersprüche müssen bei unterschiedlicher Position einer Individualitätsform im Gesamt der gesellschaftlichen Klassenstruktur auf verschiedene Weise in Erscheinung treten. Einerseits enthalten alle Individualitätsformen Anforderungen, die zur Erhaltung des gesellschaftlichen Lebens im *Allgemeininteresse* notwendig erfüllt sein müssen (sonst wäre ein Überleben der Gesellungseinheit aufgrund der Arbeit ihrer Mitglieder nicht möglich); andererseits sind diese Anforderungen jedoch gleichzeitig durch andere, die zur Erhaltung der bestehenden Klassenstruktur der bürgerlichen Gesellschaft im *Partialinteresse* des Kapitals gegen das Allgemeininteresse notwendig sind, mehr oder weniger zurückgenommen und widersprüchlich überformt, so daß sich der Klassenantagonismus quasi in jeder Individualitätsform spezifisch gebrochen wiederfindet und vom Individuum in der einen oder anderen Richtung zu bewältigen ist.

Während in den Individualitätsformen der Arbeiterklasse die Widersprüche der Anforderungsstruktur aus der Notwendigkeit der bewußten Planung und Kontrolle der Produktion durch die unmittelbaren Produzenten im Interesse aller Gesellschaftsmitglieder und der damit in antagonistischem Gegensatz stehenden Notwendigkeit des Ausschlusses der unmittelbaren Produzenten von der Planung und Kontrolle der Produktion im Partialinteresse des Kapitals an der Erhaltung der kapitalistischen Gesellschaft sich ergeben (s. u.), findet sich z. B. in der früher (I, S. 319) geschilderten Individualitätsform des Lehrers zugleich die Forderung, den Zu-Erziehenden das zur Erhaltung und Weiterentwicklung des gesellschaftlichen Lebens notwendige Wissen zu vermitteln, wie auch alles Wissen, durch das die Notwendigkeit der Änderung der kapitalistischen Gesellschaftsstruktur erkennbar wird, aktiv zu unterbinden. In privilegierten Schichten erscheint der Widerspruch in verschiedener Weise als Widerspruch zwischen den allgemeingesellschaftlichen Notwendigkeiten und den aus dem eigenen borniert kurzsichtigen Gruppeninteresse sich ergebenden Notwendigkeiten der Ausnutzung von Privilegien auf Kosten der Allgemeinheit, wobei jedoch dieser zentrale Widerspruch durch sich aus ihm ableitende weitere Widersprüche gewöhnlich in vielfältiger Weise überdeckt ist. In der Individualitätsform des Arztes z. B. besteht der generelle Widerspruch zwischen der Notwendigkeit der gesellschaftlichen Planung medizinischer Versorgung im Interesse der Bevölkerung und der Notwendigkeit der Erhaltung der ärztlichen Privatpraxis im Interesse der Konservierung von Standesprivilegien. Unter den Bedingungen der privatärztlichen Praxen kann es dann jedoch durchaus zu quasi-unvermeidlichen weiteren Widersprüchen kommen, so z. B. zu dem Widerspruch zwischen der »privaten« Neigung des Arztes, allen Kranken zu helfen und der Notwendigkeit, schon um die entsprechende Ausstattung erwerben zu können, möglichst nur zahlungsfähige Patienten zu behandeln bzw. durch besonders gute Behandlung zu halten. »Ein Arzt«, schreibt Leontjew, »der in irgendeiner Kleinstadt eine Praxis auf Kredit erworben hat, mag wirklich bestrebt sein, die Leiden seiner Mitbürger zu lindern und darin seine Berufung sehen. Dennoch ist er gezwungen, in erster Linie die Zahl seiner Patienten zu erhöhen, denn davon hängt sein Leben und die Ausübung seines Berufes ab.« (1973, S. 244). Die unmittelbare Notwendigkeit der Absicherung der eigenen Existenz als Voraussetzung jeglicher Handlungsfähigkeit kann dann zum wesentlichen Bestimmungsmoment des Handelns werden, über welches die prinzipiellen Widersprüche, über deren Lösung die individuellen allein aufhebbar sind, leicht aus dem Bewußtsein ausgeschlossen werden. (Wir können eine genaue Analyse der Widersprüche von Individualitätsformen in Abhängigkeit von ihrer Position innerhalb der Klassenstruktur hier nicht durchführen).

Derartige Widersprüchlichkeiten müssen sich auch in den jeweiligen Organisationen, unter denen die einer Individualitätsform subsumierten Menschen zur Interessendurchsetzung zusammengefaßt sind, niederschlagen; bei Organisationen der Arbeiterklasse etwa als nicht-antagonistischer

Widerspruch zwischen klassenkämpferischen Zielen der Verbesserung der Lebensbedingungen der Arbeiter durch Überwindung des Klassenantagonismus in Richtung auf volle Teilhabe der unmittelbaren Produzenten an der bewußten gesellschaftlichen Realitätskontrolle und Integration, damit Kontrolle über ihre eigenen Lebensbedingungen einerseits und den »bloß« gewerkschaftlichen Zielen der Verbesserung der Lebensbedingungen im Rahmen und unter Anerkennung der bestehenden gesellschaftlichen Verhältnisse, also unter Verzicht auf eine prinzipielle Erhöhung der bewußten Verfügung der Arbeiter über ihre Daseinsumstände, andererseits. In Berufsverbänden und Standesorganisationen innerhalb privilegierter Schichten dagegen treten Widersprüche in antagonistischer Form auf, indem diese Organisationen einerseits der Regelung der wechselseitigen Verantwortlichkeit der Einzelnen bei der Erfüllung der in der Individualitätsform beschlossenen allgemein-gesellschaftlichen Aufgaben und der Vermittlung und Kontrolle von dazu notwendigem Spezialwissen, der Formulierung und Überwachung »berufsethischer« Verpflichtungen etc. dienen, andererseits aber die Funktion der Vertretung von Standesinteressen gegen das Allgemeininteresse haben und damit zugleich die der Disziplinierung von Angehörigen der Individualitätsform, die die Standesinteressen dem Allgemeininteresse unterordnen, damit die Privilegien der Gesamtheit der unter die Individualitätsform subsumierten Individuen gefährden, etc.[2]

Bei der kognitiven Zielanalyse der zu realisierenden Individualitätsformen zur optimalen Ausnutzung der dabei gegebenen Möglichkeiten, durch Teilhabe an der gesellschaftlichen Realitätskontrolle die Kontrolle über die eigenen Lebensbedingungen zu verbessern, womit das Ziel motiviert übernehmbar wird, muß das Individuum als Voraussetzung der realistischen Einschätzung seiner Möglichkeiten, damit optimalen Erhaltung bzw. Entwicklung seiner Handlungsfähigkeit, diesen objektiven Widersprüchen in seinem Handeln Rechnung tragen, d. h. bewußt »Partei nehmen«. Dabei ist die drohende Handlungsunfähigkeit in zweierlei Hinsicht zu vermeiden: Auf der einen Seite gilt es – da das Herausfallen oder Eliminiertwerden aus

[2] Innerhalb der Kapitalistenklasse (die wir hier nicht näher behandeln) schlägt sich der allgemeine Widerspruch zwischen Tauschwert- und Gebrauchswert-Produktion in den Individualitätsformen als Notwendigkeit nieder, zur Erreichung des privaten Zieles der Profitgewinnung und damit Erhaltung und Erhöhung der eigenen Macht Rücksicht auf die »zahlungsfähigen« Bedürfnisse der anderen nehmen zu müssen; ebenso sind die Individualitätsformen der Bourgeoisie durch den Widerspruch zwischen der direkten Konkurrenz der Kapitalisten untereinander und der Notwendigkeit des Zusammenschlusses zur Abwehr der Forderungen der Arbeiterklasse charakterisiert, wobei der Zusammenschluß hier aber kein anderes Ziel hat als die Verteidigung privater, im Grunde jeweils einander entgegengesetzter Interessen.

der jeweiligen Individualitätsform, wie aufgewiesen, notwendig Einfluß- und Machtlosigkeit bedeutet – die Position innerhalb der Individualitätsform zu halten; auf der anderen Seite ist jedoch stets die Gefahr gegeben, in dem Bemühen, die »Stellung zu halten«, d. h. die Individualitätsform in einer Weise zu realisieren, die keine grundsätzliche Gefährdung der eigenen Existenz und der Einflußmöglichkeiten auf den gesellschaftlichen Prozess bedeutet, dem Partialinteresse des Kapitals sich zu unterwerfen, d. h. auf die Erweiterung bestehender Möglichkeiten zur bewußten Einflußnahme auf den gesellschaftlichen Entwicklungsprozeß über die organisierte Vertretung der mit der Individualitätsform zu verwirklichenden gesamtgesellschaftlichen Interessen zu verzichten und im Arrangement mit den Mächtigen eine isolierte Absicherung seiner kurzschlüssig-privaten Interessen zu erreichen. Bei dieser zweiten Alternative hebt sich die Tendenz zur Vermeidung jedes Risikos bei der Absicherung der eigenen Existenz selber auf, indem so das Abhängigkeitsverhältnis von der herrschenden Klasse gefestigt wird, man auf dem geringen Grad der relativen Handlungsfähigkeit verbleibt und in der individuellen Existenzerhaltung und Bedürfnisbefriedigung weitgehend auf das uneinsichtige und unbeeinflußbare »Wohlwollen« der Mächtigen angewiesen ist und mithin versuchen muß, in deren »Belohnungen« und »Bestrafungen« bestimmte blind-faktische Regelhaftigkeiten herauszufinden und sein Verhalten danach einzurichten. Was bei einer derartigen Realisierungsweise von Individualitätsformen resultiert, ist dann tatsächlich ein Rückfall in jenes *»Rollenverhalten«*, wie es die bürgerlichen Sozialwissenschaften als einzige Art der Erfüllung gesellschaftlicher Anforderungen kennen: die aufgrund gesellschaftlicher Sanktionen gelernte Übernahme von »Rollenerwartungen«, in deren normgerechter Erfüllung das Individuum den Konflikt mit herrschenden Instanzen vermeiden und sich ein Optimum an »Belohnungen« sichern kann, wobei die Notwendigkeit, durch Teilhabe an gesellschaftlicher Realitätskontrolle in Kooperation mit anderen seine eigenen Lebensbedingungen bewußt zu bestimmen, hier in Einklang mit der bürgerlichen Ideologie ausgeklammert wird. Gerade das emanzipatorisch gedachte Konzept der *»Rollendistanz«* bedeutet dabei als empfohlene *Flucht in die Vereinzelung* und in das Desengagement die *Verfestigung individueller Ohnmacht und Ausgeliefertheit*, die Ablenkung möglicher Aktivitäten zur Verbesserung der allgemeinen Verhältnisse in ungefährliche Bereiche der Privatexistenz und ist somit *objektiv reaktionär*. Mit dem Hinweis darauf, daß »Rollenübernahme« und »Rollenverhalten« eine bestimmte Art von Realisierung gesellschaftlicher Individualitätsformen unter den Bedingungen der Abhängigkeit und Vereinzelung von Individuen, damit Ausgeliefertheit an die Willkür der herrschenden Klassen in der bürgerlichen Gesellschaft sind, sollte das bereits früher (I, S. 320) angesprochene Verhältnis zwischen dem marxistischen Begriff der »Individualitätsform« und dem bürgerlichen Konzept der »Rolle« unter einem gewissen Aspekt verdeutlicht werden (eine eingehendere Diskussion dieser Problematik ist uns hier nicht möglich, vgl. F. Haug 1973 und 1977).

Bei einer adäquaten kognitiven Erfassung der widersprüchlichen Anforderungsstruktur der Individualitätsformen, aus der sich die nach den gegebenen Umständen optimale Anstrengungsbereitschaft zu ihrer motivierten Übernahme und Weiterentwicklung im allgemeingesellschaftlichen Interesse ergibt, müssen einerseits die gegebenen *»Handlungsräume«* so weit wie möglich ausgenutzt, dabei aber auch die *»Grenzerfahrungen«* bei der aktiven Auseinandersetzung mit dem Klassengegner als potentielle Gefährdung der eigenen Existenz angemessen kognitiv und emotional verarbeitet werden. Die Problematik der Realisierung von Individualitätsformen unter Klassenverhältnissen besteht, wie dargelegt, immer darin, daß man in Verkennung der eigenen Stärke mit der Individualitätsform und den in ihr gegebenen Möglichkeiten individueller Reproduktion den Einfluß auf den gesellschaftlichen Entwicklungsprozeß und die eigene Existenzgrundlage verliert oder aber im Bemühen um direkte Absicherung der eigenen Existenz nicht mehr auf die Erweiterung der Bündnisbasis und damit die Vergrößerung des Einflusses auf den gesellschaftlichen Prozeß hinwirkt, sondern lediglich die individuelle Daseinssicherung im Auge hat und damit zwangsläufig auf bloßes »Rollenverhalten«, auf die Ebene der bloßen Erfüllung vorgegebener Erwartungen zur Erhaltung der privaten Existenz zurückfällt und so gerade die Handlungsfähigkeit einbüßt, die zu einer Kontrolle der eigenen Lebensbedingungen und damit wirklichen Existenzsicherung notwendig ist. Das Individuum muß, um nicht nach der einen oder anderen Seite herauszufallen und so die Verfügung über seine Lebensumstände zu verlieren, die wesentlichen Züge der Klassensituation, durch die seine Lebenslage geprägt ist, in ihrer subjektiven Bedeutung für die eigene Existenz begreifen, dabei *kurzfristige Vorteile* und *langfristige Interessen* adäquat ins Verhältnis setzen: Damit sind seine Handlungen nicht nur durch eine mehr oder weniger spontane emotionale Verrechnung der je aktuellen Umweltbeziehungen determiniert, sondern der Mensch kann in bewußtem »Verhalten« zu seiner Subjektivität und im Wissen um die Notwendigkeit der geplant-vorsorgenden Absicherung gesellschaftlicher Lebensmöglichkeiten als Voraussetzung für die »menschliche« Qualität der Befriedigung aller Bedürfnisse den organisierten Kampf um die Bestimmung der allgemeinen, also auch eigenen Lebensbedingungen aufnehmen, ohne sich durch kurzfristige Vorteile und scheinbar risikofreie Existenz bestechen zu lassen und in der Situation grundsätzlicher Abhängigkeit und Ausgeliefertheit zu verbleiben.

Daraus ergibt sich, daß die gesellschaftlichen Individualitätsformen nicht nur als fertige »Aktivitätsmatrizen« dem Individuum unveränderlich vorgegeben, sondern selbst durch die gesellschaftliche Praxis des Menschen im Sinne der allgemeinen Interessen zu entwickeln sind. Sofern der Mensch sich den Anforderungen einer Individualitätsform lediglich als einzelner gegenübersieht und sich bemüht, durch eigenes Wohlverhalten möglichst viel von den Privilegien, die die Mächtigen verwalten, für sich zu erlangen und damit zu den anderen, die ebenfalls daran teilhaben wollen, zwangsläufig in Konkurrenz tritt, nimmt er die Individualitätsform als bloße »Rolle« wahr, die er, so wie sie ist, übernimmt, um seinen individuellen Vorteil zu wahren. Sobald der Einzelne aber begreift, daß nur durch den gemeinsamen Kampf mit anderen die Abhängigkeit von den herrschenden Instanzen aufhebbar und Selbstbestimmung gemäß den Entwicklungsnotwendigkeiten der erreichten gesellschaftlichen Stufe zu erlangen ist und er somit bei der Verwirklichung seiner »Freiheit« auf die anderen Menschen unausweichlich angewiesen ist, gewinnen mit der eingesehenen Notwendigkeit der Veränderung der objektiven gesellschaftlichen Verhältnisse zur Durchsetzung allgemeiner gegenüber partikulären Interessen die von ihm realisierten Individualitätsformen als Aspekt dieser Verhältnisse selbst die Perspektive der Veränderbarkeit. Das Individuum muß also einerseits, wenn es gesellschaftlichen Einfluß gewinnen will, die vorfindlichen Individualitätsformen voll realisieren, weil es außerhalb von Individualitätsformen notwendig machtlos bleibt; es hat aber andererseits über den organisierten Zusammenschluß aller einer Individualitätsform subsumierten Individuen und die Verbreiterung der Bündnisbasis mit Angehörigen anderer Individualitätsformen mit ähnlicher Interessenlage durch die so erreichbare Ausweitung des gesellschaftlichen Einflusses die Möglichkeit, die gesellschaftlichen Verhältnisse selbst in Richtung auf die Beteiligung aller an der bewußten Planung und Kontrolle der Lebensbedingungen zu verändern, damit die in den Individualitätsformen gegebenen Einschränkungen der Handlungsfähigkeit zu sprengen. Da über eine solche Erweiterung der Individualitätsformen in Richtung auf die Verwirklichung höherer gesellschaftlicher Realitätskontrolle das Kapital in seiner Funktion zwangsläufig aufgehoben wäre, wird es diese Ausweitung des gesellschaftlichen Einflusses auf die allgemeinen Lebensbedingungen nicht hinnehmen, sondern gewaltsam zu verhindern suchen, sodaß der geschilderte Entwicklungsprozeß der durch die Realisierung der Individualitätsformen möglichen Erweiterung der gesellschaftlichen Einflußnahme die Form von Klassenkämpfen hat und sich immer mehr zu scharfen politischen Auseinandersetzungen zuspitzen muß. Eine wesentliche Bedingung für die »Motivation« des Einzelnen, an diesem Kampf teilzunehmen, ist die subjektive Erfahrung sowohl der prinzipiell bestehenden Lebensmöglichkeiten als auch der objektiv durch das Kapital gesetzten Entwicklungsschranken und die

Notwendigkeit ihrer Überwindung als Durchsetzung der allgemeingesellschaftlichen, damit eigenen Interessen. Diese Erfahrung kann er aber im wesentlichen nur dadurch gewinnen, daß er in der extensiven Nutzung der in den Individualitätsformen bestehenden Handlungsräume an die objektiven, durch das Partialinteresse des Kapitals gesetzten Grenzen stößt und somit die Illusion der »Freiheit« verliert, – eine Illusion, die nur solange aufrechtzuerhalten ist, wie man diese Grenzen »freiwillig« niemals berührt und lediglich zwischen den »zugelassenen«, im Hinblick auf eine wirkliche Erweiterung menschlicher Lebensmöglichkeiten gleichgültigen Alternativen »wählt«.

Die von uns herausgearbeiteten kategorialen Bestimmungen zur Erfassung des emotional-motivationalen Aspektes der Realisierung von Individualitätsformen unter den antagonistischen Klassenverhältnissen der bürgerlichen Gesellschaft sollen nun durch Analyse der Bedingungen für die motivierte bzw. erzwungene Übernahme von gesellschaftlichen Zielen innerhalb der Individualitätsform des »Lohnarbeiters« exemplarisch verdeutlicht werden, wobei wir an unsere früheren allgemeinen Darlegungen über die historische Spezifik der kapitalistischen Produktionsweise (vgl. I, bes. S. 290ff.) und an die eingangs gestellte Frage der »Motivierbarkeit« der Arbeiter anschließen. – Die Präzision unserer folgenden Darlegungen ist dadurch eingeschränkt, daß wir auf eine systematische Aufarbeitung der verschiedenen objektiven Individualitätsformen in der bürgerlichen Gesellschaft nicht zurückgreifen können, also auch die Frage des Verhältnisses der Individualitätsform des Lohnarbeiters zu anderen Individualitätsformen abhängig Beschäftigter wie der möglicherweise erforderlichen Differenzierung verschiedener, den einzelnen Schichten und Abteilungen der Lohnarbeiterklasse zugehörigen Individualitätsformen hier ungeklärt lassen müssen. Eine solche noch zu leistende Systematisierung ist nicht durch einfache Einteilungen mit begrifflichen Über- und Unterordnungen, sondern nur durch eine empirische Klassenanalyse der bürgerlichen Gesellschaft erreichbar, in welcher die klassen-, schicht- und standortspezifischen objektiven Anforderungsstrukturen, denen gegenüber Menschen zur Erhaltung ihrer Existenz handlungsfähig werden müssen, aus den Entwicklungsnotwendigkeiten der Produktion historisch bestimmter kapitalistischer Gesellschaften abzuleiten sind.

Wenn man die Beschaffenheiten der mit der Individualitätsform des Lohnarbeiters in der kapitalistischen Produktion vorgegebenen Ziele, die eine motivierte Zielübernahme ermöglichen oder behindern, richtig erfassen will, so darf man nicht bei einzelnen Merkmalen seiner Tätigkeit beginnen, sondern muß von dem mit der Entwicklung des Kapitalismus sich immer mehr verschärfenden Widerspruch zwischen der objektiv kooperativen Struktur der Produktion und der immer steigenden Möglichkeit ihrer bewußten Planung und Kontrolle durch die unmittelbaren Produzenten einerseits und dem Ausgeschlossensein der Arbeiter von der bewußten Kooperation und selbstbestimmten Gestaltung der Produktion andererseits ausgehen, womit, wie dargelegt (I, S. 300ff.), die Situation des Ausgebeutetseins für den Lohnarbeiter nicht mehr nur blindes Faktum ist, sondern tatsächlich und immer mehr auch bewußt die Perspektive ihrer Überwindbarkeit als Voraussetzung für den organisierten Kampf der Arbeiterklasse um ihre Emanzipation enthält. Dies bedeutet nicht nur, daß es immer mehr klassenbewußte Arbeiter gibt, sondern auch, daß die Arbeiter, die sich im kapitalistischen System einrichten wollen oder es gar verteidigen, sich immer mehr mit der Möglichkeit des Klassenbewußtseins konfrontiert sehen und diese Möglichkeit explizit negieren müssen, womit auch ihre Subjektivität durch die Widersprüchlichkeit ihrer Klassenlage gekennzeichnet ist (s. u.). Die Ausgeschlossenheit des Lohnarbeiters von der bewußten gesellschaftlichen Kooperation ist also immer weniger ein hermetischer Zustand totaler »Entfremdung«; der objektiv kooperative Zusammenhang der Produktion muß vielmehr immer deutlicher und den Arbeitern somit immer klarer werden, daß sie es sind, die die gesellschaftlichen Werte schaffen und damit den Reichtum und die Lebensmöglichkeiten der Gesellschaft begründen. Umso mehr muß aber der Widerspruch sich zuspitzen, daß den kooperierenden Produzenten die bewußte Planung der Produktion und Verfügung über den von ihnen geschaffenen gesellschaftlichen Reichtum im Interesse der Allgemeinheit, also auch die Sicherung und Entfaltung des eigenen Lebens, verwehrt ist, sodaß der Generalisierung des Klassenbewußtseins nur mit stets verstärkten ideologischen Anstrengungen der gesellschaftlichen und individuellen Realitätsabwehr vom Kapitalstandpunkt entgegengewirkt werden kann.

Konkreter Niederschlag dieser objektiv sich ausweitenden Kooperationsstrukturen, d. h. der Vergesellschaftung der Arbeit, ist die gewerkschaftliche Organisiertheit, die im gemeinsamen Kampf um Verbesserung der Lebens- und Arbeitsbedingungen und damit verbundene Aufhebung der gegenseitigen Konkurrenz untereinander erfahrene prinzipielle Stärke der Arbeiterklasse, welche die gefährlichste Waffe gegen das Kapital ist.

Engels schreibt: Was den Assoziationen ». . . die eigentliche Wichtigkeit gibt, ist das, daß sie der erste Versuch der Arbeiter sind, *die Konkurrenz aufzuheben.* Sie setzen die Einsicht voraus, daß die Herrschaft der Bourgeoisie nur auf der Konkurrenz der Arbeiter unter sich beruht, d. h. auf der Zersplitterung des Proletariats, aus der Entgegensetzung der einzelnen Arbeiter gegeneinander. Und gerade weil sie sich, wenn auch nur einseitig, nur auf beschränkte Weise gegen die Konkurrenz, gegen den Lebensnerv der jetzigen sozialen Ordnung richten, gerade deshalb sind sie dieser sozialen Ordnung so gefährlich. Der Arbeiter kann die Bourgeoisie und mit ihr die ganze bestehende Einrichtung der Gesellschaft an keinem wunderen Fleck angreifen als an diesem ... Die Notwendigkeit zwingt ... (die Arbeiter) dazu, nicht nur einen *Teil* der Konkurrenz, sondern die Konkurrenz überhaupt aufzuheben – und das werden sie auch tun. Die Arbeiter sehen es schon jetzt täglich mehr ein, was sie an der Konkurrenz haben, sie sehen besser ein als die Bourgeois, daß auch die Konkurrenz der Besitzenden unter sich, indem sie die Handelskrisen hervorbringt, auf den Arbeiter drückt, und daß auch diese zu beseitigen ist. Sie werden es bald einsehen, *wie* sie dies anzufangen haben.« (MEW 2, S. 436f.).

Aus all diesem folgt, daß man die emotional-motivationale Beziehung des Lohnarbeiters zu den Zielen der kapitalistischen Produktion von vornherein einseitig und daher falsch bestimmen würde, wenn man hier von der totalen Abwesenheit jeder »produktiven« Motivation ausgeht. Vielmehr liegt gerade in dem Widerspruch, daß die »produktive« Motivation, die einerseits durch die kognitive Erfassung der objektiven gesellschaftlichen Bedeutung der kooperativ anzustrebenden Ziele aktualisiert wird, andererseits durch die Erkenntnis des Ausgeschlossenseins von der kooperativen Planung, der Zielerreichung und gemeinschaftlichen Verfügung über den geschaffenen Reichtum radikal unterdrückt wird, das wesentliche Charakteristikum der »subjektiven« Situation des Lohnarbeiters. Taut (1967, S. 256) hat dieses widersprüchliche Verhältnis prägnant herausgehoben: »Gerade weil sich in ihr (der Arbeiterklasse/U. O.) und in jedem Arbeiter, der nicht völlig erdrückt ist von der Unmenschlichkeit des Kapitalismus, diese ständige Tragik vollzieht: Arbeiten-Wollen und seine Fähigkeiten produktiv Anwenden-Wollen, aber nicht schöpferisch Arbeiten-Können und -dürfen, Lernen-Wollen, aber nicht Lernen-Können, geißeln Marx und Engels in ihrem Gesamtwerk die Unmenschlichkeit des Kapitalismus, seine infame Ausbeutung dessen, was das Wertvollste und Kostbarste am Menschen ist: Arbeitsfähigkeit, Arbeitswilligkeit und Arbeitsfreude!« Wenn also auch die »Motivation« des Lohnarbeiters, je nach seiner Position im Produktionsprozeß im unterschiedlichen Maße, ansatzweise aktualisiert wird, so ist dennoch innerhalb des die Individualitätsform des Lohnarbeiters kennzeichnenden Widerspruchsverhältnisses zwischen möglicher »menschlicher« Motivation und notwendigem Zwang der Zwang immanent unaufhebbar das bestimmende Moment. Die gesellschaftlichen Ziele, an deren Realisierung der einzelne Lohnarbeiter beteiligt ist, haben für diesen nicht die subjektive Bedeutung bewußter Beteiligung an der Schaffung von Bedingungen, unter denen Vorsorge für die eigene Existenzsicherung und damit Angstbewältigung möglich ist, d. h. die auf sinnlich-vitale Bedürfnisbefriedigung bezogene Motivation ist hier nicht untergeordneter Teilaspekt der »produktiven« Motivation, also auf die prinzipielle Absicherung sinnlich-vitaler Bedürfnisse und damit Vermenschlichung ihrer Befriedigungsqualität gerichtet, sondern verselbständigt sich und wird zum unmittelbaren Handlungsziel, bleibt also in wesentlicher Hinsicht unspezifisch-»organismisch«. – Während die ausgebeuteten Klassen früherer Produktionsweisen, wie der antiken Sklavenhaltergesellschaft und der Feudalgesellschaft, unter einem durch unmittelbare politische und militärische Gewalt gekennzeichneten *außerökonomischen Zwangsverhältnis* standen, beruht die Beziehung zwischen Bourgeoisie und Proletariat in der kapitalistischen Gesellschaft – dies wurde ausführlich dargelegt (vgl. I, S. 290ff.) – auf dem den Kauf und Verkauf der Arbeitskraft regelnden Rechtsverhältnis der Freiheit und Gleichheit privater Warenbesitzer, zu welchem jedoch das ökonomische Zwangsverhältnis, dem der Lohnarbeiter unterworfen ist, d. h. die Tatsache, daß er, um überhaupt leben zu können, seine Arbeitskraft verkaufen muß, im Widerspruch steht (wobei direkter außerökonomisch-politischer Zwang vom bürgerlichen Staat besonders in Krisenzeiten zur langfristigen Absicherung der Kapitalherrschaft zusätzlich ausgeübt wird). Im Hinblick auf das Problem individueller Übernahme gesellschaftlicher Ziele bedeutet dies, daß die ausgebeuteten Klassen früherer Produktionsweisen unabhängig von ihrer Motivation einem *äußeren Zwang* zur Arbeit durch permanente Aufsicht und Antreiberei bis zur physischen Gewalt ausgesetzt waren, während die Lohnarbeiter zwar scheinbar, »wenn sie wollen«, ihren Vertrag aufkündigen können und keinen neuen einzugehen brauchen, was aber, da andere Möglichkeiten zur Reproduktion ihres eigenen Daseins außer der Lohnarbeit für sie modal nicht bestehen, die unmittelbare Bedrohung ihrer physischen Fortexistenz nach sich zöge, so daß sie unabhängig von ihrer Motivation sich selbst zur Arbeit zwingen müssen, also unter einem *»inneren Zwang«* zu arbeiten stehen.

Wesentliche Ursache der radikalen Beschränkung der Entwicklung »menschlicher« Motivation der Lohnarbeiter ist die aus der objektiven Beschaffenheit ihres konkreten Aufgabenbereichs sich ergebende weitgehende Entwicklungs- und Perspektivlosigkeit ihrer Existenz. Die Tatsache, daß für die Arbeiter, wie selbst in bürgerlichen Darstellungen der kapitalistischen Arbeitswelt mehr oder weniger deutlich zugegeben wird, modal gesehen kaum eine Möglichkeit besteht, im Laufe ihres Lebens progressiv gesellschaftlich relevante Fähigkeiten und diesen entsprechenden Einfluß auf den gesellschaftlichen Entwicklungsprozeß zu gewinnen, sondern ihr Fähigkeitsstand und damit ihr Einfluß auf die Bestimmung ihrer Lebensbedingungen am Ende des beruflichen Lebens den jeweils gegenwärtigen Stand nicht wesentlich übersteigt und diese objektive Perspektive sehr bald durch sie auch subjektiv erfahrbar ist, wird sehr häufig in Resignation »verarbeitet«: Die Arbeiter unterwerfen sich, wie Engels schreibt, entweder »in Demut dem Geschick, das sie trifft, leben als ehrliche Privatleute, so gut es geht, kümmern sich nicht um den Gang der Welt, helfen der Bourgeoisie die Ketten der Arbeiter fester zu schmieden, und stehen auf dem geistig-toten Standpunkt der vorindustriellen Periode – oder sie lassen sich vom Schicksal werfen und spielen mit ihm, verlieren auch innerlich den festen Halt, den sie schon äußerlich verloren haben, leben in den Tag hinein, trinken Schnaps und laufen den Mädeln nach – in beiden Fällen sind sie Tiere«. (MEW 2, 346). Die für »produktive« Motivation zentrale Antizipation der mit der Zielerreichung zu erlangenden Verbesserung allgemeiner und individueller Lebensbedingungen und der über die Fähigkeitsentwicklung zu erreichenden Integration und Vielfalt der Beziehungen ist hier kaum möglich. Die objektiven Ziele, denen die Arbeiter dienen, sind nicht »ihre« Ziele, sondern die des Kapitals, das sie ausbeutet. Demgemäß kann auch dann, wenn die Arbeiter wissen, daß sie faktisch die Schöpfer des Reichtums der Gesellschaft sind, dennoch innerhalb der engen Grenzen der kapitalistischen Produktion keine wirkliche Perspektive gemeinsamer Entwicklung und wechselseitiger Förderung in Verbundenheit über ein für alle bedeutsames Ziel entstehen.

Die Entwicklungs- und Perspektivlosigkeit der Existenz des Lohnarbeiters und die weitgehende subjektive Bedeutungslosigkeit der von ihm zu verfolgenden Ziele ist durch seine Abgetrenntheit von der bewußten Planung und Gestaltung der Produktion gesetzt, die gleichzeitig die direkte Abhängigkeit seiner unmittelbaren Existenz von den Planungen anderer, die über ihn verfügen, einschließt. Das gravierendste Symptom dieses Ausgeliefertseins ist die früher (I, S. 295 ff.) ausführlich dargelegte und abgeleitete, als Wesensmerkmal des Kapitalismus »automatisch« vorprogrammierte radikale Schutzlosigkeit und Bedrohtheit der Existenz des Lohnarbeiters durch Verlust des Arbeitsplatzes bzw. fehlenden Bedarf an Arbeitskraft auf dem Arbeitsmarkt. Wir haben gezeigt, wie die Existenzgefährdung durch Arbeitsplatzverlust, die jeweils einen Teil der Arbeiterklasse tatsächlich trifft und einen anderen bedroht, sich aus der technischen Umwälzung der kapitalistischen Produktion unter dem Verwertungsstandpunkt und den damit verbundenen zyklischen Krisen der kapitalistischen Produktionsweise ergibt, wobei die industrielle Reservearmee sowohl ökonomische Notwendigkeit des Kapitalismus als disponibles Menschenmaterial zur Regulation des mit den krisenhaften Zyklen ruckweise schrumpfenden und expandierenden Arbeitskräftebedarfs, wie auch Druckmittel auf den jeweils beschäftigten Teil der Arbeiterklasse zum Akzeptieren der verschärften Ausbeutungsbedingungen ist und die faktische und drohende Arbeitslosigkeit darüber hinaus ein umfassendes politisches Disziplinierungsmittel darstellt, durch das allein die Kapitalherrschaft aufrechterhalten werden kann.

Zwar scheint der Arbeitslohn als solcher eine gewisse Möglichkeit zur Vorsorge für die eigene Existenz zu schaffen, so daß die mit der Arbeit verbundene Erreichbarkeit des Lohns einen bestimmten Grad »menschlicher«

Motivation zur Arbeit hervorrufen könnte. Sofern der Lohnarbeiter die mit der Erlangung des Arbeitslohns antizipierbaren Möglichkeiten individueller Vorsorge aber adäquat kognitiv erfaßt und nicht in einschlägigen bürgerlichen Ideologien befangen ist, muß er erkennen, daß die hier erreichbare Vorsorge nicht nur äußerst bescheiden ist, sondern sich dadurch, daß die Bedingungen, von denen die Erlangbarkeit, die Höhe, die Kaufkraft etc. des Arbeitslohns abhängen, vom Arbeiter nicht bewußt kontrollierbar sind, sich letztlich selbst aufhebt. Die Höhe des Arbeitslohns überschreitet, wie wichtig und partiell erfolgreich der gewerkschaftliche Kampf um höhere Löhne auch ist, innerhalb der kapitalistischen Produktionsweise niemals das geringe Ausmaß, das einerseits den Notwendigkeiten der Beschränkung der Lohnkosten als Voraussetzung der Kapitalakkumulation und andererseits den Notwendigkeiten der Erhaltung von Abhängigkeit und Disponibilität der Arbeiterklasse entspricht, also den Fortbestand des kapitalistischen Systems garantiert und absichert. Der scheinbaren Vorsorge, die sich aus dem Arbeitslohn ergibt, mangelt dabei, abgesehen von ihrer Geringfügigkeit, weitgehend das wesentliche menschliche Spezifikum: die Kontrolle des gesellschaftlichen Entwicklungsprozesses, die bewußte Einflußnahme auf die allgemeinen und damit individuellen Lebensbedingungen; es handelt sich hier um nicht viel mehr als um eine mit dem Arbeitslohn gegebene gewisse zeitliche Ausdehnung der Befriedigungsmöglichkeit sinnlich-vitaler Bedürfnisse ohne die Qualität ihrer Abgesichertheit, also unterhalb des »menschlichen« Niveaus. Der Tatbestand, daß der Lohnarbeiter die Befriedigung seiner sinnlich-vitalen Bedürfnisse nicht als Moment »produktiver« Motivation zur Beteiligung an gesellschaftlicher Realitätskontrolle bewußt planen kann, sondern wesentlich auf die aktuelle Bedürfnisbefriedigung am organismischen Niveau zurückverwiesen ist, ist weitgehend unabhängig davon, wie hoch sein Lohn (innerhalb der systembedingten Schranken der kapitalistischen Produktionsweise) und damit sein »Lebensstandard« gerade ist. Selbst wenn der Arbeiter in Zeiten relativer Prosperität in der Lage ist, am »gehobeneren« Konsum teilzuhaben, hat sich damit an der »Unmenschlichkeit« seiner Bedürfnisbefriedigung, die nicht selbstbestimmt geplant ist, sondern bei der man von Bedingungen, die man nicht beeinflussen kann, blind abhängig ist, nichts geändert. Wenn man den früher (S. 44) aufgewiesenen Zusammenhang zwischen der wachsenden Bedürftigkeit und wachsenden Abhängigkeit des Individuums in Rechnung stellt, wird man in dem relativen Wohlstand des Arbeiters mit der Möglichkeit der Bedürfnisbefriedigung auf höherem Niveau während der Prosperitätsphasen innerhalb der Zyklen der kapitalistischen Produktion sogar im gewissen Sinne nicht eine Verminderung, sondern eher eine Erhöhung seiner Ausgeliefertheit und der subjektiven Konsequenzen seiner Fremdbestimmtheit sehen können, insofern als der Arbeiter auf die Befriedigung der entwickelteren Bedürfnisse, die er sich aneignen konnte, fortan mehr oder weniger angewiesen ist, er über die Rücknahme zuvor »gewährter« Befriedigungsmöglichkeiten in einem umso höheren Grad den Zustand seiner Ausgeliefertheit erfährt, weil die entsprechenden Befriedigungsmöglichkeiten in höherem Grade gegenüber gesellschaftlichen Schwankungen anfällig sind und deshalb die objektive Unfähigkeit, die gesellschaftlichen Bedingungen, von denen ihre Befriedigung abhängt, bewußt zu kontrollieren und zu planen, umso eher erfahrbar ist etc. (s. u.).

Die individuelle Höherentwicklung der sinnlich-vitalen Bedürfnisse bedeutet nur dann nicht gleichzeitig eine reale Erhöhung der Abhängigkeit des Individuums, wenn zugleich die Kontrolle der Mittel ihrer Befriedigungen gegeben ist. Sofern – was nur mit der Herausbildung des Sozialismus und Kommunismus in immer höherem Maße erreichbar ist – eine solche umgreifende gesellschaftliche Kontrolle der allgemeinen Lebensbedingungen vorhanden ist, ist die individuelle Steigerung der Bedürftigkeit mit einer ebenfalls steigenden Fähigkeit zur gesellschaftlich vermittelten Kontrolle und bewußten Planung und Herbeiführung der Voraussetzungen zu ihrer Befriedigung verbunden, so daß die Abhängigkeit, die im Hinblick auf den isolierten sinnlich-vitalen Bereich bestehen würde, in einer durch die Teilhabe an bewußter gesellschaftlicher Realitätskontrolle erhöhten Unabhängigkeit des Individuums von seinen zufälligen Existenzbedingungen aufgehoben ist.

Die Rahmenbedingungen für die besonderen subjektiven Erscheinungsformen und Verarbeitungsversuche der aus der Unmöglichkeit bewußtvorsorgender Existenzsicherung entstehenden Angst ergeben sich aus der historisch bestimmten Weise der naturhaften »Undurchschaubarkeit« kapitalistischer Lebensverhältnisse, wie sie früher (I, S. 294) dargestellt wurde, dem Widerspruch zwischen dem Schein des Rechtsverhältnisses und dem zugrundeliegenden Ausbeutungsverhältnis, dem Schein des Arbeitslohns (d. h. dem im Lohn fixierten Schein der Bezahlung der Arbeit) und der Sozialpartnerschaft und generell der verselbständigten, scheinbar vom Menschen unabhängigen chaotischen Bewegung und der »Verkehrtheiten« zwischen Subjekt und Objekt innerhalb des gesellschaftlichen Prozesses der kapitalistischen Produktionsweise etc. Da, wie früher (I, S. 303f.) ausgeführt, vieles dafür spricht, daß aufgrund des Gegebenseins der gesellschaftlichen Lebenswirklichkeit des Kapitalismus als undurchschaubare und undurchdringlich-zufällige zweite »Natur« in den objektiven Denkformen der bürgerlichen Gesellschaft Momente enthalten sind, die denen primitiver Gesellungsformen entsprechen, in denen der Mensch tatsächlich noch weitgehend einer von ihm nicht beherrschten Natur ausgeliefert war, müßten sich hinsichtlich der in den gesellschaftlichen Denkformen liegenden Techniken individueller Angstbewältigung ebenfalls entsprechende Übereinstimmungen finden lassen. Dies würde bedeuten, daß auch hier aufgrund der Diskrepanz des aus subjektiven Notwendigkeiten entspringenden Drucks des »Wissen-Müssens» und der tatsächlichen Unwissenheit das Nichtgewußte so nach dem Modus des Gewußten strukturiert wird, daß der Schein der Kontrolle oder mindestens des Durchschauens von Ereignissen, die tatsächlich unkontrollierbar und undurchschaubar sind, entsteht und so die individuelle Angst reduzierbar ist. Die geschilderte Strukturierung der gesellschaftlichen Wirklichkeit nach dem Modus unmittelbarer »sozialer« Beziehungen, die Personalisierung und »Psychologisierung« objektiver gesellschaftlicher Ursachen, oberflächliche Wenn-Dann-Verknüpfungen, magische Bewältigungspraktiken, flaches »Beispieldenken«, Verhaftetsein im Anschaulich-Augenscheinlichen etc. wären mithin auch als gesellschaftlich vorgeformte Techniken der Angstbewältigung in der bürgerlichen Gesellschaft zu betrachten (s. u.)

Dieser Ansatz stellt keine analogisierende Übertragung von primitiven Gesellschaftsformen auf die bürgerliche Gesellschaft dar, sondern geht davon aus, daß die bürgerliche Lebenswirklichkeit in ihrer historischen Bestimmtheit aufgrund ihrer chaotischen, zufälligen, gegenüber dem Menschen scheinhaft verselbständigten Bewegungsformen tatsächlich bestimmte Züge einer noch kaum beherrschten Natur hat, die entsprechende gesellschaftliche und individuelle Bewältigungsweisen nach sich ziehen. Dies bedeutet aber, daß hier auch die Besonderheiten der »zweiten« Natur der bürgerlichen Gesellschaft herauszuheben sind; die wesentliche, alle weiteren (hier nicht darzulegenden) Spezifika nach sich ziehende Besonderheit ist der Umstand, daß die »Natur« der bürgerlichen Gesellschaft im gesellschaftlich-historischen Prozeß entstanden ist und eine scheinhafte Verselbständigung der vom Menschen geschaffenen Wirklichkeit gegenüber den menschlichen Subjekten, die ihre realen Träger sind, darstellt, wobei diese Verselbständigung der gesellschaftlichen Verhältnisse gegenüber dem Menschen transitorischen Charakter hat und in der weiteren historischen Entwicklung in der bewußten Gestaltung des gesellschaftlichen Lebens in der Verantwortung und im Interesse aller Gesellschaftsmitglieder aufzuheben ist. Diese objektive Besonderheit muß sich auch auf der Erscheinungsebene niederschlagen, so daß die gesellschaftliche »Natur«, der der Mensch sich hier gegenübersieht, nicht, wie die wirkliche (d. h. gesellschaftlich nicht angeeignete) Natur, eine geschlossene, von ihm unabhängige Undurchdringlichkeit besitzt, sondern, wenn auch in oberflächlicher und unzusammenhängender Form, die Widersprüchlichkeiten und »Verkehrtheiten« ihrer historischen Entstehung und Funktion wie auch die Zeichen ihrer Transitorik und der Notwendigkeit ihrer Überwindung an sich trägt. Daraus ergibt sich, daß auch die gesellschaftlich angebotenen und individuell realisierten kognitiven Strukturierungen des Nichtgewußten einschließlich der Techniken personaler Angstbewältigung über die Merkmale der entsprechenden Strukturierungen und Techniken in primitiven Gesellschaften hinausgehende qualitative Besonderheiten haben müssen. Dies verdeutlicht sich aus dem Umstand, daß der scheinhafte Charakter der »Natürlichkeit« der gesellschaftlichen Verhältnisse, ihre gesellschaftliche Entstehung und Funktion sowie die Notwendigkeit ihrer Überwindung im Prinzip erkennbar ist und tatsächlich von bestimmten Menschen in der bürgerlichen Gesellschaft erkannt wird. Demgemäß haben die sekundären kognitiven Strukturierungen einer in ihrer Naturhaftigkeit unhinterfragten gesellschaftlichen Realität und die daraus entstehenden Formen der Angstbewältigung in der bürgerlichen Gesellschaft grundsätzlich den Charakter der individuellen Realitätsabwehr gegen ein wirkliches Begreifen der kapitalistischen Lebensverhältnisse und der daraus notwendig folgenden politischen Praxis. Die in den gesellschaftlichen Denkformen mitenthaltenen »primitiven« Strukturierungsweisen in ihrer »bürgerlichen« Ausprägungsform sind also nicht klassenneutral, sondern haben objektiv die Funktion der Reproduktion von solchen individuellen Bewußtseinsstrukturen, die im Interesse des Kapitals an der Erhaltung der kapitalistischen Produktionsweise sind (wir kommen ausführlich darauf zurück).

Die Frage, unter welchen Bedingungen der objektive Zustand der individuellen Entwicklungsbeschränkung und Existenzbedrohung des Arbeiters durch die erlebte Veränderbarkeit dieses Zustandes zum subjektiv erfahrenen Ungenügen werden kann, muß wesentlich im Zusammenhang der früher diskutierten erlebten Diskrepanz zwischen eigenen und fremden Entwicklungsmöglichkeiten als Bedingungsmoment subjektiven Ungenügens am eigenen Entwicklungsstand gesehen werden. Während, wie dargestellt, in entfalteten kooperativen Verhältnissen der höhere Stand der Fähigkeits- und damit Bedürfnisentwicklung des anderen, insofern hierin ein prinzipiell für jeden erreichbarer Stand gesellschaftlich möglicher Bedürfnisbefriedigung sichtbar wird, zum Anreiz werden kann, die Möglichkeiten des anderen zu erschließen, also die eigene Entwicklung voranzutreiben, ist für den Lohnarbeiter, der die Entwicklungs- und Befriedigungsmöglichkeiten der privilegierten Schichten und der Kapitalistenklasse wahrnimmt, eine grundsätzlich andere Situation gegeben. Hier bestehen quasi zwei »Bezugssysteme« nebeneinander, indem der Arbeiter erfährt, daß zwar für »bestimmte« Menschen, nicht aber für ihn und »seinesgleichen« Entwicklungsmöglichkeiten gegeben sind, so daß der gesellschaftlich mögliche Stand und der für ihn mögliche Stand der Entwicklung und Befriedigung der Bedürfnisse in seinem Bewußtsein auseinanderfallen müssen.[3] Daraus

[3] Marx (MEW 6, S. 411 f.) kennzeichnet diesen Aspekt der gesellschaftlichen Relativität von Bedürfnissen in folgender Weise: »Ein Haus mag groß oder klein sein, so-

muß sich eine widersprüchliche emotionale Wertung des eigenen Zustandes ergeben, einerseits eine neutrale Wertung, »Zufriedenheit« angesichts der individuellen Unveränderbarkeit der Entwicklungsbeschränkung für Angehörige der eigenen Klasse und andererseits »Unzufriedenheit« angesichts der gesellschaftlichen Möglichkeit höherer Entwicklung und Bedürfnisbefriedigung. Diese widersprüchliche subjektive Verfassung, *zugleich das Bedürfnis und kein Bedürfnis* nach Veränderung der eigenen Lage im Produktionsprozeß zu haben, schlägt sich auch in den wenigen gründlichen Untersuchungen zur »Arbeitszufriedenheit« des Lohnarbeiters in der kapitalistischen Produktion nieder. So fand Kornhauser (1965) in seiner sorgfältigen Studie über »job satisfaction« von Fabrikarbeitern in Detroit, daß die Arbeiter, solange man sie anhand der gebräuchlichen Skalen nach ihrer Arbeitszufriedenheit fragte, dabei die üblichen neutralen oder positiven Antworten gaben, wobei sich in eingehenderen Interviews aber zugleich eine tiefe Resignation und Unzufriedenheit mit der eigenen Lage zeigte und aus ihren Äußerungen deutlich wurde, daß sie nur durch die von ihnen wahrgenommene »absence of realistic alternatives« (S. 183) zu ihren positiven Schätzungen gekommen waren (vgl. dazu etwa auch Deppe 1971, bes. S. 72ff.; und Holzkamp 1973, S. 290). – Der in der Individualitätsform des Lohnarbeiters liegende Widerspruch, daß *anderen*, aber nicht ihm die Realisierung der gesellschaftlichen Entwicklungs- und Befriedigungsmöglichkeiten gelingt, muß bei der personalen Verarbeitung zu schwerwiegenden Problemen führen, die von verschiedenen Arbeitern auf unterschiedliche Weise – als »Bescheidung«, Resignation, durch introjektive »Psychologisierung« der eigenen Zurückgebliebenheit und entsprechende Insuffi-

lange die es umgebenden Häuser ebenfalls klein sind, befriedigt es alle gesellschaftlichen Ansprüche an eine Wohnung. Erhebt sich aber neben dem kleinen Haus ein Palast, und das kleine Haus schrumpft zur Hütte zusammen. Das kleine Haus beweist nun, daß sein Inhaber keine oder nur die geringsten Ansprüche zu machen hat; und es mag im Laufe der Zivilisation in die Höhe schießen noch so sehr, wenn der benachbarte Palast in gleichem oder gar in höherem Maße in die Höhe schießt, wird der Bewohner des verhältnismäßig kleinen Hauses sich immer unbehaglicher, unbefriedigter, gedrückter in seinen vier Pfählen finden. Ein merkliches Zunehmen des Arbeitslohns setzt ein rasches Wachsen des produktiven Kapitals voraus. Das rasche Wachsen des produktiven Kapitals ruft ebenso rasches Wachstum des Reichtums, des Luxus, der gesellschaftlichen Bedürfnisse und gesellschaftlichen Genüsse hervor. Obgleich also die Genüsse des Arbeiters gestiegen sind, ist die gesellschaftliche Befriedigung, die sie gewähren, gefallen im Vergleich mit den vermehrten Genüssen des Kapitalisten, die dem Arbeiter unzugänglich sind, im Vergleich mit dem Entwicklungsstand der Gesellschaft überhaupt. Unsre Bedürfnisse und Genüsse entspringen der Gesellschaft; wir messen sie daher an der Gesellschaft; wir messen sie nicht an den Gegenständen ihrer Befriedigung. Weil sie gesellschaftlicher Natur sind, sind sie relativer Natur.«

zienzerlebnisse bis hin zum Begreifen der wahren Ursachen und Entwicklung von Klassenbewußtsein – bewältigt werden können, wie später ausführlich zu diskutieren.

Da der Arbeiter, weil er von der bewußten Planung und Gestaltung des gesamtgesellschaftlichen Lebensprozesses ausgeschlossen, damit an einer vorausschauenden Kontrolle über seine eigenen Lebensbedingungen gehindert ist, sich in die übergreifenden gesellschaftlichen Kooperationsverhältnisse, denen er objektiv angehört, subjektiv nicht integrieren und deshalb auch keine entsprechend umfassende »produktive« Motivation entwickeln kann, müssen »subjektivierte« kooperative Beziehungen und die darin liegende besondere Qualität emotionaler Verbundenheit, soweit sie überhaupt entstehen können, weitgehend auf die unmittelbaren, aktuellen Gruppierungen um den eigenen Arbeitsplatz herum, die Kollegen in der gleichen Werkhalle, der gleichen Abteilung, an demselben Band o. ä. eingeschränkt bleiben. In der Tat bestehen, wie viele Untersuchungen gezeigt haben, zwischen den über den Arbeitsprozeß miteinander in Zusammenhang stehenden Arbeitern häufig besondere emotionale Bindungen, so daß sie auch die Pausen am liebsten miteinander verbringen, Freundschaften über den Produktionsbereich hinaus sich ergeben, etc. Die antizipierte Möglichkeit, mit den Arbeitskollegen zusammenzusein, dürfte ein wesentliches Moment der »motivationalen« Abmilderung des inneren Zwangs zur Lohnarbeit darstellen.

Die Entfaltung solcher kooperativen Verbundenheit über eine minimale Ebene hinaus ist aber zunächst schon dadurch behindert, daß die gemeinsamen Ziele, über die die kooperativen Beziehungen vermittelt sind, für die meisten nicht über den unmittelbar zu überschauenden Abschnitt des Fertigungsprozesses hinausgehen, in ihrer gesamtgesellschaftlichen Bedeutung für die Betroffenen kaum faßbar sind und deshalb auch nur in geringem Grade subjektive Bedeutung erlangen können; weiterhin ist aber auch innerhalb des verbleibenden, überschaubaren Arbeitszusammenhanges der Kooperationsprozeß mehr oder weniger durch von den unmittelbaren Produzenten unabhängige Planungen kombiniert, so daß selbst in diesem engen Rahmen des direkt überschaubaren Arbeitsbereiches häufig kaum bewußte kooperative Aktivitäten entstehen können. Demgemäß muß auch die emotionale Spezifik kooperativer Verbundenheit hier relativ unausgeprägt bleiben, und man hätte davon auszugehen, daß die zwischenmenschlichen Beziehungen am Arbeitsplatz in ihrer emotionalen Qualität weitgehend auf »bloß« soziale Beziehungen, die im organismischen Spezifitätsniveau sozialer Bedürftigkeit festgehalten sind, beschränkt bleiben. – Darüber hinaus ist die kooperative Verbundenheit zwischen den Arbeitern durch die mindestens latente, in Krisenzeiten sich periodisch aktualisierende Konkurrenz um den Arbeitsplatz von Zersetzung bedroht. Wie

Holzkamp (1973, S. 242ff.) in seiner Konzeption der Wahrnehmungsdimension »Leistungsfähigkeit des anderen« ausgeführt hat, kommt es durch diese Konkurrenz zu einer zutiefst widersprüchlichen wechselseitigen Einschätzung der Beiträge des anderen: »Während die wahrzunehmende Erfassung der (gebrauchswertschaffenden/U. O.) ›Fähigkeit‹ des anderen zu einem, verglichen mit dem eigenen, bedeutenderen Beitrag eine positive Einschätzung des anderen Arbeiters beinhaltet, weil jeder Beitrag, ob der eigene oder der fremde, dem Fortschritt der gemeinsamen Sache dient, muß die wahrgenommene höhere ›Leistungsfähigkeit‹ (d. h. die Fähigkeit der Wert- und Mehrwertschöpfung/U. O.) des anderen als potentielle Bedrohung der eigenen Existenz negativ eingeschätzt werden . . . (wobei das Maß der sachgerechten Anerkennung der Fähigkeiten des anderen in kooperationsrelevanten Dimensionen gleichzeitig das Maß der potentiellen Bedrohtheit durch den anderen in der Leistungsdimension erhöhen muß)« (Holzkamp 1973, S. 243). Daraus ergibt sich im Hinblick auf den emotional-motivationalen Aspekt der Realisierung der Individualitätsform des Lohnarbeiters hier das radikale Widerspruchsverhältnis, daß einerseits unter kooperativem Aspekt der eigene Beitrag und die dafür zu entwickelnden Fähigkeiten eine emotionale Integration in die Arbeitsgruppe antizipierbar machen würde und deswegen motiviert angestrebt werden könnte, andererseits aber unter dem Verwertungsaspekt der eigene Beitrag und die eigenen Fähigkeiten, je größer sie sind, in umso höherem Maße von den anderen Arbeitern als potentielle oder aktuelle Bedrohung ihrer Existenz erlebt werden müssen, was gerade eine steigende Ablehnung durch die Kollegen, also *soziale Desintegration* zur Folge haben muß. Das hier gegebene widersprüchlich-gebrochene emotionale Verhältnis zu eigner und fremder Leistung ist nicht nur für die Situation des Lohnarbeiters, sondern letztendlich für jegliche Arbeit unter kapitalistischen Verhältnissen charakteristisch (was später, bei Diskussion des Konzeptes der »Leistungsmotivation«, näher auszuführen ist).

Die Konkurrenz um den Arbeitsplatz muß nicht nur die Entwicklung kooperativer Beziehungen behindern, sondern sogar ihre unspezifische, »bloß« soziale Grundlage bedrohen. Daraus, daß durch den »Schein des Arbeitslohns« und davon abhängige sekundäre, teilweise vom Kapital manipulativ verstärkte Mystifikationen für den Arbeiter kaum durchschaubar ist, von welchen Faktoren der Erhalt seines Arbeitsplatzes tatsächlich abhängig ist, resultiert ein allgemeiner Zustand des Mißtrauens, wobei jeder Arbeiter den anderen als potentielle Ursache für den eigenen Arbeitsplatzverlust betrachtet. Dadurch werden die Arbeiter tendenziell auf die jeweils individuelle Sorge um die eigene Zukunft zurückgeworfen und damit voneinander isoliert; auch elementare soziale Bindungen sind also in eine allgemeine Atmosphäre der emotionalen Unsicherheit eingebettet und können in Abhängigkeit von den konkreten Bedingungen mehr oder weniger durch wechselseitiges Mißtrauen relativiert oder zersetzt werden (siehe z. B. Holzkamp, 1973, 244ff.). – All diese antagonistischen, die kooperativen und selbst bloß sozialen Beziehungen zwischen den Arbeitern beeinträchtigenden Bedingungen führen aber, wie ausgeführt, keinesfalls zu einem völligen Verschwinden der kooperativ-sozialen Verbundenheit, sondern nur zu ihrer widersprüchlichen Zurückdrängung und Überformung, wobei diese Verbundenheit in dem Grade an Bedeutung gewinnt, wie das objektive Kooperationsverhältnis bewußtseinsbestimmend werden kann. Bereits in der gewerkschaftlichen Organisierung der Arbeiter, in der die Konkurrenz untereinander teilweise aufgehoben ist, ist eine bestimmte, wenn auch noch nicht gesamtgesellschaftlich orientierte, sondern lediglich am Partialinteresse der Arbeiterschaft ausgerichtete Stufe einer solchen Bewußtseinsentwicklung realisiert. Die wirkliche Entfaltung bewußter innerbetrieblicher Kooperation und daraus sich ergebender umfassender produktiver Motivation ist indessen nur als Teilmoment einer im Kapitalismus nicht realisierbaren bewußten gesamtgesellschaftlichen Kooperation möglich – oder durch den organisierten politischen Kampf der Arbeiterschaft um Bedingungen, unter denen eine bewußte gesamtgesellschaftliche Kooperation zum bestimmenden Moment des Lebens der Gesellschaft wird.

Im Hinblick auf den früher abgeleiteten »sachbezogenen« Aspekt der »produktiven« Motivation, d. h. die mit der Zielübernahme antizipierbare Möglichkeit bewußter Erforschung neuer Weltgegebenheiten, systematischer praktischer Analyse von Ursache und Wirkung und »gekonnter« vergegenständlichender Tätigkeit (ein Aspekt, der einerseits nur als Teilmoment antizipierter gesellschaftlicher Kooperation adäquat erfaßbar ist, aber andererseits der kooperationsbezogenen Motivation ihren gegenüber der bloß »sozialen« Motivation spezifisch »menschlichen« Charakter verleiht) ist man zunächst auf die generelle *Gleichgültigkeit* des Lohnarbeiters *gegenüber dem konkreten Inhalt seiner Arbeit* verwiesen, die durch die objektive Ausgeschlossenheit des Arbeiters von der bewußten Planung des gesamtgesellschaftlichen Produktionsprozesses und von der Verfügung über die von ihm geschaffenen Produkte, damit bewußt-vorsorgender Kontrolle über seine eigenen Lebensbedingungen, entstehen muß. Auch diese »Gleichgültigkeit« darf jedoch nicht undialektisch als absolutes Kennzeichen der Lohnarbeit angesehen werden, sondern ist lediglich das bestimmende Moment in einem widersprüchlichen Verhältnis, in welchem der konkrete Inhalt der Arbeit, wenn auch in untergeordneter Weise, dennoch für den Arbeiter subjektive Bedeutung gewinnen kann. Mithin ist es dem Arbeiter im einzelnen keineswegs völlig gleichgültig, welcher Art die konkrete Arbeit ist, die er zu verrichten hat, und Unterschiede hinsichtlich der antizipierbaren Beschaffenheit der zu verrichtenden Tätigkeit führen deshalb, bei vorausgesetzter genereller Reduziertheit »produktiver« Motivation, auch zu Unterschieden hinsichtlich der, wenn auch notwendigerweise verkümmerten und in ihren wesentlichen Entfaltungsmöglichkeiten radikal behinderten, Motiviertheit des Arbeiters. Die Forderung nach einer sinnvolleren, »interessanteren« Arbeit, die mehr Abwechslung, Selbständigkeit und Verantwortung einschließt, wird demgemäß von Arbeitern immer wieder erhoben, und zwar in umso stärkerem Maße, wie einerseits mit wachsenden Produktionsanforderungen der Ausbildungsstand der Arbeiter sich erhöht und wie andererseits in Phasen relativer Prosperität die unmittelbare Sorge um die eigene Existenz vorübergehend nicht gänzlich bewußtseinsbestimmend ist. Derartige Bedingungen haben, wie früher (I, S. 31ff.) dargestellt, zu der »arbeitswissenschaftlichen« Lehre von der »Humanisierung der Arbeit« mit ihren Konzeptionen der »job rotation«, des »job enlargement«, des »job enrichment« etc. geführt. – Den Arbeitern ist jedoch nicht nur die Kontrolle darüber entzogen, inwieweit ihre individuell geleisteten Beiträge in ihrem Resultat den allgemeingesellschaftlichen und damit eigenen Interessen dienen, sondern sie müssen vielmehr, wie gezeigt, auch stets damit rechnen, durch intensiveren Einsatz ihre eigene Ausbeutungssituation zu verschärfen, indem z. B. die Arbeitsnormen nachträglich ihrer erhöhten Leistung angepaßt werden, sie also künftig für mehr Arbeit den gleichen (bzw. für die gleiche Arbeitsmenge weniger) Lohn erhalten, und daß sie sich zudem entsprechend der Höhe ihres eigenen Beitrages selbst überflüssig machen, d. h. ihre eigenen Arbeitsplätze und damit Existenz gefährden (vgl. I, S. 293f.). Der Arbeiter ist hier also in der zutiefst widersprüchlichen und unmenschlichen Situation, daß er, sofern er sich einer noch so reduzierten Motiviertheit zur Arbeit überläßt und seine Leistung über die »Norm« hinaus erhöht, damit den allgemeinen Leistungsstandard hebt, gleichzeitig gegen sein eigenes elementares Lebensinteresse handelt. Die früher (I. S. 19ff.) dargestellte Arbeitszurückhaltung, *»restriction of output«*, mit der der Arbeiter gemäß der Logik seiner Klassenlage der eigenen Existenzerhaltung dient, schließt also die *bewußte Reflexion der eigenen »produktiven« Bedürfnisse* zur Leistung mit ein. Arbeitszurückhaltung ist – ohne Gefährdung der individuellen Existenz – nur in kollektiver Form möglich; und mit ihr ist ein neues kooperatives Verhältnis erreicht, in welchem die Arbeiter gemeinsam ihre Interessen gegen das Kapital verteidigen und die einzelnen Arbeiter ihre Fähigkeiten nicht zum scheinbaren individuellen Vorteil verwenden, sondern in Antizipation der als Folge erhöhter Verausgabung von Arbeitskraft gegebenen Gefährdung zukünftiger Arbeitsfähigkeit und damit der bestehenden Lebensmöglichkeiten zur Organisation des Gruppenwiderstands benutzen; damit deutet sich hier in der Erkenntnis der Übereinstimmung der Interessen des Kollektivs mit den eigenen Interessen eine höhere Form »produktiver«, d. h.

auf Einflußnahme auf die relevanten Lebensbedingungen gerichteter Motivation an, womit die durch kapitalistische Verhältnisse gesetzte Konkurrenz der Arbeiter untereinander tendenziell aufgehoben ist.

Die innerhalb der kapitalistischen Produktion möglichen Varianten der inhaltlichen Merkmale der Tätigkeit, damit auch möglicher »produktiver« Motiviertheit des Arbeiters, sind generell dadurch gekennzeichnet, daß in jeder Variante, wie immer sie auch beschaffen ist, wirkliche Teilhabe an bewußter gesellschaftlicher Realitätskontrolle, damit die Entstehung wirklich subjektiv bedeutungsvoller, in entwickelter »produktiver« Motivation anstrebbarer Arbeitsaufgaben ausgeschlossen ist. – In der klassischen Situation des Industriearbeiters, in der sich, wie Marx es darstellt, die »Scheidung der geistigen Potenzen des Produktionsprozesses von der Handarbeit und die Verwandlung derselben in Mächte des Kapitals über die Arbeit« vollendet und das »Detailgeschick des individuellen, entleerten Maschinenarbeiters ... als ein winzig Nebending vor der Wissenschaft, den ungeheuren Naturkräften und der gesellschaftlichen Massenarbeit, die im Maschinensystem verkörpert sind«, verschwindet (MEW 23, S. 445f.), ist die Bedeutungsleere des Arbeitsvollzuges offensichtlich (vgl. dazu die Ausführungen von Holzkamp über die Vereinseitigung und Entdifferenzierung der sachbezogenen und interpersonalen Wahrnehmung des Arbeiters, 1973, S. 279ff.). In den mancherorts innerhalb der modernen kapitalistischen Industrie entstandenen und von der »Arbeitswissenschaft« als »Humanisierung der Arbeit« auf den Begriff gebrachten Verbesserungen der Arbeitssituation, wie wir sie früher dargestellt haben – abwechslungsreichere Arbeit (job rotation bzw. job enlargement), erhöhte intellektuelle Anforderungen bei der Arbeit (job enrichment), »teilautonome Arbeitsgruppen«, in denen mehrere Arbeiter bestimmte Produktionsschritte selbständig planen können etc. (I, S. 31ff.), ist zwar einerseits zweifellos eine gewisse Höherentwicklung der Fähigkeiten der Arbeiter ermöglicht, andererseits jedoch jene enge und immanent unüberwindbare Schranke gesetzt, jenseits derer die Grenze von körperlicher zu geistiger Arbeit wirklich überschritten wäre und Beteiligung des Arbeiters an der bewußten Planung des Produktion beginnen würde. Die genannten Verbesserungen der Arbeitssituation sind deswegen, gemessen an den gesellschaftlichen Möglichkeiten, mehr oder weniger belanglos, da sich an der prinzipiellen Fremdbestimmtheit der Arbeit dabei nichts ändert (was nicht heißt, daß man auf den Kampf um solche Verbesserungen verzichten dürfte, s. u.). Die subjektive Lage der Arbeiter kann dabei u. U. sogar besonders belastend werden, da mit den gegebenen und realisierten Entwicklungsmöglichkeiten neue Ansprüche bzw. Bedürfnisse in bezug auf erweiterte Möglichkeiten der Fähigkeitsausbildung und Einflußnahme auf den Produktionsprozeß entstehen, deren Unerfüllbarkeit gravierende Versagungserlebnisse mit sich bringt; erschwerend kommt hinzu, daß die komplizierteren Aufgaben der erweiterten Arbeitssituationen zu ihrer Bewältigung eine erhöhte Anstrengung erfordern und somit, sofern sie letztendlich bloße Wiederholung auf höherem bzw. erweiterten Niveau, d. h. entwicklungslos und infolgedessen nicht »motiviert« übernehmbar sind, sogar mit höherem inneren Zwang verbunden sein können als die sonst üblichen Anforderungen. Von da aus scheint erklärlich, daß Arbeiter, deren Arbeitsplätze nach dem Prinzip der »Humanisierung der Arbeit« umgestaltet worden waren, sogar teilweise nach einiger Zeit wieder an das Fließband zurückkehren wollten (vgl. Band I, S. 40).

Aus dieser Tatsache, daß auch in der »humanisierten« Arbeitssituation durch die Abgetrenntheit von der bewußten gesellschaftlichen Realitätskontrolle und die durch diese gesetzten Entwicklungsanforderungen Wiederholungen, das Auf-der-Stelle-Treten, bestimmendes Moment der Arbeit sind, ergibt sich zwangsläufig, daß hier selbst die Befriedigung regressiver Momente menschlicher Motivation – wie z. B. der Neugier, des Erkundungsverhaltens, der Funktionslust – kaum möglich ist, damit aber auch den Bemühungen, den elementaren »Spaß« an der Betätigung zu erhöhen, engste Grenzen gesetzt sind. Der Versuch, durch »Humanisierung der Arbeit« die Arbeitssituation unabhängig von der objektiven und subjektiven Bedeutung der Arbeitsziele als solche »anregender« zu gestalten und damit die Motivation der Arbeiter zur Verausgabung ihrer Arbeitskraft zu erhöhen, muß also, da er die menschliche Spezifik der produktiven Bedürfnisbefriedigung nicht berücksichtigt (und nicht berücksichtigen kann, s. u.) im Endeffekt weitgehend erfolglos bleiben.

Aufgrund unserer letzten Überlegungen verdeutlicht sich das objektive Dilemma der vom Management mit der *»Motivierung« der Arbeiter* im Interesse des Kapitals an der totalen Nutzung der »gekauften« Arbeitskraft beauftragten »Arbeitswissenschaft«, wie wir sie im Kapitel 1.2 dargestellt haben. Die »produktive« Motivation der Arbeiter wäre nur durch allgemein-gesellschaftliche Ziele, d. h. Ziele, die ihre Teilhabe an bewußter gesellschaftlicher Realitätskontrolle, damit vorsorgenden Planung ihrer eigenen Lebensverhältnisse, einschließen, zu erreichen; da dies aber im Kapitalismus prinzipiell niemals möglich sein kann, ist auch die den »arbeitswissenschaftlichen« Motivationstechnikern gestellte Aufgabe grundsätzlich unlösbar. Die von ihnen vorgeschlagenen Motivationstechniken haben demgemäß notwendig den Charakter von Behelfs- oder Ersatzmaßnahmen, in denen widersprüchlicherweise versucht wird, die Arbeiter zu »motivieren«, ohne die objektiven Bedingungen, unter denen eine solche Motivation sich tatsächlich entfalten könnte, herzustellen; im Gegenteil, in den Motivationstechniken wird mehr oder weniger explizit die Absicht verfolgt, die Arbeiter von jenen gesellschaftlichen Zielen, die für sie subjektiv bedeutungsvoll werden, also wirkliche Motivation hervorrufen könnten, abzulenken.

In der als Reaktion auf die Schwächen des Taylorismus entstandenen »human-relations«-Bewegung kam man zu einer Verabsolutierung des sozialen Aspekts der »produktiven« Motivation, was gleichbedeutend mit der Reduzierung der kooperationsbezogenen Fähigkeiten und Bedürfnisse auf das organismische Niveau »bloß« sozialer Bedürftigkeiten war; soziale »Wärme« und abstrakte menschliche »Achtung« sollten die Unzufriedenheit der Arbeiter mit den bestehenden Arbeitsbedingungen bzw. ihre geringe Anstrengungsbereitschaft »produktiv wenden«, d. h. sie zur Intensivierung der Arbeit motivieren. Diese Human-Relations-Bewegung entwickelte sich, wie dargestellt, zum Konzept der *»Partizipation«*, durch welches man die Arbeiter über spezielle Techniken sozialer Beeinflussung wie z. B. richtiges »Führungsverhalten« und dadurch induzierte Gruppenatmosphäre etc. zur Auffassung zu bringen suchte, an den vorgegebenen Zielen selbst mitgewirkt zu haben, um sich auf diese Weise in höherem Maße mit ihnen identifizieren zu können. In dem Grade jedoch, wie die Arbeiter durchschauten, daß das scheinbar in der sozialen Zuwendung, aber auch im Konzept der Partizipation liegende Kooperationsangebot nur vorgetäuscht war und auf diese Weise nicht mehr zu »motivieren« waren, kam es im Zusammenhang mit objektiv notwendigen Veränderungen im Produktionsbereich im Konzept der Arbeitshumanisierung zu einer Vereinseitigung mit entgegengesetztem Vorzeichen: der relativen Verabsolutierung des sachbezogenen Aspektes gegenüber dem sozialen Aspekt der »produktiven« Motivation, jedoch beschränkt auf das organismische Niveau der bloß explorativen und manipulativen Bedürftigkeiten. Auch hiermit erhoffte man, die Arbeiter unabhängig von der objektiven Bedeutung vorgegebener Ziele motivieren, zugleich aber, wie dargestellt, durch die »Humanisierung der Arbeit« auch allzu ausgedehnten Mitbestimmungsansprüchen und der Artikulation des objektiven Interesses an der bewußten Planung und Kontrolle der Produktion entgegenwirken zu können. Die Arbeitswissenschaftler scheinen dabei, indem sie von einer Einseitigkeit zur anderen hin- und herschwanken – schon um sich selbst nicht die Existenzbasis als Verkäufer von effektiven Motivierungstechniken zu entziehen – die ihnen dämmernde Einsicht, daß die »Rückschläge« der verschiedenen Motivierungstechniken mit in der kapitalistischen Produktion selbst liegenden Bedingungen, die eine wirkliche »produktive« Motivation der Arbeiter behindern, zusammenhängen, immer wieder zu verdrängen.

Das in der Individualitätsform des Lohnarbeiters liegende Widerspruchsverhältnis zwischen der generellen Ausgeschlossenheit von der bewußten Beeinflussung des gesellschaftlichen Prozesses, damit Unmöglichkeit der umfassenden Vorsorge für die eigene Existenzerhaltung und

Bedürfnisbefriedigung in »menschlicher« Qualität, also das Fehlen der Entstehungsvoraussetzungen für entwickelte »produktive« Motivation einerseits und den dennoch bestehenden Möglichkeiten, in der Arbeit, wenn auch untergeordnet, gegensätzlich überformt und partialisiert, gesellschaftlich relevante Fähigkeiten zu entwickeln und kooperative Beziehungen einzugehen, damit zur ansatzweise motivierten Zielübernahme zu kommen, verdeutlicht sich, quasi aus der Negation, wenn man der Einbezogenheit des Lohnarbeiters in die Produktion die Situation der »Nichtarbeit« gegenüberstellt.

Während im alltäglichen Wechsel von Arbeit und Freizeit das außerberufliche Leben als (viel zu kurz bemessene) Zeit der Erholung von der Anstrengung des Arbeitstages und des Kräftesammelns für den erneuten Arbeitseinsatz mehr oder weniger eindeutig auf die Tätigkeit im Produktionsbereich bezogen ist, woraus die emotionale Befindlichkeit ihre Gerichtetheit gewinnt, muß die aus den objektiven Lebensbedingungen des außerproduktiven Bereichs herrührende emotionale Ziellosigkeit in dem Grade erlebnisbestimmende Breite gewinnen, wie die Bezogenheit auf den Produktionsbereich gelockert oder unterbrochen ist, so etwa an langen Wochenenden, mit denen man nichts »anfangen« kann, oder dem Urlaub, in dem man sich permanent zu langweilen droht (weshalb gesellschaftlich produzierte Reizmittel der Freizeitverbringung, wie Fußball und Ferienreisen, einspringen, die gleichwohl oft mehr negative als positive Erlebnisse vermitteln). In besonderem Maße gilt das aber für die Arbeitslosigkeit, in der die Teilhabe an der Produktion plötzlich unterbrochen und auf unbestimmte Zeit ausgesetzt ist. An dem in vielen Untersuchungen (besonders eindrucksvoll in der Studie »Die Arbeitslosen von Marienthal« von Marie Jahoda, Paul F. Lazarsfeld, Hans Zeisel, 1960) zutagetretenden Umstand, daß die Arbeiter unter dem Zustand der Arbeitslosigkeit, auch wenn dabei für die sinnlich-vitale Bedürfnisbefriedigung und elementare Existenzerhaltung zunächst nicht wesentlich schlechter gesorgt ist als sonst, in extremer Weise leiden und sich nach ihrer Arbeit zurücksehnen, wird deutlich, daß die geschilderten, trotz der Fremdbestimmtheit der Lohnarbeit gegebenen rudimentären Möglichkeiten »produktiver« Bedürfnisbefriedigung in ihren sozialen und sachbezogenen Aspekten zu einer emotionalen Ausrichtung und Strukturierung führen, der gegenüber der mit der Arbeitslosigkeit verbundene Zustand der emotionalen Ziellosigkeit unerträglich ist.

Die Schilderungen der Arbeitslosen über die Spannungs- und Lustlosigkeit ihrer Existenz, wobei sie für Verrichtungen, die sie sonst in kurzer Zeit erledigten, jetzt Stunden brauchen, das Erlebnis der Isolation und Ausgeschlossenheit, dabei die Sorge über den Verfall der eigenen Fähigkeiten, womit die Basis, auf der der Zukunft begegnet werden kann, immer schmaler wird, das Gefühl der Nutzlosigkeit und damit der letztendlich absoluten

Unsicherheit der Existenz usw. legen davon eindrucksvoll Zeugnis ab. In solchen und ähnlichen Berichten tritt deutlich hervor, daß häufig die vorgängige, durch die kapitalistische Ideologie des »Alle-ziehen-an-einem-Strang« unterstützte Identifizierung mit den Zielen des »Unternehmens«, so gering und widersprüchlich sie auch gewesen sein mag, dennoch zu intensiven Erlebnissen der Enttäuschung führen kann: Erst haben wir jahrelang für den Betrieb geschuftet, jetzt werden wir einfach rausgeschmissen. Besonders schwer fällt dabei offensichtlich die Trennung von den Arbeitskollegen; man steht plötzlich draußen, gehört nicht mehr dazu, und für die, wenn auch durch das Konkurrenzverhältnis noch so überformte kooperative Verbundenheit mit den Kollegen gibt es außerhalb des Produktionsbereichs keinen Ersatz. Das radikale Ausgeliefertsein an die Verhältnisse, die erlebte tiefe Nutzlosigkeit der eigenen Existenz, die Sorge um die Zukunft machen dabei den Genuß an sich gewonnener »Freiheiten«, die Freude am Gegenwärtigen, z. B. den Spaß am Essen, am Faulenzen, an der Verrichtung von Tätigkeiten, zu denen während der Arbeit weder Zeit noch Kraft verbleibt, selbst dann, wenn aktuell keine Not besteht, gewöhnlich weitgehend unmöglich. Die durch die Arbeitstätigkeit wenigstens ansatzweise bestehende Möglichkeit, über den »verdienten« Lohn eine noch so begrenzte Vorsorge für die eigene Existenz zu treffen, d. h. das Wissen um den eigenen »Nutzen«, die Zuversicht, von den anderen gebraucht und notwendigerweise abgesichert zu werden, vor allem aber die daraus gegebene Möglichkeit – im Zusammenschluß mit anderen – Einfluß auf die Bedingungen dieser Existenzsicherung nehmen zu können, ist hier absoluter Abhängigkeit von einseitig »gewährenden« Herrschaftsinstanzen, der Notwendigkeit zu vollkommener Unterwerfung unter die vorgegebenen Bedingungen gewichen. Damit ist aber die »menschliche« Qualität eines in geplant-vorsorgender, bewußter Lebensführung abgesicherten »Genusses« sinnlich-vitaler Bedürfnisse und ihrer Befriedigung weitgehend unmöglich geworden.

4.3.4 Die Selbstkontrolle bei motiviertem Handeln durch bewußte Bedingungsanalyse der eigenen Emotionalität: Zum Verhältnis zwischen Motiviertheit und Willentlichkeit von Handlungen

Nachdem wir in den letzten beiden Abschnitten die Abhängigkeit der Motivation von der Analyse der objektiven Beschaffenheiten des gesellschaftlichen Zieles, woraus sich die subjektive Bedeutung der Zielkonstellation gesetzmäßig ergibt, dargelegt haben, soll im folgenden untersucht werden, unter welchen Bedingungen ein Individuum unter Voraussetzung der erkannten Bedeutung des Ziels in der Lage ist, im Prozeß fortlaufender Strukturierung und Ausrichtung seiner emotionalen Befindlichkeit das in motiviertem Handeln angestrebte Ziel tatsächlich zu erreichen. Auch diese Frage ist unter der Prämisse zu diskutieren, daß menschliche Motivation stets Resultat des bewußten »Verhaltens« des Individuums zu seiner eigenen subjektiven Lebenssituation ist.

Wir haben früher dargestellt, daß die Stärke der »produktiven« Motivation, alle anderen Bedingungen gleichgesetzt, durch die objektive gesellschaftliche Bedeutung des Zieles, soweit sie vom Individuum »subjektiviert« werden konnte, bedingt ist und daß die »Dynamik« des Spannungsverlaufs der »produktiven« Motivation sich unter diesem Aspekt nach der Bedeutung der Teilziele in ihrem Stellenwert auf dem Weg zum Gesamtziel und der dabei erlebten Diskrepanz zwischen jeweils individuell Erreichtem und zur Zielerreichung Notwendigem bemißt.

Aus diesen Darlegungen darf aber nicht geschlossen werden, daß, sofern die gesellschaftlichen Ziele vom Individuum subjektiviert worden sind, die motivierten Handlungen in Richtung auf deren Realisierung sich quasi automatisch von selbst ergeben. Die emotionale Gesamtbefindlichkeit ist ja, wie dargestellt, nicht nur durch »produktive« Bedürfnisse charakterisiert, sondern auch durch verschiedenartige sinnlich-vitale Bedürfnisspannungen, damit Handlungsbereitschaften, die durchaus in Widerspruch zu den auf das gesellschaftliche Ziel gerichteten Handlungsbereitschaften stehen können. Die Realisierung eines Zieles in motiviertem Handeln schließt also nicht nur ein positives Resultat der kognitiven Zielanalyse, d. h. der bewußten Kontrolle der Zielbeschaffenheit als Grundlage der Strukturierung emotionaler Wertungen ein, sondern auch die bewußte Kontrolle emotionaler Störbedingungen, die mit der jeweils aktuellen Zuständlichkeit des Individuums zusammenhängen. Hierin liegt neben der kognitiven Zielanalyse ein weiterer wesentlicher Aspekt des »bewußten Verhaltens« des Menschen zu seiner eigenen Subjektivität bei der Schaffung individueller Vorbedingungen für motiviertes Handeln.

Die wesentliche Voraussetzung für die Möglichkeit der Kontrolle »störender« emotionaler Impulse liegt in dem früher (S. 71 f.) dargestellten spezifischen Verhältnis des Menschen zu seinen Bedürfnissen, durch welches er nicht nur Distanz gegenüber den Bedürfnisobjekten, sondern *Distanz gegenüber der Tatsache, daß er Bedürfnisse hat,* selbst gewinnen kann, indem ihm bewußt ist, daß unter bestimmten Bedingungen bestimmte Bedürfnisse bei ihm auftreten und er so in individueller Vorsorge die gesellschaftlichen Möglichkeiten zur Absicherung ihrer Befriedigung auf dem angeeigneten gesellschaftlichen Niveau auszunutzen vermag. In unserem gegenwärtigen Zusammenhang bedeutet dies, daß der Mensch prinzipiell dazu fähig ist, bei der Handlungsausrichtung auf ein gesellschaftliches Ziel emotionale Störbedingungen dadurch zu reduzieren, daß er durch geplante Herstellung entsprechender äußerer Bedingungen für eine angemessene und regelmäßige Befriedigung der Bedürfnisse sorgt, so daß die aktuellen Bedürfnisspannungen niemals über längere Zeit bewußtseinserfüllende Breite gewinnen und die »produktive« Aktivation zur Zielerreichung überdecken können. Zu einer derartigen Kontrolle emotionaler Störbedingungen gehört z. B. regelmäßige Nahrungsaufnahme ebenso wie adäquate und hinreichende Erholung und die Schaffung von Bedingungen, unter denen sexuelle und verwandte Bedürfnisse regelmäßig und angemessen befriedigt werden können, etc. – Ein derartiges »geregeltes Leben« muß nicht von jedem einzelnen neu organisiert werden, er findet vielmehr historisch gewordene gesellschaftliche Organisationsformen für die geregelte individuelle Lebensgestaltung vor, so festgelegte Zeiten für Nahrungsaufnahme, Schlaf, Erholung, Freizeit, ebenso Formen zur geregelten Befriedigung von Bedürfnissen im Umkreis der Sexualität und Fortpflanzung wie der Ehe, Familie und ähnlicher Beziehungsstrukturen. Solche gesellschaftlich vorgegebenen Lebensregelungen, die in der einen oder anderen Weise auf allen gesellschaftlichen Entwicklungsstufen vorkommen, sind wesentlich auch aus der gesellschaftlichen Notwendigkeit entstanden, die Kontrolle emotionaler Störbedingungen nicht dem Einzelnen bzw. dem Zufall zu überlassen, sondern im Interesse der Erhaltung der Arbeitsbereitschaft und -fähigkeit der Masse der Gesellschaftsmitglieder als Voraussetzung für die gesellschaftliche Lebenserhaltung selbst gesellschaftlich zu organisieren. Die in verschiedenen Formen auftretende gesellschaftliche Anforderung an die Individuen, durch Aneignung der entsprechenden Organisationsweisen ein geordnetes, geregeltes und »normales« Leben zu führen und die Sanktionierung von ungeordneten, »liederlichen« Lebensweisen, des »Sich-gehen-Lassens« etc. wären demgemäß auch unter dem Aspekt zu sehen, daß eine ungeordnete Lebensführung die Fähigkeit und Bereitschaft zum individuellen Beitrag zu gesellschaftlicher Lebenssicherung, damit die materielle Reproduktion der Gesellschaft gefährdet. Die gesellschaftliche Regulation individueller Bedürfnisbefriedigung ist ein Teilmoment der kooperativen Gestaltung des gesellschaftlichen Lebens, da hier die Einzelaktivitäten auch im Bereich der sinnlich-vitalen Bedürfnisse so koordiniert werden, daß dabei eine Optimierung des Gesamtprozesses der gesellschaftlichen Produktion entsteht; so sind etwa feste Essenszeiten, gemeinschaftliche Regulierungen der Abwechslung zwischen Arbeit und Muße o. ä. Voraussetzung der Vermeidung von Störungen der Produktion durch asynchrone Bedürfnisbefriedigung verschiedener Individuen.

Wenn motiviertes Handeln auf »menschlichem« Niveau demnach stets die Ausrichtung bzw. Ausformung der individuellen Bedürfnisse an den gesellschaftlichen Regelungen der aktuellen Bedürfnisbefriedigung einschließt, so scheint der damit u. U. geforderte Aufschub der Bedürfnisbefriedigung, d. h. Verzicht auf jeweils sofortige Befriedigung organischer und sexueller Bedürfnisse – oberflächlich gesehen – eine generelle durch die Gesellschaft erzwungene Bedürfnisunterdrückung zu bedeuten. Diese gängige Auffassung ist jedoch, wie aus unsereren früheren Darlegungen hervorgeht, wissenschaftlich unhaltbar. – Die motivationale Grundlage für einen Aufschub aktueller Bedürfnisbefriedigung als Ergebnis bewußter Ausrichtung der eigenen Emotionalität an den objektiven Zielen kann nur richtig eingeschätzt werden, wenn man die früher dargestellten »menschlichen« Bedingungen motivierten Handelns in Betracht zieht: diese sind aber gerade durch Abwesenheit aktueller existentieller Bedrohung des Individuums durch mangelnde Befriedigung sinnlich-vitaler Bedürfnisse gekennzeichnet, d. h. dadurch, daß das Individuum nicht mehr durch seine unmittelbare Bedürftigkeit in seinem Handeln bestimmt ist, sondern vielmehr relativ unabhängig von dieser, jedoch im Wissen um sie für die künftige Absicherung und Verbesserung der Befriedigungsmöglichkeiten »gesellschaftlicher«, damit auch individueller Bedürfnisse tätig wird. Die aktuellen Bedürfnisse sind am Beginn der Arbeit infolge der gesellschaftlichen Regelung der Bedürfnisbefriedigung als Voraussetzung dafür, daß das Individuum sich den Aufgaben unabgelenkt durch die eigene Bedürftigkeit voll zuwenden kann, normalerweise – im Rahmen der bestehenden Möglichkeiten – weitgehend befriedigt; dabei können zwar im Verlauf der Handlung aktuelle Bedürfnisspannungen auftreten, die jedoch, sofern sie im allgemeinen regelmäßig und adäquat befriedigt werden, gewöhnlich nur geringfügig sein und zudem ihren beunruhigenden und den eigentlichen Handlungsverlauf störenden Charakter dadurch verlieren werden, daß ihre Befriedigung zu einem bestimmten Zeitpunkt vorhersehbar ist. Dieser Ausrichtung individueller Bedürftigkeit an den gesellschaftlichen Zielen, über deren Realisierung die Kontrolle über die Lebensverhältnisse abgesichert ist, stehen die durch Anstreben des gesellschaftlichen Zieles ermöglichte Erweiterung des Beziehungsreichtums und die die Steigerung sinnlich-vitaler Befriedigung einschließende Erlebnisfülle »produktiver Motivation« gegenüber, die i. d. R. in ihrer gesellschaftlichen Perspektive eine ungleich höhere Qualität als jede isoliert-direkte Befriedigung bloß sinnlich-vitaler Bedürfnisse hat. Die infolge eines u. U. notwendig werdenden Befriedigungsaufschubs entstehenden sinnlich-vitalen Bedürfnisspannungen sind demgemäß hier nicht nur gegenüber der positiven subjektiven Bedeutung der gesellschaftlichen Zielerreichung sehr viel geringer; entscheidend ist vor allem, daß die In-Kauf-Nahme des Aufschubs aktueller Bedürfnisse, d. h. die Ausrichtung individueller Bedürfnisse an den gesellschaftlichen Zielen, sofern diese als notwendige Voraussetzung zur Entwicklung der allgemeinen Lebensmöglichkeiten kognitiv erfaßt werden, auch zur emotional positiv gewerteten Teilhandlung werden kann, die dann im allgemeinen ohne größere Probleme und Schwierigkeiten vollziehbar ist.[4] Die emotionale Wertung der Ausrichtung unvermittelter Bedürfnisse an den gesellschaftlichen Erfordernissen ist demgemäß als ein Teilaspekt der früher geschilderten emotionalen Wertung der notwendigen Übernahme von Anstrengung beim motivierten Handeln zu betrachten.

Die Auffassung von der generellen gesellschaftlichen Bedürfnisunterdrückung ist aber unter einem noch grundsätzlicheren Aspekt inadäquat. Hier ist nämlich die Annahme impliziert, daß der Mensch genuin und primär nur auf die Befriedigung aktueller Bedürfnisse aus ist, was eine prinzipiell falsche Vorstellung über die Eigenart der menschlichen Bedürfnisstruktur bedeutet und die Entstehung der gesellschaftlich-historischen Entwicklung über die kooperativ-vergegenständlichende Einflußnahme auf die Umwelt zur Verbesserung der Lebensverhältnisse absolut unverständlich macht. Die spezifisch »menschliche« Form der Bedürfnisbefriedigung ist, wie ausführlich abgeleitet, auf die mit der Teilhabe an gesellschaftlicher Realitätskontrolle und der kooperativen Integration gegebenen Möglichkeit *bewußter Vorsorge* für die personale Bedürfnisbefriedigung gerichtet, so daß das Zurückgeworfensein auf lediglich aktuelle Befriedigung immer schon einen organismischen, objektiv *»unmenschlichen«* Stand der Befriedigungsmöglichkeiten darstellt. Die gesellschaftliche Regelung aktueller Bedürfnisbefriedigung, einerseits aus den Notwendigkeiten der Produktion entstanden, schließt andererseits über die gesellschaftlich »vorgesehenen« Zeiten und Gelegenheiten der Befriedigung die Planbarkeit der eigenen Bedürfnisbefriedigung wie auch Berücksichtigung der Bedürfnisse anderer ein. Die gesellschaftliche Regelung individueller Bedürfnisbefriedigung, sofern sie auf kooperativer Basis erfolgt, stellt also keinen *»Zwang«* dar, sondern ist ein *Moment menschlicher Freiheit*, da nur durch eine solche Regelung Zufall und Willkür der jeweils individuellen Bedürfnisbefriedigung überwunden und damit eine wechselseitige Vorhersagbarkeit des Verhaltens ermöglicht ist. Allein die Befriedigung individueller Bedürfnisse im Einklang mit gesellschaftlichen Regelungen als Voraussetzung der die gesellschaftliche Entwicklung tragenden Kooperation hat gegenüber der bloß aktuell isolierten Befriedigung eine prinzipiell neue »menschliche«

[4] Die Fähigkeit zum Aufschieben einer geringeren gegenwärtigen zugunsten einer späteren größeren Befriedigung ist von Schneider & Lysgaard (1953) als »deferred gratification pattern« (DGP) bezeichnet worden und hat zu einer Reihe empirischer Untersuchungen etwa über die Abhängigkeit des DGP von der sozialen Schichtzugehörigkeit etc. geführt. In diesem Konzept, das auf der behavioristischen Bedürfnis-Auffassung beruht, werden aber nur organische Bedürfnisse in Betracht gezogen und wird die menschliche Motivation auf das organismische Niveau bloßen »Bevorzugungsverhaltens« reduziert. Wegen dieses Ansatzmangels haben auch die hier erlangten empirischen Resultate kaum Erklärungswert im Hinblick auf die Bedingungen motivierten Handelns der Menschen.

Qualität. Sofern es zu grundsätzlichen Widersprüchen zwischen gesellschaftlichen Anforderungen und sinnlich-vitalen Bedürfnissen der Individuen kommt, ist dies nicht Ausdruck eines »allgemeinen« Gegensatzes zwischen dem »Individuum« mit seinen Bedürfnissen und »der« Gesellschaft, sondern bedingt durch die antagonistische Klassenstruktur historisch bestimmter Gesellschaftsformationen, durch die eine kooperative Regelung menschlicher Bedürfnisbefriedigung behindert ist (Wir kommen darauf zurück).

Wir haben bisher das Problem der Kontrolle emotionaler Störbedingungen zur Strukturierung und Ausrichtung der Befindlichkeit in motiviertem Handeln unter der Prämisse behandelt, daß die möglichen »störenden« Emotionen in aktuellen Bedürfnisspannungen bestehen, deren Bedingtheit durch angebbare äußere Faktoren dem Individuum bekannt ist und die durch gesellschaftliche Regelungen der äußeren Bedingungen zu ihrer Befriedigung prinzipiell behebbar sind. Nun muß ein solcher Zusammenhang zwischen »störenden« emotionalen Zuständlichkeiten und handhabbaren Bedingungen zu ihrer Reduzierung keineswegs immer offen gegeben sein und vom Subjekt notwendig als solcher erkannt werden. Negative Erlebnisse – wie Ängste, Spannungen, Bedrückungen, »Sehnsüchte«, sexuelle Spannungszustände, »ablenkende«, sich verselbständigende »Phantasien« verschiedener Art o. ä. sind vielmehr häufig als mehr oder weniger diffuse qualitative Färbungen der Komplexqualität der emotionalen Gesamtbefindlichkeit, zumindest zunächst, nicht auf einfache äußere Ursachen rückführbar und nicht durch deren Veränderung zu beseitigen, sondern erfordern als Voraussetzung jeglicher Eingriffsmöglichkeit die Anstrengung der bewußten Analyse, d. h. der »unvoreingenommenen Bestandaufnahme« der subjektiven Befindlichkeit in ihrer Widerspiegelung der objektiven Lebensbedingungen. – Die allgemeine Voraussetzung für die Möglichkeit einer solchen Kontrolle liegt auch hier in der Distanz zur eigenen Subjektivität in bewußtem »Verhalten« zu sich selbst. Die menschliche Handlungsbereitschaft ist, wie dargestellt, nicht mehr, wie die Handlungsbereitschaft auf organismischem Niveau, lediglich Resultat der automatischen Vereinheitlichung der unterschiedlichen emotionalen Impulse in der Komplexität der emotionalen Gesamtbefindlichkeit (vgl. I, S. 166), sondern der Mensch kann sich vielmehr in die automatische Verrechnung der verschiedenen emotionalen Handlungsimpulse bewußt »einschalten«, indem er seine emotionale Gesamtbefindlichkeit analysiert, die Verschmelzung der verschiedenen emotionalen Impulse auflöst und die Impulse auf ihre Entstehungsbedingungen hin untersucht. Eine solche Analyse als aktive kognitive Neustrukturierung erbringt potentiell größere Klarheit über die objektiven Bedingungen der eigenen emotionalen Befindlichkeit, wobei die so identifizierten Bedingungen unterschiedlicher Art sein können, etwa nun erkannte Ursachen für ein unbefriedigtes Bedürfnis, dessen Befriedigung nunmehr geplant werden kann, bisher nicht eingesehene Gründe für Beunruhigungen und Ängste, wobei diese Gründe ggf. beseitigt oder zumindest in ihrem Stellenwert näher bestimmt und damit »handhabbar« gemacht werden können etc. Die Bedingungsanalyse der eigenen Befindlichkeit, die ein notwendiger Aspekt des Umgangs mit sich selbst ist, reduziert dabei keineswegs die Emotionalität als solche, vielmehr wird mit der adäquateren kognitiven Erfassung der eigenen Situation auch deren emotionale Bewertung adäquater, wobei die zunächst diffusen emotionalen Zuständlichkeiten einerseits den »Leitfaden« für die kognitive Bedingungsanalyse abgeben und andererseits mit deren Ergebnis sich selbst klären und vereindeutigen. Der »komplexqualitative« Charakter emotionaler Gesamtwertungen ist damit nicht aufgehoben, sondern bleibt auch auf menschlichem Niveau notwendiges einheitsstiftendes Moment der Handlungsbereitschaft; die »dazwischengeschaltete« Analyse verändert nur die kognitive Strukturierung der eigenen Situation, so daß in die abschließende »komplexqualitative« Gesamtwertung nunmehr in Abhängigkeit von den geänderten Kognitionen auch geänderte emotionale Teilwertungen eingehen und damit eine andersgeartete Handlungsbereitschaft resultieren kann.

Bei unserer bisherigen Auseinanderlegung der subjektiven Bedingungen motivierten Handelns sind wir stets von dem Idealfall ausgegangen, daß, wenn »Motivation« vorliegen bzw. die Zielerreichung durch motiviertes Handeln möglich sein soll, dem Ziel aufgrund der kognitiven Zielanalyse subjektive Bedeutung zukommen muß bzw. die kognitive Analyse der äusseren und inneren Bedingungen der eigenen Befindlichkeit eine Neutralisierung »störender« Bedürfnisspannungen und die Unterordnung der emotionalen Impulse unter das motiviert angestrebte Ziel ergeben hat. Nun müssen die genannten Voraussetzungen zwar im großen und ganzen erfüllt sein, wenn die Berechtigung bestehen soll, bestimmt geartete menschliche Aktivitäten als »motiviert« in unserem Sinne zu bezeichnen. Dies bedeutet aber nicht, daß die volle emotionale »Erfülltheit« in jedem Augenblick einer motivierten Handlungssequenz gegeben ist. Die subjektive Bedeutung eines Zieles ist vielmehr, auch wenn die Übereinstimmung der gesellschaftlichen Zielkonstellation mit den individuellen Bedürfnissen prinzipiell eingesehen und emotional realisiert wurde, durch Ermüdung, vorübergehende Sättigungserscheinungen oder organismische Aktivationsreduzierung etc. gewissen Schwankungen unterworfen, so daß zu bestimmten Zeiten die emotionale Beteiligung beim Anstreben des Zieles, obgleich »eigentlich« vorhanden, phänomenal nicht erfahrbar ist. So werden, und zwar häufig gerade dann, wenn man von dem angestrebten Ziel völlig absorbiert ist und darüber seine sinnlich-vitale Bedürftigkeit »vergißt«, immer wieder aktuelle Bedürfnisspannungen zeitweise vordergründig werden und »störend« hervortreten, also »sich in Erinnerung bringen«; auch allgemeine, von der konkreten Aufgabe unabhängige Ängste, Bedrückungen, »Ablenkungen« verschiedener Art lassen sich in der Bedingungsanalyse der Komplexqualität der eigenen Befindlichkeit selbst im günstigsten Falle nicht immer völlig auf das Ziel hin strukturieren, sondern bleiben mehr oder weniger als ablenkende Faktoren wirksam, etc. – Derartige emotionale Schwankungen und Störungen führen nun aber keineswegs zwangsläufig zu entsprechenden Schwankungen und Störungen beim motivierten Anstreben des Zieles, sondern können, wenn sie ein gewisses Ausmaß nicht überschreiten, vom Individuum durch *bewußte Disziplinierung* seines Handelns in ihrer Wirkung auf den faktischen Handlungsablauf zurückgedrängt werden. Der Mensch ist somit in der Lage, ein Ziel auch dann noch »im Prinzip« motiviert anzustreben, wenn er dessen Übereinstimmung mit den eigenen Bedürfnissen vorübergehend nur *»weiß«*, aber nicht emotional erfährt; d. h. er kann die emotionale »Durststrecke« durch »Selbstdisziplin« überwinden; sinnlich-vitale Bedürfnisansprüche, wie Bedürfnisse nach Nahrungsaufnahme, Schlaf, »Entspannung«, ebenso emotionale Störimpulse, die nicht identifiziert und kontrolliert werden konnten etc., können aufgrund der Einsicht in die Bedeutung des Zieles bis zu einem gewissen Grade zurückgedrängt werden, so daß das Individuum seine zielgerichtete Handlung hier – aber immer nur vorübergehend – auch gegen seine spontanen Bedürfnisspannungen und Impulse durchzuhalten vermag. – Wir wollen solche Disziplinierungsakte des eigenen zielgerichteten Handelns (ohne dabei in eine u. E. nicht sehr ergiebige Diskussion über die verschiedenen Verwendungen des Willens-Begriffs in der Psychologie einzutreten) als »Willensanstrengung« bezeichnen.

Wenn wir an dieser Stelle den Begriff des »Willen« explizieren, so ist damit kein neuer, von der Motivation unabhängiger funktionaler Aspekt der Lebenstätigkeit gemeint. Spezifisch menschliche Motivation, wie wir sie bisher diskutiert haben, ist als solche die bewußte Ausrichtung und Anspannung des Handelns, damit *Anstrengungsbereitschaft* auf ein gesellschaftliches Ziel hin und enthält demgemäß immer auch ein *Moment der »Willentlichkeit«*. Während auf tierischem Niveau, selbst bei den hochentwickelten Handlungsmöglichkeiten der in Abhängigkeit von situationellen Faktoren abrufbaren »Willkürbewegungen«, die Ziele aus den Bedarfszuständen erwachsen, sind – wie dargestellt – auf menschlichem Niveau die gesellschaftlichen Ziele vorgegeben, und das Individuum ist bei seinem Beitrag zur gesellschaftlichen Lebenssicherung nicht von den jeweils aktuellen Bedürfnissen geleitet, sondern muß sich vielmehr bewußt in die Lage zum motivierten Verfolgen des Zieles bringen; ebenso muß das Individuum seine Handlungen hier aufgrund der Einsicht in die Notwendigkeit der Zielerreichung gegenüber aktuellen Befindlichkeitsschwankungen durchhalten, womit das Willensmoment in irgendeinem Grade jeder Art von Arbeitstätigkeit zukommt. Marx charakterisiert dieses allgemeine Kennzeichen der Willentlichkeit menschlicher Arbeit auf folgende Weise: »Nicht daß er (der Arbeiter/U. O.) nur eine Formveränderung des Natürlichen bewirkt; er verwirklicht im Natürlichen zugleich seinen Zweck, den er weiß, der die Art und Weise seines Tuns als Gesetz bestimmt und dem er seinen Willen unterordnen muß. Und diese Unterordnung ist kein vereinzelter Akt. Außer der Anstrengung der Organe, die arbeiten, ist der zweckmäßige Wille, der sich als Aufmerksamkeit äußert, für die ganze Dauer der Arbeit erheischt, und umso mehr, je weniger sie durch den eignen Inhalt und die Art und Weise ihrer Ausführung den Arbeiter mit sich fortreißt, je weniger er sie daher als Spiel seiner eignen körperlichen und geistigen Kräfte genießt« (MEW 23, S. 193).

Der Anteil der Willentlichkeit, der durchschnittlich für eine Arbeitsleistung erfordert ist, hängt von der Art und dem Entwicklungsstand der Produktionsweise ab. Verschiedene Weisen der Produktion erfordern einen unterschiedlichen Grad an »Pünktlichkeit«, Kontinuität, gleichbleibender Präzision der Arbeitsleistung, haben unterschiedliche Toleranzbereiche gegenüber individuellen Schwankungen des Kräfteeinsatzes etc. und setzen demnach ein verschiedenes Maß an »Willensanspannung« beim Arbeitenden voraus. Eine wesentliche Bedingung für die Erhöhung des notwendigen Willensmomentes der Arbeit ist der Entfaltungsgrad der gesellschaftlichen Kooperation, weil durch die damit verbundene wachsende objektive Koordination der Teilarbeiten der Zeitpunkt und die Intensität des Arbeitseinsatzes in immer höherem Grade von aktuellen »Neigungen« unabhängig bestimmbar sein muß, wenn keine Störungen des kooperativen Arbeitsprozesses eintreten sollen. Allerdings ist dabei in Betracht zu ziehen, daß der objektive, unmittelbar kooperative Zusammenhang der Arbeitenden sich nicht nachträglich aus den verschiedenen Teilaktivitäten ergibt, sondern diesen vielmehr immer übergeordnet bleibt, d. h. von ihm bis zu einem gewissen Grade eine quasi »integrative« Kraft ausgeht, derzufolge die verschiedenen Teilaktivitäten sich innerhalb des Gesamtzusammenhanges automatisch aufeinander »einspielen« und nicht erst in individueller Ausrichtung nachträglich bewußt eingepaßt werden müssen, so daß das Moment der Willentlichkeit, das einerseits durch die Kooperation in erhöhtem Maße gesetzt ist, bei der direkten Zusammenarbeit wiederum in gewissem Maße zurückgenommen werden kann. – Eine neue Qualität der Forderungen an die Willentlichkeit der Arbeit wurde mit der Entwicklung der Maschinerie und besonders der großen Industrie erreicht, weil in der Funktionsweise der Maschinen objektive Zeitpläne zu ihrer Bedienung und Überwachung in verschiedenen Größenordnungen vergegenständlicht und durch den Arbeitenden zu berücksichtigen sind und das unmittelbare Zusammenspiel der Kräfte hier in hohem Maße behindert ist. – Allgemein kann festgestellt werden, daß der Grad und die Art der gesellschaftlich notwendigen Willentlichkeit der Arbeit zu den historisch bestimmten objektiven Charakteristika gesellschaftlicher Verhältnisse, also des »menschlichen Wesens« gehört, die vom Menschen als Teilaspekt der Fähigkeit zur Leistung seines Beitrages zur gesellschaftlichen Lebenserhaltung im individuellen Vergesellschaftungsprozeß angeeignet werden müssen.

Eine Zunahme der gesellschaftlichen Anforderungen an die Willentlichkeit der Arbeitstätigkeit bedeutet jedoch keineswegs zwingend ein Zurücktreten des emotional-motivationalen Momentes. Gerade die Ausdehnung und Intensivierung der Kooperation als wesentliches Kennzeichen des gesellschaftlichen Entwicklungsstandes, mit der einerseits erhöhte Forderungen an die Willentlichkeit der Arbeit verbunden sind, ermöglicht, wie gezeigt, andererseits das Anstreben immer wesentlicherer und umfassenderer Ziele, über welche, sofern die individuellen Bedürfnisse in ihnen aufgehoben sind, die vorübergehend notwendig werdende willentliche Ausrichtung spontaner Handlungsimpulse voll kompensiert und damit auch emotional aufgefangen werden kann.

Eine Verselbständigung des jeder motivierten Tätigkeit inhärenten Willensmomentes und ein Hervortreten der Willentlichkeit als Handlungscharakteristikum liegt generell in dem Maße vor, wie einerseits mit der Erreichung und Verfolgung vorgegebener Ziele keine Erweiterung der individuellen Lebensmöglichkeiten antizipierbar und somit auch keine Motivation in Richtung auf eine erhöhte Anstrengung zur Zielerreichung gegeben ist, andererseits man sich aber, um die bestehenden Existenzbedingungen nicht zu gefährden, zur Übernahme dieser Ziele quasi gezwungen sieht. Es zeigt sich, daß die individuelle Notwendigkeit zur Ausführung von solchen verselbständigten, d. h. emotional-motivational nicht gedeckten Willenshandlungen ein Charakteristikum der Arbeit der ausgebeuteten Klassen in antagonistischen Klassengesellschaften ist. Für den Lohnarbeiter in der kapitalistischen Produktion etwa haben die Produktionsziele, denen er dient, wie aufgewiesen, nur geringe subjektive Bedeutung, weil sie ihrer objektiven Beschaffenheit nach kaum zur Verbesserung seiner Lebensbedingungen beitragen, über ihre Erfüllung weder die erweiterte Teilhabe an der bewußten gesellschaftlichen Realitätskontrolle noch die damit verbundene individuelle Vorsorge für die sinnlich-vitale Bedürfnisbefriedigung möglich ist. Die subjektive Notwendigkeit der Arbeit erwächst für den Lohnarbeiter somit überwiegend aus dem durch seine ökonomische Abhängigkeit, d. h. aber immer durch seine unmittelbare Bedürftigkeit gesetzten Zwang. Das ökonomische Zwangsverhältnis führt hier, wie ausgeführt, zu einem »inneren« Zwangsverhältnis, nämlich dem Zwang, eine Arbeit verrichten zu müssen, zu der weitgehend die Motivation fehlt. Die

Anstrengung, die der Lohnarbeiter täglich auf sich nehmen muß, ist demgemäß in erster Linie ein Resultat bloßer, verselbständigter »Willensanspannung«; der Arbeiter ist weder durch den Inhalt der Arbeit noch durch die Art und Weise ihrer Ausführung »fortgerissen«, sondern muß ständig durch höchsten Willenseinsatz gegen seine aktuellen Bedürfnisspannungen und spontanen Impulse ankämpfen, ohne daß er für diese Mühsal durch die Möglichkeit zur bewußten Bestimmung allgemeiner, damit der eigenen Lebensbedingungen und die dadurch bedingte Erweiterung der Erlebnisfähigkeit entschädigt und angespornt würde. – Die damit unter einem bestimmten Aspekt wesentlichen Kennzeichen der subjektiven Situation des Arbeiters unter kapitalistischen Produktionsverhältnissen können nur begriffen werden, wenn man das Moment der »Willentlichkeit« an motiviertem Handeln und die Bedingungen der Verselbständigung der Willensanstrengung gegenüber der Motivation heraushebt und sich dabei deutlich macht, daß die allgemeine Möglichkeit des Menschen, sich bewußt zu seiner Subjektivität zu verhalten, damit auch seine eigenen Bedürfnisse und emotionalen Impulse durch Willenseinsatz zu reglementieren, gleichzeitig die Voraussetzung für seine Ausbeutbarkeit darstellt.

4.4 Verdeutlichung der kritisch-psychologischen Auffassung über Bedürfnisse und Motivation des Menschen durch Abhebung von anderen marxistisch begründeten Bedürfnislehren: Kritik an Rubinstein, Leontjew und Sève

4.4.1 Vorbemerkung

Die Konzeptionen von Rubinstein, Leontjew und Sève sind u. E. die drei bedeutendsten Versuche einer psychologischen bzw. persönlichkeitstheoretischen Klärung des Bedürfnisproblems auf marxistischer Grundlage. Hinsichtlich des Charakters und der Bedeutung des Marxismus-Leninismus und wissenschaftlichen Sozialismus bestehen zwischen diesen drei Autoren und uns keine Auffassungsunterschiede. Die Kritische Psychologie am Psychologischen Institut der Freien Universität Berlin, mithin auch die vorliegende Untersuchung, basiert entscheidend auf den Lehren A. N. Leontjews. Auch Rubinsteins Arbeiten haben zur Herausbildung der Kritischen Psychologie wesentlich beigetragen und hatten insbesondere eine zentrale Anregungsfunktion für unsere Abhandlung, die im einzelnen gar nicht mehr isolierbar und benennbar ist. Sèves Buch »Marxismus und Theorie der Persönlichkeit« wurde von uns zwar erst rezipiert, als die Grundkonzeption der Kritischen Psychologie in den Hauptzügen entwickelt war; seine Auffassungen sind dennoch für uns von hoher Relevanz, da

Sève fundamentale Einsichten gewonnen hat, durch welche viele unserer Positionen auf allgemeinerem Niveau bestätigt, philosophisch abgeklärt, präzisiert und korrigiert wurden. – Warum ist dennoch eine kritische Auseinandersetzung mit den Bedürfniskonzeptionen der drei Autoren nötig?

Wenn auch die Erarbeitung unserer Auffassung über den emotional-motivationalen Aspekt menschlicher Lebenstätigkeit nur auf den Schultern bzw. durch die Klärungshilfen Leontjews, Rubinsteins und Sèves möglich war, so werden, wie gezeigt werden soll, von der nun erreichten Position aus dennoch bestimmte Mängel offenbar, die nicht nur Einzelheiten betreffen, sondern den Grundkonzeptionen der Autoren eigen sind. Diese Mängel rühren u. E. daher, daß die marxistische Durchdringung des Bedürfnisproblems nicht weit genug getrieben ist; man hat sich teilweise zu sehr auf die bloße Explikation der Lehren von Marx und Engels im Hinblick auf die Bedürfnisfrage beschränkt und die Aufgabe, die menschlichen Bedürfnisse selbst als Forschungsgegenstand unter Berücksichtigung des neuesten empirischen Materials mit der historischen Methode der materialistischen Dialektik, der gemäß »die Reproduktion des *Wesens* irgendeiner Erscheinung im Denken gleichzeitig *die Enthüllung ihrer Geschichte* ist« (Kopnin 1970, S. 238), im Zusammenhang der materiellen Lebensnotwendigkeiten zu erfassen, nicht radikal genug in Angriff genommen. Insbesondere ist zum Teil die fundamentale Einsicht von Marx und Engels nicht ernst genug genommen worden, daß die »Wissenschaft der Geschichte«, die Marx und Engels als »einzige Wissenschaft« kennen, die gesellschaftlich-historische *und naturgeschichtliche* Entwicklung umfaßt: »Jetzt auch die ganze Natur in Geschichte aufgelöst und die Geschichte nur als Entwicklungsprozeß *selbstbewußter* Organismen von der Geschichte der Natur verschieden« (Engels, MEW 20, S. 504); daß demzufolge die historische Methode der materialistischen Dialektik das Wesen einer Lebenserscheinung *nur durch Enthüllung ihres naturgeschichtlichen und gesellschaftlich-historischen Gewordenseins im Denken reproduzieren* kann und nur so durch Herausarbeitung des qualitativen Sprunges beim Übergang der naturgeschichtlichen zur gesellschaftlich-historischen Entwicklung die menschliche Spezifik und historische Bestimmtheit der Erscheinung wissenschaftlich zu erfassen ist. Die Vernachlässigung der biologisch-naturgeschichtlichen Dimension der historischen Analyse wird bei Sève geradezu zum Programm erhoben, wenn er feststellt, die »Beziehungen zwischen Biologischem, Psychischem und Sozialem in der von mir vorgeschlagenen Persönlichkeitskonzeption« seien ein »im Grunde untergeordnetes Problem« (1975, S. 18). Am klarsten wird die Notwendigkeit des historischen Herangehens an die menschliche Psyche mit Einschluß der phylogenetischen Analyse von Leontjew herausgehoben; bei ihm richtet sich unsere Kritik demzufolge nicht auf das weitgehende Fehlen, sondern auf bestimmte Mängel bei der Anwendung der Methode der materialistischen Dialektik.

Die Heranziehung von Aussagen von Marx und Engels bei Vernachlässigung oder Unzulänglichkeiten in der Anwendung der von ihnen entwikkelten Methode führen bei Rubinstein, Leontjew und Sève dazu, daß zwar einerseits wichtige Einsichten in die Eigenart menschlicher Bedürfnisse in ihren Arbeiten zum Ausdruck gebracht, die u. E. richtigen Auffassungen über die Bedürfnisse fast immer an irgendeiner Stelle der Texte zu finden sind, daß aber andererseits der innere Zusammenhang der Einzelaspekte und ihr Stellenwert im Gesamt der menschlichen Lebenstätigkeit teilweise unzureichend herausgearbeitet sind. Für sich genommen »richtige« Aussagen können so in einem unangemessenen Kontext stehen und dadurch selbst problematisch werden; theoretische Feststellungen können sich unkontrolliert vom materiellen Lebensprozeß ablösen und den Charakter des willkürlich »Ausgedachten« erhalten, Unterscheidungen zu bloß äußerlichen, unabgeleiteten Klassifikationen werden. Darlegungen über biologische Eigenarten der Bedürfnisse bleiben leicht bloße unhistorische Bestandsaufnahme, die unverbunden neben Aussagen über gesellschaftlich-historische Bedürfnis-Charakteristika steht. Als Folge solcher Schwächen können generelle Mängel der wissenschaftlichen Abgeleitetheit und Fundiertheit bis hin zum unbemerkten Hinübergleiten in grundsätzlich »verkehrte«, idealistische und subjektivistische Positionen resultieren; ja, es kann zu gerade dem reduktionistischen »Biologismus« kommen, den besonders Sève so intensiv bekämpft, wobei er meint, den Biologismus durch Ausklammerung der biologischen Analyse vermeiden zu können und nicht sieht, daß er einer bestimmten Ausprägungsform des verborgenen Biologismus gerade dadurch Vorschub leistet.

Unsere kritische Erörterung wäre von vornherein verfehlt, wenn wir den Auffassungen der drei Autoren lediglich unsere Auffassungen als die u. E. richtigeren gegenüberstellen würden. Vielmehr muß die Berechtigung unserer kritischen Einwände an inneren Widersprüchen und Inkonsequenzen, an Divergenzen zwischen dem eigenen Anspruch und den tatsächlichen Ergebnissen innerhalb der jeweiligen Konzeptionen selbst aufweisbar sein, und die größere Adäquatheit unseres Ansatzes kann sich nur daran dokumentieren, daß mit ihm die Widersprüche, Inkonsequenzen vermeidbar und der Anspruch an eine marxistische Bedürfnis-Konzeption besser erfüllbar ist. Wir müssen demgemäß die Auffassungen der einzelnen Autoren über Bedürfnisse jedesmal darstellen (was natürlich nur sehr kurz geschehen kann) und dabei den Argumentationsgang kritisch nachvollziehen; unsere bis hierher erarbeitete Auffassung wird als Maßstab der Kritik und als Alternative in den jeweils relevanten Aspekten eingeführt, aber zur Vermeidung von Wiederholungen nicht nochmals im Zusammenhang entfaltet; auch wird darauf verzichtet, die Gemeinsamkeiten und Unterschiede zwischen den Auffassungen der jeweiligen Autoren und unserer Auffassung in jeder inhaltlichen und terminologischen Einzelheit darzulegen; die Kritik bezieht sich dabei nicht auf die wissenschaftliche Gesamtkonzeption, sondern lediglich auf die Darlegungen zum Bedürfnisproblem.

Der anschließende kritische Exkurs soll im übergreifenden Darstellungszusammenhang folgende Funktionen erfüllen: die Bedeutung des adäquaten *methodischen Vorgehens* bei der Entwicklung marxistisch fundierter Psychologie soll herausgehoben werden; weiterhin soll die von uns beanspruchte Besonderheit unserer kritisch-psychologischen Bedürfnis- und Motivationskonzeption und der u. E. damit erreichte Fortschritt durch Abhebung von den ähnlichsten aller sonst vorliegenden Positionen schärfer und präziser erkennbar werden, wobei aus der Berechtigung bzw. Verfehltheit unserer Kritik sich Aufschlüsse über die Richtung, in der materialistische Psychologie künftig zu entwickeln ist, ergeben werden; schließlich soll dabei die *inhaltliche Klärung* zur besseren Vorbereitung der Kritik der bürgerlichen Motivationslehren und der Auseinanderlegung der emotional-motivationalen Aspekte der Persönlichkeitsentwicklung vorangetrieben werden.

4.4.2 S. L. Rubinstein[5]

Die menschlichen Bedürfnisse sind nach Rubinstein ein *passiv-aktiver Doppelzustand*, in dem einerseits die Abhängigkeit des Menschen von der Welt, der Umstand, daß er ein leidendes, passives Wesen ist, zum Ausdruck kommt, andererseits aber in dem Streben nach Überwindung der Abhängigkeit der Mensch als aktives, handelndes Wesen in Erscheinung tritt:

»In den Bedürfnissen ist somit gleichsam bereits der ganze Mensch als ein Wesen enthalten, das ein Bedürfnis empfindet und das gleichzeitig ein handelndes und leidendes, dabei aber ein aktives – *leidenschaftliches* – Wesen ist.« (1968, S. 774). Die Bedürfnisse stehen in engem Zusammenhang mit den *Emotionen*, die die »Beziehung« des Menschen, »seine Stellungnahme zur Welt, zu dem, was er erfährt und tut, in Form des unmittelbaren *Erlebens*« darstellen und in denen der »Zustand des Subjekts und seine Einstellung zur Welt« zum Ausdruck kommt (a.a.O., S. 574); jede Theorie

5 Wir beziehen uns bei unserer Analyse ausschließlich auf das Lehrbuch von Rubinstein »Grundlagen der Allgemeinen Psychologie« (1968) das – als Erweiterung seines 1935 erschienenen Buches »Grundlagen der Psychologie« 1940 in der Sowjetunion publiziert und 1945 für die zweite Auflage überarbeitet – weite Verbreitung fand und eines der bedeutendsten Versuche einer umfassenden marxistischen Fundierung der Psychologie ist. In Rubinsteins weiterem, 1957 zuerst erschienenen Hauptwerk »Sein und Bewußtsein« (1970) finden sich keine grundsätzlich neuen Aussagen über das Bedürfnisproblem.

und Klassifikation der Emotionen darf deswegen sich nicht auf das Subjekt beschränken, sondern »muß mit jenen realen Wechselbeziehungen beginnen, die den Emotionen zugrunde liegen« (S. 577). Die Emotionen sind keineswegs von den kognitiven Prozessen abzutrennen, sondern sind zugleich Erkenntnisprozesse, welche die Wirklichkeit, wenn auch in spezifischer Form, widerspiegeln«. »Die Emotionen des Menschen stellen eine Einheit des Emotionalen und des Intellektuellen dar, so wie die Erkenntnisprozesse in der Regel eine Einheit des Intellektuellen und des Emotionalen bilden« (S. 575). Das Verhältnis zwischen Bedürfnissen und Emotionen wird global so charakterisiert, daß die Emotionen die »konkrete psychische Form« der »Existenz« der Bedürfnisse sind, wobei auch den Emotionen ein passiv-aktiver »Doppelcharakter« zugesprochen wird: »Die Emotionen formen sich im Verlauf der menschlichen, auf die Befriedigung seiner Bedürfnisse gerichteten Tätigkeit. Indem sie also in der Tätigkeit des Individuums entstehen, sind sie oder die in Gestalt von Emotionen erlebten Bedürfnisse zugleich auch Anreiz zur Tätigkeit« (S. 576). – Rubinstein hebt den gesellschaftlichen Charakter der Bedürfnisse hervor: »Die Bedürfnisse der Menschen lassen sich nicht auf einige rein organische Bedürfnisse reduzieren.« (576). »Die gesamte Entwicklungsgeschichte der menschlichen Persönlichkeit ist mit der Geschichte der menschlichen Bedürfnisse verbunden. Die Bedürfnisse des Menschen regten ihn zur Tätigkeit an. Die gesellschaftlich organisierte Arbeit, die im Produktionsprozeß immer vollkommenere und vielfältigere Methoden zur Befriedigung der zunächst elementaren menschlichen Bedürfnisse schuf, erzeugt immer neue, immer mannigfaltigere und verfeinerte Bedürfnisse und regte zu ihrer Befriedigung an.« »Alle Bedürfnisse des Menschen sind in ihrem konkreten Inhalt und in ihrer konkreten Äußerung historische Bedürfnisse in dem Sinn, daß sie, durch die historische Entwicklung des Menschen bedingt, in diese einbezogen sind und sich in deren Verlauf entwickeln und verändern« (774). Dabei »bedingen die Produktion von Objekten, die der Befriedigung von Bedürfnissen dienen, und ihre Verteilung die Bedürfnisse des Subjekts selbst. Die durch das Bedürfnis nach Nahrung, Kleidung und Behausung usw. erzeugte *Notwendigkeit* der Arbeit und Zusammenarbeit ruft beim Menschen das *Bedürfnis* nach Arbeit hervor, das auf Grund des Bedürfnisses nach Aktivität entsteht, sowie das Bedürfnis nach Verständigung, das auf der Zusammenarbeit und der Gemeinsamkeit der Interessen beruht« (775). Das »Bewußtwerden der Aufgaben, die das gesellschaftliche Leben dem Menschen stellt, und der Verpflichtungen, die es ihm auferlegt«, ruft »beim Menschen eine Tätigkeit hervor, die über diejenige hinausgeht, die unmittelbar der Befriedigung der bereits vorhandenen Bedürfnisse dient. Diese Tätigkeit kann neue Bedürfnisse wecken; denn nicht nur die Bedürfnisse verursachen die Tätigkeit, sondern auch die Tätigkeit manchmal die Bedürfnisse« (777). In diesem Zusammenhang wird auf Marx verwiesen, der sagte, »daß die Arbeit in der höheren Phase des Kommunismus aufhöre, nur Mittel zum Leben zu sein, sondern selbst zum ersten Lebensbedürfnis werde« (777f.).

In diesen (und vielen nicht wiedergegebenen) Aussagen Rubinsteins über menschliche Bedürfnisse und Emotionen schlagen sich wesentliche und weiterführende Erkenntnisse nieder, wobei – wie nicht im Einzelnen gezeigt werden soll – unsere Auffassungen in wichtigen Punkten Ähnlichkeiten mit denen von Rubinstein haben und teilweise direkt von ihm angeregt sind. Jedoch wird schon beim ersten Überblick sichtbar, daß Rubinsteins Feststellungen nur schwer auf ihren Begründungszusammenhang hin explizierbar sind, sondern häufig als unabgeleitete Behauptungen erscheinen, wobei die eingeführten Unterscheidungen oft deskriptiv und beliebig wirken. Die damit angesprochene Problematik verdeutlicht sich, wenn man verfolgt, wie die allgemeinen Darlegungen von Rubinstein näher ausgeführt und spezifiziert werden. Hier treten Willkürlichkeiten, Widersprüche und Fehlargumentationen zutage, durch die auch manche der scheinbar richtigen allgemeinen Feststellungen ihre Fragwürdigkeit offenbaren.

So kommt Rubinstein bei seinen näheren Ausführungen über *menschliche Emotionen* zwar zu umfangreichen Darstellungen über den gesellschaftlichen Charakter der Gefühle, wobei die Notwendigkeit, von den realen Beziehungen, die die Emotionen des Menschen bestimmen, auszugehen, immer wieder betont wird. Dennoch haben die näheren Kennzeichnungen der gesellschaftlich bestimmten Emotionen etwa als »moralische«, »intellektuelle« und »ästhetische Gefühle« (579ff., 609ff.) kaum mehr als den Wert von Deskriptionen, und selbst Ausführungen über die mit der Tätigkeit verbundenen Gefühle und die spezifische, über die bloße Lust-Unlust-Dimension hinausgehende Qualität der Befriedigung und des Mißvergnügens, die mit dem Verlauf und Erfolg der Tätigkeit einhergehen (584), bleiben mehr oder weniger vage. Der Grund für die mangelnde Verbindlichkeit dieser Ausführungen liegt darin, daß Rubinstein entgegen seinem eigenen Anspruch die Frage nach der *Funktion der Emotionalität im materiellen Prozeß der gesellschaftlichen und individuellen Lebenserhaltung*, also der *Entwicklungsnotwendigkeit* ihrer biologischen und gesellschaftlichen Entstehung und Entfaltung, nirgends präzise stellt; eine Frage, die den materialistischen Charakter des wissenschaftlichen Herangehens ausmacht und die von uns mit der Herausarbeitung der Funktion der Emotionen als Gesamtbewertung der Umweltinformation am Maßstab der organismischen bzw. subjektiven Zuständlichkeit, damit der Umsetzung der kognitiven Welterfassung in Handlung und den daraus abgeleiteten weiteren funktionalen Eigenarten geklärt werden sollte. Die Emotionalität behält so in Rubinsteins Darstellung etwas *Epiphänomenales und Luxurierendes.* Obwohl die Emotionen richtig als »Stellungnahmen« des Subjekts zur Realität und Inbegriff seiner unmittelbaren Umweltbeziehungen gekennzeichnet und adäquat in ihrem Erkenntnischarakter hervorgehoben werden, erscheinen die Gefühle, in welchem Zusammenhang sie auch auftreten, stets lediglich sekundär als Ausdruck, Resultat, Begleiterscheinung o. ä. der objektiven Umweltbeziehungen bzw. der Tätigkeit; es bleibt unklar, welchen funktionalen Stellenwert die Emotionen im Lebensprozeß haben, aus welchen materiellen Notwendigkeiten sie also überhaupt entstehen konnten; damit ist die Emotionalität im materialistischen Sinne weitgehend unabgeleitet und unbegriffen. – Die mehr oder weniger epiphänomenale Auffassung der Emotionalität spitzt sich an manchen Stellen von Rubinsteins Ausführungen in vielgestaltigen und teilweise widersprüchlichen Zusammenhängen zu einer quasi *»hedonistischen« Position* zu, indem als *Ziel der menschlichen Handlung das Erreichen positiver Gefühle* hingestellt ist, so, wenn es heißt, die »Emotion« schließe »notwendigerweise auch das *Streben* und den *Trieb* zu dem ein, was für das Gefühl anziehend ist« (576) oder die Emotionen als »Antriebe und Motive der Tätigkeit« bezeichnet werden (586). Die Emotionen werden bei Rubinstein *zum Selbstzweck statt zur subjektiven Voraussetzung des an den objektiven Erfordernissen ausgerichteten Handelns;* die Handlung wird dieser Auffassung nach nicht ausgeführt, um ein *objektives gesellschaftliches Ziel,* das für das Individuum durch kognizierte Übereinstimmung mit seinen personalen Lebensnotwendigkeiten *subjektive Bedeutung* erlangt hat, sondern um ein bestimmtes *Gefühl* zu erreichen (vgl. unsere Ausführungen auf S. 67ff.). Mit der Vorstellung, bestimmte Ziele o. ä. würden angestrebt, weil sie angenehme Gefühle vermitteln, ist jede wissenschaftliche Erklärung zirkulär abgeschnitten: eine emotionale Zuwendung geschieht in bezug auf das, was für das Gefühl anziehend ist; es wird nicht gesehen, daß gerade herauszuarbeiten ist, *aufgrund welcher Kennzeichen seiner objektiven gesellschaftlichen Bedeutung* ein Gegenstand oder eine Situation für eine Person subjektive Bedeutung, also eine positive emotionale Wertigkeit gewinnt. – Schon an dieser Stelle wird deutlich, daß Rubinstein mit seiner mehr deskriptiven, die historische Analyse der neuen Qualität gesellschaftlicher gegenüber bloß biologischer Lebenserhaltung vernachlässigenden Vorgehensweise die menschliche Spezifik von Lebenserscheinungen nicht erfassen kann; so bleiben die menschlichen Emotionen, so sehr Rubinstein ihren gesellschaftlichen Charakter immer wieder betont und mit entsprechenden Benennungen unterstreichen will, in seiner Sicht auch als höhere »moralische«, »intellektuelle«, »ästhetische« Gefühle auf das Individuum und dessen Wohlbefinden und Lebensgenuß rückbezogen und eingeschränkt und überschreiten damit, wie aus unseren früheren Darlegungen hervorgeht, in ihrer wesentlichen Eigenart nicht das bloß organismische Spezifitätsniveau; dies führt, wie deutlich werden wird, zu gravierenden Konsequenzen für Rubinsteins Bedürfniskonzept.

Die Rubinsteinsche Darstellung des prinzipiellen *Verhältnisses zwischen Emotionen und Bedürfnissen* (574ff.) erweist sich bei genauerem Hinsehen als in vieler Hinsicht unklar und widersprüchlich. Während an einer Stelle die Emotion »als Äußerung eines Bedürfnisses, als konkrete psychische Form seiner Existenz« (576) bezeichnet wird, so daß man annehmen muß, das Bedürfnis sei ein nichtpsychischer objektiver Tatbestand, der in den Emotionen seinen subjektiven Niederschlag findet, heißt es an einer anderen Stelle: Der »objektive Bedarf, der sich in der Psyche des Menschen widerspiegelt, wird von ihm als Bedürfnis erfahren« (770); demnach wäre das Bedürfnis der subjektive Tatbestand, in dem sich der objektive »Bedarf« ausdrückt, womit die eben getroffene Unterscheidung zwischen Emotionen und Bedürfnissen wieder hinfällig ist. In den außerordentlich komplexen Erläuterungen dazu finden sich neben mancherlei Unklarheiten auch quasi tautologische Formulierungen, wie, daß die »Emotion notwendigerweise auch das Streben und den Trieb zu dem, was für das Gefühl (nicht für das Subjekt/U. O.) anziehend ist«, einschließt. Generell scheint Rubinstein jedoch die Auffassung zu vertreten, daß die Emotionen die subjektive Äußerung oder Ausgestaltung von Bedürfnissen sind, wobei offenbleibt, was die Bedürfnisse bzw. die Emotionen unabhängig voneinander sonst noch sein können. Diese enge begriffliche Verflochtenheit zwischen »Bedürfnissen« und »Emotionen«, in welcher das eine durch das andere definiert wird, und die darin zum Ausdruck kommende mangelnde materialistische Abgeleitetheit des Rubinsteinschen Emotionskonzeptes muß zwangsläufig Rückwirkungen auf seine Auffassung über menschliche Bedürfnisse haben. Dieser Umstand verdeutlicht sich in seiner ganzen Problematik, wenn man verfolgt, auf welche Weise Rubinstein den gesellschaftlich-historischen Charakter der Bedürfnisse näher auszuführen versucht.

Die allgemeine Feststellung, alle Bedürfnisse des Menschen seien »in ihrem konkreten Inhalt und ihrer konkreten Äußerung historische Bedürfnisse in dem Sinne, daß sie, durch die historische Entwicklung des Menschen bedingt, in diese einbezogen sind und sich in deren Verlauf entwickeln« (774), wird von Rubinstein so konkretisiert: »Die Bedürfnisse des Menschen können dabei unterteilt werden in *materielle* und *geistige* Bedürfnisse im engeren Sinn des Wortes, wie zum Beispiel das Nahrungsbedürfnis einerseits, das Bedürfnis nach Büchern und Musik andererseits ... Zu den materiellen Bedürfnissen gehören die *organischen,* das heißt die Bedürfnisse, die in ihrem Ursprung mit dem organischen Leben und seinen Anforderungen verbunden sind: das Bedürfnis nach Nahrung, Wärme usw.« (774f.). Die »Bedürfnisse des Menschen beschränken sich durchaus nicht auf jene, die unmittelbar mit dem organischen Leben zusammenhängen. In der historischen Entwicklung entfalten, verfeinern und differenzieren sich nicht nur diese Bedürfnisse, sondern es treten auch neue auf, die nicht unmittelbar mit den bereits vorhandenen verbunden sind. So entsteht das Bedürfnis nach Literatur, nach Theaterbesuchen, nach dem Hören von Musik. Die menschliche Tätigkeit, die mannigfache Kulturgebiete hervorbringt, erzeugt auch die entsprechenden Bedürfnisse nach den durch sie geschaffenen Gütern« (777).

Die von Rubinstein an dieser Stelle vollzogene Deutung des gesellschaftlich-historischen Prozesses als Hervorbringung von »Kulturgebieten« und die damit verbundene Herausstellung der von den »materiellen« abzuhebenden »geistigen« Bedürfnisse, die dann weiter in Bedürfnisse nach Literatur, nach Theaterbesuchen, nach dem Hören von Musik usw. eingeteilt werden (wobei diese Einteilung ihren Kriterien nach weitgehende Verwandtschaft mit der genannten Unterscheidung zwischen »moralischen«, »intellektuellen« und »ästhetischen« Gefühlen hat), ist für sich genommen eine bloße Deskription und »Psychologisierung« von »kulturellen« Oberflächenerscheinungen; ein Vorgehen, das große Ähnlichkeit mit der idealistischen »geisteswissenschaftlichen Psychologie« hat; so kommt etwa Spranger in seinen »Lebensformen« (1921) auch unter Bezug auf die verschiedenen »Kulturgebiete« zu seiner typologischen Unterscheidung zwischen dem »theoretischen«, »ökonomischen«, »ästhetischen«, »sozialen«, »politischen« und »religiösen« Menschen. Rubinstein vergißt hier, daß die gesellschaftlich-historische Entwicklung nach marxistischer Auffassung nicht primär die Hervorbringung von »Kulturgebieten« ist, sondern die Entwicklung von Produktivkräften und Produktionsverhältnissen, wobei die »Kulturgebiete« sich nicht aus sich heraus entfalten, sondern immer als bestimmt durch die materielle gesellschaftliche Bewegung in ihrer jeweiligen historischen Ausprägungsform begriffen werden müssen. Die Produktion und Reproduktion des gesellschaftlichen Lebens ist dabei zwar *materiell,* schließt aber *als* materielle die *bewußte erkenntnisgeleitete Realitätskontrolle, also »geistige« Prozesse mit Notwendigkeit ein.* Dabei müssen, wie dargestellt, die menschlichen Bedürfnisse, wenn sie in ihrer gesellschaftlichen Spezifik erfaßt werden sollen, aus der gesellschaftlichen Notwendigkeit der materiellen Produktion als deren »subjektives« Bewegungsmoment abgeleitet werden. Die Bestimmung der »materiellen« Bedürfnisse folgt bei Rubinstein einem vorwissenschaftlichen alltagsnahen Materialitätsbegriff, wenn als »materiell« lediglich die unmittelbar auf die Reduzierung von Gewebedefiziten gerichteten Bedürfnisse wie die »nach Nahrung, Wärme usw.« bezeichnet werden. Die materielle Lebenserhaltung auf spezifisch menschlichem, d. h. gesellschaftlichem Niveau ist, wie ausgeführt, nicht lediglich auf die Befriedigung aktueller (sinnlich-vitaler) Bedürfnisse gerichtet, sondern auf die in der Erkenntnis natürlicher und gesellschaftlicher Gesetze gegründete bewußte kooperative Schaffung von Lebensverhältnissen, die die vorsorgende Sicherung der Befriedigungsmöglichkeit von Bedürfnissen auf dem erreichten historischen Niveau garantieren; demgemäß müssen auch diejenigen menschlichen Bedürfnisse, die das subjektive Bewegungsmoment der Produktion zur Erhaltung des gesellschaftlichen und individuellen Lebens sind, als »materielle Bedürfnisse« bezeichnet werden (vgl. dazu auch Taut 1967, S. 227ff.). – Die Bezogenheit der Bedürfnisse auf verselbständigte Kulturgebiete wie »Musik« oder »Literatur« dürfen auf keinen Fall als paradigmatisch für den allgemeinen gesellschaftlichen Charakter menschlicher Bedürfnisse betrachtet werden, sondern sind Ausprägungen der Oberflächengestalt von Bedürfnissen unter historisch bestimmten gesellschaftlichen Verhältnissen, deren wesentliche Züge aus ihrem Realzusammenhang mit der »Bedürfnisseite« der jeweiligen Produktivkräfte und Produktionsverhältnisse abzuleiten sind.[6] Der Umstand, daß unter bestimmten gesellschaftlich-historischen Bedingungen die »materiellen«, auf Beseitigung von unmittelbaren Mangelzuständen gerichteten Bedürfnisse den »geistigen«, auf Kulturgüter gerichteten Bedürfnissen getrennt gegenüberzustehen scheinen, ist dabei im Zusammenhang mit der Trennung von körperlicher und geistiger Arbeit zu sehen, zunächst in ihrer antagonistischen, klassenbedingten Form, in der die ausgebeuteten Klassen notwendig weitgehend auf körperliche Arbeit reduziert sind, und sodann in ihrer nichtantagonistischen Form innerhalb der sozialistischen Gesellschaft, wo die Trennung von körperlicher und geistiger Arbeit zwar aufgrund historisch bedingter Grenzen der Produktivkraftentfaltung teilweise noch besteht, aber prinzipiell überwindbar ist und in einem langen Prozeß der Entwicklung der Produktivkräfte und menschlichen Potenzen beim Übergang zur kommunistischen Gesellschaft aufgehoben werden wird. Erst mit dem Fortgang dieser Entwicklung werden die Menschen immer weniger ihre verselbständigten »geistigen« Bedürfnisse an vom Gesamtprozeß der bewußten, kollektiven gesellschaftlichen Lebensgestaltung losgelösten »Kulturbereichen« befriedigen müssen, sondern die Befriedigung *aller* menschlichen Bedürfnisse auf immer höherem Niveau wird in den Prozeß der schöpferischen kooperativen Entfaltung des gesellschaftlichen Reichtums einbezogen sein.

Der Umstand, daß Rubinstein, wie die Emotionen, so auch die Bedürfnisse in ihrer »menschlichen« Spezifik nicht aus den materiellen Entwicklungsnotwendigkeiten des Überganges von der bloß biologischen zur gesellschaftlichen Lebenserhaltung und der progressiven Entfaltung der Produktionsweise ableitet, sondern lediglich deskriptiv an ihrer gegenwärtigen Oberflächengestalt abliest, womit er zur Gleichsetzung entwickelter gesellschaftlicher, d. h. auf die bewußte Absicherung und Kontrolle der allgemeinen Lebensbedingungen gerichteter Bedürfnisse mit »kulturellen« Bedürfnissen nach Musik, Literatur etc. kommt, führt dazu, daß nicht nur die Emotionen, sondern auch die Bedürfnisse, sobald sie das organismische

[6] Dabei sind die »Kulturgebiete« in ihrer historischen Bestimmtheit nicht mit den jeweiligen Aspekten der menschlichen Lebenstätigkeit, die sich in ihnen niederschlagen, gleichzusetzen. Künstlerische Gestaltung und Kommunikation z. B. ist ein allgemeines Moment des Widerspiegelungscharakters gegenständlicher gesellschaftlicher Tätigkeit, während die Entstehung von »Kunst« als arbeitsteilig abgehobenem »Kulturgebiet« eine bestimmt geartete Spätform der historischen Entwicklung darstellt.

Niveau der Signalisierung unmittelbarer körperlicher Mangelzustände überschreiten, in ihrer funktionalen Bedeutung für die gesellschaftliche und individuelle Lebenserhaltung nicht mehr bestimmbar sind und als bloße Epiphänomene der Lebenstätigkeit erscheinen: dies findet auch hier seinen zugespitzten Ausdruck darin, daß die entwickelteren gesellschaftlichen, also »geistigen« Bedürfnisse, wie die »höheren« Emotionen, *auf das Individuum und dessen persönliche Befriedigung und Daseinserfüllung als Selbstzweck zurückbezogen* sind; den gesellschaftlich entwickelten Bedürfnissen wird also zwar ein höheres, »kulturelles«, Niveau zugesprochen, sie werden aber nicht in ihrer menschlichen Spezifik begriffen, sondern gemäß dem »unvermittelt«-organismischen Befriedigungsmodus bloß sinnlich-vitaler Bedürfnisse charakterisiert (vgl. unsere Ausführungen auf S. 37ff.). – Das Problem der Ableitung der Notwendigkeit entwickelter, auf die Kontrolle des gesellschaftlichen Entwicklungsprozesses bezogener Bedürfnisse im materiellen Prozeß gesellschaftlicher und individueller Lebenserhaltung ist nur zu bewältigen, wenn man nicht von der oberflächlichen Unterscheidung »materieller« und »geistiger« Bedürfnisse, also quasi Bedürfnisse nach »Erhaltung« und »Unterhaltung« des Individuums ausgeht, sondern von der sinnlich-vitaler und »produktiver« Bedürfnisse. Diese Unterscheidung ist, wie ausführlich dargestellt, keine beliebige Klassifikation, sondern das Resultat eines lebensnotwendigen realen Differenzierungsprozesses in der naturgeschichtlichen und gesellschaftlichen Entwicklung des Menschen, und zwar auf biologischem Niveau der Verselbständigung der Bedarfsgrundlage von Aktivitäten zur Reduzierung von Gewebedefiziten als Entstehung von »aktionsspezifischen Energien« und der Herausbildung zweier Bedarfssysteme: der einzelnen »inhaltlichen« Bedarfszustände und des auf individuelle Absicherung ihrer Befriedigung gerichteten »Bedarfs nach Umweltkontrolle«, sowie auf »menschlichem« Niveau des dialektischen Verhältnisses sinnlich-vitaler Bedürfnisse einerseits und auf überindividuelle, die bewußte Vorsorge für individuelle Bedürfnisbefriedigung einschließende gesellschaftliche Realitätskontrolle gerichteter »produktiver« Bedürfnisse andererseits. Die »produktiven«, auf die Absicherung und Erweiterung der Lebensmöglichkeiten bezogenen Bedürfnisse sind *materiell lebensnotwendig*, da subjektive Voraussetzung für die historische Entstehung gesellschaftlicher Produktion überhaupt wie für die individuellen Beiträge zu gesellschaftlicher Lebenserhaltung. – Das mit den »produktiven« Bedürfnissen verbundene »Glück« beschränkt sich nicht auf den aktuellen individuellen Befriedigungsvorgang, sondern ergibt sich aus den antizipierten Entwicklungsmöglichkeiten, der Perspektive künftiger Lebensbereicherung, die immer zugleich Anzeichen dafür ist, daß man die Lebensbedingungen bewußt bestimmt, den Zustand bloßer Ausgeliefertheit überwunden hat; dieses sich aus den Entwicklungsmöglichkeiten ergebende Glück ist nicht mehr auf den jeweils Einzelnen beschränkt, sondern, da die individuellen Lebensbedingungen nicht unabhängig von denen anderer gesehen werden können, auf die Befriedigungsmöglichkeiten aller bezogen. Infolge der Breite des Horizontes der sich abzeichnenden Lebensmöglichkeiten und der Anzahl der durch die realisierte Lebensverbesserung unmittelbar Betroffenen, wie aber auch durch die spezifische Art der Verbundenheit, die zwischen allen besteht, die sich zur Realisierung gemeinsamer Ziele zusammengefunden haben, erfährt das mit den »produktiven« Bedürfnissen verbundene »Glück« zwangsläufig eine viel größere Ausdehnung und Intensivierung als das bei jedem aus bloß aktuellen individuellen Genuß gewonnenen »Glück« jemals der Fall sein kann. Während die bloß individuelle Befriedigung ohne die »produktive« Komponente der Sicherung und Erweiterung auch zukünftiger Lebensmöglichkeiten durch die Unsicherheit und den Zweifel, ob die jetzt genossene zufällig gegebene Situation auch wiederkehren wird, stets ein Moment der Trauer über den potentiellen Verlust gewonnener Lebensmöglichkeiten enthält, besteht das mit den »produktiven«, zukunftsgerichteten Bedürfnissen verbundene Glück gerade in der Gewißheit, die allgemeinen Lebensbedingungen in Erkenntnis ihrer Gesetzmäßigkeiten prinzipiell so weit unter Kontrolle zu haben, um die für das eigene Befinden bedeutsamen Situationen auf stets entwickelterem Befriedigungsniveau bewußt herbeiführen und genießen zu können, was, wie dargestellt, auch eine neue Qualität jeweils gegenwärtiger Befriedigungs- und Erfülltheitserlebnisse einschließt.

Die Problematik des Rubinsteinschen Bedürfniskonzeptes läßt sich weiter verdeutlichen an der Art und Weise, wie Rubinstein die *»Interessen«* und den *»Willen«* von den Bedürfnissen unterscheidet und mit diesen in Beziehung setzt.

Die »Interessen« werden von Rubinstein folgendermaßen bestimmt: »Der spezifische Charakter des Interesses, der es von den anderen Tendenzen der Persönlichkeit unterscheidet, besteht in der Konzentration der Gedanken und Absichten der Persönlichkeit auf einen bestimmten Gegenstand. Dadurch wird ein Streben hervorgerufen, den Gegenstand näher kennenzulernen, tiefer in ihn einzudringen . . .«. »Das Interesse als ein Gerichtetsein der Absichten unterscheidet sich . . . wesentlich vom Gerichtetsein der Wünsche, in denen sich das Bedürfnis ursprünglich äußert. . . . Das Bedürfnis ruft den Wunsch, über einen Gegenstand in bestimmtem Sinn *verfügen* zu können, hervor, das Interesse, ihn *kennenzulernen*« (778). »Das Interesse ist eine Erscheinung der Gerichtetheit der Persönlichkeit, ein Motiv, das durch seine bewußt gewordene Bedeutsamkeit und durch seine emotionale Anziehungskraft wirkt.« »Je höher das Niveau der Bewußtheit ist, eine desto größere Rolle spielt das Bewußtwerden der objektiven Bedeutsamkeit der Aufgaben, in die der Mensch in seiner bewußten Tätigkeit einbezogen ist« (779). »Der emotionale Zustand, der mit dem Interesse verbunden ist . . . trägt spezifischen Charakter, der sich von dem des

Bedürfnisses unterscheidet: Wenn die Bedürfnisse nicht befriedigt werden, wird das Leben schwierig. Finden jedoch Interessen keine Nahrung oder sind überhaupt nicht vorhanden, so wird das Leben langweilig« (779 f.). Als Beispiele für »Interessen« verschiedener Art werden genannt: das Interesse an »Wissenschaft, Musik, Sport«; der »eine hat Interesse für die gesellschaftliche Arbeit, für Wissenschaft oder Kunst, ein anderer für Briefmarkensammeln, Mode und elegante Kleidung; das sind natürlich keine gleichwertigen Interessen« (780).

In Rubinsteins »Interessen«-Konzept ist die Abhängigkeit der »emotionalen Anziehungskraft« von der *bewußt gewordenen Bedeutsamkeit eines Gegenstandes,* dem *»Wissen«* über ihn, angesprochen. Insoweit bestehen hier Ähnlichkeiten zu dem von uns dargelegten Motivationskonzept, demgemäß die Entstehung von Motivation in ihrer »menschlichen« Spezifik abhängig ist von der kognitiven Analyse der objektiven Bedeutung des gesellschaftlichen Zieles, wodurch die »subjektive Bedeutung«, die emotionale Wertigkeit des Zieles und damit die Motivation zu seiner Realisierung sich ergibt. Die Fragwürdigkeit der Rubinsteinschen Auffassung wird jedoch deutlich an der Art, wie er die *»Interessen«,* als allgemeines Kennzeichen menschlicher Lebenstätigkeit von den *»Bedürfnissen«* abhebt. Zunächst ergeben sich schon mannigfache begriffliche Unklarheiten, etwa im Hinblick auf die präzise Unterscheidung zwischen »geistigen Bedürfnissen« und »Interessen«, da »Kulturgebiete« wie »Musik« von Rubinstein sowohl als Gegenstand »geistiger Bedürfnisse« wie als Gegenstand der »Interessen« benannt werden. Sehr viel problematischer ist jedoch die Weise, in der Rubinstein bei der Heraushebung der »Interessen« gegenüber den Bedürfnissen das *»Über-etwas-verfügen-Wollen«* mit *»Etwas-kennenlernen-Wollen«* in einen Gegensatz bringt, so, als könne der Mensch über etwas verfügen, das er nicht kennt und Wissen über etwas anstreben wollen, das er nicht braucht. Es ist, wie früher ausführlich dargelegt, das entscheidende Merkmal der neuen Qualität der gesellschaftlichen gegenüber der bloß biologischen Entwicklung, daß der Mensch durch Einsicht und Wissen über die Gesetze der äußeren und seiner inneren Natur die Wirklichkeit so umgestalten kann, daß die gesellschaftliche und damit individuelle Lebenserhaltung möglich wird, wobei nach Auffassung der materialistischen und im Gegensatz zur bürgerlichen Theorie jeder Wissenserwerb andererseits nur im Zusammenhang der gesellschaftlichen und individuellen Lebenserhaltung und -erweiterung sinnvoll und damit »motiviert« anstrebbar wird. Der Mensch ist, wie Lenin sagt, nicht an einem Wissen als solchem, sondern an einem Wissen, mit dessen Hilfe er die Welt verändern kann, interessiert. Da die »produktiven« Bedürfnisse, die sich auf der Grundlage des individuellen Kontrollstrebens des »Neugier- und Explorationsverhaltens« und der sozialen Tendenzen herausgebildet haben und in neuer Qualität auf Beiträge zur überindividuellen gesellschaftlichen Realitätskontrolle gerichtet sind, das Moment des »Wissen-Wollens« als notwendiges »subjektives« Bestimmungsmoment der gesellschaftlichen Produktion zwingend enthalten, ist es nicht nur überflüssig, sondern irreführend, von den Bedürfnissen zu unterscheidende »Interessen«, die auf »Wissen« gerichtet sind, als allgemeines Merkmal menschlicher Lebenstätigkeit einzuführen. Die Getrenntheit von »Haben-Wollen« und »Wissen-Wollen« ist, wo sie faktisch auftritt, wie die von »materiellen« und »geistigen Bedürfnissen«, eine historisch bestimmte gesellschaftliche Oberflächenerscheinung, die mit der Trennung von körperlicher und geistiger Arbeit zusammenhängt. In der bürgerlichen Gesellschaft ist der Lohnarbeiter weitgehend auf die bloße Befriedigung seiner unmittelbaren sinnlich-vitalen Bedürfnisse, damit auf das »Haben-Wollen« eingeschränkt, während ihm das »Wissen-Wollen« der produktiven Bedürfnisse, durch welches er seine Abhängigkeit und Fremdbestimmtheit überwinden und die bewußte Kontrolle über seine Lebensbedingungen in die eigene Hand nehmen könnte, durch objektive gesellschaftliche Bedingungen verwehrt und den herrschenden Klassen und deren Dienern überantwortet ist. Auch im Sozialismus wird man im komplexen Prozeß der allmählichen Zusammenführung körperlicher und geistiger Arbeit notwendigerweise und sicher längere Zeit noch bei der gesellschaftlichen Arbeitsteilung auch Unterschiede des Wissens und damit des Anteils an der bewußten Kontrolle des gesellschaftlichen Lebens in Kauf nehmen müssen, eine Entwicklung, die jedoch durch die wissenschaftliche Klärung und Lösung der damit zusammenhängenden Probleme und Schwierigkeiten vorangetrieben, nicht aber durch eine als ewig und naturgegeben betrachtete Gegenüberstellung von »Interessen« und »Bedürfnissen« behindert werden sollte.

Auch an Rubinsteins Einführung des »Interessen«-Konzeptes wird die Tendenz deutlich, das materialistische Verfahren der Ableitung aus den biologischen und gesellschaftlichen Lebensnotwendigkeiten zu vernachlässigen. Der epiphänomenale, »luxurierende« Charakter, der, wie gezeigt, in Rubinsteins Sichtweise den höheren Emotionen und den »geistigen Bedürfnissen« eigen ist, findet sich auch in seiner Kennzeichnung der Interessen wieder, und zwar besonders eindrucksvoll, wo er feststellt, die Nichtbefriedigung von Bedürfnissen mache *»das Leben schwierig«*, der Mangel oder die Nichtrealisierbarkeit von Interessen dagegen nur *»langweilig«* (779f., Hervorh. U. O.). Hier wird in gravierender Weise die absolute gesellschaftliche Lebensnotwendigkeit des menschlichen Wissens, auf das sich nach Rubinstein die »Interessen« richten sollen, vernachlässigt. Als »lebensnotwendig« erscheint nur das »Habenwollen« der sinnlich-vitalen Bedürfnisse. Die *subjektivistische Rückbeziehung* der »geistigen Bedürfnisse« auf bloß *individuelle Lebenserfüllung* wird auf die »Interessen«, die von den »geistigen Bedürfnissen« ohnehin nur schwer zu unterscheiden sind, ausgedehnt: Die »Interessen« haben in Rubinsteins Sicht kaum eine andere Funktion als die der persönlichen Unterhaltung. – Unter diesem Aspekt ist auch Rubinsteins Aussage, die »emotionale Anziehungskraft« eines Gegenstandes, auf den sich das Interesse richtet, hänge von der »Bedeutsamkeit der Aufgabe, in die der Mensch in seiner bewußten Tätigkeit einbezogen ist«, ab (779), kritisch zu betrachten. Da Rubinstein nicht klar genug sieht, daß gesellschaftliche Aufgaben in dem Grade subjektive Bedeutung erlangen, wie sie die Teilhabe an der gesellschaftlichen Realitätskontrolle und damit der bewußten Sicherung und Erweiterung der Befriedigungsmöglichkeiten auch individueller Bedürfnisse erlauben, kann er »emotionale Beteiligung« immer nur mit bezug auf unmittelbar-individuell bedeutsame Ziele, nicht aber hinsichtlich der Übernahme gesellschaftlich notwendiger Aufgaben erklären. In der Tat ergeben sich für Rubinstein immer da besondere theoretische Schwierigkeiten, wo die Frage zu klären ist, wie *gesellschaftliche Ziele* zum Gegenstand *individueller* Bedürfnisse, Interessen, Emotionen werden können. Um dies zu verdeutlichen, soll Rubinsteins Begriff des *»Willens«* in die Analyse einbezogen werden.

Nach Rubinstein geht das »Wünschen« in einen »echten Willensakt über . . ., wenn zur Kenntnis des Ziels die Einstellung auf seine Realisierung, die Überzeugung von seiner Erreichbarkeit und das Bestreben, die entsprechenden Mittel zu beherrschen, hinzukommt. Das Wollen ist das Streben nicht nach dem Gegenstand des Wünschens an sich, sondern nach der Beherrschung der Mittel und nach der Erreichung des Ziels« (637). »Die Willenshandlung des Menschen, die ursprünglich durch seine Bedürfnisse bedingt ist, entspringt ihnen jedoch niemals unmittelbar. Eine menschliche Willenshandlung wird immer durch eine verhältnismäßig komplizierte Arbeit des Bewußtseins hervorgerufen, nämlich dadurch, daß die Antriebe als Motive und das Resultat als Ziel der Handlung bewußt werden. Die Willenshandlung, die von den Antrieben ausgeht, richtet sich auf ein bewußt gewordenes Ziel« (630). »Die bewußte Regulierung der unwillkürlichen Impulsivität, wie sie beim Menschen im Prozeß der gesellschaftlichen Praxis erarbeitet wurde, bedingt eine neue spezifische Beziehung des Menschen zur Welt. Der Mensch muß sich aus der Natur herauslösen und sich der gegenständlichen Welt gegenüberstellen. Er muß Freiheit in bezug auf das unmittelbar Gegebene erlangen, um die Möglichkeit zu haben, dieses zu verändern. Die Freiheit des Willensaktes, die sich in seiner Unabhängigkeit von den Impulsen aus der unmittelbaren Situation ausdrückt, bedeutet, daß das Verhalten des Menschen nicht direkt durch seine unmittelbare Umgebung determiniert ist, sie bedeutet aber natürlich keineswegs, daß es überhaupt nicht determiniert ist« etc. (631)

Diese Ausführungen von Rubinstein sind außerordentlich wichtig und weiterführend; gerade aus den zitierten Passagen haben wir wesentliche Anregungen zur Ausarbeitung unserer Konzeption der Motivation einschließlich des »Willens« gewonnen (was nicht im einzelnen gezeigt werden soll). Dennoch lassen sich, u. E. als Folge unzureichender historischer Ableitung aus den Notwendigkeiten materieller Lebensverhältnisse, auch an Rubinsteins Darlegungen über den »Willen« schwerwiegende Fragwürdigkeiten aufdecken, aus denen große Unklarheiten und »Verkehrtheiten« hinsichtlich der gesellschaftlichen Funktion des »Willens« resultieren. Als Grundlage für den Aufweis dieser Problematik soll der folgende Passus aus Rubinsteins Text dienen:

»Das Vorhandensein des Willens ist beim Menschen dadurch bedingt, daß er bedeutsame Ziele und Aufgaben hat. Je bedeutsamer und anziehender diese für den Menschen sind, umso stärker wird – unter sonst gleichen Bedingungen – sein Wille, umso angespannter sein Wünschen, umso beharrlicher sein Streben nach ihrer Verwirklichung« (631 f.). »Bedeutsam ist für den Menschen all das, was – wie wir schon ausführten – mit seinen Bedürfnissen und Interessen zusammenhängt. Aber für den Menschen sind nicht nur seine persönlichen Interessen und Bedürfnisse wichtig. Die Befriedigung seiner eigentlichen persönlichen Bedürfnisse in einer Gesellschaft, die auf Arbeitsteilung beruht, hängt ab von der Tätigkeit des Individuums zur Befriedigung nicht nur seiner unmittelbar persönlichen, sondern der gesellschaftlichen Bedürfnisse. Für den Menschen als gesellschaftliches Wesen, als Persönlichkeit, erzeugt das Gesellschaftlich-Bedeutsame, das weit über die rein individuellen Interessen hinausgeht und zuweilen in schärfstem Konflikt zu ihnen gerät, im Menschen – wenn es persönlich bedeutsam wird – dynamische Tendenzen von mitunter großer Stoßkraft – Tendenzen des Verpflichtetseins ...« »Das Pflichtgemäße ist die allgemein bedeutsame moralische Komponente des persönlichen Willens, das heißt des Willens eines Individuums, für das das Gesellschaftlich-Bedeutsame auch persönlich bedeutsam ist« (632).

Für Rubinstein ergeben sich bei der Funktionsbestimmung des »Willens« solange keine Probleme, wie die Bedeutsamkeit des angestrebten Zieles aus den bloß individuellen Bedürfnissen und Interessen hergeleitet wird. Der »Wille« ist die bewußte Ausrichtung des Handelns auf die Zielverwirklichung durch Einsatz der dazu nötigen Mittel unter Kontrolle der situationellen emotionalen Impulse, wobei der »Wille« umso stärker wird, je »bedeutsamer« das zu erreichende Ziel ist; der »Wille« ist hier also der Bedeutsamkeit des Zieles, die sich aus den individuellen Bedürfnissen und Interessen ergibt, untergeordnet. Schwierigkeiten entstehen in Rubinsteins Argumentation jedoch dann, wenn nicht die Erreichung von *»persönlich-bedeutsamen«*, sondern von *»gesellschaftlich-bedeutsamen«* Zielen zur Diskussion steht. Da Rubinstein aufgrund mangelnder materialistischer Analyse der historischen Entwicklungsnotwendigkeiten nicht erkennen kann, daß bei gesellschaftlichen Zielen, sofern sie Beiträge zu bewußter gesellschaftlicher Realitätskontrolle ermöglichen, objektive Anforderungen und individuelle Bedürfnisse tendentiell zusammenfallen, ist für ihn das Anstreben der gesellschaftlichen Ziele aufgrund persönlicher Bedürfnisse und Interessen nicht denkbar; da die »Bedürfnisse« auch in ihrer gesellschaftlichen Geprägtheit immer nur nach dem Modus sinnlich-vitaler Bedürfnisse konzipiert sind, muß das »Gesellschaftlich-Bedeutsame« in jedem Falle ohne subjektive Bedürfnisse und Interessen, zuweilen sogar »in schärfstem Konflikt zu ihnen« angestrebt werden. Als Ersatz für die Bedürfnisse und Interessen springt daher bei Rubinstein an dieser Stelle der »Wille« in einer neuen Funktion ein; der persönliche Wille hat eine »moralische Komponente« als »Tendenz des Verpflichtetseins« oder des »Pflichtgemäßen«. Diese moralische Pflichtkomponente des »Willens« ist eine gänzlich unabgeleitete ad-hoc-Annahme und hat allein die Aufgabe eines theoretischen deus ex machina, der die Kluft zwischen den bloß auf individuelle Befriedigung bzw. Unterhaltung gerichteten Bedürfnissen und Interessen einerseits und dem Anstreben gesellschaftlicher Ziele andererseits überbrücken soll. Dabei bleibt notwendigerweise völlig unklar, unter welchen Bedingungen das Gesellschaftlich-Bedeutsame aufgrund des »Verpflichtetseins« auch »persönlich bedeutsam« wird, und unter welchen Bedingungen ein Individuum nur unter Zwang zum Verfolgen gesellschaftlicher Ziele gebracht werden kann. – Dieses Dilemma ist nur auflösbar auf der Basis der von uns früher historisch abgeleiteten Einsicht, daß das »Gesellschaftlich-Bedeutsame« stets dann »persönlich bedeutsam« wird, wenn im gesellschaftlichen Ziel durch die Ermöglichung eines Beitrags zur bewußten Kontrolle der gesellschaftlichen, damit der eigenen Lebensumstände die individuellen Bedürfnisse aufgehoben sind. Damit ist das gesellschaftliche Ziel durch persönliche Bedürfnisse abgesichert, also in »motiviertem Handeln« anstrebbar. Dieses motivierte Handeln enthält, wie ausgeführt (vgl. S. 112ff.), da es eine bewußte Ausrichtung aktueller emotionaler Impulse und Bedürfnisspannungen auf das Ziel hin erfordert, stets eine Willenskomponente, wobei der Willenseinsatz sich immer dann besonders erhöhen muß, wenn Zeiten der »Ermüdung«, des vorübergehenden Nachlassens des emotionalen Engagements o. ä. zu überbrücken sind und die Anstrengungsbereitschaft gegen aktuelle Bedürfnisspannungen durch Selbstdisziplin aufrechterhalten werden muß. Diese Willensanspannung mit ihren negativen emotionalen Wertigkeiten ist jedoch, sofern mit der gesellschaftlichen Zielerreichung auch die Erweiterung individueller Lebensmöglichkeiten antizipiert werden kann, in eine positive emotionale Gesamtwertung eingebettet und subjektiv akzeptierbar. Man kann die Selbstdisziplin und die Entbehrungen, die u. U. zur Überwindung von Schwierigkeiten bei der Verfolgung allgemeingesellschaftlicher Ziele notwendig werden, durchaus als »moralische« Komponente des Willens und vielleicht auch als »Pflichterfüllung« im Sinne der Verantwortung gegenüber allen an der Realisierung der übernommenen Aufgaben Beteiligten und von den Konsequenzen gelungener oder mißlungener Zielverwirklichung Betroffenen bezeichnen. Sofern allerdings, wie in der kapitalistischen Klassengesellschaft, die Werktätigen von der bewußten Gestaltung und Sicherung des gesellschaftlichen, damit ihres eigenen Lebens ausgeschlossen sind, können die an sie gestellten Anforderungen nicht subjektiv bedeutsam werden; die Möglichkeit zur Willensanspannung, durch welche sie, um ihren unmittelbaren Lebensunterhalt zu gewinnen, auch ohne Motivation, d. h. emotional gegründete Bedeutsamkeit des »gesellschaftlichen« Zieles, allein durch Einsatz des Willens, ihre Tätigkeit verrrichten können, erweist sich hier als Voraussetzung für ihre Ausbeutbarkeit. Dieser Akt des Willenseinsatzes ist nicht Ausdruck der »moralischen Verpflichtetheit«, sondern der unmittelbaren existentiellen Not. Aufgrund der bisherigen Analyse sind auch die früher zitierten, für sich genommen richtigen Feststellungen Rubinsteins über den Bedürfnischarakter der Arbeit kritisch einzuordnen. Wenn Rubinstein darlegt, die durch das »Bedürfnis nach Nahrung, Kleidung und Behausung usw. erzeugte *Notwendigkeit* der Arbeit und Zusammenarbeit« rufe »beim Menschen das *Bedürfnis* nach Arbeit hervor« (775), »das Bewußtwerden der Aufgaben, die das gesellschaftliche Leben dem Menschen stellt, und der Verpflichtungen, die es ihm auferlegt« könne neue, über die bereits vorhandenen hinausgehende Bedürfnisse wecken, da nicht nur »die Bedürfnisse die Tätigkeit« verursachen, »sondern auch die Tätigkeit manchmal die Bedürfnisse« (777), so bleibt, wenn man Rubinsteins Gesamtargumentation betrachtet, völlig offen, wie er dies begründen will. Die *Notwendigkeit* der Arbeit zur Befriedigung des Bedürfnisses nach Nahrung, Kleidung, Behausung ruft *keineswegs immer das Bedürfnis* nach Arbeit hervor, sondern kann auch zum inneren Zwang zur Arbeit führen, wie dies ja tatsächlich für die Lohnarbeit im Kapitalismus zutrifft. Auch wecken »Verpflichtungen« nicht automatisch entsprechende Bedürfnisse. Rubinstein ist gänzlich außerstande anzugeben, *unter welchen Bedingungen* die Notwendigkeiten bzw. Verpflichtungen als »Bedürfnisse« subjektiviert werden und unter welchen nicht. Mehr noch: Nach Rubinstein können solche Bedingungen der »Subjektivierung« gesellschaftlicher Anforderungen eigentlich überhaupt niemals gegeben sein, da seiner Konzeption nach Emotionen, Bedürfnisse, Interessen lediglich auf die unmittelbare Befriedigung des Individuums rückbezogen sind; deswegen mußte er ja, um die Tatsache des Verfolgens gesellschaftlicher Ziele durch individuelle Menschen zu erklären, die »moralische« Willenskomponente und das »Verpflichtetsein« einführen. Die Entstehung des Bedürfnisses nach Arbeit aus ihrer Notwendigkeit und allgemein die Verursachung von Bedürfnissen durch die Tätigkeit, wie Rubinstein sie darstellt, sind kein wissenschaftlich abgeleiteter Vorgang, sondern ein mehr oder weniger mythischer Verwandlungsprozeß. Die Aussagen von Marx, Engels und Lenin über die Arbeit als menschliches Bedürfnis werden von Rubinstein nur angeführt, aber nicht aus einem wissenschaftlichen Erklärungszusammenhang heraus begriffen. Deswegen kann Rubinstein auch nicht sagen, warum die Arbeit in der höheren Phase des Kommunismus aufhört, nur Mittel zum Leben zu sein, sondern selbst zum »ersten Lebensbedürfnis« wird – nämlich deswegen, weil hier jeder Einzelne durch die volle bewußte Teilhabe an der gesellschaftlichen Lebenssicherung auch die Sicherung seiner individuellen sinnlich-vitalen Bedürfnisbefriedigung antizipieren kann, so daß die unmittelbare Sorge für die materielle Existenz subjektiv in den Hintergrund tritt und in der durch Arbeit ermöglichten Ausdehnung der kooperativen Verfügung über den gesellschaftlichen Prozeß auch der individuelle Erlebnisreichtum und die Qualität des unmittelbaren Gegenwartsgenusses sich immer mehr erhöhen.

Die Problematik des Rubinsteinschen Bedürfniskonzeptes liegt, wie sich zusammenfassend feststellen läßt, in der mangelnden historischen Analyse der Entwicklungsnotwendigkeiten des Übergangs von der phylogenetischen zur gesellschaftlich-historischen Ausprägung der Bedürfnisse, damit in der Unfähigkeit, die gesellschaftliche Spezifik der Bedürfnisse gegenüber dem bloß biologischen Niveau präzise zu bestimmen. Rubinsteins Kennzeichnung der Emotionen, Bedürfnisse, »Interessen«, so sehr er die Notwendigkeit ihrer gesellschaftlichen Charakterisierung einsieht, bleibt *faktisch* dennoch, indem er sie nur auf das Individuum und dessen unmittelbare Befriedigung rückbezieht, dem organismischen Niveau verhaftet und ist demgemäß in gewisser Weise »biologistisch«. Daraus ergibt sich, daß er das Verhältnis zwischen Individuum und Gesellschaft im Hinblick auf die Bedürfnisse nicht adäquat erfassen kann. Da Rubinstein die Notwendigkeit der Berücksichtigung der naturgeschichtlichen Entstehung der biologischen Voraussetzungen für die gesellschaftliche Arbeit nicht sieht und deswegen die Genese und Eigenart »produktiver« Bedürfnisse nicht erkennt, erscheint die »Gesellschaft« bei ihm als eine Instanz, die dem Individuum notwendig äußerlich gegenübersteht und deren Anforderungen mit den bloß individuell verstandenen persönlichen Bedürfnissen prinzipiell nicht vermittelt sind, sondern mehr oder weniger dazu in Widerspruch stehen. Damit kommt Rubinstein *in diesem Punkt* (und *nur* in diesem) bürgerlichen Auffassungen wie der Psychoanalyse nahe. Auch der Versuch, durch die Einführung von »Moral« und gesellschaftlichem Verpflichtetsein (das von uns nicht besprochene Rubinsteinsche Konzept der »Ideale«, 786ff., hat die gleiche Funktion) das Individuum nachträglich auf die Gesellschaft hin auszurichten, sowie die Behauptung, gesellschaftliche Notwendigkeiten würden persönliche Bedürfnisse erzeugen, ändern darin nichts, da sie wissenschaftlich unausgewiesen sind; sein Moral-Konzept kommt zudem in gewisser Hinsicht jenem bürgerlich-asketischen Ideal nahe, das im Einsatz für gesellschaftliche Ziele, die für den Menschen keine persönliche Bedeutung haben, also in der Vernachlässigung der eigenen Bedürfnisse, eine besondere Tugend sieht, eine Vorstellung, die den historisch-spezifischen Widerspruch zwischen gesellschaftlichen Zielen und persönlichen Bedürfnissen in der bürgerlichen Gesellschaft verschleiert und ideologisch überhöht. – Rubinsteins gelegentlich unausgeprägtes Methodenbewußtsein im Sinne der materialistischen Dialektik führt dazu, daß er nicht nur Schwierigkeiten hat, die allgemein gesellschaftliche, d. h. allen Gesellschaftsformationen gemeinsame Charakteristik der Bedürfnisse klar genug von der biologischen abzuheben, sondern daß sich für ihn auch der Unterschied zwischen der allgemeingesellschaftlichen Abstraktion und der Konkretisierung auf historisch bestimmte gesellschaftliche Verhältnisse verwischt. So kann er bestimmte Erscheinungsformen wie das Auseinanderfallen von »materiellen« und »geistigen Bedürfnissen«, von »Bedürfnissen« und »Interessen«, aber auch von persönlichen Bedürfnissen und gesellschaftlichen Anforderungen, nicht in ihrer Gegründetheit in der antagonistischen Klassengesellschaft sowie in ihrer neuen, nicht-antagonistischen Qualität und Überwindbarkeit in der sozialistischen Gesellschaft identifizieren, sondern behandelt diese Erscheinungsformen als Ausdruck der »allgemein-menschlichen« Natur. Der reale Sozialismus erscheint in dieser Art von psychologischer Konzeption zu sehr als eine statisch-unveränderliche »allgemeine Gesellschaft« und zu wenig in seinen aus spezifischen, nichtantagonistischen gesellschaftlichen Widersprüchen erwachsenen immensen Entwicklungsmöglichkeiten und Zukunftsperspektiven. Eine solche mangelnde historische Konkretheit psychologischer Theorie muß auch den Beitrag der psychologischen Forschung zur Entwicklung sozialistischer Persönlichkeiten in seiner Wirksamkeit und Tragweite einschränken.

So gut wie alle Bestimmungen und Unterscheidungen im Hinblick auf das Bedürfnisproblem, die von Rubinstein eingeführt und von uns kritisch analysiert wurden, werden *an anderen Stellen seines Textes weitgehend wieder zurückgenommen und relativiert.* So weist er immer wieder darauf hin, daß z. B. »materielle« und »geistige Bedürfnisse«, »Bedürfnisse« und »Interessen«, der »Wille« und die »Bedürfnisse« etc. auf das engste zusammenhängen und eigentlich nicht voneinander getrennt werden können. Diese Vorgehensweise vermag u. E. indessen unsere Kritik nicht zu entkräften. Es ist ein – in marxistischen Pionierarbeiten wie Rubinsteins »Allgemeiner Psychologie« sicherlich nicht immer vermeidbares – Mißverständnis, die isolierte Behandlung einzelner Aspekte losgelöst aus ihrem Realitätszusammenhang sei dadurch zu kompensieren, daß man anschließend alles wieder zusammenwirft mit der Behauptung, sämtliche Momente würden sich wechselseitig beeinflussen und durchdringen, womit man der Verantwortung für die getroffenen Unterscheidungen ledig wäre. Die These: »Alles hängt mit allem zusammen« ist keineswegs dialektisch, sondern liegt eher in der Nähe verschwommenen bürgerlichen »Ganzheitsdenkens« und Holismus. Vielmehr müssen die einzelnen Aspekte in ihrer wechselseitigen Abhängigkeit durch Analyse ihrer Gewordenheit aus den Notwendigkeiten des materiellen Lebensprozesses erfaßt werden, was ihre scharfe analytische Trennung und die präzise und eindeutige Bestimmung der Art ihrer Wechselbeziehung einschließt. Diese Forderung wird von Rubinstein in vielen Partien seines Werkes bereits optimal erfüllt – am wenigsten jedoch im Hinblick auf das Problem des Wesens menschlicher Bedürfnisse.

4.4.3 A. N. Leontjew[7]

Die hier zu diskutierenden Arbeiten Leontjews als des neben Rubinstein bedeutendsten sowjetischen Psychologen unterscheiden sich von Rubinsteins »Allgemeiner Psychologie« zunächst dadurch, daß sie weniger Lehrbuchcharakter haben, sondern die konsequente Ausfaltung eines bestimmten psychologischen Grundansatzes darstellen; demgemäß ist Leontjew auch nicht so sehr um Vollständigkeit bei der Behandlung der verschiedenen psychologischen Problemgebiete bemüht; Ausführungen über Emotionen, den »Willen«, »Interessen« etc. finden sich z. B. bei ihm kaum. Die wesentliche Besonderheit von Leontjews Konzeption liegt jedoch darin, daß er – anders als Rubinstein – das »historische Herangehen an die Untersuchung der menschlichen Psyche« (1973, S. 262ff.) im Sinne der materialistischen Dialektik explizit und programmatisch zur Grundlage der Entfaltung seines Ansatzes macht, wobei die Analyse naturgeschichtlicher Prozesse ausdrücklich in die methodische Konzeption einbezogen ist. Auf dieser Ebene besteht also volle Übereinstimmung zwischen Leontjews Auffassungen und den unseren (was sich wesentlich daraus erklärt, daß die methodischen Prinzipien der Kritischen Psychologie auf der Basis von Leontjews »historischem Herangehen« entwickelt wurden).[8] Unsere Kritik an Leontjews Bedürfniskonzept kann also nicht, wie die an Rubinstein, im Zur-Geltung-Bringen der Notwendigkeit der historischen Methode materialistischer Dialektik gegenüber einer zu sehr im Deskriptiven verhafteten Vorgehensweise liegen; die kritische Analyse bezieht sich hier vielmehr

[7] Wir benutzen für die folgende Analyse neben Leontjews 1959 zuerst veröffentlichtem Hauptwerk »Probleme der Entwicklung des Psychischen« (1973) zwei neue, 1972 in der Sowjetunion erschienene Artikel, »Das Problem der Tätigkeit in der Psychologie« (1973a) und »Tätigkeit und Bewußtsein« (1973b), in denen auf besonders konzentrierte und klare Weise wesentliche Aspekte von Leontjews Grundkonzeption dargelegt sind.

[8] Zur Stellung Leontjews innerhalb der sowjetischen Psychologie und seiner Bedeutung für die Erarbeitung eines kritisch-psychologischen Ansatzes in der bürgerlichen Gesellschaft vlg. Holzkamp & Schurig (1973).

spezieller auf bestimmte Inadäquatheiten und Inkonsequenzen bei der Durchführung der naturgeschichtlichen und gesellschaftlich-historischen Ableitung des Wesens menschlicher Bedürfnisse.

Wir wollen als Ausgangspunkt für unsere kritischen Darlegungen eine Passage im Zusammenhang zitieren, in der Leontjews Bedürfniskonzept samt seiner Problematik in verdichteter Form zum Ausdruck kommt:

»In der *Psychologie* der Bedürfnisse ist von folgender grundlegender Unterscheidung auszugehen: Bedürfnis als innere Bedingung, als eine der unabdingbaren *Voraussetzungen* der Tätigkeit und Bedürfnis als das, was die konkrete Tätigkeit des Subjekts in der gegenständlichen Umwelt lenkt und reguliert. Allein in der zuletzt genannten Funktion ist das Bedürfnis Gegenstand der Psychologie. Im ersten Fall haben wir es lediglich mit einem Mangelzustand des Organismus zu tun, welcher als solcher keine in eine bestimmte Richtung zielende Tätigkeit hervorzurufen vermag: Die Aufgabe des Bedürfnisses beschränkt sich hier auf eine Aktivierung der entsprechenden biologischen Vorgänge sowie auf eine Auslösung allgemeiner Erregungszustände des motorischen Bereichs, welche sich in Hyperkinese, in ungezielten Suchbewegungen äußert. Erst wenn das Bedürfnis auf einen Gegenstand ›trifft‹, der für die Bedürfnisbefriedigung geeignet ist, vermag es die Tätigkeit zu lenken und zu regulieren« (1973a, 422f.). »Die Begegnung von Bedürfnis und Gegenstand ist ein außerordentlich bedeutsamer Akt, in dem das Bedürfnis vergegenständlicht wird. *Eben dadurch wird das Bedürfnis auf die eigentlich psychologische Ebene überführt.* Auf dieser Ebene verläuft die Entwicklung der Bedürfnisse als Entwicklung ihres gegenständlichen Inhalts. Übrigens erklärt allein dieser Umstand das Auftreten *neuer* Bedürfnisse beim Menschen, darunter auch solcher, die bei Tieren nicht vorhanden, nicht mit den biologischen Bedürfnissen des Organismus verbunden und in diesem Sinne ›autonom‹ sind. Ihre Herausbildung ist dadurch bedingt, daß in der menschlichen Gesellschaft die Gegenstände zur Befriedigung der Bedürfnisse produziert werden.« »Die Bedürfnisse steuern also die Tätigkeit seitens des *Subjekts,* sie können diese Funktion nur unter der Voraussetzung erfüllen, daß sie *gegenständlich* sind.« (a.a.O., 422).

Leontjews Feststellung, daß Bedürfnisse »gegenständlich« sind und daß die gesellschaftliche Entwicklung der Bedürfnisse mit der Produktion von Gegenständen zu ihrer Befriedigung zusammenhängt, womit die menschlichen Bedürfnisse quasi selbst »produziert« werden, muß man als Grundlage jeder marxistischen Bedürfniskonzeption zustimmen. Die wesentliche Frage weiterführender psychologischer Forschung ist jedoch, in welchen Charakteristika der gegenständlichen gesellschaftlichen Realität menschliche Bedürfnisse ihre Befriedigung finden und wie dabei die Beziehung zwischen Bedürfnissen und gesellschaftlicher Produktion genauer zu bestimmen ist. Im Hinblick auf diese Frage jedoch hat bereits die zitierte zusammenfassende Passage sehr problematische Implikationen. – Indem Leontjew zwischen Bedürfnissen als organismischen Voraussetzungen der Tätigkeit und als Vergegenständlichung in der vom Menschen produzierten

Realität unterscheidet, thematisiert er das Verhältnis von biologischen und gesellschaftlichen Aspekten menschlicher Bedürfnisse. Dabei charakterisiert er, gemessen am Stand einschlägiger empirischer Untersuchungen, den biologischen Bedürfnisaspekt in sehr unzureichender und fragwürdiger Art: Das Bedürfnis in seiner biologischen Eigenart sei lediglich ein »Mangelzustand«, der als solcher keine gerichtete Aktivität, sondern nur allgemeine Erregungszustände des motorischen Bereichs, die sich in ungezielten Suchbewegungen, Hyperkinesen äußern, hervorrufen könne. Leontjew nimmt hier entgegen seinem sonst von ihm meist befolgten Postulat der naturgeschichtlichen Herleitung menschlicher Lebenserscheinungen einen gänzlich »ahistorischen«, »physiologistischen« Standpunkt ein und ignoriert die Resultate der Verhaltensforschung völlig. Somit entgeht ihm, daß er mit den ungerichteten »Hyperkinesen« lediglich die Aktivitäten elementarster Organismen beschrieben hat, daß bereits in den einfachen Taxien gerichtete tierische Handlungen sich herausbildeten, in denen Bedarfszustände einen, wenn auch noch globalen, gegenständlichen Bezug haben. Er vernachlässigt an dieser Stelle den Umstand, daß keineswegs aufgrund von Mangelzuständen entstehende ungerichtete »Suchbewegungen« nachträglich quasi zufällig auf einen geeigneten Gegenstand »treffen«, sondern daß in der phylogenetischen Entwicklung sich die Bedarfszustände in Auseinandersetzung mit den realen Lebensbedingungen als Widerspiegelung ihrer biologischen Notwendigkeiten, d. h. im Zusammenhang mit den Objekten ihrer Befriedigung, entwickeln. Leontjew sieht ferner nicht, daß bereits auf dem Stadium der aktionsspezifischen Energien sich die biologischen Charakteristika von Bedarfszuständen nicht mehr in organismischen Mangelzuständen erschöpfen, sondern daß hier aufgrund biologischer Notwendigkeiten der Umweltauseinandersetzung und der daraus sich ergebenden Selektionseffekte die Aktivitäten zur Aufhebung von Mangelzuständen selbst Bedarfscharakter gewinnen; und er übersieht weiterhin die selbständige Bedarfsgrundlage der Neugier- und Explorationsaktivitäten und der sozialen Tendenzen als Grundlage des Lernens der für die Existenzerhaltung notwendigen Fähigkeiten. Durch die unzureichende naturgeschichtliche Herleitung der biologischen Aspekte der Bedürfnisse und die daraus resultierende Gleichsetzung von organismischem Bedarf und »Mangelzuständen« kann Leontjew die menschlichen Bedürfnisse auch in ihrer gesellschaftlichen Prägung nur als organische Bedürfnisse verstehen; die die spontanen Aktivitäten der Umwelterkundung tragende und in den »produktiven« Bedürfnissen zu neuer Qualität gelangte selbständige biologische Bedürfnisgrundlage menschlicher Produktivität muß ihm entgehen. – Leontjews Feststellung, daß »in der menschlichen Gesellschaft die Gegenstände zur Befriedigung der Bedürfnisse *produziert* werden und daß infolgedessen auch die Bedürfnisse produziert werden«, muß auf diese Weise einen eingeengten und vereinseitigten Sinn erhalten, da hier die dialektische Einheit zwischen Produktion und Konsumtion im Gedanken zerrissen ist und einseitig nur die Konsumtion in menschlichen Bedürfnissen gegründet, die Produktion dagegen als lediglich objektive gesellschaftliche Notwendigkeit erscheint. So muß unbegriffen bleiben, daß die Menschheit jemals die subjektiven Voraussetzungen für die gesellschaftliche Produktion erlangen konnte, womit auch das Verhältnis zwischen individueller Bedürfnislage und gesellschaftlicher Produktion nicht angemessen zu bestimmen ist (vgl. unsere Ausführungen auf S. 26ff.). Die »Gegenstände« menschlicher Bedürfnisse sind also eingeschränkt auf bereits zum Zwecke der individuellen Konsumtion geschaffene Produkte, womit die Befriedigung hier, wie bei Rubinstein, lediglich auf das einzelne Individuum zurückbezogen ist; die gesellschaftliche Wirklichkeit als Resultat und Prozeß bewußter kooperativer Lebenssicherung und Realitätskontrolle, die die individuelle Konsumtion einschließt und übersteigt, wird nicht als »Gegenstand«, in dessen Aneignung und Mitgestaltung die Bedürfnisse in ihrer menschlichen Spezifik sich konkretisieren, erkannt. – Die Problematik der zitierten Leontjewschen Ausführungen ist auch dadurch nicht beseitigt, daß er darlegt, in der gesellschaftlichen Entwicklung könnten neue Bedürfnisse auftreten, die »nicht mit den biologischen Bedürfnissen des Organismus verbunden und in diesem Sinne ›autonom‹ sind«. Im Gegenteil: In dieser Formulierung liegen neue Fragwürdigkeiten. Bedürfnisse, die nicht auch organismische Charakteristik haben, wären sozusagen lediglich »spiritueller« Natur; ihre Annahme ist somit ein *idealistisches Hirngespinst.* Die Allportsche These von der »funktionalen Autonomie der Motive«, auf die sich Leontjew bei seiner Darlegung über das »Autonom«-Werden von Bedürfnissen bezieht (1973a, S. 422 Fußnote), dergemäß z. B. ein Seemann, der zunächst die Seefahrt um des Geldes willen betrieb, schließlich ein »autonomes« Bedürfnis, zur See zu fahren, entwickelt, ist keine wissenschaftliche Erklärung, sondern lediglich der Name für einen unverstandenen Vorgang. Außerdem bleibt die Rückbeziehung auf bloß individuelle Bedürfnisbefriedigung als Selbstzweck auch in dieser Konstruktion Allports erhalten. Leontjews Schwierigkeiten erwachsen an dieser Stelle daraus, daß er offenbar die Begründetheit von Bedürfnissen in organismischen Mangelzuständen als zu eng betrachtet, andere biologische Grundlagen von Bedürfnissen außer »Mangelzuständen« aber nicht kennt und so in die idealistische Fehlannahme einer Losgelöstheit der gesellschaftlich entwickelten Bedürfnisse von ihren biologischen Voraussetzungen überhaupt hineingerät (vgl. unsere Ausführungen auf S. 20ff.).

Die von Leontjew in dem angeführten Passus vollzogene Einschränkung der biologischen Grundlagen menschlicher Bedürfnisse auf organismische Mangelzustände, die in den zitierten Stellen besonders deutlich wird und rigoroser in Erscheinung tritt als innerhalb entsprechender Darlegungen Rubinsteins, müßten – wenn es sich dabei nicht nur um zufällige Fehlformulierungen handelt – gravierende Konsequenzen für seinen psychologischen Gesamtansatz haben. Wir wollen dies im Hinblick auf *Leontjews Konzeption der »Makrostruktur der Tätigkeit«* und ihre naturgeschichtliche wie gesellschaftlich-historische Ableitung überprüfen. Da hier sehr wesentliche Fragen zur Diskussion stehen, sind Leontjews Darlegungen darüber zunächst ausführlich zu dokumentieren:

Die von Leontjew herausgearbeitete Kategorie der *»gegenständlichen Tätigkeit«* und seine *Kritik des »Unmittelbarkeitspostulats«* der bürgerlichen Psychologie ist einer der größten Fortschritte der materialistischen Psychologie gegenüber allen bisherigen Enwicklungen und gehört zur Basis unserer eigenen Auffassungen. Unsere Kritik richtet sich nicht dagegen, sondern bezieht sich nur auf die von Leontjew als allgemeines Merkmal der »Struktur« der Tätigkeit herausgestellte Konzeption der »Handlungen« als Teilkomponenten der Tätigkeit.

Nach Leontjew entspricht jeder Tätigkeit ein bestimmtes »Bedürfnis des Subjekts«, wobei die Tätigkeit »auf den Gegenstand dieses Bedürfnisses abzielt, nach der Bedürfnisbefriedigung erlischt und wieder reproduziert wird, möglicherweise unter völlig veränderten Bedingungen« (1973a, S. 428). Der Gegenstand, auf den die Tätigkeit aufgrund des jeweiligen Bedürfnisses gerichtet ist, ist nach Leontjew ihr tatsächliches *»Motiv«*, das der Tätigkeit ihre bestimmte Ausrichtung verleiht. »Die Begriffe ›Tätigkeit‹ und ›Motiv‹ sind also notwendigerweise miteinander verbunden. Tätigkeit ohne Motiv existiert nicht; eine ›unmotivierte‹ Tätigkeit ist keine Tätigkeit ohne Motiv, sondern eine Tätigkeit mit einem subjektiv und objektiv verborgenen Motiv« (a.a.O., S. 429). »Die hauptsächlichen ›Komponenten‹ der einzelnen menschlichen Tätigkeiten sind die sie realisierenden *Handlungen.* Unter Handlung verstehen wir einen einem bewußten *Ziel* untergeordneten Prozeß. Die Begriffe Ziel und Handlung gehören zusammen wie die Begriffe Motiv und Tätigkeit.« (429)

Leontjew gibt nun eine historische Ableitung der von ihm vollzogenen Unterscheidung von *Tätigkeit-Motiv* einerseits und *Handlung-Ziel* andererseits: Die Aktivität, »die die unmittelbaren biologischen, instinktiven Beziehungen der Tiere zur Umwelt realisiert, (ist) stets durch die Gegenstände angeregt, die ein biologisches Bedürfnis befriedigen und ist auch auf diese gerichtet. Bei den Tieren entspricht jede Tätigkeit einem unmittelbaren biologischen Bedürfnis; jede Tätigkeit wird durch einen Gegenstand ausgelöst, mit dem sie ein biologischer Sinn verbindet; der Sinn eines Gegenstandes, der ein Bedürfnis unmittelbar befriedigt; und es gibt bei Tieren auch keine Tätigkeit, die nicht in ihrem letzten Kettenglied unmittelbar auf diesen Gegenstand gerichtet wäre. Bei den Tieren sind Gegenstand und Motiv der Tätigkeit stets miteinander verschmolzen und stimmen überein« (1973, S. 203). »Die Entstehung von zielgerichteten Prozessen in der Tätigkeit war das historische Ergebnis des Übergangs des Menschen zum Leben in der Gesellschaft . . . Die sich dabei entwickelnde einfachste technische Arbeitsteilung führt . . . zwangsläufig dazu, daß die an der kollektiven Arbeitstätigkeit Beteiligten Zwischen- und Teilergebnisse erzielen, die *als solche* nicht ihr Bedürfnis zu befriedigen vermögen. Befriedigt wird ihr Bedürfnis vielmehr durch ihren Anteil am Gesamtprodukt der gemeinsamen Tätigkeit, und dieser Anteil kommt ihnen also auf Grund *gesellschaftlicher* Beziehungen zu. Es ist einleuchtend, daß dieses ›Zwischen‹ergebnis, dem die Arbeitsprozesse des Menschen untergeordnet sind, auch subjektiv – als Vorstellung – in Erscheinung treten muß. Das eben geschieht in Form des Ziels . . . Die Zielstellung und die Herausbildung der den Zielen untergeordneten Handlungen führen gleichsam zu einer Aufspaltung der vordem im Motiv vereinigten Funktionen. Das Motiv behält dabei natürlich voll und ganz die Funktion der Tätigkeitsstimulierung. Anders verhält es sich mit der Funktion der konkreten Ausrichtung der Tätigkeit: Die die Tätigkeit realisierenden Handlungen werden vom Motiv stimuliert, sie sind aber auf das konkrete Ziel gerichtet. Betrachten wir als Beispiel die Stimulierung der Tätigkeit des Menschen durch das Nahrungsbedürfnis. Die Nahrungsaufnahme ist in diesem Fall das Motiv der Tätigkeit. Zur Befriedigung des Nahrungsbedürfnisses muß der Mensch jedoch oftmals Handlungen ausführen, die nicht unmittelbar auf den Nahrungserwerb abzielen, beispielsweise muß er ein Fanggerät herstellen. Ob er dann das von ihm gefertigte Gerät selbst verwendet oder es anderen Menschen übergibt und dafür einen Teil des Fangs erhält – in beiden Fällen ist das, was ihn zur Tätigkeit anregte, nicht mit dem identisch, worauf sich seine Handlungen richteten« (1973b, S. 429). Leontjew erläutert dies an anderer Stelle durch sein berühmtes Beispiel der *Arbeitsteilung zwischen Jäger und Treiber:* Die Tätigkeit eines Treibers in der Urgesellschaft, der an einer gemeinsamen Jagd teilnimmt, ist, wie die Aktivität des Tieres, durch biologische Bedürfnisse, hier etwa das Bedürfnis nach Nahrung und nach Kleidung mit dem Fell des erbeuteten Tieres ausgelöst. »Worauf ist seine Tätigkeit jedoch unmittelbar gerichtet? Sie verfolgt möglicherweise das Ziel, die Tierherde zu erschrecken, um sie anderen Jägern zuzutreiben, die im Hinterhalt lauern. Damit ist seine Arbeit vollendet; alles übrige erledigen die anderen Jagdteilnehmer«. Da mit der Tätigkeit des Treibens das Bedürfnis nach Nahrung und Kleidung an sich noch nicht befriedigt ist, deckt sich hier das »Ziel«, auf das die Tätigkeit gerichtet ist, nicht mit dem Motiv der Tätigkeit. Demgemäß ist die »Tätigkeit eines Treibers, der das Wild erschreckt und es den Jägern zutreibt, . . . eine Handlung« (1973a, S. 203f.). Sehr aufschlußreich ist dabei folgende zusammenfassende Formulierung: »Wir begegnen hier wieder einem Verhältnis, von dem die Richtung einer Tätigkeit abhängt. Es unterscheidet sich jedoch von den Beziehungen, die über die Tätigkeit des Tieres entscheiden. Das neue Verhältnis beruht auf der gemeinsamen Tätigkeit der Menschen und ist ohne sie nicht möglich. Es hat zur Folge, daß das Ziel an sich für den Menschen keinen direkten biologischen Sinn zu haben braucht, ja, diesem sogar mitunter widersprechen kann. Die Tätigkeit des Treibers ist biologisch an sich sinnlos. Sie bekommt ihren Sinn erst bei kollektiver Arbeit. Das alles verleiht den Handlungen erst ihren menschlichen Sinn« (a.a.O., S. 206).

Mit der Herausarbeitung des Umstandes, daß bei kollektiver menschlicher Arbeit der Beitrag des Einzelnen mit der Erreichung eines Zwischenziels enden kann, dessen Funktionalität sich aus einem übergreifenden, mehrere Individuen umfassenden Kooperationszusammenhang ergibt, hat Leontjew ein sehr wichtiges Charakteristikum der Entwicklung von tierischen zu menschlichen Formen der Lebenssicherung erfaßt. Die Aussage, es gebe beim Tier keine Aktivität, die nicht auf den Bedarfsgegenstand als letztes Kettenglied gerichtet wäre, ist zwar eine Überverallgemeinerung, da – wie dargelegt – bestimmte Formen von Funktionsteilung auch schon auf tierischer Stufe vorkommen (wie etwa die Teilung in die Funktion des Jagens und des Zutreibens bei der Pavianjagd der Schimpansen, von denen Lawick-Goodall berichtet); dennoch ist zweifellos erst auf menschlicher Stufe die allgemeine kooperative Organisation des Zusammenwirkens nach Teilfunktionen ein wesentliches Kennzeichen der Lebenssicherung. Es ist aber unangemessen, als auslösendes und ausrichtendes »Motiv« des Individuums für die Beteiligung an der Gesamtaktivität ein nur über den Beitrag zur funktionsteiligen Aktivität zu erlangendes Bedarfsobjekt, das zur Behebung eines aktuellen Mangelzustands geeignet ist (etwa ein Nahrungsmittel zur Beseitigung von »Hunger«) anzunehmen und das »Ziel« des Einzelbeitrags lediglich als *Mittel zum Zweck* der über die Verteilung des Resultats der gemeinsamen Aktivität erreichten organischen Bedürfnisbefriedigung zu betrachten. Damit ist auch die Leontjewsche Zuordnung von Tätigkeit und »Motiv« einerseits und den bestimmten »Zielen« untergeordneten Handlungen als »Komponenten« der Tätigkeit andererseits zu problematisieren.

Die von Leontjew aufgewiesene funktionsteilige Organisation des Zusammenwirkens ist zwar ein wichtiges, aber nicht das entscheidende Merkmal der neuen Qualität menschlicher gegenüber tierischer Lebensaktivität. Das Spezifikum der gesellschaftlichen Arbeit liegt, wie ausführlich dargelegt, in der bewußten eingreifenden Veränderung der Realität, wodurch mit der *verallgemeinerten Vorsorge für künftige Notlagen* die Menschen zunehmend *unabhängig von den Zufälligkeiten aktueller Not- und Mangelsituationen* werden; das Zusammenwirken ist zwar ein notwendiges, aber untergeordnetes Bestimmungsmoment der so charakterisierten gesellschaftlichen Realitätskontrolle und Lebenssicherung. Demgemäß ist das Gerichtetsein auf Teilziele, die ihre Funktion im übergeordneten Aktivitätszusammenhang haben, ebenfalls ein notwendiges, aber untergeordnetes Bestimmungsmoment spezifisch menschlicher Motivation. Entscheidend für die neue Qualität »menschlichen« Motiviertseins ist, wie ausführlich herausgearbeitet, die *Unabhängigkeit des motivierten Verfolgens gesellschaftlicher Ziele vom Auftreten aktueller Bedürfnisspannungen.* Die Umstülpung der menschlichen gegenüber der tierischen Bedürfnislage ist damit viel radikaler, als Leontjew dies darstellt: Der Mensch wird im wesentlichen nicht auf aktuellen Bedürfnisdruck hin tätig und kommt zur Ruhe, wenn durch den Bedürfnisgegenstand ein bestimmter Mangel behoben ist: Leontjews Auffassung, daß die »Tätigkeit auf den Gegenstand (des) Bedürfnisses abzielt« und »nach der Bedürfnisbefriedigung erlischt«, ist grundsätzlich falsch. Während, wie gezeigt, dem Tier in den Frühformen »motivierten« Handelns bei gegebenem Bedarfsdruck eine gewisse Distanz zum Bedarfsobjekt möglich ist, indem es die Befriedigung zugunsten eines bevorzugten Objektes aufschieben kann, gewinnen die Menschen eine neue Qualität der Freiheit gegenüber ihrer allgemeinen Bedürftigkeit dadurch, daß sie um sie wissen und im bewußten Verhalten zu ihr bereits vorsorgend die Mittel der Bedürfnisbefriedigung in der kooperativen Auseinandersetzung mit der Umwelt schaffen, damit die Gefahr, von ihren unmittelbaren organischen Bedarfszuständen in ihrem Verhalten bestimmt zu werden, immer mehr reduzieren. Für sie haben keineswegs, wie Leontjew meint, die aktuellen Bedürfnisse und »Motive« »voll und ganz die Funktion der Tätigkeitsstimulierung«, sie *planen vielmehr umgekehrt die Notwendigkeit und die Situationen der Befriedigung aktueller Bedürfnisse bei ihrer Lebensaktivität bewußt*, d. h. *relativ unabhängig vom aktuellen Bedürfnisdruck*, ein, so daß ihr Handeln ihrer aktuellen organischen Bedürftigkeit quasi vorgeordnet, aber nicht durch diese unmittelbar bestimmt ist. Die in den »aktionsspezifischen Energien« der Tiere liegenden, sich in der genomischen Information »hinter ihrem Rücken« durchsetzenden Bedarfspläne werden auf menschlichem Entwicklungsniveau mehr und mehr zu »bewußten Bedarfsplänen«; die Übernahme von Teilzielen innerhalb übergeordneter kooperativer gesellschaftlicher Tätigkeit ist dann dadurch bedingt, daß nur über die Teilhabe an der bewußten gesellschaftlichen Realitätskontrolle Einfluß auf die Bestimmung auch der individuellen Lebensmöglichkeiten erreichbar ist. Die »Verkehrtheit« der Auffassung, die spezifisch menschliche Tätigkeit sei durch aktuelle Bedürfnisse »stimuliert«, wird besonders deutlich, wenn man sich klar macht, daß bei erfolgreicher individueller Vorsorge durch Teilhabe an gesellschaftlicher Realitätskontrolle die jeweiligen aktuellen Bedürfnisse erst gar nicht oder nur in geringer Stärke auftreten. Die Menschen verfügen über ein bewußtes, gesellschaftlich kumuliertes Wissen, wann Notsituationen wie Hunger oder Kälte entstehen und wie sie aufhebbar sind; die individuellen Beiträge zu gesellschaftlichen Aktivitäten werden auf »menschlichem« Niveau nicht durch »Hunger« oder »Frieren« ausgelöst, sondern haben die Aufgabe, Hunger und Frieren von vornherein und möglichst total zu vermeiden. Die Vorstellung vom »Getriebensein« des Menschen durch aktuelle Bedarfszustände ist eine biologistische Fehlauffassung.

Dies bedeutet die Unhaltbarkeit von Leontjews Annahme der Stimulierung und Ausrichtung der kollektiven Tätigkeit durch ein auf aktuelle Bedarfszustände zurückgehendes »Motiv«, durch welches das »Ziel« der Handlung als Tätigkeitskomponente seinen Sinn erhält. Die individuellen Beiträge des Menschen zu gesellschaftlicher Arbeit kommen gänzlich unabhängig davon zustande, ob gerade ein aktuelles organisches Bedürfnis vorliegt oder nicht (es ist theoretisch gleichgültig, ob der Treiber, wenn er sich an der Jagd beteiligt, »hungrig« oder »satt« ist), also unabhängig davon, ob ein »Motiv« für die Tätigkeit in Leontjews Sinn vorliegt oder nicht; die kooperative Tätigkeit in ihrer menschlichen Spezifik wäre also, sofern man Leontjews Motivationskonzept akzeptiert, ihrem Wesen nach »unmotiviert«. Die »Handlungsziele« bestünden mithin ohne »Tätigkeitsmotive« und hingen gewissermaßen »in der Luft«. – Die damit aufgewiesene Problematik ergibt sich aus der hier wie in dem anfangs analysierten Passus zum Ausdruck kommenden inadäquaten Einengung des Bedürfnisbegriffs auf organische Mangelzustände. Leontjew erkennt nicht, daß der Mensch zwar auch, wie die Tiere, in der Lebenserhaltung von der Befriedigung sinnlich-vitaler Bedürfnisse abhängig ist, daß seine Existenzsicherung aber durch Aktivitäten bewußter verändernder Realitätskontrolle und damit »Vorsorge« charakterisiert ist, also durch *Produktion*, die die Konsumtion als unselbständiges Teilmoment enthält, und daß demgemäß die gesellschaftliche Tätigkeit durch *»produktive« Bedürfnisse einschließlich verallgemeinerter Absicherung sinnlich-vitaler Bedürfnisbefriedigung* bestimmt ist. Menschliche Handlungen, die direkt durch »Mangelzustände« getrieben sind, bestehen normalerweise nur als untergeordnetes Teilmoment der auf verallgemeinerte Lebenssicherung gerichteten Tätigkeit und werden lediglich in Notsituationen, durch welche der Mensch auf das bloß organismische Niveau regrediert, für die Gesamthandlung bestimmend. Die individuelle Teilhabe an kollektiver Tätigkeit ist damit nicht organisch motiviert, aber auch nicht unmotiviert, sondern, sofern in der Beteiligung an der gesellschaftlichen Tätigkeit die Möglichkeit bewußter individueller Vorsorge für die eigene Existenz aufgehoben ist, durch »produktive« Motivation, wie wir sie dargestellt haben, geleitet. Damit entfällt die Unterscheidung von »Tätigkeit-Motiv« und »Handlung-Ziel«, wie sie Leontjew eingeführt hat.[10] Es macht, sofern die gemeinsamen Aktivitäten auf dem Niveau gesellschaftlich vorsorgender Lebenssicherung organisiert sind, im Hinblick auf die Motivationslage keinen wesentlichen Unterschied, ob ein individueller Beitrag sich auf ein Zwischenergebnis, wie »Treiben« bzw. Herstellung eines Fanggerätes, oder auf das Endergebnis, wie Töten bzw. Fangen, richtet; entscheidend für die »Motivation« ist allein, wie weit in dem Beitrag zur gesellschaftlichen Tätigkeit die Kontrolle und Sicherung der eigenen Lebensbedingungen antizipiert werden kann; (»Vorteile« hätte der »Jäger« bzw. »Fänger« gegenüber dem »Treiber« bzw. »Gerätehersteller« nur auf organismischem Niveau, wenn er das Gejagte oder Gefangene

[10] Wir machen demgemäß auch keinen Unterschied zwischen Tätigkeit und Handlung im Leontjewschen Sinne. »Handlung« ist für uns der allgemeinere, tierische und menschliche Aktivitäten umfassende Terminus, während wir von »Tätigkeit« nur auf menschlichem Spezifitätsniveau reden, und zwar dann, wenn die »sachlogische« Geformtheit der Handlungen durch die gegenständlichen Bedeutungen der vom Menschen produzierten Realität hervorgehoben werden soll.

selbst verzehren würde; dies schließt aber natürlich eine kollektive Organisation der Tätigkeit notwendig aus). Die übergeordnete Ausrichtung erfährt die Tätigkeit also nicht durch das »Motiv« als aktuellen Bedürfnisgegenstand, sondern durch das *gesellschaftliche Ziel*, zu dem – sofern es die Teilhabe an gesellschaftlicher Realitätskontrolle mit vorsorgender Sicherung sinnlich-vitaler Befriedigung antizipierbar macht – ein »produktiv« motivierter Beitrag zu leisten ist.

Zur genaueren Klärung der Frage, welche Bedeutung in diesem Zusammenhang die Unterscheidung von *»Gesamtziel«* und *»Zwischenzielen«* hat, beziehen wir uns auf eine begriffliche Differenzierung von Leontjew (etwa 1973a, S. 431 f.), die sonst für unsere Argumentation nicht relevant ist: die Abhebung des *»intentionalen«* Aspektes (»*was* soll erreicht werden«) vom *»operationalen«* Aspekt (»*wie*, auf welche Weise kann es erreicht werden«). Die pragmatische Ordnung der Teilbeiträge, erst Treiben, dann Töten, erst Fanggerät-Herstellen, dann Fangen, ist ein operationales Problem der Handlungsausführung, aber kein intentionales Problem der motivierten Zielübernahme. *»Intentional«* gesehen ist *jeder* Beitrag zur Erledigung einer gemeinsamen Aufgabe, ob nun Treiben oder Jagen, stets an dem *Gesamtziel* orientiert, erlangt der einzelne Teilbeitrag nur in seiner Beziehung zum gesellschaftlichen Ziel seine jeweils besondere objektive und subjektive Bedeutung; nur auf *»operationaler«* Ebene, in der es nicht um den Inhalt eines als prinzipiell erreichbar antizipierten Zieles, sondern um die einzelnen *Ausführungsschritte* zu seiner kooperativen Verwirklichung geht, kann man Handlungsfolgen nach auf ein Endziel ausgerichteten relativ selbständigen Zwischenzielen aufteilen; unter dem operationalen Ausführungs-Aspekt wäre mithin das Fanggeräte-Bauen ein Zwischenziel zum Fangen, wobei man hier die Annahme einer pragmatisch erforderlichen Einführung weiterer operationaler Teilziele, etwa die getrennte Herstellung von Einzelteilen des Fanggeräts, machen kann, ohne daß sich durch die differenziertere Arbeitsteilung am intentional-motivationalen Charakter der Zielverfolgung etwas ändern muß. Entscheidend für das Entstehen produktiver Motivation ist in jedem Falle, wieweit der jeweilige »operationale« Teilbetrag für das Individuum im Zusammenhang der bewußten Teilhabe an der Gestaltung und Kontrolle der gesellschaftlichen, damit seiner eigenen Lebensverhältnisse steht. – Die aktuellen organischen Bedürfnisspannungen sind zwar ein konstituierendes Moment beim Zustandekommen produktiver Motivation, da aus dem bewußten »Wissen« bzw. der »Erfahrung« des Auftretens organischer Bedürfnisse und der absoluten vitalen Unabweisbarkeit ihrer Befriedigung die subjektive Notwendigkeit der nur über den gesellschaftlichen Beitrag erreichbaren geplanten Vorsorge für ihre Befriedigung entsteht. Für die Beteiligung des Individuums an der kollektiven Tätigkeit haben die aktuellen organischen Bedürfnisspannungen aber keineswegs, wie Leontjew meint, eine stimulierende oder ausrichtende Funktion, sondern, wie gezeigt, allein den Stellenwert von möglichen Störfaktoren. (vgl. unsere Ausführungen auf S. 106ff.)

Die Mängel seines Bedürfnis- und Motivationskonzeptes sind von Leontjew schon deswegen nicht zu erkennen und zu überwinden, weil er in seinem Versuch der historischen Ableitung sich zu sehr mit einer lediglich äußerlichen Gegenüberstellung von »Biologischem« und »Gesellschaftlichem« begnügt, die Entstehung der biologischen Voraussetzungen gesellschaftlicher Entwicklung nicht genau genug am Material herausarbeitet und so von vornherein zu einem zu reduzierten und eingeschränkten Begriff des »Biologischen« beim Menschen kommt; dies wiederum führt zur Gefahr der »gesellschaftlichen« Mißdeutung biologischer Momente des Menschen und zu Schwierigkeiten, die tatsächliche gesellschaftliche Spezifik menschlicher Lebenstätigkeit genau zu erfassen. – So ist es schon sehr problematisch, als das »Biologische« an der Bedürftigkeit des Treibers allein seine aktuellen Mangelzustände wie Nahrungsbedarf oder Bedarf nach Wärme anzusehen angesichts der Tatsache, daß bereits bei Tieren weit unter dem Niveau der Primaten das Jagdverhalten nicht lediglich durch Gewebedefizite stimuliert ist, sondern durch aktionsspezifische Energien, die den biologischen Sinn haben, einem lebensbedrohenden Defizit *vorzubeugen*. In der Aussage, die Tätigkeit des Treibers habe »keinen biologischen Sinn«, ja widerspreche diesem geradezu, weil der Treiber damit das als Nahrungsmittel zu erlangende Tier von sich wegscheucht, dokumentiert sich eine fragwürdige und durch die Forschung überholte »individualistische« Deutung der evolutionären Entwicklung. Wir haben ja ausführlich dargestellt, daß in der Phylogenese sich mit der Höherentwicklung der Tiere immer mehr soziale Strukturen und Lebensformen herausbilden, weil das soziale Aufeinanderbezogensein und Zusammenwirken gegenüber isolierten Aktivitäten wesentliche Selektionsvorteile erbracht hat. Das funktionsteilige Zusammenwirken des Treibers und des Jägers, das – wie gesagt – besonders bei den höheren Primaten eindeutige tierische Vorformen hat, hat nur entstehen können, weil es *biologisch sinnvoll* ist, d. h. der Arterhaltung dient, während gerade ein isoliertes Jagen demgegenüber von geringerem biologischem Sinn ist. Aus der Vernachlässigung der Erkenntnisse der Verhaltensforschung, speziell über Neugier- und Explorationsaktivitäten einschließlich der sozialen Tendenzen der Tiere, damit Ausklammerung der phylogenetischen Entwicklung der Naturgrundlage kollektiver menschlicher Tätigkeit, die von Leontjew als solche nicht weiter abgeleitet, sondern mehr oder weniger unvermittelt als erreicht vorausgesetzt wird, ergibt sich die »intellektualistische« Fehldeutung der gesellschaftlichen Arbeit als bloßem Mittel zum Zweck für das allein von seinen organischen Bedürfnissen getriebene Subjekt. Die Feststellung Leontjews, daß die in kollektiver Arbeit erreichten »Zwischen- und Teilergebnisse« nicht *»als solche«* menschliche Bedürfnisse zu befriedigen vermögen, sondern nur Zwischenschritte zur Befriedigung organischer Bedürfnisse sind, impliziert, wie dies auch bei Rubinstein der Fall, letztlich das Bestehen einer Klassengesellschaft, in der der Mensch, wenn er seine unmittelbaren Bedürfnisse befriedigen will, sich zur Arbeit, die ihn von der gesellschaftlichen Realitätskontrolle ausschließt und deshalb nicht »motivieren« kann, gezwungen sieht. Ein historisch bestimmtes Verhältnis wird somit auch hier als gesellschaftlich allgemeines fehlgedeutet; es wird nicht gesehen, daß die Entstehung und Entwicklung der Produktion niemals allein in Zwang im Dienste der Beseitigung von Mangelzuständen gegründet sein kann, sondern »produktive« Motivation als notwendiges subjektives Bestimmungsmoment einschließt und daß auch in der antagonistischen Klassengesellschaft dieses Bestimmungsmoment nicht aufgehoben, sondern durch die Trennung zwischen körperlicher und geistiger Arbeit, d. h. den weitgehenden Ausschluß der produktiven Arbeiter von der Bestimmung des gesellschaftlichen Entwicklungsprozesses und damit ihrer eigenen Lebensbedingungen unterdrückt, d. h. unterentwickelt und verkümmert ist und vorwiegend nur negativ im Leiden am Zustand der Ausgeliefertheit an die konkreten Umweltverhältnisse zum Ausdruck kommt. – Infolge der geschilderten Unzulänglichkeiten der historischen Ableitung der biologischen Voraussetzungen menschlicher Bedürftigkeiten und Motivation deutet Leontjew die noch weitgehend biologisch-unspezifischen funktionsteiligen Zusammenwirkensformen der kollektiven Tätigkeit bereits als spezifisch gesellschaftlich und versäumt somit, die Analyse bis zur klaren Herausstellung der tatsächlichen Spezifik der menschlichen Lebenstätigkeit, der bewußt vorsorgenden Existenzsicherung durch gesellschaftliche Realitätskontrolle und bis zur Identifizierung der darin notwendig eingeschlossenen »subjektiven« Bewegungsmomente voranzutreiben. Die Problematik der Leontjewschen Auffassung menschlicher Bedürfnisse und Motive hat Konsequenzen nicht nur für seine Lehre von der Makrostruktur der Tätigkeit, sondern auch für andere Bereiche seiner Gesamtkonzeption, so für seine Unterscheidung zwischen *objektiver Bedeutung* und *persönlichem Sinn*. Wir wollen diesen Ansatz Leontjews hier nicht im Ganzen behandeln und mit unserer Unterscheidung zwischen objektiver und subjektiver Bedeutung ins Verhältnis setzen, weil dazu eine sehr intensive Analyse des Leontjewschen Begriffs der »Bedeutung«, seiner Einschränkung auf sprachliche Bedeutungen, der Vernachlässigung der Gegenstandsbedeutungen und der übergeordneten gesellschaftlichen Zielkonstellationen zu leisten wäre, was vom Thema unserer Untersuchung zu weit ab führen würde. Wir wollen nur kurz auf die Schwierigkeiten hinweisen, die sich bei der Bestimmung des »persönlichen Sinnes« für Leontjew aus den dargelegten Unzulänglichkeiten der

Unterscheidung von Tätigkeitsmotiven und Handlungszielen und sein individualistisch bestimmtes Bedürfniskonzept ergeben. Dazu zitieren wir zunächst einen charakteristischen Passus, der dann zu analysieren ist:

»Ein Schüler liest zum Beispiel ein ihm empfohlenes wissenschaftliches Buch. Das ist ein zielgerichteter bewußter Prozeß. Er dient dem bewußten Ziel des Schülers, sich den Inhalt des Buches anzueignen. Welchen persönlichen Sinn hat jedoch dieses Ziel und die entsprechende Tätigkeit für den Schüler? Das hängt davon ab, welches Motiv ihn zur Tätigkeit veranlaßte. Ein Schüler will sich durch die Lektüre auf seinen künftigen Beruf vorbereiten. Das ist das Motiv der Handlung. Der Sinn seiner Lektüre unterscheidet sich von dem eines Schülers, der das Buch nur in die Hand nimmt, um die Prüfung zu bestehen. Er liest das Buch mit anderen Augen und eignet sich den Inhalt anders als der erste Schüler an.« »Es gilt daher, um die Frage nach dem persönlichen Sinn beantworten zu können, das entsprechende Motiv zu erschließen« (1973, S. 221f.).

Zunächst dürfte aufgrund unserer früheren Darlegungen deutlich sein, daß die hier von Leontjew vorgenommene Unterscheidung zwischen dem »Ziel« und dem »Motiv« des Schülers kaum begründbar ist. Es ist keineswegs einzusehen, warum nur die Aneignung des Buch-Inhaltes, nicht aber das Bestehen der Prüfung oder die Vorbereitung auf den künftigen Beruf ein Handlungsziel sein soll. Im Gegenteil: Vieles spricht dafür, diese drei Momente unter »operationalem« Aspekt als aufeinanderfolgende Teilziele einer Gesamthandlung zu bestimmen: Die Buchlektüre ist eine der pragmatischen Vorbedingungen für das Bestehen der Prüfung und diese wiederum eine der Vorbedingungen für die Möglichkeit späterer Berufsausbildung (die wiederum Voraussetzung für ein weiteres Ziel sein könnte). Um diese Aktivitätssequenz unter »intentionalem« Aspekt auf »motivationale« Gesichtspunkte hin einschätzen zu können, müßte man die einzelnen vom Schüler antizipierten Resultate auf seine Bedürfnisse rückbeziehen können, durch welche die Ziele dann zu Bedürfnisgegenständen, also »Motiven« werden würden. Sofern man Bedürfnisse auf organismische Mangelzustände reduziert, sind aber »Bedürfnisse« des Schülers, die seine genannten Aktivitäten »anregen« könnten, nicht auszumachen. Man hätte also auf die Leontjewsche Auffassung zu rekurrieren, menschliche Bedürfnisse könnten in der gesellschaftlichen Entwicklung sich von biologischen Zuständlichkeiten ablösen und »autonom« werden. Dieses Verfahren wäre allerdings, wie wir gezeigt haben, wissenschaftlich unbegründbar; es ist deswegen auch unpraktikabel, da niemand sagen kann, wie solche autonomen Bedürfnisse entstehen, wie sie beschaffen sind, und wie man sie erkennen kann. – Die drei angegebenen Ziele – Buchlektüre, Prüfung-Ablegen, Berufsvorbereitung – könnten in diesem Kontext jedes einzelne »Motiv«-Charakter haben oder auch nicht, ohne daß Kriterien dafür gegeben sind, ob jeweils das eine oder das andere zutrifft. Um die mögliche »Motivationslage« des von Leontjew beschriebenen Schülers zu fassen, wäre zu klären, wieweit dieser seine Aktivitäten als Aspekt der Vorbereitung auf die Teilhabe an bewußter Gestaltung und Kontrolle des gesamtgesellschaftlichen Lebens und damit seiner eigenen Existenzbedingungen, also als im eigenen Interesse liegend erkennen kann; ob das der Fall ist oder nicht, hängt einmal von den innerhalb historisch konkreter gesellschaftlicher Verhältnisse für die Angehörigen einer bestimmten Klasse gegebenen objektiven Möglichkeiten zur bewußten gesellschaftlichen Einflußnahme, zum andren aber auch davon ab, wieweit der Einzelne aufgrund seines ebenfalls durch die konkreten gesellschaftlichen Verhältnisse geprägten Entwicklungsprozesses in der Lage ist, die tatsächlich bestehenden Möglichkeiten der Entwicklung, aber auch die objektiv gegebenen Beschränkungen und die Wege ihrer Aufhebung zu erkennen und sein Handeln jeweils spezifisch daran auszurichten. Buchlektüre, Prüfungs- und Berufsvorbereitung können, sofern über diese Aktivitäten die Integration in die Gesellschaft als notwendige Voraussetzung der bewußten Bestimmung der allgemeinen Lebensbedingungen gewährleistet ist, grundsätzlich »motiviert« verfolgt werden. Bei dem Schüler, der bei der Buchlektüre z. B. die bloße Prüfungsvorbereitung im Auge hat und dessen subjektive Perspektive nicht bis zur Berufsausübung und den damit verbundenen gesellschaftlichen Möglichkeiten reicht, wäre anzunehmen, daß er in seiner Motivationslage (noch) nicht das kooperative gesellschaftliche Niveau erreicht hat, sondern möglicherweise in bloß »sozialer« Motivation der Antizipation kurzschlüssig-sachentbundener emotionaler Zuwendung durch die jeweiligen »Bezugspersonen« regressiv befangen ist (wobei wieder offenbleibt, ob durch objektive gesellschaftliche Entwicklungsschranken oder sekundäre persönliche Entwicklungsbeschränkungen). Bei allen drei genannten Tätigkeiten ist jedoch auch die Möglichkeit gegeben, daß durch den fehlenden Bezug zur Verbesserung individueller Lebensmöglichkeiten die »motivationalen« Momente generell in den Hintergrund treten und die jeweiligen Teilziele vorwiegend durch äußeren bzw. inneren, zum verselbständigten Willenseinsatz nötigenden Zwang verfolgt werden müssen.

Schwierigkeiten aus Leontjews Bedürfnis- und Motivationskonzeption entstehen bei der Bestimmung des Verhältnisses von objektiver Bedeutung und persönlichem Sinn aber nicht nur dadurch, daß Leontjew den persönlichen Sinn aus dem Tätigkeitsmotiv ableiten will und deswegen die Fragwürdigkeiten der Unterscheidung von »Tätigkeit – Motiv« und »Handlung – Ziel« hier durchschlagen. Selbst wenn man dies beiseite läßt, bleibt die allgemeinere Problematik bestehen, wie die objektive Bedeutung und der von Bedürfnissen, wie Leontjew sie versteht, abhängige persönliche Sinn miteinander vermittelt sein können. Nach Leontjew »besitzt der persönliche Sinn ebenso wie der sinnliche Inhalt des Bewußtseins keine ›überindividuelle‹ nichtpsychische Existenz. Während die äußere Reizeinwirkung im Bewußtsein des Subjekts die Bedeutungen mit der Realität der objektiven Welt verbindet, verknüpft der persönliche Sinn diese Bedeutungen mit der Realität des Lebens des Subjekts in dieser Welt, mit den Motiven dieses Lebens« (1973b, S. 529). »Von der Seite des Bewußtseins aus betrachtet, besteht« die Funktion der Motive »darin, daß sie die Bedeutung der objektiven Umstände für das Subjekt und die Bedeutung der Handlungen des Subjekts unter diesen Umständen gleichsam ›bewerten‹: Sie geben ihnen einen persönlichen Sinn, der mit der erkannten objektiven Bedeutung nicht direkt zusammenfällt« (a.a.O., S. 528). Die damit von Leontjew global auf ähnliche Weise wie von uns angesprochene wesentliche Frage nach der »Subjektivierung« objektiver Bedeutungen als Handlungsvoraussetzung führt bei ihm in wichtigen Aspekten jedoch infolge der »individualistischen« Fassung seines Bedürfnisbegriffs zu keiner Klärung. Die »Motive« als Ausdruck der Tatsache, daß die objektiven Ziele persönlichen Sinn gewonnen haben, sind als Vergegenständlichung bloß organischer oder von diesen abgeleiteter »autonomer« *individueller Bedürfnisse* bestimmt; deswegen bleibt unklar, wie der persönliche Sinn überhaupt den objektiven gesellschaftlichen Bedeutungen entsprechen, sich auf diese beziehen, sie, wenn auch in Abhängigkeit von der personalen Bedürfnislage, widerspiegeln kann. D. h. mit anderen Worten, die gesellschaftlichen Ziele sind, soweit sie persönlichen Sinn erlangt haben, als »Motive« nur auf die bloß individuelle Bedürftigkeit des Menschen rückbezogen, die gesellschaftlichen Bedeutungen der »Realität der objektiven Welt« hat für das Individuum praktisch keine Relevanz: *»Sinn« und »Bedeutung« stehen in keiner gesetzmäßigen Beziehung zueinander.* Daraus ergibt sich, daß Leontjew keinerlei Angaben darüber macht, *von welchen Beschaffenheiten der objektiven Bedeutungskonstellationen die Eigenart des persönlichen Sinns abhängt,* den sie für das Individuum erlangen können. Der persönliche Sinn scheint frei im Menschen emporzusteigen, nur durch das blinde Faktum seiner Individualität bedingt. Damit ist der Widerspiegelungscharakter des Psychischen an dieser Stelle ausgeklammert und die Annäherung an eine subjektivistische Position (die Leontjew sonst auf beispielhafte Weise überwunden hat) vollzogen. – In weiten Teilen von Leontjews einschlägigen Ausführungen sind die damit aufgewiesenen Mängel des Konzeptes des »persönlichen Sinnes« allerdings nicht so deutlich sichtbar, weil er sein eigenes problematisches Bedürfnis- und Motivationskonzept offensichtlich nicht wörtlich nimmt und dann zu wesentlichen Einsichten kommt. Das wird besonders deutlich, wenn er z. B. von der »bitteren Süßigkeit« spricht, sofern das Kind den Bonbon nicht als Anerkennung für tatsächlich vollbrachte Leistungen, sondern quasi als »Trost« erhält, oder aber auch im Zusammenhang seiner Ausführungen zur im Vergleich zum Vorschulkind veränderten Umweltbeziehung des definierte gesellschaftliche Anforderungen erfüllenden Schülers (wir kommen später darauf zurück). Dennoch bleibt der Sachverhalt bestehen, daß Leontjew, wie Rubinstein, über keine positive Konzeption verfügt, von der aus wissenschaftlich begreifbar wäre, daß und unter welchen Bedingungen *gesellschaftliche* Ziele als objektive Bedeutungskonstellationen zum Gegenstand *individueller* Bedürfnisse werden, also subjektive Bedeutung, »persönlichen Sinn« erlangen können. Diese von uns früher (S. 57) formulierte Fragestellung verdeutlicht sich damit immer mehr als zentrales Problem der Motivationsforschung.

4.4.4 L. Sève

Die folgende Kritik an Sèves Konzeption der menschlichen Bedürfnisse ist eine Fortführung und Konkretisierung unserer früheren kritischen Analyse der Sèveschen Auffassung über das Verhältnis von menschlichem Wesen und menschlicher Natur (I, S. 327ff.). In den allgemeinen kritischen Darlegungen sollte aufgewiesen werden, daß Sève bei seinem Versuch der Bestimmung des Verhältnisses zwischen Gesellschaftsstruktur und Persönlichkeitsstruktur das menschliche Wesen undialektisch verabsolutiert und nicht in seiner Vermitteltheit mit der gesellschaftlichen Natur des Menschen begreift. Er räumt zwar die Entwicklung des konkreten Individuums von einem »biologischen Träger« aus verbal ein, vermag aber die aus dem dialektischen Materialismus sich ableitende wissenschaftliche Notwendigkeit, die biologischen Entwicklungsvoraussetzungen der Menschen als Grundlage ihrer individuellen Vergesellschaftung in naturgeschichtlicher Analyse herauszuarbeiten, nicht zu sehen. Sève macht deswegen über die biologische Charakteristik des konkreten Individuums keine mit den Methoden der materialistischen Dialektik gewonnenen inhaltlichen Aussagen, sondern akzeptiert weitgehend die Feststellungen der bürgerlichen Wissenschaft zu diesem Thema und schiebt im übrigen den ganzen Fragenkomplex als für die Persönlichkeitstheorie untergeordnetes Problem beiseite. Er findet mithin auch nicht den methodischen Ansatz, um die Gesellschaftlichkeit menschlicher Lebenstätigkeit, in der die biologischen Charakteristika aufgehoben sind und eine neue Qualität gewinnen, adäquat zu bestimmen; seine Feststellungen über die Persönlichkeitsstruktur bleiben weitgehend ein deduktiv aus ökonomischen Kategorien abgeleitetes spekulatives Modell. Nun sollen die Konsequenzen der Sèveschen Ausklammerung der menschlichen Natur als inhaltlichen Forschungsgegenstand der historischen Methode materialistischer Dialektik im Hinblick auf den für uns thematischen Bedürfnisaspekt im einzelnen dargelegt und verdeutlicht werden. – Der Entstehungs- und Wirkungszusammenhang der in der bürgerlichen Gesellschaft entwickelten marxistischen Konzeption von

Sève ist natürlich ein ganz anderer als der der innerhalb des realen Sozialismus entstandenen Theorien von Rubinstein und Leontjew. Daraus mag z. B. erklärlich sein, daß Sève durch die unmittelbare Erfahrung des Klassenkampfes einerseits weniger in der Gefahr ist, die historische Bestimmtheit der Gesellschaftsformation, durch die die Bedürfnisse jeweils geprägt sind, zu vernachlässigen, andererseits aber der Gefahr der Fixierung auf die »Kritik der politischen Ökonomie« und Ausklammerung der selbständigen dialektisch-materialistischen Analyse der Bedürfnisse nicht entgehen konnte; auch mag es sich aus bestimmten Traditionen der Berufsposition des »Philosophen« in der bürgerlichen Gesellschaft verstehen, daß Sève eine deutliche Distanz zur einzelwissenschaftlichen, besonders naturwissenschaftlichen Forschung hält und demgemäß seine verallgemeinernden Aussagen nicht, wie es das wissenschaftliche Verfahren der materialistischen Dialektik erfordert, im Durchgang durch das empirische, auch naturwissenschaftlich-biologische Material gewinnt, sondern von vornherein »außerhalb« oder »oberhalb« davon ansiedelt und sich so die empirischen Forschungsresultate der Physiologie, Biologie, Psychologie respektvoll vom Leibe hält. Solche Vermutungen über die Bedingtheit der jeweiligen Bedürfniskonzeptionen durch ihren gesellschaftlichen Entstehungszusammenhang wären in wissenschaftsbezogenen historischen Analysen zu überprüfen und zu vertiefen, was hier unterbleiben muß. Wenn man sich auf die der wissenschaftsbezogenen Analyse (wie ausgeführt, I, S. 44 f.) logisch vorgeordneten Analyse der Gegenstandsadäquatheit, also des Erkenntnisgehaltes der Theorien beschränkt, so erweist sich, daß den Schwächen der Sèveschen Bedürfniskonzeption trotz aller Verschiedenheiten der Problemausgrenzung und Verfahrensweise weitgehend die *gleiche Problematik zugrundeliegt* wie den diskutierten Auffassungen von Rubinstein und Leontjew.

Es geht Sève, wie er bereits im Einleitungskapitel seines Buches (1972) hervorhebt, um den Nachweis, daß *»Bedürfnis« kein grundlegender*, sondern nur ein *abgeleiteter, sekundärer Begriff* der Persönlichkeitstheorie ist: »Tatsächlich sind die menschlichen Bedürfnisse in ihrer entwickelten Gestalt ganz und gar nicht Ausdruck einer vor-historischen, vor-sozialen menschlichen Natur, sind sie ganz und gar nicht primär gegenüber der psychischen Aktivität und deren Grundlage. Sie sind selbst im wesentlichen Produkt der Menschheitsgeschichte, wurden von den Menschen im Verlauf ihrer Geschichte – und das heißt vor allem: ihrer Arbeit – hervorgebracht. Wenn nun das Bedürfnis selbst gesellschaftliches Produkt ist, dann ist es nicht die Grundlage der psychischen Aktivität, *sondern diese Aktivität selbst ist im Verhältnis zum Bedürfnis das Grundlegende«* (1972, S. 34). Zur Verdeutlichung dieser Auffassung bezieht sich Sève auf die von uns ausführlich dokumentierte Marxsche Erkenntnis, daß die Produktion im Vergleich zur Konsumtion das übergreifende Moment ist (vgl. unsere Ausführungen auf S. 27ff.). Demgemäß sei es, so folgert Sève, der gleiche Fehlgriff, das Bedürfnis in der Psychologie zur Grundlage zu nehmen, als »wenn man die Konsumtionssphäre als Grundlage und die Produktionssphäre als deren Ableitung betrachtet« (1972, S. 35).

In diesen einleitenden programmatischen Darlegungen Sèves sind bereits wesentliche Fehler und Widersprüchlichkeiten enthalten, die es ihm unmöglich machen, das Bedürfnisproblem angemessen zu behandeln. – Sicherlich sind die menschlichen Bedürfnisse »ganz und gar nicht Ausdruck einer vor-historischen, vor-sozialen menschlichen Natur«, aber bereits schon deswegen, weil die menschliche Natur weder vor-historisch noch vor-sozial, sondern die biologische Voraussetzung für die Fähigkeit des Menschen zur gesellschaftlichen Entwicklung ist. Hier haben wir es wiederum mit dem Kardinalfehler zu tun, die *»menschliche« Natur* als quasi *»vormenschlich«* zu definieren, nämlich so, daß niemals erklärlich werden kann, wie die Menschen ihrer Natur nach jemals dazu kamen, gesellschaftlich zu produzieren und wie der Einzelmensch dazu fähig ist, sich die gesellschaftliche Wirklichkeit anzueignen: Die Entstehung menschlicher Gesellschaftlichkeit ist, wie ausgeführt (I, S. 328ff.), aus naturgeschichtlichen Entwicklungsnotwendigkeiten ableitbar. – Der zweite wesentliche Fehler Sèves, der mit dem ersten eng zusammenhängt, besteht in der *Gleichsetzung von Bedürfnissen mit organischen Bedürfnissen*, wie in seiner gesamten Argumentationsweise, explizit jedoch in seiner Feststellung deutlich wird, daß es ein ebenso großer Fehler ist, die Bedürfnisse als Grundlage der Tätigkeit zu nehmen wie die Konsumtionssphäre als Grundlage der Produktionssphäre zu betrachten. – Aufgrund dieser Fehlkonzeptionen konstruiert Sève ein inadäquates Ausschließungsverhältnis zwischen »Aktivität« und »Bedürfnissen«, was sich etwa in der Formulierung dokumentiert, die »Aktivität« sei »im Verhältnis zum Bedürfnis das Grundlegende«, besonders aber in der Umkehrung des Schemas »Bedürfnis-Aktivität-Bedürfnis« zu dem Schema »Aktivität-Bedürfnis-Aktivität« deutlich wird. Hier wird angenommen, daß die Aktivität ohne Bedürfnis sozusagen aus dem Nichts heraus entsteht; sicherlich ist auch das umgekehrte Schema B-A-B unangemessen; der Fehler liegt nicht in der einen oder anderen Reihenfolge, sondern in der Aufstellung eines Schemas, in welchem *Aktivität und Bedürfnisse getrennte, äußerlich aufeinander einwirkende Posten darstellen.* Die Auffassung, Aktivität entstehe ohne Bedürfnisse, kann nur heißen, daß Aktivität unabhängig von organischen Mangelzuständen entstehen kann, was zwar richtig ist, aber bereits auf relativ niedriger organismischer Stufe gilt, wo Aktivitäten zur Behebung defizitärer Organzustände auf der Grundlage aktionsspezifischer Energien selbst Bedarfscharakter gewinnen können. Menschliche Bedürfnisse sind, wie gezeigt, nicht irgend etwas, das den Aktivitäten vorangeht oder nachfolgt, sondern die »subjektive« Seite menschlicher Lebenstätigkeit. Arbeit schließt als dialektische Einheit von Produktion und Konsumtion grundsätzlich die dialektische Einheit produktiver und sinnlich-vitaler Bedürfnisse, d. h. zwischen den auf Kontrolle über die relevanten Lebensbedingungen gerichteten Aktivitäten und der Fähigkeit des »Genusses« aktueller Lebensmöglichkeiten ein. Bedürfnisse entstehen grundsätzlich über die individuelle Aneignung gesellschaftlicher Realität und sind demzufolge stets in den Prozeß historisch-gesellschaftlicher Entwicklung einbezogen, wobei, wie ausführlich dargelegt, mit der erweiterten Reproduktion der Gesellschaft auch der Erstreckungsgrad und die Vielfalt individueller Bedürfnisse wachsen. Die Übergeordnetheit des objektiven Aspekts gesellschaftlicher Tätigkeit, d. h. der Produktion, oder genauer: des Entwicklungsstandes der Produktivkräfte und der Produktionsverhältnisse über den subjektiven Aspekt individueller »produktiver« und sinnlich-vitaler Bedürfnisse wie die Abhängigkeit des individuellen Lebensgenusses von den Möglichkeiten der bewußten Einflußnahme auf den gesellschaftlichen Entwicklungsprozeß hat jedoch mit der Frage, was eher kommt, Aktivität oder Bedürfnis, nichts zu tun. – Die Stoßrichtung der Sèveschen Kritik gegen ein biologistisches Bedürfniskonzept, das die menschliche Lebenstätigkeit aus im einzelnen Individuum hockenden, organismischen Bedarfszuständen ableiten will, ist absolut treffend, nur ist der wissenschaftliche Standort, von dem aus die Kritik erfolgt, selbst teilweise unklar und fragwürdig (was, wie deutlich werden wird, sogar ein partielles Verhaftetsein in der kritisierten Position mit sich bringt).

Durch die schon in der einleitenden Programmatik zutage tretenden grundlegenden Ansatzmängel müssen auch Sèves spätere ausführliche Darlegungen über menschliche Bedürfnisse (bes. S. 320ff.) problematisch werden. Eine umfassende kritische Analyse ist für uns hier schon deshalb sehr schwierig, weil Sèves Bedürfniskonzeption eng mit seiner allgemeinen Persönlichkeitstheorie verflochten ist, die wir aus Platzgründen nicht eingehend schildern können; zusätzlich aber dadurch, daß bei Sève zwar wichtige marxistische Einsichten an vielen Stellen zur Geltung gebracht sind, der *methodische Weg* der darüber hinausgehenden persönlichkeitstheoretischen Ableitung aber nur undeutlich erkennbar ist und aus dem Widerspruch adäquater Kritik und fragwürdiger eigener Positionen sich ein äußerst komplexer, schwer durchschaubarer Darstellungszusammenhang ergibt, dessen kritische Auseinanderlegung quasi ein eigenes Buch erfordern würde. Wir können unsere Kritik deswegen nur an einigen wesentlichen Gedankengängen Sèves exemplarisch entfalten und in ihrer Berechtigung zur Diskussion stellen.

Sève knüpft bei der Ausführung seines Bedürfniskonzepts an die eingangs geäußerte Auffassung an, daß der Bedürfnisbegriff *»nicht an und für sich* als Grundbegriff der Theorie der entwickelten Persönlichkeit fungieren kann« (321), und verteidigt diese Auffassung im wesentlichen durch die Kritik der folgenden drei möglichen Gegenargumente: 1. daß die Bedürfnisse in ihrer primär-biologischen Form beim Menschen wie beim Tier *realer Ausgangspunkt* jeder Aktivität sind; 2. daß die entwickelteren menschlichen Bedürfnisse zwar in Form und Inhalt immer stärker sozialisiert werden, so daß sie »im Verhältnis zur individuellen Aktivität immer weniger vorangehen« (321), aber dennoch den *relativen Ausgangspunkt der konkreten Aktivität* darstellen; und 3. daß nach Marx die Arbeit *das erste Bedürfnis* ist, was wiederum für den grundlegenden Charakter der Bedürfnisse spreche. Da, wie dargelegt, bereits die *Frage* nach der Reihenfolge von Aktivität und Bedürfnissen als solche inadäquat ist und nichts zur Klärung des Stellenwertes bzw. der Bedeutung der Bedürfnisse in der Persönlichkeitsentwicklung beizutragen vermag, lassen wir in diesem Zusammenhang entsprechende Ausführungen Sèves beiseite und beziehen uns stattdessen in unserer weiteren Auseinandersetzung vor allem auf seine Unterscheidung zwischen *»elementar-organischen Bedürfnissen«* (322) und *»entwikkelten menschlichen Bedürfnissen«*. (323)

Den kritischen Ausführungen Sèves über die Irrtümlichkeit jeder psychologischen Auffassung, die die Triebkräfte menschlicher Lebenstätigkeit auf »elementar-organische Bedürfnisse« reduzieren will, ist voll zuzustimmen. Sève kommt hier zu wichtigen Klarstellungen, etwa wenn er darlegt, es sei zwar nicht zu leugnen, daß die Gesamtheit der menschlichen Aktivitäten, selbst der komplexesten, in gewissem Sinne auf der ständigen Notwendigkeit der Befriedigung elementar-organischer Bedürfnisse beruht, was besonders in »naturwüchsigen« Lebensumständen zutage trete. Diese Art von »Primat« der organischen Bedürfnisse in ihrer unmittelbarsten Form sei »allerdings nicht als ›Auferstehung‹ einer imaginären ›menschlichen Natur‹, die unter der Sozialität geschlummert hätte« zu verstehen, »sondern als außergewöhnliches Zutagetreten von *Minimalbedingungen* menschlicher Lebens- und Überlebensmöglichkeit. Es ist wesentlich, die gebieterische Notwendigkeit, daß die menschliche Aktivität selbst in ihrer höchst komplexen Form diesen Minimalbedingungen Genüge tut, nicht mit der wirklichen *Explikativ*grundlage dieser komplexen Aktivitäten selbst zu verwechseln« (322). Mit diesen Feststellungen trifft Sève weitgehend den gleichen Sachverhalt, den wir früher als »Regression« der Lebenstätigkeit auf das »organismische« Niveau unmittelbarer Befriedigung sinnlich-vitaler Bedürfnisse bezeichnet haben, der dann gegeben ist, wenn die Vorsorge durch Kontrolle der relevanten Lebensbedingungen unmöglich ist (vgl. S. 35ff.); unter »unmenschlichen« Lebensbedingungen kann die »menschliche« Charakteristik der Bedürfnisse nicht zutage treten. – Sève hebt sodann die *»entwickelten menschlichen Bedürfnisse«* von den elementar-organischen ab und präzisiert dabei seine Feststellung, indem er darlegt: »Im Vergleich zum primär-organischen Bedürfnis zeichnet sich das entwickelte menschliche Bedürfnis nicht einfach durch eine *an zweiter Stelle kommende Sozialisierung* aus, sondern durch eine *allgemeine Umstülpung seiner ersten Merkmale,* durch eine Wesensumkehrung. Die gesellschaftliche Menschwerdung äußert sich nicht durch bloße Verbesserungen oder Zusätze an einem wesentlich unveränderten Bedürfnismodell, sondern durch die Produktion einer radikal neuen Motivationsstruktur. Allzu oft beschränkt man sich darauf, die außerordentliche Vielfalt und gesellschaftlich-geschichtliche Veränderlichkeit der menschlichen Bedürfnisse hervorzuheben. Das entspricht dem allgemeinen Standpunkt eines bloß historisierten psychologischen Naturalismus. Tatsächlich ist dies noch nicht das Wichtigste« (323). Auch diesen Sèveschen Ausführungen wird man in der kritischen Stoßrichtung voll zustimmen müssen; entscheidend ist jedoch die Frage, *wie* die »Umstülpung« und die »radikal neue Bedürfnisstruktur« nach Sèves Auffassung zu kennzeichnen sind, worin also »das Wichtigste« der entwickelten menschlichen Bedürfnisse liegen soll: »Das Wichtigste ist, daß das elementar-organische Bedürfnis *nötigend, innerlich* und *homöostatisch,* das entwickelte menschliche Bedürfnis dagegen mehr oder minder weitgehend ausgezeichnet ist durch seinen *Toleranzbereich* selbst gegenüber fortgesetzter Nichtbefriedigung, seine *Mittelpunktsverschiebung* und seine *erweiterte Reproduktion* ohne innere Schranken« (323f.). Es wird nicht recht deutlich, aufgrund welcher Analysen Sève gerade zu diesen und nicht irgendwelchen anderen Kriterien kommt; die Unterscheidungsmerkmale sind in gewisser Weise nach dem Muster der in der bürgerlichen Wissenschaft üblichen ad-hoc-Einteilungen eingeführt. Man hat also kaum die Möglichkeit, die Ableitung der drei Momente selbst kritisch zu verfolgen, sondern kann sich im kritischen Nachvollzug nur an die von Sève gegebenen näheren Ausführungen halten.

Zum Kriterium des *»Toleranzbereichs«* entwickelter gesellschaftlicher gegenüber dem »nötigenden« Charakter elementar-organismischer Bedürfnisse macht Sève, obgleich er dieses Kriterium immer wieder nennt, nur wenig nähere Angaben. Seine Ausführungen gehen inhaltlich kaum über den folgenden Satz hinaus: »Der Toleranzbereich gegenüber Nichtbefriedigung zeigt sich zum Beispiel in dem klassischen Verhalten des teils sogar lebenslangen Verzichts auf Befriedigung von doch weiterbestehenden und zuweilen wesentlichen Bedürfnissen« (33). – Man kann in diesem Kriterium der Toleranz einen bestimmten Aspekt des von uns früher dargestellten bewußten »Verhaltens« des Menschen zu seinen Bedürfnissen sehen (vgl. S. 71f.). Durch Sèves mehr deskriptives Vorgehen bleibt hier aber die Frage offen, *warum* und unter welchen Umständen menschliche Bedürfnisse durch Toleranz gegenüber Nichtbefriedigung gekennzeichnet sind. Eine solche »Toleranz« ist unserer Auffassung nach nur dann erreichbar, wenn die Menschen im Wissen um die prinzipiell zur Verfügung stehenden Befriedigungsmöglichkeiten über die Teilhabe am gesellschaftlichen Produktionsprozeß die Sicherung und Weiterentwicklung bestehender Lebensbedingungen und damit der Bedürfnisse und der durch diese vermittelten Erlebnis- und Genußfähigkeit selbst bewußt verfolgen und unter dieser Perspektive bereit sind, aktuelle Bedürfnisspannungen dem allgemeinen Ziel unterzuordnen. Die Toleranz gegenüber Nichtbefriedigung wäre dann aber nichts anderes als die *Intoleranz gegenüber Beschränkungen objektiv vorhandener Lebensmöglichkeiten* und die emotionale Bereitschaft, zu ihrer Aufhebung vorübergehend gewisse Einschränkungen in Kauf zu nehmen. Bei Sève hingegen scheint der Verzicht auf Bedürfnisbefriedigung bereits als solcher Attribut der »Menschlichkeit« zu sein, womit die Nachbarschaft zur bürgerlichen »Verzichtsethik«, die in der Nichtbefriedigung von Bedürfnissen (besonders der Volksmassen) einen moralischen Wert sieht, nicht hinreichend ausgeschlossen ist. Ebenso bleibt bei ihm unklar, wann die Nichtbefriedigung von Bedürfnissen auf »Toleranz« und wann auf *innerem Zwang* beruht, d. h. zur Existenzerhaltung Verzicht durch fremdgesetzte Anforderungen und ohne durch entsprechende Erweiterung der individuellen Lebensmöglichkeiten letztlich aufgehoben zu werden, geleistet werden muß und somit keineswegs Merkmal entwickelter menschlicher Bedürfnisse, sondern vielmehr Ausdruck unmenschlicher gesellschaftlicher Verhältnisse ist. – Sèves »Toleranz«-Kriterium stiftet somit, da es nicht abgeleitet und in seinem Stellenwert innerhalb des Bedürfnisaspektes menschlicher Lebenstätigkeit ausgewiesen, sondern lediglich ad hoc hingestellt ist, trotz seines richtigen Kerns eher Verwirrung als daß es zur Klärung beiträgt.

Die Ausführungen, die Sève zum zweiten von ihm genannten Kriterium der *»Mittelpunktsverschiebung«* entwickelter menschlicher Bedürfnisse (im Vergleich zur »Innerlichkeit« elementar-organismischer Bedürfnisse) macht, sollen, da in ihnen bestimmte Aspekte der Problematik des Sèveschen Bedürfniskonzeptes in besonders verdichteter Form zum Ausdruck kommen, vor ihrer kritischen Analyse im Zusammenhang wiedergegeben werden:

»Die Mittelpunktverschiebung äußert sich namentlich in der außerordentlich nötigenden Veranlagung, auch unter Hintanstellung eigener Bedürfnisse für die Bedürfnisse von anderen, von Individuen oder sozialen Gruppen, zu sorgen. Zweifellos kann man in einem solchen Fall geltend machen: Wenn ein Mensch aufgrund von Bedürfnissen handelt, die objektiv außer ihm liegen, dann deswegen, weil er sie so weit verinnerlicht, daß er sie als persönliches Bedürfnis empfindet, oder in anderen Worten, daß das Bedürfnis auch in diesem Fall eine innere Verwurzelung bewahrt.

Das ist unbestreitbar. Aber wenn man nicht Wortspiele treiben will, muß man zugestehen, daß zwischen einem *ursprünglich inneren* Bedürfnis und einem Bedürfnis, dessen innerer Aspekt nur als Ergebnis der *Verinnerlichung von dem Wesen nach äußeren Ansprüchen* begriffen werden kann, ein qualitativer Unterschied besteht. So bliebe ein solches Ensemble von Anstrengungen, wie das Leben eines Kämpfers der Arbeiterbewegung, unbegreiflich, wenn man darin nur ein Ensemble von *Opfern* erblickte und nicht beachtete, daß es in vielen Hinsichten einem oft besonders tiefen persönlichen Bedürfnis entspricht; noch schlechter aber wäre dieses Leben begriffen, wenn man es deswegen auf eine Art ausgedehnten *Kalkül des wohlverstandenen Interesses* reduzierte. In Wirklichkeit gründen sich die Bemühungen eines echten kämpferischen Lebens gerade auf das Bewußtwerden der Tatsache, daß die allgemeine Befriedigung der persönlichen Bedürfnisse über die Durchsetzung bestimmter gesellschaftlicher Umgestaltungen verläuft, eine Durchsetzung, deren objektive(r) Logik sich die unmittelbare, beschränkte Befriedigung der isoliert betrachteten persönlichen Bedürfnisse mehr oder minder vollständig *unterordnet*. Das *persönliche Kampfbedürfnis* ist also ebensowenig Befriedigung eines bloß inneren Bedürfnisses wie Selbstaufopferung für ein bloß äußeres soziales Erfordernis; es ist bis zu einem gewissen Punkt die *Aufhebung* des Gegensatzes zwischen innerem Bedürfnis und äußerem sozialen Erfordernis nicht aufgrund eines Verzichts auf das erste, sondern aufgrund des Bewußtwerdens der *wesentlichen Mittelpunktsverschiebung* seiner Basis, wodurch sich die gesamte Aktivität zutiefst verändert. Das persönliche Kampfbedürfnis, das für die Psychologie der Persönlichkeit enorme theoretische Bedeutung hat, ist im Grunde nichts anderes als das *konkrete allgemeine Wesen* eines jeden spezifisch-menschlichen Bedürfnisses, das in Gestalt eines Einzelbedürfnisses neben anderen Einzelbedürfnissen unmittelbar zutage tritt. Und gerade deshalb erscheint das kämpferische Leben in seinen gesunden Formen als Selbsterfüllung, als partielle Vorprägung der im höherem Stadium der klassenlosen Gesellschaft eintretenden allgemeinen Aufhebung der Widersprüche, die die Persönlichkeit in der Klassengesellschaft prägen.« (324 f.).

Diese *Beschreibung* der Bedürfnis- und Motivationslage des Kämpfers der Arbeiterbewegung als Einheit von persönlichen Bedürfnissen und eingesehenen gesellschaftlichen Notwendigkeiten, die Sève in dieser Passage gibt, ist außerordentlich eindrucksvoll. Die wissenschaftliche *Erklärung* dieser Befindlichkeit durch das Konzept der »Mittelpunktsverschiebung« entwickelter menschlicher Bedürfnisse ist jedoch auch an dieser Stelle aufgrund der allgemeinen Mängel der Sèveschen Vorgehensweise sehr problematisch. – Das zentrale Mißverständnis im zitierten Argumentationsgang von Sève ist die von uns schon bei Diskussion der Bedürfniskonzeptionen Rubinsteins und Leontjews aufgewiesene *individualistische Fehldeutung* der Naturgrundlage menschlicher Bedürfnisse. Sève übernimmt hier mit Selbstverständlichkeit überholte wissenschaftliche Auffassungen, indem er einen primären Gegensatz zwischen eigenen Bedürfnissen und Bedürfnissen anderer konstruiert und nicht zur Kenntnis nimmt, daß bereits in der phylogenetischen Entwicklung sich soziale Lebensformen der Tiere herausbildeten, die auf höheren Stufen im Zusammenhang mit dem Neugier- und Explorationsverhalten zu verselbständigten sozialen Bedürftigkeiten führen und daß diese sozialen Grundtendenzen zur Naturgrundlage des kooperativen Moments produktiver Bedürfnisse gehören. Diese Aussage ist keine spekulativ »anthropologisierende« Feststellung über »die« menschliche Natur, sondern aufgrund reichhaltigen empirischen Materials aus den Entwicklungsnotwendigkeiten der Phylogenese und ihres Übergangs zur gesellschaftlich-historischen Progression wissenschaftlich abgeleitet (vgl. I, Kap. 3.). Es ist demgemäß falsch, zur Erklärung des sozialen Aspekts menschlichen Handelns die »Mittelpunktsverschiebung« als Eigentümlichkeit entwickelter menschlicher Bedürfnisse heranzuziehen. Der soziale Charakter des Verhaltens und die diesem zugrundeliegenden spontanen Handlungsimpulse sind schon auf biologischem Niveau wesentliches Bestimmungsmoment der Entwicklung. Die Definition der Bedürfnisse als bloß »innerlich« ist somit unangemessen: hier werden, wie bereits von Rubinstein und Leontjew, die menschlichen Bedürfnisse nach dem Muster der Gewebedefizite aufgefaßt, wodurch bereits die adäquate Fassung des Verhaltens höherer Tierformen unmöglich gemacht ist. Auch die Auffassung eines allgemeinen Gegensatzes zwischen »inneren« Bedürfnissen und »äußeren« sozialen Erfordernissen und die Konstruktion der Verinnerlichung von dem Wesen nach äußeren Ansprüchen, über welche diese Diskrepanz nachträglich aufhebbar sein soll, ist, da hier der primäre Tatbestand sozialer Tendenzen zum sekundären Tatbestand verfälscht wird, nicht haltbar. Die Bereitschaft des von Sève angeführten Kämpfers der Arbeiterbewegung, sich für die Interessen anderer einzusetzen, ist durch die Annahme eines solchen Verinnerlichungsvorganges sozialer Erfordernisse, bei welchem die notwendig werdende »Hintanstellung eigener Bedürfnisse« zugleich durch die Befriedigung eines allgemeinen Kampfbedürfnisses kompensiert werden soll, kaum hinlänglich erklärt. Es ist zwar richtig, wenn es in den Sèveschen Ausführungen heißt, daß die »allgemeine Befriedigung der persönlichen Bedürfnisse über die Durchsetzung bestimmter gesellschaftlicher Umgestaltungen verläuft«; falsch wird es jedoch dann, wenn weiterhin behauptet wird, daß sich dieser objektiven Logik »die unmittelbare beschränkte Befriedigung der isoliert betrachteten persönlichen Bedürfnisse mehr oder minder vollständig unterordnet«: Unmittelbar auf das Individuum bezogene Befriedigung ist nur für die sinnlich-vitalen Bedürfnisse kennzeichnend, aber auch diese sind auf menschlichem Niveau nur im Zusammenhang der bewußten Lebensführung über die Teilhabe an der gesellschaftlichen Realitätskontrolle, d. h. aber immer über die bewußte Kooperation, die dauerhaft nur bei grundsätzlich gegebener Interessengleichheit denkbar ist, adäquat zu befriedigen. Das Einsetzen für die Ziele anderer bzw. der Zusammenschluß mit diesen ist nur dann emotional abgesichert, d. h. subjektiv sinnvoll und damit »motiviert« möglich, wenn über deren Realisierung auch die individuellen Lebensbedingungen eine Erweiterung erfahren, das Ziel der anderen damit zum eigenen geworden ist. Da Sève diesen Zusammenhang nicht faßt und somit nicht erklären kann, wie die Diskrepanz zwischen dem Bewußtsein der gesellschaftlichen Notwendigkeit und individuellen Bedürfnissen überwunden werden und es zur subjektiven Handlungsbereitschaft in Richtung auf die Erfüllung gesellschaftlicher Anforderungen kommen kann, führt er quasi als deus ex machina das persönliche Kampfbedürfnis ein, durch welches dieser Vorgang der Widerspruchsaufhebung bzw. Übernahme gesellschaftlicher Ziele durch das Individuum auf geheimnisvolle Weise vollzogen werden soll. Das Zustandekommen von Motivation auf spezifisch menschlichem Niveau hängt, wie ausgeführt, davon ab, wieweit ein objektives gesellschaftliches Ziel so beschaffen ist, daß ein Beitrag zu seiner Realisierung für das Individuum subjektive Bedeutung erlangen kann, d. h. wieweit mit der Zielerreichung die Teilhabe an der bewußten gesellschaftlichen Realitätskontrolle zur kooperativen Verbesserung der allgemeinen Lebensbedingungen antizipierbar ist. Die Durchsetzung gesellschaftlicher Umgestaltung zur Überwindung des Kapitalismus im Interesse der Mehrheit der Bevölkerung ist ein gesellschaftliches Ziel, das subjektive Bedeutung für das Individuum gewinnen muß, um von ihm entsprechend engagiert verfolgt werden zu können. Wenn jedoch dieser Schritt vollzogen und das Individuum sich dem organisierten Kampf um menschenwürdige gesellschaftliche Verhältnisse angeschlossen hat, wird es, wie Sève es nennt, als partielle Vorwegnahme der erst im Stadium der klassenlosen Gesellschaft erreichbaren Aufhebung der Widersprüche, die die Persönlichkeit in der Klassengesellschaft prägen, zu neuen Formen der sozialen Beziehungen kommen. Diese neue Qualität menschlicher Beziehungen erklärt sich jedoch bereits aus der entsprechend der Tragweite des gemeinsamen Zieles bestehenden emotionalen Verbundenheit der Kämpfenden, der Erweiterung des emotionalen Beziehungsreichtums über den engen Bereich privater Bindungen in umfassende gesellschaftliche Bezüge hinein, der Potenzierung individueller Möglichkeiten über den Zusammenschluß mit anderen, aber auch des eigenen emotionalen Engagements durch unmittelbares Betroffensein vom Schicksal der Mitkämpfer, der wissenschaftlich begründeten Überzeugung von der realen Perspektive des gemeinsamen Sieges, damit Sinnhaftigkeit des gegenwärtigen Kampfes usw. Durch die Perspektive der mit der Zielerreichung verbundenen Lebensmöglichkeiten, aber auch schon durch die aktuell im gemeinsamen Kampf um dessen Realisierung gegebene Qualität der Beziehungen der unter diesem Ziel Verbundenen und die dadurch bedingte Erlebnisfülle werden die unter Umständen notwendigen Opfer und Entbehrungen des Kampfes weitgehend aufgehoben. Weder rätselhafte Vorgänge der »Verinnerlichung« ursprünglich äußerer Bedürfnisse noch ein frei erfundenes Kampfbedürfnis müssen herangezogen werden, um das zu verstehen. Das Bedürfnis zu kämpfen ist hier nicht das dunkle Resultat des Zutagetretens des »konkreten allgemeinen Wesens eines jeden spezifisch-menschlichen Bedürfnisses in Gestalt eines Einzelbedürfnisses«, sondern läßt sich aus der objektiven Zielbeschaffenheit explizit ableiten. Dabei wird deutlich, daß der Kämpfer der Arbeiterbewegung zwar nicht durch das »Kalkül des wohlverstandenen Interesses«, sondern die »Subjektivierung« der gesellschaftlichen Notwendigkeiten über das Erkennen ihrer Relevanz auch für die individuelle Entwicklung motiviert ist, daß aber dennoch und gerade deswegen sein Kampf *im vollen Einklang mit den eigenen »wohlverstandenen Interessen«* ist. Was sollte auch dagegen sprechen, daß jemand seine eigenen Interessen »wohl versteht«?

Mit Hilfe der beiden bisher diskutierten Sèveschen Kriterien, »Toleranzbereich« und »Mittelpunktsverschiebung« (in einem bestimmten Sinne), läßt sich also die Besonderheit »entwickelter menschlicher« gegenüber »elementar-organischen Bedürfnissen« und die »radikal neue Motivationsstruktur« des Menschen, obwohl jeweils gewisse wichtige Gesichtspunkte einfließen, kaum hinreichend klar und umfassend herausheben. Die nun zu erörternden Ausführungen Sèves über das dritte der von ihm genannten Kriterien, die *»erweiterte Reproduktion«*, sind außerordentlich komplex und in sich heterogen, wobei eine Vielzahl weiterer Gesichtspunkte eingeführt, auf die »Mittelpunktverschiebung« unter andersartiger Verwendung des Konzeptes zurückgegriffen wird und die Ausführungen durch Unklarheiten hinsichtlich des methodischen Vorgehens zusätzlich kompliziert sind. Wir müssen dennoch versuchen, die wesentlichen Stränge des Sèveschen Argumentationsganges auseinanderzulegen und kritisch zu analysieren.

Ein in diesem Zusammenhang eingeführter, für Sèves Persönlichkeitstheorie grundlegender Begriff ist der des *»psychologischen Produkts«* als »die Gesamtheit der Resultate aller Art, zu denen eine Handlung oder eine Gruppe von Handlungen führt« (326).

Bei der Analyse der »Zusammensetzung dieses Produkts in einer kapitalistischen Gesellschaft« zeigt sich nach Sève »erstens, daß eine Handlung einen bestimmten physiologischen Aufwand und eine bestimmte psychologische Zeitinvestition voraussetzt und insofern selbst unmittelbar entsprechende *Bedürfnisse* produziert und reproduziert; zweitens bringt sie gegebenenfalls durch ihre Natur oder ihr Resultat als konkrete Handlung auch eine mehr oder minder vollständige *unmittelbare Befriedigung* eines vorher vorhandenen Bedürfnisses oder mehrerer; außerdem ist sie drittens insofern, als sie auch abstrakte Handlung, als sie Aufwand von Arbeitskraft im Rahmen einer entlohnten gesellschaftlichen Aktivität ist, für das Individuum Mittel zum Erhalt eines *Einkommens,* das seinerseits, aber in rein *vermittelter* Art, die unmittelbare Befriedigung bestimmter Bedürfnisse erlaubt; viertens ist die Handlung, da sie andererseits notwendig Ausübung einer Fähigkeit und schließlich Ursprung von Fortschritten bzw. besonderer Ausprägung dieser Fähigkeit ist, gleichzeitig Erzeuger eines Produkts in der Abteilung I der Aktivität (den menschlichen Fähigkeiten/U. O.); ich nenne jede so erzeugte Vergrößerung des Grundfonds der Fähigkeiten *psychologischen Fortschritt«* (326). Nach Sève »liegen bestimmte Punkte jenes Produkts, namentlich die Punkte 1 und 2, im Bereich der unmittelbar-psychischen Resultate der Aktivität und können folglich von psychischen Gesetzen beherrscht werden, worin das Primat des Bedürfnisses einen Sinn behält. Andere dagegen, und ganz besonders der Punkt 3, liegen im Bereich der . . . gesellschaftlichen Verhältnisse zwischen den Verhaltensweisen, das heißt von Verhältnissen, deren Produkt für das Individuum nicht mehr unmittelbar-psychischen Charakter hat und sich der Bestimmung durch den konkreten Aspekt der Aktivität – *also auch durch das entsprechende Bedürfnis* – entzieht. Der Lohn ist zum Beispiel nicht abhängig von der konkreten Arbeit, die das Individuum leistet. Man erfaßt hier am lebendigen Beispiel die Umstülpung des Verhältnisses zwischen Bedürfnis und Produkt durch gesellschaftliche Verhältnisse, unter denen sich die Aktivität selbst doppelt setzt – als konkrete und abstrakte Aktivität« (326).

Der Begriff des »psychologischen Produkts« ist u. E. eine *außergewöhnlich unglückliche Konstruktion,* die die gesamte Sèvesche Persönlichkeitstheorie stark belastet. Die vier »Punkte« stellen wiederum eine weitgehend unabgeleitete Einteilung, mit der falsche inhaltliche Vorentscheidungen verbunden sind, dar, wobei der methodische Mangel dadurch erschwerend wirkt, daß zwischen biologischen Merkmalen, durch Abstraktion gewinnbaren Merkmalen, die allen Gesellschaftsformen gemeinsam sind, und formationsspezifischen Merkmalen des Kapitalismus (unseren drei »logischen Stufen«) nicht klar unterschieden wird und so das Verhältnis der verschiedenen Bestimmungsmomente zueinander unklar bleibt. Die Kennzeichnung der Punkte 1 und 2 als von psychischen Gesetzen beherrschten unmittelbar-psychischen Resultaten der Aktivität, wobei hier das Primat des Bedürfnisses seinen Sinn behält, stellt eine absolut unangemessene individualistische Einschränkung des Konzeptes menschlicher Bedürfnisse mit biologistischen und psychologistischen Implikationen dar. Es wird nicht gesehen, daß menschliche Bedürfnisse nicht erst im Kapitalismus, sondern auf der gesellschaftlich-historischen Entwicklungsstufe im wesentlichen nicht aufgrund isolierter Aktivitäten des einzelnen Individuums, sondern im allgemeinen auf dem Weg über einen individuellen Beitrag zur gesellschaftlichen Lebenssicherung sich entwickeln und befriedigt werden. Es ist also in einer marxistischen Persönlichkeitstheorie nirgends ein Platz, in welchem man das Verhältnis zwischen Aktivität und Bedürfnissen lediglich auf das Individuum zurückbeziehen und demgemäß der Zuständigkeit der bürgerlichen Psychologie und ihrer »psychischen Gesetze« überlassen könnte; sonst reproduziert man das scheinhafte Auseinandergerissensein von »Individuum« und »Gesellschaft« unter bürgerlichen Lebensverhältnissen blind in der Theorie und kann den genuin gesellschaftlichen Charakter menschlicher Bedürfnisse samt ihrer Naturgrundlage niemals begreifen. Demgemäß ist es auch falsch, wenn Sève den gesellschaftlichen Aspekt erst unter Punkt 3 mit Hinweis auf den »abstrakten« Charakter der Lohnarbeit im Kapitalismus an die Bedürfnisse heranträgt. Nicht erst unter der kapitalistischen Produktionsweise, sondern in *allen* Gesellschaftsformationen ist, wie ausführlich gezeigt, die Unmittelbarkeit der Beziehung zwischen menschlicher Aktivität und organischer Bedürfnisbefriedigung durchbrochen und über den Beitrag zur gesellschaftlichen Produktion vermittelt; die Vermittlung der Möglichkeit organischer Bedürfnisbefriedigung über den Arbeitslohn in der kapitalistischen Gesellschaft ist ein historischer Spezialfall dieses allgemeinen Verhältnisses und deswegen keineswegs zur Kennzeichnung des gesellschaftlichen Charakters menschlicher Bedürfnisse überhaupt geeignet. Bei Punkt 4, der Anwendung und Entwicklung von Fähigkeiten durch die Aktivität, ist, da Fähigkeiten sich nicht im abstrakt-menschlichen, sondern im konkret-nützlichen, also nicht formationsspezifischen gesellschaftlichen Aspekt der Arbeit dokumentieren und weiterbilden, der abstrakte Aspekt der Lohnarbeit unvermerkt wieder fallen gelassen. Besonders gravierend ist aber, daß hier schon durch die »Einteilung« die Fähigkeiten und die Bedürfnisse radikal auseinandergerissen sind, so daß niemals sichtbar werden kann, daß bereits auf organismischem Niveau die »Fähigkeit« und der Bedarf zu ihrer Anwendung sich als eine Einheit herausgebildet haben, die später in der »subjektiven« Bedürfnisseite gesellschaftlicher Produktivität des Menschen in neuer Qualität aufgehoben ist.

Zur genaueren Kennzeichnung der Beziehung zwischen »psychologischem Produkt« und Bedürfnissen führt Sève aus: »Das Produkt mit seinen abstrakten und außerhalb des Individuums determinierten gesellschaftlichen Aspekten spielt eine entscheidende Rolle in der persönlichen Aktivität, denn was zum Handeln anreizt, ist nicht das Bedürfnis an und für sich, sondern das Maß und die Bedingungen, unter denen es durch die entsprechende Aktivität befriedigt werden kann, mit anderen Worten, das Verhältnis zwischen *möglichen Resultaten der Handlung* und *zu befriedigenden Bedürfnissen,* im entwickelten Sinne dieser Vorstellungen, kurz, das *Verhältnis zwischen Produkt und Bedürfnis«* (327). – In diesem Passus ist die wichtige Einsicht enthalten, daß die menschliche Motivation von der Antizipierbarkeit der Handlungsresultate und der damit ermöglichten Bedürfnisbefriedigung abhängt. Zu klären wäre allerdings, *welcher Art die Handlungsresultate* sein müssen, wenn menschliche Bedürfnisse »im entwickelten« Sinne zu befriedigen sein sollen. Sève spricht hier von den »abstrakten und außerhalb des Individuums determinierten gesellschaftlichen Aspekten« des Produkts und hebt damit zwar einerseits den gesellschaftlichen Charakter der Handlungsergebnisse hervor, beschränkt sie aber durch Gleichsetzung von »gesellschaftlich« und »abstrakt« (also die Vermengung der 2. und 3. der Ableitungsstufe) wiederum auf das kapitalismusspezifische Resultat des »Arbeitslohns«; da ja aber gerade in der objektiv scheinhaften, kurzschlüssigen Verbindung zwischen »Arbeit« und »Arbeitslohn« die tatsächlich gegebene Beteiligung an der gesellschaftlichen Entwicklung im Bewußtsein ausgeklammert ist, bleibt durch die Fixierung des Blicks auf den Kapitalismus und die mangelnde logisch-historische Herausarbeitung allgemeiner gesellschaftlicher Züge der Lebenstätigkeit die individuumszentrierte Fehldeutung entwickelter menschlicher Bedürfnisse trotz der Betonung ihrer gesellschaftlichen Charakteristik unangetastet. Der entscheidende Unterschied zwischen einem gesellschaftlichen Ziel und dem individuellen Beitrag dazu wird vernachlässigt; es wird nicht gesehen, daß Motivation auf menschlichem Niveau nur da gegeben ist, wo das Handlungsresultat, also das »psychologische Produkt«, im persönlichen Beitrag zur Realisierung eines gesellschaftlichen Ziels besteht, das die bewußte gesellschaftliche Realitätskontrolle, damit auch Möglichkeit bewußter Vorsorge für die eigene sinnlich-vitale Bedürfnisbefriedigung einschließt. Demgemäß kann nicht deutlich werden, daß die kapitalistische Lohnarbeit mit ihrem Resultat des Arbeitslohns, da hier die unmittelbaren Produzenten von der bewußten Gestaltung und Kontrolle der gesellschaftlichen Verhältnisse und damit der eigenen Lebensgestaltung und -entfaltung ausgeschlossen sind, nicht auf spezifisch menschlicher Motivation, sondern auf innerem Zwang beruht. Der Lohnarbeiter hat, soweit man nur den Verwertungsaspekt heranzieht, zwar das Bedürfnis, seine Lebenserhaltung abzusichern, er hat aber nicht das Bedürfnis, dafür zu arbeiten, sondern sieht sich lediglich aufgrund existentieller Lebensnotwendigkeiten dazu gezwungen.

Das von ihm dargelegte Verhältnis »P/B« (Produkt/Bedürfnis) ist für Sève »das Zentralelement einer mit der Gesamtheit einer historisch-materialistischen Auffassung vom konkreten Individuum gekoppelten wissenschaftlichen Theorie der Motivation« (327). Um dies aufzuweisen, akzentuiert Sève den Gesichtspunkt der »erweiterten Reproduktion«; er will in Zurückweisung des seiner Meinung nach »klassischen« (in Wirklichkeit längst überholten) »homöostatischen Schemas« der Bedürfnisse und der Motivation die »Logik der einfachen und der erweiterten Reproduktion nicht nur der Handlungen, sondern auch der menschlichen Bedürfnisse selbst«, damit ihrer »Umkehrung« (328) herausarbeiten, bezieht sich dabei in Konkretisierung von »Punkt 3 des psychologischen Produkts auf die gesellschaftliche Funktion des Geldes und die mit ihm entstehende *»Bereicherungssucht«* und kommt im Anschluß an bestimmte Passagen von Marx aus den »Grundrissen« zu folgenden Feststellungen:

»Die Bereicherungssucht, ein außerordentlich wichtiges menschliches ›Bedürfnis‹ im naiven Sinne des Ausdrucks, ist keineswegs *angeborenes* Bedürfnis, sondern ein *Struktureffekt*, der auf Grund der gesellschaftlichen Verhältnisse in der Produktion und Reproduktion der Aktivität und der Bedürfnisse auftritt. Nicht ein neues, irgendwo herkommendes Bedürfnis, das ›Bereicherungsbedürfnis‹, treibt das Individuum zur Suche nach Geld, sondern das Geld, das heißt ein gesellschaftliches Verhältnis, das der menschlichen Aktivität eine abstrakte, somit eigentlich unbegrenzte, dem Wesen nach nichtpsychische Macht verleiht, ist die Quelle des Bereicherungsbedürfnisses, das übrigens weniger ein zu den anderen hinzukommendes Bedürfnis als eine allgemeinere Form ist, in der sich die vorher vorhandenen Bedürfnisse kristallisieren. Der abstrakten Form der Arbeit entspricht hier nun die abstrakte Form des Bedürfnisses, und weder die eine noch die andere sind auf die Physiologie zurückzuführen« (330).

Zunächst ist Sève darin zuzustimmen, daß die »Bereicherungssucht« kein »angeborenes« Bedürfnis ist, da bereits die Bedarfszustände, die sich auf höchstem tierischen Niveau herausgebildet haben, nicht mehr als einfach »angeboren« betrachtet werden können, sondern als artspezifisch präformierte Möglichkeiten individueller Bedarfsentwicklung aufzufassen sind; auf menschlichem Niveau vollends besteht die biologische Grundlage der Bedürfnisse in ihrer *spezifischen gesellschaftlichen Entwicklungsfähigkeit* gemäß den durch die gesellschaftliche Produktion gegebenen und sich entfaltenden Befriedigungsmöglichkeiten. Was nun das »Bereicherungsbedürfnis« selbst betrifft, so ist zu seiner Analyse mit dem Hinweis, es sei ein »Struktureffekt«, und der abstrakten Form der Arbeit entspreche hier die abstrakte Form des Bedürfnisses u. E. nicht viel beigetragen. Um das Geld als möglichen Gegenstand von Motivation bzw. Bedürfnissen genauer zu verstehen, müßte man von der unterschiedlichen *objektiven gesellschaftlichen Bedeutung des Geldes* ausgehen und herauszuarbeiten suchen, auf welche Weise diese objektiven Bedeutungen zu »Motivation« und »Bedürfnissen« *subjektiviert* werden können. Geld in seiner objektiven Bedeutung als Arbeitslohn kann kaum Gegenstand potentieller Bereicherungssucht sein, da die Grenzen möglichen Gelderwerbs für die Arbeiter im allgemeinen fest vorgegeben sind, das Geld im Durchschnitt gerade reicht, die unmittelbare gegenwärtige Existenz zu sichern, keineswegs aber einem etwaigen Bereicherungsdrang Raum läßt. Aber selbst wenn aus irgendwelchen Gründen oder in den privilegierteren Schichten der abhängigen Klasse erhöhter Geldgewinn und »Sparen« möglich sein sollte, ist als Ursache des Strebens nach Geld kaum ein »Bereicherungsbedürfnis« als vielmehr die Tendenz zu sehen, die individuellen Lebensbedingungen abzusichern oder zu verbessern. Geld in seiner objektiven Bedeutung als Kapital hingegen ist ebenfalls als bloße »Bereicherungssucht« zu kurz gefaßt, da es den Kapitalisten als seinen Funktionären nicht nur auf den Gelderwerb, sondern auf die Möglichkeiten zur Einflußnahme auf den gesellschaftlichen Entwicklungsprozeß bzw. Durchsetzung ihrer Interessen gegen die der anderen ankommt und »Geld« hierzu die Basis liefert. Diese mehr impressionistischen Andeutungen können in diesem Zusammenhang nichts weiter als ein Hinweis darauf sein, daß, um die Umsetzung der objektiven gesellschaftlichen Bedeutungen des Geldes in »subjektive« Bedeutungen, d. h. Motivation und Bedürfnisse zu verstehen, es unbedingt einer wissenschaftlichen Theorie der Spezifik menschlicher Bedürfnisse und Motivationsvorgänge bedarf. Sève setzt hier die Hypostasierung eines aus dem Geld entspringenden »Bereicherungsbedürfnisses« an die Stelle einer solchen Theorie, wobei sich auch hier die Behandlung des Bedürfnisproblems nicht aus den Befangenheiten einer individuumsbezogenen Konzeption nach dem Modus sinnlich-vitaler, besonders organischer Bedürfnisse löst; die Frage nach der »radikal neuen Struktur« menschlicher Motivation ist somit kaum einer Klärung nähergebracht.

Nach den Ausführungen über die »Bereicherungssucht« rekurriert Sève auf die allgemeine gesellschaftliche *»Mittelpunktverschiebung« des menschlichen Wesens*, benutzt dabei den Begriff nicht in dem diskutierten problematischen Sinn einer »Verinnerlichung« der Bedürfnisse anderer Menschen, sondern in der allgemeinen Bedeutung, wie er sie aus der 6. Feuerbachthese hergeleitet hat (vgl. unsere Ausführungen in I, S. 307) und kommt zu gültigen Formulierungen über die Einbezogenheit der Bedürfnisentwicklung in die historische Entwicklung des »außermittigen« menschlichen Wesens: »Daraus ergibt sich, daß der Prozeß der individuellen Aneignung des menschlichen Erbes der Möglichkeit und der Position nach tiefstinnerlich *unerschöpflich* ist, weil sein Fortschreiten insgesamt eine Vervielfachung der Fähigkeiten und eine Vermannigfachung der Bedürfnisse bedeutet, also eine Ausdehnung der Fronten, an denen sich das Individuum der Unermeßlichkeit des menschlichen Erbes gegenübersieht. In diesem Sinne ist überhaupt kein *Einzelbedürfnis* vorauszusetzen, um die Tendenz zur erweiterten Reproduktion zu begreifen: Sie ist unmittelbarer Ausdruck der *allgemeinen Beziehungen* zwischen individuellen Menschen und gesellschaftlichen Menschen, zwischen dem Individuum und seinem Wesen« (330). Während bei den Tieren durch das Erbgut »die Grenzen der individuellen Fähigkeiten von vornherein bestimmt« sind, ergibt die »gesellschaftliche Äußerlichkeit und schrankenlose Anhäufung des menschlichen Erbes« einen völlig neuen Charakter der »Beziehungen zwischen dem Individuum und der Gattung« (330f.). Diese wichtigen Feststellungen über die Bedingtheit der individuellen Bedürfnisentwicklung durch die historische Entwicklung der von Menschen produzierten gegenständlichen gesellschaftlichen Realität, die völlig unseren früheren Ausführungen zum gleichen Problem entsprechen, liegen im Generalisierungsgrad allerdings

»oberhalb« der im gegenwärtigen Zusammenhang zu klärenden Fragen. Aus der Tatsache, daß sich individuelle Bedürfnisse mit dem menschlichen Wesen entwickeln, ergibt sich noch keineswegs, *welcher Art* diese Bedürfnisse sind, *auf welche gesellschaftlichen Gegebenheiten sie sich beziehen* und wie dabei die (aufgrund der gesellschaftlichen Produktion der Befriedigungsobjekte und -situationen ja ebenfalls in die gesellschaftliche Entwicklung einbezogenen) *unmittelbar-organischen Bedürfnisse sich von den völlig »umgestülpten« entwickelten menschlichen Bedürfnissen unterscheiden sollen.* Das Sèvesche Ziel der Überwindung eines »bloß historisierten psychologischen Naturalismus« ist auf diesem Wege nicht zu erreichen.

Zur näheren Ausführung seiner Darlegungen über die Einbeziehung der Bedürfnisse in die erweiterte Reproduktion des menschlichen Wesens greift Sève wieder, wie bei Behandlung der »Bereicherungssucht«, auf den Problemkreis des »Geldes« zurück.

»Allerdings kann die gesellschaftliche Äußerlichkeit des menschlichen Erbes ihre Wirkungen nur sehr schwer ausüben, solange die Geldformen noch nicht umfassend entwickelt und die gesellschaftlichen Besitzverhältnisse noch wesentlich konkrete Verhältnisse sind.... In diesem Stadium scheint der Mensch wirklich nichts anderes zu sein als ein *geselliges Tier.* Die Rolle des Geldes und mehr noch der kapitalistischen Verhältnisse ... besteht gerade darin, daß diese Verhältnisse enger Unterordnung der Individuen unter ihre konkreten Beziehungen zu den Dingen und zu den Menschen, *zugleich also zu sich selbst* und vor allem zu ihren unmittelbaren Bedürfnissen, zerstört wurden« (331)

Hier findet sich wieder das methodisch unangemessene Verfahren, gesellschaftlich-allgemeine Spezifika menschlicher Lebenstätigkeit durch Heraushebung historisch-bestimmter Ausprägungsformen erfassen zu wollen. Der Mensch war keineswegs vor der umfassenden Entwicklung der Geldformen lediglich ein geselliges Tier; er wurde zum Menschen, indem er sein individuelles Leben durch die Produktion als bewußt-voraussehende Kooperation zu sichern begann; auch bereits hier war die Beziehung des Menschen »zu seinen unmittelbaren Bedürfnissen« durchbrochen. Die Geldform ist nicht *Ursprung* der Vergesellschaftung, sondern ein historisch bestimmtes *Resultat* der Notwendigkeiten vorgängiger gesellschaftlicher Entwicklung, nämlich des immer universelleren Warentauschs, womit allerdings eine immense Ausdehnung des Grades der Gesellschaftlichkeit der Produktion, damit Vergesellschaftung des Individuums, verbunden war. Die Überwindung der »Verhältnisse enger Unterordnung der Individuen unter ihre konkreten Beziehungen« im Kapitalismus geschah keineswegs primär durch das »Geld« (obwohl dieses natürlich historische Voraussetzung für die Entstehung des Kapitalismus und für die Herausbildung der

Arbeitskraft als »Ware« war), sondern durch die Bewegungen der industriellen Revolution, mit der die Masse der Bevölkerung aus ihren eingeengt-bornierten Lebensbedingungen losgerissen und in den Strudel der gesellschaftlichen Entwicklung einbezogen wurde (vgl. unsere Ausführungen in I, S. 298f.), wobei »Geld« hier in jedem Falle in solch beschränktem Umfang vorhanden ist, daß nur der unmittelbare Lebensunterhalt bestritten werden kann, die gesellschaftliche Entwicklung der Bedürfnisse durch das Geld also keineswegs erklärlich ist. Auch wenn die historischen Entwicklungsnotwendigkeiten vom Sozialismus zum Kommunismus, damit zur Abschaffung des Geldes geführt haben werden, wird der Mensch nicht wieder in den Status des »geselligen Tieres« herabsinken, sondern seine Bedürfnisse werden aufgrund der neuen Größenordnung der Produktivkraftentwicklung auch einen neuen Grad der Vergesellschaftung erreichen. – Hier wird besonders deutlich, zu welchen Unklarheiten und Fragwürdigkeiten es führen muß, wenn man den logisch-historischen Aspekt der Analyse vernachlässigt und somit nicht unterscheiden kann, welche Eigenarten menschlicher Gesellschaftlichkeit aus Entwicklungsnotwendigkeiten des Übergangs von der naturgeschichtlichen zur gesellschaftlich-historischen Entwicklung sich herausbildeten, also *allgemeine* Charakteristika des gesellschaftlichen Menschen darstellen, und welche sich später aufgrund von Entwicklungsnotwendigkeiten *innerhalb* des gesellschaftlich-historischen Prozesses herausbildeten, also *historisch-bestimmte* Ausprägungsformen der Gesellschaftlichkeit des Menschen sind. In der inadäquaten Gleichsetzung von »abstrakten«, durch »wertschaffende« Arbeit gekennzeichneten gesellschaftlichen Verhältnissen mit der Gesellschaftlichkeit überhaupt scheint sich darüberhinaus eine allgemeinere Problematik der Sèveschen Theorie zu manifestieren, die schon mit der Definition der Persönlichkeit als »gesellschaftliche Verhältnisse zwischen den Verhaltensweisen« zusammenhängt: Die einseitige Fixierung auf Produktionsverhältnisse und die mangelnde Einbeziehung der Produktionsweise als widersprüchliche Einheit von Produktionsverhältnissen und Produktivkräften (wir kommen noch kurz darauf zurück).

Am Schluß seiner zusammenhängenden Ausführungen über das Bedürfnisproblem greift Sève wieder seine Ausgangsbehauptung auf, das Bedürfniskonzept sei kein primärer Grundbegriff der Persönlichkeitstheorie und analysiert kritisch die von ihm früher angeführte, auf Marxsche Darlegungen über Arbeit als erstes Bedürfnis des Menschen im Kommunismus zurückgehende Auffassung, »die Arbeit sei eben das erste menschliche Bedürfnis.« (332) Dabei weist Sève zunächst in längeren Ausführungen den unbestreitbaren Sachverhalt nach, daß die Lohnarbeit im Kapitalismus nicht erstes menschliches Bedürfnis sei, sondern im Gegenteil äußerster Zwang aufgrund der Notwendigkeiten unmittelbarer Lebenserhaltung.

Sodann stellt er fest:

»Auf den Kapitalismus bezogen, ist der Satz also buchstäblich falsch. Gilt er wenigstens für den Kommunismus? *In gewissem Sinne* ja, doch muß man auf der Hut sein, um nicht gleich Unsinn daraus zu machen. Im Kommunismus wird, so schreibt Marx in seiner *Kritik des Gothaer Programms*, ›nachdem die knechtende Unterordnung der Individuen unter die Teilung der Arbeit, damit auch der Gegensatz geistiger und körperlicher Arbeit verschwunden ist . . . die Arbeit nicht nur Mittel zum Leben, sondern selbst das erste Lebensbedürfnis‹. Daß sie es erst in der kommunistischen Gesellschaft wird, zeigt zur Genüge, wie trügerisch die These ist, daß es sich hier um einen *universellen und ewigen Zug des menschlichen Wesens* handele. Doch außerdem kann die Arbeit im Kommunismus nur dann ›erstes Lebensbedürfnis‹ genannt werden, wenn der mittelbare, spezifisch menschliche Sinn des Wortes Bedürfnis verwendet wird. Die aus ihren entfremdeten Formen befreite ›Arbeit‹ ist zugleich auch von den entfremdeten Formen des Bedürfnisses befreit. Das bedeutet, daß gerade vom Standpunkt des Kommunismus aus – und nur dort kann die ›Arbeit‹ als erstes ›Bedürfnis‹ qualifiziert werden – die Arbeit eben *nicht mehr* Bedürfnis im gewöhnlichen psychologischen Sinne ist, nicht in der Gesamtheit der menschlichen Aktivität einen zum Platz der Bedürfnisse im animalisierten Verhaltensmodell *homologen* Platz innehat, da die entwickelte Persönlichkeit durch eine völlig andere Struktur gekennzeichnet ist« (336). Im Kommunismus seien die menschlichen Bedürfnisse *»selbst andere Bedürfnisse geworden* . . ., völlig frei von den Bedingungen und Widersprüchen, die sie im traditionellen psychologischen Modell kennzeichnen« (337). »Wenn die Arbeit, und sei es auch nur der Form nach, auf das Bedürfnis als erste Gegebenheit zurückgeführt wird, wenn so versucht wird, in der ursprünglich homöostatischen Sprache des Bedürfnisses den Sachverhalt der schrankenlos erweiterten Reproduktion der Aktivität zum Ausdruck zu bringen«, sei dies »Anzeichen einer noch partiell von der bürgerlichen Ideologie beeinflußten Forschung, deren Ausgang offenbar nur das Fortwerfen dieser Begriffsgutreste sein kann. Eben deshalb rechnen wir den Bedürfnisbegriff trotz seiner unbestreitbaren Bedeutung nicht zu den *ersten* Begriffen der Theorie der Persönlichkeit« (338).

In diesem Passus sind wiederum alle Widersprüche und ungelösten Fragen des Sèveschen Bedürfniskonzeptes beieinander. – Wenn Sève argumentiert, weil Arbeit erst im Kommunismus zum ersten Bedürfnis werde, könne es sich dabei um keinen ewigen Zug menschlichen Wesens handeln, so bleibt ihm verborgen, daß diese Argumentation auch umgekehrt gilt: Wenn Arbeit im Kommunismus zum ersten Bedürfnis werden kann, so muß die Möglichkeit einer solchen Bedürfnisentwicklung schon vorher dagewesen sein; ein mit der Arbeit aus seinen entfremdeten Formen befreites Bedürfnis ist bei entfremdeter Arbeit ein in entfremdeten Formen befangenes Bedürfnis, also *ein Bedürfnis, das nur durch seine entfremdete Form daran gehindert ist, erstes Lebensbedürfnis des Menschen zu sein.* Sève stellt zwar fest, daß es sich dabei um ein Bedürfnis im mittelbaren, spezifisch menschlichen Sinn des Wortes handelt; er kann aber weder hier noch an anderer Stelle genügend Auskunft darüber geben, wodurch dieses spezifisch menschliche Bedürfnis denn nun charakterisiert sei und durch welche Beschaffenheit es im Kapitalismus eine entfremdete Form hat, während es im Kommunismus zum ersten Lebensbedürfnis werden kann (vgl. unsere früheren Ausführungen im Kap. 4, 3, 3, S. 77ff., und innerhalb der Rubinstein-Kritik, S. 132f.) Sève stellt mit Recht fest, daß Bedürfnisse im Kommunismus nicht dem homöostatischen Modell unterliegende Bedürfnisse im »gewöhnlichen psychologischen Sinne« sind, sieht aber wiederum nicht, daß spezifisch menschliche Bedürfnisse (wie ausgeführt, S. 31ff.) weder im Kommunismus noch sonstwo mit der »homöostatischen Sprache« der Bedürfnisse adäquat zu kennzeichnen sind, weil die »gewöhnlichen psychologischen« Vorstellungen über Bedürfnisse wissenschaftlich falsch sind. Sève hat bei aller Polemik dagegen letztlich einen beträchtlichen Respekt vor den »gewöhnlichen« psychologischen Auffassungen über Bedürfnisse: Er greift diese Auffassungen nicht in ihrer einzelwissenschaftlichen Tragfähigkeit an, sondern redet mit allgemeinen philosophischen Erwägungen um sie herum, kommt deswegen nicht wirklich zu einer neuen Fassung des Bedürfnisproblemes, sondern bleibt, wie gezeigt, trotz aller Betonung des »gesellschaftlichen« Charakters der Bedürfnisse in den individualistischen Fehlauffassungen der von ihm kritisierten bürgerlichen Bedürfniskonzeptionen befangen. Entweder die Bedürfniskonzeptionen der bürgerlichen Psychologie sind einzelwissenschaftlich haltbar, dann ist ihr »Fortwerfen« als »Begriffsgutrest« unerlaubt; oder sie sind unhaltbar, dann darf man sie in der weiteren wissenschaftlichen Arbeit nicht mehr berücksichtigen.

Die Sèvesche Auffassung, das Bedürfniskonzept tauge nicht als primärer Grundbegriff der psychologischen Persönlichkeitstheorie, ist an keiner Stelle überzeugend begründet. Was er mit Recht aufweist, ist, daß die »ursprünglich homöostatische Sprache des Bedürfnisses«, also ein Bedürfniskonzept nach dem Modus sinnlich-vitaler, besonders organischer Bedürfnisse, nicht als Basisbegriff der Persönlichkeitstheorie taugt. Warum aber das Konzept der »entwickelten menschlichen Bedürfnisse« nicht Grundbegriff der Persönlichkeitstheorie sein kann, bleibt unklar, es sei denn, es bliebe, wie bei Sève, letztlich in den individualistischen Vorstellungen organischer Bedürfnisauffassungen befangen. – Sèves Interesse daran, den Bedürfnisbegriff innerhalb der Persönlichkeitstheorie an die zweite Stelle zu verweisen, ist u. E. darin begründet, daß er, wie wir früher (I, S. 333f.) erwähnten, ein die empirische Lebenstätigkeit und Subjektivität des Menschen weitgehend übergehendes spekulatives Persönlichkeitsmodell mit ökonomischen Kategorien konstruierte, in dem der Bedürfnisbegriff keinen Platz hat. Da unserer Auffassung nach (I, S. 334ff.) die Persönlichkeit als permanentes Resultat individueller Vergesellschaftung nicht »oberhalb« der menschlichen Lebenstätigkeit in ihren verschiedenen funktionalen

Aspekten anzusiedeln ist, sondern eben die Vergesellschaftung dieser funktionalen Aspekte in ihrem inneren Zusammenhang darstellt, ist für uns »Bedürfnis« samt den damit zusammenhängenden Begriffen »Emotionalität« und »Motivation« als ein solcher funktionaler Aspekt einer der persönlichkeitstheoretischen Grundbegriffe; es kommt in der marxistischen Persönlichkeitsforschung nicht darauf an, diese Begriffe zu ersetzen oder zurückzudrängen, sondern durch logisch-historische Herausarbeitung ihrer biologischen Voraussetzungen, allgemein gesellschaftlichen Charakteristik und historischen Bestimmtheit adäquat wissenschaftlich zu erfassen. Dann muß man die »Umstülpung« der spezifisch menschlichen Bedürfnisse und die »radikal neue Motivationsstruktur« des Menschen nicht, wie Sève, lediglich ständig postulieren, sondern man kann auch aufweisen, worin sie besteht: In der Vermittlung individueller Bedürfnisbefriedigung über Beiträge zu gesellschaftlichen Zielen, damit der Durchbrechung der Unmittelbarkeit zwischen aktuellen Bedürfnisspannungen und Handeln in bewußtem »Verhalten« zu den eigenen Bedürfnissen, wobei mit immer erweiterter Teilhabe an gesellschaftlicher Realitätskontrolle als Ausdehnung des Einflusses auf die allgemeinen, mithin auch die eigenen Daseinsbedingungen die Lebens- und Erlebnismöglichkeiten des Individuums immer mehr wachsen und in der so erreichten »produktiven« Bedürfnisbefriedigung auch die sinnlich-vitale Befriedigung durch ihre Einbezogenheit in bewußt-vorsorgende Lebensführung ein neues, »menschliches« Niveau gewinnt, etc.

Die persönlichkeitstheoretischen Darlegungen Sèves sind in verschiedenen Zusammenhängen mehr oder weniger stark durch sein fragwürdiges Bedürfniskonzept geprägt. Wir können dies nicht im einzelnen verfolgen und wollen nur noch einen Gesichtspunkt aufgreifen, der für eine adäquate wissenschaftliche Fassung des Bedürfnis- und Motivationsaspektes menschlicher Lebenstätigkeit von zentraler Bedeutung ist: *der emotional-motivationale Aspekt der individuellen Vergesellschaftung des Menschen* (vgl. dazu Kap. 5.5). Auch hier soll in der kritischen Analyse der entsprechenden Auffassungen unsere früher dargelegte Konzeption und damit gleichzeitig die Notwendigkeit der historischen Methode materialistischer Dialektik für eine angemessene Problemklärung verdeutlicht werden.

Zur Vorbereitung der folgenden kritischen Analyse müssen wir zunächst kurz die von Sève entwickelten Modellvorstellungen zur *allgemeinen Topologie von in kapitalistischen Individualitätsformen produzierten Persönlichkeiten* (356) darstellen. Grundbegriff dieser Topologie ist das Konzept des *»Zeitplans«* (338ff.); es gilt nach Sève, in Durchdringung des oberflächlichen »suprastrukturellen« Zeitplans, den *wirklichen, wesensmäßigen Zeitplan als System der tatsächlichen zeitlichen Verhältnisse zwischen den verschiedenen objektiven Aktivitätskategorien eines Individuums* herauszuarbeiten. Zur Bestimmung dieser objektiven Aktivitätskategorien unterscheidet Sève auf der einen Seite solche Aktivitäten, die dem Erwerb von Fähigkeiten als quasi »fixem Kapital« der Persönlichkeit (219f.) dienen, von Aktivitäten, in denen diese Fähigkeiten unmittelbar angewendet werden, und auf der anderen Seite »konkrete«, unmittelbar persönliche, vor allem konsumbezogene Aktivitäten von »abstrakten« gesellschaftlich produktiven, aber entfremdeten Aktivitäten. Aus der Kombination dieser beiden Gegenüberstellungen ergeben sich *vier Quadranten des topologischen Modells;* Erwerb von Fähigkeiten für konkrete, personenbezogene Aktivität (I_k), Erwerb von Fähigkeiten für abstrakte, gesellschaftlich produktive Aktivität (I_a), Anwendung von Fähigkeiten in konkreter, personenbezogener Aktivität (II_k) und Anwendung von Fähigkeiten in abstrakter, gesellschaftlich produktiver Aktivität (II_a). Mit diesem Vierfelderschema lassen sich nun nach Sève die *jeweils personspezifischen wesensmäßigen Zeitpläne verschiedener produzierter Persönlichkeiten erfassen, indem man das Verhältnis des für die jeweiligen Aktivitätskategorien geleisteten psychologischen Zeitaufwandes bestimmt* (354f.). Als Beispiele nennt Sève etwa den Zeitplan eines Schulkindes: »Vorwiegen der auf den Kreislauf der konkreten Persönlichkeit orientierten Lernhandlungen, mit sehr untergeordnetem Aspekt indirekter Vorbereitung auf die gesellschaftliche Arbeit, bedeutendem Umfang der konkreten Konsumtionshandlungen und völligem Fehlen von abstrakter Aktivität« und den Zeitplan eines nicht politisch aktiven Lohnarbeiters: »Erdrückendes Vorwiegen der abstrakten Aktivität, der Erwerb entsprechender neuer Fähigkeiten auf geringen Umfang reduziert, begrenzte Bedeutung der konkreten Aktivitäten überhaupt, vor allem in der Abteilung I« (357, entsprechende bildliche Veranschaulichung 356).

Dieses Sèvesche Zeitplan-Schema gehört zu jenen spekulativen persönlichkeitstheoretischen Konstruktionen, die wir früher generell kritisch zurückgewiesen haben (I, 332ff.); darüber hinaus sind die Kategorien selbst, sowohl die Unterscheidung zwischen Erwerb und Anwendung von Fähigkeiten, wie besonders die Trennung zwischen konkreter und abstrakter Aktivität, in welcher die dialektische Einheit des konkret-nützlichen und abstrakt-menschlichen Charakters der produktiven Tätigkeit im Kapitalismus zerrissen ist, äußerst fragwürdig. Deswegen haben wir zwar den allgemeinen Begriff der Individualitätsform als Inbegriff der in arbeitsteiligen Produktionsverhältnissen gegebenen »Aktivitätsmatrizen«, durch deren individuelle Realisation die Individuen mit ihrem Beitrag zur gesellschaftlichen Lebenserhaltung gleichzeitig ihre individuelle Existenz absichern (vgl. I, S. 318 und Kap. 4.3.3.), von Sève übernommen, halten die Sèvesche Spezifierung der Individualitätsformen als Herausbildung eines nach den vier erwähnten Quadranten zusammengesetzten Zeitplans aber für unbrauchbar. Wir können die damit angedeutete Kritik, da uns das zu weit vom Thema abbringen würde, hier nicht ausführen (dies muß in unserer späteren Arbeit über Persönlichkeit geschehen), sondern analysieren lediglich bestimmte Konsequenzen, die Sève aus seinem Modell im Hinblick auf den motivationalen Aspekt der individuellen Vergesellschaftung ableitet.

Nach Sève muß die Persönlichkeit im Sinne eines *»einmaligen Systems von Entwicklungsnotwendigkeiten«* verstanden werden. »Die tiefere Notwendigkeit, die unbestreitbar in jedem individuellen Leben wirksam ist, die bewußt gemacht und gemeistert werden muß, wenn von wahrer Freiheit gesprochen werden soll, ist keineswegs eine abstrakt allgemeine Notwendigkeit, deren besondere Veranschaulichung dieses individuelle Leben wäre, sondern eine konkret-unlösbar mit *der* Persönlichkeit, deren eigentümliche Entwicklungslogik sie zum Ausdruck bringt, verbundene Notwendigkeit« (365). Diese für sich genommen richtigen Aussagen (vgl. unsere Ausführungen in I, S. 319ff.) werden nun im Hinblick auf das grundlegende psychologische Entwicklungsgesetz, nach welchem sich die jeweils individuellen Notwendigkeiten durchsetzen, so konkretisiert: »Das allgemeinste Entwicklungsgesetz der Persönlichkeit (im dialektischen Sinne des Begriffs allgemeines Gesetz) ist das *Gesetz der notwendigen Übereinstimmung von Fähigkeitsniveau und Struktur des Zeitplans.* Die theoretische Begründung für diese Hypothese liegt auf der Hand: Der Fähigkeitszuwachs wirkt unvermeidlich auf eine Umgestaltung der Aktivitäten hin, die die Fähigkeiten zum Tragen bringen, und folglich auf eine Veränderung des Systems ihrer zeitlichen Verhältnisse, also des Zeitplans. Es handelt sich hier keineswegs um ein leichtfertiges mechanisches Übertragen des historischen Gesetzes der notwendigen Übereinstimmung zwischen dem Stand der Produktivkräfte und dem Charakter der Produktionsverhältnisse auf die Psychologie der Persönlichkeit, sondern, was sehr zu beachten ist, um einen objektiven Wesenszusammenhang. Die Juxtastrukturposition der Persönlichkeit und der Gesellschaft ist die effektive Grundlage dieser partiellen Homologie der grundlegenden Gesetze« (366). Schon an diesen Formulierungen ist zu problematisieren, daß hier der Fähigkeitszuwachs als ein primäres Moment angesehen wird, das der Anwendung der Fähigkeiten vorhergeht und damit der Zusammenhang zwischen der Notwendigkeit bestimmter Aktivitäten und der Herausbildung der entsprechenden Fähigkeiten quasi auf den Kopf gestellt erscheint. Diese Problematik wird noch deutlicher, wenn Sève ausführt: ». . . die absolute Entwicklung der Abteilung I hat nur insofern Sinn, als sich eine Abteilung II entwickelt, die die neuen Fähigkeiten effektiv zum Tragen bringt. Wenn nicht, drückt die Nichtausnutzung der Fähigkeiten der ganzen Persönlichkeit ihren Stempel auf . . .« (367). Hier zeigt sich, daß die behauptete Beziehung einerseits zwischen Produktivkräften, die tendenziell die Produktionsverhältnisse sprengen und andererseits von Fähigkeiten der Persönlichkeit, die tendenziell den Zeitplan sprengen, keineswegs der Aufweis eines objektiven Wesenszusammenhangs, sondern nichts als eine, zudem noch fragwürdige, Analogie ist. Die Fähigkeiten entwickeln sich nicht wie die Produktivkräfte primär aus sich heraus und geraten dabei möglicherweise in Widerspruch mit den in Abteilung II des Zeitplans fixierten möglichen konkret-individuellen und abstrakt-gesellschaftlichen Aktivitäten: Fähigkeiten sind vielmehr sowohl in ihrer qualitativen Eigenart wie in ihrer quantitativen Ausprägung gegenüber den gesellschaftlich notwendigen

Aktivitäten sekundär; sie entwickeln sich oder verkümmern gemäß den objektiven Entwicklungsanforderungen und -beschränkungen, wie sie für das Individuum in Abhängigkeit von seiner konkreten Lage entsprechend den Notwendigkeiten der gesellschaftlichen Lebenserhaltung bzw. des Erhalts des kapitalistischen Systems gegeben sind. Der gerade in der chaotischen Bewegung der kapitalistischen Gesellschaft durchaus auch mögliche Tatbestand einer Diskrepanz zwischen Art und Grad der erworbenen Fähigkeiten und den Möglichkeiten ihrer gesellschaftlichen Anwendung ist demgegenüber ein absolut untergeordnetes Phänomen. Wenn man aus solchen sekundären Diskrepanzen ein allgemeines Gesetz abzuleiten versucht, in welchem die Herausbildung der Fähigkeiten als gegenüber ihrer Anwendung grundsätzlich verselbständigt und primär betrachtet wird, so hat man mit dem Zusammenhang zwischen gesellschaftlicher Lebenserhaltung und der Notwendigkeit menschlicher Qualifikationen und Haltungen auch jede Verständnismöglichkeit der Herausbildung konkreter Fähigkeiten aufgegeben. Die Verkehrung zwischen gesellschaftlichen Notwendigkeiten und individueller Fähigkeitsentwicklung führt zwangsläufig zu einem psychologisierend-»introjektiven« (vgl. Holzkamp 1973, S. 394), individualistischen Fähigkeitsbegriff. Wenn schon ein »allgemeinstes Entwicklungsgesetz der Persönlichkeit (im dialektischen Sinne)« herausgehoben werden muß, so ist dies nicht das Gesetz der notwendigen Übereinstimmung von Fähigkeitsniveau und Struktur des Zeitplans, sondern das Gesetz des *erfahrenen Widerspruchs zwischen dem gesellschaftlich-möglichen und individuell-wirklichen Stand der Individualentwicklung* (vgl. unsere Ausführungen in I, S. 311ff. und auf S. 75f.).

Aus seinem »allgemeinsten Entwicklungsgesetz der Persönlichkeit« leitet Sève Aussagen darüber ab, worin der *»innere Dynamismus* des persönlichen Wachstums und seine Besonderheiten« bestehen (368). Er prägt dabei zunächst (in Analogie zur organischen Zusammensetzung des Kapitals) den Begriff der *»organischen Zusammensetzung des Zeitplans«*, d. h. des »Verhältnisses zwischen dem Zeitplan-Anteil der Abteilung I und dem der Abteilung II. Hohe (?/U. O.) organische Zusammensetzung des Zeitplans heißt, daß der Zeitplan einen bedeutenden Anteil von Lernaktivitäten aufweist. Die Entwicklung der Persönlichkeit beruht auf der dauernden Erhaltung einer hohen organischen Zusammensetzung des Zeitplans« (368). Da nach Sève die Fähigkeitsentwicklung (Abt. I) gegenüber der Anwendung der Fähigkeiten (Abt. II) primär ist und der autonome Erwerb von Fähigkeiten an die Grenzen der Anwendungsmöglichkeiten stößt, muß der »innere Dynamismus« der Persönlichkeitsentwicklung ausschließlich in der »Abteilung I« stecken. In der Tat zieht Sève diese Konsequenz, indem er feststellt, daß die hohe organische Zusammensetzung des Zeitplans »vom Standpunkt der inneren Dynamik der Persönlichkeit aus wesentlich vom allgemeinen

P/B-Verhältnis der Aktivitäten der Abteilung I bestimmt wird« (368). Er greift hier also den von uns früher (S. 160ff.) dargestellten »entscheidenden Begriff psychologisches Produkt« und das daraus abgeleitete Konzept *»psychologischer Fortschritt«* wieder auf: »Das psychologische Produkt ist die Summe aller Ergebnisse, gleich welcher Art, einer Aktivität für die Gesamtheit der Persönlichkeit, der psychologische Fortschritt ist ihr eventuelles positives Ergebnis für die Fähigkeiten und nur für sie« (368). Zur Bestimmung des »psychologischen Fortschritts« wird von Sève also aus seinen von uns früher geschilderten vier Punkten der »Zusammensetzung« des psychologischen Produkts nur der Punkt 4, die Herausbildung von Fähigkeiten als Resultat der Aktivität herausgegriffen. Das »P/B-Verhältnis«, das Verhältnis zwischen psychologischem Produkt und Bedürfnissen, ist von nun an als Verhältnis zwischen Fähigkeiten und Bedürfnissen spezifiziert. Als stimulierendes Moment der menschlichen Aktivität wird dabei *das Bedürfnis nach »psychologischem Fortschritt«* herausgestellt: Der *»Anteil des Fortschritts«* ist »das *motivierende Element einer Aktivität«* (368, Hervorh. U. O.) – Die Abtrennung der individuellen Fähigkeitsentwicklung vom Bereich gesellschaftlicher Anforderungen, aus denen sich ihre Qualität und Ausprägung erklärt, führt hier zu einer Konzeption der *Motivation zu persönlicher Entwicklung*, in der die früher diskutierten Mängel der Sèveschen Auffassungen über Bedürfnisse und Motivation, besonders deren individualistische Beschränktheit, besonders deutlich zutage treten. Zunächst bleibt völlig unklar, *warum* das Individuum zur Entwicklung seiner Fähigkeiten, also zum »psychologischen Fortschritt« motiviert sein soll. Weder aus dem Sèveschen Fähigkeitsbegriff noch aus seiner Bedürfniskonzeption findet sich zur Beantwortung dieser Frage der geringste Anhaltspunkt. Das Bedürfnis nach Fähigkeitsentwicklung erscheint hier als *purer Selbstzweck*. Aber selbst wenn man voraussetzt, daß ein derartiges »abstraktes« Bedürfnis besteht, handelt es sich hier ganz und gar um ein individualistisches, auf den Einzelnen rückbezogenes Konzept nach dem Modus organischer Bedürfnisse; die nachträgliche Anwendbarkeit der erworbenen Fähigkeiten zur Erfüllung gesellschaftlicher Anforderungen ergibt sich dabei mehr oder weniger zufällig; wie die Motivation des Individuums zur Selbstentwicklung mit den Notwendigkeiten der gesellschaftlichen Entwicklung vermittelt sein kann, bleibt unerfindlich. Wenn man aus dieser Sackgasse heraus will, muß man einmal, wie dargestellt, die reale Abhängigkeit der Qualität und des Ausprägungsgrades der Fähigkeiten von den gesellschaftlichen Notwendigkeiten, zum anderen aber auch den von uns früher aufgewiesenen Zusammenhang zwischen »motivierter« Fähigkeitsentwicklung und objektiven Möglichkeiten zur Verbesserung bestehender Lebensverhältnisse berücksichtigen. Die Menschen sind nur dann bereit, die mit der Fähigkeitsentwicklung verbundenen Anstrengungen auf sich zu nehmen, wenn mit ihrer Hilfe die Ausweitung und Entwicklung individueller Existenzbedingungen antizipierbar sind. Das personale Bedürfnis nach Selbstentwicklung schließt stets die Perspektive des über die individuellen Beiträge zur Realisierung gesellschaftlicher Ziele erreichbaren Einflusses auf die allgemeinen und damit die individuellen Lebensmöglichkeiten ein. Nur wenn derartige objektiv bedeutungsvolle gesellschaftliche Ziele vom Individuum subjektiviert werden, d. h. in ihrer Bezogenheit auf die individuelle Existenz begriffen werden können, kommt es als Voraussetzung ihrer Realisierung auch zu dem Bedürfnis der Ausbildung und Vervollkommnung der hierzu erforderlichen Fähigkeiten, werden die Notwendigkeiten der gesamtgesellschaftlichen Entwicklung partiell zu subjektiven Entwicklungsnotwendigkeiten des Individuums. In der bürgerlichen Gesellschaft ist eine solche Motivation zur Selbstentwicklung, wie aufgewiesen, allerdings nur sehr beschränkt möglich; weder im Produktionsbereich noch im »privaten« Bereich sind in der kapitalistischen Gesellschaft Ziele vorhanden, die ihrer Beschaffenheit nach Beiträge zu bewußter gesellschaftlicher Realitätskontrolle ermöglichen. Im Produktionsbereich sind die Arbeiter unter dem Kommando des Kapitals in Abhängigkeit gehalten und von der bewußten Kontrolle der Entwicklung gesellschaftlicher und damit individueller Lebensbedingungen ausgeschlossen, so daß sie zum Erwerb der benötigten Fähigkeiten, d. h. zur »Selbstentwicklung« innerhalb der Grenzen der vom Kapitalstandpunkt definierten Erfordernisse *kaum motiviert*, sondern eher zur Qualifizierung ihrer Arbeitskraft als Ware *innerlich gezwungen* sind. Im Privatbereich, in welchem die Arbeiter scheinhaft sich selbst gehören, sind sie aber von der gesellschaftlichen Produktion und damit von den objektiven Möglichkeiten der Verbesserung gesellschaftlicher und damit eigener Lebensbedingungen abgetrennt, so daß auch hier aufgrund der sich daraus notwendig ergebenden prinzipiellen Folgenlosigkeit ihres Handelns kaum Motivation zur Fähigkeitsentwicklung entstehen kann, die Arbeiter vielmehr in ihren Aktivitäten auf organismische Residuen »produktiver« Motivation wie Funktionslust, »bloß« soziale Tendenzen, einen allgemeinen »Erlebnishunger« etc. zurückgeworfen sind.

Diese Zusammenhänge sind Sève in seinen weiteren Ausführungen zum Problem der Individualentwicklung und ihrer Beschränkung in der bürgerlichen Gesellschaft durchaus bewußt und werden an verschiedenen Stellen eindrucksvoll auf den Begriff gebracht, aber stets nur in dem Maße, wie er in freien und engagierten Ausführungen sich vorübergehend von seinem verknöcherten und in sich »verkehrten« persönlichkeitstheoretischen Begriffsapparat entfernt. Dies läßt sich gut demonstrieren an der von Sève im Anschluß an seinen Begriff des »psychologischen Fortschritts« eingeführten Konzeption des *»tendenziellen Falls der Fortschrittsrate* beim entwikkelten Individuum« (369), womit unter Bezug auf den ökonomischen Begriff des »tendenziellen Falls der Profitrate« das Nachlassen der Fähigkeitsentwicklung und damit der allgemeinen Entwicklungsdynamik mit wachsendem Alter erklärt werden soll. Diese Konzeption hindert Sève nicht daran, wesentliche und weiterführende Darlegungen über die Beschränkungen der individuellen Entwicklung in der bürgerlichen Gesellschaft zu machen (371 ff.), die aber von seinen theoretischen Auffassungen in ihrem strengen Sinn mehr oder weniger abgelöst sind oder sogar im Widerspruch dazu stehen. So führt er etwa aus, durch die äußerst entfremdeten Formen der produktiven Tätigkeit im Kapitalismus, die sich der erweiterten Reproduktion des Individuums entgegenstellen, sei jeder Anreiz zum Erwerb neuer Fähigkeiten in diesem Sektor verloren (372 f.). Dies bedeutet jedoch nichts anderes, als daß die Motivation zum Fähigkeitserwerb von den gesellschaftlich gegebenen Möglichkeiten nicht entfremdeter produktiver Tätigkeit abhängt, was dem Sèveschen Theorem, die Fähigkeitsentwicklung sei gegenüber den Aktivitäten zu ihrer Anwendung primär und der Fähigkeitserwerb als solcher sei stimulierendes Moment der Aktivität, widerspricht. Weiter legt Sève eindrucksvoll dar, daß die im produktiven Bereich behinderte Entwicklungsdynamik des Menschen auch außerhalb der unmittelbaren Produktion, im Privatbereich, keine Verwirklichung finden kann: »Da dieser Sektor für die große Mehrheit der Menschen im Kapitalismus der Bercich der von den modernen Produktivkräften losgelösten, von den entscheidenden gesellschaftlichen Beziehungen der Menschen untereinander abgetrennten individuellen Aktivität ist, findet dieser Dynamismus kein anderes Betätigungsfeld als beschränkte Aktivitäten, armselige Ablenkungs- und Kompensationshandlungen . . .« (372). Solche Aussagen lassen sich aus der Bedürfnis- und Motivationskonzeption innerhalb der Sèveschen Persönlichkeitstheorie keineswegs ableiten; da in Sèves Theorie der Anreiz zum Fähigkeitserwerb nicht aus den gesellschaftlichen Handlungsmöglichkeiten erwächst und generell die Motivation zum Fähigkeitsgewinn nicht von dem »Verwendungszweck« der Fähigkeiten abhängig gemacht ist, sondern auf Fähigkeitserhöhung überhaupt gerichtet sein soll, müßte Sève im Gegenteil folgern, daß die Behinderung des Dynamismus der Fähigkeitsentwicklung im Produktionsbereich durch entsprechende Fähigkeits-Motivation im Privatbereich in echter Weise ausgeglichen werden kann; die Abwertung der Entwicklungsmöglichkeiten im Privatbereich des Kapitalismus ist zwar angemessen, aber sozusagen außerhalb der theoretischen Deduktion »beiseite gesprochen«. Man fragt sich, warum Sève, da er doch mit aller Schärfe sieht, daß der Mangel an Motivation zur individuellen Entwicklung durch die Loslösung von der Verfügung über die modernen Produktivkräfte und durch den von den entscheidenden gesellschaftlichen Beziehungen der Menschen untereinander abgetrennten bloß individuellen Charakter der Aktivität bedingt ist, daraus nicht die Konsequenzen für sein Bedürfniskonzept und seine Persönlichkeitstheorie zieht, wo doch die Schlußfolgerung: menschliche Bedürfnisentfaltung und Motivation sind von der Möglichkeit der Überwindung bloß individueller Aktivität durch Einbeziehung in die bewußte Entfaltung der modernen Produktivkräfte und die Teilhabe an entscheidenden gesellschaftlichen Beziehungen der Menschen untereinander abhängig, sich aus seinen eigenen Ausführungen geradezu aufdrängt. – Sobald Sève sich nicht frei seinem Wissen und seiner Erfahrung überläßt, sondern seine im Ansatz verfehlten theoretischen Konzeptionen wie »tendenzieller Fall der Fortschrittsrate« im Hinblick auf ihre in der ökonomischen Analogie liegenden Implikationen wörtlich nimmt, entstehen auch hier außerordentlich fragwürdige, in ihren Konsequenzen nicht vertretbare Konstruktionen.

So kommt Sève etwa in Ausschöpfung der Analogie zum »tendenziellen Fall der Profitrate« zu der Auffassung, die »Fortschrittsrate« der Fähigkeitsentwicklung sei »bei sonst durchweg gleicher Sachlage, bei der Persönlichkeit eines Erwachsenen, der bereits sehr viele entwickelte Fähigkeiten besitzt (also bei einer Persönlichkeit mit hoher organischer Zusammensetzung) proportional viel geringer als bei der Persönlichkeit eines Kindes mit niedriger organischer Zusammensetzung. Es handelt sich hier um einen grundlegenden Sachverhalt, der scheinbar spontan eintritt und ständig durch Beobachtung der individuellen Entwicklung belegt wird« (369). Diese Annahme, daß der Fortschritt der Fähigkeitsentwicklung beim Anwachsen der bereits erworbenen Fähigkeiten notwendigerweise geringer ist (die Sève in Analogie zu dem ökonomischen Sachverhalt trifft, daß bei relativem Anwachsen des konstanten zum variablen Anteil des Kapitals die Profitrate sinkt), ist eine *absurde mechanistische Konstruktion*, die die wahren formationsspezifischen Gründe für ein Nachlassen der Entwicklungsmotivation in höherem Alter hinter einem unhistorisch-essentialistischen Etikett verbirgt. Nur sofern man den Fähigkeitserwerb rein statisch als Anhäufung von bloßem Wissen im Individuum sieht, kann man unter Umständen zu der Auffassung kommen, daß im Vergleich zum Umfang bereits vorhandener Fähigkeiten in den Frühphasen der Entwicklung jeder Fähigkeitszuwachs notwendigerweise einen größeren Effekt haben muß als in den späteren Jahren, wenn ein fester Bestand von Kenntnissen schon vorhanden, im Vergleich zu welchem das isoliert genommene neue Wissen relativ gering ist. Wenn man jedoch die Frage der Funktionalität der Fähigkeiten in den Mittelpunkt stellt, d. h. diese nicht nur als toten Ballast betrachtet, den die Menschen mit sich herumschleppen, sondern als Voraussetzung der aktiven Einflußnahme auf die Lebensbedingungen und der individuellen Vergesellschaftung, dann verändert sich das von Sève postulierte Verhältnis grundlegend, kommt man eher zu entgegengesetzter

Feststellung: gerade durch die Vielfalt der Umweltbeziehungen, die durch die Fülle bereits vorhandener Fähigkeiten bedingt ist, ist die Auswirkung eines jeden neuen Wissensgewinns auf die Auseinandersetzung mit der Umwelt unendlich viel größer, als das bei einem relativ unentwickelten Stand der Umweltbezogenheit der Fall sein kann (was Sève an anderer Stelle selbst dargestellt hat.) Es gibt somit kein allgemeines psychologisches Gesetz, demgemäß mit wachsendem Alter der Fortschritt der Individualitätsentwicklung sich verringern muß. Wenn dennoch, wie in der bürgerlichen Gesellschaft, mit wachsendem Alter auch psychologische Entwicklungsbehinderungen auftreten, so liegt das an historisch spezifischen objektiven Entwicklungsbehinderungen älterer Menschen im Kapitalismus. Bei den Jüngeren sind, da hier der Abstand zwischen dem individuell wirklichen und in Abhängigkeit von der Klassenlage gesellschaftlich möglichen Stand der Indidivualentwicklung naturgemäß noch größer ist, bestimmte, wenn auch begrenzte objektive Entwicklungsperspektiven bzw. -anstöße gegeben, die u. U. »subjektiviert« werden und zur Ausbildung von Fähigkeiten führen können. Ältere Menschen innerhalb der Masse der Bevölkerung der kapitalistischen Gesellschaft haben aber meist real keine Entwicklungsmöglichkeiten mehr; sie sind längst an die engen Grenzen gestoßen, die ihrer individuellen Entwicklung gesetzt sind, haben erfahren, daß sie nicht mehr »weiterkommen« können, so daß mangels objektiver Entwicklungsperspektiven auch keine Perspektiven »subjektiviert« werden können und die Individualentwicklung ihren »Dynamismus« verliert und stagniert. Auf derartigen gesellschaftlichen Bedingungen beruht eine etwaige psychisch verursachte Verlangsamung der Entwicklung mit höherem Alter, nicht auf einem essentialistischen allgemeinen »Gesetz« des »tendenziellen Falls der Fortschrittsrate«.

An dieser Stelle tritt, wie häufiger in Sèves Darlegungen, wiederum eine Vermengung von allgemeinen gesellschaftlichen und kapitalismusspezifischen Merkmalen menschlicher Lebenstätigkeit in Erscheinung. Wie im Konzept der »Fähigkeiten als ›fixem Kapital‹«, dem der »organischen Zusammensetzung des Zeitplans« bzw. der Persönlichkeit etc., so werden auch im Begriff des »tendenziellen Falles der Fortschrittsrate« ökonomische Kategorien, die historisch bestimmte Charakteristika der kapitalistischen Produktionsweise erfassen, analogisierend zur Kennzeichnung von Persönlichkeitsmerkmalen benutzt, die bei Sève keineswegs eindeutig als kapitalismusspezifisch bestimmt sind, sondern eher als allen Gesellschaftsformationen gemeinsame Eigenarten der Persönlichkeit erscheinen. »Fähigkeiten« z. B. entwickeln Menschen auch in der Antike und im Kommunismus; was soll also die Analogie mit dem »fixen Kapital«? Auch ein bestimmtes Verhältnis zwischen dem Zeitaufwand für den Erwerb und dem der Anwendung von Fähigkeiten besteht bei Menschen in jeder Gesellschaftsformation; wozu also der Begriff der »organischen Zusammensetzung des Kapitals«? – Besonders problematisch wird diese Vermengung im Hinblick auf das Konzept des »tendenziellen Falls der Fortschrittsrate«, da hier eine kapitalismusspezifische Erscheinung, nämlich das psychologisch bedingte Nachlassen des Entwicklungsfortschritts mit dem Alter, trotz der kapitalismusspezifischen ökonomischen Kategorie, die hier als Modell diente, als allgemeines Gesetz indidividueller Entwicklung ausgegeben wird. Sève hat diese Problematik wohl selbst bemerkt, da er versucht, dem »tendenziellen Fall der Fortschrittsrate« nachträglich doch noch ein kapitalismusspezifisches Gepräge zu geben und den Kommunismus davon auszunehmen:

»Daß in einem wohldefinierten Sektor der Fähigkeiten, wie etwa der Kompetenz für eine gegebene Berufstätigkeit, bei fortschreitender Entwicklung schließlich spontan - und, wohlgemerkt, unvermeidlich – ein Fall der Fortschrittsrate eintritt und der psychologische Dynamismus in diesem Sinne dazu führt, daß er sich nach und nach selbst aus dem Gebiet ausschließt, das er befruchtet hat, das alles hindert unter diesen Bedingungen keineswegs daran, daß sich die Lernaktivitäten *auf andere Sektoren mit niedrigerer organischer Zusammensetzung, wo also immer noch eine hohe Fortschrittsrate möglich ist*, verlegen und so die allgemeine Bildsamkeit der Persönlichkeit erhalten können. Das aber setzt voraus, daß das Individuum die gesellschaftliche Möglichkeit hat, die Grundlagen seines Zeitplans nach den Erfordernissen seines persönlichen Lebens umzugestalten. Diese gesellschaftliche Möglichkeit aber kann nicht für jeden effektiv gegeben sein ohne eine universelle Entwicklung der Produktivkräfte, eine außerordentliche Flüssigkeit aller gesellschaftlichen Verhältnisse, den Einsatz enormer Mittel, die es jedem Individuum erlauben, sich allseitig zu entfalten; kurz, es verlangt noch mehr als den Sozialismus, nämlich die materiellen und kulturellen Grundlagen des *Kommunismus* im eigentlichen Sinne . . . Der ›spontane‹ Fall der Fortschrittsrate ist also in Wirklichkeit keineswegs spontan; er ist Auswirkung der Subsumierung des psychologischen Wachstums unter ein zerstückeltes System der Arbeitsteilung, das selbst die Schranken der Entwicklung der Produktivkräfte und der gesellschaftlichen Verhältnisse reflektiert« (379).

Zunächst ist festzustellen, daß die Vorstellung, entwickeltere Fähigkeiten bedeuten zwangsläufig Verringerung des Entwicklungsfortschritts, genauso falsch und mechanistisch ist, gleichgültig ob man dabei von Fähigkeiten überhaupt redet oder den »Fall der Fortschrittsrate« auf jeweils bestimmte Fähigkeiten einschränkt. Darüber hinaus ist der Sèvesche Versuch, seine essentialistische Konzeption nachträglich zu historisieren, von Grund auf verfehlt. Die Vorstellung, eine volle Entfaltung der Persönlichkeit sei nur möglich, wenn die verschiedenen Individuen sich lediglich am eigenen isolierten Entwicklungsstand orientieren und in zufälliger Verschiebung der Schwerpunkte auf jeweils noch weniger entwickelte Fähigkeitsbereiche ausweichen, schließt eine *individualistische Trennung zwischen persönlichen und gesellschaftlichen Entwicklungsnotwendigkeiten ein*, wie sie sonst für bürgerliche Auffassungen über das Verhältnis zwischen Individuum und Gesellschaft charakteristisch ist; es wird nicht gesehen, daß Fähigkeiten samt der Motivation zu ihrer Fortentwicklung auf erweiterter Stufenleiter nur aufgrund von individuell kognizierten und »subjektivierten« gesellschaftlichen Notwendigkeiten als Teilmomenten der gesamtgesellschaftlichen Lebenserhaltung und -erweiterung entstehen. Die verschiedenen individuellen »Entwicklungspläne« variieren also nicht am Maßstab des jeweils eigenen Ausweichens auf noch unentwickelte »Sektoren« willkürlich gegeneinander, sondern sind, in entwickelteren gesellschaftlichen Stadien immer mehr, an auf die gleichen gesamtgesellschaftlichen Ziele ausgerichteten individuellen Entwicklungsplänen der anderen Menschen orientiert; der *eigene* Beitrag, damit auch die Notwendigkeit entsprechender Fähigkeitsentwicklung, bestimmt sich nach den *übergreifenden Notwendigkeiten der eigenen Funktion im kooperativen Zusammenhang gemeinsamer gesellschaftlicher Lebensgestaltung.* Gerade in der Notwendigkeit der gemeinsamen Bewältigung aller lebenswichtigen Aufgaben, die sich auf jedem gesellschaftlichen Entwicklungsniveau neu stellen, und der daraus abzuleitenden Notwendigkeit der Ausrichtung der eigenen Pläne an denen der anderen liegt ein wesentliches Moment menschlicher Verbundenheit und damit persönlichen Glückes als motivierendem Faktor der Fähigkeitsentwicklung. Die Anwendung von bereits entwickelten Fähigkeiten wird dabei nicht eo ipso quasi »langweilig«, so daß das Individuum nach anderen Betätigungen Ausschau hält; vielmehr wird auch der Einsatz seiner bereits erworbenen Qualifikation in dem Grade subjektiv bedeutungsvoll, wie die Notwendigkeit dieses Einsatzes innerhalb einer umfassenderen gesellschaftlichen Aufgabe eingesehen wird, wie also das, was ein Individuum »kann«, von anderen »gebraucht« wird: Dabei werden mit dem so geleisteten Beitrag zur gesellschaftlichen Entwicklung allerdings auch die Fähigkeiten des Individuums in einem umfassenderen Sinne weiterentwickelt, was aber nicht das Ziel der Aktivität, sondern das Nebenergebnis von Anstrengungen ist, in deren Mittelpunkt der Mensch und die Verbesserung seiner allgemeinen Lebensbedingungen stehen. Dieser kooperative Zusammenhang, der im Kapitalismus noch zerrissen ist, setzt sich im Sozialismus und noch mehr später im Kommunismus auch in der tatsächlichen gesamtgesellschaftlichen Lebensgestaltung durch. Die Bedingtheit der eigenen Entwicklungsnotwendigkeiten durch die umfassenden Notwendigkeiten gesamtgesellschaftlicher Entfaltung ist also im *Kommunismus am allerstärksten*; hier ist die Beliebigkeit der eigenen Lebensführung, die nach Engels die »verkehrte« bürgerliche Oberflächengestalt der Freiheit ist (vgl. unsere Ausführungen in I, 252f.), weitgehend in wahre Freiheit, die aus dem Begreifen der Notwendigkeiten der die Entfaltung jedes einzelnen einschließenden gemeinsamen gesellschaftlichen

Lebensentfaltung erwächst, verwandelt. Es ist mithin eine nahezu absurde, nur aus dem gewaltsamen Versuch der nachträglichen Rettung einer verfehlten persönlichkeitstheoretischen Konzeption erklärliche Verkennung der wirklichen Perspektiven des Kommunismus, wenn hier der universellen Entwicklung der Produktivkräfte die Funktion zugeschrieben wird, die Voraussetzungen für die Gestaltung der Zeitpläne des Einzelnen »nach den Erfordernissen seines persönlichen Lebens« zu schaffen. Sève hat sich an dieser Stelle nicht von der bürgerlichen Vorstellung einer essentiellen Unvereinbarkeit gesellschaftlicher Erfordernisse und individueller Bedürfnisse befreit, so daß der Kommunismus nicht als weitgehendes Aufgehobensein persönlicher Bedürfnisse in gesellschaftlichen Zielen begriffen wird, sondern als eine gesellschaftliche Stufe erscheint, in der der Widerspruch zwischen Individuum und Gesellschaft bei seinem prinzipiellen Fortbestehen nur dadurch neutralisiert ist, daß die Produktivkraftentwicklung jedem einzelnen ermöglicht, zu tun und zu lassen, was er will. Sèves problematische Bedürfniskonzeption, in der Bedürfnisbefriedigung nach dem Modus der organischen Bedürfnisse individualistisch fehlgedeutet ist, schlägt auch in diesem Zusammenhang durch. – Sèves Auffassung von personaler Entwicklung trotz »tendenziellen Falls der Fortschrittsrate« widersprechen andere Sèvesche Darlegungen, in denen wesentliche Einsichten in den Zusammenhang von Arbeitsteilung und Individuation zum Ausdruck gebracht sind (vgl. auch unsere Ausführungen in I, S. 310ff.), so etwa die Feststellung, das menschliche Individuum könne sich stets nur »partikulär vermenschlichen«: »Und je mehr sich das menschliche Sozialerbe entwickelt, je mehr sich das gesellschaftliche System der Teilung der Arbeit kompliziert und vermannigfacht, desto stärker werden die gesellschaftlichen Grundlagen der psychologischen Individuation« (285). Daraus zieht Sève die wichtige Konsequenz, daß die maximale Entfaltung der Gesamtheit der Individuen, die eine bestimmte historische Entwicklungsetappe erlaubt, die »unablässig zunehmende Unterschiedlichkeit der Personen« bedeutet (374). Unter dem Zwang seiner Fehlkonzeption des »Falles der Fortschrittsrate« kehrt Sève diese Erkenntnis in ihr Gegenteil, indem durch das unterstellte Erfordernis zur »Abwechslung« im Interesse der eigenen Persönlichkeitsentwicklung die Arbeitsteilung als Voraussetzung der Individuation ausgeklammert und die durch die gesellschaftliche Entwicklung ermöglichte Höherentwicklung des Einzelnen hier nicht als zunehmende Unterschiedlichkeit, sondern als zunehmende Angleichung von »in allen Sätteln gerechten« Allround-Persönlichkeiten erscheint. Diese Widersprüchlichkeit ist nur zu eliminieren, wenn man die Vorstellung aufgibt, ein jeweils bestimmter Fähigkeitsbereich verliere mit seiner Ausbildung die Entwicklungsfähigkeit und begreift, daß jeder Teilbereich menschlicher Fähigkeiten durch Aneignung des gesellschaftlichen Erbes in sich unbegrenzt individuell entwicklungsfähig ist, sofern es sich dabei um spezifisch »menschliche« Fähigkeiten handelt, in denen mit der Möglichkeit zur bewußten Teilhabe an gesellschaftlicher Realitätskontrolle die Trennung von körperlicher und geistiger Arbeit reduziert oder überwunden ist.

Die Problematik der Sèveschen Bedürfnis- und Motivationskonzeption, die mit Fragwürdigkeiten seiner persönlichkeitstheoretischen Gesamtauffassung zusammenhängt, könnte noch an vielen weiteren Argumentationsfolgen aufgewiesen werden; so etwa an der Einführung der *»Liebe zum Beruf«*, durch welche das Individuum in kapitalistischen Verhältnissen nach Sève dazu gebracht wird, trotz der entfremdeten Arbeit seine Fähigkeiten »nicht wegen des abstrakten Produkts, sondern für sich selbst« weiterzuentwickeln, womit durch den stetig wachsenden Widerspruch zwischen dem eigenen Fähigkeitsstand und den mangelnden Anwendungsmöglichkeiten im Kapitalismus eine Aktivität zur Umgestaltung der Gesellschaft im Sinne einer Erweiterung der Möglichkeiten zur Fähigkeitsanwendung gefördert wird, die mit dem früher erfundenen »Kampfbedürfnis« eng zusammenhängen soll (384); hieran ließen sich wiederum die Mängel einer Bedürfniskonzeption, dergemäß sich die Motivation zur Fähigkeitsentwicklung primär, ohne Bezug auf gesellschaftliche Notwendigkeiten, herstellt, und der individualistischen Rückbeziehung der Bedürfnisbefriedigung »auf sich selbst« aufweisen und zeigen, daß auch hier in »Verkehrung« der wirklichen Zusammenhänge eine ad-hoc-Etikettierung an die Stelle einer wissenschaftlichen Erklärung tritt. Wir wollen darüber aber keine genaueren Ausführungen mehr machen, da sich dabei neue Gesichtspunkte nicht ergeben würden.

Es sollte am Gang unserer gesamten kritischen Analyse deutlich werden, daß die Problematik der Sèveschen Argumentation mit ihrer Unsicherheit, ihrer Widersprüchlichkeit, ihrem Hin-und-her-Schwanken zwischen verschiedenen Ableitungsebenen und der mangelnden wissenschaftlichen Begründetheit ihrer Resultate nicht durch »persönliche« Grenzen Sèves, dessen entscheidende Vorarbeiten für eine marxistische Persönlichkeitstheorie wir mehrfach hervorgehoben haben, bedingt sind, sondern dadurch, daß die Unerläßlichkeit, die Frage nach dem Wesen menschlicher Bedürfnisse und Motivation durch empirische, logisch-historische Analyse ihres naturgeschichtlichen und gesellschaftlich-historischen Gewordenseins und ihrer historischen Bestimmtheit zu klären, nicht eingesehen wurde. Wir wollten mit der Kritik nicht nur von Sèves, sondern auch von Rubinsteins und Leontjews einschlägigen Auffassungen zum Bedürfnisproblem in aller Schärfe herausheben, daß man »psychologische« Fragen nach der Eigenart verschiedener Aspekte der empirischen Subjektivität des Menschen in der bürgerlichen Gesellschaft nicht durch bloße Explikation der Feststellungen von Marx, Engels und Lenin (die ja kaum direkt auf entsprechenden Untersuchungen beruhen) und anschließende allgemeine Überlegungen, sondern nur in Anwendung der im Marxismus-Leninismus entwickelten dialektischen Methode historischer Analyse in auf neuestes empirisches Material bezogener positiver wissenschaftlicher Forschung fördern kann.

5. Psychoanalyse: Inhaltliche Kritik ihrer Grundbegrifflichkeit und Herausarbeitung ihres Erkenntnisgehaltes als Weiterentwicklung der kritisch-psychologischen Gesamtkonzeption

5.1 Methoden- und Darstellungsprobleme

Die Psychoanalyse ist zweifellos eine der bedeutendsten geistigen Strömungen dieses Jahrhunderts. Ihr Einfluß auf die Human- und Sozialwissenschaften wie auf das allgemeine Bewußtsein in der bürgerlichen Gesellschaft kann kaum überschätzt werden. Das gewaltige und zwiespältige Werk Freuds hat von Anfang bis heute zum Widerspruch herausgefordert. Spaltungen und Revisionen innerhalb der Psychoanalyse und Auseinandersetzungen mit anderen Wissenschaftszweigen waren und sind die Folge.

Innerhalb der Psychoanalyse sind Fortschritte über Freud hinaus bis zur Gegenwart nicht erreicht worden. Die frühen Sezessionen, die Jungsche »Komplexpsychologie« und die »Individualpsychologie« Adlers, sind im Vergleich zu Freuds Werk Theorien geringeren wissenschaftlichen Ranges. Die mannigfachen Revisionsversuche der Freudschen Psychoanalyse, so die der »Kulturschule« um Horney, Sullivan, Fromm u. a., die verschiedenen neoanalytischen Schulen, wie die Eriksons oder Schultz-Henckes, die »daseinsanalytischen« Konzeptionen etwa Binswangers etc., haben in je verschiedener Weise »Auswüchse« und »Einseitigkeiten« der Psychoanalyse zu überwinden versucht, Annäherungen an modernes sozialwissenschaftliches oder philosophisches Denken vollziehen wollen, sich von bestimmten als problematisch betrachteten Teilen des Freudschen Werkes distanziert, sind dabei aber lediglich zu Verwässerungen, Verflachungen Annäherungen an den common sense gekommen, die Rückschritte gegenüber der Größe und Kompromißlosigkeit des ursprünglichen Freudschen Ansatzes darstellen (zur Kritik des »Revisionismus« in der Psychoanalyse vgl. Adorno 1952). – Wir haben in der vorliegenden Abhandlung nicht den Platz, diese Einschätzung ausführlich zu begründen; eine Auseinandersetzung mit neueren tiefenpsychologischen Konzeptionen von der Position der Kritischen Psychologie muß, wo nötig, in späteren Einzelarbeiten erfolgen; dennoch ziehen wir schon hier die Konsequenz aus unserer Beurteilung der modernen psychoanalytischen Richtungen, indem wir die *Freudsche Lehre zum zentralen Gegenstand unserer Analyse machen.*

Das Verhältnis der akademischen »Schulpsychologie«[1] zur Psychoana-

[1] Die Bezeichnung »Schulpsychologie« ist ein polemischer Terminus mit dem die der Lebenspraxis zugewandte, außerakademische Psychoanalyse gegenüber der

lyse war zunächst von schroffer Ablehnung gekennzeichnet. Man glaubte anfangs häufig, die Psychoanalyse pauschal als unwissenschaftlich denunzieren zu können, um sich nicht mit ihr auseinandersetzen zu müssen. In der weiteren Entwicklung kam es dann zu differenzierter Kritik, in der innerhalb verschiedener Zusammenhänge die wissenschaftliche Anfechtbarkeit der psychoanalytischen Methode und die wissenschaftliche Problematik der psychoanalytischen Begriffs- und Theorienbildung aufgewiesen werden sollten. Die dabei herangezogenen Argumente waren sicherlich teilweise zutreffend, konnten die Psychoanalyse aber nicht recht erreichen, die unberührt davon weiter an Einfluß gewann. Bald kam es auch zu Versuchen der Integration der Psychoanalyse in die »Schulpsychologie« auf dem Weg der grundwissenschaftlichen Reformulierung und experimentellen Überprüfung mancher ihrer Konzeptionen, so der »Verdrängung«, »Projektion«, »Regression«, »Rationalisierung« etc.; psychoanalytische Denkweisen fanden in viele psychologische Theorien, wie die Lewinsche Feldtheorie (s. u.), sozialpsychologische Ansätze, etwa die »Social-perception«-Forschung, die Dissonanztheorie und andere »konsistenztheoretische« Vorstellungen etc., ebenso in persönlichkeitstheoretischen Auffassungen Eingang. Weiterhin wurde versucht, die therapeutische Konzeption der Psychoanalyse in psychologische Ansätze, besonders »lerntheoretischer« Art, zu integrieren; klassische Bemühungen in dieser Richtung sind die von Miller & Dollard und von Mowrer; dabei kamen Ähnlichkeiten der psychoanalytischen und der »lerntheoretischen« Motivationsvorstellungen diesen Integrationsversuchen zwar entgegen, die sich aber, weil dabei offenbar wesentliche Eigenarten der Psychoanalyse verlorengingen, dennoch nicht durchsetzen konnten. In neuerer Zeit macht die »Schulpsychologie« der Psychoanalyse zunehmend auf deren eigenem Gebiet, der Therapie psychischer Störungen, z. B. mit der Herausbildung einer »Gesprächspsychotherapie« und besonders »Verhaltenstherapie«, Konkurrenz, und zwar kommerziell und standespolitisch durchaus in gewissem Maße erfolgreich. Doch die Auseinandersetzung mit der Psychoanalyse wird hier kaum auf inhaltlich-argumentativer Ebene geführt, sondern vorwiegend durch drastische Reduzierung des eigenen Anspruchs an die wissenschaftliche Erklärungskraft der Theorien, womit man die Psychoanalyse quasi mit den »Vorzügen« geringeren Aufwandes und größerer Praktikabilität »unterlaufen« will.

Im Ganzen ist festzustellen, daß der »Schulpsychologie« weder die Zurückdrängung noch die Integration der Psychoanalyse gelungen ist, so daß man hier von der bemerkenswerten Tatsache einer weitgehend getrennten

akademischen Psychologie hervorgehoben werden sollte (und hat mit der Psychologie in der oder für die Schule nichts zu tun).

historischen Entwicklung zweier inhaltlich benachbarter Disziplinen mit jeweils selbständigen Ausbildungsstätten (wobei die Verbannung der Psychoanalyse von der Universität nur langsam reduziert wird), selbständiger standespolitischer Vertretung und eigenständigen wissenschaftlichen Traditionen steht (eine Tatsache, deren historisch-materialistische Ableitung noch fehlt). Die Unerreichbarkeit der Psychoanalyse durch Kritik und Integrationsversuche der »akademischen« Psychologie rührt im wesentlichen daher, daß die Psychoanalyse, wie anfechtbar ihre zentralen Grundannahmen immer sind, einen Beitrag zur wissenschaftlichen Welt- und Lebensdeutung und Selbstverständigung des Menschen in der bürgerlichen Gesellschaft geleistet hat, dabei bestimmte widersprüchliche Züge der Subjektivität und Zwischenmenschlichkeit unter gegenwärtigen Lebensumständen mit einer Tiefe und Rücksichtslosigkeit aufdecken konnte, dem die bürgerliche »Schulpsychologie« nichts auch nur annähernd Gleichrangiges entgegenzusetzen hat.

Wir müssen versuchen, von dem bisher in Ausarbeitung der kritisch-psychologischen Bedürfnis- und Motivationskonzeption gewonnenen wissenschaftlichen Standort aus die Problematik psychoanalytischer Grundauffassungen herauszuarbeiten, ohne dabei deren Anspruch an die umfassende Erhellung der subjektiven Beweggründe menschlichen Handelns zu reduzieren. Die Kritische Psychologie macht sich den in der bürgerlichen Schulpsychologie im Einklang mit neopositivistischen Auffassungen bestehenden Trend, im Interesse vermeintlich höherer »Wissenschaftlichkeit« immer weitgehender auf die Behandlung der wesentlichen Themen des menschlichen Lebens zu verzichten (und die hier bestehenden Fragen als »Scheinprobleme« oder wissenschaftlich nicht untersuchbar zu eliminieren), nicht zu eigen: Die entwickeltere wissenschaftliche Problembehandlung, von der aus unsere Kritik allein legitimierbar ist, muß im Prinzip eine weitergehende Klärung der unreduzierten, von der Psychoanalyse aufgeworfenen Probleme, also ein umgreifenderes und eindringenderes Verständnis menschlicher Subjektivität in der bürgerlichen Gesellschaft ermöglichen[2] – oder sie wird die Psychoanalyse genau so verfehlen wie die bisherige Kritik.

Da die von uns erarbeitete Auffassung über den emotional-motivationalen Aspekt menschlicher Lebenstätigkeit marxistisch fundiert ist, gehört

[2] Damit ist nicht die von der »humanistischen Psychologie« empfohlene Rücknahme der Wissenschaftlichkeit im Interesse größerer Lebensnähe gemeint (s. u.). Erhöhter wissenschaftlicher Erkenntniswert und wachsende Lebensbedeutsamkeit sind in der Psychologie (wie der Wissenschaft überhaupt) dasselbe; die geringe Relevanz von Aussagen bürgerlich-psychologischer Forschung für das »Leben« ist nichts weiter als der Ausdruck ihres dürftigen Erkenntnisgehalts, vgl. Holzkamp 1972, S. 282ff.

unsere Kritik der Psychoanalyse in die Auseinandersetzung zwischen Psychoanalyse und Marxismus, wobei diese Auseinandersetzung u. E. hier aber eine neue, weiterführende Qualität gewinnt. – Die Psychoanalyse war für den Marxismus von Anfang an eine Herausforderung, was sich aus dem gleichrangigen Anspruch der Psychoanalyse und des Marxismus im Hinblick auf das umfassende wissenschaftliche Begreifen menschlicher Subjektivität aus dem gesellschaftlichen bzw. »kulturellen« Zusammenhang erklärt (eine vergleichbare Auseinandersetzung zwischen Marxismus und akademischer »Schulpsychologie« konnte es wegen deren »einzelwissenschaftlicher« Beschränktheit und der darin gegründeten wissenschaftlichen Anspruchslosigkeit niemals geben). – In der Sowjetunion wurde die Psychoanalyse nach anfänglichen heftigen Kontroversen zunächst grundsätzlich als bloße bürgerliche Ideologie ohne jeden wissenschaftlichen Erkenntniswert abgelehnt (vgl. etwa den 1930 erschienenen, quasi abschließend verurteilenden Aufsatz von Stoljarow, 1970) und verschwand danach für lange Zeit fast völlig aus der wissenschaftlichen Diskussion. Erst seit den sechziger Jahren beginnt die sowjetische Psychologie, sich wieder mit der Psychoanalyse zu beschäftigen (vgl. Leontjew 1968), ohne daß bisher hier oder anderswo innerhalb der sozialistischen Staaten eine umfassende Aufarbeitung der psychoanalytischen Theorie geleistet wäre. – In den kapitalistischen Ländern war die Auseinandersetzung wegen der vielfältigen und schillernden Varianten all dessen, was sich als »Marxismus« versteht, von vornherein komplexer und hat bis heute zu einer kaum übersehbaren Fülle verschiedener Positionen geführt. Dennoch lassen sich bis zur Gegenwart zwei unterschiedliche Trends »marxistischer« Stellungnahmen zur Psychoanalyse unterscheiden: Auf der einen Seite stehen immer wieder anders nuancierte Versuche, die Psychoanalyse als Ideologie aus der bürgerlichen Gesellschaft abzuleiten, die Befangenheiten des Freudschen Denkens in der Wiener »Gesellschaft« der Jahrhundertwende aufzuweisen, ihren individualistischen und kleinbürgerlichen Charakter darzulegen etc. Auf der anderen Seite stehen die ebenso vielfältigen Bemühungen, die Psychoanalyse in den Marxismus zu integrieren, ihr kritisches Potential im Hinblick auf das Begreifen menschlicher Subjektivität für den wissenschaftlichen Sozialismus fruchtbar zu machen, die vermeintlich lediglich »ökonomische« Theorie des Marxismus durch die individuumzentrierten Lehren der Psychoanalyse zu ergänzen etc.; so kam es zur Herausbildung verschiedener »freudomarxistischer« Konzeptionen[3] etwa von

[3] Wir benutzen den Begriff »Freudomarxismus« hier in allgemeinster Bedeutung zur Benennung aller Positionen, in denen Auffassungen, die – wie immer modifiziert und »revidiert« – sich auf Marx beziehen, der Ergänzung oder Erweiterung durch psychoanalytische Auffassungen für fähig und bedürftig gehalten und entsprechende integrative Konzeptionen entwickelt worden sind.

Bernfeld und Reich über Caruso und die »Kritische Theorie« der Frankfurter Schule (Horkheimer, Adorno, Habermas usw.) bis hin zur »Kritischen Theorie des Subjekts« von Klaus Horn, Alfred Lorenzer u. a., den Arbeiten des Psychologischen Institutes der Universität Hannover um Brückner, Leithäuser, Vinnai usw. und einer Vielzahl ähnlicher, häufig im Gefolge der Studentenbewegung entstandener Abhandlungen. Dabei wurden die »freudomarxistischen« Bemühungen von Beginn an bis in die Gegenwart mehr oder weniger ausgeprägt vom traditionellen oder »orthodoxen« Marxismus zurückgewiesen, die Verfälschung der marxistischen Theorie durch die psychoanalytischen »Ergänzungen« herausgestellt und der Vorwurf der Befangenheit in der bürgerlichen Ideologie, dem kleinbürgerlichen Subjektivismus und Individualismus etc. nun auch gegenüber den »Freudomarxisten« erhoben, womit die Auseinandersetzung zwischen Marxismus und Psychoanalyse sich hier auf einer neuen Ebene wiederholte.

Die Permanenz und Fruchtlosigkeit der Kontroversen zwischen Psychoanalyse und Marxismus, insbesondere zwischen »Freudomarxismus« und Marxismus, scheinen zu signalisieren, daß hier einerseits ein dringendes Problem zur Diskussion steht, das aber andererseits von beiden streitenden Parteien unter falschen Prämissen angegangen wird. Diese fehlerhaften Prämissen bestehen in einer *Gleichsetzung der Theorie des Subjekts mit der psychoanalytischen Theorie des Subjekts.* – Die marxistischen Kritiker der Psychoanalyse und des »Freudomarxismus« haben häufig die Tendenz, mit der Psychoanalyse die Theorie des Subjekts überhaupt zurückzuweisen, Subjektivität mit Subjektivismus, Individualität mit Individualismus, Psychologie mit Psychologismus zu verwechseln, psychologische Forschung generell als »Anpassungs-« oder »Herrschaftswissenschaft« zu mißdeuten und so in der Leugnung der Möglichkeit und Notwendigkeit einer Entwicklung psychologischer Fragestellungen innerhalb des wissenschaftlichen Sozialismus selbst in mechanistische und ökonomistische Verkürzungen der marxistischen Theorie hineinzugeraten (als aktuelles Beispiel vgl. auch etwa Kursbuch 29, »Das Elend mit der Psyche. II, Psychoanalyse«, 1972). Die psychoanalytische bzw. »freudomarxistische« Gegenpartei innerhalb solcher Kontroversen hat deswegen nicht völlig unrecht, wenn sie (wie in der Antwort von Dahmer, Horn, Leithäuser, Lorenzer und Sonnemann auf das genannte »Kursbuch 29«, »Das Elend der Psychoanalyse-Kritik«, 1973) ihren marxistischen Kritikern »Subjektverleugnung« und »objektivistischen Dogmatismus« vorwirft. – Andererseits aber hypostasieren die »Freudomarxisten« aller Ausprägungsarten ebenfalls dogmatisch eine Identität der Theorie des Subjekts mit der Psychoanalyse, nur quasi mit umgekehrten Vorzeichen: Sie »erschleichen« sich, wenn sie die Notwendigkeit einer Theorie der Subjektivität hervorheben, immer gleichzeitig Vorteile für die Psychoanalyse und unterstellen jedem Marxisten, der die Psychoanalyse kritisiert, er »verleugne« damit das »Subjekt« überhaupt. Dabei gehen sie von der ungeprüften Vorannahme aus, der Marxismus sei unfähig, aus sich heraus und mit eigenen Denkmitteln eine psychologische Theorie der menschlichen Subjektivität zu entwickeln, sondern sei darauf angewiesen, hier von der Psychoanalyse zu borgen, also zwangsläufig eklektizistisch zu werden, womit sie die ökonomistischen und objektivistischen Vorurteile ihrer marxistischen Kritiker im Hinblick auf den Marxismus selbst reproduzieren. Auf diese Weise immunisieren sie die Psychoanalyse gegen jede fundamentale wissenschaftliche Kritik und verstellen den Weg zur Entwicklung einer marxistisch begründeten psychologischen Theorie, die die Subjektivität des Menschen in ihrer ganzen lebensgeschichtlichen Fülle und Widersprüchlichkeit, nur eben nicht auf der Basis psychoanalytischer Grundbegriffe, sondern mit wissenschaftlich tragfähigeren, durch die Methode des dialektischen Geschichtsmaterialismus gewonnenen Kategorien erfassen könnte.

Unsere Herausarbeitung der Problematik wie des Erkenntniswertes der Psychoanalyse ist dadurch charakterisiert, daß dabei die Gleichsetzung von Theorie des Subjekts und Psychoanalyse aufgehoben ist, indem wir von der bisher erarbeiteten kritisch-psychologischen Konzeption menschlicher Subjektivität in ihrem emotional-motivationalen Aspekt aus argumentieren. Wir kritisieren die Psychoanalyse damit nicht einfach vom Standpunkt des Marxismus, sondern vom Standpunkt einer dem Anspruch nach wissenschaftlich entwickelteren (wenn auch natürlich nur erst ansatzweise elaborierten) marxistisch fundierten *Psychologie*. Unsere Argumente richten sich nicht gegen die Tatsache, daß die Psychoanalyse die menschliche Subjektivität heraushebt und erforscht (dies geschieht vom kritisch-psychologischen Ansatz aus ebenfalls), sondern gegen die inhaltlichen Basisbegriffe und Grundannahmen über die Natur und die Entwicklung des Menschen, von denen sie dabei ausgeht. Wir wollen nachweisen, daß die *fundamentalen psychoanalytischen Vorstellungen über die Natur des Menschen im Verhältnis zu seiner Gesellschaftlichkeit wissenschaftlich unhaltbar sind*, womit auch ihre inhaltlichen Grundbegriffe notwendig verkürzt und »verkehrt« sein müssen, und daß eine adäquate Theorie der menschlichen Subjektivität in der bürgerlichen Gesellschaft einschließlich einer angemessenen Theorie der Ursachen und der Behandlung psychischer Störungen nur auf der Grundlage des historischen und dialektischen Materialismus erarbeitet werden kann, daß also auch die psychologischen Basiskategorien, mit denen die von der Psychoanalyse aufgeworfenen Fragestellungen wissenschaftlich begründet und weiterführend analysiert und erforscht werden können, aus der logisch-historischen Analyse des Gegenstandes im Sinne des dialektischen Geschichtsmaterialismus gewonnen werden müssen.

Mit diesem Ansatz unserer kritischen Analyse wird davon ausgegangen, daß nicht nur die Psychoanalyse selbst, sondern alle wissenschaftlichen Konzeptionen, sofern sie psychoanalytische Grundvorstellungen enthalten, in ihrer wissenschaftlichen Basis fundamental problematisch sind. Dies gilt, wie zu zeigen sein wird, in besonderem Maße für die gegenwärtige »Soziologie« in der bürgerlichen Gesellschaft, speziell, sofern sie als »Sozialisationsforschung« Aussagen über die individuelle Vergesellschaftung des Menschen machen will, weil die Soziologie dabei fast durchgehend mit Selbstverständlichkeit sich im Bereich psychoanalytischer Basisbegriffe bewegt. Es wird nachzuweisen sein, daß dadurch in Kernbereichen der Soziologie, auch in all ihren antikapitalistischen, marxistisch gemeinten Varianten, die Frage nach dem Verhältnis zwischen Individuum und Gesellschaft nicht nur falsch beantwortet, sondern in grundlegend falscher Weise gestellt wird und daß diese Fehler nur durch die Eliminierung psychoanalytischer Denkweisen und Einbeziehung einer auf der Grundlage und im Rahmen des historischen und dialektischen Materialismus erarbeiteten Theorie der individuellen Vergesellschaftung des Menschen überwunden werden können.

Mit unserer kritischen Aufarbeitung der Psychoanalyse sollen unserem Anspruch nach die Voraussetzungen dafür geschaffen werden, daß die künftige Auseinandersetzung um die Psychoanalyse und ihr Verhältnis zum Marxismus eine neue inhaltlich-psychologische Ebene erreichen kann, auf der der Erkenntnisgehalt psychoanalytischer Konzeptionen in positiver, weiterführender Forschung marxistisch fundierter Psychologie aufhebbar ist, und alle, auch die fortschrittlich gemeinten Versuche einer Erhaltung der Identität der Psychoanalyse (bzw. ihrer wesentlichen Grundvorstellungen als Teil anderer Wissenschaften) in ihrer wissenschaftlichen Verfehltheit erkennbar und zu überwinden sind. Dies bedeutet aber nicht, daß wir die damit zu ermöglichende Auseinandersetzung selbst hier schon in extenso führen müssen. – So ist eine Aufarbeitung der bisherigen Kritik des Marxismus an der Psychoanalyse bzw. am »Freudomarxismus« (vgl. etwa Sandkühler 1970), da hier durchgehend mangels entwickelterer marxistisch begründeter *psychologischer* Konzeptionen über die von der Psychoanalyse aufgeworfenen Fragen das Problem des Erkenntnisgehaltes psychoanalytischer Vorstellungen kaum adäquat geklärt werden konnte, keine notwendige Voraussetzung für die von uns zu leistende Analyse und soll deswegen aus Platzgründen im folgenden unterbleiben. Die Gewinnung einer Ebene der Kritik, in welcher aufgrund einer entwickelteren psychologischen Position die inhaltliche Bestimmung der wissenschaftlichen Adäquatheit psychoanalytischer Grundvorstellungen und Einzelaussagen möglich ist, erlaubt – wie gezeigt werden soll – vielmehr umgekehrt erst eine angemessene Herausarbeitung der gesellschaftlichen

Entstehung und Funktion der Psychoanalyse, dabei auch die Erklärung ihrer immensen historischen Wirksamkeit und ihres bedeutenden bewußtseinsprägenden Effektes innerhalb der bürgerlichen Gesellschaft, da man dann die Psychoanalyse nicht mehr auf bloße Ideologie reduziert, sondern am Maßstab ihres Erkenntnisgehaltes und ihrer Erkenntnisschranken, also als Wissenschaft in ihrer gesellschaftlichen Funktion und Interessenverhaftetheit begreifen kann. – Ebenso sind die »freudomarxistischen« Versuche einer Integration der Psychoanalyse in den Marxismus (oder umgekehrt) für die von uns zu leistende Analyse sekundär, so daß ihre Aufarbeitung zurückgestellt werden kann. Da die »Freudomarxisten« nämlich (wie dargestellt) zwar die Ergänzungsbedürftigkeit der psychoanalytischen Auffassungen durch marxistische Konzeptionen hervorheben, auch die gesellschaftliche Geprägtheit und historische Bestimmtheit der Subjektivität des Menschen etc. betonen, aber – eben dies kennzeichnet sie als »Freudomarxisten« – die Adäquatheit der psychoanalytischen Grundkategorien zur Erfassung wesentlicher Züge des Subjekts im Verhältnis zu seiner Gesellschaftlichkeit nicht in Zweifel ziehen, die innere »Natur« des Individuums nicht als möglichen Gegenstand marxistischer Wissenschaft betrachten, sondern der Zuständigkeit der Psychoanalyse überantworten etc., lassen sie damit gerade jene Fundamente des psychoanalytischen Denkens unangetastet, die in unserer folgenden Untersuchung problematisiert werden sollen. Zum »Freudomarxismus« in diesem Sinne rechnen wir (unabhängig davon, wieweit die jeweiligen Theorien sich selbst so einordnen) einschränkungslos auch das Psychoanalyseverständnis der »Frankfurter Schule«, die »kritische Theorie des Subjekts« von Horn und Lorenzer (vgl. etwa Lorenzer 1974), wie auch ultralinke Versuche einer »politischen« Wendung der Psychoanalyse, etwa den von M. Schneider (1973). Die Begründung dieser Zuordnung soll jedoch (abgesehen von gelegentlichen Hinweisen) ebenfalls hier aus Platzgründen (und um den großen Ableitungszusammenhang nicht durch zu viele Einzelerörterungen zu verdecken) unterbleiben. Sie muß in späteren Spezialabhandlungen nachgeholt werden, innerhalb derer auch der im Umkreis der Frankfurter Schule und der »kritischen Theorie des Subjekts« für die Psychoanalyse reklamierte wissenschaftstheoretische Sonderstatus eines einmaligen »verstehenden«, »hermeneutischen« o. ä. Weges der Erfahrungsgewinnung, der vermeintlich »positivistischen« Wissenschaftlichkeitskriterien nicht unterliegen soll, auf der Basis der hier geleisteten Analysen im Zusammenhang zu diskutieren und einzuschätzen ist.[4]

[4] Eine fundierte Kritik des Ansatzes von Lorenzer wurde, teilweise auf der Grundlage kritisch-psychologischer Konzeptionen, neuerdings von W. Gerhardt erarbeitet (erscheint voraussichtlich 1977 im Campus Verlag).

Die Verfahrensweisen und Zielsetzungen der folgenden kritischen Analyse, in denen stets das kritisch-psychologische *Prinzip der »Einheit von Kritik und Weiterentwicklung«* leitend ist, müssen sich dem jeweiligen Gegenstand der Analyse anmessen und unterscheiden sich deshalb in Abhängigkeit von der Eigenart der jeweils an der Freudschen Lehre thematisierten Aspekte:

Die Freudsche Trieblehre in ihren verschiedenen Entwicklungsstadien und die in diesem Zusammenhang konzipierte »ökonomische« Betrachtensweise (vgl. Kapitel 5.2), aber auch die Freudschen Vorstellungen über »allgemein-menschliche« Ursituationen individueller Lebensproblematik einschließlich der Entstehung psychischer Störungen, die Mechanismen menschlicher Vergesellschaftung und das Verhältnis zwischen »dem« Individuum und »der« Gesellschaft (vgl. bes. Kapitel 5.4) sind, wie sich zeigen soll, gemessen am gegenwärtig möglichen Erkenntnisstand, wissenschaftlich so unhaltbar, daß unsere Kritik hier nur die Begrenzungen und Verkehrtheiten dieser Freudschen Konzeptionen, also Beschränkungen ihres Erkenntniswertes, am Maßstab der von uns bisher abgeleiteten kritisch-psychologischen Auffassungen über menschliche Bedürfnisse und Motivationen herausarbeiten kann.

Anders als Freuds Triebkonzeption und die damit verbundenen Vorstellungen enthalten seine »dynamischen« Auffassungen über die Abwehrvorgänge, die Angst und das Unbewußte etc. (vgl. Kap. 5.3), wie sich zeigen wird, so viel an wesentlichem weiterführenden Erkenntnisgehalt, daß sie nach Herauslösung aus ihren inadäquaten triebtheoretischen Verflechtungen im Rahmen des kritisch-psychologischen Ansatzes reinterpretiert werden können. Entsprechendes gilt auch von Freuds Auffassungen vom »Über-Ich« und der »introjektiven Identifikation« als Vergesellschaftungsmechanismen, wenn man sie nicht als positive Mechanismen des Vergesellschaftungsprozesses, sondern als spezifische Formen der Behinderung und Fehlentwicklung der Vergesellschaftung interpretiert (vgl. Kap. 5.4.1). Auch wesentliche Momente der Freudschen Lehre von den Neurosen und deren Therapie sind nach Aufhebung von Verkürzungen und Verkehrungen, die wesentlich mit ihrer triebtheoretischen Einbettung zusammehängen, im Zusammenhang kritisch-psychologischer Auffassungen über psychische Störungen und deren Therapie zu reinterpretieren (vgl. Kap. 5.7).

Der entscheidende methodische Grundansatz für die Möglichkeit einer solchen Reinterpretation besteht in der Einsicht, daß sich die richtigen, weiterführenden Erkenntnisse der genannten psychoanalytischen Konzeptionen ebenso wie die in ihnen beschlossenen Verzerrungen, Verkürzungen, Verkehrungen nicht automatisch von selbst, sondern nur im Kontext einer umfassenden, wissenschaftlich tragfähigen und entwicklungsfähigen Konzeption, indem sie hier zugleich weiterführende und konkretisierende Differenzierungen ermöglichen, offenbaren. Die Reinterpretation der Freudschen Grundbegriffe geschieht demgemäß im folgenden dadurch, daß wir uns die *jeweiligen Freudschen Konzeptionen quasi als »Fragestellungen« an die Kritische Psychologie* vorgeben lassen und deren bisher erarbeitete Auffassungen daraufhin jeweils so weit explizieren, daß die Art und Weise, in der das von Freud gestellte Problem in diesem Kontext adäquat wissenschaftlich zu behandeln ist, in Umrissen sichtbar wird. Damit haben wir einmal erreicht, daß wir nicht hinter den Stand des Problembewußtseins der Psychoanalyse zurückfallen können und den immensen psychoanalytischen Erfahrungsschatz über die Erscheinungsformen menschlicher Daseinsbewältigung und Lebensschwierigkeiten für uns nutzbar gemacht haben. Zum anderen ist es uns so möglich, jeden Freudschen Begriff in einem abgeleiteten und konsistenten wissenschaftlichen Zusammenhang so zu analysieren, daß er im neuen Kontext, u. U. grundlegend, neu formuliert werden kann und damit die weiterführenden von den überholten Aspekten des psychoanalytischen Konzeptes jeweils klar zu unterscheiden sind.

Auf diese Weise kommen wir zur Weiterentwicklung des bisherigen kritisch-psychologischen Grundansatzes in Richtung auf die Verdeutlichung eines Konfliktmodells, in dessen Mittelpunkt das Konzept der Gewinnung, der Erhaltung und des Verlustes von »Handlungsfähigkeit« bei der gesellschaftlich vermittelten individuellen Reproduktion und Entfaltung des Lebens steht. Durch Reinterpretation der dynamischen Freudschen Konzeptionen der »Abwehr«, der »Angst«, der »Verdrängung«, des »Unbewußten« etc. soll der Prozeß der Verarbeitung bzw. Abwehr von gesellschaftlichen Anforderungen und Widersprüchen bei der personalen Daseinsbewältigung, besonders in ihren emotional-motivationalen Aspekten, genauer als bisher erfaßt werden, wobei die früher erarbeiteten Vorstellungen der »Kontrolle über die eigenen Lebensbedingungen« und »kooperativen Integration« als eigentlich »menschlichen« Entwicklungszielen hier persönlichkeitstheoretisch spezifiziert werden (vgl. Kap. 5.3). Dieses Konfliktmodell wird durch Explikation des Prozesses individueller Vergesellschaftung in ihrem emotional-motivationalen Aspekt unter Reinterpretation der Freudschen Vorstellungen vom »Über-Ich« und der »introjektiven Identifizierung« weiter ausgebaut, womit sich die Möglichkeit einer differenzierteren Erfassung der individualgeschichtlichen Herausbildung von abwehrbedingten Fehlentwicklungen, durch welche das Individuum in generellen Denk-, Frage- und Tätigkeitshemmungen auf einem niedrigeren Niveau der Handlungsfähigkeit festgehalten ist, ergibt (vgl. Kap. 5.5). Dieser Weg wird bei Behandlung des Problems psychischer Störungen und ihrer Therapie fortgesetzt, indem das Konfliktmodell einschließlich seiner individualgeschichtlichen Dimension in Reinterpretation Freudscher Vorstellungen über »Neurosen« und deren therapeutische Beseitigung in Richtung auf die Erfaßbarkeit der Abwehrprozesse und Fehlentwicklungen bis hin zu psychischer »Symptombildung« ausgearbeitet wird und dabei die kategorialen Grundlinien einer kritisch-psychologischen Konzeption der Therapie von Fehlentwicklungen und psychischen Störungen verdeutlicht werden (vgl. Kap. 5.7).

Die bei dem damit angedeuteten Ausbau persönlichkeitstheoretischer Konzeptionen der Kritischen Psychologie reinterpretierten Freudschen Grundbegriffe, wie »Abwehr«, »Verdrängung«, »Unbewußtes«, »Angst«, »Über-Ich«, »Identifizierung«, »Widerstand« etc. stehen dabei, obwohl ihr tatsächlicher Erklärungswert voll erhalten bleiben soll, in einem radikal anderen wissenschaftlichen Zusammenhang als dem der psychoanalytischen Theorie, da ihnen nicht mehr durch die falsche »triebtheoretische« Konkretisierung »allgemein-menschlicher« Charakter zugesprochen ist, sondern sie jetzt als Formen und Ausdrucksweisen mißlungener Konfliktverarbeitung unter den historisch bestimmten Bedingungen der bürgerlichen Gesellschaft hin konkretisierbar sind. Die Freudschen Grundkonzepte sind damit, auch wo wir die Freudsche Terminologie beibehalten, in keiner Hinsicht noch »psychoanalytische« Begriffe, sondern durch Reinterpretation psychoanalytischer Begriffe gewonnene spezifizierte Begriffe innerhalb der kritisch-psychologischen Persönlichkeitstheorie; es handelt sich damit hier nicht, wie im »Freudomarxismus«, um den Versuch einer Integration der Psychoanalyse in den Marxismus, sondern um eine positive Aufhebung psychoanalytischer Erkenntnisse in marxistisch fundierter Psychologie. – Der von uns durch Reinterpretation psychoanalytischer Grundkonzeptionen unternommene Ausbau der kritisch-psychologischen Persönlichkeitstheorie ist, da er jeweils an verschiedenen psychoanalytischen Fragestellungen ansetzt, notwendigerweise noch nicht systematisch durchgearbeitet; mögliche Einseitigkeiten und Verzerrungen der Psychoanalyse bei der Heraushebung relevanter Probleme und Begriffe müssen sich auch in der Auswahl und dem Zusammenhang unserer weiterführenden Begrifflichkeit niederschlagen. Dieser Mangel ist nur in der Weiterentwicklung des kritisch-psychologischen Gesamtkonzeptes über die Phase der Aufarbeitung psychoanalytischer Erkenntnisse hinaus zu überwinden. (Die kritische Reformulierung gerade psychoanalytischer Fragestellungen und Konzeptionen im Kontext Kritischer Psychologie ist dabei, wie sich zeigen wird, keineswegs zufällig, sondern aus dem Umstand, daß die Psychoanalyse die entwickeltste bürgerliche Theorie empirischer Subjektivität von Menschen in der kapitalistischen Gesellschaft darstellt, gerechtfertigt.)

Unsere kritische Analyse hat neben den miteinander zusammenhängenden Dimensionen der wissenschaftlichen Zurückweisung und der positiven

Aufhebung psychoanalytischer Konzepte durch die Position der Kritischen Psychologie noch eine weitere, mit den beiden anderen eng verflochtene Dimension. Wir haben auf der Basis der durch unseren Ableitungszusammenhang ermöglichten Psychoanalysekritik als Kritik und Bewahrung ihres Erkenntnisgehaltes nun auch die sonst mehr oder weniger unzulänglich, weil bloß »ideologiekritisch« behandelte Frage nach der Funktionalität der psychoanalytischen Theorie innerhalb der bürgerlichen Gesellschaft neu aufzugreifen. Wir müssen aus dem besonderen Erkenntnisgehalt und den besonderen Erkenntnisgrenzen der Psychoanalyse herzuleiten versuchen, warum die psychoanalytischen Konzeptionen die Lebenswirklichkeit und subjektive Problematik von Menschen in der bürgerlichen Gesellschaft in einer Weise widerspiegeln, daß die Größenordnung und die Eigenart der bewußtseinsprägenden Wirkung der Psychoanalyse daraus verständlich wird. Dies kann nicht dadurch gelingen, daß wir – wie dies in den revisionistischen Konzeptionen der Neopsychoanalyse geschieht – die Psychoanalyse etwas weniger »radikal« interpretieren, vermeintliche Überspitzungen und Einseitigkeiten mildern und so dem alltäglichen Oberflächenbewußtsein einschließlich dem der bürgerlichen Sozialwissenschaften anzunähern versuchen. Vielmehr ist hier der Versuch zu machen, die gesellschaftlichen Bedingungen herauszuarbeiten, unter denen für die ihnen ausgesetzten Personen die jeweilige Freudsche Konzeption in ihrem eigentlichen Sinne Gültigkeit hat. Nur mit einer solchen Vorgehensweise ist das »kritische Potential« der Psychoanalyse, also die in Freudschen Auffassungen einbeschlossene Anklage gegen die gesellschaftlichen Verhältnisse, durch welche die Menschen abhängig und leidend werden, faßbar zu machen, was immer auch den Aufweis der falschen Verallgemeinerungen Freuds einschließt, durch welche er historisch-spezifische Verkümmerungen des Menschen als dessen »allgemeines« Wesen mißdeutete und damit Perspektiven der gesellschaftlichen und individuellen Entwicklung in seiner Theorie verstellte. Ein solcher Aufweis ist auch hier nur auf dem Hintergrund einer wissenschaftlich abgesicherten Theorie der wirklichen gesellschaftlich-personalen Entwicklungsmöglichkeiten, deren Verkürzung unter bestimmten Bedingungen der bürgerlichen Gesellschaft Freud als »allgemein-menschlich« mißdeutete, möglich.

Dieser Aspekt der Kritik durchzieht die gesamte Behandlung der Psychoanalyse und ist im hier vorliegenden Band durch die Auseinanderlegung der Sexualunterdrückung und sexuellen Freizügigkeit in psychoanalytischer Sicht und kritisch-psychologischer Interpretation (Kap. 5.6) in besonderem Maße expliziert, aber auch bei Klärung der gesellschaftlichen Funktionalität therapeutischer Aktivitäten (Kap. 5.7) herausgehoben. Die damit angesprochenen Probleme werden im dritten Teilband, nach Darstellung und Kritik der Lewinschen Feldtheorie, des·Konzeptes der Leistungsmotivation und des »humanistischen« Ansatzes der Psychologie im umfassenderen Zusammenhang aufgegriffen: Dort soll im Anschluß an die eingangs (zu Beginn des ersten Teilbandes) formulierten Rahmenfragestellungen über die Problematisierung des »Motivierens« des Arbeiters innerhalb der kapitalistischen Produktion in ihrem Zusammenhang mit dem »wissenschaftlichen« Aufgreifen des Motivationsproblems durch die bürgerliche Psychologie der implizite Klassenstandpunkt der bürgerlichen Motivationstheorien und die daraus sich ableitende Erklärung der Verkürzung und Verkehrung ihres Erkenntnisgehaltes herausgearbeitet werden. Dabei müssen einerseits die Unterschiede hinsichtlich der Klassenabhängigkeit der Psychoanalyse und der Motivationskonzeptionen bürgerlicher »Schulpsychologie« klar hervorgehoben werden, andererseits aber die wissenschaftliche Perspektive einer nicht mehr durch bürgerliche Klasseninteressen zurückgehaltenen psychologischen Erkenntnis menschlicher Bedürfnisse und Motivation in ihren politisch-organisatorischen Konsequenzen konkret entwickelt werden.

In den folgenden Ausführungen ist die Darstellung der Freudschen Lehre von deren Kritik bzw. kritischer Reinterpretation so klar wie möglich getrennt, so daß sich der Leser ein Bild vom ursprünglichen Gehalt der jeweils diskutierten psychoanalytischen Konzeptionen machen kann. Die Darstellung ist dabei so ausführlich gehalten und so weit durch Zitate dokumentiert, daß die Lektüre der Freudschen Originalliteratur, wo aus Zeitgründen nicht möglich, zur Not entbehrlich ist und die ursprüngliche Freudsche Lehre in ihrer Differenziertheit, Vielschichtigkeit und Widersprüchlichkeit gegenüber heute verbreiteter verflachter Rezeption so weit, wie dies im gegenwärtigen Kontext gelingen kann, rekonstruiert und zur Geltung gebracht wird.

5.2 Die wissenschaftliche Unhaltbarkeit der Freudschen Trieblehre und »ökonomischen« Betrachtensweise im Licht des kritisch-psychologischen Bedürfniskonzeptes

5.2.1 Vorbemerkung

In unserer folgenden Kritik der Trieblehre Freuds und der daran anknüpfenden »metapsychologischen« Verallgemeinerungen geht es uns, wie gesagt, darum, den von Freud erhobenen Anspruch, mit den Grundvorstellungen seiner Triebkonzeption die Subjektivität des Menschen in ihrem emotional-motivationalen Aspekt adäquat zu erfassen, als wissenschaftlich unhaltbar zurückzuweisen. Dies kann unserem Ansatz nach nur dadurch geschehen, daß wir die Mängel der Freudschen Grundauffassungen über »Triebe« etc. am Maßstab der von uns entwickelten, u. E. wissenschaftlich in höherem Grade ausgewiesenen und haltbaren kritisch-psychologischen Konzeptionen herauszuarbeiten suchen. Damit soll quasi der Weg für die Herauslösung der Freud'schen Grundbegriffe aus ihrer inadäquaten »triebtheoretischen« Einbettung frei gemacht und zugleich die Voraussetzungen für deren Reinterpretation innerhalb der kritisch-psychologischen Persönlichkeitstheorie geschaffen werden.

Da Freud selbst Aussagen über menschliche Triebe biologisch bzw. »allgemein-menschlich« versteht, können wir sie nur auf gleicher Ebene, d. h. von unseren Konzeptionen über die biologischen, d. h. phylogenetisch gewordenen bzw. »allgemein-menschlichen«, d. h. generellen, allen Formationen gemeinsamen gesellschaftlichen Charakteristika menschlicher Bedürfnisse aus kritisch analysieren. Das Problem, wieweit die aufgewiesenen Beschränkungen und Verkehrungen der psychoanalytischen Triebtheorie ihr nur als Theorie zukommen und wieweit sich darin »Beschränkungen« und »Verkehrungen« der empirischen Subjektivität von Menschen unter bürgerlichen Lebensverhältnissen, also des Gegenstandes der Theorie selbst niederschlagen – ein Problem, dessen Behandlung die Konkretisierung der Analyse auf die emotional-motivationalen Prozesse in ihrer historischen Bestimmtheit erfordert – kann erst im Anschluß an den nun zu leistenden Nachweis des tatsächlichen Vorliegens von Erkenntnisgrenzen des psychoanalytischen Triebkonzeptes geklärt werden. – Dabei lassen wir in der folgenden Kritik den Gesichtspunkt außer acht, wieweit Freud selbst schon bestimmte der von uns vorgebrachten Argumente hätte berücksichtigen können und wieweit die entsprechenden wissenschaftlichen Erkenntnisse damals noch gar nicht vorlagen. Es soll vom gegenwärtigen Stand wissenschaftlicher Erkenntnis die Vertretbarkeit der triebtheoretischen Grundpositionen Freuds geprüft werden, wobei unsere Überlegungen so zugespitzt werden sollen, daß in ihrem Nachvollzug nur die Alternative besteht, entweder unsere jeweiligen Ableitungen und Resultate mit Gründen zurückzuweisen oder die wissenschaftliche Unhaltbarkeit der entsprechenden psychoanalytischen Auffassungen einzuräumen.

Die Freudsche Trieblehre ist in gewissem Sinne das Fundament der psychoanalytischen Theorie. Freud hat deren zentrale Bedeutung, aber auch besondere Problematik immer wieder hervorgehoben, wobei er die unbewältigten Schwierigkeiten bei seinen vielfältigen Anstrengungen um eine klare Fassung des psychoanalytischen Triebkonzeptes 1933 in der Rückschau auf sein Lebenswerk so charakterisiert: »Die Trieblehre ist sozusagen unsere Mythologie. Die Triebe sind mythische Wesen, großartig in ihrer Unbestimmtheit. Wir können in unserer Arbeit keinen Augenblick von ihnen absehen und sind dabei nie sicher, sie scharf zu sehen.« (FGW XV, 101)[5] Freud erkennt als die Aufgabe jeder wissenschaftlichen Triebkonzeption, die oberflächliche Mannigfaltigkeit der Antriebe, wie sie dem Alltagsdenken, aber auch vielen psychologischen Triebauffassungen erscheint, in Richtung auf die zugrundeliegenden wesentlichen Triebkräfte menschlichen Lebens zu durchdringen: »Jeder stellte so viele Triebe oder ›Grundtriebe‹ auf, als ihm beliebte, und wirtschaftete mit ihnen wie die alten griechischen Naturphilosophen mit ihren vier Elementen: dem Wasser, der Erde, dem Feuer und der Luft« (XIII, 55). »Man nimmt so viele verschiedenartige Triebe an, als man eben braucht, einen Geltungs-, Nachahmungs-, Spiel-, Geselligkeitstrieb und viele andere[6] . . . Uns hat immer die Ahnung gerührt, daß hinter diesen vielen kleinen ausgeliehenen Trieben sich etwas Ernsthaftes und Gewaltiges verbirgt, dem wir uns vorsichtig annähern möchten« (XV, 102f.). In der Zielsetzung, die der oberflächlichen Triebmannigfaltigkeit zugrundeliegenden wesentlichen Antriebe herauszuarbeiten, entsteht das Problem, welche Grundtriebe man inhaltlich annehmen soll und wie man gerade die gewählte und keine andere Reduktion methodisch stringent abzuleiten hat, und weiter, wie dabei die Vermittlung der Grundtriebe zu der Vielfalt der erscheinenden, »ausgeliehenen« Antriebe zu verstehen ist. – Freud hat seine Auffassungen über die inhaltliche Eigenart der Grundtriebe dreimal wesentlich revidiert. Die erste Phase der Freudschen Trieblehre ist gekennzeichnet durch die Konzeption von der

[5] Wir zitieren Freud stets nach der großen Fischer-Ausgabe, »Sigm. Freud. Gesammelte Werke« (FGW); die römischen Ziffern bezeichnen den Band, die arabischen die Seitenzahl.

[6] Als Beispiel für den hier von Freud kritisierten Typus willkürlich-oberflächlicher Triebinventare seien nur zwei früher schon erwähnte Trieblisten dargestellt. W. James (1909, S. 407f.) zählt folgende »menschliche Instinkte« auf: »Trieb zur Nachahmung, zu sinnvoller Lautgebung, zur Nacheiferung, die Kampflust, die Furcht, die Sympathie, Schüchternheit, Geselligkeit, Spieltrieb, Neugierde, Begierde, Erwerbslust«. McDougall (1937, S. 77ff.) kommt zu folgender Aufzählung der »angeborenen Triebkräfte«: »Triebkraft des Ekels, Geschlechtstriebkraft, Triebkraft der Furcht, Triebkraft der Neugier, Triebkraft der Fürsorge oder die elterliche Triebkraft, Herden- oder Geselligkeitstriebkraft, Triebkräfte der Selbstbehauptung, der Unterwürfigkeit, des Schaffensdranges, des Besitzenswollens, des Lachens, die Triebkräfte zur Behaglichkeit, zum Ausruhen und Schlafen, die Wandertriebkraft, dann die Triebkräfte zu Husten, zu Niesen, zum Atmen, zur Entleerung etc.« – Die Hilflosigkeit, mit der hier zwei bedeutende Psychologen dem Problem der inhaltlichen Bestimmung von »Trieben« gegenüberstehen, findet sich auch in neueren mehr phänomenologischen Versuchen, etwa denen von Lersch u. a., wo die Trieb-Einteilungen zwar sprachlich geglätteter sind und deswegen nicht so grotesk wirken, aber in Benennung und Anzahl der angenommenen Antriebe durch die gleiche Willkür gekennzeichnet sind.

frühkindlichen Sexualität und den Partialtrieben (1905, FGW V), wobei sich hier für Freud – wohl das erste Mal 1910 bei der Analyse einer hysterischen Sehstörung (VIII, 97ff.) – die Dualität von zwei »großen« Grundtrieben, den »Ichtrieben« und den »Sexualtrieben«, ergab, eine Unterscheidung, die von nun an stets in einschlägigen Erörterungen mitdiskutiert wurde. Die zweite Phase von Freuds Trieblehre, wo die ursprünglich dualistische Auffassung vorübergehend einem monistischen Triebkonzept angenähert wurde, ist die »Einführung des Narzißmus« (1914, FGW X). In der dritten Phase führte Freud als neue Art von Grundtrieben die »Todestriebe« ein und kam wiederum zu einer, wenn auch anders charakterisierten, dualistischen, ja antagonistischen Triebauffassung, der Annahme des Antagonismus von »Lebenstrieben« einerseits und »Todestrieben« andererseits, das erste Mal in der Abhandlung »Jenseits des Lustprinzips« (1920, FGW XIII); diese Triebkonzeption wurde von Freud bis an sein Lebensende beibehalten und weiter ausgearbeitet. – Die damit angedeuteten drei Phasen der Freudschen Trieblehre dienen uns auch als Einteilungsgesichtspunkte für die folgenden Darstellungen und kritischen Analysen.

5.2.2 Darstellung und Kritik der Freudschen Lehre von den Ich- und Sexualtrieben als menschlichen Grundtrieben, den sexuellen Partialtrieben und der Sublimierung durch Triebhemmung

Die innerhalb der ersten Phase des Freudschen Triebkonzeptes eingeführte Heraushebung von *»Ichtrieben«*, die den Sexualtrieben als andere Art von »großen« Trieben gegenüberstehen sollen, wird von Freud zunächst mit der Nützlichkeit einer solchen Annahme zur Erklärung bestimmter Neurosen (der »Übertragungsneurosen« Hysterie und Zwang, vgl. etwa VIII, S. 97ff. und X, S. 143) begründet, da bestimmte Krankheitserscheinungen zweckmäßigerweise als Resultat von Konflikten zwischen Ich- und Sexualtrieben zu interpretieren seien. Weiterhin räumt Freud ein, daß ihm die Anregung zu seiner Unterscheidung aus literarischen bzw. gängigen populären Klassifizierungen erwachsen sei: »Als ›Hunger‹ und als ›Liebe‹ können wir nach den Worten des Dichters (gemeint ist Schiller/U. O.) alle in unserer Seele wirkenden organischen Triebe klassifizieren« (VIII, 98). »Die Psychoanalyse, die irgendeiner Annahme über die Triebe nicht entraten konnte, hielt sich vorerst an die populäre Triebunterscheidung, für die das Wort von ›Hunger und Liebe‹ vorbildlich ist. Es war wenigstens kein neuer Willkürakt« (XIII, 55). Eine tiefergehende Begründung erfuhr die Unterscheidung der Ichtriebe von den Sexualtrieben allmählich im immer deutlicheren Rückgriff auf die biologisch notwendige Trennung von Selbsterhaltung und Arterhaltung: »Das Individuum führt wirklich eine Doppelexistenz als ein Selbstzweck und als Glied einer Kette, der es gegen, jedenfalls ohne seinen Willen dienstbar ist« (X, 143). Später bezieht sich Freud auf die Forschungen des Biologen A. Weismann, von dem die Unterscheidung zwischen Somazellen, die dem »Ich« zugehören und mit diesem sterblich sind, und den durch die Kopulation weitergegebenen, potentiell unsterblichen Keimzellen stammt, um die Differenzierungen zwischen Ich- und Sexualtrieben (allerdings hier schon im Zusammenhang mit der Herausarbeitung des Todestriebes) zu begründen (XIII, 48ff.). – Für die von Freud vorgenommene nähere inhaltliche Kennzeichnung der »Ichtriebe« als Selbsterhaltungstriebe ist das Stichwort *»Hunger«* charakteristisch. Zwar kommt Freud gelegentlich zu etwas allgemeineren Bestimmungen, so wenn er feststellt, zu den Ichtrieben rechne »alles, was mit der Erhaltung, Behauptung, Vergrößerung der Person zu tun hat« (XV, 102). Dennoch versteht Freud die »Ich«- oder »Selbsterhaltungstriebe« wesentlich nach dem Muster der elemantaren organismischen Mangelerscheinungen »Hunger« und »Durst«, die er, in Abhebung von den Sexualtrieben, als »unbeugsam«, »unaufschiebbar« und »imperativ« kennzeichnet (XV, 104). Immer, wenn Freud den elementaren, umfassenden Triebcharakter der Sexualität durch Vergleich mit den Ichtrieben als anderer »großer« Triebart verdeutlichen will, bezieht er sich auf den Hunger, so, wenn er feststellt: »Libido soll, durchaus dem Hunger analog, die Kraft benennen, mit welcher der Trieb, hier der Sexualtrieb, wie beim Hunger der Ernährungstrieb, sich äußert« (XI, 323). – Bevor wir zur Darstellung und Kritik der Freudschen Konzeption der »Sexualtriebe« kommen, soll sein Konzept der *»Ichtriebe«* unter dem Aspekt der von uns entwickelten Bedürfniskonzeption kurz kritisch analysiert werden.

Die Freudsche Abhebung der »Ich«- oder »Selbsterhaltungstriebe« von den »Sexualtrieben« scheint in unserer Arbeit der eingeführten Abhebung des Funktionskreises der »Lebenssicherung« und der ihm zugeordneten Bedarfszustände bzw. Bedürfnisse von den Bedarfszuständen bzw. Bedürfnissen im Funktionskreis der Fortpflanzung zu entsprechen. Es ist allerdings auf den ersten Blick deutlich, daß in Freuds Konzeption der »Ichtriebe« nur aus unmittelbaren Gewebedefiziten stammende Bedarfszustände berücksichtigt sind und demgemäß ein streng »homöostatisches« Triebkonzept eingeführt ist, während die mit der Herausbildung der »aktionsspezifischen Energien« einsetzende Entwicklungslinie im Funktionskreis der »Lebenssicherung«, die zur verselbständigten Bedarfsgrundlage des Neugier- und Explorationsverhaltens und der Umweltkontrolle bis hin zur neuen Qualität der biologischen Entwicklungsmöglichkeit »produktiver« Bedürfnisse im Zusammenhang gesellschaftlicher Realitätskontrolle führt, von Freud an keiner Stelle auch nur andeutungsweise gesehen wurde. Es war ein Hauptanliegen unserer gesamten bisherigen Abhandlung aufzuweisen, daß eine solche Reduzierung von Bedarfszuständen im Funktionskreis der Lebenssicherung auf Gewebedefizite bereits die Bedarfsgrundlage des Verhaltens höherer Tiere falsch charakterisiert, zur wissenschaftlichen Erfassung von Bedürfnissen in ihrer »menschlichen» Spezifik samt ihrer biologischen »Naturgrundlage« aber absolut ungeeignet ist. Dieser radikale Mangel der Freudschen Trieblehre, der auch durch die Behandlung der Sexualtriebe nicht aufhebbar ist, da, wie gezeigt, die phylogenetische Entwicklung wesentlich im Funktionskreis der »Lebenssicherung«, nicht aber der Fortpflanzung geschieht, muß zwangsläufig dazu führen, daß es ihm unmöglich wird, den emotional-motivationalen Aspekt der »Natur« des Menschen, d. h. die Bedürfnisgrundlage der individuellen Vergesellschaftung und der Herausbildung der Subjektivität der konkreten Persönlichkeit adäquat zu erfassen.

Man mag demgegenüber die Auffassung vertreten, die von Freud angenommenen Grundtriebe müßten eben um einen weiteren, etwa die »produktiven« Triebe ergänzt werden, womit aber keineswegs eine fundamentale Kritik der Freudschen Triebkonzeption im Ganzen gerechtfertigt sei. Ergänzungen dieser Art sind tatsächlich von manchen neueren psychoanalytischen Schulen versucht worden; so nennt z. B. Schultz-Hencke (1951) neben aus den Freudschen Partialtrieben (s. u.) abgeleiteten Antriebsarten auch das »intentionale Antriebserleben« als nichtreduzierbaren Grundantrieb des Menschen (S. 24f.), womit eine allgemeine »Zuwendung« zur Welt gemeint ist, die man auch mit dem »naiveren, dramatischeren, repräsentativeren« Ausdruck »Neugier« umschreiben könne. Bei gewissen, der »humanistischen Psychologie« nahestehenden, tiefenpsychologischen Ansätzen werden u. a. ebenfalls Antriebsarten wie »Selbstverwirklichungsstreben« o. ä. eingeführt (wie später ausführlich kritisch zu diskutieren ist). Mit solchen Eklektizismen, in denen man den von Freud mit Recht kritisierten »Triebinventaren« wieder um einen Schritt näher kommt (und die kritische Potenz der Freudschen Lehre an dieser Stelle verflacht und verwässert, s. u.), ist aber bestenfalls die Eigenart des tierischen Antriebsgeschehens auf höheren phylogenetischen Entwicklungsstufen in gewissem Maße berücksichtigt, zum Verständnis des Wesens der »menschlichen« Spezifik des emotional-motivationalen Prozesses aber nicht das Geringste beigetragen: Die spezifisch menschliche Qualität der Bedürfnisse besteht, wie ausgewiesen, nicht in einer neuen, dem einzelnen Individuum zukommenden Bedürfnisart, sondern in der Durchbrechung der unmittelbaren Beziehung zwischen Bedürfnisspannung und Handeln durch die Vermitteltheit der individuellen Bedürfnisbefriedigung über die Teilhabe an der gesellschaftlichen Produktion, wobei sich die Entwicklungspotenzen der menschlichen »Natur« in Aneignung von bestimmten Aspekten des »außermittigen« menschlichen Wesens (vgl. I, S. 307) im Laufe der Entwicklung konkretisieren und »vermenschlichen«. Mit der Vernachlässigung der »produktiven« Bedürfnisse, wie wir sie abgeleitet haben, ist also nicht nur eine »Triebart« zuwenig benannt, die man nur hinzuzufügen braucht, um den Mangel zu beheben, sondern das Verhältnis zwischen individuellen Bedürfnissen und ihren gesellschaftlichen Befriedigungsmöglichkeiten von Grund auf »verkehrt« bestimmt, was auch eine adäquate funktionale Charakterisierung der sinnlich-vitalen, organischen und sexuell-familialen, Bedürfnisse unmöglich macht.

Mit unserer vorangestellten globalen Rahmenkritik der Freudschen Trieblehre ist unsere Aufgabe einer hinreichenden kritischen Analyse der psychoanalytischen Triebkonzeption keineswegs schon erfüllt. Die im Mittelpunkt unserer bisherigen Kritik stehenden »Ichtriebe« sind nämlich schon deswegen weniger von Interesse, weil Freud zu ihrer Erforschung kaum einen originären Beitrag geleistet hat, sondern sich hier weitgehend an gängige fremde Vorstellungen anlehnt. Dementsprechend werden die Ichtriebe bereits in der ersten Phase der Trieblehre nur am Rande behandelt und treten, wie noch darzulegen, bei deren späteren Revisionen vollends hinter den anderen »Grundtrieben« zurück (ohne allerdings jemals völlig aufgegeben zu werden). Die Sexualtriebe stehen dagegen von Anfang an im Mittelpunkt der Freudschen Analyse; an ihnen entwickelt er seine wesentlichen allgemeinen Vorstellungen über menschliche Triebe, wobei er anfangs den exemplarischen Charakter der Behandlung der Sexualität ausdrücklich betont, diese Einschränkung jedoch im Laufe der Zeit immer mehr in den Hintergrund gerät. Wenn auch, wie gesagt, aus der Erforschung der Sexualität die genannte entscheidende Einseitigkeit und damit »Verkehrtheit« der Freudschen Triebkonzeption grundsätzlich nicht überwindbar sein kann, so müssen wir dennoch zur Klärung wesentlicher weiterer Fragestellungen, wie wir sie eingangs formuliert haben, die Freudschen Lehren über die Sexualtriebe genau analysieren: Einmal deswegen, um die Voraussetzungen für eine spätere Klärung der Frage zu schaffen, unter welchen konkreten Lebensbedingungen in der bürgerlichen Gesellschaft die subjektive Verfassung und Bedürfnislage entstehen konnte, die Freud als »allgemein-menschliche« Determiniertheit durch die Sexualtriebe darstellt, womit auch die Resonanz der Freudschen Triebkonzeption im öffentlichen Bewußtsein zur Diskussion steht; darüber hinaus deswegen, weil die Resultate einer kritischen Analyse der Freudschen »Sexualtrieb«-Konzeption für die spätere Herausarbeitung der Beziehung triebtheoretischer und persönlichkeitstheoretischer Annahmen in der Psychoanalyse, damit den für unsere Gesamtzielsetzung zentralen Versuch einer Reinterpretation Freudscher Grundbegriffe im Zusammenhang der kategorialen Weiterentwicklung kritisch-psychologischer Persönlichkeitsforschung unerläßlich sind.

Die Grundaussagen der Freudschen Lehre von der *Sexualorganisation und den sexuellen Partialtrieben*, die er erstmalig 1905 in den »Drei Abhandlungen zur Sexualtheorie« (FGW V) entwickelte, und die einen Hauptpfeiler des gesamten psychoanalytischen Lehrgebäudes darstellt, faßt Freud rückschauend so zusammen: »a) Das Sexualleben beginnt nicht erst mit der Pubertät, sondern setzt bald nach der Geburt mit deutlichen Äußerungen ein. b) Es ist notwendig, zwischen den Begriffen sexuell und genital scharf zu unterscheiden. Der erstere ist der weitere Begriff und umfaßt viele Tätigkeiten, die mit den Genitalien nichts zu tun haben. c) Das Sexualleben umfaßt die Funktion der Lustgewinnung aus Körperzonen, die nachträglich in den Dienst der Fortpflanzung gestellt wird. Beide Funktionen kommen oft nicht ganz zur Deckung« (XVII, 75). Die sexuelle Erregung in ihrer ausgeweiteten Bedeutung wird von Freud als *»Libido«* bezeichnet (gelegentlich in Abhebung von den »Interessen« der Selbsterhaltungstriebe). Die »Libido« ist nach Freud eine selbständige Form psychischer Energie, die »somatische Quellen« hat, nämlich von bestimmten hervorragenden Körperstellen, den *»erogenen Zonen«* her »dem Ich zuströmt«, wobei eigentlich »der ganze Körper eine solche erogene Zone« sei (XVII, 73). – Die unterschiedlichen »Partialtriebe« als Teilkomponenten des Sexualtriebes, die nach Freud in der Individualentwicklung zunächst mehr oder weniger »autonom« auftreten, später der auf Fortpflanzung gerichteten genitalen Sexualität untergeordnet sind, aber auch hier noch eine relative Selbständigkeit bewahren, differenziert Freud nach verschiedenen erogenen Zonen, aus denen die jeweilige Sexualerregung stammt. Die von ihm angenommenen Phasen der Sexualentwicklung, die jeweils auf einen bestimmten Partialtrieb hin zentriert sind, hat Freud seit 1905 (V, 73ff.) in vielen seiner Schriften (z. B. XI, 313ff., XVII, 74ff. etc.) im großen auf folgende Weise gekennzeichnet:

Das erste Organ, das als erogene Zone auftritt, ist der Mund, demgemäß wird das erste Stadium der Sexualentwicklung als orale Phase bezeichnet. Die orale Sexualität bildet zunächst mit den Trieben zur Nahrungsaufnahme eine undifferenzierte Einheit, wobei sich beim Saugen aber bald eine erotische Komponente der Befriedigung selbständig macht, was sich in Lutschen unabhängig von der Nahrungsaufnahme äußert. Die Befriedigung geschieht hier zunächst als autoerotische *»Objektwahl«* durch Saugen an Teilen des eigenen Körpers, bezieht sich dann auf die Mutterbrust, die so das erste außerhalb des eigenen Körpers liegende »Objekt« des Sexualtriebes ist, wobei ein mehr *oral-rezeptives* Teilstadium der oralen Phase mit dem Wachsen der Zähne des Säuglings in ein *oral-sadistisches* Teilstadium mit Lustgewinn aus Beißen übergeht. Die orale Phase wird abgelöst von der *analen Phase,* in der sich die Reizung der Schleimhaut des Afters bei der Stuhlentleerung als lustbringender Vorgang akzentuiert, der u. U. durch Zurückhaltung der Stuhlmassen intensiviert wird; aber auch direkte masturbatorische Reizungen der Afterzone kommen nach Freud vor; der Analerotik hafte eine sadistische Komponente an, da hier die Funktion der Exkremente aggressiv (quasi zum »Terrorisieren« der Eltern/U. O.) ausgenutzt werde, weshalb Freud hier auch von *anal-sadistischer* Phase spricht. Die nächst höhere Phase der Sexualorganisation ist die *»phallische Phase«*, die, gleichsam als Vorläufer, der Endgestaltung des Sexuallebens bereits sehr ähnlich sei, in der aber nach Freud allein das Genitale des Knaben, der Phallus, und »das, was ihm beim Mädchen entspricht«, die als verkümmerter Penis wahrgenommene Klitoris, das sexuelle Interesse auf sich zieht und ein besonderes weibliches Genitale noch nicht bekannt ist; die Befriedigung wird hier noch nicht durch Vereinigung mit dem Sexualpartner, sondern durch frühkindliche Masturbation erreicht. (Die Freudschen Auffassungen über die weitere Entwicklung der Sexualität bis zur vollen Genitalität und der Realisierung heterosexueller Sexualbeziehungen werden von uns später bei der Diskussion des Ödipuskomplexes ausführlich dargestellt). – Freud weist immer wieder darauf hin, daß man sich diese Phasen nicht als einfach einander ablösend vorstellen darf. Vielmehr komme die eine Phase zur anderen hinzu, sie überlagerten einander, würden nebeneinander herbestehen. In den frühen Phasen würden die einzelnen Partialtriebe unabhängig voneinander auf Lusterwerb ausgehen, in der phallischen Phase zeigten sich die Anfänge einer Organisation, die die anderen Strebungen dem Primat der Genitalien unterordne; die volle Organisation der Sexualität werde erst durch die Pubertät, in der eigentlichen *»genitalen Phase«* erreicht. Nicht alle der nach Lust strebenden Partialregungen würden jedoch in die endgültige Organisation der Sexualfunktion aufgenommen. Manche von ihnen würden als unbrauchbar beseitigt, durch Verdrängung oder anderswie, andere von ihrem ursprünglichen Ziel abgelenkt und zur Verstärkung anderer Regungen, wie z. B. der sozialen Tendenzen (s. u.), verwendet; noch andere würden in Nebenrollen erhalten bleiben, zur Durchführung einleitender Akte der genitalen Sexualität, der Erzeugung der Vorlust etc. dienen (vgl. etwa auch XVII, 77). – Eine für die Freudsche Theorie der Neurosenentstehung wesentliche Konzeption ist die Annahme, daß bei jeder einzelnen Partialstrebung bestimmte Anteile auf früheren Stufen der Entwicklung stagnieren, zurückbleiben, eine *»Fixierung«* erfahren können. Anteile, die es in der Entwicklung weitergebracht hätten, könnten in rückläufiger Bewegung auf eine dieser frühen Stufen zurückkehren, *»regredieren«*. Zu einer solchen »Regression« der Partialtriebe käme es vor allem dann, wenn die Erreichung ihres Befriedigungszieles in der späteren oder höher entwickelten Form auf starke Hindernisse stoße. Fixierung und Regression seien somit nicht unabhängig voneinander. Je stärker die Fixierung auf dem Entwicklungsweg, desto größer die Tendenz der entwickelteren Triebregungen, im Falle äußerer Schwierigkeiten auf diese Fixierungen zurückzuweichen. Freud unterscheidet dabei, wie später noch genauer auszuführen, (mindestens) zwei Arten von Regression: die Rückkehr zu den ersten von der Libido besetzten Objekten *(»Objektregression«)* und die Rückkehr zu der gesamten Sexualorganisation früherer Stufen *(»Triebregression«)*. Fixierungen der Libido auf frühere Objekte oder Phasen der Sexualentwicklung, d. h. das Auftreten von sexuellen Strebungen, die von dem üblichen Sexualziel abweichen, bezeichnet Freud als *»Perversionen«* etc. (vgl. etwa XI, 351 ff.). Wir kommen bei der Darstellung und Kritik der Freudschen Neurosenlehre ausführlich darauf zurück.

Man hat Freuds Partialtrieblehre von »schulpsychologischer« Seite häufig im Sinne einer i.e.S. entwicklungspsychologischen Phasenlehre interpretiert und die Freudschen Annahmen über die Aufeinanderfolge der einzelnen »Phasen« durch direkte Beobachtungen an Säuglingen und Kleinkindern überprüfen wollen. Dabei ist man – wie schon aus einem Sammelreferat von R. R. Sears über einschlägige empirische Untersuchungen (1943) hervorgeht – zu sehr widersprüchlichen und uneindeutigen Resultaten gekommen; weder ließen sich aus dem Verhalten der Kinder die jeweiligen »Partialtriebe« mit hinreichender Stringenz, d. h. unter befriedigendem Ausschluß von Alternativerklärungen identifizieren, noch gelang es, die von Freud angenommene Aufeinanderfolge der einzelnen Partialtriebarten empirisch nachzuweisen. Diese negativen Befunde können allerdings die Freudsche Partialtrieblehre kaum tangieren, weil ihre Deutung als einfache entwicklungspsychologische Phaseneinteilung ein Mißverständnis aus mangelnder Einsicht in das Wesen der Psychoanalyse darstellt. Freud hatte die Vergeblichkeit von Versuchen, die Partialtrieb-Entwicklung durch Beobachtungen an Kindern zu bestätigen, bereits selbst vorhergesehen, indem er über die Libidoentwicklung feststellte: »Diese Entwicklung wird so rasch durchlaufen, daß es der direkten Beobachtung wahrscheinlich niemals gelungen wäre, ihre flüchtigen Bilder festzuhalten« (XI, 338). Freud hebt gegenüber dem Zugangsweg der direkten Beobachtung einen anderen, *genuin pschoanalytischen Zugangsweg* zu den Phasen der frühkindlichen Sexualentwicklung hervor, die *analytische Therapie Erwachsener:* »Erst mit Hilfe der psychoanalytischen Durchforschung der Neurosen ist es möglich gewesen, noch weiter zurückliegende Phasen der Libidoentwicklung zu erraten. Es sind dies gewiß nichts anderes als Konstruktionen, aber wenn Sie die Psychoanalyse praktisch betreiben, werden Sie finden, daß es notwendige und nutzbringende Konstruktionen sind« (XI, 338). Die Freudsche Lehre von der frühkindlichen Libidoentwicklung ist also ein *aus der Analyse erwachsener Neurotiker gewonnenes phänomenal-biographisches Deutungsmuster,* das seine Notwendigkeit und Nützlichkeit im Rahmen der psychoanalytischen Behandlung erweisen soll (wobei die Frage, wieweit derartigen phänomenalbiographischen Konstruktionen, wenn sie nur vom Patienten akzeptiert werden, wirkliche, real-biographische Abläufe in der frühen Kindheit entsprechen müssen, bis heute unter Psychoanalytikern umstritten ist, wir kommen darauf zurück). *Daten aus der direkten Beobachtung von Kindern scheinen in diesem Kontext überflüssig, mindestens aber sekundär;* noch Lorenzer stellt zu diesem Fragenkomplex fest: »In der Tat gibt es, zumal in der Kleinkind-Untersuchung, ein reiches Arbeitsfeld der Direktbeobachtung. Sie fungiert freilich allemal als Appendix der Psychoanalyse« (1974, S. 284).

Die Psychoanalyse hat hier mit der Zurückweisung der Methode der direkten Kinderbeobachtung zur Idenfizierung sexueller Partialtriebe in der frühkindlichen Entwicklung insoweit recht, als die Grundkategorien zur Beobachtung von Kindern, besonders wenn die biologischen Entwicklungsvoraussetzungen erfaßt werden sollen, kaum aus der Kinderbeobachtung selbst gewonnen werden können, weil jedes manifeste kindliche Verhalten immer und notwendigerweise schon gesellschaftlich geprägt ist und zur analytischen Unterscheidung der biologischen Potenzen von ihrer jeweils konkreten gesellschaftlichen Verwirklichung hier keine eindeutigen Ansatzpunkte gegeben sind. Jedoch gilt dies in noch viel höherem Maße für den phänomenalbiographischen Zugangsweg der psychoanalytischen Therapie: Man kann die biologisch-»triebhaften« Komponenten aus den komplexen, gesellschaftlich entwickelten biographischen Erfahrungen nur dann herausanalysieren, wenn man vorgängig über Kategorien zu einer solchen Erfassung der Grundlagen des Antriebsgeschehens verfügt. Das heißt konkret, daß man, sofern man sich nicht mit einer mehr oder weniger treffenden Beschreibung individueller Befindlichkeiten, Spannungen, Konflikte, Phantasien begnügt, sondern, was die Psychoanalyse zweifellos tut, den Anspruch erhebt, über die allgemeine »Triebnatur« des Menschen Aussagen machen zu können, zwar einen Zugangsweg außerhalb der direkten Beobachtung von Kindern finden muß, der aber *auch unabhängig ist von den mystischen Fähigkeiten des individuellen Patienten bzw. Analytikers, über das »Hinabsteigen« und Hineinversenken in die phänomenale Subjektivität des Einzelnen* zu den Ursprüngen menschlicher Entwicklung, nämlich der *Erfassung der »menschlichen Natur«* vorzustoßen. Dieser Zugangsweg ist die von uns vollzogene *phylogenetische und anthropogenetische Herausarbeitung der biologischen Entwicklungspotenzen*, die notwendigerweise vorliegen müssen, damit die gesellschaftliche Produktion und individuelle Vergesellschaftung des Menschen in ihren subjektiven Voraussetzungen verständlich wird. Auf diesem Wege, der empirische Forschung an naturgeschichtlichem Material einschließt, sind wir zu unseren Aussagen über die Naturgrundlage »produktiver« Bedürfnisse in ihrem Verhältnis zur biologischen Grundlage der sinnlich-vitalen Bedürfnisse gekommen. Damit sind weder direkte Beobachtungen noch phänomenalbiographische Analysen über das frühkindliche Antriebsgeschehen überflüssig geworden, es wurden jedoch wissenschaftlich fundierte Grundkategorien erstellt, durch welche die Beliebigkeit der Interpretation der vieldeutigen Erscheinungsweisen kindlichen Verhaltens und die Hermetik des »Hinabsteigens« in die individuelle Subjektivität überwunden ist und das Wesen biologischer »Antriebe« des Menschen unverkürzt gemäß dem gegenwärtigen Forschungsstand faßbar wird. Nur auf diese Weise ist es möglich, die *Oberflächenerscheinungen des frühkindlichen Verhaltens in der äußeren Direktbeobachtung wie in der Phänomenalbiographie*, d. h. der Darstellung und Analyse der individuellen Lebensgeschichte in der Sicht des betroffenen Subjekts, auf die sich darin realisierenden, aber auch unterdrückten und vereinseitigten biologischen Entwicklungsmöglichkeiten der Bedürfnisse des gesellschaftlichen Menschen hin zu durchdringen.

Die Freudsche Konzeption von der frühkindlichen Entwicklung der sexuellen Partialtriebe hat das große wissenschaftliche Verdienst, das Vorurteil von der Asexualität des Kindes durchbrochen und die Aufmerksamkeit auf die Existenz mannigfacher sexueller Impulse schon von frühester Kindheit an gelenkt zu haben. Die hier zugrunde liegende Auffassung über das Wesen menschlicher Triebe ist jedoch, wie schon angedeutet, in radikaler Weise einseitig und deswegen wissenschaftlich unhaltbar, weil in ihr nur die Alternative: Nahrungstriebe oder Sexualtriebe besteht und die »produktiven«, auf die Absicherung relevanter Lebensbezüge gerichteten Bedürfnisse, wie sie von uns funktional-historisch abgeleitet worden sind, kategorial nicht repräsentiert sind und deswegen in ihrer individualgeschichtlichen Herausbildung auch nicht empirisch erfaßt werden können. – Schon die frühen Saugaktivitäten über den unmittelbaren Nahrungsbedarf hinaus müssen nicht lediglich sexueller Natur sein, sondern können – wie in den früher (I, S. 161) erwähnten Untersuchungen etwa von Ploog u. a. nahegelegt – auch auf eine Art »aktionsspezifischer Energie« zurückgeführt werden, die in der Absicherung ausreichender Nahrungsaufnahme ihren biologischen Sinn hat, und mögen weiterhin als erste Anzeichen der explorativen Umwelterforschung unter Einbeziehung der besonders sensiblen Mundzone zu betrachten sein, was eine sexuelle Komponente der dabei erlangten Befriedigung nicht ausschließt. Sofern man über die entsprechenden Beobachtungskategorien verfügt, lassen sich vom Säuglingsalter an kindliche Aktivitäten feststellen, die eindeutig nicht mit der Beseitigung von Gewebedefiziten zusammenhängen, aber auch nicht sexueller Natur sind, sondern Vorstufen der Herausbildung der auf tätige Aneignung der gesellschaftlichen Umwelt gerichteten »produktiven Bedürfnisse« darstellen. Beobachtungen in dieser Richtung sind von manchen durch ethologische Befunde beeinflußten Psychologen gemacht worden (vgl. etwa E. J. Gibson 1967). Eine besonders klare Heraushebung der wesentlichen Momente derartiger kindlicher Antriebsmomente auf der theoretischen Basis der »kulturhistorischen Schule« der sowjetischen Psychologie stammt von Boshowitsch (1970), die viele einschlägige empirische Untersuchungen von Psychologen in der Sowjetunion durch das Konzept »Bedürfnis nach Eindrücken« zusammenfaßt.

Boshowitsch (1970, S. 145) kommt zu folgender Charakterisierung des »Bedürfnisses nach Eindrücken«: »Dieses Bedürfnis, wie auch alle anderen Bedürfnisse des Säuglings, ist organischer Natur, unterscheidet sich aber von den eigentlich organischen Bedürfnissen durch einige wesentliche qualitative Besonderheiten. Erstens ist es nicht mit negativen, sondern mit positiven Emotionen verbunden. Wir haben es hier also mit dem Streben zu tun, etwas zu erlangen, und nicht mit dem Streben, etwas abzuwenden, was der normalen Existenz des Organismus hinderlich ist. Zweitens ist das Bedürfnis nach äußeren Eindrücken zum Unterschied von anderen Bedürfnissen gleichsam nicht zu befriedigen. Wenn das Kind hungrig ist, beruhigt es sich, sobald es gefüttert wird. Etwas völlig anderes tritt ein, wenn sich der Säugling äußeren Reizen zuwendet ... Je mehr Eindrücke das Kind erhält, um so größer wird seine Konzentration und um so mehr positive Emotionen treten in Erscheinung. Beides verschwindet nur durch Ermüdung. Die dritte spezifische Besonderheit des Bedürfnisses nach Eindrücken besteht schließlich darin, daß es perspektivische Züge aufweist, denn es hängt mit der Entwicklung des Gehirns und der bewußten Tätigkeit des Subjekts zusammen«. – Obwohl Boshowitschs Kennzeichnung des »Bedürfnisses nach Eindrücken« wegen mangelnder historischer Abgeleitetheit manche willkürliche Züge trägt und im einzelnen gewisse Überakzentuierungen und damit relative Vereinseitigungen einschließt, wird doch deutlich, daß hier in der direkten Beobachtung von Säuglingen eine Art von emelentarer Bedürftigkeit erfaßt ist, die in wesentlichen Punkten dem früher von uns herausgehobenen nichthomöostatischen Charakter »produktiver Bedürfnisse« in ihrer unspezifischen Naturgrundlage entspricht: Spontane Tendenzen zur Umwelterkundung und damit der Erweiterung individueller Erfahrungen, die (unter Voraussetzung der Angstfreiheit, ein Moment, das Boshowitsch vernachlässigt) in ihrem Spannungsverlauf von der Vielgestaltigkeit und dem Anregungsgehalt der konkreten Umweltbedingungen abhängig sind.

Da Freud außer den auf Reduzierung von Gewebedefiziten gerichteten »Ichtrieben« nur »Sexualtriebe« verschiedener Ausprägung kennt, kann er die spontane Gerichtetheit des Kindes auf die Umwelt stets nur so weit erfassen, wie diese Umwelt aus Objekten libidinöser Triebregungen besteht. (Demgemäß bezieht sich der psychoanalytische Begriff der »Objektwahl«, abgesehen von einigen Perversionen, im allgemeinen lediglich auf Menschen als Objekte mehr oder weniger direkter sexueller Strebungen.) Freud vereinseitigt und verfehlt somit das Wesen kindlicher Bedürfnisse bereits auf elementarem organismischem Niveau, sodaß die spezifisch menschliche Bedürfnisstruktur, d. h. in diesem Zusammenhang: die Entwicklung der Fähigkeiten und Bedürfnisse des Kindes zur Reduzierung der direkten Abhängigkeit von den gewährenden und verbietenden Erwachsenen bzw. zur immer weitergehenden gezielten Einflußnahme auf die eigenen Lebensbedingungen und zur Verbesserung kooperativer Beziehungen als Voraussetzung auch des erhöhten Genusses sinnlich-vitaler Bedürfnisse von ihm vollends unerfaßt und unbegriffen bleiben muß. Aus dieser Verfehlung der Spezifik der »menschlichen« Bedürfnisstruktur rührt die Unfähigkeit der Psychoanalyse zur adäquaten Kennzeichnung der menschlichen Entwicklung zur Gesellschaftlichkeit, worauf wir jedoch erst bei der Kritik der psychoanalytischen Vorstellungen über Mechanismen der individuellen Vergesellschaftung und der Darstellung der kritisch-psychologischen Konzeption des emotional-motivationalen Aspekts kindlicher Vergesellschaftung (Kap. 5.4 und 5.5.) genauer eingehen können.

Als nächsten Schritt zur Klärung der damit angesprochenen Problematik greifen wir nun die Frage auf, in welcher Weise nach Freud der Mensch, obwohl er nur auf die Befriedigung seiner »Ichtriebe« und vor allem sexuellen Triebe gerichtet ist, dennoch dazu kommt, andere als sexuelle Tätigkeiten aufzunehmen und Bindungen einzugehen und dabei auch gesellschaftlich nützliche Aufgaben zu übernehmen; wie also seine fundamentale sexuelle Triebbestimmtheit mit der Oberfläche seiner vielfältigen alltäglichen Handlungen vermittelt sein soll. – Es ist ein Grundpostulat der gesamten psychoanalytischen Theorie, daß menschliche Verhaltensweisen, die oberflächlich gesehen durch andere als sexuelle Antriebe bestimmt sind, wie »altruistische« soziale Aktivitäten, Erwerb nützlicher Fähigkeiten, künstlerische und andere »kulturelle« Tätigkeit etc., in Wirklichkeit dennoch auf sexuelle Impulse zurückführbar sind, wobei die scheinbare *»Desexualisierung«* hier durch die Hemmung der unmittelbaren Befriedigung der Sexualtriebe entstehen soll. Der Prozeß der durch die Zielhemmung bedingten Verwandlung von sexuellen in scheinbar nichtsexuelle Aktivitäten wird von Freud häufig *»Sublimierung«* genannt. Die Kategorien der Zielhemmung und Sublimierung sind, da nur mit ihrer Hilfe der Widerspruch zwischen der Vielfalt tatsächlich auftretender Verhaltensweisen und dem als zugrundeliegend angenommenen Sexualtrieb erklärt werden kann, quasi die »Kehrseite« der Freudschen Ausweitung und Universalisierung der Sexualität und deswegen ein integrierender Bestandteil der psychoanalytischen Trieblehre.

Bereits bei der ersten Ausarbeitung seiner Trieblehre in den »Drei Abhandlungen« (1905) im Zusammenhang mit der Darstellung der durch die Unterdrückung der frühkindlichen sexuellen Partialtriebe entstehenden »Latenzphase«, die gleichzeitig den Erwerb kulturell erwünschter Leistungen und Einstellungen ermöglicht, stellt Freud im Hinblick auf den Zusammenhang zwischen den kulturellen »Konstruktionen« zur Sexualunterdrückung und dem Entstehen kultureller Leistungen fest: »Mit welchen Mitteln werden diese, für die spätere persönliche Kultur und Normalität so bedeutsamen Konstruktionen aufgeführt? Wahrscheinlich auf Kosten der infantilen Sexualregungen selbst, deren Zufluß also auch in dieser Latenzperiode nicht aufgehört hat, deren Energie aber – ganz oder zum größten Teil – von der sexuellen Verwendung abgeleitet und anderen Zwecken zugeführt wird. Die Kulturhistoriker scheinen einig in der Annahme, daß durch solche Ablenkung sexueller Triebkräfte von sexuellen Zielen und Hinlenkung auf neue Ziele, ein Prozeß, der den Namen *Sublimierung* verdient, mächtige Komponenten für alle kulturellen Leistungen gewonnen werden« (V, 79). Mit »kulturellen Leistungen« sind dabei nicht nur herausragende künstlerische Produktionen (wie sie Freud öfter, so mit Bezug auf Michelangelo, Leonardo da Vinci, etc. psychoanalytisch deutete) gemeint, sondern »soziale«, an den Interessen anderer Menschen orientierte Verhaltensweisen im weitesten Sinne, die also ebenfalls als Resultat sexueller Zielgehemmtheit aufgefaßt werden: Unter den »gegen die Erkrankung durch Entbehrung schützenden Prozessen hat einer eine besondere kulturelle Bedeutung gewonnen. Er besteht darin, daß die Sexualstrebung ihr auf Partiallust oder Fortpflanzungslust gerichtetes Ziel aufgibt und ein anderes annimmt, welches genetisch mit dem aufgegebenen zusammenhängt, aber selbst nicht mehr sexuell, sondern sozial genannt werden muß. Wir heißen den

Prozeß ›Sublimierung‹, wobei wir uns der allgemeinen Schätzung fügen, welche soziale Ziele höher stellt als die im Grunde selbstsüchtigen sexuellen« (XI, 358). Auf gehemmte Sexualimpulse gehen nach Freud alle Qualitäten zwischenmenschlicher Bindungen zurück, die nicht offensichtlich sexueller Natur sind, so Zärtlichkeit, aber auch Freundschaft, Verehrung und andere positive Gefühlsbindungen. Aufschlußreich ist, daß Freud die zeitliche Konstanz und Stabilität sozialer Beziehungen zwischen Menschen dabei ebenfalls als einen Effekt der Sexualhemmung auffaßt: »Die zielgehemmten Sexualtriebe haben vor den ungehemmten einen großen funktionellen Vorteil. Da sie einer eigentlich vollen Befriedigung nicht fähig sind, eignen sie sich besonders dazu, dauernde Bindungen zu schaffen, während die direkten sexuellen jedesmal durch die Befriedigung ihrer Energie verlustig werden und auf Erneuerung durch Wiederanhäufung der sexuellen Libido warten müssen, wobei inzwischen das Objekt gewechselt werden kann« (XIII, 155f.). – Die Annahme eines Zusammenhanges zwischen zielgehemmter Sexualität und Kultur wird von Freud häufig in dem Sinne zugespitzt, daß er nicht nur die kulturellen Leistungen des einzelnen, sondern die Entstehung der Kultur überhaupt als Resultat der Sexualhemmung betrachtet. Schon 1910 kommt Freud zu der eindeutigen Aussage: »Die psychologische Beleuchtung unserer Kulturentwicklung hat uns gelehrt, daß die Kultur wesentlich auf Kosten der sexuellen Partialtriebe entsteht, daß diese unterdrückt, eingeschränkt, umgebildet, auf höhere Ziele gelenkt werden müssen, um die kulturellen seelischen Konstruktionen herzustellen« (VIII, 98). In seinen späteren kulturtheoretischen Schriften führt Freud diese Auffassung zu einer universalen Annahme des »Triebverzichts« als Grundbedingung für die Kulturentstehung und -entwicklung weiter (was später von uns ausführlich dargestellt und diskutiert wird).

Die »Verkehrtheit« der von Freud vollzogenen universellen Ableitung von sozialen Bedürftigkeiten des Menschen aus zielgehemmten Sexualtrieben läßt sich schon auf organismischem Niveau bei Berücksichtigung der Phylogenese sozialer Beziehungen aufweisen. Soziale Verhaltensweisen finden sich, wie ausführlich dargelegt, nicht erst beim Menschen, sondern sind bereits auf höchstem tierischem Niveau wesentliche Träger der Entwicklung, sowohl der Art als auch des Einzeltieres: im Hinblick auf die individuelle Entwicklung gewinnen die sozialen Verhaltensweisen einerseits dadurch Bedeutung, daß über die Sozietät ein gewisser Freiraum (»entspanntes Feld«) geschaffen wird, innerhalb dessen das heranwachsende Tier unabhängig von dem durch die Existenzsicherung gesetzten »Erfolgszwang« seiner Aktivitäten in der »spielerischen« Erkundung und Erprobung der relevanten Umweltgegebenheiten und der eigenen Verhaltensmöglichkeiten die artspezifischen Entwicklungsmöglichkeiten realisiert; und zum anderen dadurch, daß in Abhängigkeit von den innerhalb einer Sozietät sich herausbildenden Funktionsteilungen und sozialen Differenzierungen es als Voraussetzung für die Sicherung der Integriertheit in den sozialen Verband und damit der Existenz notwendig wird, die individuellen Eigentümlichkeiten der verschiedenen Tiere zu unterscheiden und entsprechend »gezielt« auf sie reagieren zu lernen. Gemäß der Bedeutung der sozialen Bezogenheit für die Entwicklung des individuellen Tieres bildet sich, wie dargestellt, die spontane Tendenz zum Aufsuchen der Nähe der Artgenossen heraus, über welche ein von den aktuellen Situationen unabhängiger ständiger Zusammenhalt der Tiere untereinander gewährleistet ist. Die Annahme, daß soziale Bedürfnsse sich erst beim Menschen und lediglich sekundär durch die gesellschaftliche Hemmung des Sexualtriebes herausbilden, ist somit absolut unhaltbar.

Auf menschlichem Spezifitätsniveau gewinnt mit der individuellen Vergesellschaftung die bloß soziale Bedürftigkeit eine neue, »kooperative« Qualität: Über die fortschreitende Entwicklung der Fähigkeit des Individuums, einen objektiven, auch für die anderen Gesellschaftsmitglieder bedeutsamen Beitrag zur gesellschaftlichen Lebenssicherung zu leisten, vollzieht sich die gesellschaftliche Integration, d. h. wächst einerseits seine Möglichkeit der gezielten Einflußnahme auf die gesellschaftlichen und damit auch individuellen Lebensbedingungen, gewinnt zum anderen die emotionale Verbundenheit mit den Mitmenschen, die gleiche gesellschaftliche Ziele anstreben, zunehmend eine kooperative Qualität (vgl. unsere Ausführungen auf S. 41 ff.). Die soziale Verbundenheit der Menschen untereinander ist somit nicht Resultat der Hemmung menschlicher Bedürfnisse, sondern bedeutet als Zuwachs der Fähigkeiten und des Beziehungsreichtums in der Zusammenarbeit mit anderen zugleich die Entfaltung der Bedürfnisse und Erlebnismöglichkeiten des Individuums. Auch die Konstanz und Stabilität sozialer Beziehungen ist nicht, wie Freud annimmt, notwendig das Ergebnis der Zielgehemmtheit sexueller Impulse (das ist nur unter bestimmten, später zu diskutierenden Sonderbedingungen in gewissem Ausmaß der Fall), sondern auf kooperativem Niveau Voraussetzung und Resultat der Vermitteltheit menschlicher Beziehungen über weitgesteckte gemeinsame Zielsetzung und -realisierung im Rahmen gesellschaftlicher Existenzsicherung, wobei nicht nur über die gegenwärtige, sondern auch durch die Perspektive zukünftiger Kooperationen und der durch diese in Aussicht gestellten Erweiterung der Lebensmöglichkeiten die emotionalen Bindungen Stabilität und Kontinuität gewinnen. Dabei wird nicht in Abrede gestellt, daß auch entwickelte »kooperative« Beziehungen einen mehr oder weniger ausgeprägten sexuellen Aspekt haben können und daß darin eine elementare emotionale Qualität menschlicher Verbundenheit liegt.

Der Umstand, daß, wie dargestellt, die sozialen Tendenzen eine wesentliche Komponente der Naturgrundlage menschlicher Fähigkeit zur Arbeit, d. h. der Möglichkeit, sich nicht nur vorgegebenen Lebensbedingungen anzupassen, sondern diese in der gemeinsamen »produktiven« Einflußnahme bewußt den gesellschaftlichen und individuellen Lebensnotwendigkeiten gemäß zu verändern, ist mit der psychoanalytischen Denkweise prinzipiell nicht zu begreifen: Da (wie später ausführlich darzulegen) in der Freudschen Theorie der Aspekt der gesellschaftlichen und dadurch vermittelten individuellen Kontrolle der Lebensbedingungen nicht repräsentiert ist, Freud soziale Beziehungen nicht unter dem Aspekt der Produktion, sondern nur unter dem der Konsumtion und damit der Abhängigkeit analysiert, d. h. das Gegebensein gesellschaftlicher Güter immer schon voraussetzt und Probleme sozialer Beziehungen nur im Zusammenhang ihrer Verteilung durch irgendwelche »Mächtigen« behandelt, kann er die Naturnotwendigkeit sozialer Beziehungen als Voraussetzung menschlicher – und damit auch individueller – Lebens- und Entwicklungsmöglichkeiten nicht fassen. Er muß zwangsläufig zu der Auffassung kommen, daß das soziale Gefühl bzw. »Massen- oder Gemeinschaftsgefühl« eine »Reaktion auf ... anfänglichen Neid« (XIII, 132) ist, der nur infolge der Unmöglichkeit, die »feindselige Einstellung ohne Schaden festzuhalten« (XIII, 133) sich über die jeweils individuelle Identifizierung mit den »Mächtigen« auch zur Identifizierung der abhängigen Individuen untereinander wandelt, wobei die »... erste Forderung dieser Reaktionsbildung ... dann die nach Gerechtigkeit, gleicher Behandlung für alle« (XIII, 133) ist, und die wiederum bedeutet, »daß man sich selbst vieles versagt, damit auch die anderen verzichten müssen, oder was dasselbe ist, nicht fordern können« (XIII, 134). Wir kommen in späteren Diskussionszusammenhängen ausführlich hierauf zurück.

An der Freudschen Konzeption der Sexualhemmung und Sublimierung läßt sich die Berechtigung unseres methodischen Hinweises verdeutlichen, daß die Kategorien für die Erfassung menschlicher Grundbedürfnisse nicht aus der direkten Beobachtung, aber auch nicht aus der phänomenalbiographischen Analyse erlangt werden können, sondern nur aus der logisch-historischen Analyse wissenschaftlich begründet abzuleiten sind. Durch seine Universalisierung des Sexualtriebes, verbunden mit dem »Sublimierungs«-Begriff, kann Freud jedes Beobachtungsdatum und jede phänomenalbiographische Erfahrung im Sinne seiner Trieblehre deuten; Verhaltensweisen und Erfahrungen, die sich nicht auf die angenommenen Grundtriebe zurückführen lassen, können hier prinzipiell niemals auftreten. Eine Widerlegung der Freudschen Grundtriebkonzeption ist nur durch den Nachweis der Entwicklungsnotwendigkeiten der »antriebsmäßigen« Absicherung tierischer Aktivitäten, d. h. der Herausbildung spontaner Tendenzen zur Umwelterkundung und -kontrolle, die zur Kompensation der mit zunehmender Entwicklung stets größer werdenden Risiken der Fehlanpassung notwendig werden, und weiterhin der »bedürfnismäßigen« Absicherung der Entstehung und Progression gesellschaftlicher Produktion möglich. Wesentlich ist dabei der wissenschaftliche Nachweis der Tatsache, daß in der gesellschaftlichen Arbeit, d. h. über die kooperative Veränderung der Umweltgegebenheiten zur Erweiterung der allgemeinen Lebensmöglichkeiten, das Verhältnis der Menschen zu ihren Bedürfnissen eine grundsätzliche Umstülpung erfährt, insofern als die Individuen »normalerweise« nicht mehr auf unmittelbaren vitalen Bedürfnisdruck hin tätig werden, sondern im Wissen um ihre eigenen Bedürfnisse durch gesellschaftliche Produktion die Mittel zu deren Befriedigung bereitstellen, bevor die vitalen Bedürfnisse das Handeln allein bestimmende Gewalt annehmen, d. h. den Menschen erneut in ihre Abhängigkeit zwingen. Erst nach einer solchen logisch-historischen Ableitung adäquaterer Grundkategorien menschlicher Bedürfnisse können nun auch in der direkten Beobachtung und der phänomenalbiographischen Analyse die durch den zirkulären Deutungsmechanismus der »Hemmung« und »Sublimierung« möglichen Immunisierungen der Freudschen Triebtheorie gegen widersprechende Erfahrungstatsachen durchbrochen und die Vermittlungen zwischen den wesentlichen Grundzügen menschlicher Bedürftigkeit und ihrer Realisierung, aber auch Verkehrung und Verkümmerung in der erscheinenden Oberfläche alltäglicher Aktivitäten in angemessener Weise untersucht werden.

5.2.3 Freuds »Einführung des Narzißmus« und ihre kritische Analyse

Das Ende der ersten Phase der Freudschen Trieblehre ist durch den 1914 erschienenen Aufsatz *»Zur Einführung des Narzißmus«* (FGW X) markiert. Hier wurde der bisher angenommenen *»Objektlibido«* eine auf die eigene Person bezogene *»Ichlibido«* gegenübergestellt, die nicht mehr, wie der frühkindliche »Autoerotismus«, als primitive Frühphase der Libidoentwicklung betrachtet, sondern als allgemeines Kennzeichen des menschlichen Trieblebens aufgefaßt wird. Mit der Einführung der »Ichlibido« und der damit verbundenen neuerlichen Ausweitung des Sexualitätskonzeptes trat die Unterscheidung zwischen den nichtlibidinösen »Ichtrieben« und den »Sexualtrieben« immer mehr in den Hintergrund; dabei wurde aber die Annahme einer neben der »Ichlibido« bestehenden, auf Selbsterhaltung gerichteten Ich-Strebung nicht völlig aufgegeben, und zwar offensichtlich vor allem deswegen nicht, weil Freud den Konflikt zwischen nichtlibidinösen Ichstrebungen und Sexualstrebungen zur Erklärung bestimmter Neurosenarten, der »Übertragungsneurosen« (Hysterie und Zwang), für unentbehrlich hielt. Später, mit der Entwicklung des zweiten Strukturmodells, wo eine selbständige *»Ich-Instanz«*, die mit den Sexualstrebungen des »Es« in Konflikt steht, eingeführt wurde, tritt das Konzept selbständiger Ichtriebe noch mehr in den Hintergrund und wird mit der zweiten Revision der Trieblehre nach komplexen Erörterungen schließlich in gewisser Weise in die Konzeption der »Lebenstriebe« einbezogen (wir kommen darauf zurück). – Auf die Gründe, die Freud 1914 dazu veranlaßten, den Narzißmus einzuführen – »Organische Krankheit«, »Hypochondrie« und »Liebesleben der Geschlechter« (X, 148ff.) – wollen wir hier nicht näher eingehen (zumal sie in späteren Freudschen Darstellungen des Narzißmus keine besondere Bedeutung mehr haben) und nur die Grundzüge des Narzißmus-Konzeptes, wie sie von nun an als weiteres Bestimmungsmoment in Freuds

Triebvorstellungen erscheinen (und auch in der dritten Phase der Triebehre beibehalten werden), kurz darstellen:

Die erste wesentliche Annahme der Freudschen Narzißmus-Konzeption ist die »Vorstellung einer *ursprünglichen Libidobesetzung* des Ichs, von der *später an die Objekte abgegeben* wird, die aber, im Grunde genommen, (beim Ich/U. O.) verbleibt und sich zu den Objektbesetzungen verhält wie der Körper eines Protoplasmatierchens zu den von ihm ausgeschickten Pseudopodien« (X, 141, Hervorh. U. O.). Oder, weniger bildlich ausgedrückt: »Man lernt verstehen, daß das Ich immer das Hauptreservoir der Libido ist, von dem libidinöse Besetzungen der Objekte ausgehen, und in das dieselben wieder zurückkehren, während der Großteil dieser Libido stetig im Ich verbleibt. Es wird also unausgesetzt Ichlibido in Objektlibido umgewandelt und Objektlibido in Ichlibido« (XV, 109). Aus dieser Vorstellung ergab sich für Freud, daß es sich bei den Ichbesetzungen und den Objektbesetzungen um die gleiche Art von Energie, nämlich libidinöse Energie, handeln müsse. – In einer zweiten, in gewisser Weise aus der ersten sich ergebenden Grundannahme der Narzißmus-Konzeption wird davon ausgegangen, daß der für die Besetzung des Ich und der Objekte zur Verfügung stehende Libidobetrag im großen und ganzen *konstant* ist, so daß *Libidobesetzungen des Ich auf Kosten der Objektbesetzungen gehen und umgekehrt:* »Wir sehen auch im Groben einen Gegensatz zwischen der Ichlibido und der Objektlibido. Je mehr die eine verbraucht, desto mehr verarmt die andere« (X, 141). – Aus der Vorstellung einer primären Libidobesetzung des Ich geht für sich genommen noch nicht hervor, aus welchem Grund es überhaupt zur Objektbesetzung, damit Verringerung des Betrages der Ichlibido kommen kann. Deswegen führt Freud hier noch eine weitere Grundannahme ein, der gemäß ein bestimmter Grad der Stauung der Ichlibido Unlust hervorruft, so daß das Individuum zur Unlustvermeidung die Libidostauung beim Ich durch Libidobesetzung der Objekte abbaut: »Natürlich wird unsere Wißbegierde hier die Frage aufwerfen, warum eine solche Libidostauung im Ich als unlustvoll empfunden werden muß. Ich möchte mich da in der Antwort begnügen, daß Unlust überhaupt der Ausdruck der höheren Spannung ist, daß es also eine Quantität des materiellen Geschehens ist, die sich hier wie anderwärts in die psychische Qualität der Unlust umsetzt . . . Von hier aus mag man es selbst wagen, an die Frage heranzutreten, woher denn überhaupt die Nötigung für das Seelenleben rührt, über die Grenzen des Narzißmus hinauszugehen und die Libido auf Objekte zu setzen. Die aus unserem Gedankengang abfolgende Antwort würde wiederum sagen, diese Nötigung trete ein, wenn die Ichbesetzung mit Libido ein gewisses Maß überschritten habe. Ein starker Egoismus schützt vor Erkrankung, aber endlich muß man beginnen zu lieben, um nicht krank zu werden, und muß erkranken, wenn man infolge von Versagung nicht lieben kann« (X, 151 f.). – Die Qualität der narzißtischen Ichlibido als »Selbstliebe« wird von Freud gelegentlich als »Egoismus« umschrieben, dabei die »besonders innige Abhängigkeit« des »Selbstgefühls« von der narzißtischen Libido hervorgehoben (X, 165). Daraus folgt die Vorstellung von einer Art Ausschließungsverhältnis zwischen dem »Selbstgefühl« einerseits und der libidinösen Bindung an »Objekte« (also andere Menschen) andererseits. Zwar nimmt Freud an, daß auch die »Wahrnehmung der Impotenz, des eigenen Unvermögens zu lieben«, das Selbstgefühl herabsetzt und zu Minderwertigkeitsgefühlen führen kann. Entscheidend sei aber die Reduzierung des Selbstgefühls durch die Libidobesetzung der »Objekte«: »Die Abhängigkeit vom geliebten Objekt wirkt herabsetzend; wer verliebt ist, ist demütig. Wer liebt, hat sozusagen ein Stück seines Narzißmus eingebüßt und kann es erst durch das Geliebtwerden ersetzt erhalten«. Demgemäß sei auch die »Hauptquelle« der Minderwertigkeitsgefühle die »Ichverarmung, welche sich aus den außerordentlich großen, dem Ich entzogenen Libidobesetzungen ergibt, also die Schädigung des Ichs durch die der Kontrolle nicht mehr unterworfenen Sexualstrebungen« (X, 166).

Wenn man von der immer deutlicher hervortretenden »physikalisierenden« Redeweise Freuds (auf die wir noch zurückkommen) und der hier vollzogenen, zum Monismus tendierenden Ausweitung des Sexualitätsbegriffs (dessen Universalisierung schon von uns kritisiert wurde) absieht und sich den verbleibenden allgemeinen Gehalt der Freudschen Aussagen über den »Narzißmus« zu verdeutlichen sucht, so wird die »Verkehrtheit« auch dieser Variante der Freudschen Trieblehre, sofern man sie als generelle Theorie menschlicher Bedürfnisse auffaßt, offenbar. – Die Annahme einer primären Rückbezogenheit von Bedürfnissen auf das Individuum gilt, wie ausgeführt, nur für die isoliert gesehenen, aber nicht isoliert vorkommenden sinnlich-vitalen, besonders organischen Bedürfnisse. Wenn man die menschliche Bedürfnisstruktur im Ganzen betrachtet, so muß man vielmehr umgekehrt von einer schon biologisch gegründeten primären Bezogenheit menschlicher Bedürfnisse auf die Umwelt – und zwar sowohl primären sozialen Bezogenheit auf andere Menschen wie primären sachlichen Bezogenheit auf die Erfassung und Erforschung der gegenständlichen gesellschaftlichen Wirklichkeit – als Voraussetzung und subjektives Bewegungsmoment der Fähigkeitsentwicklung und individuellen Vergesellschaftung ausgehen, wobei vitale Bedürfnisspannungen »normalerweise« nicht der primäre Motor der Aktivität sind, sondern durch die gesellschaftlich vermittelte Kontrolle über die eigenen Lebensbedingungen das Auftreten starker Spannungen im sinnlich-vitalen Bereich in bewußter Vorsorge soweit wie möglich verhindert wird. Von dieser Konzeption aus wird auch die Einseitigkeit und damit Falschheit der Freudschen Annahme deutlich, daß erst eine zu hohe und deswegen »unlustvolle« »Libidospannung« (als Ausdruck sinnlich-vitaler Bedürfnisse) eine Zuwendung zur sozialen Umwelt zum Zweck der Spannungsreduzierung erzwingt. Ebenso ist Freuds Annahme eines relativen Ausschließungsverhältnisses zwischen emotionaler Zuwendung zur sozialen Umwelt und emotionaler Erfülltheit der eigenen Befindlichkeit, also einer mit der sozialen Zuwendung einhergehenden Ichverarmung und nur durch Rückzug aus der sozialen Realität erlangbaren Ichbereicherung, eine als allgemeine theoretische Aussage »verkehrte«, die wahren Verhältnisse auf den Kopf stellende Konzeption. Wir haben unsere Auffassung ausführlich begründet, daß bereits auf höchstem tierischem

Niveau die Einbezogenheit in die Sozietät und die individuelle Entwicklung der artspezifischen Möglichkeiten der gleiche Prozeß sind. Auf menschlichem Niveau ist vollends die Persönlichkeitsentwicklung gleichbedeutend mit der Entwicklung individueller Fähigkeiten und Erlebnismöglichkeiten durch Ausdehnung der Umweltbeziehungen, d. h. Teilhabe an gesellschaftlicher Lebenssicherung über die gesellschaftliche Integration und die damit verbundene Überführung »bloß« sozialer Bindungen in immer umfangreichere kooperative Beziehungsstrukturen, die wiederum Voraussetzung für die aktive Einflußnahme auf die allgemeinen Lebensbedingungen, damit der bewußten, d. h. »menschlichen« Lebensführung ist. Das (in Freuds Narzißmus-Konzept auf eine bestimmte Weise umschriebene) Selbstwertgefühl des Menschen als emotionale Wertung seiner Position zur Umwelt wächst mit der relativen Potenz des Individuums gegenüber relevanten gesellschaftlichen Gegebenheiten einschließlich der sozialen Beziehungen, d. h. der Möglichkeit zur aktiven Einflußnahme auf seine Lebensbedingungen und muß sich mit dem Grade der relativen Hilflosigkeit und Ausgeliefertheit an die Umweltverhältnisse und die Willkür anderer vermindern bzw. negative Qualität annehmen. »Selbstwertgefühl« als Ausdruck subjektiver »Stärke« ist also an den Grad der gesellschaftlichen Integration und damit ermöglichten Potenzierung der individuellen Fähigkeiten und Erlebnismöglichkeiten gebunden. – Allerdings ist auch im Hinblick auf die Freudsche Narzißmus-Konzeption zu fragen, in welchem Maße seine Aussagen, die als Formulierungen *allgemeiner* theoretischer Zusammenhänge wissenschaftlich »verkehrt« sind, die Lage von Individuen unter historisch bestimmten Lebensbedingungen dennoch quasi blind widerspiegeln; so werden wir später (im Kap. 5.6, vgl. S. 389 ff.) spezielle Lebensumstände von Menschen in der bürgerlichen Gesellschaft zu charakterisieren versuchen, unter denen z. B. die emotional-»libidinöse« Bindung an den anderen tatsächlich gleichzeitig Abhängigkeit und Selbstaufgabe bedeutet.

5.2.4 Kritischer Exkurs über den quantitativ-energetischen Aspekt und das »ökonomische« Prinzip der Freudschen Triebkonzeption

Die Freudsche Libidotheorie ist – wie schon angedeutet – nicht nur eine Ausweitung des Sexualitätskonzeptes und der Versuch, die elementare Bedeutung der Sexualtriebe für das Verständnis gesunden und gestörten »Seelenlebens« nachzuweisen, sondern enthält darüber hinaus bestimmte wichtige Aussagen, in denen von der »inhaltlichen« Bestimmung der Libido als »sexuell« in gewissem Maße abstrahiert ist und die quantitative »energetische« Seite als für jedes Triebgeschehen charakteristisch herausgehoben wird. – Freuds energetische Vorstellungen über das Triebleben, die in unserer bisherigen Darstellung schon vielfältig angeklungen sind, sollen nun – nach Abschluß der Diskussion der zweiten »narzißtischen« Phase seiner Trieblehre – gesondert herausgehoben und kritisch analysiert werden, womit die unmittelbaren Voraussetzungen für die Behandlung der Todestrieblehre als dritter Phase der Freudschen Triebkonzeption zu erarbeiten sind. Diese eingeschobene prinzipiellere Erörterung über Freuds Triebauffassung entspricht in gewisser Weise dem biographischen Gang der Entwicklung der psychoanalytischen Triebtheorie, da Freud in den Jahren nach 1914, im Ansschluß an die Einführung des Narzißmus, selbst eine Reihe rückschauender grundsätzlicher Arbeiten, z. B. »Triebe und Triebschicksale« (1915, FGW X), veröffentlicht hat, in denen sich die letzte Revision seiner Trieblehre schon vorbereitet.

Die früher erwähnte Freudsche Bestimmung der Libido als einer selbständigen psychischen Energie (deren mögliche somatische Korrelate besonders in der Frühzeit von Freud immer wieder diskutiert wurden), wird von ihm präzisiert als quantitative bzw. quantifizierbare Größe: »Wir haben uns den Begriff Libido festgelegt als einer quantitativ veränderlichen Kraft, welche Vorgänge und Umsetzungen auf dem Gebiet der Sexualerregung messen könnte« (V, 118)[7]. Der »Trieb« ist nach Freud »ein Grenzbegriff zwischen Seelischem und Somatischem«. Während der Trieb unter somatischem Aspekt außerhalb des Psychischen liegt, ist er unter psychischem Aspekt »Repräsentant der aus dem Körperinneren stammenden, in die Seele gelangenden Reize« (X, 214); streng genommen kann man somit nicht von »Trieben« als solchen, sondern nur von *»Triebrepräsentanzen«*, »Triebwünschen« als vom Trieb produzierten »Vorstellungen« o. ä. reden. Die Triebenergie entsteht aus der *»Quelle«* des Triebes, »jenem somatischen Vorgang in einem Organ oder Körperteil, dessen Reiz im Seelenleben durch den Trieb repräsentiert ist« (X, 215), wobei die Triebquelle ein bestimmtes *Energiequantum,* das als Triebspannung oder *»Drang«* erlebt wird, freisetzt, worin sich das Maß an »Arbeitsanforderung« ausdrückt, das dem Seelischen durch den Trieb auferlegt ist« (X, 214). »Das *Ziel* eines Triebes ist allemal die Befriedigung, die nur durch *Aufhebung des Reizzustandes an der Triebquelle* erreicht werden kann« (2. Hervorh. U. O.) . . .« Das *Objekt* des Triebes ist dasjenige, an welchem oder durch welches der Trieb sein Ziel erreichen kann« (X, 215). – Die Libidoenergie als quantita-

[7] Die »physikalistische« Vorstellung Freuds von der »Meßbarkeit« der Libido haben Bernfeld & Feitelberg (1930), wenn auch vergeblich, wörtlich zu nehmen versucht, indem sie in ihrem Aufsatz »Über psychische Energie, Libido und deren Meßbarkeit« mit Hilfe von Konzeptionen aus der Physik, besonders der Wärmelehre, exakte Kriterien für die Libidomessung aufzustellen versuchten (vgl. auch den Aufsatz von Balint und Czillag, 1931, »Zur Kritik der Libidotheorie nach Bernfeld u. Feitelberg«).

tive Größe ist nun, wie Freud immer wieder hervorhebt, durch eine außerordentliche Beweglichkeit und Wandlungsfähigkeit ausgezeichnet; sie kann sich – wie wir schon gesehen haben – bei Hemmung der Zielerreichung, etwa durch »Sublimierung«, auf »intermediäre« Ersatzziele richten; sie kann sich an unterschiedliche Objekte heften, sie kann auch ihre Erscheinungsform in verschiedener Weise ändern (so sich von manifest sexueller in desexualisierte sexuelle Energie, von Ichlibido in Objektlibido etc. verwandeln). Die Untersuchung und Aufdeckung der Umsetzungen und Verwandlungen der Libidoenergie, damit der quantitativen Energieverteilung im seelischen Apparat, ist eines der wesentlichen Erklärungsziele der Freudschen Psychoanalyse und wird von Freud als *»ökonomisches«* Prinzip bezeichnet, das zusammen mit dem *»dynamischen«* und dem *»topischen«* Prinzip die *»Metapsychologie«* als allgemeines theoretisches Fundament der Psychoanalyse ausmacht.[8] Im Rahmen der »ökonomischen« Betrachtensweise hat Freud eine Reihe von Begriffen eingeführt, die sich alle auf quantitative Umsetzungen und Wandlungen von Libidoenergie beziehen.

Grundlegend ist dabei die Annahme einer Umsetzung von *»freier Energie«* in *»gebundene Energie«* als wesentlicher Arbeitsaufgabe des psychischen Apparates; die Bindung von Energie an ein bestimmtes Objekt oder eine bestimmte Vorstellung wird von Freud *»Besetzung«* genannt, wobei Besetzungen, die eine andere, antagonistische Besetzung neutralisieren, *»Gegenbesetzungen«* und Besetzungen, die eine größere Energiemenge binden, als für eine bestimmte Funktion, etwa »Verdrängung« (s. u.) nötig ist, *»Überbesetzungen«* heißen; weitere »ökonomische« Begriffe sind das Konzept der *»Verschiebung«* der Energie von einer Vorstellung auf eine andere, der *»Verdichtung«*, in der die Energien verschiedener Vorstellungsketten in einer Vorstellung angehäuft sind, etc. (wir können diese Konzeptionen hier nicht im einzelnen darstellen).

Von großer Wichtigkeit für die psychoanalytische Theorie ist die (in Begriffen wie »Verschiebung« und »Verdichtung« schon vorausgesetzte) Freudsche Unterscheidung des quantitativen Energiebetrages oder der »Erregungssumme« von der *»Vorstellung«* als zwei Komponenten der psychischen Repräsentanz des Triebes, wobei die quantitative Komponente *»Affektbetrag«* genannt wird, der sich von der »Vorstellung« lösen und an andere Vorstellungen binden kann: »Die klinische Beobachtung nötigt uns nun zu zerlegen, was wir bisher einheitlich aufgefaßt hatten, denn sie zeigt uns, daß etwas anderes, was den Trieb repräsentiert, neben der Vorstellung in Betracht kommt, und daß dies andere ein Verdrängungsschicksal erfährt, welches von dem der Vorstellung ganz verschieden sein kann. Für dieses andere Element der psychischen Repräsentanz hat sich der Name *Affekt-*

[8] Auf das »dynamische« und das »topische« Prinzip der Metapsychologie kommen wir im nächsten Kapitel (5.3) zu sprechen.

betrag eingebürgert; er entspricht dem Triebe, insofern er sich von der Vorstellung abgelöst hat und einen seiner Quantität gemäßen Ausdruck in Vorgängen findet, welche als Affekte der Empfindung bemerkbar werden« (X, 255). Die Unterscheidung des Affektbetrages von der Vorstellung gibt Freud die Möglichkeit, verschiedene »Affekte« wie Angst, Trauer, Aggression auf die dabei ablaufenden energetischen Umsetzungen hin »ökonomisch« zu analysieren (s. u.).

Die »ökonomische« Erklärung psychischer Prozesse in der Sprache von Energieverteilungen und Energieumsetzungen der Libido erfordert die Verfügung über Gesetzesannahmen, aus denen abgeleitet werden kann, warum ein jeweils bestimmter, begrenzter Energiebetrag[9] sich unter gegebenen Bedingungen gerade so und nicht anders verteilt oder umwandelt. Eine solche Gesetzesannahme allgemeinster Art ist das von Freud (in Anlehnung an frühere Auffassungen, etwa Fechners) eingeführte *»Lustprinzip«*, das innerhalb der psychoanalytischen Theorie in all ihren Phasen und Ausprägungsformen in weitgehend ähnlicher Weise definiert wird und einen grundlegenden Erklärungsansatz der Psychoanalyse darstellt. Im Lustprinzip in seiner reinen Form wird angenommen, daß eine eindeutige Beziehung zwischen der Größe der Spannung, Stauung, Erregung von Triebenergie auf der quantitativen Dimension und der Erhöhung der Unlust auf der qualitativen Dimension besteht, also die »Quantität des mate-

[9] Die Annahme einer Konstanz der zur Verfügung stehenden Energiebeträge wird zwar von Freud nirgends explizit und eindeutig formuliert, ist aber eine Voraussetzung für die Möglichkeit »ökonomischer« Erklärungen, da nur in der Menge konstante Energien auf ihre Umsetzungen und Verwandlungen hin zu verfolgen sind, weil hier zu unterstellen sein muß, daß es sich jeweils um die gleiche Energie handelt, die sich umsetzt und verwandelt, und nicht Energiebeträge spontan auftauchen oder verschwinden können. Faktisch geht Freud bei seinen ökonomischen Deutungen denn auch immer von einer solchen Konstanz des Energiequantums aus (als Beispiel haben wir etwa die in der Narzißmus-Konzeption enthaltene Auffassung kennengelernt, daß Libidobesetzungen des Ich auf Kosten der Objektbesetzungen gehen und umgekehrt, was einen konstanten, nur unterschiedlich verteilten Libidobetrag impliziert). Die Bezeichnung »ökonomisch« hätte hier also auch die Bedeutung, daß mit der vorhandenen Energie »ökonomisch« umgegangen, d. h. »hausgehalten« werden muß, da Energiemengen, die für bestimmte Funktionen eingesetzt sind, für andere nicht mehr zur Verfügung stehen. – Allerdings darf man diese Konstanzannahme offensichtlich nicht so weit verallgemeinern, daß man generell jedem Individuum sein ganzes Leben lang nur einen bestimmten energetischen Festbetrag zuschreibt, mit dem es auskommen und »haushalten« muß, denn Freud spricht ja auch von der ständigen Erregungszufuhr des Organismus von außen und von innen (als Triebenergie); die hier bestehenden Unklarheiten hat Freud nirgends systematisch diskutiert und zu beseitigen versucht.

riellen Geschehens . . . sich . . . in die psychische Qualität der Unlust umsetzt« (X, 151), so daß das Individuum die generelle Tendenz haben muß, die libidinöse Triebspannung möglichst klein zu halten. Die Annahme eines solchen eindeutigen Zusammenhangs ist zwar von Freud, besonders in seiner Spätzeit, in verschiedener Weise relativiert worden, wobei er sogar zu der Feststellung gekommen ist, u. U. könne auch Erhöhung der Spannung Lust bedeuten (s. u.); das ändert aber nichts daran, daß das Lustprinzip der einzige theoretische Ansatz der Psychoanalyse zur Erklärung der Verteilung und Umwandlung von Libidoenergie geblieben ist. – Die im »Lustprinzip« ausgedrückte Grundtendenz ist nicht primär das Erreichen von Lust, sondern die Vermeidung von Unlust, die durch eine erhöhte Spannung bzw. Erregung entstanden ist, wobei die »Lust« durch Reduzierung dieser Spannung entsteht; der Organismus ist demnach stets auf die Erhaltung bzw. Rückgewinnung eines Zustandes der Spannungs- und Erregungslosigkeit gerichtet.

Freud hat die Annahme einer solchen Konstellation bereits in seiner Frühzeit im Jahre 1900 formuliert. Er spricht hier von einem psychischen Apparat, »dessen Arbeit durch das Bestreben geregelt ist, Anhäufung von Erregung zu vermeiden und sich möglichst erregungslos zu halten«. Diese Regulation wird dadurch erklärt, daß »Anhäufung von Erregung . . . als Unlust empfunden wird und den Apparat in Tätigkeit versetzt, um das Befriedigungsergebnis, bei dem Verringerung der Erregung als Lust verspürt wird, wieder herbeizuführen« (II/III, 604). Dabei wird betont, »daß diese Lust- und Unlustentbindungen automatisch den Ablauf der Besetzungsvorgänge regulieren« (II/III, 580). Dem so gefaßten Lustprinzip, das an der Traumlehre entwickelt und anfänglich als »primitiver« Mechanismus bezeichnet wurde, wird in den späteren Arbeiten (vor der letzten Revision der Triebehre) eine immer universalere Gültigkeit zugesprochen, so, wenn Freud 1915 feststellt, »daß die Tätigkeit auch der höchstentwickelten Seelenapparate dem Lustprinzip unterliegt, d. h. durch Empfindungen der Lust-Unlustreihe automatisch reguliert wird« (X. 214).

Aus dem Lustprinzip folgt eine allgemeine Tendenz des Organismus zur Reizflucht als Fernhaltung von äußeren, aus der Umwelt stammenden, wie inneren, aus dem Organismus stammenden Reizen jeder Art:

Wenn »die Arbeit des seelischen Apparates dahin geht, die Erregungsquantität niedrig zu halten«, also »alles, was dieselbe zu steigern geeignet ist, als funktionswidrig, das heißt als unlustvoll empfunden werden« muß (XIII, 5), so hat dies eine bestimmte Vorstellung von »Reizbewältigung« zur Konsequenz, bei deren Darstellung Freud phylogenetische Überlegungen einbezieht: »Die äußeren Reize stellen nur die eine Aufgabe, sich ihnen zu entziehen, dies geschieht dann durch Muskelbewegungen, von denen endlich eine das Ziel erreicht und dann die zweckmäßige zur erblichen Disposition wird. Die im Innern des Organismus entstehenden Triebreize sind durch diesen Mechanismus nicht zu erledigen. Sie stellen also weit höhere Anforderungen an das Nervensystem, veranlassen es zu verwickelten, ineinander greifenden Tätigkeiten, welche die Außenwelt so weit verändern, daß sie der inneren Reizquelle die Befriedigung bietet, und nötigen es vor allem, auf seine *ideale Absicht der Reizfernhaltung* zu verzichten, da sie eine unvermeidliche kontinuierliche Reizzufuhr unterhalten. Wir dürfen also wohl schließen, daß sie, die Triebe, und nicht die äußeren Reize, die eigentlichen Motoren der Fortschritte sind, welche das so unendlich leistungsfähige Nervensystem auf seine gegenwärtige Entwicklungshöhe gebracht haben. Natürlich steht nichts der Annahme im Wege, daß die Triebe selbst, wenigstens zum Teil, Niederschläge äußerer Reizwirkungen sind, welche im Laufe der Phylogenese auf die lebende Substanz verändernd einwirkten« (X, 213f.).

In den Freudschen Formulierungen über das »Lustprinzip« ist eine bestimmte Mehrdeutigkeit enthalten. Einerseits wird davon gesprochen, daß »Anhäufungen«, »Stauungen«, »Spannungen« von Libidoenergie an bestimmten Stellen des seelischen Apparates zu Unlust führen, so daß die Tendenz zur Entspannung hier auf ein möglichst weitgehendes stationäres, ruhendes Gleichgewicht bzw. zur Verhinderung einer Störung dieses Gleichgewichts bei im Ganzen konstanter Energiemenge gerichtet wäre; diese Vorstellung liegt der »ökonomischen« Betrachtungsweise zugrunde; die genannten ökonomischen Mechanismen der »Besetzung«, »Verschiebung«, der Energieverwandlung unterschiedlicher Art haben gemäß dem Lustprinzip die Funktion, jeweils ein Ungleichgewicht von Energieverteilungen bis auf das mögliche Maß zu verringern, also Spannungsausgleich herbeizuführen; dem entspricht die zentrale Bedeutung des Begriffs der »Abfuhr« von Energie, die dem psychischen Apparat durch innere oder äußere Reize zugeführt worden ist, wobei der psychische Apparat quasi vor der »Aufgabe« steht, die zur Reduktion einer »Libidostauung« abgeführte Energie anderswo unterzubringen, zu neutralisieren, und die Formen dieser Energieunterbringung in der »ökonomischen« Analyse verfolgt werden. Andererseits kommen aber in anderen Freudschen Aussagen bestimmte Vorstellungen zum Ausdruck, in denen die Annahme einer Reduzierung der Gesamtenergiemenge des Organismus durch das Lustprinzip nahegelegt ist. Eine solche Annahme würde der ökonomischen Betrachtensweise, die ja die Vorstellung der Umsetzung einer konstanten Energiemenge einschließt, widersprechen und den metapsychologischen Rahmen von Erklärungen psychischen Verhaltens durch Libidoumsetzungen und -verwandlungen überschreiten. Freud ist sich dieser Mehrdeutigkeiten bewußt, wenn er feststellt: »Das Lustprinzip ist dann eine Tendenz, welche im Dienste einer Funktion steht, der es zufällt, den seelischen Apparat überhaupt erregungslos zu machen, oder den Betrag der Erregung in ihm konstant oder möglichst niedrig zu halten. Wir können uns noch für keine dieser Fassungen sicher entscheiden . . .« (XIII, 67f.). Die Konsequenzen, die Freud daraus letztendlich dennoch zieht, sollten allerdings den Rahmen nicht nur der ökonomischen Betrachtung, sondern auch des Lustprinzips sprengen (worauf wir noch zurückkommen).

Wenn der »psychische Apparat« gemäß Freuds hier vertretener Auffassung vom »Lustprinzip« beherrscht ist, so stellt sich die Frage, warum und wie das Individuum überhaupt zu anderen Aktivitäten als solchen kommen kann, die jeweils auf die sofortige und totale Reduzierung der Spannung und den damit verbundenen Lustgewinn gerichtet sind. Zur Klärung dieser Frage im Rahmen seiner Theorie stellt Freud dem »Lustprinzip« das *»Realitätsprinzip«* gegenüber, wobei auch eine weitere Unterscheidung, die zwischen dem *»Primärvorgang«* und dem *»Sekundärvorgang«*, in diesem Zusammenhang bedeutsam ist. Der Freudsche Argumentationsgang ist dabei im Groben wie folgt zu kennzeichnen:

Die blinde Abfuhr der Triebenergie, die für sich genommen Lust bedeutet, kann durch die Reaktionen der Umwelt größere Unlust provozieren, als mit der Nichtbefriedigung des Triebanspruches verbunden wäre. Das Individuum müsse darum im Interesse der Sicherung der Lust lernen, Rücksicht auf die Gegebenheiten der Realität zu nehmen. Zur begrifflichen Kennzeichnung dieses Umstandes führt Freud den Terminus »Realitätsprinzip« als Komplementärkonzept zum »Lustprinzip« ein: »In Wirklichkeit bedeutet die Ersetzung des Lustprinzips durch das Realitätsprinzip keine Absetzung des Lustprinzips, sondern nur eine Sicherung desselben. Eine momentane, in ihren Folgen unsichere Lust wird aufgegeben, aber nur darum, um auf neuen Wegen eine später kommende gesicherte zu gewinnen« (VIII, 235f.). Den Prozeß der unmittelbaren Triebabfuhr nennt Freud den »Primärvorgang«, von welchem er den »Sekundärvorgang« abhebt, dessen Funktion darin bestehen soll, die aus dem Primärvorgang anlangenden Triebimpulse so lange aufzuhalten, bis das Denken die Realität und die Handlungsfolgen geprüft hat. Aus einer blinden Triebabfuhr wird nach Freud so bewußtes Handeln: »Die motorische Abfuhr, die während der Herrschaft des Lustprinzips zur Entlastung des seelischen Apparates von Reizzuwüchsen gedient hatte . . ., erhielt jetzt eine neue Funktion, indem sie zur zweckmäßigen Veränderung der Realität verwendet wurde. Sie wandelte sich zum Handeln« (VIII, 233). Eine der frühesten und wichtigsten Funktionen der höheren Schichten des seelischen Apparats sei es somit, die anlagenden Triebregungen zu »binden«, den in ihnen herrschenden Primärvorgang durch den Sekundärvorgang zu ersetzen, ihre frei bewegliche Besetzungsenergie in ruhende Besetzung umzuwandeln (XIII, 36). Unter ökonomischem Aspekt ist nach Freud der Primärvorgang durch das freie Abströmen der Libido charakterisiert, im Sekundärvorgang dagegen wird die *»freie Energie«* unter Einbeziehung der Realitätsprüfung in stabile Besetzung überführt, also zur *»gebundenen Energie«*, die aufgrund vorangegangener Erfahrungen des Individuums über die geeignetste unter allen möglichen Befriedigungswegen abgeführt wird, wobei (wie später noch ausführlich zu diskutieren) mit dieser Umsetzung der freien in gebundene Energie, d. h. der Realitätsanpassung der Triebbefriedigung, nach Freuds Auffassung eine wesentliche Intensitätsminderung des Lusterlebens verbunden sein soll. Zur Organisation des Sekundärvorganges gehören gemäß seiner Aufgabe der *Realitätsprüfung* die der »Außenwelt zugewendeten Sinnesorgane« und das an sie geknüpfte »Bewußtsein«, das »Gedächtnis«, die »Urteilsfällung«, der »Denkprozeß« etc. (VIII 232f.), die alle der optimalen Vorbereitung und Absicherung der Triebbefriedigung gemäß den gegebenen realen Verhältnissen dienen. Je »besetzter« nach Freud ein bestimmtes System ist, um so mehr neu hinzuströmende Energie kann es aufnehmen, d. h. in ruhende Besetzung umwandeln, sie psychisch »binden« und umgekehrt: je niedriger die Besetzung eines Systems, desto weniger ist es zur Aufnahme neu zuströmender Energie befähigt, desto gefährlicher ist also die plötzliche Konfrontation mit großen Reizmengen. Der *»Reizschutz«* bedeutet somit, wie Freud feststellt, für den lebenden Organismus eine fast wichtigere Aufgabe als die Reizaufnahme (XIII, 30). – Das Mißlingen der Bindung der frei strömenden Energie, die Überschwemmung des seelischen Apparates mit freien Reizmengen führt nach Freud zu einer *»traumatischen« Situation,* d. h. zerstört die Organisiertheit und damit die Handlungsfähigkeit des Ichs. Erst nach erfolgreicher Bindung könne sich die Herrschaft des Lustprinzips (durch seine Absicherung im Realitätsprinzip) voll durchsetzen; bis dahin muß nach Freud die andere Aufgabe des »Seelenapparates«, die Erregung zu bewältigen und zu binden, voranstehen, und zwar nicht im Gegensatz zum Lustprinzip, aber unabhängig von ihm und zum Teil ohne Rücksicht auf dieses (XIII, 36). Da das Realitätsprinzip, gemäß dem der Sekundärvorgang organisiert ist, nur eine Absicherung, aber keine Aufhebung des Lustprinzips darstellt, ist es weitgehend irrelevant, welche Veränderungen durch das Handeln an der Außenwelt erfolgen, sofern es dabei zur Bindung bzw. Abfuhr von Energie, also Triebentspannung kommt: Es ist also »eine gewisse Gleichgültigkeit, auf welchem Wege die Abfuhr geschieht, wenn sie nur überhaupt geschieht, unverkennbar« (XIII, 273).

Der Übergang vom Primär- zum Sekundärvorgang ist zwar einerseits ein permanenter Prozeß der Hemmung, Bindung und an der Realität ausgerichteten Kontrolle von Libidoenergie und ihrer Abfuhr; die in den Begriffen »primär« und »sekundär« ausgedrückte Reihenfolge bezieht sich darüber hinaus aber auch auf verschiedene Stadien des individualbiographischen Prozesses, indem das Überwiegen des Primärvorgangs und damit der unmittelbaren Herrschaft des Lustprinzips in die früheste Kindheit verlegt und der Aufbau des Sekundärvorganges gemäß dem Realitätsprinzip als Ergebnis der weiteren Entwicklung betrachtet wird. Bei der Diskussion der damit zusammenhängenden Probleme führt Freud über den Primärvorgang in seinem genetischen Verhältnis zum Sekundärvorgang aus:

»Es wird mit Recht eingewendet werden, daß eine solche Organisation, die dem Lustprinzip frönt und die Realität der Außenwelt vernachlässigt, sich nicht die kürzeste Zeit am Leben erhalten könnte, so daß sie überhaupt nicht hätte entstehen können. Die Verwendung einer derartigen Fiktion rechtfertigt sich aber durch die Bemerkung, daß der Säugling, wenn man nur die Mutterpflege hinzunimmt, ein solches psychisches System nahezu realisiert. Er halluziniert wahrscheinlich die Erfüllung seiner inneren Bedürfnisse, verrät seine Unlust bei steigendem Reiz und ausbleibender Befriedigung durch die motorische Abfuhr des Schreiens und Zappelns und erlebt darauf die halluzinierte Befriedigung« (VIII, 232). »Ein psychischer Apparat, der nur den Primärvorgang besäße, existiert zwar unseres Wissens nicht und ist insofern eine theoretische Fiktion; aber soviel ist tatsächlich, daß die Primärvorgänge in ihm von Anfang an gegeben sind, während die sekundären erst allmählich im Laufe des Lebens sich ausbilden, die primären hemmen und überlagern und ihre volle Herrschaft über sie vielleicht erst mit der Lebenshöhe erreichen« (II/III, 609).

Wie aus den letzten Ausführungen schon deutlich wurde, enthält die Konzeption des Primär- und Sekundärvorganges Bestimmungsmomente, die über den bloß »ökonomischen« Aspekt der Freudschen Theorie hinausgehen und Implikationen im Hinblick auf die Organisation und Struktur der Persönlichkeit besitzen. Hier werden wir im nächsten Kapitel (5.3) bei Behandlung der Freudschen Strukturtheorie anknüpfen.

Da Freuds Ausführungen über die Energetik bzw. »Ökonomie« des Triebgeschehens keine selbständige theoretische Konstruktion darstellen, sondern lediglich Verallgemeinerungen der seinen verschiedenen inhaltlichen Analysen zugrundeliegenden Vorstellungen über Wesen und Funktion der Triebe sind, ist auch unsere Kritik der Freudschen Triebenergetik eine Verallgemeinerung unserer bisherigen kritischen Darlegungen, wobei die prinzipielle Problematik der Freudschen Behandlung menschlicher Triebe weiter zu verdeutlichen ist. – Zunächst können wir bei Betrachtung der generalisierten Freudschen Triebenergetik unsere eingangs formulierte Rahmenkritik bekräftigen, daß Freuds Triebkonzeption, wie wir sie bisher dargestellt haben, radikal »homöostatischer« Art ist: Freud kennt hier »Triebbefriedigung« nur als dem »Lustprinzip« unterworfene Reduzierung innerorganismischer Spannungszustände; demgemäß ist das *Ziel* des Organismus allein die *»Aufhebung des Reizzustandes an der Triebquelle«*. Die Entwicklungslinie nichthomöostatischen Antriebsgeschehens, die über das Neugier- und Explorationsverhalten zur Naturgrundlage und Entwicklung »produktiver« Bedürfnisse des Menschen führt, ist in diesen energetischen Vorstellungen nicht berücksichtigt; mithin kann auch nicht erkannt werden, daß bereits die Aktivitäten auf höheren Stufen tierischer Entwicklung keineswegs nur unmittelbar auf die Aufhebung innerer »Reizzustände« gerichtet sind, sondern vielmehr die mit der Offenheit des Verhaltens notwendig werdenden Lern- und Übungsqualitäten im Neugier- und Explorationsverhalten selbst »Lustqualität« gewinnen, die Handlungsanreize also nicht nur durch innere Bedarfszustände, sondern durch die konkreten Umweltverhältnisse gesetzt sind, die die Tendenz ihrer Erkundung und Erprobung der ihnen gegenüber zur Verfügung stehenden Bewältigungstechniken provozieren. Noch viel weniger kann die Ausgerichtetheit »produktiver« Bedürfnisse an der Möglichkeit aktiver Einflußnahme auf den gesellschaftlichen Entwicklungsprozeß (damit der Bestimmung individueller Lebensbedingungen) und die diesen Tendenzen zugrundeliegende Durchbrechung der Unmittelbarkeit des Zusammenhangs zwischen aktuellen Spannungszuständen und den Aktivitäten zu ihrer Behebung in der gesellschaftlichen Kooperation von Freud erkannt werden; damit kann er auch nicht sehen, daß die bewußte Vorsorge für die unvermittelte Bedürfnisbefriedigung durch »Aufhebung des Reizzustandes an der Triebquelle« lediglich ein unselbständiges Teilmoment der über die gesellschaftliche Kooperation vermittelten Möglichkeiten der Lebenserfüllung und Bedürfnisbefriedigung ist. So bestätigt sich bei Einbeziehung der psychoanalytischen »Triebenergetik«, daß die »menschliche« Spezifik der Bedürfnisse und ihrer gesellschaftlichen Entwicklung in der psychoanalytischen Theorie prinzipiell verfehlt ist. Diesen fundamentalen und immanent irreparablen Mangel hat die psychoanalytische Trieblehre mit vielen anderen Triebtheorien, besonders behavioristischer Prägung, gemein (wobei, wie wir ausgeführt haben, selbst marxistisch fundierte Bedürfniskonzeptionen sich von der Verabsolutierung »homöostatischer« Bedürfnisvorstellungen nur schwer freimachen können). – An Freuds allgemeinen triebtheoretischen Ausführungen wurde sichtbar, daß Freud seine homöostatischen Triebvorstellungen mit physikalischen Analogisierungen verbindet, denen gemäß er von der Annahme einer bestimmten Libidomenge, die sich stauen, entladen, verteilen etc. kann, ausgeht. Auch derartige physikalisierenden Vorstellungen findet man in anderen Triebkonzeptionen; eine spezielle Version solcher physikalisierenden Vorstellungen ist Lorenz' »hydraulische« Analogie der »aktionsspezifischen Energien«, die wir zur Kennzeichnung einer bestimmten phylogenetischen Stufe tierischen Antriebsgeschehens in dieser Arbeit als heuristisches Prinzip übernommen haben. Über solche Gemeinsamkeiten mit anderen Theorien hinaus hat aber die Freudsche Triebenergetik wesentliche und charakteristische Besonderheiten, die wir nun herausheben und kritisch analysieren werden.

Ein offensichtlicher Unterschied zwischen Freuds und den in unserer Abhandung übernommenen homöostatischen bzw. physikalisierenden Vorstellungen über die Energetik des Antriebsgeschehens liegt darin, daß wir solche Vorstellungen lediglich auf nichtproduktive Bedürfnisse beziehen bzw. nur zur Charakterisierung früherer phylogenetischer Stufen benutzen, während Freud das gesamte Antriebsleben des Menschen homöostatisch-physikalisierend verstanden wissen will. Ein anderer Unterschied ist aber noch viel wesentlicher und führt an den Kern der Problematik Freudscher Triebauffassungen heran. – Die hypothetische Einführung homöostatischer und quasi physikalischer Vorstellungen, etwa der »aktionsspezifischen Energie«, in dessen »Entladung« das Tier »Befriedigung« findet, ist im Kontext unserer Darlegungen aus *phylogenetischen Notwendigkeiten der tierischen Lebenssicherung und Fortpflanzung unter den Bedingungen seiner artspezifischen Umwelt* abgeleitet. Der angenommene Befriedigungswert der Entladung aktionsspezifischer Energien nach genomisch festgelegten »Bedarfsplänen«, d. h. der »Lustgewinn« durch Realisierung von Instinkthandlungen, wurde in seiner phylogenetischen Entstehung erklärt durch den Effekt der hinreichend häufigen und intensiven Ausführung biologisch notwendiger Handlungen, ohne daß das Tier eine

Einsicht in die Notwendigkeit dieser Handlungen besitzt, so daß die objektiv arterhaltende Funktion bestimmter Verhaltensweisen hier quasi »subjektiv« als Lustgewinn erscheint. Vom gleichen Erklärungsprinzip aus wurden wir durch das entsprechende empirische Material auch dazu gebracht, die phylogenetische Überwindung des Stadiums aktionsspezifischer Energien durch die in höheren Entwicklungsstufen immer mehr hervortretende Absicherung von lebensnotwendigen individuellen Lernvorgängen durch Lustgewinn aus Neugier-, Explorations- und Spielaktivitäten und schließlich auch die elementare Bedürfnisgrundlage der gesellschaftlichen Existenz, d. h. der produktiven Veränderung der Umwelt zur Verbesserung der Lebensmöglichkeiten, anzunehmen und homöostatisch-physikalische Vorstellungen mit bezug auf spezifisch menschliche Bedürfnisse völlig aufzugeben. Freud ist die materialistische, funktional-historische Erklärung des Entstehens und der Eigenart von Lebenserscheinungen aus biologischen (und gesellschaftlichen) Entwicklungsnotwendigkeiten – obwohl er, wie noch zu zeigen ist, phylogenetische Interpretationsweisen nicht selten einbezieht – zutiefst fremd. Weder bei Freud noch innerhalb der gesamten Psychoanalyse wird die Beantwortbarkeit der Frage, ob und auf welche Weise Menschen, sofern sie tatsächlich so beschaffen wären, wie die Psychoanalyse annimmt, jemals hätten phylogenetisch entstehen bzw. ihr gesellschaftliches und individuelles Leben erhalten können, als wissenschaftliches Erfordernis anerkannt. Im Hinblick auf die Triebenergetik führt das dazu, daß Freud die gemäß dem »Lustprinzip« entstehende Unlust durch »Erregung« und Libidostauung und den Lustgewinn durch Entladung und »Abfuhr« der Triebenergie nicht aus Handlungsnotwendigkeiten für das Individuum mit dem Effekt biologischer oder (die individuelle einschließender) gesellschaftlicher Lebenserhaltung erklärt, sondern dem Trieb selbst als diesem unabhängig vom Individuum zukommende eigenständige Tendenz unterschiebt. Die spekulative Setzung von den Lebensnotwendigkeiten enthobenen, verselbständigten Trieben, denen sich das Individuum als fremden, von ihm getrennten Kräften gegenübersieht, ist das zentrale Charakteristikum der Freudschen Triebkonzeption. Zugespitzt kommt dies in der Feststellung Freuds zum Ausdruck, es gelte die *»Lebensschicksale des Triebes«* (nicht etwa der Person) zu verfolgen (X, 215, Hervorh. U. O.).

Die dem »seelischen Apparat« aufgrund des »Lustprinzips« zugeschriebene, von den Funktionen der Lebensbewältigung unabhängige »Absicht« der »Reizfernhaltung« und Erregungsreduzierung schließt zwingend ein, daß Freud den Zusammenhang zwischen objektiven Umweltbeschaffenheiten und den aufgrund ihrer kognitiven Erfassung am Maßstab der »Zuträglichkeit« für das Individuum entstehenden positiven oder negativen emotionalen Umgebungswertigkeiten, wie wir ihn ausführlich aufgewiesen haben, in seiner Entstehung und Funktion niemals adäquat begreifen kann. Die Umweltgegebenheiten haben nach Freud für den Organismus nur die Funktion der unlusthervorrufenden Erregungssteigerung, also von Störfaktoren, durch welche das Individuum zur Unlustvermeidung zu einer Abwendung gegenüber jeder Art von Umwelttatbeständen kommen muß. Wenn Freud feststellt, die »äußeren Reize stellen nur die eine Aufgabe, sich ihnen zu entziehen, dies geschieht dann durch Muskelbewegungen, von denen endlich eine das Ziel erreicht und dann die zweckmäßige zur erblichen Disposition wird«, so ist hier die Bezeichnung »zweckmäßig« nicht etwa eine laxe Umschreibung des Effektes der Arterhaltung durch Erhöhung der Fortpflanzungswahrscheinlichkeit; der »Zweck« ist vielmehr der der »Reizfernhaltung«, und dieser »Zweck« soll durch Vererbung erworbener Eigenschaften zur »erblichen Disposition« werden. Auch wenn Freud die inneren Reize der Triebe und nicht die Reize aus der Außenwelt als eigentliche »Motoren der Fortschritte« bezeichnet, welche »das so unendlich leistungsfähige Nervensystem auf seine gegenwärtige Entwicklungshöhe gebracht haben«, und dabei einräumt, daß die Triebe zum Teil »Niederschläge äußerer Reizeinwirkungen« sein mögen, »welche im Laufe der Phylogenese auf die lebende Substanz verändernd einwirkten«, so ist der phylogenetische Entwicklungsfortschritt für Freud im einen wie im anderen Falle lediglich ein über grob lamarckistisch verstandene Vererbung erworbener Eigenschaften zustandegekommener Fortschritt bei der Verwirklichung der »idealen Absicht« des Organismus »zur Reizfernhaltung«. Freud kam hier und an anderen Stellen zu solchen Deutungen, obwohl er wußte, daß ihre lamarckistischen Voraussetzungen von der wissenschaftlichen Biologie abgelehnt wurden (s. u., S. 302). So scherte es ihn nicht im geringsten, daß gemäß der schon damals (nach Entdeckung der Mutation) voll entwickelten neodarwinistischen Evolutionstheorie (die ihre Gültigkeit bis heute immer mehr bestätigt hat) Organismen mit einer Tendenz zur totalen Abwendung von Außenreizen samt den zur Realisierung dieser Tendenz entstandenen organismischen »Leistungen« nicht nur die Fortpflanzungswahrscheinlichkeit vermindern, sondern biologisch geradezu Letalfaktoren darstellen, Lebewesen mit einer solchen »Ausstattung« sich also nicht etwa bis zum Menschen entwickelt hätten, sondern sofort ausgestorben wären. – Freud befindet sich mit dem aus seinem »Lustprinzip« folgenden Postulat von der primären Außenreizfeindlichkeit der Organismen bereits im Widerspruch zur Funktionsweise elementarer homöostatischer Bedarfszustände, da – wie früher dargelegt – bereits hier die Zuwendung und positive Valenz der lebenserhaltenden Objekte biologisch mehr oder weniger fest vorgegeben ist. Ganz und gar ungeeignet ist jedoch dieses Konzept der primären Reizfeindlichkeit zur Erfassung des Neugier- und Explorationsverhaltens, d. h. der generalisierten positiven Umweltzuwendung in

Abhängigkeit von der »Neuheit« oder »Widerständigkeit« der Umweltgegebenheiten, die nur durch eine die Handlungsfähigkeit gefährdende Höhe der Diskrepanz zwischen einerseits »Gekonntem« und andererseits »Neuem« in negative Abwendung und Fluchttendenzen umschlagen wird (vgl. I, 180ff.). Diese organismischen Tendenzen zu positiver Umweltzuwendung sind auf »menschlichem« Niveau in der positiven »subjektiven Bedeutung« und motivierten Anstrebbarkeit von gesellschaftlichen Zielen, mit deren Verfolgung erhöhte gesellschaftliche Integration und Kontrolle über die eigenen Lebensbedingungen (damit Vorsorge für sinnlich-vitale Bedürfnisbefriedigung) antizipiert werden kann, aufgehoben (was hier nicht im einzelnen wiederholt werden soll).

Nur wenn man die von Freud aufgrund des »Lustprinzips« gesetzte, unabhängig von den Lebensnotwendigkeiten gegebene Tendenz des Organismus zur allgemeinen »Reizfernhaltung« – d. h. nicht nur zur Reduktion innerer Spannung, sondern auch zur Außenreizvermeidung – in Rechnung stellt, kann man den Charakter und die Funktion seines »Realitätsprinzips« und des ihm unterstellten »Sekundärvorgangs« adäquat verstehen. – Freuds Auffassung von der gemäß dem Realitätsprinzip im Sekundärvorgang vollzogenen »Bindung« freier Energie, also der Anpassung der spontanen Handlungstendenzen an die Realitätserfordernisse unter Aktualisierung gespeicherten Wissens hinsichtlich der erprobten Befriedigungswege, enthält insoweit adäquate Vorstellungen über die Lebensbewältigung des Individuums, als hier die Abhängigkeit der Möglichkeit zur Verarbeitung neuer Erfahrungen vom Bezugsrahmen bereits bestehender Erfahrung und die Erhaltung bzw. Gefährdung der Handlungsfähigkeit am Maßstab des Grades der Überschreitung des Bezugsrahmens (der »Reizzufuhr«) herausgehoben sind. Da Freud indessen den allgemeinen Zusammenhang zwischen der individuellen Lebensbewältigung und dem Beitrag des Individuums zur gesellschaftlichen Lebenserhaltung nicht sieht, kann er den Einzelnen nur in seiner Abhängigkeit von »der« Gesellschaft, nicht aber das umgekehrte Verhältnis der Abhängigkeit der Gesellschaft von den Beiträgen der Individuen und damit die prinzipielle Einflußmöglichkeit der Menschen auf den gesellschaftlichen Entwicklungsprozeß und die Bestimmung der eigenen Lebensverhältnisse fassen. Der Mensch steht in seiner Sichtweise notwendig mit seinen lediglich individuellen Fähigkeiten und bloß auf sich selbst rückbezogenen organismisch-sinnlichen Bedürfnissen einer grundsätzlich antagonistischen Außenwelt gegenüber, der er das jeweils erreichbare Maß an bloß individuellen Befriedigungsmöglichkeiten abringen oder ablisten muß. Aus diesen »anthropologischen« Prämissen ergibt sich, daß in der Freudschen Triebtheorie die Möglichkeit einer primären, motivierten Umweltzuwendung des Menschen radikal geleugnet werden muß: Wenn das Individuum nach Freud aufgrund der Erfordernisse seiner Daseinserhaltung reale Gegebenheiten zur Kenntnis nimmt und verarbeitet, so ist dies für die Psychoanalyse notwendig ein durch die Außenwelt erzwungener Umweg, der für sich genommen bloß »versagenden« Charakter hat und allein beschritten wird, weil nur unter Berücksichtigung der realen Umstände Befriedigung der Triebe und damit der Zustand der Reizlosigkeit des Organismus erreicht werden kann. Damit besteht für die Psychoanalyse ein absoluter Widerspruch zwischen dem Lustcharakter der libidinösen Triebbefriedigung einerseits und dem Zwangscharakter jeder kognitiven und praktischen Umweltverarbeitung andererseits. Auch jeder Aufschub der unmittelbaren Triebbefriedigung ist für die Psychoanalyse direkter, frustrierender Zwang, womit unsere frühere Kritik an der Freudschen Verabsolutierung bloß individueller organisch-sinnlicher Befriedigung und Verkennung des dialektischen Verhältnisses zwischen »produktiver« und sinnlich-vitaler Bedürfnisbefriedigung mit den »produktiven« Tendenzen als bestimmendem Moment auch in diesem Zusammenhang gilt: Die wissenschaftliche Unhaltbarkeit einer allgemeinen theoretischen Konzeption, in der die erreichte Bedürfnisbefriedigung mit vollzogener Umweltabwendung gleichgesetzt und Umweltverarbeitung nur auf Zwang zurückgeführt wird, liegt nach unseren früheren Ableitungen auf der Hand (und soll hier nicht noch einmal aufgewiesen werden). – Daraus ergibt sich, daß auch Freuds Vorstellungen über den individualgeschichtlichen Entwicklungsprozeß als eines Vorganges, in welchem der Säugling als zunächst »nach dem Lustprinzip lebendes System, das sich mittels bestimmter Einrichtungen« den Reizen der Realität entziehen kann und erst durch die Außenwelt schrittweise gezwungen wird, seine autistische Isolation aufzugeben und sich der Umwelt zuzuwenden, wissenschaftlich inadäquat ist, da zur angemessenen Erfassung des kindlichen Vergesellschaftungsprozesses die kategorialen Möglichkeiten gegeben sein müssen, die Entwicklung in Richtung auf die sich ausdehnende Kontrolle über die individuellen Lebensbedingungen über die Teilhabe an der gesellschaftlichen Existenzsicherung zu erfassen. Die Inadäquatheit der These von der primären Reizfeindlichkeit und der erzwungenen Umweltzuwendung des Säuglings läßt sich bei entsprechenden kategorialen Voraussetzungen auch in der direkten Kinderbeobachtung aufweisen, wie aus Boshowitschs auf der Basis der früher geschilderten Zusammenfassung empirischer Befunde abgeleiteter Kritik hervorgeht:

Freud charakterisiert »den Säugling als zutiefst asoziales, autistisches, sich von der Umwelt isolierendes und diese Umwelt ablehnendes Wesen. Es begnügt sich nach Freud mit einer Halluzination der Befriedigung seiner Triebe, und es sind besondere Umstände notwendig (zum Beispiel die Trennung des Kindes von den Eltern), damit das Prinzip der Realität allmählich das Lustprinzip verdrängen kann. Gehen wir jedoch von der Erkenntnis aus, das entscheidende Bedürfnis in der psychischen Entwicklung des Kindes ist das Bedürfnis nach äußeren Eindrücken, dann kann das Psychische des Säuglings und sein Verhalten direkt entgegengesetzt charakterisiert werden. Danach ist der Säugling ein völlig extrovertiertes Wesen. Es strebt nicht nur danach, seine Bedürfnisse nach Nahrung, Wärme, Sauerstoff usw. zu befriedigen, es strebt auch danach, die Umwelt wahrzunehmen, sie zu betrachten und von ihr Besitz zu ergreifen« (1970, S. 145).

Mit dieser Kritik an dem allgemeinen wissenschaftlichen Gehalt der Freudschen Konzeptionen ist allerdings die Frage, wie weit gewisse Feststellungen Freuds die subjektive Befindlichkeit von Individuen unter historisch bestimmten Lebensbedingungen widerspiegeln, noch nicht beantwortet.

Wenn man im Kontext unserer gegenwärtigen Darstellung Freuds Ausführungen auf die Situation der Abhängigkeit, d. h. der Ausgeschlossenheit von der gesellschaftlichen Realitätskontrolle bezieht, so erscheint unter diesen Bedingungen die Annahme einer Rückbezogenheit des Menschen auf bloß individuelle, sinnlich-organische Befriedigung in gewissem Sinne berechtigt. Da ohne die Möglichkeit der bewußten Einflußnahme auf die gesellschaftlichen und damit individuellen Lebensbedingungen die Konsequenzen der eigenen Handlungen nicht absehbar, die Frage, wieweit mit der Erfüllung gesellschaftlicher Forderungen auch den eigenen Interessen gedient ist, bestenfalls offenbleibt und das mit jeder Neuorientierung verbundene Risiko nicht durch bewußte kooperative Beziehungen, d. h. die sichere Einbettung in die Gemeinschaft aufgehoben ist, wird es hier tatsächlich kaum zu einer freiwilligen Anforderungsübernahme kommen und das Individuum im wesentlichen nur durch äußeren Zwang oder den inneren Druck seiner eigenen vitalen Bedürftigkeit zur Sicherung seiner unmittelbaren Existenz aktiv werden. Aufgrund dieser Unkontrollierbarkeit der Konsequenzen der eigenen Aktivitäten und der mangelnden Bezogenheit der gesellschaftlichen Anforderungen auf die Erweiterung individueller Lebensmöglichkeiten müssen diese zwangsläufig negativen Charakter annehmen, als »notwendiges Übel« zur Erreichung der Befriedigung stets wiederkehrender sinnlich-vitaler Bedürfnisse gewertet werden, sodaß man in gewisser Weise schon mit Recht von einer allgemeinen »Reizfeindlichkeit« sprechen kann. Unter solchen Verhältnissen trifft es in gewisser Weise auch zu, daß, wie Freud meint, es den Individuen bei der Gerichtetheit auf Wiederherstellung des Zustandes der Entspanntheit, der allein über die Erfüllung von Außenweltforderungen erreichbar ist, *»gleichgültig«* ist, »auf welchem Wege die Abfuhr geschieht, wenn sie überhaupt geschieht«, etc. – Die damit angedeuteten Interpretationsmöglichkeiten werden später in allgemeineren Zusammenhängen systematisch wieder aufgegriffen.

In Freuds »ökonomischer« Betrachtensweise als metapsychologischem Erklärungsprinzip seiner Trieblehre ist die Verselbständigung der Triebe gegenüber der Lebenstätigkeit des seine Daseinsbedingungen produzierenden Menschen zwingend vorausgesetzt. Die durch »außerordentliche Beweglichkeit und Wandlungsfähigkeit« ausgezeichnete Libidoenergie als Äquivalent für menschliche Bedürfnisstärke überhaupt wird von den inhaltlichen Zielen der den Notwendigkeiten gesellschaftlicher und individueller Lebenssicherung und -entfaltung unterstellten menschlichen Aktivität rigoros abgetrennt und die menschliche Lebensproblematik allein in Termini der »Freiheit« und »Gebundenheit«, der »Besetzung«, »Verdichtung«, »Verschiebung« von immer auf möglichst weitgehende Abfuhr gerichteter Energie und der unterschiedlichen in der Person ablaufenden »Triebschicksale« beschrieben. Von dieser Prämisse her versteht sich auch, warum unter »ökonomischem« Aspekt als weitgehend »gleichgültig« betrachtet werden kann, »auf welchem Wege die Abfuhr geschieht, wenn sie überhaupt geschieht«: die Beschaffenheiten der realen gesellschaftlichen Umwelt erscheinen hier nur als mögliche Ursachen für Libidostauungen, Vehikel für »Besetzungen« etc. und lediglich unter dem Gesichtspunkt relevant, wieweit sie die »Abfuhr« von Libido ermöglichen oder erschweren. – Die Gleichgültigkeit gegenüber den inhaltlichen Bezügen der Welt und die solipsistische Icheingeschlossenheit des Menschen in »ökonomischer« Betrachtung verdeutlicht sich z. B. an Freuds Auffassungen über die »Affekte«, die sich von den »Vorstellungen« lösen und ihr eigenes »Verdrängungsschicksal« erfahren können. Die Entstehung und Funktion der Emotionen (die Freud als »Affekte« bezeichnet) ist, wie ausführlich dargestellt, nur dann zu erklären, wenn man Emotionen als Wertungen objektiver Umweltgegebenheiten am Maßstab des Zustandes des Organismus, also als Vermittlungsinstanz zwischen Kognition und Handlung auf verschiedenen Niveaus der Umweltbezogenheit auffaßt, wobei mit phylogenetischer Entwicklungshöhe die individuellen »Fähigkeiten« zur Bewältigung relevanter Umwelttatbestände für die emotionale Bewertung der kognizierten Weltgegebenheiten immer bedeutsamer werden und auf dem Niveau der spezifisch »menschlichen« Existenz diese Umweltbeziehung im bewußten Verhalten zu den eigenen Bedürfnissen über die gesellschaftliche Sicherung der lebensnotwendigen Ressourcen eine grundsätzlich neue Qualität erlangt. Emotionale Wertungen haben in jedem Falle die Funktion der realitätsangemessenen Steuerung der Handlungsbereitschaft des gesamten Organismus bzw. Individuums, sind also Symptom und Mittel der Umweltauseinandersetzung. Bei Freud haben die »Affekte« keinerlei Widerspiegelungsbeziehung zur äußeren Realität und auch keine Funktion bei der praktischen Lebensbewältigung; die »Affektbeträge« stellen lediglich, soweit sie frei flottieren, eine Bedrohung für das libidinöse Gleichgewicht des Individuums dar, und ihre aus den inneren »Triebquellen« stammende Energie muß, um für das Ich keine bedrohlichen Situationen heraufzubeschwören, auf irgendeine Art »abgeführt« und »gebunden« werden. Der »Affekt« der Trauer um den Verlust einer geliebten Person ist z. B. für Freud nicht die zutiefst negative emotionale Wertung der Zerstörung eines objektiven Lebenszusammenhanges, der Vernichtung der über lange Zeiten des Zusammenlebens entstandenen Kommunikations- und Kooperationsweisen, die eine einmalige Qualität und Intensität der emotionalen Verbundenheit mit sich brachten und mit denen ein zentrales Stück Lebenserfüllung und Lebensperspektive unwiderbringlich verloren ist (vgl. unsere Ausführungen über Pawlows Konzept der »dynamischen Stereotypen«, I, S. 184f.), sondern Ausdruck der Notwendigkeit, nach dem Verlust des »Objektes« alle Libido aus ihren Verknüpfungen mit diesem Objekt abzuziehen. »Dagegen erhebt sich ein begreifliches Sträuben, – es ist allgemein zu beobachten, daß der Mensch eine Libidoposition nicht gern verläßt, selbst dann nicht, wenn ihm Ersatz bereits winkt« (X, 430).

5.2.5 Darstellung und Kritik der Freudschen Lehre von den Todes- und Lebenstrieben; Herausarbeitung der Grundvoraussetzungen psychoanalytischer Triebtheorie

Nachdem wir in einem ausführlichen Exkurs Freuds generelle Auffassungen über den energetischen Aspekt des Triebgeschehens als theoretische Verallgemeinerungen seiner inhaltlichen Konzeptionen über menschliche Triebe dargestellt und kritisiert haben, kommen wir nun zur Schilderung und kritischen Analyse der mit dem 1920 erschienenen Aufsatz »Jenseits des Lustprinzips« (FGW XIII) beginnenden und von da an beibehaltenen dritten Phase der Freudschen Trieblehre, in der – nach der dualistischen Gegenüberstellung von »Ichtrieben« und Sexualtrieben in der ersten Phase und einer vorübergehenden Annäherung an eine monistische Triebkonzeption durch die Einführung des »Narzißmus« in der zweiten Phase – von Freud ein neuer, verschärfter Triebdualismus angenommen wird, indem er das gesamte Triebleben durch den Antagonismus zwischen den »Todestrieben« auf der einen Seite und den »Lebenstrieben« auf der anderen Seite charakterisiert.

Die Gründe, die Freud dazu brachten, den Todestrieb als neue Art von Grundtrieb einzuführen, liegen seinen Angaben nach in bestimmten Beobachtungen, aufgrund derer die bisherige Annahme einer universalen Gültigkeit des Lustprinzips für das Triebleben aufgegeben werden muß. Eine wesentliche Erscheinung, die nach Freud durch das Lustprinzip nicht erklärt werden kann, ist der sog. *»Wiederholungszwang«*, die Tendenz, bestimmte Erlebnisse der Vergangenheit, unabhängig davon, ob diese mit Lustgewinn verbunden waren oder nicht, zu wiederholen.

Als Beispiel für einen solchen »Wiederholungszwang« nennt Freud etwa die »traumatischen Neurosen«, bei denen der Kranke in seinen Träumen »immer wieder in die Situation seines Unfalles« zurückgeführt wird, »aus der er mit neuem Schrekken erwacht« (XIII, 10); weiterhin das Spiel des Kindes, in welchem Ereignisse, die das Kind stark beeindruckt haben, besonders dann, wenn diese Ereignisse bedrohlichen, angsterregenden Charakter hatten, wiederholt werden; schließlich das Phänomen der »Übertragung« innerhalb der psychoanalytischen Therapie (vgl. unsere ausführlichen Darlegungen in Kap. 5.7, S. 478ff.), in welcher beim erneuten Durchspielen frühkindlicher Konfliktsituationen mit dem Analytiker der »Wiederholungszwang auch solche Erlebnisse der Vergangenheit wiederbringt, die keine Lustmöglichkeiten, die auch damals nicht Befriedigungen, selbst nicht von seither verdrängten Triebregungen, gewesen sein können« (XIII, 19). Zwar kann nach Freud vieles an den aufgezählten Beispielen auf rationale Ursachen zurückgeführt werden, z. B. im Spiel und bei der Unfallneurose auf die Tendenz des Individuums, eine unbewältigte Situation im nachhinein zu meistern, indem es aus der passiven Lage des Ausgeliefertseins in eine aktive Position der Bewältigung des Ereignisses gelangt. Auch im Hinblick auf die Übertragung sei es vorstellbar, daß es sich bei der Wiederholung um Aktionen von Trieben handelt, die zur Befriedigung führen sollten, aber den befriedigenden Abschluß nicht gefunden haben, so daß man sich die Aufstellung eines neuen, geheimnisvollen Motivs ersparen könnte. Dennoch bliebe, wie Freud dann unvermittelt fortfährt, immer noch genügend an Argumenten übrig, um die Annahme eines Wiederholungszwangs zu rechtfertigen; dieser sei wahrscheinlich ursprünglicher, elementarer, »triebhafter« als das von ihm zur Seite geschobene Lustprinzip, wenn er auch wohl nur in seltenen Fällen rein, d. h. ohne Mithilfe anderer Triebe, aufzutreten pflege (XIII, 21).

Nach diesen Vorüberlegungen zum Wiederholungszwang folgt, wie Freud sagt, »Spekulation, oft weitausholende Spekulation, ein Versuch zur konsequenten Ausbeutung einer Idee, aus Neugierde, wohin dies führen soll« (XIII, 23). Die Grundfrage, die Freud sich dabei stellt, ist, »auf welche Weise . . . das Triebhafte mit dem Zwang zur Wiederholung zusammenhänge«; er kommt zu der Annahme, daß den Trieben selbst ein Wiederholungszwang innewohnen muß, womit sie durch die »konservative« Tendenz, frühere Zustände wiederherzustellen, charakterisiert sind: »Ein Trieb wäre also ein dem belebten Organischen innewohnender Drang zur Wiederherstellung eines früheren Zustandes . . .« (XIII, 38).

Um seine These vom »konservativen« Charakter der Triebe zu belegen, überschreitet Freud das Gebiet der i.e.S. klinischen Erfahrung und sucht nach Prozessen im biologischen Bereich, in denen sich eine Rückkehr zu früheren Zuständen bzw. eine Wiederholung von gleichen Abläufen feststellen läßt, und verweist auf vier Erscheinungen, die Tendenz von Tieren zur Rückkehr an frühere Wohnplätze, die Instinkthandlungen im allgemeinen, die Wiederholung phylogenetischer Entwicklungen in der Ontogenese (»biogenetisches Grundgesetz«) und die Fähigkeit von Organismen, verlorengegangene Organe durch Neubildung eines gleichen Organs zu ersetzen:

»Wenn gewisse Fische um die Laichzeit beschwerliche Wanderungen unternehmen, um den Laich in bestimmten Gewässern, weit entfernt von ihren sonstigen

Aufenthalten, abzulegen, so haben sie nach der Deutung vieler Biologen nur die früheren Wohnstätten ihrer Art aufgesucht, die sie im Laufe der Zeit gegen andere vertauscht hatten. Dasselbe soll für die Wanderflüge der Zugvögel gelten ...«. Hierin sieht Freud Beispiele für den »organischen Wiederholungszwang« (XIII, 38). – An anderer Stelle ergänzt er diese Beispiele durch den Hinweis, daß »... möglicherweise alles, was wir bei den Tieren als Instinktäußerung bezeichnen, ... unter dem Gebot des Wiederholungszwangs, der die konservative Natur der Triebe zum Ausdruck bringt«, erfolge. – Weiterhin meint Freud, in den »Tatsachen der Embryologie die großartigsten Beweise für den organischen Wiederholungszwang« zu haben. »Wir sehen, der Keim eines lebendes Tieres ist genötigt, in seiner Entwicklung die Strukturen all der Formen, von denen das Tier abstammt – wenn auch in flüchtiger Abkürzung – zu wiederholen, anstatt auf dem kürzesten Wege zu seiner definitiven Gestaltung zu eilen, und können dies Verhalten nur zum geringsten Teile mechanisch erklären, dürfen die historische Erklärung nicht beiseite lassen« (XIII, 38f.). – Außer auf die »Embryologie« als »ein einziges Stück Wiederholungszwang« verweist Freud im gleichen Zusammenhang auf ein »weit hinauf in die Tierreihe« sich erstreckendes »Vermögen, verlorene Organe neu zu bilden« (XV, 113), ein »Reproduktionsvermögen, welches ein verlorenes Organ durch die Neubildung eines ihm durchaus gleichen ersetzt« (XIII, 39).

Aus der nach Freuds Auffassung aufgrund der genannten klinischen Erfahrungen und biologischen Daten ableitbaren, den Trieben innewohnenden Tendenz zur Wiederholung früherer Zustände, also dem »konservativen Charakter« der Triebe, extrapoliert er nun seine Konzeption von den *»Todestrieben«*. – »Wenn also alle organischen Triebe konservativ, historisch erworben und auf Regression, Wiederherstellung von Früherem gerichtet sind, so müssen wir die Erfolge der organischen Entwicklung auf die Rechnung äußerer, störender und ablenkender Einflüsse setzen. Das elementare Lebewesen würde sich von seinem Anfang an nicht haben ändern wollen, hätte unter sich gleichbleibenden Verhältnissen stets nur den nämlichen Lebenslauf wiederholt« (XIII, 39). »Die konservativen organischen Triebe« haben mithin lediglich die von außen »aufgezwungenen Abänderungen des Lebenslaufes aufgenommen und zur Wiederholung aufbewahrt und müssen so den täuschenden Eindruck von Kräften machen, die nach Veränderung und Fortschritt streben, während sie bloß ein altes Ziel auf alten und neuen Wegen zu erreichen trachten« (XIII, 40). Ein allgemeiner Trieb zur Höherentwicklung lasse sich demnach, wenn auch das Faktum der Höherentwicklung nicht zu bestreiten sei, in der Tier- und Pflanzenwelt nicht feststellen. Höherentwicklung sei vielmehr Resultat der »zur Anpassung drängenden äußeren Kräfte«, und die Rolle der Triebe beschränke sich darauf, »die aufgezwungene Veränderung als innere Lustquelle festzuhalten« (XIII, 44). Allerdings nimmt Freud zunächst die Sexualtriebe von dieser Interpretation aus, indem er die Frage stellt: »Gibt es wirklich, *abgesehen von den Sexualtrieben*, keine anderen Triebe als solche, die einen früheren Zustand wiederherstellen wollen, nicht auch andere, die nach einem noch nie erreichten streben?« (XIII, 43f., Hervoh. U. O.) und den Trieb zur Höherentwicklung nur mit dieser Einschränkung verneint (der darin liegende Widerspruch wird von uns später diskutiert). Wenn es nun keine triebhafte Tendenz zur Höherentwicklung gibt, sondern nur die »konservative« Tendenz der Triebe zur Rückkehr in frühere Zustände, wobei Entwicklung nur durch äußere Einwirkungen erzwungen ist, so läßt sich nach Freud auch die Frage nach dem letzten Ziel, das die Triebe dabei verfolgen, beantworten. »Wenn es wahr ist, daß – in unvordenklicher Zeit und auf unvorstellbare Weise – einmal aus unbelebter Materie das Leben hervorgegangen ist, so muß nach unserer Voraussetzung damals ein Trieb entstanden sein, der das Leben wieder aufheben, den anorganischen Zustand wieder herstellen will« (XV, 114). »Wenn wir es als ausnahmslose Erfahrung annehmen dürfen, daß alles Lebende aus inneren Gründen stirbt, ins Anorganische zurückkehrt, so können wir nun sagen: Das Ziel alles Lebens ist der Tod« (XIII, 40). Damit hat Freud die konservativen, auf Herstellung eines früheren Zustands gerichteten Triebe ihrem letzten Wesen nach als »Todestriebe« charakterisiert.

Da nach Freud die organischen Triebe ihrer Natur nach in dem geschilderten Sinne »konservativ« sein sollen, würde dies bedeuten, daß die »Todestriebe« nunmehr das Grundmodell für das Wesen der Triebe überhaupt darstellen. – Für die »Selbsterhaltungstriebe« zieht Freud diese Konsequenz zunächst mit aller Schärfe, indem er sie als »Partialtriebe« der Todestriebe bezeichnet, »dazu bestimmt, den eigenen Todesweg des Organismus zu sichern und andere Möglichkeiten der Rückkehr zum Anorganischen als die immanenten fernzuhalten« (XIII, 41). Im Hinblick auf die im Dienste der Fortpflanzung stehenden Sexualtriebe kommt Freud jedoch zu bedeutsamen (später zu diskutierenden) Einschränkungen seiner allgemeinen Triebvorstellungen, indem er hervorhebt, diese hätten die Tendenz, über die Weitergabe von Keimzellen »das Leben selbst für längere Zeiten zu erhalten. Sie sind die eigentlichen Lebenstriebe; dadurch, daß sie der Absicht der anderen Triebe, welche durch die Funktion zum Tode führt, entgegenwirken, deutet sich ein Gegensatz zwischen ihnen und den übrigen an . . .; die eine Triebgruppe stürmt nach vorwärts, um das Endziel des Lebens möglichst bald zu erreichen, die andere schnellt an einer gewissen Stelle dieses Weges zurück, um ihn von einem bestimmten Punkt an nochmals zu machen und so die Dauer des Weges zu verlängern« (XIII, 43). Im Fortgang seiner Überlegungen hat Freud die »Selbsterhaltungstriebe« nicht mehr den Todestrieben als »Partialtriebe« zugeschlagen, sondern zusammen mit den Sexualtrieben zu den Lebenstrieben gerechnet, so daß schließlich die *»Todestriebe«* und die *»Lebenstriebe«* (»Eros«) als große Triebarten übrigblieben, wobei der »Gegensatz von Selbsterhaltungs- und Arterhaltungstrieb sowie (der) andere von Ichliebe und Objektliebe ... noch innerhalb des Eros fällt. (XVII, 71).

Im weiteren Verlauf seiner Ausführungen diskutiert Freud die Annahme, die »Todestriebe« und die »Lebenstriebe« seien allem Organischen zukommende Grundtendenzen, also Wesenseigenschaften der lebenden Substanz unter Heranziehung biologisch-naturphilosophischer Konzeptionen über den gleichen Sachverhalt:

So bezieht sich Freud auf die Arbeiten von A. Weismann: »Von diesem Forscher rührt die Unterscheidung der lebenden Substanz in eine sterbliche und unsterbliche Hälfte her; die sterbliche ist der Körper im engeren Sinne, das Soma, sie allein ist dem natürlichen Tode unterworfen, die Keimzellen aber sind potentia unsterblich, insofern sie imstande sind, unter gewissen günstigen Bedingungen sich zu einem neuen Individuum zu entwickeln, oder anders ausgedrückt, sich mit einem neuen Soma zu umgeben« (XIII, 48). Freud stellt zunächst fest, wir »haben nicht den lebenden Stoff, sondern die in ihm tätigen Kräfte eingestellt, und sind dazu geführt worden, zwei Arten von Trieben zu unterscheiden, jene, welche das Leben zum Tod führen wollen, die anderen, die Sexualtriebe, welche immer wieder die Erneuerung des Lebens anstreben und durchsetzen. Das klingt wie ein dynamisches Korollar zu Weismanns morphologischer Theorie« (48f.). Dann aber distanziert er sich von Weismanns Auffassung über den Tod, der von ihm lediglich als eine »Zweckmäßigkeitseinrichtung, eine Erscheinung der Anpassung an die äußeren Lebensbedingungen« aufgefaßt wird, »weil von der Sonderung der Körperzellen in Soma und Keimplasma an die unbegrenzte Lebensdauer des Individuums ein ganz unzweckmäßiger Luxus geworden wäre« (49). Eine solche Annahme von der Entstehung des Todes durch spätere Anpassungen ist nach Freud deswegen falsch, weil hier der Tod nicht als eine »Ureigenschaft der lebenden Substanz«, nicht als eine »absolute, im Wesen des Lebens begründete Notwendigkeit aufgefaßt« wird (49). Freud erörtert im Anschluß daran eine Reihe von experimentellen Untersuchungen, in denen festgestellt werden sollte, wieweit die primitiven Einzeller vor der Entstehung der Fortpflanzungsfunktion tatsächlich gemäß Weismanns Theorie »unsterblich« sind, was Freuds These vom Todestrieb als einer »Ureigenschaft der lebenden Substanz« widersprechen würde. Er setzt sich allerdings über die (kontroversen) Resultate dieser Experimente mit dem folgenden (u. E. für ihn typischen) Argumentationsversuch hinweg: »Es mag uns da der Zweifel anwandeln, ob es überhaupt zweckdienlich war, die Entscheidung der Frage nach dem natürlichen Tod im Studium der Protozoen zu suchen. Die primitive Organisation dieser Lebewesen mag uns wichtige Verhältnisse verschleiern, die auch bei ihnen statthaben, aber erst bei höheren Tieren erkannt werden können, wo sie sich einen morphologischen Ausdruck verschafft haben ... Die Triebkräfte, die das Leben in den Tod überführen wollen, könnten auch in ihnen von Anfang an wirksam sein, und doch könnte ihr Effekt durch den der lebenserhaltenden Kräfte so gedeckt werden, daß ihr direkter Nachweis sehr schwierig wird« (52). Nachdem Freud so die empirische Unentscheidbarkeit seiner Annahme des Todestriebes als universeller Eigenschaft des Organischen behauptet, braucht er sich weiter nicht genötigt sehen, aufgrund wie auch immer gearteter biologischer Befunde von dieser Annahme abzugehen.

Auf sehr ähnliche Weise verfährt Freud im Hinblick auf seine These von der organischen Ursprünglichkeit und Universalität der Sexualtriebe als notwendiger Komplementärerscheinung zu den Todestrieben. Auch hier führt Freud zunächst Konzeptionen an, die seiner Auffassung widersprechen: Man könnte die Fortpflanzung darstellen als »Teilerscheinung des Wachstums . . . (Vermehrung durch Teilung, Sprossung, Knospung). Die Entstehung der Fortpflanzung durch geschlechtlich differenzierte Keimzellen könnte man sich nach nüchterner Darwinscher Denkungsart so vorstellen, daß der Vorteil der Amphimixis, der sich dereinst bei der zufälligen Kopulation zweier Protisten ergab, in der ferneren Entwicklung festgehalten und weiter ausgenützt wurde. Das ›Geschlecht‹ wäre also nicht sehr alt . . .« (61). Sodann hält er dem aber entgegen: »Es ist hier wiederum wie beim Tod die Frage, ob man bei den Protisten nichts anderes gelten lassen soll, als was sie zeigen, und ob man annehmen darf, daß Kräfte und Vorgänge, die erst bei höheren Lebewesen sichtbar werden, auch bei diesen zuerst entstanden sind. Für unsere Absichten leistet die erwähnte Auffassung der Sexualität sehr wenig. Man wird gegen sie einwenden dürfen, daß sie die Existenz von Lebenstrieben, die schon im einfachsten Lebewesen wirken, voraussetzt, denn sonst wäre ja die Kopulation, die dem Lebenslauf entgegenwirkt und die Aufgabe des Ablebens erschwert, nicht festgehalten und ausgearbeitet, sondern vermieden worden. Wenn man also die Annahme von Todestrieben nicht fahrenlassen will, muß man ihnen von allem Anfang an Lebenstriebe zugesellen« (XIII, 61 f.).

Freud versucht, das Verhältnis zwischen Todestrieben und Lebenstrieben innerhalb seiner »exquisit dualistischen« Triebauffassung durch Heranziehung des biologischen Begriffspaars »Assimilation« und »Dissimilation« näher zu bestimmen, indem er ihnen die »dynamischen« Tendenzen der Lebenstriebe und Todestriebe unterlegt:

»Sollen wir es wagen, in diesen beiden Richtungen der Lebensprozesse«, »die einen aufbauend – assimilatorisch, die anderen abbauend – dissimilatorisch«, »die Betätigung unserer beiden Triebregungen, der Lebenstriebe und der Todestriebe, zu erkennen? . . . Versuchen wir kühn, einen Schritt weiter zu gehen. Nach allgemeiner Einsicht ist die Vereinigung zahlreicher Zellen zu einem Lebensverband, die Vielzelligkeit der Organismen, ein Mittel zur Verlängerung ihrer Lebensdauer geworden. Eine Zelle hilft dazu, das Leben der anderen zu erhalten, und der Zellenstaat kann weiter leben, auch wenn einzelne Zellen absterben müssen. Wir haben bereits gehört, daß auch die Kopulation, die zeitweilige Verschmelzung zweier Einzelliger, lebenserhaltend und verjüngend auf beide wirkt. Somit könnte man den Versuch machen, die in der Psychoanalyse gewonnene Libidotheorie auf das Verhältnis der Zellen zueinander zu übertragen und sich vorzustellen, daß es die in jeder Zelle tätigen Lebens- oder Sexualtriebe sind, welche die anderen Zellen zum Objekt nehmen, deren Todestriebe, das ist die von diesen angeregten Prozesse, teilweise neutralisieren und sie so am Leben erhalten, während andere Zellen dasselbe für sie besorgen und noch andere in der Ausübung dieser libidinösen Funktion sich selbst aufopfern. Die Keimzellen würden sich absolut ›narzißtisch‹ benehmen, wie wir es in der Neurosenlehre zu bezeichnen gewohnt sind, wenn ein ganzes Individuum seine Libido im Ich behält und nichts von ihr für Objektbesetzungen verausgabt. Die Keimzellen brauchen ihre

Libido, die Tätigkeit ihrer Lebenstriebe, für sich selbst als Vorrat für ihre spätere, großartig aufbauende Tätigkeit« (XIII, 53f.). – »Schon aus der Protistenforschung haben wir erfahren, daß die Verschmelzung zweier Individuen ohne nachfolgende Teilung, die Kopulation, auf beide Individuen, die sich dann bald voneinander lösen, stärkend und verjüngend wirkt ... Sie zeigen in weiteren Generationen keine Degenerationserscheinungen und scheinen befähigt, den Schädlichkeiten ihres eigenen Stoffwechsels länger zu widerstehen. Ich meine, daß diese eine Beobachtung als vorbildlich für den Effekt auch der geschlechtlichen Vereinigung genommen werden darf. Aber auf welche Weise bringt die Verschmelzung zweier wenig verschiedener Zellen eine solche Erneuerung des Lebens zustande? Der Versuch, der die Kopulation bei den Protozoen durch die Einwirkung chemischer, ja selbst mechanischer Reize ersetzt, gestattet wohl eine sichere Antwort zu geben: Es geschieht durch die Zufuhr neuer Reizgrößen. Das stimmt nun aber gut zur Annahme, daß der Lebensprozeß des Individuums aus inneren Gründen zur Abgleichung chemischer Spannungen, das heißt zum Tode führt, während die Vereinigung mit einer individuell verschiedenen lebenden Substanz diese Spannungen vergrößert, sozusagen neue Vitaldifferenzen einführt, die dann abgelebt werden müssen« (XIII, 59f.).

Die Annahme der assimilatorischen, aufbauenden Tendenz der Lebenstriebe, ihre Neigung zur Schaffung immer größerer Zellverbände durch Vereinigung mit anderen Zellen, wobei die Fortpflanzung ein Spezialfall dieser Vereinigung ist, bringt Freud – wie bereits angedeutet – in Widerspruch mit seiner allgemeinen Bestimmung der konservativen Natur der Triebe als »Bedürfnis nach Herstellung eines früheren Zustandes«, aus welchem er sich jedoch alsbald wiederum hinaushilft. Er findet an dieser Stelle zwar keine naturwissenschaftlichen Hypothesen, zieht aber stattdessen Darstellungen aus der Mythologie heran, die ihm (wie auch sonst öfter s. u.) aus der Beweisnot helfen: Er beruft sich auf die bekannte »Theorie, die Plato im Symposion durch Aristophanes entwickeln läßt«, und in der die Herkunft des Geschlechtstriebes darauf zurückgeführt wird, daß es ursprünglich nicht die beiden Geschlechter, sondern ein »mannweibliches« Wesen mit vier Händen, vier Füßen, doppelten Schamteilen etc. gab. »Da ließ (nach der Erzählung des Aristophanes/U. O.) sich Zeus bewegen, jeden Menschen in zwei Teile zu teilen, ›wie man Quitten zum Einmachen durchschneidet ... Weil nun das ganze Wesen entzweigeschnitten war, trieb die Sehnsucht die beiden Hälften zusammen: sie umschlangen sich mit den Händen, verflochten sich ineinander im Verlangen, zusammenzuwachsen ...‹« (XIII, 62). Freud zieht daraus die Konsequenzen für seine Theorie: »Sollen wir, dem Wink des Dichterphilosophen folgend, die Annahme wagen, daß die lebende Substanz bei ihrer Belebung in kleine Partikel zerrissen wurde, die seither durch die Sexualtriebe ihre Wiedervereinigung anstreben? Daß diese Triebe, in denen sich die chemische Affinität der unbelebten Materie fortsetzt, durch das Reich der Protisten hindurch allmählich die Schwierigkeiten überwanden, welche eine mit lebensgefährlichen Reizen geladene Umgebung diesem Streben entgegensetzt, die sie zur Bildung einer schützenden Rindenschicht nötigt? Daß diese zersprengten Teilchen lebender Substanz so die Vielzelligkeit erreichen und endlich den Keimzellen den Trieb zur Wiedervereinigung in höchster Konzentration übertragen? Ich glaube, es ist hier die Stelle, abzubrechen« (XIII, 63).

Freud kommt in Zusammenfassung seiner biologischen und mythologischen Erörterungen des Verhältnisses zwischen Lebenstrieb und Todestrieb rückschauend zu folgender Verallgemeinerung: »Das Ziel des ersten ist, immer größere Einheiten herzustellen und so zu erhalten, also Bindung, das Ziel des anderen im Gegenteil, Zusammenhänge aufzulösen und so die Dinge zu zerstören« (XVII, 71). – Bei der Kennzeichnung der Beziehung der Lebens- und Todestriebe im jeweils einzelnen Individuum geht Freud von der Vorstellung einer »Mischung« oder »Legierung« der beiden Triebarten im quasi physikalischen bzw. chemischen Sinne aus, wobei die Lebenstriebe durch ihre »Beimischung« den Effekt der Todestriebe neutralisieren können und die Wirkung des einen oder des anderen der antagonistischen Triebe vom jeweiligen Verhältnis der Mischung und Entmischung des Lebens- und Todestriebes abhängt. Von großer theoretischer wie therapiepraktischer Bedeutung ist dabei Freuds Annahme, daß der Todestrieb, der, solange im Individuum eingeschlossen, »stumm« sei, sich – quasi zu dessen Selbsterhaltung – nach außen wenden müsse, womit er als »Destruktionstrieb« in Erscheinung tritt und beobachtbar wird. Damit kommt Freud hier zu einer Neufassung der Aggression, die er früher als Komponente oraler bzw. analer Sexualität betrachtete bzw. reaktiv als Resultat erzwungener Umweltzuwendung interpretierte, indem er Aggression nunmehr als Äußerung des universalen, aller lebenden Materie eigenen Todestriebes ansieht.

»Jeder dieser beiden Triebarten wäre ein besonderer physiologischer Prozeß (Aufbau und Zerfall) zugeordnet, in jedem Stück lebender Substanz wären beiderlei Triebe tätig, aber doch in ungleicher Mischung, so daß eine Substanz die Hauptvertretung des Eros übernehmen könnte. In welcher Weise sich Triebe der beiden Arten miteinander verbinden, vermischen, legieren, wäre noch ganz unvorstellbar; daß dies aber regelmäßig und in großem Ausmaß geschieht, ist eine in unserem Zusammenhang unabweisbare Annahme« (XIII, 269). »In den biologischen Funktionen wirken die beiden Grundtriebe gegeneinander oder kombinieren sich miteinander. So ist der Akt des Essens eine Zerstörung des Objekts mit dem Endziel der Einverleibung, der Sexualakt eine Aggression mit der Absicht der innigsten Vereinigung. Dieses Mit- und Gegeneinanderwirken der beiden Grundtriebe ergibt die ganze Buntheit der Lebenserscheinungen . . . Veränderungen im Mischungsverhältnis haben die greifbarsten Folgen. Ein stärkerer Zusatz zur sexuellen Aggression führt vom Liebhaber zum Lustmörder, eine starke Herabsetzung des aggressiven Faktors macht ihn scheu oder impotent« (XVII, 71). – »Solange dieser Trieb als Todestrieb im Inneren wirkt, bleibt er stumm, er stellt sich uns erst, wenn er als Destruktionstrieb nach außen gewendet wird. Daß dies geschehe, scheint eine Notwendigkeit für die Erhaltung des Individuums. Das Muskelsystem dient dieser Ableitung.« Die Wendung der Aggression gegen das eigene Ich ist »eine der hygienischen Gefahren, die der Mensch auf seinem Weg zur Kulturentwicklung auf sich nimmt. Zurückhaltung von Aggression ist überhaupt ungesund, wirkt krankmachend (Kränkung). Den Übergang von verhinderter Aggression in Selbstzerstörung durch Wendung der Aggression gegen die eigene Person demonstriert oft eine Person im Wutanfall, wenn sie sich die Haare rauft, mit den Fäusten ihr Gesicht bearbeitet, wobei sie offenbar diese Behandlung lieber einem anderen zugedacht hätte. Ein Anteil von Selbstzerstörung verbleibt unter allen Umständen im Inneren, bis es ihm endlich gelingt, das Individuum zu töten, vielleicht erst, wenn dessen Libido aufgebraucht oder unvorteilhaft fixiert ist« (XVII, 72).

Von großer Wichtigkeit für das Verständnis der Freudschen Trieblehre in ihrer dritten Phase und darüber hinaus von Freuds Triebkonzept überhaupt ist das Problem, in welches Verhältnis Freud das Lustprinzip als sein grundlegendes Erklärungs-Paradigma zu dem nun eingeführten Triebdualismus »Todestriebe – Lebenstriebe« setzt. – Freud geht, wie schon im Titel des Initialwerks der dritten Phase der Trieblehre »Jenseits des Lustprinzips« zum Ausdruck kommt, zunächst davon aus, daß bestimmte klinische und verwandte Erscheinungen, wie die traumatischen Neurosen und der Zwang zur psychischen Wiederholung unlustvoller Erlebnisse, weil hier die Qualität der Unlust quasi als unhintergehbare Letztheit auftritt, nicht mehr hinreichend durch das Lustprinzip erklärbar sind, so daß deswegen die Einführung der auf die Wiederholung früherer Zustände, auch wenn diese unlustvoll sind, drängenden konservativen Triebe, die dann als Todestriebe spezifiziert werden, nahezuliegen scheint. Bei der weiteren Auseinanderlegung des Wesens der Todestriebe unter Einbeziehung biologischer Überlegungen sieht Freud immer mehr von dem spezifischen aggressiven Inhalt der »Todestriebe« ab, geht also von der qualitativen zur bloß energetischen Betrachtung über, wobei die Vorstellung sich verdeutlicht, die Todestriebe führen, indem sie auf Rückkehr in den anorganischen Zustand gerichtet sind, eine totale Reduzierung aller organismischen Spannungszustände bis auf absolute Spannungslosigkeit herbei, die gleichbedeutend mit dem Tode ist. Diese Konzeption ist aber die früher erwähnte radikale, nicht lediglich auf ein Spannungsgleichgewicht, sondern auf völlige Spannungslosigkeit bezogene Version des Lustprinzips. In der Tat kommt Freud im Zuge dieser Überlegungen unter quantitativ-»ökonomischem« Aspekt zu einer weitgehenden Gleichsetzung der »konservativen« Tendenz der Todestriebe und des Lustprinzips: »Daß wir als die herrschende Tendenz des Seelenlebens, vielleicht des Nervenlebens überhaupt, das Streben nach Herabsetzung, Konstanterhaltung, Aufhebung der inneren Reizspannung erkannten (das Nirwanaprinzip nach einem Ausdruck von Barbara Low), wie es im Lustprinzip zum Ausdruck kommt, das ist ja eines unserer stärksten Motive, an die Existenz von Todestrieben zu glauben« (XIII, 60). »Das Lustprinzip scheint geradezu im Dienste der Todestriebe zu stehen« (69). – In einer späteren Arbeit, »Das ökonomische Problem des Masochismus« (1924), ist Freud der Widerspruch zwischen seiner qualitativen und quantitativ-ökonomischen Betrachtungsweise des Lustprinzips im Verhältnis zum Todestrieb selbst deutlich geworden. Er bezieht sich hier wiederum auf das von Low eingeführte »Nirwanaprinzip« als Ausdruck für die »Absicht« des »seelischen Apparates«, die »ihm zuströmende Erregungssumme zu nichts zu machen oder wenigstens nach Möglichkeit niedrig zu halten«, wendet sich aber gegen seine früheren Vorstellungen: »Aber wir haben das Lust-Unlustprinzip unbedenklich mit diesem Nirwanaprinzip identifiziert. Jede Unlust müßte also mit einer Erhöhung, jede Lust mit einer Erniedrigung der im Seelischen vorhandenen Reizspannung zusammenfallen, das Nirwana- (und das mit ihm angeblich identische Lust-)prinzip würde ganz im Dienst der Todestriebe stehen . . . Allein diese Auffassung kann nicht richtig sein . . . es ist nicht zu bezweifeln, daß es lustvolle Spannungen und unlustige Entspannungen gibt. Der Zustand der Sexualerregung ist das aufdringlichste Beispiel einer solchen lustvollen Reizvergrößerung, aber gewiß nicht das einzige. Lust und Unlust können . . . nicht auf Zunahme oder Abnahme einer Quantität, die wir Reizspannung heißen, bezogen werden, wenngleich sie offenbar mit diesem Moment viel zu tun haben. Es scheint, daß sie nicht an diesem quantitativen Faktor hängen, sondern an einem Charakter desselben, den wir nur als qualitativ bezeichnen können« (XIII, 372). Wir »werden es von nun an vermeiden, die beiden Prinzipien für eines zu halten« und »erhalten so eine kleine, aber interessante Beziehungsreihe: das Nirwanaprinzip drückt die Tendenz des Todestriebes aus, das Lustprinzip vertritt den Anspruch der Libido und dessen Modifikation, das Realitätsprinzip den Einfluß der Außenwelt« (XIII, 373). Unter energetisch-ökonomischem Aspekt ist hier also von Freud das Lustprinzip außer Kraft gesetzt und durch das Nirwanaprinzip ersetzt oder richtiger, weiterhin mit diesem identisch, da Freud eine andere Beziehungsebene »ökonomischer« Umsetzungs- und Verwandlungsanalysen als die der Unlust – Lust: Spannung – Entspannung niemals eingeführt hat. Lediglich unter qualitativem Aspekt erhält ein neu gefaßtes »Lustprinzip« seine Besonderheit, indem hier die Möglichkeit besteht, libidinösen Vorgängen Lustcharakter unabhängig von ihrem Spannungsgrad, also auch bei steigender Spannung, zuzuschreiben. Dieses neue, lediglich »qualitative« Lustprinzip ist aber mehr oder weniger ein außersystematisches Konzept und hat keinerlei Erklärungswert im Sinne der Libido-Ökonomie, da damit die Tendenzen des »seelischen Apparates« bei den Besetzungs- und Abfuhrprozessen nicht »gesetzmäßig« erfaßt werden können (weshalb Freud in seinen konkreten Analysen auch kaum darauf zurückkommt, sondern nach wie vor das energetisch verstandene Lustprinzip der ersten Version heranzieht, dessen radikale Fassung, bei der nicht nur Spannungsgleichgewicht, sondern totale Spannungsreduktion postuliert ist, also das Lust- in das Nirwanaprinzip übergeht, allerdings, wie aufgewiesen, die Basis der Libidoökonomie in Frage stellt, weil hier die Annahme von konstanten

Energiebeträgen als Voraussetzung »ökonomischer« Interpretationen aufgegeben ist).

Die Freudsche Lehre von der Dualität der Todes- und Lebenstriebe, die wir damit in den Grundzügen dargestellt haben und jetzt kritisch analysieren wollen, wurde von den meisten Psychoanalytikern abgelehnt, auch von solchen, die Freud in allen anderen wesentlichen Punkten seiner Konzeption gefolgt waren (wie Schilder, Reich, Deutsch, Reik, Weniger, Fenichel, Federn); nur wenige stimmten der dritten Fassung von Freuds Trieblehre, häufig nur in bestimmten Aspekten und mit Einschränkungen, zu (z. B. Ferenczi, Alexander, Melanie Klein, Spitz). Von den psychoanalytischen Kritikern der Todestriebkonzeption wurde Freud etwa vorgeworfen, er habe hier den Boden der psychoanalytischen Erfahrung in Richtung auf bloße philosophische Spekulation verlassen, die Gültigkeit der von ihm angenommenen Gesetze über ihren legitimen Anwendungsbereich hinaus ausgedehnt, bestimmte natürliche Prozesse, wie das Sterben, in ein finalistisches Prinzip verfälscht, den Tod als »Ende« (finis) des Lebens mit dessen »Ziel« (telos) verwechselt etc. Gelegentlich hat man für die als befremdlich und teilweise peinlich erlebte spekulative Schwenkung Freuds sogar Erlebnisse in seiner individuellen Biographie, wie eine überstandene schwere Krankheit, die ihn an die Grenze des Todes geführt habe, oder das Erlebnis des 1. Weltkrieges verantwortlich machen wollen (vgl. dic Übersicht von Brun 1953/54). Wir würden gewiß einer in der neueren Psychoanalyse weit verbreiteten Tendenz entgegenkommen, wenn wir die Freudsche Todestrieblehre als eine Rand- und Extremerscheinung, wenn nicht wissenschaftliche Entgleisung, deren Kritik den Kern der Psychoanalyse ohnehin nicht treffen könnte, beiseiteließen. – Nun ergibt sich allerdings im Rahmen der von uns erarbeiteten Gesamtkonzeption eine der gängigen geradezu entgegengesetzte Einschätzung des Freudschen Konzeptes der Todes- und Lebenstriebe. Wir sehen in der letzten Umarbeitung seiner Trieblehre alles andere als einen wissenschaftlichen Fehlgriff, sondern vielmehr eine mit großer gedanklicher Unbestechlichkeit geleistete radikale Herausarbeitung der Konsequenzen aus seinen früher vertretenen Auffassungen über Triebe, die die Einführung des neuen Dualismus für Freud zwingend notwendig macht, womit er an letzte Grenzen der psychoanalytischen Grunddenkweise überhaupt stößt (was, wenn auch nicht zu einer Sprengung dieser Grenzen, so doch zu einer von da an nachklingenden Erschütterung wesentlicher Freudscher Grundüberzeugungen führt). Deswegen können wir die in der Todestrieblehre liegenden Mängel und »Verkehrtheiten« methodischer und inhaltlicher Art auch keineswegs als nur dieser Konzeption zukommende Schwächen relativieren, von denen sich der Rest der Psychoanalyse entlasten könnte, sondern müssen darin an dieser Stelle lediglich besonders scharf zutage tretende Mängel und Verkehrtheiten der Psychoanalyse überhaupt sehen. Es ist der Größe Freuds als Forscher zuzurechnen, daß er durch die Unerbittlichkeit seines Weiterdenkens mit dem Kern seiner Triebkonzeption auch deren zentrale Problematik bloßgelegt und damit erfaßbar gemacht hat; (das Zurückschrecken der meisten Analytiker vor der Freudschen Konsequenz ist vielleicht auch unter diesem Aspekt interpretierbar).

Freuds Konzeption von der »konservativen Natur« der Triebe, die in den Todestrieben ihre reinste Inkarnation findet, ist »ökonomisch« gesehen nichts weiter als die Konsequenz aus der Gleichung des Lustprinzips: Lust = Entspannung in der radikalen Fassung einer Tendenz zur Beseitigung jeder organismischen Erregung, die gleichbedeutend mit dem Tode ist. Freud identifiziert denn auch zunächst das Lustprinzip mit dem »Nirwanaprinzip«, einem seiner »stärksten Motive, an die Existenz von Todestrieben zu glauben«. Mit dieser Konsequenz, in der Freud lediglich das »Lustprinzip«, wie er es bereits in seiner Frühzeit einführte, zu Ende gedacht hat, wird aber die bisherige Annahme einer Tendenz zur Spannungsverminderung und Reizvermeidung als einzigem Prinzip des Triebgeschehens ad absurdum geführt: Freud kann die These von der durch das Lustprinzip bedingten automatischen »Absicht« der Organismen, Erregungslosigkeit zu erhalten oder herbeizuführen, nicht mehr aufrechterhalten, da dies mit der Erhaltung oder Herbeiführung des Todes identisch ist; die Annahme, der gesamte Lebensprozeß sei nichts als ein von außen erzwungener »Umweg« zum Tode, gewinnt für Freud unannehmbare Implikationen (etwa die, daß jeder Organismus seinen »eigenen Weg« zum Tode anstrebe). Weiterhin ist die Vorstellung, sexuell-libidinöse Triebspannungen seien auf die Herbeiführung des Todes gerichtet, ein Widerspruch in sich. So kommt es, nachdem er die Folgerungen aus seinen früheren Auffassungen ins Extrem getrieben hat, zu einem totalen Umschlag der Freudschen Argumentation (man kann die Stelle, an welcher in »Jenseits des Lustprinzips« dieser Umschlag erfolgt, genau angeben: »Aber besinnen wir uns, dem kann nicht so sein«, XIII, 41). Freud trennt nämlich jetzt die Sexualtriebe von der Tendenz zur Spannungsverminderung, die nun allein den Todestrieben zugeschrieben wird, ab und schlägt sie quasi auf die andere Seite, eine von ihm völlig neu eingeführte triebhafte Tendenz zum Aufbau von Spannungen als Kompensation zur Spannungsreduktion der Todestriebe. Die Sexualtriebe haben damit in Freuds Lehre ihre Funktion geradezu umgekehrt, sie sind jetzt nicht mehr regressiv und auflösend, sondern aufbauend und verbindend und werden die zentrale Kraft der auf Herstellung immer größerer Einheiten gerichteten Lebenstriebe. Damit ist in Analogie zum biologischen Fließgleichgewicht der Assimilation und Dissimilation die Lehre vom »dynamischen« Fließgleichgewicht zwischen abbauenden und zersetzenden »Todestrieben« und ihnen kompensatorisch entgegenwirkenden aufbauenden und bindenden »Lebenstrieben« konzipiert. Eine (wenn auch erst später gezogene) Folgerung aus dieser Konzeption ist die Trennung des Nirwanaprinzips vom Lustprinzip: Das Nirwanaprinzip als konsequente ökonomische Fassung des früheren Lustprinzips wird nun als bestimmend für die Todestriebe betrachtet, während das neue »Lustprinzip«, demzufolge auch organismische Spannungserhöhungen u. U. zur Steigerung der Lust führen können, den zu den Todestrieben im antagonistischen Verhältnis stehenden Lebenstrieben zugeordnet wird. Zwar versucht Freud, trotz seiner neuen Auffassung vom antagonistischen dissimilatorisch-assimilatorischen Charakter des Triebgeschehens seine generelle Bestimmung von der »konservativen« Natur der Triebe aufrechtzuerhalten, indem er für die beiden Triebarten entgegengesetzte Ausgangszustände, zu denen die Triebe »zurückkehren wollen«, annimmt: Für die Todestriebe den Ausgangszustand der anorganischen Auflösung, der durch dissimilatorische Prozesse zu erreichen ist, für die Lebenstriebe dagegen (unter Bezug auf Platons Gleichnis) den Ausgangszustand der Verbundenheit und anschließenden Zerreißung, womit hier im assimilatorischen Prozeß der Wiedervereinigung ebenfalls die Wiederherstellung eines vergangenen Zustands angestrebt wird. Tatsächlich ist aber damit die Vorstellung von der durchgehenden konservativen Tendenz der Triebe, da sowohl abbauende wie entgegengesetzte aufbauende Tendenzen darunter subsumiert werden können, zu einer theoretisch folgenlosen Leerformel geworden, die das Konzept von der antagonistischen Struktur des Triebgeschehens nicht im mindesten einschränkt.

Der (durch die genannte Stelle in XIII, 41 markierte) totale Umschlag der Freudschen Argumentationsweise findet sich auch in einem grundlegenden Umbruch seiner Vorstellungen über die Triebkräfte der menschlichen Entwicklung wieder. In allen seinen früheren Arbeiten hatte Freud durchgehend lediglich zwei Bedingungen für die Höherentwicklung anerkannt: Phylogenetische Entwicklung durch aufgrund innerer und äußerer Erregungszufuhr erzwungene Verbesserungen der organismischen Einrichtungen zur Reizabwehr bzw. Spannungsreduktion und ontogenetische Entwicklung (über die biologische Ausfaltung der Partialtriebe hinaus) durch aufgrund von außen erzwungener Triebhemmungen und Verdrängungen entstandene Sublimierung von libidinösen Energien. Die Trennung von phylogenetischer und ontogenetischer Entwicklung wurde dabei von Freud aufgrund seiner lamarckistischen Vorstellungen von der Vererbung erworbener Eigenschaften, also etwa auch der bei der Triebunterdrückung früherer Generationen entstandenen und vererbten Fähigkeit zur Verdrängung, relativiert. Bei der Radikalisierung des früheren Lustprinzips zum Nirwanaprinzip der Todestriebe formuliert Freud in Ablehnung eines selbständigen Strebens nach Fortschritt seine bisherigen Ansichten zunächst in verschärfter Form, indem er darlegt, der »täuschende Eindruck von Kräften, ... die nach Veränderung und Fortschritt streben«, entstehe nur durch die den konservativen Trieben aufgezwungenen und von diesen zur Wiederholung aufbewahrten Abänderungen des Lebenslaufs, während sie in Wirklichkeit »bloß ein altes Ziel auf alten und neuen Wegen zu erreichen trachten«. Nach der genannten Wendung in seiner Argumentation, mit welcher er die Sexualtriebe auf die Seite der Assimilation und des Aufbaus geschlagen hat, leugnet Freud zwar weiterhin einen »allgemeinen Trieb zur Höherentwicklung in der Tier- und Pflanzenwelt«, macht aber hier die entscheidende Einschränkung, daß es »abgesehen von den Sexualtrieben« keine anderen Triebe gebe, die nach einem »noch nie erreichten« Zustand streben (XIII, 43). Damit hat Freud aber faktisch seine bisher durchgehend vertretene Entwicklungskonzeption, in welcher er nur der Tendenz zur Spannungsreduktion »triebhaften« Charakter zuschrieb und Entwicklung ausschließlich als von außen aufgezwungenen, reaktiven Prozeß betrachtete, aufgegeben, indem er jetzt eine innere triebhafte Tendenz zu Assimilation und Aufbau mit dem Effekt der Höherentwicklung annimmt. Freuds Ausführungen sind hier in sich widersprüchlich, da er einen »Vervollkommnungstrieb« zwar ablehnt, aber Vervollkommnung als Resultat innerer Triebtendenzen gleichzeitig zugesteht: »Nur mit einem Wort sei aber auf die Wahrscheinlichkeit hingewiesen, daß das Bestreben des Eros, das Organische zu immer größeren Einheiten zusammenzufassen, einen Ersatz für den nicht anzuerkennenden ›Vervollkommnungstrieb‹ leistet. Im Verein mit den Wirkungen der Verdrängung würde es die dem letzteren zugeschriebenen Wirkungen erklären« (XIII, 45). Freud anerkennt von nun an, wenn auch halbherzig und widerstrebend, neben den reaktiven Bedingungen eine weitere, genuin »triebhafte« Bedingung der organischen Entwicklung, die mithin aus inneren Gründen nicht auf Spannungsreduzierung, sondern auf »Zufuhr neuer Reizgrößen« gerichtet ist.

Es ist offensichtlich, daß Freud mit seiner Lehre von der Dualität der Todes- und Lebenstriebe sich in wesentlichen Momenten der von uns entwickelten Konzeption über den emotional-motivationalen Aspekt der menschlichen Lebenstätigkeit annähert. So scheint Freud mit der Einführung der »Lebenstriebe« die einseitig »homöostatische« Grundlage seiner Triebauffassung überwunden zu haben, da er hier eine »triebhafte« Tendenz zur Synthese, mit der Reizsuche und Spannungserhöhung verbunden sind, annimmt, also eine Tendenz, die in gewisser Weise auch in der von uns herausgearbeiteten »nichthomöostatischen« Entwicklungslinie der Bedarfszustände über die verselbständigte Bedarfsgrundlage des Neugier- und Explorationsverhaltens wie »sozialen« Verhaltens bis hin zur Naturgrundlage produktiver Bedürfnisse vorausgesetzt wird. In der Freudschen

Aussage über den »konservativen« Charakter der Todestriebe kann man Ähnlichkeiten zu unserem Konzept der phylogenetischen »Festgelegtheit« tierischer Verhaltensweisen sehen, zumal Freud wie wir sich hier u. a. auf Instinkthandlungen als Beleg beruft, womit es naheliegt, nach Entsprechungen zwischen dem von uns angenommenen *Verhältnis von Festgelegtheit und Modifikabilität* und dem Freudschen von *Todestrieben und Lebenstrieben* zu suchen. Manches in Freuds Formulierungen über dieses Verhältnis klingt geradezu »dialektisch«, da er von einem den Lebensprozeß im Gleichgewicht haltenden »Gegensatz« zwischen den sich wechselseitig einschränkenden dissimilatorischen und assimilatorischen Tendenzen der Triebe spricht, womit Anklänge an ein dialektisches Widerspruchsverhältnis, wie wir es für die Beziehung zwischen Festgelegtheit und Modifikabilität aufweisen wollten, gegeben sein könnten. Auch in der Freudschen Revision seiner Vorstellungen über die »Triebgrundlage« der Entwicklung könnte man gewisse Annäherungen an die von uns vertretene Entwicklungskonzeption sehen: Der Einwand gegen Freuds frühere Auffassungen über die lediglich äußerliche Erzwungenheit der Entwicklung, daß auf diese Weise mangels »antriebsmäßiger« Voraussetzungen Entwicklung niemals hätte zustandekommen können, läßt sich gegen die neue Freudsche Vorstellung der selbständigen Tendenz der Lebenstriebe zur Schaffung immer größerer organischer Einheiten offenbar nicht mehr in gleicher Weise aufrechterhalten. – Aus solchen Annäherungen und Entsprechungen wird deutlich, warum wir in Freuds dritter Fassung seiner Trieblehre einen echten wissenschaftlichen Fortschritt sehen müssen. Unserer Meinung nach hat sich Freud durch die Konsequenz und Unbestechlichkeit seiner Denkweise der wirkliche Sachverhalt an vielen Stellen aufgedrängt, und er scheute nicht, dies, welche Komplikationen sich für ihn daraus auch immer ergeben mußten, zum Ausdruck zu bringen. Allerdings hat die von Freud vorgenommene letzte Revision seiner Triebkonzeption noch eine andere Seite, indem gerade durch die partiellen Annäherungen an eine adäquatere psychologische Auffassung der Bedürfnisse und Motivation des Menschen die absoluten Grenzen, nicht überwindbaren Schwächen und »Verkehrtheiten« seines Grundansatzes, wodurch er gehindert ist, eine neue Stufe der Erkenntnis menschlichen Antriebsgeschehens tatsächlich auch zu erreichen, mit besonderer Schärfe zutage treten. Diese Grenzen, Schwächen und Verkehrtheiten liegen nun aber nicht, wie von vielen Psychoanalytikern vermeint, in Besonderheiten der Freudschen Lehre von den Todes- und Lebenstrieben, sondern im Gegenteil in früheren Grundauffassungen, die er mit allen Psychoanalytikern gemeinsam hat und von denen er sich auch in der dritten Phase seiner Trieblehre nicht lösen konnte, weil dies gleichbedeutend mit der Aufgabe der Basis psychoanalytischen Denkens gewesen wäre, wozu Freud, wenn er auch von nun an ein gebrochenes Verhältnis zu vielen seiner eigenen Lehren hatte, nicht mehr fähig war.

Die zentrale Schwäche der gesamten psychoanalytischen Trieblehre (welcher Ausprägungsform auch immer) ist die rigorose Abtrennung der »Triebe« von den Lebensnotwendigkeiten des aktiv seine Umwelt bewältigenden Organismus bzw. des tätig sich mit der gesellschaftlichen Realität auseinandersetzenden Individuums und die Setzung der Triebe als selbst nicht weiter ableitbare Letztheiten, die ihre eigenen Zwecke verfolgen, welche als unveränderliche Kräfte durch das Individuum hindurch zur Wirkung kommen und, selbst vor und außerhalb jedes historischen Prozesses bestehend, ihre jeweils besonderen »Schicksale« durch die Verbote der kulturellen Außenwelt erfahren. Die »Triebe« werden also nicht als sich mit dem Organismus bzw. Individuum in Abhängigkeit von den konkreten Umweltanforderungen entwickelnd begriffen, sondern zum aller Entwicklung vorausgehenden und von dieser unberührten Absolutum verfälscht. Diese radikale Fehlauffassung, die – wie dargestellt – in Freuds allgemeinen energetischen Vorstellungen als Generalisierungen der inhaltlichen Triebauffassungen und damit verbundenen Erklärungsmodelle der Psychoanalyse schon mit aller Deutlichkeit zum Ausdruck kommt, manifestiert sich in besonders zugespitzter Weise in Freuds Lehre von den Todes- und Lebenstrieben, womit die hier erreichbaren wissenschaftlichen Fortschritte von vornherein wieder zurückgenommen sind, da Freud alle Versuche, die Todes- und Lebenstriebe als Entwicklungsprodukte zu erfassen und damit wissenschaftlich weiter zurückzuführen und zu erklären, wie gezeigt, als seiner Denkweise über Triebe fremd zurückweist, weil sie damit nicht als »Ureigenschaft der lebenden Substanz«, nicht als »absolute, im Wesen des Lebens begründete Notwendigkeit« aufgefaßt werden können.

Die aus dieser Grundauffassung der Triebe folgende Redeweise über die »Absichten« und »Ziele« der Triebe, ihre Konkurrenz innerhalb des Individuums, ihre Rivalitäten, »Erfolge« und »Mißerfolge«, denen der Mensch als passiv betroffener Zuschauer eines von ihm unabhängigen Dramas gegenübersteht – eine Redeweise, die an das früher (I, S. 258ff.) geschilderte magische bzw. animistische Denken der Naturvölker erinnert, bei dem jedem Ereignis ein dahinterstehender, das Ereignis verursachender »personaler Kraftträger« unterschoben wird – wird dabei von Freud keineswegs aus naiver Befangenheit in solcher Denkungsart, sondern ganz bewußt und explizit benutzt: »In der Beurteilung unserer Spekulation über die Lebens- und Todestriebe würde es uns wenig stören, daß soviel befremdende und unanschauliche Vorgänge darin vorkommen, wie ein Trieb werde von anderen herausgedrängt, oder er wende sich vom Ich zum Objekt und dergleichen. Dies rührt nur daher, daß wir genötigt sind, mit den wissenschaftlichen Terminis, das heißt mit der eigenen Bildersprache der Psychologie (richtig: Tiefenpsychologie) zu arbeiten. Sonst könnten wir die entsprechenden Vorgänge überhaupt nicht beschreiben, ja, würden sie gar nicht wahrgenommen haben« (XIII, 65). Der in Freuds Ausführungen zu den Todes- und Lebenstrieben zum Ausdruck kommende »Triebanimismus« ist also nach seinem eigenen Zeugnis nichts weiter als ein Anwendungsfall der »triebanimistischen« Redeweise, die von ihm als Charakteristikum der tiefenpsychologischen Wissenschaftssprache überhaupt herausgestellt wird. Der Umstand, daß Freud diese Wissenschaftssprache in universeller Anwendung als spezifischen Beitrag der Psychoanalyse zur wissenschaftlichen Diskussion versteht, wird etwa in dem dargestellten Versuch Freuds deutlich, sogar dem Verhalten der organismischen Zellen, insbesondere der Keim- und Somazellen, zueinander in libido-theoretischer Sicht personale Kraftträger mit »Absichten« und »Zielen«, die sich »aufopfern«, »narzißtisch« benehmen etc., zu unterstellen (vgl. unsere Ausführungen auf S. 237f.). Wir werden der bewußten Anwendung dieser Redeweise später auch in anderen Zusammenhängen der psychoanalytischen Theorienbildung außerhalb der Trieblehre als spezifisch psychoanalytischer Deutungsform der Realität begegnen.

Durch die Hypostasierung von zerstörerischen bzw. aufbauenden Tendenzen als den Todes- bzw. Lebenstrieben selbst innewohnenden »Absichten« oder »Zielen« ist der von Freud angenommene Widerspruch zwischen den beiden Triebarten, da er nicht als Bewegungsform der Entwicklung aufgefaßt, sondern außerhalb aller Entwicklung absolut gesetzt ist, nicht dialektischer, sondern essentialistisch-metaphysischer Art. Hier dokumentiert sich in zugespitzter Form das genannte Grundpostulat der gesamten Psychoanalyse, demgemäß das Triebgeschehen prinzipiell jeder Entwicklung entzogen und in seinem Wesen auf allen organischen Entwicklungsstadien bis hin zum Menschen absolut unveränderlich und gleichartig ist. Die Immunisierung gegen moderne evolutionstheoretische Einsichten, denen zufolge die phylogenetische Entwicklung auch der Antriebe Resultat der Erhöhung der Fortpflanzungswahrscheinlichkeit von solchen Varianten innerhalb von Organismenpopulationen ist, die an jeweils spezifische Umweltbedingungen am besten angepaßt sind, ist nicht lediglich auf Freuds mangelnde biologische Kenntnisse zurückzuführen, sondern ergibt sich zwingend aus dem Grundansatz der psychoanalytischen Trieblehre überhaupt. (Freuds Vorliebe für wissenschaftlich unhaltbare lamarckistische Interpretationen dient durchgehend der Rechtfertigung der Annahme der unveränderten erblichen Weitergabe früher erworbener Merkmale, also der Zurückweisung von Entwicklungskonzeptionen.)

Aufgrund der metaphysischen Voraussetzung der »Ziele« von Lebens- und Todestrieben als absoluten Eigenschaften der organischen Materie besteht für Freud weder die Notwendigkeit noch die Möglichkeit zur Verwertung empirischer Ergebnisse über die phylogenetische Entwicklung des Antriebsgeschehens: Seine Postulate sind nicht mögliche Resultate der Empirie, sondern im Gegenteil Maßstab für die Beurteilung jedweder empirischer Befunde. Freuds Diskussionen biologischer Ansätze und Ergebnisse sind demgemäß nichts weiter als Scheingefechte, deren Ergebnisse immer von vornherein feststehen. Dies wird z. B. daran deutlich, daß Freud etwa die Auffassungen Weismanns über den Zusammenhang zwischen der Verselbständigung des Keimplasmas und der Entstehung des Todes (wie immer man sie beurteilen mag) allein durch die Nichtübereinstimmung mit seinen eigenen Auffassungen für widerlegt ansieht: »Es ist leicht einzusehen, daß das Zugeständnis eines natürlichen Todes für die höheren Organismen unserer Sache wenig hilft. Wenn der Tod eine späte Erwerbung der Lebewesen ist, dann kommen Todestriebe, die sich vom Beginn des Lebens auf Erden ableiten, weiter nicht in Betracht« (XIII, 49 f.). In genau gleicher Weise wird die von Freud referierte darwinistische Erklärung der Entstehung der Fortpflanzung nicht etwa auf ihre wissenschaftliche Haltbarkeit hin diskutiert, sondern mit dem einfachen Hinweis disqualifiziert: »Für unsere Absichten leistet die erwähnte Auffassung der Sexualität sehr wenig . . . Wenn man . . . die Annahme von den Todestrieben nicht fahren lassen will, muß man ihnen von allem Anfang an Lebenstriebe zugesellen« (XIII, 61 f.). Entsprechend verfährt Freud mit experimentellen Befunden, indem er das zu klärende Problem kurzerhand als der Beobachtbarkeit entzogen definiert. »Die Triebkräfte, die das Leben in den Tod überführen wollen, könnten auch in ihnen (den Protozoen/U. O.) von Anfang an wirksam sein, und doch könnte ihr Effekt durch den der lebenserhaltenden Kräfte so gedeckt werden, daß ihr direkter Nachweis sehr schwierig wird« (XIII, 52). Und im gleichen Sinne umgekehrt mit Bezug auf die Lebenstriebe: »Es ist hier wiederum wie beim Tod die Frage, ob man bei den Protisten nichts anderes gelten lassen soll, als was sie zeigen, und ob man annehmen darf, daß Kräfte und Vorgänge, die erst bei höheren Lebewesen sichtbar werden, auch bei diesen zuerst entstanden sind« (XIII, 61).

Im gleichen Zusammenhang sind Freuds Versuche zu interpretieren, in der Tendenz von Tieren zur Rückkehr in alte Wohngebiete, der Handlungswiederholung bei den Instinkten, der Wiederholung phylogenetischer Entwicklungen in der Ontogenese und der Fähigkeit zur Reproduktion verlorengegangener Organe biologische Beispiele für den »Wiederholungszwang« der Todestriebe zu erbringen. In einer empirischen, funktional-historischen Analyse dieser Erscheinungen würde man die gänzlich unterschiedlichen, von jeweils besonderen Umweltbeschaffenheiten abhängigen Entstehungsbedingungen der verschiedenen Phänomene herausarbeiten und so zu ihrem evolutionstheoretischen Verständnis gelangen.

Für Freud dagegen reicht die oberflächliche Ähnlichkeit, daß in all diesen Erscheinungen offenbar irgend etwas »wiederholt« wird, aus, um sie als empirische Manifestationen des gleichen, metaphysisch außerhalb des Entwicklungsprozesses angesiedelten »Wiederholungszwanges« der Todestriebe zu deuten.

Durch Freuds metaphysischen Triebanimismus ist die im nichthomöostatischen Charakter seiner Konzeption der »Lebenstriebe« liegende Annäherung an den von uns herausgearbeiteten, zur Naturgrundlage der »produktiven« Bedürfnisse führenden phylogenetischen Entwicklungszweig des Antriebsgeschehens im entscheidenden Punkt nur scheinbar. Unserer Ableitung nach ist bereits der verselbständigte »Kontrollbedarf« des Neugier- und Explorationsverhaltens auf organismischem Niveau keine dem »Trieb« selbst innewohnende Tendenz zur »Spannungserhöhung« o. ä., sondern als *»antriebsmäßige« Absicherung lebensnotwendiger Aktivitäten eine durch Selektionseffekt entstandene Widerspiegelung objektiver Umweltanforderungen in der Antriebsstruktur.* Die Spannungserhöhung wird demgemäß auch nicht »als solche« angestrebt, sondern ergibt sich, wie aufgewiesen, aus den spezifischen Umweltbedingungen, die zu ihrer Entstehung führten, nämlich »neuen« bzw. »widerständigen« Gegebenheiten, deren Bewältigung durch individuelles Lernen eine besondere Aktivation des Organismus erfordert; (auf »menschlichem« Niveau erfolgt die Aktivierung der »produktiven« Bedürfnisse, wie gezeigt, dadurch, daß objektiv bedeutungsvolle gesellschaftliche Ziele für das Individuum »subjektive Bedeutung« erlangen). Auch die Freudsche Charakterisierung der Tendenz der »Lebenstriebe« zur Stiftung von Bindungen und Schaffung immer größerer Einheiten, durch welche neue »Vitaldifferenzen«, die dann »abgelebt« werden müssen, entstehen, wird dadurch von vornherein wissenschaftlich unhaltbar, daß Freud darin einen von der Umweltauseinandersetzung der Organismen unabhängigen Selbstzweck erblickt. Die »Stiftung von Bindungen« und »Schaffung größerer Einheiten« muß, wenn solchen Bestimmungen irgendein Sinn zukommen soll, im Zusammenhang der mit der Phylogenese und später individuell erwerbaren *Ausdehnung der relevanten Umweltbeziehungen* gesehen werden, wobei, wie wir ausführlich gezeigt haben, ein solcher Beziehungsreichtum sich deswegen herausgebildet hat, weil er eine erweiterte und differenziertere Erschließung von Möglichkeiten zur Lebenssicherung einschließlich der dazu erforderlichen Fähigkeiten und »Antriebe« bedeutet.

Aufgrund der »triebanimistischen« Voraussetzungen der Konzeption von den »Lebenstrieben« ist nicht nur im Hinblick auf phylogenetische Erklärungsmöglichkeiten, sondern auch im Hinblick auf die Erklärung des individuellen Antriebsgeschehens der in der Einführung nichthomöostatischer Triebkonzepte liegende Fortschritt gleich wieder zunichte gemacht.

Da Freud die Spannungserhöhung der Antriebe nicht aus spezifischen Umweltanforderungen ableitet, sondern den Lebenstrieben als innewohnende Tendenz zuschreibt, kann er keinerlei begründete Angaben darüber machen, wann und unter welchen Bedingungen eine solche Spannungserhöhung tatsächlich auftreten soll. Auch der Hinweis auf mögliche »Triebmischungen« mit dem antagonistischen, spannungsvermindernden Todestrieb führt hier nicht weiter, da, wie mit Bezug auf den phylogenetischen Prozeß, so auch mit Bezug auf das Individuum keine Angaben darüber möglich sind, von welchen Umständen das Überwiegen der einen oder der anderen Triebart abhängt. Man kann hier immer nur nachträglich, angesichts manifester Verhaltensweisen der Individuen, die weitgehend tautologische Feststellung treffen, daß bei lebenserhaltenden Aktivitäten die Lebenstriebe, bei lebenszerstörenden Aktivitäten die Todestriebe die Oberhand gehabt haben müssen.

Die spekulative Haltlosigkeit der triebanimistischen Konstruktion wird besonders eindrucksvoll deutlich in der Art, wie Freud zur Einführung der »Destruktionstriebe« kommt. Die erste Stufe der Hypostasierung war hier, wie dargelegt, die Umdeutung der dissimilatorischen Prozesse des Lebensgeschehens in aktive »Ziele« der Todestriebe in Richtung auf die Zerstörung des Lebens. Der nächste Schritt ist nun die Annahme, daß die Todestriebe, die im Inneren des Menschen »stumm« wirksam sind, bei einem bestimmten Grad von Triebspannung sich aus psychohygienischen Gründen nach außen wenden und in dieser sichtbaren Form das in ihnen selbst liegende autonome Ziel verfolgen, andere Organismen oder Objekte zu schädigen und zu zerstören. Das Konzept der »Triebmischung« dient in diesem Zusammenhang dazu, den Grad der Wirksamkeit der Destruktionstriebe durch das angenommene Maß an Beimischung von »Lebenstrieben« abstufbar zu machen und umgekehrt. Was dabei als psychoanalytische Deutung auftritt, hat ganz und gar den Charakter von tautologischen Ex-post-Unterstellungen: Da beim Essen das Nahrungsmittel zwangsläufig gekaut werden muß, handelt es sich hier um eine aggressive Zerstörung des Objekts, gemischt mit dem libidinösen Endziel der Einverleibung; der Sexualakt ist eine Aggression mit der Absicht der innigsten Vereinigung: ein stärkerer Zusatz von Aggression führt vom Liebhaber zum Lustmörder, etc. Durch die absurde Praktik, jeder in die Umwelt ausgreifenden, sich bestimmter Weltgegebenheiten bemächtigenden Tätigkeit, gänzlich unabhängig vom funktionalen Zusammenhang, den »Destruktionstrieb« zu unterschieben, wird eine wirkliche wissenschaftliche Bedingungsanalyse der jeweiligen Lebenserscheinungen unmöglich gemacht. Nachdem so aus der Unvermeidlichkeit bestimmter umweltbemächtigender Tätigkeiten zum Überleben auf die Unvermeidlichkeit der Beteiligung von »Destruktionstrieben« an diesen Tätigkeiten geschlossen wird, ist der weitere Schritt nur konsequent, zur Annahme einer durch das Fehlen oder die Reduzierung libidinöser »Beimischungen« entstehenden »ungebundenen« destruktiven Triebenergie zu kommen, die sich nun nach dem Muster der ungebundenen Libidoenergie ihre Objekte sucht, sich also als frei flottierender Aggressionstrieb blindwütig gegen irgendwelche Menschen oder Verhältnisse wendet.[10]

Aus unserem Grundansatz leitet sich her, daß wir Freuds Ablehnung eines der Tier- und Pflanzenwelt zukommenden allgemeinen Triebes zur Höherentwicklung bzw. »Vervollkommungstriebes« zuzustimmen haben, allerdings nicht deswegen, weil wir, wie Freud, spezielle Bedenken gerade gegen einen verselbständigten autonomen Vervollkommnungstrieb hätten, sondern weil wir die psychoanalytische Setzung bestimmter »Triebe«, welchen Inhalts auch immer, als autonomen Verursachern tierischen und menschlichen Verhaltens unabhängig von den sich in der Entwicklung der organismischen Handlungsantriebe spiegelnden objektiven Umweltanforderungen generell als wissenschaftlich unhaltbar betrachten. Es ist nicht der »Vervollkommnungstrieb«, der den Organismus zu einer Weiterentwicklung seiner Fähigkeiten treibt, vielmehr »vervollkommnen« sich innerhalb des Rahmens artspezifischer Möglichkeiten im Laufe der individuellen Entwicklung die Möglichkeiten zur Auseinandersetzung mit der Umwelt, und damit entwickeln sich zwangsläufig auch die individuellen Fähigkeiten. Diese Entwicklung individueller Potenzen bleibt jedoch immer der Umweltauseinandersetzung untergeordnet. Dies gilt auch von der in der Phylogenese sich immer stärker herausbildenden »antriebsmäßigen« Absicherung der unabhängig von »Ernstsituationen« auftretenden Umweltexploration, verselbständigten »sozialen« Tendenzen etc., weil hierin phylogenetisch gewordene Notwendigkeiten der Umweltauseinandersetzung zum Ausdruck kommen. In den organismischen Handlungsantrieben spiegeln sich generell die objektiven Umweltanforderungen wider. Freud hat mit der von ihm vor der Einführung der Lebenstriebe geäußerten Auffassung, daß die Entwicklung den Organismen von außen »aufgezwungen« werde, in dem Sinne recht, daß jede phylogenetische Entwicklung durch den selektiven Effekt von äußeren Lebensbedingungen, denen ein Teil der Orga-

[10] Ähnlichkeiten zwischen der Freudschen Aggressionstheorie und der früher (I, S. 342) besprochenen von Lorenz sind unverkennbar. In beiden Fällen wird der äußerlichen Gemeinsamkeit funktional gänzlich unterschiedlicher Handlungen, daß sie einen Ausgriff oder »Angriff« in Richtung auf die Umwelt darstellen, also einer gänzlich leeren Abstraktion, ein einheitlicher Trieb unterschoben, der dann zu einer »Erklärung« der »Aggression« dient. Freuds Aggressionskonzeption ist dabei allerdings eine stringente Konsequenz aus seiner Todestrieblehre, verbunden mit »triebökonomischen« Sichtweisen, während Lorenz, wie gezeigt, seine Aggressionstheorie eindeutig wider besseres ethologisches Wissen aufgestellt hat.

nismenpopulation nicht gewachsen ist, zustandekommt. Die Anpassung geschieht dabei aber nicht, wie Freud meint, gegen eine durch die »konservativen« Triebe dem Organismus aufgezwungene »Absicht« der Reizfernhaltung und Spannungsverminderung, sondern die *Herausbildung, Entwicklung und Differenzierung von Antrieben ist selbst ein Moment des selektionsbedingten Anpassungsprozesses der Organismen,* also Teilaspekt der phylogenetischen Entwicklung bis zum Umschlag in die neue Qualität menschlicher Bedürfnisse als »subjektivem« Aspekt des gesellschaftlich-historischen Entwicklungsprozesses.

Aus den gleichen Gründen wie bei den nichthomöostatischen »Lebenstrieben« nur scheinbar ist die Ähnlichkeit des Freudschen Widerspruchs zwischen den Todestrieben und Lebenstrieben und dem von uns angenommenen Widerspruchsverhältnis zwischen Festgelegtheit und Modifikabilität. – Während Freuds »konservative« Todestriebe das Ziel der Aufhebung des Lebens in sich tragen, ist die phylogenetisch gewordene Festgelegtheit des Instinktverhaltens, damit auch die Wiederholung instinkthafter Handlungsabläufe, der von uns vertretenen Auffassung nach das Resultat von inhaltlich aufweisbaren Selektionsvorteilen einer solchen Festlegung und Wiederholung von Verhaltensweisen in Reaktion auf biologisch relevante Umweltgegebenheiten, steht also, lax ausgedrückt, gerade umgekehrt im Dienste der Lebenserhaltung. Das Widerspruchsverhältnis zur individuellen Modifikabilität ist demgemäß auch nicht das zwischen »Tod« und »Leben«, sondern gekennzeichnet durch bestimmte Selektionsvorteile der Festgelegtheit einerseits und andere, damit nicht zu vereinende Selektionsvorteile der Modifikabilität andererseits; das heißt, es ist inhaltlich nicht vorgegeben, sondern stellt sich auf den jeweiligen Entwicklungsstufen stets neu und findet bis hin zur besonderen Qualität der im historischen Entwicklungsprozeß produzierten und individualgeschichtlich abrufbaren Festgelegtheiten der gesellschaftlichen Realität, d. h. der individuellen Verwertung gesellschaftlicher Erfahrung über das Einbezogensein der individuellen in die gesellschaftliche Lebenssicherung, immer neue Formen seiner Aufhebung. Während der Freudsche Widerspruch zwischen Todes- und Lebenstrieben das metaphysische Gegeneinander zweier außergeschichtlicher Wesenheiten darstellt, ist unsere Konzeption des Widerspruchs zwischen Festgelegtheit und Modifikabilität, wie schon aus seiner naturgeschichtlichen Darlegung hervorgeht (vgl. I, S. 141 ff.), eine aus der empirischen Analyse wirklicher, inhaltlicher Entwicklungsprozesse gewonnene Verallgemeinerung auf die darin liegenden Bewegungsgesetze hin und deshalb ein dialektischer Widerspruch zwischen gegensätzlichen Entwicklungsnotwendigkeiten.

An dieser Stelle mag der Unterschied zwischen Freuds »historischer Erklärung« (vgl. XIII, 39) und unserer im dialektischen Materialismus gegründeten funktional-historischen Ableitung von Lebenserscheinungen besonders klar herauszuheben sein: Bei Freud ist »historische Erklärung« immer die Behauptung der Rückführbarkeit jeweils gegenwärtiger Lebenserscheinungen auf elementare, am Anfang bzw. außerhalb aller Entwicklung stehende Ausgangskonstellationen, etwa den Antagonismus von Todes- und Lebenstrieben, wobei er aufgrund seiner lamarckistischen Vorstellungen jede Elementarerscheinung, unabhängig von ihrem lebenszerstörenden oder lebenserhaltenden Effekt, als über den Erbgang im gegenwärtigen Zustand konserviert betrachten kann (wir haben derartige »historische Erklärungen« Freuds bereits früher, z. B. bei seiner Interpretation der Herausbildung des Nervensystems im Dienste der »Reizfernhaltung«, S. 220f., kennengelernt und werden dieses typisch psychoanalytische Erklärungsmuster später, etwa bei Diskussion des Ödipuskomplexes, wiederfinden). Unsere funktional-historische Analyse dagegen ist das Begreifen der wesentlichen Züge von Lebenserscheinungen aus den durch die jeweils konkreten Umweltverhältnisse bedingten Entwicklungsnotwendigkeiten, also im naturgeschichtlichen Bereich aus den selektionsgesteuerten Notwendigkeiten der Anpassung organismischer Merkmale und Leistungen an jeweils spezifische ökologische Lebensbedingungen und in der historisch-gesellschaftlichen Entwicklung aus den Notwendigkeiten der bewußt verändernden Einflußnahme auf den gesellschaftlichen Entwicklungsprozeß zur Sicherung und Ausweitung bestehender Lebensmöglichkeiten entsprechend den objektiven Produktionsbedingungen. Während die Notwendigkeiten der Entwicklung auf biologischem Niveau somit (wie ausführlich dargelegt) nicht durch ein (etwa dem Freudschen Triebanimismus vergleichbares) teleologisches Kriterium des »Zweckes«, sondern durch das kausale Kriterium des Effektes der Lebenserhaltung in Abhängigkeit von den objektiven Lebensbedingungen bestimmt ist, ist für die spezifisch menschliche Form der Existenz zwar der »Zweck« ausschlaggebend, aber der Zweck als bewußte Zielsetzung der Menschen zur Verbesserung bestehender Lebensbedingungen und nicht als Ausdruck des »Willens« mystischer Triebkräfte, von welchen die Menschen als bloß ausführende Organe in ihrem Handeln mehr oder weniger vollständig beherrscht sind.

Da die »Triebe« für die Psychoanalyse als autonome Willensträger und absolute Prinzipien des Lebensgeschehens außerhalb der phylogenetischen Entwicklung stehen, kann vom psychoanalytischen Standpunkt aus niemals erkannt werden, daß die individuelle Entwicklungsfähigkeit selbst Resultat der phylogenetischen Entwicklung, nämlich der mit zunehmender Organisationshöhe der Lebewesen sich gegenüber den Selektionsvorteilen der Festgelegtheit immer stärker durchsetzenden Vorteile der Modifikabilität ist, wobei entsprechende das Lernen absichernde Bedarfszustände bis hin zum verselbständigten Kontrollbedarf sich ausbilden, die sich mit der Modifikation der Umweltbezüge und Bewältigungsaktivitäten mit verändern, also selbst ein Teilaspekt der individuellen Entwicklungsfähigkeit sind. Damit ist für die Psychoanalyse grundsätzlich der Weg verbaut, um den Umschlag der individuellen Entwicklungsfähigkeit höchster tierischer Formen in die spezifisch »menschliche« Potenz zur Aneignung gesellschaftlicher Erfahrung und Teilhabe an der kooperativen Produktion der

Lebensmittel und die diesen Fähigkeiten zugrundeliegenden »produktiven« Bedürfnisse zu erkennen, d. h. die Bedürfnisse als »subjektives« Bewegungsmoment der Produktion und individuellen Vergesellschaftung und die Abhängigkeit ihres Entfaltungsgrades und ihrer spezifischen Qualität von den objektiven Entwicklungsmöglichkeiten und -beschränkungen der jeweils historischen Produktionsweise zu begreifen. Da für die Psychoanalyse die »Ziele« der Triebe außerhalb der gesellschaftlichen Entwicklung in den Trieben selbst liegen, kann der wahre Charakter der Gesellschaftlichkeit der Bedürfnisse von ihr niemals begriffen werden; der Gesellschaft bleibt hier nur die Funktion, die Erreichung der den Trieben immanenten »Ziele« und »Absichten« zu ermöglichen oder zu behindern. Mit solchen triebanimistischen Konzeptionen ist eine andere Sichtweise auf das Verhältnis des Menschen zu seinen »Trieben« als das des passiv Betroffenen von vornherein ausgeschlossen, so daß die besonderen gesellschaftlich-historischen Bedingungen, unter denen dem Menschen seine Bedürfnisse tatsächlich nicht als seinem Einfluß unterworfenes Moment seiner bewußten gesellschaftlichen Lebenstätigkeit erfahrbar sind, sondern ihm als verselbständigte Kräfte gegenüberzustehen scheinen, erst gar nicht zum wissenschaftlichen Problem werden können (s. u.).

5.3 Freuds »dynamische« Theorie der Abwehrvorgänge, der Angst und des Unbewußten in ihrer Verallgemeinerbarkeit innerhalb eines kritisch-psychologischen Konfliktmodells

5.3.1 Vorbemerkung

Während wir die psychoanalytische Trieblehre aufgrund unserer kritischen Analyse als in ihrem Kerngehalt verfehlt und wissenschaftlich unvertretbar betrachten müssen (wobei ihre mögliche Spiegelung von durch bestimmte Lebensbedingungen innerhalb der bürgerlichen Gesellschaft *beschränkter* Subjektivität später zu diskutieren ist) und den jeweiligen psychoanalytischen Auffassungen über die »Triebe« stets die von uns entwickelten, u. E. angemesseneren Konzeptionen gegenüberstellten, ohne daraus bisher für die Gesamtableitungen wissenschaftlichen Nutzen ziehen zu können, finden sich in der nun zu behandelnden Freudschen Lehre von der Struktur und Dynamik der Persönlichkeit seine großen, für die psychologische Forschung unentbehrlichen Entdeckungen, wobei hier von Freud gewonnene allgemeine Einsichten über die Konflikthaftigkeit des psychischen Geschehens, über unbewußte und dennoch psychisch wirksame Prozesse, über Abwehrvorgänge und Realitätsverlust, über Wesen und Funktion der

Angst etc. bereits in unseren früheren Darlegungen auf mannigfache Weise bedeutsam wurden, ohne daß wir bisher darauf hingewiesen haben. Freuds persönlichkeitstheoretische Erkenntnisse sind allerdings von seiner verfehlten Trieblehre nicht einfach abtrennbar; vielmehr erscheinen die weiterführenden Konzeptionen durch ihre triebtheoretischen Bezüge meist in »verkehrten« metaphysisch-essentialistischen Zusammenhängen, so daß unsere Aufgabe darin bestehen muß, hier den allgemeinen Erkenntnisgehalt durch Herauslösung aus seinen Verkehrungen und Herausarbeitung der adäquaten Zusammenhänge eindeutig faßbar und auf das Begreifen menschlicher Lebenstätigkeit und Subjektivität unter historisch bestimmten gesellschaftlichen Verhältnissen hin konkretisierbar zu machen (5.3.3). Dies kann – wie in unseren einleitenden Darlegungen ausgeführt (vgl. S. 192ff.) – gemäß unserem methodischen Grundansatz der Einheit von Kritik und Weiterentwicklung wissenschaftlicher Theorien in diesem Zusammenhang nur dadurch geschehen, daß wir die Freudschen Einsichten innerhalb der von uns gewonnenen theoretischen Auffassungen über den emotional-motivationalen Aspekt der Persönlichkeit verwertbar zu machen suchen, womit wir durch Einbeziehung und Reinterpretation der Freudschen Grundbegriffe jeweils zu einer weiteren positiven Ausarbeitung der kritisch-psychologischen Theorie kommen (5.3.4).

5.3.2 Darstellung der Freudschen Bestimmung des Verhältnisses zwischen »Es« und »Ich«; Angst, Abwehr und Unbewußtes

Die generelle theoretische Grundlage der Freudschen Trieblehre ist, wie wir ausführlich zeigten, das »metapsychologische« Prinzip der »Ökonomie« als spezifische energetisch-quantifizierende Betrachtensweise des Triebgeschehens. In Freuds Persönlichkeitstheorie kommen zwei weitere *metapsychologische Leitprinzipien* hinzu, das der *»Dynamik«* und das der *»Topik«*. – Unter »Dynamik« versteht Freud den Gesichtspunkt der allgemeinen Konflikthaftigkeit des psychischen Geschehens, dergemäß die Persönlichkeit mit all ihren Lebensäußerungen stets einen bestimmten Stand mehr oder weniger gelungener bzw. mißlungener Konfliktverarbeitung repräsentiert (s. u.). Die »Topik« ist der Gesichtspunkt der Gliederung der Persönlichkeit in verschiedene Teilsysteme oder »Instanzen«, der auch als struktureller Gesichtspunkt der Metapsychologie bezeichnet wird. Freud hat zwei verschiedene topische Modelle konzipiert. Das erste Modell, dessen Entstehung sich bis in frühe Arbeiten, besonders zur Traumdeutung (1900, FGW II/III), zurückverfolgen läßt und dessen endgültige »metapsychologische« Ausarbeitung in den Abhandlungen »Das Unbewußte« (1913) und »Die Verdrängung« (1915, beide FGW X) vorliegt, geht von drei großen *»Systemen«* innerhalb der Persönlichkeit aus, dem *»Unbewußten«* (Ubw), dem *»Vorbewußten«* (Vbw) und dem *»Bewußten«* (Bw), wobei der Übergang von einem System zum anderen jeweils durch *»Zensoren«* kontrolliert und gehemmt sein soll. In der berühmten Arbeit »Das Ich und das Es« (1923, XIII) entwickelte Freud sein zweites topologisches Modell mit den Hauptinstanzen *»Es«*, *»Ich«* und *»Über-Ich«* unter Einbeziehung der 1920 konzipierten Lehre von den Todes- und Lebenstrieben. Das zweite topische Modell ist keine etwa der radikalen Umgestaltung der Trieblehre in der letzten Fassung vergleichbare Zurückweisung des ersten, sondern eher dessen Korrektur und Ergänzung. Das »System Ubw« läßt sich dem »Es« zuordnen, die Systeme »Vbw« und »Bw« dem »Ich«; das »Über-Ich« ist als neue Instanz hinzugefügt. Ein wesentlicher Unterschied zwischen beiden Modellen, wodurch für Freud die Notwendigkeit der Umarbeitung sich ergab, liegt darin, daß Freud zu der Auffassung kommen mußte, auch wesentliche Teile des »Ich« seien unbewußt, womit sich der Begriff »unbewußt« nicht mehr zur System- oder Instanzenunterscheidung eignete. Im Ganzen hat das erste Modell mit der Vorstellung der durch die Zensoren geregelten Hin-und-Her-Bewegung zwischen den verschiedenen »Räumen« Ubw, Vbw und Bw ausgeprägt »räumlichen« Charakter, während im zweiten Modell eine »personalisierende« Bestimmung der Instanzen hinzukommt, wodurch der Verkehr zwischen diesen den Charakter quasisozialer Beziehungen erhält und das seelische Geschehen innerhalb der Persönlichkeit nach Art eines »Dramas« gedeutet ist. Freud hat die Begrifflichkeit und den theoretischen Gehalt des ersten Modells niemals fallengelassen, sondern diskutiert das erste Modell meist bei der Darstellung des zweiten mit, wobei er häufig zu einer, die Korrektur des ersten Modells einbeziehenden, Integration der beiden Modelle kommt (am ausgeprägtesten im 1938 begonnenen »Abriß der Psychoanalyse«, 4. Kapitel, XVII, 79 ff.). Von weittragender theoretischer Bedeutung ist die von Freud auf der Grundlage des zweiten topischen Modells im Jahre 1926 (in dem Aufsatz »Hemmung, Symptom und Angst«, FGW XIV) vorgelegte Umarbeitung seiner bisherigen theoretischen Vorstellungen über »Angst«, wobei in der neuen Angsttheorie die früher mehr »ökonomisch« verstandene Angst eine ausgeprägt »dynamische« Funktion bei der Konfliktbewältigung erhält. – Wir behandeln im folgenden zunächst Freuds Auffassungen über die Funktion und das Verhältnis der Instanzen »Es« und »Ich« (wobei wir Grundvorstellungen des ersten Modells jeweils konkretisierend oder differenzierend heranziehen), weil sich daran die entscheidenden »dynamischen« Konzeptionen Freuds über »Abwehr«, »Verdrängung«, »Angst«, das »Unbewußte« etc. bereits weitgehend in ihrer Eigenart charakterisieren und weiterführend reinterpretieren lassen. (Die Instanz des »Über-Ich« wird erst in Kap. 5.5 in die Darlegungen einbezogen.)

Das »Es« als der »dunkle und unzugängliche Teil unserer Persönlichkeit« (XV, 80), in welchem die Triebe unmittelbar durch ihre Vorstellungen repräsentiert sind, ist nach Freud die unbewußte Basis der Persönlichkeit, wodurch die inhaltliche Thematik des menschlichen Lebens wesentlich bestimmt ist. »Ein Individuum ist nun für uns ein psychisches Es, unerkannt und unbewußt, diesem sitzt das Ich oberflächlich auf . . .« (XIII, 251). Das Es ist die älteste Instanz der Persönlichkeit, ihre biologische Grundlage, »am Ende gegen das Somatische offen« (XV, 80). Das Ich und das Überich sind lediglich Produkte der genetischen Differenzierung des Es. Ontogenetisch gesehen ist das Es der Vertreter der infantilen Triebwünsche des Individuums, die ihrem Inhalt nach während des Lebens konstant bleiben und durch das Ich und Überich bloß gehemmt und modelliert werden. Die Basisfunktion des Es für die Persönlichkeit verdeutlicht sich unter »ökonomischem« Aspekt: Für Freud ist (nachdem er die Annahme selbständiger »Ichtriebe« fallengelassen hatte) das Es das einzige große Energiereservoir der Persönlichkeit; die Instanzen »Ich« und »Überich« verfügen demnach nur über vom Es geborgte und anverwandelte Energie.

Die Prozesse im Es sind nach Freud ausschließlich durch das Lustprinzip und den Primärvorgang, wie wir sie früher geschildert haben, charakterisiert, richten sich also allein auf die direkte Befriedigung der Triebbedürfnisse durch »Abfuhr« von Triebenergie und die damit verbundenen Prozesse der Verschiebung, Verdichtung etc. (wobei Freud die Komplikationen, die sich aus dem Nirwana-Prinzip, der qualitativen Neufassung des Lustprinzips und der Einführung der Todestriebe ergeben, in seiner Konzeption der Prozesse im »Es« nur relativ unzureichend berücksichtigt hat, was hier nicht näher auszuführen ist). – Aufschlußreich ist folgende Freudsche Gesamtcharakteristik der Vorgänge im Es:

»Wir nähern uns dem Es mit Vergleichen, nennen es ein Chaos, einen Kessel voll brodelnder Erregungen. . . . von den Trieben her erfüllt es sich mit Energie, aber es hat keine Organisation, bringt keinen Gesamtwillen auf, nur das Bestreben, den Triebbedürfnissen unter Einhaltung des Lustprinzips Befriedigung zu schaffen. Für die Vorgänge im Es gelten die logischen Denkgesetze nicht, vor allem nicht der Satz des Widerspruchs. Gegensätzliche Regungen bestehen nebeneinander, ohne einander aufzuheben oder sich voneinander abzuziehen, höchstens daß sie unter dem herrschenden ökonomischen Zwang zur Abfuhr der Energie zu Kompromißbildungen zusammentreten. . . . Im Es findet sich nichts, was der Zeitvorstellung entspricht, keine Anerkennung eines zeitlichen Ablaufs und, was höchst merkwürdig ist und seiner Würdigung im philosophischen Denken wartet, keine Veränderung des seelischen Vorgangs durch den Zeitablauf. Wunschregungen, die das Es nie überschritten haben, aber auch Eindrücke, die durch Verdrängung ins Es versenkt worden sind, sind virtuell unsterblich, verhalten sich nach Dezennien, als ob sie neu vorgefallen wären. Als Vergangenheit erkannt, entwertet und ihrer Energiebesetzung beraubt können sie erst werden, wenn sie durch die analytische Arbeit bewußt geworden sind, und darauf beruht nicht zum kleinsten Teil die therapeutische Wirkung der analytischen Behandlung« (XV, 80f.).

Die Zugehörigkeit eines bestimmten unbewußten Inhalts zum Es ist – wie im eben zitierten Passus schon angeklungen – gemäß Freuds Auffassung nach zwei grundsätzlich verschiedenen Gesichtspunkten, einem allgemeineren und einem spezielleren, zu erklären. – Die Freudsche Grundannahme, daß jede psychische Triebrepräsentanz, bevor sie u. U. ins Bewußtsein vordringt, unbewußt gewesen ist, wird von ihm durch die Hypothese eines Vorganges der »Urverdrängung« konkretisiert, durch den die Vorstellungen primär im Es lokalisiert sind. Dem stellt Freud die »eigentliche Verdrängung« gegenüber, durch welche bewußt gewordene Vorstellungen wieder unbewußt werden (vgl. etwa X, 250), wobei die eigentliche Verdrängung als »Nachdrängen« psychische Abkömmlinge der ursprünglich verdrängten Triebrepräsentanz oder Inhalte, die mit ihnen in assoziative Verbindung geraten sind, trifft. Dabei nimmt Freud an, daß nicht nur die »Abstoßung« vom Bewußtsein her auf das zu Verdrängende wirkt. »Es kommt ebensosehr die Anziehung in Betracht, welche das Urverdrängte auf alles ausübt, womit es sich in Verbindung setzen kann. Wahrscheinlich würde die Verdrängungstendenz ihre Absicht nicht erreichen, wenn diese Kräfte nicht zusammenwirkten, wenn es nicht ein vorher Verdrängtes gäbe, welches das vom Bewußten Abgestoßene aufzunehmen bereit wäre« (X, 250f.). Die Frage des Zustandekommens der Urverdrängung bleibt bei Freud weitgehend dunkel. Aus manchen Freudschen Hinweisen geht hervor, daß hier bestimmte archaische Erfahrungen im Spiel sind, wie etwa die der Kastration bei Übergriffen auf die vom Stammesoberhaupt beanspruchten Frauen, die zu Beginn der Menschheitsgeschichte seiner Auffassung nach keine Seltenheit war und als über das phylogenetische Erbe vermitteltes Wissen im Es aller Menschen repräsentiert ist, durch welches von vornherein und unabhängig von den aktuellen Gefahren die entsprechenden Triebregungen an ihrer Äußerung gehindert werden. Wir kommen später ausführlicher darauf zurück. Auch gewisse phylogenetische Urphantasien scheinen im Zusammenhang mit dem Urverdrängten zu stehen (s. u.). In jedem Falle hat man davon auszugehen, daß gemäß Freuds Auffassung zwar alles i.e.S. Verdrängte unbewußt ist, also zum Es gehört, aber nicht alle unbewußten Inhalte des Es aus dem Bewußtsein verdrängt worden sein müssen, sondern auch zu den genuin im Es lokalisierten Triebwünschen gehören können, die niemals ins Bewußtsein getreten sind. – Durch den Begriff der (eigentlichen) Verdrängung, einem Grundpfeiler der psychoanalytischen Persönlichkeitstheorie, wird die »dynamische« Bedeutung von Freuds topischen Zuordnungen deutlich. Das »Es« steht in einem Konfliktverhältnis mit dem Ich und Über-Ich, und der unbewußte Charakter der Triebwünsche ist zu einem wesentlichen Teil

Resultat des aus diesem Konflikt entstehenden Verdrängungsvorgangs. Da die Verdrängung nach Freud (gemäß seinem zweiten topischen Modell) vom »Ich« ausgeht (wobei das Überich eine zusätzliche Verdrängungsfunktion hat, s. u.), also eine entwickelte Ich-Instanz voraussetzt, müssen wir erst Freuds Konzeption des »Ich« darstellen, ehe wir die Verdrängung näher kennzeichnen können.

Die Instanz des *»Ich«* erfüllt in Freuds zweitem topischen Modell im Groben die Funktion, die in früheren Phasen seiner Lehre allein dem vom »Realitätsprinzip« geleiteten »Sekundärvorgang«, wie wir ihn geschildert haben, zugesprochen wurde, nämlich die Ermöglichung und Absicherung der Triebbefriedigung durch kognitive Berücksichtigung der realen Verhältnisse und Einleitung entsprechender Aktivitäten des Individuums, was sowohl Triebaufschub wie Reduzierung der Triebansprüche auf das jeweils Mögliche einschließt. Freud kommt aber darüber hinaus zu sehr viel weitergehenden genetischen, topischen, ökonomischen und dynamischen Charakterisierungen des »Ich« und seiner Funktionen.

Das Ich, dessen »Kern« nach Freud das Teilsystem der »Wahrnehmung« (W) ist (XIII, 251), wird auf folgende Weise als Differenzierungsprodukt des Es dargestellt: »Zu einer Charakteristik des eigentlichen Ichs ... gelangen wir am ehesten, wenn wir seine Beziehung zum äußersten oberflächlichen Stück des seelischen Apparats ins Auge fassen, das wir als das System W-Bw bezeichnen. Dieses System ist der Außenwelt zugewendet, es vermittelt die Wahrnehmungen von ihr, in ihm entsteht während seiner Funktion das Phänomen des Bewußtseins. Es ist das Sinnesorgan des ganzen Apparats ... Die Auffassung bedarf kaum einer Rechtfertigung, daß das Ich jener Teil des Es ist, der durch die Nähe und den Einfluß der Außenwelt modifiziert wurde, zur Reizaufnahme und zum Reizschutz eingerichtet, ... Die Beziehung zur Außenwelt ist für das Ich entscheidend geworden, es hat die Aufgabe übernommen, sie bei dem Es zu vertreten, zum Heil des Es, das ohne Rücksicht auf diese übergewaltige Außenmacht im blinden Streben nach Triebbefriedigung der Vernichtung nicht entgehen würde. In der Erfüllung dieser Funktion muß das Ich die Außenwelt beobachten, eine getreue Abbildung von ihr in den Erinnerungsspuren seiner Wahrnehmungen niederlegen, durch die Tätigkeit der Realitätsprüfung fernhalten, was an diesem Bild der Außenwelt Zutat aus inneren Erregungsquellen ist. Im Auftrag des Es beherrscht das Ich die Zugänge zur Motilität, aber es hat zwischen Bedürfnis und Handlung den Aufschub der Denkarbeit eingeschaltet, während dessen es die Erinnerungsreste der Erfahrung verwertet. Auf solche Weise hat es das Lustprinzip entthront, das uneingeschränkt den Ablauf der Vorgänge im Es beherrscht und es durch das Realitätsprinzip ersetzt, das mehr Sicherheit und größeren Erfolg verspricht. Auch die so schwer zu beschreibende Beziehung zur Zeit wird dem Ich durch das Wahrnehmungssystem vermittelt ... Was das Ich zum Unterschied vom Es aber ganz besonders auszeichnet, ist ein Zug zur Synthese seiner Inhalte, zur Zusammenfassung und Vereinheitlichung seiner seelischen Vorgänge, der dem Es völlig abgeht« (XV, 81 f.). Die Abhängigkeit des Ich, das repräsentiert, »was man Vernunft und Besonnenheit nennen kann« vom Es, »welches die Leidenschaften enthält«, wird von Freud durch ein Bild verdeutlicht: »Die funktionelle Wichtigkeit des Ichs kommt darin zum Ausdruck, daß ihm normaler Weise die Herrschaft über die Zugänge zur Motilität eingeräumt ist. Es gleicht so im Verhältnis zum Es dem Reiter, der die überlegene Kraft des Pferdes zügeln soll, mit dem Unterschied, daß der Reiter dies mit eigenen Kräften versucht, das Ich mit geborgten. Dieses Gleichnis trägt ein Stück weiter. Wie dem Reiter, will er sich nicht vom Pferd trennen, oft nichts anderes übrig bleibt, als es dahin zu führen, wohin es gehen will, so pflegt auch das Ich den Willen des Es in Handlung umzusetzen, als ob es der eigene wäre« (XIII, 253).

Bei den »ökonomischen« Bestimmungen der dem Ich zukommenden Energien greift Freud auf seine »Einführung des Narzißmus« zurück, indem er die Annahme vertritt, daß das Ich die Energien zur Erfüllung seiner Aufgaben nur vom Es beziehen könne, wobei er auch eine »topische« Präzisierung der Entstehungsbedingungen des früher von uns diskutierten Prozesses der »Sublimierung« versucht:

»An der Lehre vom Narzißmus wäre nun eine wichtige Ausgestaltung vorzunehmen. Zu Uranfang ist alle Libido im Es angehäuft (dies ist der sog. »primäre Narzißmus« U. O.), während das Ich noch in der Bildung begriffen oder schwächlich ist. Das Es sendet einen Teil dieser Libido auf erotische Objektbesetzungen aus, worauf das erstarkte Ich sich dieser Objektlibido zu bemächtigen und sich dem Es als Liebesobjekt aufzudrängen sucht. Der Narzißmus des Ichs ist so ein sekundärer, den Objekten entzogener« (XIII, 275). Das Ich, wenn es die Züge des Objektes annimmt«, sucht dem Es sozusagen »seinen Verlust zu ersetzen, indem es sagt: ›Sieh, du kannst auch mich lieben, ich bin dem Objekt so ähnlich‹«. – »Die Umsetzung von Objektlibido in narzißtische Libido, die hier vor sich geht, bringt offenbar ein Aufgeben der Sexualziele, eine Desexualisierung mit sich, also eine Art von Sublimierung. Ja, es entsteht die eingehender Behandlung würdige Frage, ob dies nicht der allgemeine Weg zur Sublimierung ist, ob nicht alle Sublimierung durch die Vermittlung des Ichs vor sich geht, welches zunächst die sexuelle Objektlibido in narzißtische verwandelt, um ihr dann vielleicht ein anderes Ziel zu setzen« (XIII, 258).

Die zentrale dynamische Funktion des Ich ist die *»Abwehr«* von Triebwünschen aus dem Es, die das Ich bei seinen Aufgaben der Realitätsanpassung und Integration stören, weil sie mit den im Ich repräsentierten Anforderungen der Außenwelt (oder Anforderungen des Über-Ich, s. u.) unvereinbar sind; Abwehr ist also die Manifestation eines Konfliktes zwischen dem Ich und den Triebrepräsentanzen im Es.

»Die Beziehung zur Außenwelt ist für das Ich entscheidend geworden, es hat die Aufgabe übernommen, sie bei dem Es zu vertreten, zum Heil des Es, das ohne Rücksicht auf diese übergewaltige Außenmacht im blinden Streben nach Triebbefriedigung der Vernichtung nicht entgehen würde« (XV, 82). Das Ich »hat die Aufgabe der Selbstbehauptung, erfüllt sie, indem es nach außen die Reize kennen lernt, Erfahrungen über sie aufspeichert (im Gedächtnis), überstarke Reize vermeidet (durch

Flucht), mäßigen Reizen begegnet (durch Anpassung) und endlich lernt, die Außenwelt in zweckmäßiger Weise zu seinem Vorteil zu verändern (Aktivität); nach innen gegen das Es, indem es die Herrschaft über die Triebansprüche gewinnt, entscheidet, ob sie zur Befriedigung zugelassen werden sollen, diese Befriedigung auf die in der Außenwelt günstigen Zeiten und Umstände verschiebt oder ihre Erregung überhaupt unterdrückt« (XVII, 68). – Die Ich-Funktion der Triebunterdrückung durch »Abwehr« gewinnt umso mehr an Bedeutung, je weniger das Ich sich in der Lage sieht, die Triebansprüche des Es gegenüber der Außenwelt zu vertreten, bzw. je weniger es selbst infolge der im Ich repräsentierten Anforderungen der Außenwelt (oder Anforderungen des Über-Ich, s. u.) die Berechtigung dieser Triebansprüche anerkennen und tolerieren kann. »Abwehr« ist die »Lösung« eines Konfliktes zwischen den individuellen Trieben und den durch das Ich vertretenen Anforderungen der Außenwelt durch Leugnung der subjektiven »Triebansprüche«, wobei diese Leugnung jedoch nichts weiter als die Konservierung des Konfliktes, jetzt außerhalb des Zugriffsbereichs des Ich, bedeutet (wie noch näher auszuführen).

Der Begriff der »Abwehr« war bereits in den neunziger Jahren innerhalb von Freuds Neurosenlehre bedeutsam, trat dann zeitweilig in den Hintergrund und wurde in Freuds späten Arbeiten als allgemeines Konzept, das unterschiedliche Abwehrformen, etwa die »Verdrängung«, in sich einbegreift, wieder aktualisiert (1926, XIV, 196). Während Freud früher »Abwehr« mehr im Sinne einer bewußten Verwerfung von psychischen Inhalten durch das Individuum verstand, vollzog sich später eine sehr bedeutsame Auffassungswandlung, indem er zu der Annahme kam, daß Abwehrvorgänge, wie z. B. die Verdrängung, mindestens teilweise selbst unbewußt sein müssen, was, wie gesagt, zur Revision des ersten topischen Modells führte und den wesentlichen Grund für die Ersetzung des Systems Bw-Vbw durch die Ich-Instanz darstellte. Die Vorstellungen der früheren Topik, das System der Realitätsanpassung etc. des Individuums sei identisch mit dem »Bewußten« und dem »Vorbewußten« als zwar nicht manifest bewußten, aber prinzipiell bewußtseinsfähigen Inhalten, schienen nun für Freud nicht mehr haltbar: »Wir erkennen, daß das Ubw nicht mit dem Verdrängten zusammenfällt; es bleibt richtig, daß alles Verdrängte ubw ist, aber nicht alles Ubw ist auch verdrängt. Auch ein Teil des Ichs, ein Gott weiß wie wichtiger Teil des Ichs, kann ubw sein, ist sicherlich ubw. Und dieses Ubw ist nicht latent im Sinne des Vbw, sonst dürfte es nicht aktiviert werden, ohne bw zu werden, und seine Bewußtmachung dürfte nicht so große Schwierigkeiten bereiten.« Wir stehen demnach vor der Nötigung, ein »nicht verdrängtes Ubw aufzustellen« (XIII, 244).

Von großer Bedeutung für das Verständnis der Freudschen Auffassung über die Prozesse der »Abwehr« im Ich ist die erwähnte zweite *Angsttheorie* Freuds von 1926, in welcher als eine wesentliche Funktion der »Angst« die im Ich entstehende Signalisierung der Bedrohung des Ich durch Antizipation möglicher Hilflosigkeit durch Reizüberflutung, besonders aber gegenüber den Triebwünschen des Es, bestimmt ist, womit die Angstentstehung in diesem Zusammenhang als Voraussetzung der Aktivierung der Abwehrvorgänge des Ich zur Abwendung der in der Angst signalisierten Bedrohung begriffen wird.

Freud faßt seine Auffassungen über »Angst« vor der Umarbeitung der Angstkonzeption in der Feststellung zusammen, er habe angenommen, »daß Libido (sexuelle Erregung), die vom Ich abgelehnt oder nicht verwendet wird, eine direkte Abfuhr in der Form der Angst findet«, womit die »Libido der verdrängten Triebregung als die Quelle der Angst« betrachtet wurde (XIV, 193). In seiner neuen Angsttheorie hebt Freud, ohne die frühere »ökonomische« Bestimmung ganz aufzugeben, die »Angst« in einer anderen, »dynamischen« Funktion heraus: »Nicht die Verdrängung schafft die Angst, sondern die Angst ist früher da, die Angst macht die Verdrängung!« (XV, 92), wobei diese Auslösefunktion der Angst nicht nur auf die »Verdrängung«, sondern auf alle Abwehrvorgänge bezogen wird. Sofern die Angst nicht Resultat abwehrbedingter Libidostauungen, sondern Voraussetzung für das Entstehen von Abwehr ist, kann ihr »Ort« auch nicht mehr, wie früher, im »Es« angesiedelt werden, sondern ist als Ichfunktion zu kennzeichnen: Das Ich ist die »eigentliche Angststätte ... Die Angst ist ein Affektzustand, der natürlich nur vom Ich verspürt werden kann. Das Es kann nicht Angst haben wie das Ich, es ist keine Organisation, kann Gefahrensituationen nicht beurteilen« (XIV, 171).

Zur näheren Bestimmung der Funktion der Angst als Voraussetzung für die Aktivierung der Abwehrvorgänge im Ich unterscheidet Freud zwei genetische Stufen der Angst, die »automatische Angst« und das »Angstsignal«: Der Angst werden »zweierlei Ursprungsweisen zugewiesen, die eine ungewollt, automatisch, jedesmal ökonomisch gerechtfertigt, wenn sich eine Gefahrsituation ... hergestellt hatte, die andere, vom Ich produzierte, wenn eine solche Situation nur drohte« (XIV, 195). »Was ist der Kern, die Bedeutung der Gefahrsituation? Offenbar die Einschätzung unserer Stärke im Vergleich zu ihrer Größe, das Zugeständnis unserer Hilflosigkeit gegen sie, der materiellen Hilflosigkeit im Falle der Realgefahr, der psychischen Hilflosigkeit im Falle der Triebgefahr«. Eine solche »erlebte Situation von Hilflosigkeit« wird von Freud eine »traumatische« genannt. »Es ist nun ein wichtiger Fortschritt in unserer Selbstbewahrung, wenn eine solche traumatische Situation von Hilflosigkeit nicht abgewartet, sondern vorhergesehen, erwartet, wird. Die Situation, in der die Bedingung für solche Erwartung enthalten ist, heiße die Gefahrsituation, in ihr wird das Angstsignal gegeben. Dies soll besagen: ich erwarte, daß sich eine Situation von Hilflosigkeit ergeben wird, oder die gegenwärtige Situation erinnert mich an eines der früher erfahrenen traumatischen Erlebnisse. Daher antizipiere ich dieses Trauma, will mich benehmen, als ob es schon da wäre, solange noch Zeit ist, es abzuwenden« (XIV, 199). Für Freud ergibt sich daraus folgende allgemeine Charakterisierung der »Signalangst«: »Die Angst hat eine unverkennbare Beziehung zur Erwartung. Es haftet ihr ein Charakter von Unbestimmtheit und Objektlosigkeit an« (XIV, 197f.). Diese »beiden Charaktere, die uns an der Angst aufgefallen sind, haben ... verschiedenen Ursprung. Ihre Beziehung zur Erwartung gehört zur Gefahrensituation, ihre Unbestimmtheit und Objektlosigkeit zur traumatischen Situation der Hilflosigkeit, die in der Gefahrensituation antizipiert wird« (199).

Im Hinblick auf die Art der in der Angst signalisierten Gefahrensituation kommt Freud zur Unterscheidung von »Realangst« und »neurotischer Angst« (wobei in anderem Kontext noch die »Überich-Angst« oder »Gewissensangst« als dritte Art hinzukommt, s. u.): Die »Realgefahr droht von einem äußeren Objekt, die neurotische von einem Triebanspruch. Insofern dieser Triebanspruch etwas Reales ist, kann auch die neurotische Angst als real begründet anerkannt werden« (XIV, 200). Bei der neurotischen Angst ist das, wovor man sich fürchtet, . . . offenbar die eigene Libido. Der Unterschied von der Situation der Realangst liegt in zwei Punkten, daß die Gefahr eine innerliche ist anstatt einer äußeren und daß sie nicht bewußt erkannt wird« (XV, 90f.). Zwar »muß auch die äußere (Real-)Gefahr eine Verinnerlichung gefunden haben, wenn sie für das Ich bedeutsam werden soll; sie muß in ihrer Beziehung zu einer erlebten Situation von Hilflosigkeit erkannt werden« (XIV, 201). Der realen Gefahr kann man sich jedoch durch Flucht entziehen oder die Ursache der Gefahr durch äußeren Eingriff beseitigen und so der Realangst entkommen. Die »neurotische Angst« vor den Triebansprüchen im Inneren hingegen ist nicht durch Flucht etc., sondern nur durch »Abwehr« zu reduzieren. Demgemäß kann man bis zu einem gewisssen Grade sagen, »daß der Abwehrvorgang analog der Flucht ist, durch die sich das Ich einer von außen drohenden Gefahr entzieht, daß er eben einen Fluchtversuch vor der eigenen Triebgefahr darstellt« (XIV, 176). Dieser Vergleich ist jedoch nach Freud durch den Umstand zu relativieren, daß Triebansprüche ja nur deswegen, weil ihre Befriedigung eine äußere Bedrohung des Menschen hervorrufen würde, vom Ich »abgewehrt« werden müssen. »Der Wolf würde uns wahrscheinlich anfallen, gleichgültig, wie wir uns gegen ihn benehmen; die geliebte Person würde uns aber nicht ihre Liebe entziehen, die Kastration nicht angedroht werden, wenn wir nicht bestimmte Gefühle und Absichten in unserem Inneren nähren würden. So werden diese Triebregungen zu Bedingungen der äußeren Gefahr und damit selbst gefährlich, wir können jetzt die äußere Gefahr nur durch Maßregeln gegen innere Gefahren bekämpfen« (XIV, 177). Damit stellt sich »die innere Triebgefahr als eine Bedingung und Vorbereitung einer äußeren, realen Gefahrensituation« heraus (XV, 93).

Beim Versuch einer differenzierteren Bestimmung der verschiedenen angstauslösenden Gefahrensituationen betrachtet Freud die »Geburt« als »das Vorbild für alle späteren Gefahrensituationen, die sich unter den neuen Bedingungen der veränderten Existenzform und der fortschreitenden psychischen Entwicklung ergaben« (XIV, 194). Dabei könne man »eigentlich jedem Entwicklungsalter eine bestimmte Angstbedingung, also Gefahrsituation, als ihm adäquat« zuteilen. »Die Gefahr der psychischen Hilflosigkeit paßt zum Stadium der frühen Unreife des Ichs, die Gefahr des Objekt-(Liebes-)verlusts zur Unselbständigkeit der ersten Kinderjahre, die Kastrationsgefahr zur phallischen Phase, endlich die Angst vor dem Über-Ich, die eine besondere Stellung einnimmt, zur Latenzzeit. Mit dem Lauf der Entwicklung sollen die alten Angstbedingungen fallen gelassen werden, da die ihnen entsprechenden Gefahrensituationen durch die Erstarkung des Ichs entwertet werden. Aber das ist nur in sehr unvollkommener Weise der Fall« (XV, 95). – (Wir werden die Kastrationsangst und die Angst vor dem Über-Ich in späteren Diskussionszusammenhängen noch genauer behandeln.) – Der gemeinsame Nenner all dieser verschiedenen Formen der Angst ist die Charakteristik als »Trennungsangst«, d. h. Angst vor dem

Verlust von lebenswichtigen Beziehungen zu anderen Personen bzw. später zur Gemeinschaft überhaupt und die dadurch bedingte Gefahr der Ausgeliefertheit, der Reizüberflutung durch innere oder äußere Erregungssummen, derer das Ich nicht mehr Herr werden kann.

Freud charakterisiert den funktionalen Stellenwert der aufgrund des im Angstsignal antizipierten Zustandes der Hilflosigkeit vom »Ich« gegenüber Triebgefahren ausgehenden »Abwehr« und ihrer »Mechanismen«, die sowohl im normalen Seelenleben vorkommen wie unter bestimmten Bedingungen zu psychischen Erkrankungen führen können (s. u.), verallgemeinernd auf folgende Weise:

»Von allem Anfang an muß ja das Ich seine Aufgabe zu erfüllen suchen, zwischen seinem Es und der Außenwelt im Dienste des Lustprinzips vermitteln, das Es gegen die Gefahren der Außenwelt behüten. Wenn es im Laufe dieser Bemühung lernt, sich auch gegen das eigene Es defensiv einzustellen und dessen Triebansprüche wie äußere Gefahren zu behandeln, so geschieht dies wenigstens zum Teil darum, weil es versteht, daß die Triebbefriedigung zu Konflikten mit der Außenwelt führen würde. Das Ich gewöhnt sich dann unter dem Einfluß der Erziehung, den Schauplatz des Kampfes von außen nach innen zu verlegen, die innere Gefahr zu bewältigen, ehe sie zur äußeren geworden ist, und tut wahrscheinlich zumeist gut daran. Während dieses Kampfes an zwei Fronten – später wird eine dritte Front dazukommen (s. u./ U. O.) – bedient sich das Ich verschiedener Verfahren, um seiner Aufgabe zu genügen, allgemein ausgedrückt, um Gefahr, Angst, Unlust zu vermeiden. Wir nennen diese Verfahren ›Abwehrmechanismen‹« (XVI, 80). »Der psychische Apparat verträgt die Unlust nicht, er muß sich ihrer um jeden Preis erwehren, und wenn die Wahrnehmung der Realität Unlust bringt, muß sie – die Wahrheit also – geopfert werden. Gegen die äußere Gefahr kann man sich eine ganze Weile durch Flucht und Vermeidung der Gefahrsituation helfen, bis man später einmal stark genug wird, um die Drohung durch aktive Veränderung der Realität aufzuheben. Aber vor sich selbst kann man nicht fliehen, gegen die innere Gefahr hilft keine Flucht, und darum sind die Abwehrmechanismen des Ichs dazu verurteilt, die innere Wahrnehmung zu verfälschen und uns nur eine mangelhafte und entstellte Kenntnis unseres Es zu ermöglichen. ... Die Abwehrmechanismen dienen der Absicht, Gefahren abzuhalten. Es ist unbestreitbar, daß ihnen solches gelingt; es ist zweifelhaft, ob das Ich während seiner Entwicklung völlig auf sie verzichten kann, aber es ist auch sicher, daß sie selbst zu Gefahren werden können. Manchmal stellt es sich heraus, daß das Ich für die Dienste, die sie ihm leisten, einen zu hohen Preis gezahlt hat. Der dynamische Aufwand, der erfordert wird, um sie zu unterhalten, sowie die Icheinschränkungen, die sie fast regelmäßig mit sich bringen, erweisen sich als schwere Belastungen der psychischen Ökonomie. Auch werden diese Mechanismen nicht aufgelassen, nachdem sie dem Ich in den schweren Jahren seiner Entwicklung ausgeholfen haben. Jede Person verwendet natürlich nicht alle möglichen Abwehrmechanismen, sondern nur eine gewisse Auswahl von ihnen, aber diese fixieren sich im Ich, sie werden regelmäßige Reaktionsweisen des Charakters, die durchs ganze Leben wiederholt werden, so oft eine der ursprünglichen Situation ähnliche wiederkehrt. Damit werden sie zu

Infantilismen ... Das erstarkte Ich des Erwachsenen fährt fort, sich gegen Gefahren zu verteidigen, die in der Realität nicht mehr bestehen, ja es findet sich gedrängt, jene Situationen der Realität herauszusuchen, die die ursprüngliche Gefahr ungefähr ersetzen können, um sein Festhalten an den gewohnten Reaktionsweisen rechtfertigen zu können. Somit wird es leicht verständlich, wie die Abwehrmechanismen durch immer weiter greifende Entfremdung von der Außenwelt und dauernde Schwächung des Ichs den Ausbruch der Neurose vorbereiten und begünstigen« (XVI, 82f.).

Die schon mehrfach erwähnte »Verdrängung« ist die wichtigste Form von Abwehr (wobei Freud zeitweise »Abwehr« und »Verdrängung« stark annäherte, dies aber, wie erwähnt, später präzisierend zurücknahm). Von einem der Abwehrmechanismen, »von der Verdrängung, hat das Studium der neurotischen Vorgänge überhaupt seinen Ausgang genommen. Es war nie ein Zweifel daran, daß die Verdrängung nicht das einzige Verfahren ist, das dem Ich für seine Absichten zu Gebote steht. Immerhin ist sie etwas ganz Besonderes, das von den anderen Mechanismen schärfer geschieden ist als diese untereinander« (XVI, 81). »Die Verdrängungslehre ist nun der Grundpfeiler, auf dem das Gebäude der Psychoanalyse ruht, so recht das wesentlichste Stück derselben« (X, 54). Die große dynamische Bedeutung der »Verdrängung« als Abwehrform besteht nach Freud darin, daß sie die mit dem Ich nicht zu vereinbarenden angsterregenden Triebrepräsentanzen in das Es zurückstößt und damit zur konstituierenden Bedingung des Es in seinen reaktiven Inhalten wird. Die »ökonomische« Besonderheit der »Verdrängung«, womit sie zu einem spezifischen krankmachenden Faktor werden kann, liegt gemäß Freuds Auffassung in dem zu ihrer Aufrechterhaltung nötigen außergewöhnlich hohen Energieverbrauch: »Man darf sich den Verdrängungsvorgang nicht wie ein einmaliges Geschehen mit Dauererfolg vorstellen, etwa wie wenn man etwas Lebendes erschlagen hat, was von da an tot ist; sondern die Verdrängung erfordert einen anhaltenden Kraftaufwand, mit dessen Unterlassung ihr Erfolg in Frage gestellt wäre, so daß ein neuerlicher Verdrängungsakt notwendig würde. Wir dürfen uns vorstellen, daß das Verdrängte einen kontinuierlichen Druck in Richtung zum Bewußten hin ausübt, dem durch unausgesetzten Gegendruck das Gleichgewicht gehalten werden muß. Die Erhaltung einer Verdrängung setzt also eine beständige Kraftausgabe voraus und ihre Aufhebung bedeutet ökonomisch eine Ersparung« (X, 253f.).

Aus den dynamischen und ökonomischen Bestimmungen der Verdrängung ergibt sich der sehr bedeutsame Unterschied zwischen Freuds Begriff der »Verdrängung« und dem, was sonst alltagssprachlich und in der Psychologie als »Vergessen« bezeichnet wird. Die »verdrängten« Inhalte sind zwar unbewußt, behalten aber, anders als das bloß »Vergessene«, ihre volle psychische Realität und Wirksamkeit; mehr noch, die verdrängten psychischen Gegebenheiten gewinnen sogar, gerade deswegen, weil sie unbewußt und damit der Kontrolle durch das Ich entzogen sind, unter bestimmten Umständen eine besondere Macht über das Individuum: Durch die Verdrängung sind die Triebrepräsentanzen nicht daran gehindert, »im Unbewußten fortzubestehen, sich weiter zu organisieren, Abkömmlinge zu bilden und Verbindungen anzuknüpfen. Die Verdrängung stört wirklich nur die Beziehung zu einem psychischen System, dem des Bewußten« (X, 251), bzw., in der Sprache des zweiten topischen Modells, die Beziehung zu den bewußten Anteilen des Ich. Gerade aus dem Studium der Neurosen ergibt sich, »daß die Triebrepräsentanz sich ungestörter und reichhaltiger entwikkelt, wenn sie durch die Verdrängung dem bewußten Einfluß entzogen ist. Sie wuchert dann sozusagen im Dunkeln und findet extreme Ausdrucksformen . . .« (a.a.O.), die dann das Akezptieren der Triebansprüche durch das Ich, damit die Aufhebung der Verdrängung, um so schwieriger machen. Das Verdrängte ist also nicht nur im ökonomischen Sinne gegenwärtig, da zu Aufrechterhaltung der Verdrängung dem Ich ständig Energien entzogen werden müssen, es bedeutet darüberhinaus dynamisch gesehen ein ständiges, mindestens latentes Konfliktpotential. Dieses Potential kann, sofern die Verdrängung partiell durchbrochen oder umgangen wird – Freud spricht hier von einer »Wiederkehr des Verdrängten« als Ausdruck des mißglückten Verdrängungserfolges (X, 257) – jederzeit zu manifesten Konflikten führen, wobei es zu »Kompromißbildungen« zwischen den verdrängten Vorstellungen im Es und den verdrängenden Vorstellungen im Ich, »Ersatzbildungen« o. ä. kommen kann, deren Ausdrucksformen von alltäglichen »Fehlleistungen« bis hin zu schweren neurotischen Symptomen reichen (wir kommen bei der Darstellung und Diskussion der Freudschen Neurosenlehre darauf zurück). Gerade am Konzept der Verdrängung verdeutlicht sich das eine bloße Deskription als nicht bewußt weit überschreitende »dynamische« Verständnis des »Unbewußten« als zentraler Konfliktquelle der Persönlichkeit.

Die in der Neurose durch die Verdrängung und ihre Folgen entstehende gravierende Reduzierung des Realitätsbezuges steigert sich nach Freud in der Psychose bis zum totalen »Realitätsverlust«: »Die Neurose verleugnet die Realität nicht, sie will nur nichts von ihr wissen; die Psychose verleugnet sie und sucht sie zu ersetzen. Normal oder ›gesund‹ heißen wir ein Verhalten, welches bestimmte Züge beider Reaktionen vereinigt, die Realität so wenig verleugnet wie die Neurose, sich aber dann wie die Psychose um ihre Abänderung bemüht. Dies zweckmäßige, normale Verhalten führt natürlich zu einer äußeren Arbeitsleistung an der Außenwelt und begnügt sich nicht wie bei der Psychose mit der Herstellung innerer Veränderung; es ist nicht mehr *autoplastisch* sondern *alloplastisch*« (XIII, 365 f.).

Außer der Verdrängung als zentraler Abwehrform sind von Freud – meist im Zusammenhang mit der Analyse jeweils bestimmter neurotischer

Erkrankungen – weitere Abwehrformen herausgehoben worden, wobei eine umfassende metapsychologische Systematisierung der Abwehrtechniken nicht vorliegt. Eine Zusammenstellung der verschiedenen »Abwehrmechanismen«, die Freud später akzeptierte, wurde durch seine Tochter Anna Freud in ihrer Arbeit »Das Ich und die Abwehrmechanismen« (1946) geleistet. An derartigen Abwehrmechanismen wurden außer der Verdrängung z. B. Regression, Reaktionsbildung, Isolierung, Ungeschehenmachen, Projektion, Introjektion, Wendung gegen die eigene Person, Verkehrung ins Gegenteil, Sublimierung, in gewissem Sinne auch die Rationalisierung genannt. Diese »Mechanismen«, von denen wir einige schon erwähnt haben und andere später behandeln werden, sind in ihrer funktionalen Bestimmung sehr ungleichartig. Manche stehen in übergreifenden theoretischen Zusammenhängen, andere stellen mehr ad-hoc-Annahmen dar. An dieser Stelle sollen nur die in jeweils anderer Hinsicht besonders wichtigen Abwehrmechanismen der *»Reaktionsbildung«*, der *»Projektion«* und der *»Regression«* kurz charakterisiert werden:

Die *»Reaktionsbildung«*, wie Freud sie versteht, hängt eng mit der »Verdrängung« zusammen und stellt einen besonderen Mechanismus zur Aufrechterhaltung bzw. Garantie des Verdrängungserfolges dar, der durch zwei Eigenarten herausgehoben ist: Die Gegenbesetzung, die wie gesagt, bei jeder Verdrängung notwendig ist, verfestigt sich zu einem dauerhaften Persönlichkeitszug, der auch dann das Verhalten prägt, wenn der entsprechende Triebwunsch gar nicht aktuell wirksam ist, also quasi eine präventive Dauerabwehr jeder möglichen einschlägigen Triebregung darstellt; die Abwehr wird dabei dadurch effektiviert, daß die in der Reaktionsbildung entstehenden Vorstellungen des Ich inhaltlich in direktem Gegensatz zum Inhalt des zu verdrängenden Triebwunsches stehen. Freud hat zunächst die Symptome der Zwangsneurose im Sinne einer solchen Reaktionsbildung gedeutet, da hier das Ich durch übertriebene Sauberkeitstendenzen, Pedanterie, Schamhaftigkeit den analen Triebwünschen entgegenwirkt, was sich dann zu den Zügen des »Zwangscharakters« verfestigen kann. Aber auch für die »Hysterie« ist nach Freud »ein gewisses Maß an Ichveränderung durch Reaktionsbildung unverkennbar . . . In solcher Weise wird z. B. der Ambivalenzkonflikt der Hysterie gelöst, der Haß gegen die geliebte Person wird durch ein Übermaß an Zärtlichkeit für sie und Ängstlichkeit um sie niedergehalten« (XIV, 190). Freud beschränkt die Anwendung des Konzeptes der Reaktionsbildung indessen nicht auf manifeste neurotische Symptome, sondern betrachtet sie darüberhinaus als einen normalen Vorgang bei der Entwicklung der Sexualorganisation: Die prägenitalen sexuellen Impulse, da sie »bei der Entwicklungsrichtung des Individuums nur Unlust hervorrufen könnten« erzeugen »seelische Gegenkräfte (Reaktionsregungen) . . ., die zur wirksamen Unterdrückung solcher Unlust die . . . psychischen Dämme: Ekel, Scham und Moral, aufbauen« (V, 79). Die Reaktionsbildung bedient sich durchgehend überkommener moralischer oder lebenspraktischer Normen und treibt die geforderten »Tugenden« ins Extrem, womit sie in die Nähe der »Sublimierung« gerät, ja, geradezu als spezifische Sublimierungstechnik aufgefaßt werden kann. Der Abwehrcharakter solcher »Tugenden« wird außer an ihrer

Exzessivität und des Widerstandes gegen ihre Aufhebung auch an ihrer widersprüchlichen Geprägtheit durch den verdrängten Triebwunsch deutlich; die zwanghafte Reinlichkeitsfanatikerin beschäftigt sich gerade in Ausübung ihrer Tugend vorwiegend mit Staub und Schmutz; das als Reaktion auf den Haß praktizierte Übermaß an Zärtlichkeit und Sorge ist selbst eine besondere Art von Aggression. Die allgemeine Bedeutung des Konzeptes der »Reaktionsbildung« liegt darin, daß hier eine spezifische Erklärung von Fehlentwicklungen der Persönlichkeit durch mißlungene Konfliktverarbeitung angeboten wird.

Der Begriff *»Projektion«*, der in der Psychologie häufig in sehr globaler Bedeutung als Verlegung von Psychischem in die Außenwelt benutzt wird, kommt bei Freud das erste Mal bei der Interpretation der Paranoia und dann in verschiedenen anderen Zusammenhängen vor, ohne zu einer geschlossenen Konzeption verdichtet zu werden, bedeutet aber immer die *Abwehr eines Triebwunsches durch Umdeutung seiner inneren in eine äußere Ursache.* So sagt Freud im Hinblick auf phobisches Vermeidungsverhalten über die Projektion: »Das Ich benimmt sich so, als ob ihm die Gefahr der Angstentwicklung nicht von einer Triebregung, sondern von einer Wahrnehmung her drohte, und darf darum gegen diese äußere Gefahr mit den Fluchtversuchen der phobischen Vermeidungen reagieren ... Die Entbindung von Angst läßt sich einigermaßen eindämmen, aber nur unter schweren Opfern an persönlicher Freiheit« (X, 283f.). An anderer Stelle hebt er die »projizierte« als eine besondere Art von Eifersucht heraus: »Es ist eine alltägliche Erfahrung, daß die Treue, zumal die in der Ehe geforderte, nur gegen beständige Versuchungen aufrechterhalten werden kann. Wer dieselben in sich verleugnet, verspürt deren Andrängen doch so stark, daß er gerne einen unbewußten Mechanismus zu seiner Erleichterung in Anspruch nimmt. Eine solche Erleichterung, ja einen Freispruch vor seinem Gewissen erreicht er, wenn er die eigenen Antriebe zur Untreue auf die andere Partei, welcher er die Treue schuldig ist, projiziert. Dieses starke Motiv kann sich dann des Wahrnehmungsmaterials bedienen, welches die gleichartigen unbewußten Regungen des anderen Teiles verrät, und könnte sich durch die Überlegung rechtfertigen, daß der Partner oder die Partnerin wahrscheinlich auch nicht viel besser ist, als man selbst« (XIII, 196f.). Auch so alltägliche Phänomene wie Aberglauben, religiöse Vorstellungen u. ä. bringt Freud mit projektiven Mechanismen in Verbindung: »Weil der Abergläubische von der Motivierung der eigenen zufälligen Handlungen nichts weiß, und weil die Tatsache dieser Motivierung nach einem Platze in seiner Anerkennung drängt, ist er genötigt, sie durch Verschiebung in der Außenwelt unterzubringen. Besteht ein solcher Zusammenhang, so wird er kaum auf diesen einzelnen Fall beschränkt sein. Ich glaube in der Tat, daß ein großes Stück der mythologischen Weltauffassung, die weit in die modernsten Religionen hineinreicht, nichts anderes ist als in die Außenwelt projizierte Psychologie. Die dunkle Erkenntnis (sozusagen endopsychische Wahrnehmung) psychischer Faktoren und Verhältnisse des Unbewußten spiegelt sich ... in der Konstruktion einer übersinnlichen Realität, welche von der Wissenschaft in Psychologie des Unbewußten zurückverwandelt werden soll« (IV, 287f.).

Der Begriff der *»Regression«*, der ebenfalls innerhalb der Psychologie in einem globalen Sinne gebräuchlich wurde (und von uns schon vielfach verwendet worden ist, s. u.), setzt für Freud stets einen bis zu einem bestimmten Stadium vorangeschrittenen Entwicklungs- bzw. Strukturierungs- und Differenzierungsprozeß des Triebgeschehens voraus und bedeutet den aufgrund mangelnder Befriedigungsmöglichkeiten auf höherem Niveau erzwungenen *Rückgang auf frühere Entwicklungsstufen* bzw. ein niedrigeres Strukturierungs- und Differenzierungsniveau. Freud unterscheidet u. a. eine *»zeitliche«* Regression, »insofern es sich um ein Zurückgreifen auf ältere psychische Bildungen handelt« von einer *»formalen«*, »wenn primitive Ausdrucks- und Darstellungsweisen die gewohnten ersetzen«. Beide Arten »treffen in den meisten Fällen zusammen, denn das zeitlich ältere ist zugleich das formal primitivere« (II/III, 554). Näher ausgearbeitet wurde von Freud nur das Konzept der zeitlichen Regression mit Bezug auf die Entwicklung der Sexualität, wobei er von der Vorstellung ausgeht, daß bei der Enwicklung bestimmte Libidopositionen mehr oder weniger stark auf früheren Entwicklungsstufen »fixiert« sind und der Trieb, falls seine Befriedigung auf der höchsten Stufe gehemmt ist, sich auf einer der niedrigeren Stufen zu befriedigen sucht, wobei die Regression bevorzugt auf solche Stufen erfolgt, bei denen besonders starke Libidopositionen zurückgelassen worden waren; je nachdem, ob die Regression von einem später herausgebildeten zu einem früheren Partialtrieb, etwa von der genitalen zur analen Stufe, oder von einem später erworbenen Objekt zu einem früheren Objekt, etwa vom Objekt einer heterosexuellen Beziehung zur Mutter (oder einer Mutterfigur) zurückgeht, spricht Freud von »Triebregression« oder »Objektregression«, etc. (vgl. etwa XI, 351 ff.). Der »Abwehr«-Charakter der Regression im Freudschen Sinne besteht darin, daß die Befriedigung des Triebes auf der höchsten Entwicklungsstufe der Sexualorganisation oder Objektwahl für das Ich bedrohlich und angsterregend wäre und ihm somit versagt wird, so daß die Libido genötigt ist, »den Weg der Regression einzuschlagen und die Befriedigung in einer der bereits überwundenen Organisationen oder durch eines der früher aufgegebenen Objekte anzustreben . . . Erwecken diese Regressionen nicht den Widerspruch des Ich, so kommt es auch nicht zur Neurose, und die Libido gelangt zu irgendeiner realen, wenn auch nicht mehr normalen Befriedigung« etc. (XI, 373). »Jedenfalls gewinnen wir die Einsicht, daß die Verdrängung nicht das einzige Mittel ist, das dem Ich zur Abwehr einer unliebsamen Triebregung zu Gebote steht. Wenn es ihm gelingt, den Trieb zur Regression zu bringen, so hat es ihn im Grunde energischer beeinträchtigt, als durch die Verdrängung möglich wäre« (XIV, 134; wir kommen später, bei der Darstellung und Diskussion des Freudschen Neurosenkonzeptes, noch ausführlich auf die Regression zurück).

5.3.3 Kritik an Freuds Auffassung über die Entstehung und Abwehr von Konflikten zwischen »Es« und »Ich« als »allgemein-menschlichem« Konfliktmodell

Die damit von uns dargestellten »dynamischen« Grundbegriffe Freuds: Abwehr, Verdrängung, Angst, Unbewußtes, und die dabei formulierten Auffassungen über das Wesen menschlicher Konflikte und ihrer Bewältigung sind, wie schon erwähnt, potentiell von entscheidender Bedeutung für die wissenschaftliche Weiterentwicklung psychologischer Persönlichkeitstheorie. Dennoch sind die von Freud entwickelten Grundannahmen über die Prozesse subjektiver Konfliktbewältigung durch Realitätsabwehr etc. nicht einfach und ohne weiteres in die kritisch-psychologische Gesamtkonzeption zu übernehmen, da Freud die Vorgänge der Abwehr, Angst, Verdrängung, das Unbewußte usw. nicht als Aspekte subjektiver Konfliktbewältigung unter konkret-historischen Bedingungen, also nicht in ihrer Bezogenheit auf reale gesellschaftliche Lebensverhältnisse von Individuen begreift, sondern sie in ein allgemeines Konfliktmodell einbezieht, welches er aus seiner verfehlten Auffassung der »Triebe« als autonomer, entwicklungsloser Motoren jeglichen Lebensgeschehens abgeleitet hat. Statt die allgemeinen Grundkategorien zur Erfassung menschlicher Konflikte in einer Weise zu erarbeiten, durch die sie auf individuelle Konfliktprozesse unter historisch-bestimmten gesellschaftlichen Lebensbedingungen konkretisierbar sind, geht Freud den umgekehrten Weg: Die unter bestimmten Lebensbedingungen vorfindbaren Formen der Konfliktbewältigung werden auf der Basis der metaphysisch-essentialistischen Fehlauffassungen seiner Trieblehre als »allgemein-menschliche« Konfliktformen hypostasiert, durch deren kategoriale Beschaffenheit sich die Frage nach ihrer Konkretion auf historisch bestimmte gesellschaftliche Verhältnisse überhaupt nicht mehr stellen kann. Daraus ergibt sich die besondere Zielsetzung der folgenden kritischen Analyse: Wir müssen das Freudsche »Abwehr«-Konzept etc. aus seiner inadäquaten Eingebundenheit in die psychoanalytische Trieblehre herauslösen und auf seinen Stellenwert innerhalb der von uns herausgearbeiteten allgemeinen Züge menschlicher Lebenstätigkeit und Subjektivität hin verdeutlichen; auf diese Weise sind dann die Voraussetzungen dafür geschaffen, um Freuds »dynamische« Grundbegriffe im Kontext eines so entwickelbaren allgemeinen kritisch-psychologischen Konfliktmodells zu reinterpretieren und für die Erfassung von Formen der Konfliktbewältigung auch unter den konkreten historischen Bedingungen der bürgerlichen Gesellschaft fruchtbar zu machen.

Im Freudschen Konzept des »Es« als Inbegriff des psychischen Ortes unbewußter Triebrepräsentanzen findet sich die früher aufgewiesene Problematik von Freuds Trieblehre quasi in verdichteter Form wieder. Das »Es« mit seinen autonomen, von der Umwelt isolierten, entwicklungslosen Triebtendenzen macht nach Freud das Wesen der Persönlichkeit aus, deren weitere Strukturmomente nur Differenzierungsprodukte des Es mit von ihm »geborgten« Energien sind, womit Freud die archaischen oder infantilen Triebwünsche des Es geradezu mit der Persönlichkeit gleichsetzen kann: »Ein Individuum ist für uns ein psychisches Es . . .«. Die aufgewiesene »metaphysische« Hypostasierung von »Absichten« der Triebe außerhalb des realen Lebensprozesses, in den sie als unerklärbare Letztheiten von außen hineinwirken, radikal unabhängig von biologischen, gesellschaftlichen und individuellen Lebensnotwendigkeiten der Umweltauseinandersetzung, gilt in noch höherem Maße für das »Es«, das man im Ganzen als eine solche metaphysische Letztheit betrachten muß; dies wird zugespitzt daran deutlich, daß Freud das Es, wie referiert, als im philosophischen Sinne der Zeitlichkeit entzogen betrachtet. Da alle Triebimpulse, auch sofern sie ins Ich gelangt und von da u. U. wieder verdrängt worden sind, ursprünglich im Es waren und ihre inhaltliche Geprägtheit durch die Es-Tendenzen höchstens verschleiern, aber niemals verlieren, ist nach Freuds Auffassung die gesamte inhaltliche Lebensthematik des Menschen durch die außerhalb jeder natürlichen und gesellschaftlichen Geschichte liegenden, unergründbaren und unveränderbaren, »ewigen« Triebwünsche des »Es« determiniert. – Auch im Hinblick auf die Konzeption des »Es« wird später zu klären sein, wieweit sich in Konkretisierung unserer bisher erarbeiteten theoretischen Grundannahmen spezifische gesellschaftliche Bedingungen aufweisen lassen, unter denen psychische Prozesse der Kontrolle des Menschen in der Weise entzogen sind, daß sie ihm als unpersönliche, »es-bestimmte« Abläufe erscheinen (Holzkamp, 1973/74, hat in diesem Zusammenhang die Unterscheidung von unpersönlichen »Vorgängen« und bewußt kontrollierbaren »Vollzügen« innerhalb der Subjektivität des Menschen eingeführt). An dieser Stelle haben wir, unter Rückverweisung auf unsere ausführlichen kritischen Analysen der Freudschen Trieblehre, zunächst festzustellen, daß die Konzeption des »Es« als Kennzeichnung allgemeiner Züge menschlicher Lebenstätigkeit wissenschaftlich unhaltbar ist und deshalb innerhalb weiterführender psychologischer Theorien in dieser Funktion keinen Platz haben kann.

Durch die Eigenart des Freudschen »Es«-Begriffes sind die Pole jedes menschlichen Konflikts für die Psychoanalyse ein für alle mal festgelegt: Da das Es als solches keinerlei Resultate von Anpassungsvorgängen an die Außenwelt und Notwendigkeiten gesellschaftlicher und individueller Lebenserhaltung in sich aufgenommen hat, muß es in seinen blinden und maßlosen Triebforderungen permanent mit den in der objektiven Außenwelt gegebenen Anforderungen der individuellen Lebenssicherung, d. h. dem diese Anforderungen vertretenden »Ich«, in Konflikt geraten. Da die Es-Tendenzen ewig und unveränderlich sind, sind auch die Inhalte der Konflikte immer die gleichen: Ein Konfliktpol sind die auf sofortige Befriedigung drängenden Triebwünsche des Es, der andere Konfliktpol die im Ich repräsentierten Außenweltanforderungen bzw. gesellschaftlichen Normen hinsichtlich der Äußerung oder Realisierung der Triebwünsche aus dem Es bzw. Sanktionen, sofern gegen derartige Normen verstoßen wird. Die aus diesem Konflikt für das Individuum erwachsene Gefahr, daß bei Unterdrückung der Triebtendenzen diese an Stärke zunehmen und für das Ich nicht mehr beherrschbar sind, womit es zugleich die »Kontrolle« über seine Umwelt verliert, d. h. nicht mehr fähig ist, durch Erfüllung der

Umweltanforderungen Sanktionen von sich abzuwenden, erzeugt gemäß Freuds Triebkonzeption als Signal möglicher Handlungsunfähigkeit, d. h. Ausgeliefertheit an die eigenen Triebimpulse bzw. an die bestrafende Umwelt Angst, die, sofern der Konflikt nicht mehr bewältigbar ist, dazu führt, daß das Individuum die innere oder äußere Realität, (genauer: die innere Realität als Grundlage der äußeren Gefahr oder bestimmte äußere Situationen, die die innere Triebgefahr verstärken) »abzuwehren« bzw. zu vermeiden sucht. *Abwehr im psychoanalytischen Sinne ist immer Ausklammerung, Verkennung oder Umdeutung jener Aspekte der inneren oder äußeren Realität, an denen die Unvereinbarkeit der Triebwünsche aus dem Es mit den Erfordernissen der Außenwelt erfahrbar wäre, also die subjektive Reduzierung des (objektiv fortbestehenden) Konfliktes;* Abwehr ist gewissermaßen eine Leugnung der Berechtigung der Angst bzw. der aus der Umwelt drohenden Gefahren durch den Versuch des Ich, alle entsprechenden inneren und äußeren Wahrnehmungen zu meiden, womit jedoch stets die Angstverminderung durch Einengung des Handlungsspielraums des Individuums erkauft ist, was wiederum eine schlechtere Ausgangsbasis für die Bewältigung künftiger Konflikte und damit eine allgemeine Beeinträchtigung der Lebenstüchtigkeit des Individuums bedeutet (wie im Kapitel 5. 7 über Neurosen noch auszuführen).

Die wissenschaftliche Unhaltbarkeit der von der Psychoanalyse vollzogenen Einschränkung der Realitätsabwehr auf aus dem Wesen der menschlichen »Natur« unvermeidbar entspringende Konflikte zwischen Triebwünschen und Wirklichkeitsanforderungen ergibt sich schon aus dem von uns ausführlich nachgewiesenen Umstand, daß menschliche Bedürfnisse, besonders in ihren »produktiven«, auf gesellschaftliche Integration bezogenen Aspekten, Momente der phylogenetisch gewordenen gesellschaftlichen Lern- und Entwicklungsfähigkeit des Menschen sind, demgemäß keineswegs den Realitätsanforderungen notwendig als unveränderliches und »unbelehrbares« Konfliktpotential entgegenstehen, sondern sich mit den gesellschaftlichen Anforderungen selbst entwickeln können. Entscheidend ist dabei der Tatbestand, daß die »produktiven« Bedürfnisse schon ihren biologischen Voraussetzungen nach sich genuin auf die Kontrolle der sachlichen und sozialen Außenwelt richten und in ihrer »menschlichen« Spezifik nicht primär durch Rückzug vor »unangenehmen«, angsterregenden Gegebenheiten, sondern nur über die Teilhabe an gesellschaftlicher Realitätskontrolle, damit bewußte, vorausschauende Bewältigung und Gestaltung des gesellschaftlichen und individuellen Lebens zu »befriedigen« sind, wobei in der fortschreitenden Entwicklung der Fähigkeiten als Voraussetzung und Resultat wachsender gesellschaftlicher Integration auch die Bedürfnisse selbst eine ständige Erweiterung erfahren.

Es ist demnach gänzlich unangemessen, wie Freud von einer *generellen*

Konflikt-Konstellation zwischen Bedürfnissen und Realitätsanforderungen als Voraussetzung für die Notwendigkeit von »Abwehr«-Vorgängen auszugehen. Im Gegenteil: die »produktiven« Bedürfnisse finden gerade erst in der *subjektiven Übernahme gesellschaftlicher Anforderungen* ihre spezifische Konkretion und Entwicklung.

Wenn man aber wie Freud die »produktiven«, auf die Kontrolle der gesellschaftlichen und individuellen Lebensbedingungen gerichteten Bedürfnisse beiseite läßt, können auch die sinnlich-vitalen, organischen und sexuellen, Bedürfnisse, die Freud allein kennt und auf welche wie seine Trieblehre so auch sein Konflikt- und Abwehrmodell sich bezieht, nicht adäquat erfaßt werden. Die sinnlich-vitalen Bedürfnisse in ihrer menschlichen Spezifik sind, wie aufgewiesen, nicht bloß auf jeweils aktuelle Befriedigung gerichtet, der Mensch verhält sich vielmehr bewußt zu der Tatsache, daß er organische und sexuelle Bedürfnisse hat und daß er so lange von diesen Bedürfnissen abhängig ist, wie es ihm nicht gelingt, die Mittel ihrer Befriedigung auch für die Zukunft abzusichern, was ihm jedoch nur insoweit möglich, wie er über die bewußte Teilhabe an gesellschaftlicher Realitätskontrolle die allgemeinen Lebensbedingungen, damit diese Zukunft selbst mitbestimmen kann. Die »menschliche« Qualität der sinnlich-vitalen Bedürfnisse hängt, wie gezeigt, vom Bewußtsein der allgemeinen Abgesichertheit bzw. Entwicklungsfähigkeit dieser Bedürfnisse ab; *nur unter dieser Voraussetzung, daß auch die zukünftige Befriedigung als gesellschaftlich gesichert antizipiert werden kann, wird die Beziehung zu den eigenen Bedürfnissen frei, verliert den Charakter der »Getriebenheit«, ist das Individuum in der Lage, die aktuelle Bedürfnisbefriedigung voll zu genießen, vermittelt sich über die Bedürfnisse und ihre Befriedigung die elementare Lebensfreude.* Dies bedeutet, daß sinnlich-vitale Bedürfnisse, gerade wenn der »Genuß« an ihrer Befriedigung voll entfaltet ist, durch ihre Einbezogenheit in die bewußte Vorsorge immer schon befriedigt werden, bevor der Bedürfnisdruck unerträglich geworden ist, also weder die Intensität noch die bewußtseinserfüllende Breite gewinnen, die zu einer Bedrohung des Individuums führen, Konflikte hervorrufen, Angst erzeugen und Abwehrvorgänge provozieren. Ein Konflikt zwischen sinnlich-vitalen Bedürfnissen und Außenweltanforderungen ist also keineswegs »allgemein-menschlich«, sondern wird stets in dem Maße vordergründig werden, wie die Bedürfnisbefriedigung im Zusammenhang bewußter Vorsorge, also auf »menschlichem« Niveau, durch die besonderen Lebensumstände nicht möglich ist, die Bedürfnisspannungen damit Macht über das Individuum gewinnen und auf direkte Befriedigung drängen. Wie die Einbeziehung in die gesellschaftliche Realitätskontrolle wesentliche Voraussetzung für die Ausrichtung individueller Handlungstendenzen gemäß allgemein-gesellschaftlicher und damit auch individueller Interessen ist, so nähert der Ausschluß aus der gesellschaftlichen Realitätskontrolle und die dadurch bedingte mangelnde Möglichkeit der gezielten Einflußnahme auf die eigenen Lebensbedingungen und deren zukünftige Absicherung den Menschen dem organismischen Lebensniveau wieder an, auf welchem er sich auf die zufällig vorhandenen Befriedigungsmöglichkeiten wirft (»über-organismisch« sich bestenfalls insofern verhält, als er seine »Unbefangenheit« verloren hat, d. h. im Gegensatz zum Tier im Wissen um seine auch in Zukunft bestehende Bedürftigkeit die aktuellen Befriedigungsmöglichkeiten exzessiv, quasi schon »auf Vorrat« für Zeiten, in welchen sie ihm nicht zur Verfügung stehen, zu nutzen sucht, s. u.). Insofern man aus der Kontrolle des gesellschaftlichen Entwicklungsprozesses ausgeschlossen ist und damit der Bestimmung der eigenen Lebensbedingungen und der individuellen Entwicklungsrichtung durch kooperative Beziehungen zu den Mitmenschen enthoben ist, können auch die gesellschaftlichen Anforderungen nicht zu den eigenen gemacht werden, müssen sie dem Individuum unvermittelt gegenüberstehen und von diesem als aufgezwungene Umwege zu der für es allein übrigbleibenden »Lust« direkter sinnlich-vitaler Befriedigung erscheinen, kann »die« Gesellschaft als solche zwangsläufig nur den Charakter einer versagenden Instanz haben.

Es sind also gerade besondere, »unmenschliche« Lebensbedingungen (die dennoch unter bestimmten gesellschaftlichen Verhältnissen die »normalen« sein können), durch welche mit der Bedrohung des Individuums durch die Übermacht von ihm nicht mehr beherrschbarer Bedürfnisse die Art von Konflikten und u. U. Abwehrprozessen entstehen kann, wie Freud sie beschreibt. Im Hinblick auf die organischen Bedürfnisse lassen sich solche unmenschlichen Bedingungen allgemein leicht kennzeichnen: Anwachsen von Gewebedefiziten durch Situationen elementaren organismischen Mangels. Im Hinblick auf die sexuellen Bedürfnisse sind die gesellschaftlichen Bedingungen sehr viel schwerer auf eine einfache Formel zu bringen, unter denen der Befriedigungsdruck bewußtseinserfüllende Breite gewinnen und durch die Tendenz zu direkter Befriedigung für den Menschen als seiner Kontrolle entzogener »es-hafter« Vorgang bedrohlich werden kann; wir kommen ausführlich darauf zurück.

Da wir Freuds Konfliktmodell mit den Polen der Triebwünsche des Es und der durch das Ich vertretenen Außenweltanforderungen als allgemeines Paradigma menschlicher Lebensproblematik, wie die Einengung des Freudschen Angst- und Abwehrkonzeptes auf die Signalisierung bzw. subjektive Eliminierung wesentlich triebbedingter Gefahren nicht akzeptieren können, ist für uns auch das Freudsche Konzept des (reaktiven) »Unbewußten« als Inbegriff der wegen Unvereinbarkeit mit den Ich-Ansprüchen »verdrängten« Triebrepräsentanzen in dieser Form nicht übernehmbar. Wir können aufgrund unserer bisherigen Überlegungen weder als zwingend ansehen, daß Bedürfnisse wie die »Sexualtriebe« der Verdrängung (als wichtigster Abwehrform) anheimfallen *müssen;* ebenso wenig ist für uns stringent, daß, *wenn* es zu Verdrängungen kommt, *nur sexuelle* (und u. U. noch aggressive) »Triebrepräsentanzen«, nicht aber etwa »produktive« Bedürfnisse, wie wir sie bestimmt haben, verdrängt werden können. Auch die Freudsche Vorstellung des »Urverdrängten« als primärem Inhalt des »Unbewußten« müssen wir zurückweisen, da das »Urverdrängte«, selbst wenn man von all seinen unhaltbaren mythischen und lamarckistischen Implikationen absieht, Freuds Auffassung gemäß als Niederschlag früherer Verdrängungen von »Triebrepräsentanzen« aufzufassen ist, womit die Kritik am Konzept der eigentlichen Verdrängung auch auf die Urverdrängung zu beziehen ist. Ebenso ist das Freudsche »Ich«-Konzept, da es von Freud als Differenzierungsprodukt des »Es« und gänzlich in dessen Diensten stehend bestimmt und in seiner Funktion als Vermittlungsinstanz zwischen Es-Tendenzen und Außenweltforderungen, dabei Sitz der Angst und der Abwehr gegenüber den bedrohlichen Wunschregungen aus dem Es festgelegt ist, durch das anfechtbare Freudsche Konfliktmodell geprägt und deshalb von uns in dieser Form nicht akzeptierbar. – Diese Kritik, die um Wiederholungen zu vermeiden, nur angedeutet wurde, wird durch unsere positive Wendung der Reinterpretation dieser Freudschen Grundkonzepte noch stringenter werden.

5.3.4 Grundzüge der positiven kritisch-psychologischen Konzeption über menschliche Konflikte, Angst, Abwehr und das Unbewußte

Unsere bisherige Kritik an der Freudschen Konzeption der Abwehr, Verdrängung, Angst, des Unbewußten, des Ich etc. bezog sich, wie dargelegt, nicht auf deren verallgemeinerbaren Erkenntnisgehalt, sondern lediglich auf deren Eingebundenheit in das verfehlte metaphysisch-essentialistische Es-Konzept und die sich daraus ergebende Verfälschung von in Wirklichkeit nur aus historisch bestimmten Bedingungen der Konfliktentstehung gewonnenen Erkenntnissen zu Bestimmungen eines unhistorisch-statischen, »allgemein-menschlichen« Konfliktmodells. Nach dem Aufweis dieses Freudschen Fehlansatzes sind für uns nun die Voraussetzungen gegeben, um den positiven, generalisierbaren Erkenntniswert seiner »dynamischen« Grundbegriffe zu verdeutlichen. Dies kann, wie schon ausgeführt, nur dadurch gelingen, daß wir auf der Basis unserer bisher erarbeiteten Konzeptionen unter Einbeziehung und Reinterpretation von Freuds »dynamischer« Begrifflichkeit das kritisch-psychologische Motivationskonzept selbst weiterentwickeln und dabei die Grundlinien eines adäquateren Konfliktmodells andeuten, in dem nicht konkret-historische Konfliktprozesse als »allgemein-menschliche« ausgegeben werden und dadurch die Erfassung ihres konkret-historischen Charakters unmöglich wird, sondern dessen Basiskonzepte tatsächlich allgemeine, von konkret-historischen Bedingungen abstrahierende Züge des Konfliktgeschehens des gesellschaftlichen Menschen auf den Begriff bringen, und die gerade deswegen auch eine wissenschaftlich reflektierte Konkretisierung auf Konflikte unter historisch bestimmten gesellschaftlichen Lebensverhältnissen erlauben.

Wir explizieren die aus unserer Gesamtkonzeption sich ergebenden Auffassungen über menschliche Konflikte dabei immer nur soweit, wie dies zur Reinterpretation und Nutzbarmachung der jeweiligen Freudschen Vorstellungen erforderlich; in diesem Abschnitt kommen wir auf diesem Wege nur zu sehr allgemeinen Grundkonzepten, die dann im Kapitel über individuelle Vergesellschaftung (5.5), darüberhinaus im Kapitel über psychische Störungen und deren Therapie (5.7) durch Einbeziehung und Reinterpretation weiterer Freudscher Konzeptionen schrittweise ausgeführt werden; eine systematische Behandlung des menschlichen Konfliktprozesses im Zusammenhang umfassender persönlichkeitstheoretischer Vorstellungen ist mit einer solchen Verfahrensweise allerdings, wie eingangs dargelegt, nicht erreichbar und kann erst in unseren späteren Arbeiten zur Persönlichkeit erfolgen.

Wenn die individuelle Lebensbewältigung des Menschen, wie ausführlich dargestellt (vgl. etwa 4.3.3, S. 77ff.), gleichbedeutend mit der Realisierung von Individualitätsformen, also Gewinnung und Erhaltung von persönlicher Handlungsfähigkeit hinsichtlich gesellschaftlicher Anforderungen ist[11], so müssen Konflikte in ihrer »menschlichen« Spezifik[12] generell im Prozeß der Erlangung und Gefährdung von Handlungsfähigkeit in der Teilhabe an der Kontrolle der allgemeinen und damit individuellen Lebensbedingungen entstehen und bewältigt werden.

Die Übernahme neuer gesellschaftlicher Anforderungen, damit das Anstreben eines neuen Niveaus relativer Handlungsfähigkeit bedeutet, insofern höhere Qualifikationen zu entwickeln sind und die Anerkennung des eigenen Beitrags in erweitertem kooperativem Integrationszusammenhang

[11] Das Problem der Konfliktentstehung und -bewältigung außerhalb von direkten individuellen Beiträgen zu gesellschaftlicher Lebenserhaltung, besonders in der »Vorbereitungsphase« kindlicher Vergesellschaftung, behandeln wir in Kap. 5.5

[12] Innerhalb der gängigen psychologischen Konfliktforschung werden ausschließlich solche unspezifisch-organismischen Konfliktkonstellationen wie »Approach-approach«-, »Avoidance-avoidance«- und »Approach-avoidance«-Konflikte o. ä. untersucht und damit die »menschlichen« Spezifika von Konflikten schon im Ansatz verfehlt, was hier nicht diskutiert zu werden braucht und später, im 3. Teilband, z. B. bei Diskussion der Lewinischen Feldtheorie, kritisch aufgegriffen wird.

erneut angestrebt werden muß, stets neue »Offenheit« des Handlungsraumes, Verlassen einer relativ abgesicherten Position individueller Kompetenz und damit prinzipiell das Risiko der Gefährdung der Handlungsfähigkeit auf bereits erreichtem Niveau. Wir haben die subjektive Problematik des Aufgebens der Eingebettetheit in ein festes Beziehungsgefüge und die Voraussetzungen für die Entstehung von »Motivation« zur Erweiterung individueller Lebensmöglichkeiten durch Übernahme gesellschaftlicher Ziele, die dem Individuum als Anforderungsstrukturen von Individualitätsformen im gewissen Rahmen vorgegeben sind, früher ausführlich dargestellt. Konflikte bilden sich hier dabei stets aufgrund folgender Handlungsalternativen heraus: das Individuum antizipiert mit der Handlungsfähigkeit auf höherem Niveau, d. h. der erweiterten Teilhabe an der gesellschaftlichen Realitätskontrolle und der damit gegebenen Lebensmöglichkeiten zugleich die durch damit notwendig werdende Umstrukturierungen bisheriger Umweltbezüge gegebene Bedrohung der allgemeinen Handlungsfähigkeit, d. h. den Verlust der bereits erlangten Kontrolle über die eigenen Lebensbedingungen. »Menschliche« Konflikte entstehen somit immer dann, wenn es um die individuelle »Entscheidung« geht, sich entweder mit dem gegebenen Niveau der relativen Handlungsfähigkeit zu »begnügen« oder trotz des Risikos der damit verbundenen Verunsicherung der Existenzgrundlage den Entwicklungsschritt zu einer Erweiterung der Ebene der kooperativen Integration, Erhöhung des gesellschaftlichen Einflusses, also der Absicherung der individuellen Existenzgrundlage und Bedürfnisbefriedigung auf höherem Niveau zu »wagen«.

Diese »normalen« Entwicklungskonflikte müssen in der kapitalistischen Klassengesellschaft dadurch an besonderer Schärfe gewinnen, daß, wie ausgeführt, hier die Anforderungsstrukturen der anzueignenden Individualitätsformen selbst mehr oder weniger widersprüchlich sind: Allgemein-gesellschaftlich notwendige Anforderungen sind durch Anforderungen im Sinne der Erhaltung der gegenwärtigen Gesellschaftsform vom Partialstandpunkt des Kapitals widersprüchlich überformt und zurückgenommen, jede Handlung ist damit mehr oder weniger eindeutig eine Parteinahme für die eine oder andere Klasse und impliziert die objektive Entscheidung zwischen dem möglichen Gewinn kurzfristiger Vorteile durch Wahrung des guten Einvernehmens mit den »Mächtigen« oder aber der Inkaufnahme eventueller Risiken bei der im Allgemeininteresse stehenden Zielsetzung der Aufhebung der Abhängigkeitsverhältnisse überhaupt. Diese Widersprüche werden zwar nur bei entwickeltem Klassenbewußtsein, wenn also die Möglichkeit und die Wege ihrer Aufhebung gesehen werden, voll erkannt; sie werden jedoch unmittelbar von jedem erfahren, allerdings häufig, eben um nicht in risikoreiche Aktivitäten involviert zu werden, sofort »verdrängt« (s. u.). Aber allein die tägliche Erfahrung, daß man »niemals allen alles recht machen kann« als verharmlosende Formel der Existenz dieser Widersprüche zieht sich durch alle Lebensbereiche und bedeutet eine erhebliche Verunsicherung und Beeinträchtigung menschlicher Lebensmöglichkeiten, zumal infolge der mangelnden Verbundenheit über gemeinsame Interessen, des isoliert Gegeneinanderstehens der allein auf die Wahrung ihres privaten Vorteils gerichteten Individuen jeder Mißerfolg des einen quasi die Stärkung der Position des anderen bedeutet, somit nicht durch die anderen aufgefangen, sondern von diesen im allgemeinen rücksichtslos ausgenutzt wird. Innerhalb solcher Verhältnisse muß sich der Mensch in Abhängigkeit von seiner konkreten Lebenslage objektiv entscheiden, wieweit er die aus Einsicht in allgemeingesellschaftliche Notwendigkeiten entstandene emotionale Bereitschaft zu einem Beitrag zur Erhöhung gesellschaftlicher Realitätskontrolle und damit Verbesserung der Kontrolle über seine eigenen Lebensbedingungen tatsächlich in Handlungen realisieren oder aufgrund des Risikos des Entzugs seiner Existenzgrundlage durch die herrschende Klasse oder ihrer Agenten auf diesen Beitrag verzichten soll. Die Intensität solcher Konflikte muß in dem Maße zunehmen, wie die konkrete Realität, in die hinein die verändernden Handlungen erfolgen sollen, so wenig durchschaut ist, daß die möglicherweise bedrohlichen Konsequenzen dieser Handlungen für die eigene Existenz kaum abgeschätzt werden können, insbesondere dann, wenn auf dem gegenwärtigen Niveau der relativen Handlungsfähigkeit ein höherer Grad der Außenstabilisierung und Fremdbestimmtheit vorliegt, so daß die Aktivitäten des Individuums zur Verbesserung seiner eigenen Lebenssituation durch die fremden Kräfte und Mächte, von denen es abhängig ist, unvorhersehbar und »willkürlich« mit dem Entzug der jetzt gewährten Existenzgrundlage beantwortet werden können. Auf der anderen Seite bedeutet jedoch jedes Zurückweichen vor der gemeinsamen Aufgabe der Verbesserung der Lebensbedingungen im Interesse aller zugleich Schwächung der Position der anderen Betroffenen und damit quasi »Verrat« an diesen, der wiederum zusätzliche objektive und damit subjektive Schwierigkeiten zur folge haben wird.

Innerhalb privilegierter Schichten der abhängigen Klasse können Konflikte zusätzlich dadurch entstehen, daß das Individuum bei der Ausnutzung der Möglichkeiten, sein eigenes Leben auf kosten des Allgemeininteresses zu verbessern, sich durch die »Unterpriviligierten« in seiner Existenzgrundlage und Bedürfnisbefriedigung auf dem angeeigneten Niveau bedroht sieht etc. Wir kommen später im Zusammenhang der Darstellung des Freudschen Therapiekonzeptes auf diese Probleme zurück. Da psychische Konflikte in dem von uns gefaßten Sinne nur unter der Voraussetzung der relativen Abhängigkeitsbeziehung zu gesellschaftlichen Herrschaftsinstanzen, also der Ausgeliefertheit an aktuelle Lebensbedingungen, gegeben sind, werden sie innerhalb der Klasse der Kapitalisten, sofern diese im wirklichen Produktionsprozeß stehen und von dessen »objektiven«, wenn auch kapitalistisch bornierten Notwendigkeiten in ihrem Handeln bestimmt sind – zumindest in der geschilderten Form – kaum im nennenswerten Umfang auftreten. Wir kommen später darauf zurück.

Wir können aufgrund dieser Darlegungen zu einer ersten Verallgemeinerung über Konflikte in ihrer »menschlichen« Spezifik kommen: Konflikte entstehen, in diesem Punkt stimmen unsere Auffassungen mit denen der Psychoanalyse überein, durch *drohende Handlungsunfähigkeit*, als Gefährdung der »Synthese«, der »Zusammenfassung und Vereinheitlichung« der »seelischen Vorgänge«; diese Gefahr droht unserer Konzeption nach jedoch nicht primär durch die Sprengkraft der »Es-Inhalte«, sondern durch die mangelnde Antizipierbarkeit des Handlungserfolges bei dem Versuch der Aufhebung der Abhängigkeitsbeziehungen durch die Erweiterung der bewußten Einflußnahme auf die allgemeinen und damit individuellen Lebensbedingungen bzw. – als andere Seite des gleichen Prozesses – aus den antizipierten Auswirkungen der Unterlassung subjektiv als möglich und notwendig erkannter Handlungen auf die individuelle Existenz und die Existenz anderer, durch das eigene Verhalten Betroffener. Die allgemeinen »Konfliktpole« sind also gemäß unserer Auffassung nicht, wie in Freuds Theorie angenommen, die »Triebansprüche« des »Es« einerseits und die mit diesen nicht zu vereinenden, durch das Ich vertretenen sachlichen und sozialen Ansprüche der Außenwelt andererseits, also durch den Gegensatz zwischen »Leidenschaften« und »Vernunft« charakterisiert (der Mensch kann, wie ausführlich dargestellt, bei der Erfüllung sachlicher und sozialer gesellschaftlicher Anforderungen selbst aufgrund genuiner, biologisch fundierter Bedürfnisse »leidenschaftlich« involviert sein). Die Pole »menschlicher« Konflikte sind vielmehr unserer Konzeption nach generell so zu kennzeichnen: Auf der einen Seite bestimmte emotionale Handlungsbereitschaften, die durch die Kognition und Bewertung von Möglichkeiten zur in der Erfüllung gesellschaftlicher Anforderungen erreichbaren langfristigen Lebensverbesserung entstanden sind; auf der anderen Seite die emotional bewertete Antizipation von durch die Realisierung dieser Handlungsbereitschaften drohendem Verlust der Handlungsfähigkeit und Existenzsicherung. Konflikte in diesem Sinne entstünden also kurz gesagt immer dann, wenn bei der Ausführung subjektiv notwendiger Handlungen das Risiko einer Bedrohung der Handlungsfähigkeit, also der Gefährdung der Existenzsicherung und Lebensentfaltung auf dem erreichten Niveau gegeben ist; sie verschärfen sich in der Regel in dem Maße, wie man einerseits bei etwaigem Mißerfolg nicht auf die Hilfe anderer rechnen kann, und andererseits andere von den eigenen Entscheidungen unmittelbar betroffen sind und auf diese entsprechend reagieren werden. Aus diesen Andeutungen über eine mögliche Verallgemeinerung von Freuds Konfliktmodell im Rahmen unserer Gesamtkonzeption geht hervor, daß in den genannten Konfliktpolen keineswegs, wie in Freuds Konfliktpolen der Es-Wünsche und Ich-Forderungen, »allgemein-menschliche« Konfliktkonstellationen inhaltlich festgelegt sind, sondern daß es sich dabei um aus unseren bisherigen Darlegungen über den emotional-motivationalen Aspekt der Persönlichkeit gewonnene Abstraktionen handelt, die je nach den historisch bestimmten gesellschaftlichen und klassenspezifischen Lebensbedingungen des Individuums auf unterschiedliche Weise zu konkretisieren sind. Der von Freud behandelte Fall von Konflikten durch Bedrohung der Handlungsfähigkeit aufgrund übermächtiger, bewußtseinserfüllender sinnlich-vitaler Bedürfnisse ist, wie ausgeführt (vgl. S. 35 ff.), ein Sonderfall »unmenschlicher« Lebensbedingungen, unter denen sinnlich-vitale Bedürfnisse nicht im Zusammenhang bewußter, vorsorgender Lebensführung, also in ihrer »menschlichen« Qualität befriedigt und »genossen« werden können, sondern aufgrund mangelnder Absicherung der Befriedigung als unbezwingbarer »triebhafter« Drang in Erscheinung treten und das Individuum bedrohen. Dieser »unmenschliche« Sonderfall (der, wie gesagt, unter bestimmten gesellschaftlichen Umständen dennoch »Normalfall« sein kann) ist als Konkretisierung unserer angedeuteten allgemeinen Konfliktkonzeption auf »organismische« Handlungsbereitschaften, die sich nicht auf gesellschaftliche Absicherung, sondern auf direkte Befriedigung von Bedürfnissen richten, von uns kategorial voll faßbar, damit aus seiner »allgemein-menschlichen« Hypostasierung herauszulösen und auf die historisch bestimmten Bedingungen seines Zustandekommens hin untersuchbar; wir kommen in Spezifizierung auf die sexuellen Bedürfnisse in Kap. 5.6 noch ausführlich darauf zurück.

Die subjektive Befindlichkeit der Bedrohtheit durch Handlungsunfähigkeit, d. h. durch Verlust bereits gewonnener Möglichkeiten zur Einflußnahme auf die allgemeinen Lebensbedingungen und Ausgeliefertheit an die jeweils aktuellen Umweltverhältnisse ist jene »Angstbereitschaft«, wie wir sie ausführlich in ihrer phylogenetischen Gewordenheit und gesellschaftlich-historischen Spezifik abgeleitet haben, wobei die Angstbereitschaft in ihrer »menschlichen« Besonderheit als die »Bedrohung durch Antizipation ... (des) Ausgeliefertseins an die zufälligen und undurchschaubaren aktuellen Lebensbedingungen, die nur in der Teilhabe an der bewußten gesellschaftlichen Realitätskontrolle ... überwindbar ist« gekennzeichnet wurde (S. 65). Die funktionale Bedeutung der »Angstbereitschaft« für die personale Lebensbewältigung wurde als »emotionale Aktivierung, Regulativ und Gradmesser für die in individueller Aneignung zu erwerbende Fähigkeit zur Nutzung der gesellschaftlich geschaffenen Möglichkeiten geplanter Vorsorge in der Kontrolle der eigenen Lebensbedingungen« als Kompensation der mit jeder Entwicklung einhergehenden Gefährdung bereits erworbener Handlungsfähigkeit gegenüber den Umweltanforderungen hervorgehoben. Die Verwandlung von Angstbereitschaft in manifeste Angst muß dabei, wie dargelegt, stets in dem Maße erfolgen, wie einerseits die »objektive Existenzbedrohung aufgrund vorgängiger Erfahrung ... in hohem Maße bewußt ist, andererseits aber die Überwindbarkeit dieser Notsituation nicht antizipierbar ist, der Mensch also dem Zustand der Ausgeliefertheit an die bedrohenden inneren und äußeren Bedingungen passiv entgegensehen muß« (S. 65).

Es ist offenischtlich, daß unsere Konzeption der Angstbereitschaft mit dem dargestellten Freudschen Begriff des »Angstsignals« in »dynamischer« Hinsicht große Ähnlichkeiten hat: »Angstbereitschaft« wie »Angstsignal« sind Befindlichkeiten der Bedrohtheit durch Antizipation von Hilflosigkeit und emotionale Voraussetzung für die Aktivierung des Individuums zur Abwendung dieser Hilflosigkeit; die Möglichkeit der Antizipation der Hilflosigkeit wird in beiden Fällen auf vorgängige Erfahrung entsprechender Notsituationen (bei Freud: traumatische Situationen) zurückgeführt; der antizipatorischen Angst wird im einen wie im anderen Falle eine »Angst« als aktuelles Ausgeliefertsein an unkontrollierbare Lebensumstände gegenübergestellt; bei uns die »manifeste Angst« in Abhebung von der »Angstbereitschaft«, bei Freud die »automatische« Angst in Abhebung vom »Angstsignal«.

Die Freudsche Angstkonzeption wird jedoch dadurch problematisch und anfechtbar, daß sie auf sein unhistorisch-essentialistisches Triebkonzept fixiert ist: Die antizipierte Hilflosigkeit erwächst der Freudschen Auffassung nach nicht primär aus dem Verlust der Kontrolle über Umweltverhältnisse, der Unmöglichkeit gezielter Einflußnahme auf die Lebensbedingungen, damit auch mangelnder Absicherbarkeit der individuellen Bedürfnisbefriedigung, womit sinnlich-vitale Bedürfnisse überwertig und bedrohlich werden können; umgekehrt: das Ich büßt nach Freud infolge einer irgendwie primär zustandegekommenen Triebüberflutung die Beherrschung über das Verhalten ein, verliert damit die Möglichkeit, den Anforderungen der Umwelt gerecht zu werden, was wiederum deren Sanktionen zur Folge hat, so daß das Individuum innerhalb der von Freud stets hypostasierten bestehenden Abhängigkeitsverhältnisse den letzten Rest an Kontrolle über die eigenen Lebensbedingungen verliert. Die Abwendung der Hilflosigkeit wird demzufolge in der Freudschen Angstkonzeption nicht über die Teilhabe an bewußter gesellschaftlicher Realitätskontrolle, die die Kontrolle über die eigenen Lebensbedingungen stets mit einschließt, begriffen, sondern im wesentlichen als Flucht bzw. Verdrängung als deren inneres Pendant. An wenigen Stellen spricht Freud zwar von der Möglichkeit, die Umwelt gemäß individuellen Bedürfnissen aktiv zu verändern (so in der auf S. 267 erwähnten Gegenüberstellung der Begriffe »autoplastisch« und »alloplastisch«); dabei macht er aber entweder keine Angaben darüber, wie diese Möglichkeit realisierbar sein soll, oder er kommt etwa zu der Auffassung, die »Wirklichkeit« sei »zu stark« für den, der sie verändern will: »Er wird ein Wahnsinniger, der in der Durchsetzung seines Wahns meist keine Helfer findet« (XIV, 440). Da Freud bei solchen Überlegungen stets nur den einzelnen Menschen in Rechnung stellt, der in antagonistischen Klassengesellschaften tatsächlich gegenüber den bestehenden Verhältnissen ohnmächtig ist, wird auch hier von ihm ein richtig gesehenes Spezifikum der bürgerlichen Gesellschaft (wie anderer antogonistischer Gesellschaftsformen) unzulässig als »allgemein-menschlich« hypostasiert. (Wir kommen später, besonders bei Diskussion der »humanistischen Psychologie«, ausführlich auf dieses Problem zurück.)

Trotz dieser Einschränkungen ist jedoch die große Bedeutung der verallgemeinerbaren Aspekte der Freudschen Angstkonzeption für jede zukünftige Persönlichkeitstheorie unbestritten. Der besondere Stellenwert der »Angstbereitschaft« bei der Entstehung von Konflikten, wie wir sie gekennzeichnet haben, liegt darin, daß hier der mögliche Verlust der Handlungsfähigkeit nicht aufgrund von durch das Individuum unbeeinflußbaren inneren oder äußeren Geschehnissen, sondern im Zusammenhang mit der Erweiterung der bewußten Einflußnahme auf die relevanten gesellschaftlichen Umweltbedingungen, d. h. der Entwicklung eigener Lebensmöglichkeiten als notwendige Kompensation der mit jeder Entwicklung einhergehenden (und durch Klassenwidersprüche verstärkten) Gefährdung der Handlungsfähigkeit gegenüber den jeweiligen Umweltanforderungen gesehen wird: »Konfliktangst« als Angstbereitschaft ist immer Angst vor den möglichen Folgen eigener, in zentralen Bedürfnissen gegründeter Handlungen, d. h. Ausdruck der mangelnden Fähigkeit, die Folgen der eigenen Handlungen abzusehen, somit der potentiellen Gefährdung bestehender Handlungs- und Einflußmöglichkeiten. Dies entspricht, wenn wir von der »Triebfixierung« absehen, wiederum »dynamisch« genau dem geschilderten Freudschen Aspekt seiner Angstkonzeption, dem gemäß sich die »innere Triebgefahr als eine Bedingung und Vorbereitung einer äußeren, realen Gefahrensituation herausstellt«, allerdings mit dem wesentlichen Unterschied, daß in unserer Konzeption die Handlungsimpulse selbst wiederum aus dem Zusammenhang objektiver Lebensbezüge erklärt werden, bei Freud jedoch im Dunkeln bleiben.

Bei der Konfliktbewältigung als Beseitigung des erlebten Widerspruchs zwischen einer bestimmten subjektiven Handlungsnotwendigkeit und der mit ihrer Realisierung antizipierten Existenzbedrohung, also Angstbewältigung durch Reintegration der emotionalen Gesamtbefindlichkeit zu einer einheitlichen Handlungsfähigkeit, muß das Individuum sich darüber entscheidungsfähig machen, ob es die Verbesserung seiner gegenwärtigen, als unzulänglich erfahrenen Lebenslage in Angriff nehmen soll oder ob es die damit verbundene Gefährdung gegenwärtig bestehender relativer Handlungsfähigkeit als so hoch einschätzen muß, daß es auf eine Höherentwicklung zu dem gegebenen Zeitpunkt zu verzichten und auf dem bisher erreichten niedrigen Niveau der Kontrolle, Integration und Bedürfnisbefriedigung bis zum Eintreten besserer Erfolgsaussichten zu verharren hat. Beim Versuch einer »realistischen« Konfliktverarbeitung wären dabei mit den früher geschilderten Mitteln der bewußten Bedingungsanalyse der eigenen Emotionalität die verschiedenen Kognitionen, die disparate emotionale Wertungen nach sich ziehen, auf ihre Adäquatheit hin zu überprüfen, differenziertere Einsichten über die Zielbeschaffenheit, die vorhandenen Möglichkeiten zur Verbesserung der gegenwärtigen Situation, die eigenen Fähigkeiten und deren Entwickelbarkeit, den im Vergleich zum jetzigen Zustand erreichbaren Fortschritt der Daseinssicherung und Lebenserfüllung, das Ausmaß des mit der Änderungsaktivität einzugehenden Risikos etc. zu gewinnen, um so eine Strukturierung und Hierarchisierung der emotionalen Teilwertungen herbeizuführen, durch welche eine einheitliche Wertung zugunsten der einen oder anderen Alternative sich ergibt. Die Weise des Zustandekommens einer solchen realistischen Verarbeitung des Konfliktes ist bedingt durch die objektive Beschaffenheit der äußeren und inneren Lebensbedingungen, durch deren adäquatere Kognition eine eindeutig strukturierte emotionale Gesamtwertung entstehen soll. – In dem Maße, wie die gesellschaftliche Realität objektiv widersprüchlich oder undurchschaubar ist, kann auch eine noch so angemessene und differenzierte Kognition keine eindeutigen und klaren emotionalen Wertungen herbeiführen, womit dem Individuum auf diese Weise die Bewältigung des Konflikts und die Angstreduzierung nicht möglich wäre. In diesem Falle kommt es zur Konfliktbewältigung nur durch Leugnung, Verkennung, Umdeutung etc., also Fehlkognition solcher Aspekte der äußeren oder inneren Realität, die die widersprüchlichen emotionalen Wertungen nach sich zogen; die Vereinheitlichung der emotionalen Gesamtwertung als Voraussetzung der Handlungsfähigkeit wird hier lediglich auf Kosten des Realitätsbezuges des Individuums erreicht. Ein solches Konzept der Konfliktbewältigung, nicht durch realistische Konfliktverarbeitung, sondern durch Reduzierung des Realitätsbezuges, ist der Freudsche Begriff der *»Abwehr« in seiner generalisierenden Reinterpretation innerhalb unserer Grundkonzeption.*

Die »Angst« als »bedrohliche« subjektive Befindlichkeit, die durch die Wiederherstellung der Handlungsfähigkeit als Möglichkeit der Einflußnahme auf die relevanten Lebensbedingungen zu beseitigen ist und die

Handlungen zur Konfliktbewältigung emotional aktiviert und steuert, ist funktional auf unterschiedliche Weise zu charakterisieren, je nachdem, ob die Konfliktbewältigung durch *Verarbeitung* oder durch *»Abwehr«* erfolgt. Bei der Konfliktverarbeitung wird die Angst durch eine adäquatere und realistischere Einschätzung der eigenen Situation und Möglichkeiten reduziert, womit die Chancen zur Verbesserung der eigenen Lebenslage durch erweiterte Teilhabe an gesellschaftlicher Realitätskontrolle optimal genutzt werden können und das Individuum die Möglichkeit hat, ggf. durch Erreichen eines höheren Integrationsniveaus der Handlungsfähigkeit und Kontrolle der eigenen Lebensbedingungen nicht nur den aktuellen Angstzustand zu überwinden, sondern einen höheren Grad der Überwindbarkeit von Angst und der Abwendbarkeit der Gefahr des Ausgeliefertseins an manifeste Angstzustände zu gewinnen. Sofern die Angst jedoch nur durch »Abwehr« reduziert werden kann, wird eine aktuelle Angstfreiheit durch Verminderung des Realitätsbezuges erkauft, womit eine Stabilisierung der Handlungsfähigkeit bestenfalls auf dem bereits bestehenden niedrigen, u. U. sogar nur durch Regression auf ein noch niedrigeres Niveau (s. u.) möglich ist, der objektive Zustand der allgemeinen Ausgeliefertheit an die Umweltbedingungen, der mangelnden Kontrolle über diese und damit der ständigen potentiellen Bedrohtheit erhalten bleibt. Die zur Verhinderung des Auftretens der aktuellen Angst vollzogene Flucht vor der mit der Entwicklung zwangsläufig einhergehenden Auseinandersetzung mit der Umwelt und Umstrukturierung bestehender Bezugssysteme durch das Individuum hat somit einen Zustand der ständigen latenten Gefährdung des Individuums zur Folge, ohne daß die Quellen der Gefahr bzw. die gegen diese notwendig zu unternehmenden Handlungen noch bewußt wären. Diese relative Freiheit von aktueller Angst durch die Verdrängung der dieser zugrundeliegenden Erkenntnis von Handlungsnotwendigkeiten ist dann allein mit Hilfe dauernder Abwehraktivitäten, durch die die Realität immer wieder hindurchzudringen droht, zu erreichen, wobei durch das geringe Niveau der Handlungsfähigkeit die generelle Möglichkeit der Vermeidbarkeit von Angstzuständen nicht verbessert, im allgemeinen sogar vermindert wird. Eine mögliche positive Funktion der Angstbereitschaft bei der »verarbeitenden« Konfliktbewältigung kann sich bei Angst als emotionaler Triebkraft von Abwehrvorgängen ins Gegenteil verkehren, weil das Individuum hier in dem notwendig letztlich vergeblichen Bemühen um Angstbewältigung durch den Rückzug von der Realität und der Auseinandersetzung mit ihr zwangsläufig den Bereich der Lebensbedingungen, die es noch kontrollieren kann, immer mehr einengt (womit u. U. ein Zustand, in dem Handlungsfähigkeit selbst auf geringstem Niveau nicht mehr zu erreichen ist, damit psychische »Krankheit« entsteht, eintreten kann, s. u.).

Die Gegenüberstellung der beiden Angst-Konsequenzen, Angstreduzierung durch Verarbeitung, damit Erhöhung des Realitätsbezuges, und Angstreduzierung durch Abwehr, damit Verminderung des Realitätsbezugs, hat wiederum Ähnlichkeiten mit gewissen Aspekten der Freudschen Angsttheorie, hier mit seiner Unterscheidung zwischen *»Realangst«* und *»neurotischer Angst«;* während die Realangst durch Flucht oder aber auch durch Beseitigung der Angstursache, also »alloplastisch« zu bewältigen ist, kann die »neurotische« Angst, da hier die Bedrohung als »Triebgefahr« im Inneren liegt, nur »autoplastisch« durch »Abwehr« reduziert werden, womit die Angstfreiheit ebenfalls durch Einbuße an »Freiheit« und Möglichkeiten der Daseinserfüllung erkauft wird.

Wie aus unseren früheren Darlegungen hervorgeht, muß man das Problem der Konfliktbewältigung und Angstreduktion durch Realitätsabwehr von vornherein verfehlen, wenn man die Abwehr lediglich als eine Angelegenheit des einzelnen Menschen in seinem Verhältnis zur Außenwelt und den eigenen Bedürfnissen betrachtet. Da die Handlungsfähigkeit der Gesellschaftsmitglieder zur Erfüllung der in den Individualitätsformen gestellten Anforderungen nicht nur eine Notwendigkeit der jeweils individuellen, sondern auch eine Notwendigkeit der gesellschaftlichen Lebenserhaltung ist, ist die Verfügung über Mittel zur Konfliktbewältigung, nicht nur als Verarbeitung, sondern u. U. auch als Abwehr, ein objektives gesellschaftliches Erfordernis; demgemäß sind in den auf der jeweiligen Stufe der Produktionsweise entstehenden gesellschaftlichen Denkformen, »Weltbildern«, Ideologien auch Möglichkeiten der Konfliktabwehr gemäß dem gesellschaftlichen Wissens- und Erfahrungsstand vorgegeben, die von den einzelnen Gesellschaftsmitgliedern in Abhängigkeit von ihren speziellen gesellschaftlichen Lebensbedingungen in unterschiedlichen Varianten angeeignet und bei der personalen Konfliktbewältigung verwertet werden.

Als Beispiel für solche gesellschaftlich vorgegebenen Techniken kollektiver Konfliktabwehr in primitiven Gesellungsformen kennen wir die früher (I, S. 264f.) geschilderten religiös-ideologischen Rechtfertigungssysteme bei am Rande des Existenzminimums lebenden Völkern, die gezwungen sind, zur gesellschaftlichen Lebenserhaltung überzählige Kinder sowie Alte und Kranke, die nichts zur Reproduktion des Stammes beitragen, aber auch nicht miternährt werden können, zu töten. Die Notwendigkeit kooperativer sozialer Beziehungen zwischen den Gesellschaftsmitgliedern, die einerseits die emotionale Handlungsbereitschaft zur Bewahrung des Lebens und Wohlergehens von Kindern, Alten, Kranken einschließt, und die Antizipation der bei durchgängiger Realisierung dieser Handlungsbereitschaft gegebenen Gefährdung der gesellschaftlichen und individuellen Existenzgrundlage andererseits müssen zu schweren Konflikten führen, die – da sie auf einen objektiven, durch die niedrige Produktivität des Stammes bedingten Widerspruch zurückgehen – auch bei einer noch so adäquaten Kognition nicht »realistisch« verarbeitet werden können. Wenn nun in solchen Gesellungseinheiten Ideologien sich gebildet haben, denen gemäß Menschen, die eines gewaltsamen Todes sterben, ins Reich der Freude eingehen, wenn hier dem Akt des Tötens der überzähligen Kinder, Alten, Kranken ein hoher moralisch-religiöser Wert zugesprochen wird, wenn etwa Alte auf Eisschollen ausgesetzt werden und ihr Überleben einem »Gottesurteil« überlassen wird, so handelt es sich dabei stets um gesellschaftlich »angebotene« Konfliktbewältigungstechniken, die den Individuen ermöglichen, durch Realitätsabwehr für die Tötungsaktivitäten handlungsfähig zu werden.

Unter antagonistischen Klassenverhältnissen wie in der bürgerlichen Gesellschaft müssen auch die gesellschaftlich vorgegebenen Konfliktbewältigungsformen durch den jeweiligen Klassenstandpunkt charakterisiert sein: Techniken zur Konfliktbewältigung vom Kapitalstandpunkt z. B., wie sie in der bürgerlichen Ideologie enthalten sind und die immer auf Verdrängung der Erkenntnis der prinzipiellen Veränderbarkeit bestehender Verhältnisse und der entsprechenden Notwendigkeit gerichtet sind, begünstigen Konfliktlösungen im Sinne der Erhaltung der bestehenden Klassenstruktur; sie bringen die Individuen, die sie sich aneignen, also dazu, solche Aspekte der objektiv widersprüchlichen gesellschaftlichen und personalen Realität »abzuwehren«, die zu emotionalen Wertungen in Richtung auf die Übernahme des Risikos der Veränderung objektiver gesellschaftlicher Verhältnisse zur Erreichung eines höheren Niveaus gesellschaftlicher Kontrolle, kooperativer Integration und allgemeiner Bedürfnisbefriedigung führen müßten. Formen der Konfliktverarbeitung vom Standpunkt des Proletariats, der durch das prinzipielle Interesse an der gesellschaftlichen Entwicklung und damit an der vollen Erkenntnis gesellschaftlicher Wirklichkeit charakterisiert ist, begünstigen dagegen realistische Konfliktverarbeitungen, durch welche die tatsächlichen Perspektiven einer Überwindbarkeit des Sich-Einrichtens und Sich-Bescheidens auf dem Niveau weitgehenden Ausgeschlossenseins von gesellschaftlicher Realitätskontrolle für die Masse der Bevölkerung und der Erreichbarkeit eines dem gesellschaftlich möglichen Entwicklungsstand entsprechenden Niveaus der bewußten kooperativen Planung und Gestaltung des gesellschaftlichen Lebens, damit vollen Entfaltung der Fähigkeiten und Bedürfnisse aller Gesellschaftsmitglieder, erkennbar werden.

Die Art und Weise der Selektion und Abwandlung von gesellschaftlich gewordenen Techniken zur Konfliktverarbeitung oder Konfliktabwehr durch ein jeweils konkretes Individuum muß von der durch die Klassenlage, die speziellen gesellschaftlichen Lebensumstände samt der personalen Biographie und die aktuelle Lebenskonstellation bedingten besonderen Konfliktsituation abhängen; genauere Aufschlüsse darüber sind nur aufgrund empirischer Forschung zu gewinnen. Eine vorläufige Gliederung von Abwehrformen im Sinne der bürgerlichen Ideologie, d. h. der Erhaltung der bestehenden Verhältnisse, bei denen solche Aspekte der widersprüchlichen gesellschaftlichen und dadurch bedingten personalen Realität abgewehrt werden, aus deren Erkenntnis eine emotionale Gesamtwertung im Sinne der subjektiven Notwendigkeit einer Veränderung objektiver gesellschaftlicher Verhältnisse zur grundlegenden Erhöhung des Niveaus der gesellschaftlichen Kontrolle, Integration und Bedürfnisbefriedigung folgen müßte, ergibt sich, wenn wir bei der Durchsicht der bisher in dieser Abhandlung (und anderen Abhandlungen innerhalb der »Texte«) erwähnten Abwehrformen die jeweils »abgewehrten« Realitätsaspekte thematisieren.

Eine bestimmte Art von Abwehrformen unterdrückt die Einsicht in die Veränderbarkeit der bürgerlichen Lebensverhältnisse durch Fixierung auf die gesellschaftliche Oberfläche und Leugnung oder Abdrängung aller Kognitionen, die die historische Gewordenheit, antagonistische Widersprüchlichkeit und Transitorik der kapitalistischen Produktionsweise erfaßbar machen und entsprechende emotionale Handlungsbereitschaften einschließen. Holzkamp (1973, bes. Kap. 7.2 bis 7.4 und 8.3) hat eine Reihe solcher Abwehrformen als Techniken der »Widerspruchseliminierung« aufgewiesen, so die Isolierung verschiedener »Seiten« eines Widerspruchs, damit Eliminierung des Widerspruchs durch »Zusammenhangsblindheit«, weiterhin Verhaftetsein in oberflächlich-anschaulichen »Organisationseffekten«, etwa als »Personalisierung« gesellschaftlicher Verhältnisse, strukturblindes »Beispieldenken«, »kurzgeschlossene« Wenn-Dann-Verknüpfungen, etc.

In einer anderen Art von Abwehrformen wird die Einsicht in die Unzulänglichkeit der eigenen Lebensmöglichkeiten am Maßstab des gesellschaftlich Erreichbaren, damit ihre Verbesserungsmöglichkeit und -notwendigkeit abgewehrt, etwa durch Eliminierung eines gemeinsamen Bezugssystems für die Bewertung des eigenen Entwicklungsstandes und des Entwicklungsstandes anderer, damit scheinhafte »Zufriedenheit« durch »Nullpunktverschiebung« (vgl. S. 95f.); oder durch den einseitigen Vergleich der eigenen Lebenslage mit der von noch schlechter Gestellten (uns gehts doch noch gut); oder durch Einengung der Dimensionen des Vergleichs auf relativ entwicklungslose oder mehr unspezifisch biologische Lebensbereiche, das private Dasein von Konsum, Ehe, Familie (vgl. S. 377f.), »allgemein-menschliche« Schicksale wie Geburt, Krankheit, Tod, damit Fingierung der »Gleichheit« aller Gesellschaftsmitglieder; oder durch »regressive« Einschränkung der eigenen Lebensansprüche auf »bloß« soziale Beziehungen, aktuelle organische oder sexuelle Bedürfnisbefriedigung auf »unmenschlichem« Niveau, und ähnliches. Bei dieser Art von Realitätsabwehr kann es darüberhinaus geradezu zu einer Maßstabs-Verkehrung kommen, indem die eigene Entwicklungslosigkeit nicht nur gerechtfertigt wird, sondern als der im Vergleich zu entfalteteren Lebensweisen wünschenswertere Zustand erscheint, der mithin weder von einem selbst noch von den Kindern verlassen werden soll, was sich etwa in Bildungsfeindlichkeit, Antiintellektualismus, Zurückweisung der »Zumutung« von Lernprozessen etc. äußern kann und in der bürgerlichen Ideologie häufig direkt als eine Art von »Bürgerrecht auf Dummheit« propagiert wird. Die Realitätsabwehr muß sich in diesem Zusammenhang auch auf all solche Personen erstrecken, die die Verbesserung ihrer der eigenen vergleichbaren Lebenslage über die Veränderung gesellschaftlicher Verhältnisse für möglich und notwendig halten und dafür kämpfen; solche Personen werden in Verwertung des entsprechenden ideologischen »Angebots« an Abwehrtechniken als »Spinner«, »Ideologen«, »Radikale« o. ä. abqualifiziert, da nur so die eigene »Bescheidung« zu rechtfertigen ist; so haben Arbeiter, die sich mit dem Kapitalismus einrichten und ihr »Stück vom Kuchen« haben wollen, permanent die Kognition der Existenz eines bewußten, organisierten Klassenkampfes auf nationaler und internationaler Ebene abzuwehren bzw. abzuwerten.

In einer dritten Art von Abwehrformen wird das Vorhandensein bzw. die Entwikkelbarkeit der eigenen Fähigkeiten zur Verbesserung der Lebenslage verleugnet, womit die Erreichung eines höheren Niveaus der Kontrolle, Integration und Bedürfnisbefriedigung nicht mehr als subjektive Notwendigkeit erfaßt wird, sondern nur noch als Wunschvorstellung, zu deren Realisierung man nichts tun kann, erscheint. Die hier vollzogene Verkehrung von objektiven gesellschaftlichen Entwicklungsschranken in persönliche Unzulänglichkeiten wird von Holzkamp (etwa 1973, S. 394) als »Introjektion« bezeichnet: Die »biographisch-psychologisierende ›Naturalisierung‹ von Aneignungsresultaten gesellschaftlicher Verhältnisse als Beschaffenheit des isolierten Individuums«, eine »›Verkehrtheit‹ der Beziehung zwischen gesellschaftlichen Verhältnissen und menschlicher Persönlichkeit, durch welche menschliche ›Bedürfnisse‹, ›Fähigkeiten‹, ›Eigenschaften‹, ›Interessen‹ genuin aus dem Menschen selbst (ob nun aus seinen Anlage oder seinem individuellen Lernschicksal) zu entspringen und sich in der gesellschaftlichen Bewegung lediglich sekundär zu manifestieren scheinen« (1973, S. 394). Durch die so verstandene Abwehrform der »Introjektion« werden Unterschiede des Entwicklungsstandes zwischen den Schichten und Klassen nicht, wie in der vorher besprochenen Art von Abwehrformen, schon als Unterschiede abgewehrt und ausgeklammert, sondern zwar eingeräumt, aber als Ausfluß naturgegebener, schicksalhafter oder auch nur zufälliger Unterschiede menschlicher Fähigkeiten betrachtet, womit hier jede Änderungsaktivität als unvernünftig erscheinen muß, etc. In diesen Kontext gehört auch die früher (S. 98ff.) geschilderte Organisationsfeindlichkeit, bei der die eigene Hilf- und Machtlosigkeit dadurch konserviert wird, daß man die Beteiligung am organisierten Kampf um Verbesserung der allgemeinen Lebensbedingungen, wodurch die individuelle Machtlosigkeit durch Potenzierung der Kräfte aufgehoben wäre, mit Hilfe (mehr oder weniger gesellschaftlich »angebotener«) »individualistischer« Rationalisierungen ablehnt und damit dem Risiko der Erweiterung von Lebensmöglichkeiten durch den gemeinsamen Kampf scheinhaft »begründet« aus dem Wege geht; durch diese Abwehrform hält man sich also selbst von der Lebenslage der organisierten Interessendurchsetzung fern, da, sofern man sich auf diese Lebenssituation erst einmal eingelassen hätte, dann die Erkenntnis der so bestehenden realistischen Möglichkeit der Lageverbesserung und die dadurch bedingten emotionalen Handlungsbereitschaften, bei deren Realisierung man eine Existenzbedrohung antizipiert, nicht mehr zu »verhindern« wäre, etc. – Weitere Formen der Abwehr von Handlungsnotwendigkeiten sind verschiedenartige »Rationalisierungen« für das Aufschieben notwendiger Handlungen, so das scheinbare Argument »ungenügender Informiertheit« für die anstehende Entscheidung, ein besonderer Genauigkeits- und Sorgfaltsanspruch bei der Entscheidungsfindung, u. ä., die sich stets dadurch als Abwehrformen zu erkennen geben, daß sie prinzipiell nicht auszuräumen sind, da die Kritierien für hinreichende Voraussetzungen zur Entscheidungsermöglichung undeutlich bleiben bzw. dauernd verschärft werden. Eine ähnliche Abwehrfunktion kann die für sich genommen vernünftige Maxime des Beide-Seiten-Hörens und der »Toleranz gegenüber Andersdenkenden« gewinnen, nämlich dann, wenn die Standpunkte nicht mehr argumentativ gegeneinander abgewogen werden, sondern jede für das Zustandekommen von Handlungen unerläßliche endliche Festlegung auf *eine bestimmte* Position durch blinde Berufung auf mögliche Gegenpositionenen verhindert wird, wobei diese Form von Abwehr noch in dem scheinbar besonders hohen Anspruch des Individuums an intellektuelle Begründetheit und Verantwortlichkeit seiner Entscheidungen, Liberalität und »Ausgewogenheit« seiner Stellungnahmen, etc. eine zusätzliche Rechtfertigung und Abstützung erfahren mag (all solche hier nur veranschaulichend aufgezählten Abwehrformen müssen natürlich systematisch aus den Widersprüchen jeweils bestimmter Individualitätsformen und Weisen ihrer Fehlverarbeitung hergeleitet werden).

Angesichts dieser damit grob zusammengestellten Abwehrformen hat man sich zu vergegenwärtigen, daß es sich dabei keineswegs nur um verschiedene Formen der Unwissenheit oder Täuschung, sondern um »dynamische« Prozesse im Freudschen Sinne handelt: Die Abwehrformen haben die Funktion, Kognitionen und damit emotionale Handlungsbereitschaften zu unterdrücken, deren Konsequenzen in wirklichen Handlungen vom Individuum als Bedrohung seiner Handlungsfähigkeit und Existenzsicherung erlebt werden. Das Akzeptieren der jeweiligen Kognitionen und die realitätsgerechte Konfliktverarbeitung ist mithin hier auf keinen Fall lediglich durch Information, Schulung etc. zu erreichen, da das Individuum in den Abwehrformen den Kognitionen, aus denen Handlungen zur prinzipiellen Verbesserung der allgemeinen Lebensbedingungen folgen müßten, sofern damit die Gefährdung der bestehenden Existenzgrundlage gegeben ist, aktiven emotionalen Widerstand entgegensetzt. Erkenntnisse über die wahren gesellschaftlichen und personalen Verhältnisse sind hier nur in dem Maße annehmbar, wie der Mensch die sich daraus ergebende eigene Lebenspraxis nicht mehr als existenzbedrohend erleben muß (s. u.). Die Differenzierung und Präzisierung unserer Konzeption der Abwehrformen und die Herausarbeitung der gesellschaftlichen und subjektiven Bedingungen, unter denen bestimmte Abwehrformen übernommen werden bzw. Konflikte in realistischer Verarbeitung überwindbar sind, wird teilweise noch in späteren Darlegungen von uns angestrebt und muß im übrigen zukünftiger aktual-empirischer Forschung überlassen bleiben.

Die Ähnlichkeit zwischen den von uns angedeuteten Abwehrformen und bestimmten Freudschen »Abwehrmechanismen« ist (was sicherlich zum Teil durch den Einfluß Freudschen Denkens auf unsere Analysen erklärlich ist) unverkennbar. Irgendwie haben manche Abwehrformen mit »Projektion« zu tun, die Widerspruchseliminierung durch Isolation der verschiedenen Seiten des Widerspruchs hat schon den Namen und darüberhinaus wohl auch einige sachliche Momente mit dem Abwehrmechanismus der »Isolierung« gemein; »Regression« in Annäherung an den Freudschen Begriff der »formalen Regression« ist in unserem Argumentationszusammenhang von großer Bedeutung; das Freudsche Konzept der »Reaktionsbildung« akzentuiert auch bei unseren Abwehrformen zu berücksichtigende Phänomene einer Art von »Gegenbesetzung«, etwa bei der genannten Maßstabsverkehrung und Höherbewertung der Entwicklungslosigkeit, ebenso die mögliche Entstehung von persönlichkeitsspezifischen Verfestigungen von Abwehrformen etc. Dennoch ist durch die genaue Herausarbeitung solcher Ähnlichkeiten nicht allzuviel zu gewinnen. Wesentlich für uns ist das allgemeine Freudsche Konzept der dynamischen, »aktiven« Realitätsabwehr. Die von uns angeführten Konkretisierungen beanspruchen nicht den Status »allgemein-menschlicher« Abwehrmechanismen, sondern sind lediglich von uns exemplarisch zur Veranschaulichung angeführte Abwehrformen als Varianten von in der bürgerlichen Ideologie vorgegebenen Abwehrtechniken. Ihr Charakter ist durch den im Vergleich zu Freuds Abwehrkonzept prinzipiell anderen funktionalen Zusammenhang bedingt: sie dienen nicht lediglich der Triebabwehr, sondern sind Abwehr objektiver gesellschaftlich-personaler Realitätsaspekte zur Abwendung der mit jeder Veränderung bestehender Umweltbeziehungen einhergehenden Gefährdung der Handlungsfähigkeit als Kontrolle über die eigenen Lebensbedingungen; eine Gefährdung, die in kapitalistischen Klassengesellschaften, in denen als Voraussetzung der bewußten Einflußnahme auf den gesellschaftlichen Produktionsprozeß und damit auf die allgemeinen und individuellen Lebensbedingungen einerseits relativ hohe Entwicklungsanforderungen bestehen, andererseits aber der Einzelne sich bei diesen Entwicklungsbemühungen im allgemeinen weder auf die systematische Hilfe der anderen noch im Falle ihres Mißlingens auf deren Beistand verlassen kann, besonders krasse Form annimmt. Da zur Bestimmung der spezifischen Form der Konflikte stets die gesellschaftlich-historische Konkretion erfordert ist, müßten sich trotz mancher Ähnlichkeiten mit dem Freudschen Abwehrkonzept bei uns grundsätzlich andere Aspekte der Realitätsabwehr ergeben als in der psychoanalytischen Konzeption vorgesehen: so findet sich z. B. bereits für die bei uns zentralen Abwehrarten bzw. Formen der Widerspruchseliminierung, der Personalisierung, des »Beispieldenkens«, der Bezugssystem-Eliminierung bzw. -verkehrung, der Introjektion (trotz eines Freudschen Abwehrmechanismus gleichen Namens, s. u.), etc. in Freuds dynamischer Begrifflichkeit keinerlei Entsprechung.

Aus unseren Überlegungen zur Realitätsabwehr und ihren Formen deutet sich an, wie von uns das *Problem des »Unbewußten«* zu behandeln ist. Wenn »gesellschaftliches Bewußtsein« – kurz gesagt – der Grad und die Art der durch die gegenständliche Weltveränderung und die dabei eingegangenen menschlichen Verhältnisse auf einem bestimmten historischen Entwicklungsstand möglichen Kontrolle über natürliche und gesellschaftliche Prozesse durch Erkenntnis ihrer Gesetzmäßigkeiten ist, und das jeweils »individuelle Bewußtsein« der Grad der personalen Teilhabe an der gesellschaftlichen Realitätskontrolle und Gesetzeseinsicht, so könnte man das »Nichtbewußte« eines Individuums als die Art und das Ausmaß des Zurückbleibens der personalen Teilhabe an Realitätskontrolle und Gesetzeseinsicht hinter dem gesellschaftlich möglichen Bewußtseinsstand bestimmen. Mangelndes individuelles Bewußtsein ist stets sowohl Ursache wie Wirkung geringgradiger Integration in den gesellschaftlichen Kooperationszusammenhang, da nur über die Gewinnung von Einfluß auf die Gestaltung der gegenständlichen gesellschaftlichen Realität und darin auf andere Menschen dem Individuum Art und Ausmaß seiner Wirksamkeit objektiv rückgespiegelt, damit Klarheit über die Folgen der eigenen Handlungen erlangt werden kann und so Aspekte gesellschaftlicher Kontrolle individuell zu realisieren sind. Ein geringer Grad gesellschaftlicher Integration, mithin gesellschaftsbezogener Fähigkeiten und Bedürfnisse, bedeutet als relative Einflußlosigkeit auf die gegenständliche und soziale gesellschaftliche Wirklichkeit also immer auch einen geringen individuellen Bewußtseinsstand. Die von uns herausgehobenen unterschiedlichen Integrationsniveaus relativer Handlungsfähigkeit lassen sich mithin als Niveaus der Handlungsfähigkeit bei unterschiedlich entwickeltem individuellem Bewußtseinsstand spezifizieren, und die als der eine Pol jeder »menschlichen« Konfliktsituation gekennzeichnete subjektive Notwendigkeit zur Verbesserung der Möglichkeiten der Daseinserfüllung und -sicherung durch Erhöhung der Kontrolle über die eigenen Lebensbedingungen kann somit auch als subjektive Notwendigkeit zur Erhöhung des individuellen Bewußtseinsstandes charakterisiert werden.

Das lediglich »Nichtbewußte« wird dann »unbewußt« im dynamischen Sinne, wenn die Entwicklung des individuellen Bewußtseinsstandes nicht nur faktisch unterbleibt, sondern aufgrund der Angstbereitschaft als Antizipation damit verbundener möglicher Handlungsunfähigkeit und Existenzgefährdung durch emotional gegründete aktive Realitätsabwehr behindert wird. Die »Abwehr«, wie wir sie gekennzeichnet haben, richtet sich notwendigerweise primär auf die emotionalen Wertungen der objektiven

Realität, da diese Wertungen die Handlungsbereitschaften darstellen, die auf Realisierung drängen und damit unter bestimmten Bedingungen die Handlungsfähigkeit bedrohen und damit Angst hervorrufen. Demnach müßten durch die »Abwehrvorgänge« diese emotionalen Wertungen »unbewußt« gemacht werden, damit das Individuum nicht mehr durch möglicherweise daraus entstehende eigene Handlungen sich gefährdet sieht. Allerdings ist – wie aus unserer Gesamtkonzeption hervorgeht – eine separate »Verdrängung« von Emotionen nicht möglich, da Emotionen als solche Bewertungen der kognitiv erfaßten Realität im Hinblick auf ihre »subjektive Bedeutung« sind. Die »gefährlichen« Emotionen können nur dadurch ihrer möglichen Wirksamkeit auf das Handeln beraubt werden, daß die Kognition der Realitätsaspekte, deren Bewertung sie darstellen, »abgewehrt« wird. Deswegen sind »unbewußt« in unserem Sinne immer jene Aspekte der gesellschaftlich-personalen Realität, deren Kognition aufgrund die Handlungsfähigkeit bedrohender emotionaler Konsequenzen der »Abwehr« anheimgefallen sind. Die Emotionen selbst können nicht isoliert als »unbewußt« bezeichnet werden, da sie ja, wenn die entsprechenden Kognitionen »abgewehrt« wurden, auch als deren »Bewertung« nicht mehr vorhanden sein können. Allerdings wird hier die dynamische Situation dadurch kompliziert, daß es keine einfache Alternative zwischen »Wahrnehmung« und »Nichtwahrnehmung« gibt, so z. B. die Verdrängung von Realitätsaspekten ihre perzeptive Identifizierung voraussetzt, womit auch entsprechende emotionale Wertungen entstehen; emotionale Befindlichkeiten können also zwar nicht ohne Kognitionen, deren Bewertung sie darstellen, aber bezogen auf unklare, vage, isolierte, verfälschte Kognitionen innerhalb der Befindlichkeit beherrschend werden und etwa als diffuses Unbehagen, Bedrohtheitserlebnisse etc. als Ausdruck der allgemeinen Gestörtheit der Umweltbeziehung des Individuums gegeben sein oder sich auch an bestimmte »Ersatzobjekte« oder »Ersatzsituationen«, die in irgendeiner Weise leichter zu handhaben sind, fixieren (was hier nicht näher auszuführen).

Die Tatsache der »Realitätsabwehr« muß, wenn sie »dynamisch« wirksam sein soll, selbst unbewußt sein, da bewußte Abwehr die Anerkennung der Existenz eben jener Realitätsaspekte bedeuten würde, die hier zur Konfliktbewältigung ja gerade geleugnet werden müssen. Freuds Feststellung, daß auch die »Abwehrmechanismen« des »Ich« unbewußt sein müssen, stellt allgemein gesehen eine wichtige psychologische Einsicht dar. Ebenso ist die Freudsche Auffassung, daß die Verdrängung und damit Aufrechterhaltung des »unbewußten« Charakters der bedrohlichen Realitätsaspekte einen dauernden Einsatz psychischer Energie erfordert, die so anderwärts nicht mehr verfügbar ist, in unserem Darstellungszusammenhang als wichtige allgemeine Erkenntnis zu reinterpretieren: Das Individuum muß, um die

»Abwehr« aufrechtzuerhalten, damit die Wiederkehr des Konfliktes und erneute Angst zu verhindern, permanent die komplexe, sich wandelnde Realität auf solche Aspekte hin inspizieren, die im geschilderten Sinne emotional »gefährlich« werden könnten, und sie zur Vermeidung der befürchteten Handlungskonsequenzen in die Verleugnungen, Verkehrungen, Umdeutungen des Abwehrprozesses einbeziehen, womit eine volle Zuwendung zu gesellschaftlich und individuell relevanten Aufgaben außerordentlich erschwert wird. Da durch die Verweisungszusammenhänge in gegenständlichen gesellschaftlichen Bedeutungsstrukturen sachlicher und personaler Art eine scharfe Grenze zwischen »gefährlichen« und »ungefährlichen« Realitätsaspekten kaum gezogen werden kann, muß das »abwehrende« Individuum u. U. immer weitere Realitätsbereiche in den Abwehrprozeß einbeziehen, um so das Risiko bedrohlicher eigener Emotionen zu vermindern, womit allmählich auch solche Aspekte der Realität, die objektiv gar keine »Gefahr« darstellen, vorsorglich der Abwehr unterliegen, was wiederum eine Reduzierung selbst des erreichten Bewußtseinsstandes, also die Regression auf ein noch geringeres Integrationsniveau der Handlungsfähigkeit zur Folge hat.

Um der Klärung des Problems näherzukommen, wieweit im Kontext der kritisch-psychologischen Konflikt-Konzeption nicht nur die Bestimmung individuellen Handelns durch »unbewußte« Realitätsaspekte angenommen werden kann, sondern auch die Freudsche Auffassung eines dynamischen *»Unbewußten«* als gesondertem psychischen Bereich sinnvoll interpretierbar ist, ist zu berücksichtigen, daß es sich bei den »abgewehrten« Realitätsaspekten nicht nur um »Wahrnehmungen« handeln muß, sondern daß auch deren gedankliche Vergegenwärtigung, d. h. die »Erinnerung« an solche Realitätsaspekte, der »Abwehr« anheimfallen kann. Man könnte demnach als »das« dynamische Unbewußte einen bestimmten Aspekt des »Gedächtnisses« bezeichnen, nämlich diejenigen im Gedächtnis »gespeicherten« kognitiv erfaßten Realitätsaspekte, deren Wiedererinnerung die Reaktivierung eines durch das Individuum nicht verarbeitbaren Konfliktes nach sich ziehen würde, mithin »abgewehrt« wird. Wenn man nun den mindestens seit Bartlett anerkannten Sachverhalt einbezieht, daß die Wahrnehmung in hohem Grade vom »Gedächtnis« beeinflußt wird, so wird man annehmen können, daß die Kognition gesellschaftlich-personaler Realität wesentlich durch die Inhalte des »Unbewußten« als dynamischem Aspekt des Gedächtnisses mitbedingt sein muß, da zur Aufrechterhaltung der »Verdrängung« die Wahrnehmung all solcher Realitätsmomente »abzuwehren« ist, die mit den durch Abwehr »unbewußten« Gedächtnisinhalten in Zusammenhang stehen, also deren Reproduktion, damit die Durchbrechung der Verdrängung, begünstigen und damit Angst vor Handlungsunfähigkeit hervorrufen müßten. Das »Unbewußte« hätte demnach eine ausgesprochen zusammenhangzerstörende, »dissoziierende« Funktion bei der kognitiven Erfassung neuer Realitätsmomente, womit eine konsistente Erfahrungsgewinnung mit sinnvoller Verwertung früherer Erfahrungen bei der Lebensbewältigung und Konfliktverarbeitung unter Erfassung objektiver gesellschaftlicher Bedeutungsstrukturen und Widersprüche mit dem Ausmaß des »dynamischen« Unbewußten immer mehr erschwert sein muß. Hinzukommt, daß, da bekanntermaßen die wahrgenommenen Sachverhalte nicht getreu erinnert werden, sondern durch Gliederungsprozesse bzw. sozial mitbedingte Kategorisierungen die Gedächtnisinhalte sich umorganisieren, einiges für die Annahme spricht, daß die ins »Unbewußte« verdrängten, also »dynamisch« an der Reproduktion gehinderten Kognitionen auch unter sich Verbindungen eingehen und dabei ihre selegierende und dissoziierende Funktion auf die Wahrnehmung und damit emotionale Bewertung der Realität im Sinne des Abwehrerfolges optimieren können, was eine weitere Reduzierung des Realitätsbezuges und der Handlungsfähigkeit des Individuums zur Folge haben muß.

Aus diesen Bemerkungen sollte deutlich werden, daß auch wesentliche Gesichtspunkte der Freudschen Konzeption des »Unbewußten« innerhalb unserer funktional-historischen Auffassung menschlicher Konflikte fruchtbar zu machen sind. Da, wie an unseren Darlegungen ersichtlich ist, das Ausmaß der »unbewußten« Momente des Gedächtnisses je nach dem Grad der Notwendigkeit der Realitätsabwehr bei der Konfliktbewältigung sowohl in Abhängigkeit vom gesellschaftlichen Entwicklungsstand und gesellschaftlichen Standort wie den speziellen gesellschaftlichen Bedingungen der jeweiligen Lebensgeschichte und aktuellen Lebenssituation verschieden groß sein kann, eignet sich der Begriff des »Unbewußten«, wie wir ihn reinterpretiert haben, zur Kennzeichnung wesentlicher dynamischer Aspekte der Persönlichkeitsstruktur je konkreter Individuen: Je »ausgedehnter« das so verstandene »Unbewußte« eines Menschen ist, in um so höherem Grade sind seine kognitiven Umwelterfahrungen, damit auch die daraus entstehenden emotionalen Wertungen als Handlungsbereitschaften, durch den geschilderten selegierenden und dissoziierenden Einfluß der unbewußten Inhalte in ihrer verselbständigten abwehroptimierenden Organisation beeinflußt, je weniger sind also seine emotionalen Wertungen und Handlungen als bewußte, adäquate Verarbeitung seiner objektiv gegebenen gesellschaftlich-personalen Lebensbedingungen begreifbar. Den Handlungen eines hochgradig von seinem »Unbewußten« bestimmten Menschen fehlt also ganz in dem Sinne, wie Freud es dargestellt hat, der innere Zusammenhang; seine emotionalen Reaktionen und Handlungsbereitschaften sind partiell seiner Kontrolle entzogen und erscheinen undurchschaubar und verselbständigt, und zwar nicht nur anderen Menschen, sondern auch ihm selbst. Damit hätten wir die »Es-Haftigkeit«, den fremden, unbeeinflußbar »im« Individuum ablaufenden »Vorgangs«-Charakter von durch das »Unbewußte« bestimmten Emotionen und Handlungen, die bei Freud als metaphysische Letztheit hingestellt werden, von unserem funktional-historischen Ansatz in ihrem Zustandekommen durch die mißlungene Verarbeitung von Konflikten zwischen den aus objektiven Notwendigkeiten der gesellschaftlichen, damit individuellen Lebenserhaltung und -entfaltung sich ableitenden widersprüchlichen subjektiven Notwendigkeiten erklärt: Weiterentwicklung der individuellen Beiträge zu bewußter gesellschaftlicher Realitätskontrolle, damit Erreichung höherer Niveaus gesellschaftlicher Integration und allgemeiner Bedürfnisbefriedigung einerseits und Vermeidung des Verlustes der Handlungsfähigkeit gegenüber gesellschaftlichen Anforderungen, damit der Existenzgrundlage andererseits.

Es versteht sich von selbst, daß diese Bemerkungen über unsere Konzeption des »Unbewußten« nur vorläufige Hinweise sein können, besonders auch deswegen, weil eine kritisch-psychologische Theorie des Gedächtnisses, in welcher der Zusammenhang zwischen der historisch-gesellschaftlichen Erfahrungskumulation als gegenständlichem »Gedächtnis« der Menschheit und der dadurch bedingten »menschlichen« Spezifik des individuellen Gedächtnisses als personale Möglichkeit der organisierten Speicherung und Aktualisierung angeeigneter Techniken der Verwertung gesellschaftlich kumulierten Wissens, ausgearbeitet ist, noch aussteht.

5.4. Darstellung und Kritik der Freudschen Auffassung vom durch introjektive Identifizierung entstehenden »Über-Ich« als Grundmechanismus individueller Vergesellschaftung; die Unhaltbarkeit der psychoanalytisch beeinflußten »Sozialisationstheorie«

5.4.1 Vorbemerkung

Die Konzeption des *»Über-Ich«* wurde von Freud bei der Ausarbeitung seines zweiten topischen Modells in der Abhandlung »Das Ich und das Es« (1923, FGW 13) als Differenzierungsprodukt des »Ich« (das nach Freud seinerseits sich aus dem Es ausdifferenziert hat), in welchem ein Teil des Ich sich dem anderen als normative Instanz gegenüberstellt, eingeführt. Dem Über-Ich werden verschiedene, miteinander zusammenhängende Partialfunktionen zugesprochen, die Freud als »die Selbstbeobachtung, das Gewissen und die Idealfunktion« zusammenfaßt (XV, 72). Die Instanz des *»Gewissens«*, die man in gewissem Sinne als das eigentliche »Über-Ich« herausheben kann, richtet sich kritisch-aggressiv gegen das Ich und seine Anpassungsleistungen; in der *Idealfunktion*, die in manchen Passagen

Freuds als relativ selbständiges »Ich-Ideal« erscheint, erwächst dem Ich eine »Vorbild«-Instanz, der es nachzueifern hat. Mit der Elaboration der »Über-Ich«-Konzeption gewann eine Reihe von bereits vorher entwickelten Grundbegriffen, etwa der des *»Ödipuskomplexes«*, des *»Kastrationskomplexes«*, der *»Introjektion«*, des *»Schuldbewußtseins«*, spezifische Bedeutung und theoretische Tragweite, in besonderem Maße aber das Konzept der *»Identifizierung«*, die jetzt zur entscheidenden Bedingung der Konstituierung des menschlichen Subjekts in psychoanalytischer Sicht wurde.

Die Entstehung des Über-Ich und der damit verbundenen Identifizierungen ist für Freud insofern die wesentliche Stufe der kindlichen Entwicklung, als das Individuum (im 3. bis 5. Lebensjahr) damit die Voraussetzungen für die Erfüllung gesellschaftlicher Anforderungen erwerben soll. Der Prozeß der Bildung des Über-Ich ist innerhalb der Freudschen Theorie gleichbedeutend mit der individuellen Vergesellschaftung des Menschen.

Freuds Lehre vom Über-Ich gewann dadurch eine besondere Relevanz für das allgemeine sozialwissenschaftliche Denken, daß die *Soziologie* die Theorie der Überich-Entstehung und darin eingeschlossenen triebtheoretischen Vorstellungen der Psychoanalyse für die Konstituierung einer ihrer wesentlichen Teildisziplinen, der *»Sozialisationsforschung«*, heranzog. Mindestens seit Parsons in den frühen fünfziger Jahren »die Bedeutung der psychoanalytischen Theorie der Persönlichkeit für die Integration von Soziologie und Psychologie, besonders über das Problem der Beziehung zwischen Motivation zur Erfüllung sozialer Rollen und Kontrolle dieser Erfüllung durch normative Mechanismen« herausstellte (1968, S. 5) und als die »wichtigsten Freudschen Begriffe in diesem Zusammenhang . . . Identifizierung, Objektbesetzung, Verinnerlichung (oder Introjektion) und Über-Ich« bezeichnete (a.a.O., S. 100), dabei dem Begriff des Über-Ich die größte Bedeutung beimaß, weil »er sich auf die Verinnerlichung von Elementen der normativen Kultur der Gesellschaft bezieht, in der das Individuum aufwächst und die dadurch zu einem wesentlichen Teil der Persönlichkeitsstruktur selbst wird« (S. 101), »denkt« praktisch die gesamte Soziologie, sofern sie sich mit der »Sozialisation« als ihrer Version individueller Vergesellschaftung befaßt, »automatisch« in psychoanalytischen Begriffen. Dies gilt fast durchgehend auch für »kritische«, antikapitalistische Versionen der »Sozialisationsforschung«, wie sie besonders im Gefolge der Studentenbewegung entstanden sind (vgl. etwa den zuerst 1971 erschienenen, heute in einer Auflage von weit über 100000 Stück verbreiteten Bestseller »Sozialisationsforschung« von Gottschalch, Neumann-Schönwetter und Soukup), und in denen der Prozeß der individuellen Vergesellschaftung prinzipiell mit den gleichen psychoanalytischen Grundbegriffen dargestellt wird, mit dem einzigen Unterschied, daß man dabei konstatierte Entwicklungsmängel, besonders in der »Unterschicht«, als Resultat der Anpassung an kapitalistische Verhältnisse betrachtet. Es gab offenbar bisher innerhalb der Soziologie für das psychoanalytische Grundkonzept der Vergesellschaftung des Individuums keine Alternative (die »Schulpsychologie«, die ja selbst in ihrer sozialpsychologischen Teildisziplin eine gesellschaftliche Realität, die mehr ist als ein besonders ausgedehntes Gefüge von psychologisch reduzierten sozialen Gruppenbeziehungen, nicht kennt, konnte eine derartige Alternative sicherlich nicht anbieten). Eine wissenschaftliche Alternative zu der unhaltbaren psychoanalytisch fundierten »Sozialisationstheorie« besteht aber unserem Anspruch nach in der kritisch-psychologischen Theorie der individuellen Vergesellschaftung.

Wir können die »Sozialisationsforschung« hier nicht im einzelnen darstellen und kritisieren. Es sollte nur deutlich werden, daß unsere Kritik an Freuds Konzeption des »Über-Ich« und der »Identifizierung« (5.4.3) vollinhaltlich auch die soziologische »Sozialisationstheorie« trifft und daß unser (im nächsten Kap. 5.5 unternommener) Versuch, diese Freudschen Grundkonzeptionen im Kontext unserer auf diese Weise weiterzuentwikkelnden kritisch-psychologischen Theorie der individuellen Vergesellschaftung zu reinterpretieren, gleichzeitig als ein Versuch der Reinterpretation und Weiterentwicklung soziologischer Vorstellungen über die Vergesellschaftung des Individuums zu werten ist (was allerdings, wie sich zeigen wird, gleichbedeutend mit dem Vorschlag der Abschaffung des »Sozialisations«-Begriffes überhaupt ist).

5.4.2 Freuds Lehre vom Ödipus- und Kastrationskomplex und dem durch den Untergang des Ödipuskomplexes in introjektiver Identifizierung aufgerichteten »Über-Ich«

Die Konzeption vom »Ödipuskomplex«, der nach Freud die Grundlage für die Herausbildung des »Über-Ich« ist und mit dessen Darstellung wir deshalb beginnen, wurde bereits 1900 von Freud innerhalb seiner Traumtheorie ausgearbeitet (vgl. FGW II/III, S. 267f.), aber erst 1923 in dem Aufsatz »Das Ich und das Es«, in dem er hier als Entstehungsbedingung des Über-Ich gedeutet wird, in seiner zentralen Relevanz für die Vergesellschaftung des Individuums herausgestellt (XIII, 256ff.). Der Ödipuskomplex ist nach Freud das libidinöse Dreiecksverhältnis zwischen Vater, Mutter und Kind, bei dem in seiner einfachen Form der kleine Junge den Vater zu beseitigen und die Mutter zu heiraten, das kleine Mädchen die Mutter zu beseitigen und den Vater zu heiraten wünscht, wobei Freud von Anfang an eine Verbindung zwischen dieser Konstellation und der antiken Sage vom König Ödipus, der, ohne es zu wissen, seinen Vater tötete und seine Mutter heiratete, herstellte und damit die mythischen und archaischen Wurzeln des Ödipuskomplexes, woraus seine absolute Allgemeingültigkeit abgeleitet wird, betonte. Die Anerkennung des Ödipuskomplexes als »Kernkomplex« jeder Neurosenbildung war für Freud das zentrale Kriterium der Zugehörigkeit zur Psychoanalyse.

Wie wir bei der Darstellung der Freudschen Lehre von der frühkindlichen Entwicklung der Partialtriebe (203f.) erwähnten, ist seiner Auffassung nach während des frühesten, »oralen« Stadiums für den männlichen wie weiblichen Säugling die Mutter das erste Sexualobjekt. Demnach wäre die erste interpersonale Beziehung des Kindes eine »duale« Bindung an die Mutter. Eine solche »präödipale« Phase der sexuellen Interpersonalität (die zu unterscheiden ist von der prägenitalen Phase der Triebentwicklung) ist von Freud wegen der darin liegenden möglichen Relativierung der Allgemeingültigkeit des Ödipuskomplexes erst spät und zögernd anerkannt worden (XIV, 517ff.). Besonders beim kleinen Mädchen erschien die Annahme einer vor der Wahl des Vaters zum Sexualobjekt liegenden präödipalen libidinösen Mutterbindung nötig, während beim kleinen Jungen, da er in der ödipalen Dreiecksituation die Mutter als Sexualobjekt beibehält und nur die Rivalität zum Vater hinzutritt, die Abgrenzung einer präödipalen Phase von Freud als schwieriger betrachtet wurde. (Manche anderen Psychoanalytiker, in neuerer Zeit z. B. Lorenzer in seinem Konzept der »Mutter-Kind-Dyade«, haben den präödipalen Bindungen eine sehr viel größere Bedeutung beigemessen als Freud dies tat.)

Der in der weiteren Entwicklung jenseits des Säuglingsstadiums allmählich vollzogene Übergang von der lediglich präödipalen Mutterbindung zum Ödipuskomplex des Knaben (in seiner einfachen Form, s. u.) wird nach Freud eingeleitet durch eine neben der »Objektbesetzung der Mutter nach dem Anlehnungstypus« (d. h. Auswahl der Libidoobjekte nach ihrer Eignung zur Befriedigung der Körperbedürfnisse, hier besonders des Nahrungsbedürfnisses) sich herausbildende »Identifizierung mit dem Vater«, bei der der Knabe den Vater zum Vorbild nimmt, »so werden und so sein wie er, in allen Stücken an seine Stelle treten« möchte. Diese beiden Beziehungen bestehen nach Freud »eine Weile nebeneinander, ohne gegenseitige Beeinflussung oder Störung« (XIII, 115), bis allmählich »durch die Verstärkung der sexuellen Wünsche nach der Mutter und die Wahrnehmung, daß der Vater diesen Wünschen ein Hindernis ist, der Ödipuskomplex entsteht. Die Vateridentifizierung nimmt nun eine feindselige Tönung an, sie wendet sich zum Wunsch, den Vater zu beseitigen, um ihn bei der Mutter zu ersetzen. Von da an ist das Verhältnis zum Vater ambivalent, bzw. ist die in der Identifizierung von Anfang an enthaltene Ambivalenz manifest geworden. Diese ambivalente Einstellung zum Vater und die nur zärtliche Objektstrebung nach der Mutter beschreiben für den Knaben den Inhalt des einfachen, positiven Ödipuskomplexes« (XIII, 260). – Der Ödipuskomplex des kleinen Mädchens wurde von Freud zunächst global mit dem des Knaben analogisiert, wobei sich für Freud jedoch später so große Schwierigkeiten bei der Erklärung der (vom Knaben nicht zu vollziehenden) Abwendung des Mädchens von der ursprünglichen präödipalen Mutterbindung, der Entstehung der Feindseligkeit gegen die Mutter und sexuellen Bindung an den Vater ergaben, daß er einräumen mußte, seine Aussagen über den Ödipuskomplex würden »in voller Strenge nur für das männliche Kind«

passen (XIV, 521). Freud knüpft mit seinen Erklärungsversuchen hier bei der früher (S. 204) dargestellten letzten Phase der sexuellen Partialtriebentwicklung, der »phallischen Phase« an, in der seiner Auffassung nach nur das männliche Genitale, der Penis, bekannt ist und das Mädchen demgemäß als minderwertiges Geschöpf ohne bzw. mit einem verkümmerten Penis erscheinen muß und macht die Annahme des daraus entstehenden »Penisneides« des kleinen Mädchens, der für seine Vorstellungen von weiblicher Sexualität von zentraler Bedeutung ist. Der Penisneid nun wird zur Erklärung des Aufgebens der präödipalen Mutterbindung durch das Mädchen und seine Zuwendung zum Vater herangezogen: Am Ende der präödipalen Phase taucht beim Mädchen der Vorwurf auf, daß sie, die Mutter »dem Kind kein richtiges Genitale mitgegeben, d. h. es als Weib geboren hat« (XIV, 527). Die »ganze Unzufriedenheit mit der minderwertigen Klitoris« wird im »Widerstreben der Befriedigung an ihr« (XV, 136), d. h. der Aufgabe der klitorischen Masturbation und Hinwendung zum Vater zum Ausdruck gebracht. »Der Wunsch, mit dem sich das Mädchen an den Vater wendet, ist wohl ursprünglich der Wunsch nach dem Penis, den ihr die Mutter versagt hat und den sie nun vom Vater erwartet. Die weibliche Situation ist aber erst hergestellt, wenn sich der Wunsch nach dem Penis durch den nach dem Kind ersetzt, das Kind also nach alter symbolischer Äquivalenz an die Stelle des Penis tritt.« Aufgrund des »Peniswunsches« wird »ein Kind vom Vater . . . von da an das stärkste weibliche Wunschziel. Das Glück ist groß, wenn dieser Kinderwunsch später einmal seine reale Erfüllung findet, ganz besonders aber, wenn das Kind ein Knäblein ist, das den ersehnten Penis mitbringt« (XV, 137). »Mit der Übertragung des Kind-Penis-Wunsches auf den Vater ist das Mädchen in die Situation des Ödipuskomplexes eingetreten. Die Feindseligkeit gegen die Mutter, die nicht erst neu geschaffen zu werden brauchte, erfährt jetzt eine große Verstärkung, denn sie wird zur Rivalin, die vom Vater all das erhält, was das Mädchen von ihm begehrt« (XV, 138).

Die Konzeption des »einfachen« männlichen und weiblichen Ödipuskomplexes kompliziert sich für Freud durch die Tatsache der *natürlichen Bisexualität* des Menschen: »Man gewinnt . . . den Eindruck, daß der einfache Ödipuskomplex überhaupt nicht das häufigste ist, sondern einer Vereinfachung oder Schematisierung entspricht, die allerdings oft genug praktisch gerechtfertigt bleibt. Eingehendere Untersuchung deckt zumeist den *vollständigeren* Ödipuskomplex auf, der ein zweifacher ist, ein positiver und ein negativer, abhängig von der ursprünglichen Bisexualität des Kindes, d. h. der Knabe hat nicht nur eine ambivalente Einstellung zum Vater und eine zärtliche Objektwahl für die Mutter, er benimmt sich auch gleichzeitig wie ein Mädchen, er zeigt die zärtliche feminine Einstellung zum Vater und die ihr entsprechende eifersüchtig-feindselige gegen die Mutter . . . Es könnte auch sein, daß die im Elternverhältnis konstatierte Ambivalenz durchaus auf die Bisexualität zu beziehen wäre und nicht, wie ich es vorhin dargestellt, durch die Rivalitätseinstellung aus der Identifizierung entwickelt würde« (XIII, 261).

Für ein angemessenes Verständnis der Bedeutung des Ödipuskomplexes für die gesamte Freudsche Theorie ist der Umstand von großer Wichtigkeit, daß nach Freuds Auffassung die Ödipussituation nicht auf die jeweils tatsächlichen Geschehnisse in einer bestimmten Familie und ihre Auswirkungen reduzierbar ist. Wie schon aus der von Freud hergestellten Beziehung zur antiken Ödipus-Sage hervorgeht, ist für Freud der Ödipus-Komplex ein *allgemein-menschlicher Urkonflikt*, der sich in der individuellen Einzelbiographie lediglich manifestiert. Zum Aufweis der vor und außerhalb jeder Geschichte liegenden Fundamentalsituation, auf die der Ödipuskomplex zurückgehen soll, zieht Freud die – zeitweise auch von Darwin vertretene – Theorie der *»Urhorde«* heran, in der der Urvater die Schar seiner Söhne mit Gewalt von den Frauen, die er für sich allein beanspruchte, fernhielt. Freud kommt in seiner Abhandlung »Totem und Tabu« (1912/13, FGW IX) aufgrund der Analyse ethnologischen Materials zu der Annahme, die Brüder hätten den Urvater erschlagen und verzehrt und so der Vaterhorde ein Ende gemacht. Da die Söhne aber ihrem Vater gegenüber vermutlich von den gleichen ambivalenten Gefühlen beherrscht gewesen seien, die im Ödipuskomplex »bei jedem unserer Kinder und unserer Neurotiker« vorliegen, gewannen gemäß Freuds Annahme bei ihnen nach der Vatertötung, damit Befriedigung des Hasses, nun die zärtlichen Regungen die Oberhand. So »entstand ein Schuldbewußtsein, welches hier mit der gemeinsam empfundenen Reue zusammenfällt. Der Tote wurde nun stärker, als der Lebende gewesen war; all dies, wie wir es noch heute an Menschenschicksalen sehen. Was er früher durch seine Existenz verhindert hatte, das verboten sie (die Söhne/U.O.) sich jetzt selbst in der psychischen Situation des uns aus den Psychoanalysen wohl bekannten *›nachträglichen Gehorsams‹*. Sie widerriefen ihre Tat, indem sie die Tötung des Vaterersatzes, des Totem, für unerlaubt erklärten, und verzichteten auf deren Früchte, indem sie sich die freigewordenen Frauen versagten. So schufen sie aus dem *Schuldbewußtsein des Sohnes* die beiden fundamentalen Tabu des Totemismus, die eben darum mit den beiden verdrängten Wünschen des Ödipus-Komplexes übereinstimmen mußten. Die beiden Tabu des Totemismus, mit denen die Sittlichkeit der Menschen beginnt, sind psychologisch nicht gleichwertig. Nur das eine, die Schonung des Totemtiers, ruht ganz auf Gefühlsmotiven; der Vater war ja beseitigt, in der Realität war nichts mehr gutzumachen. Das andere aber, das Inzestverbot, hatte auch eine starke praktische Begründung. Das sexuelle Bedürfnis einigt die Männer nicht, sondern entzweit sie. Hatten sich die Brüder verbündet, um den Vater zu überwältigen, so war jeder des anderen Nebenbuhler bei den Frauen. Jeder hätte sie wie der Vater alle für sich haben wollen, und in dem Kampfe aller gegen alle wäre die neue Organisation zugrunde gegangen« (IX, 173f). Zusammenfassend stellt Freud fest, »daß die beiden Wunschregungen, welche den Ödipus-Komplex zusammensetzen, sich inhaltlich voll mit den beiden Hauptverboten des *Totemismus* decken (den Ahnherrn nicht zu töten und kein Weib der eigenen Sippe zu ehelichen)« (XIII, 228), so daß man das Ergebnis aussprechen könne, »daß im Ödipus-Komplex die Anfänge von Religion, Sittlichkeit, Gesellschaft und Kunst zusammentreffen, in voller Übereinstimmung mit der Feststellung der Psychoanalyse, daß dieser Komplex den Kern aller Neurosen bildet, so weit sie bis jetzt unserem Verständnis nachgegeben haben« (IX, 188).

Das Problem, wie die ambivalente, aus »Todeswunsch« und zärtlicher Identifikation zusammengesetzte Bindung an den Vater und der Konflikt aus libidinösen Wünschen gegenüber der Mutter und Inzestverbot als konstante Inhalte aus der Vorgeschichte in die jeweils individuelle Ödipussituation hineinwirken können, löst Freud für sich auf die uns schon bekannte Weise lamarckistischer Annahmen über den phylogenetischen Prozeß: »Wenn der Ödipuskomplex auch von den meisten Menschenkindern individuell durchlebt wird, so ist er doch *ein durch die Heredität bestimmtes, von ihr angelegtes Phänomen*« (XIII, 396f., Hervorh. U. O.). – Freud geht auf die Problematik solcher lamarckistischen Interpretationen in seinem Artikel »Der Mann Moses und die monotheistische Religion« (1939, XVI) ausdrücklich ein: »Wenn wir die Reaktionen auf die frühen Traumen studieren, sind wir oft genug überrascht zu finden, daß sie sich nicht strenge an das wirklich selbst Erlebte halten, sondern sich in einer Weise von ihm entfernen, die weit besser zum Vorbild eines phylogenetischen Ereignisses paßt und ganz allgemein nur durch dessen Einfluß erklärt werden kann. Das Verhalten des neurotischen Kindes zu seinen Eltern im Ödipus- und Kastrationskomplex ist überreich an solchen Reaktionen, die individuell ungerechtfertigt erscheinen und erst phylogenetisch, durch die Beziehung auf das Erleben früherer Geschlechter, begreiflich werden.« Deswegen wagen wir »die Behauptung aufzustellen, daß die archaische Erbschaft des Menschen nicht nur Dispositionen, sondern auch Inhalte umfaßt, Erinnerungsspuren an das Erleben früherer Generationen. Damit wären Umfang wie Bedeutung der archaischen Erbschaft in bedeutungsvoller Weise gesteigert« (XVI, 206). »Unsere Sachlage wird allerdings durch die gegenwärtige Einstellung der *biologischen Wissenschaft* erschwert, die *von der Vererbung erworbener Eigenschaften auf die Nachkommen nichts wissen will.* Aber wir gestehen in aller Bescheidenheit, daß wir *trotzdem diesen Faktor in der biologischen Entwicklung nicht entbehren* können ... Zugegeben, daß wir für die Erinnerungsspuren in der archaischen Erbschaft derzeit keinen stärkeren Beweis haben als jene Resterscheinungen der analytischen Arbeit, die eine Ableitung aus der Phylogenese erfordert, so erscheint uns dieser Beweis doch stark genug, um einen solchen Sachverhalt zu postulieren. Wenn es anders ist, kommen wir weder in der Analyse noch in der Massenpsychologie auf dem eingeschlagenen Weg einen Schritt weiter. Es ist eine unvermeidliche Kühnheit. Wir tun damit auch noch etwas anderes. Wir verringern die Kluft, die frühere Zeiten menschlicher Überhebung allzuweit zwischen Mensch und Tier aufgerissen haben. Wenn die sogenannten Instinkte der Tiere, die ihnen gestatten, sich von Anfang an in der neuen Lebenssituation so zu benehmen, als wäre sie eine alte, längst vertraute, wenn dies Instinktleben der Tiere überhaupt eine Erklärung zuläßt, so kann es nur die sein, daß sie die Erfahrungen ihrer Art in die neue eigene Existenz mitbringen, also Erinnerungen an das von ihren Voreltern Erlebte in sich bewahrt haben. Beim Menschentier wäre es im Grunde auch nicht anders. Den Instinkten der Tiere entspricht seine eigene archaische Erbschaft, sei sie auch von anderem Umfang und Inhalt. Nach diesen Erörterungen trage ich keine Bedenken auszusprechen, die Menschen haben es – in jener besonderen Weise – immer gewußt, daß sie einmal einen Urvater besessen und erschlagen haben«. Unter den Bedingungen, die zu einem Aktivwerden solcher archaischer Erinnerungen führen können, nennt Freud als wichtigste »die Erweckung der vergessenen Erinnerungsspur durch eine rezente reale Wiederholung des Ereignisses« (XVI, 207f., Hervorh. U. O.).

Die Freudschen Annahmen über die archaische Entstehung und überzeitliche Bedeutung, damit Schicksalhaftigkeit des Ödipuskomplexes in der individuellen Biographie, beziehen sich ausschließlich auf die männliche Variante des Ödipuskomplexes. Entsprechende archaische Herleitungen und phylogenetische Bekräftigungen sind von ihm für die von ihm dargestellte weibliche Form des Ödipuskomplexes an keiner Stelle versucht worden.

Das *Über-Ich* entsteht nach Freud aus dem *»Untergang des Ödipuskomplexes«*, indem die durch die Eltern repräsentierten Verbote der inzestuösen Triebbefriedigung *per Identifikation mit den Eltern als vom Individuum selbst ausgehende Verbote unabhängig von äußeren verbietenden Instanzen unter Verdrängung ihrer Herkunft aus den elterlichen Verboten ins Ich »introjiziert« werden,* wobei jetzt durch die auf die Eltern bezogenen sexuellen oder aber auch aggressiven Strebungen im Ich »Schuldgefühle« und »Gewissensängste« erzeugt werden, die zur Verdrängung der entsprechenden Triebregungen führen. Als Bedingung für den Abbau bzw. die Unterdrückung des Ödipuskomplexes nahm Freud zunächst allgemein die strafenden und versagenden Elterninstanzen an, kam später aber im Hinblick auf den männlichen Ödipuskomplex zu einer theoretischen Präzisierung, indem er (in seinem Aufsatz »Der Untergang des Ödipuskomplexes«, 1924, XIII) unter spezifischer Verwertung des von ihm schon viel früher eingeführten *»Kastrationskomplexes«* die Annahme machte, der Ödipuskomplex gehe an den auf die sexuellen, besonders masturbatorischen Aktivitäten des Knaben in der »phallischen Phase« bezogenen *»Kastrationsdrohungen«* der Eltern, besonders des Vaters, zugrunde, wobei auch dem Kastrationskomplex eine archaische Wurzel und Verstärkung zugrundegelegt wird. Die Angst, die zu den genannten Verdrängungs-, Identifizierungs- und Introjektionsprozessen der Überich-Bildung führt, wird also hier als *»Kastrationsangst«* näher bestimmt. Durch die vom Über-Ich veranlaßte Sexualverdrängung wird nach Freud in der individuellen Entwicklung, etwa mit dem fünften Lebensjahr, die phallische Phase durch die sog. *»Latenzzeit«* abgelöst, in der das Kind relativ geringe sexuelle Interessen hat (was von allen Kulturen zur Erziehung und Unterweisung der Kinder genutzt werde); auf die Latenzzeit wiederum folge ein neues und verstärktes Hervorbrechen der Sexualität in der Pubertät. – Freuds Vorstellungen über den Untergang des Ödipuskomplexes und die Überich-Bildung beim kleinen Mädchen sind demgegenüber wenig ausgeprägt; er nimmt hier an, daß der Ödipuskomplex allmählich durch die Vergeblichkeit des Wunsches, vom Vater ein Kind zu bekommen, wenn auch unvollständiger als beim Knaben, abgebaut wird, was beim Mädchen zu einer sehr viel schwächeren Ausbildung des Über-Ich führen müsse.

Freud faßt seine Konzeption der Entstehung des männlichen Über-Ich durch den an der Kastrationsdrohung zugrundegegangenen Ödipuskomplex wie folgt zusammen: Wenn in der phallischen Phase »das (männliche) Kind sein Interesse dem Genitale zugewendet hat, so verrät es dies auch durch ausgiebige manuelle Beschäftigung mit demselben und muß dann die Erfahrung machen, daß die Erwachsenen mit diesem Tun nicht einverstanden sind. Es tritt mehr oder minder deutlich, mehr oder minder brutal, die Drohung auf, daß man ihn dieses von ihm hochgeschätzten Teiles berauben werde« (XIII, 396). Die Angst vor der Kastrationsmöglichkeit gewinnt nach Freud eine wesentliche Verstärkung durch die Beobachtung der Penislosigkeit des kleinen Mädchens, was in der phallischen Phase, die nur das männliche Genitale kennt, zu der »Einsicht, daß das Weib kastriert sei« führen würde, womit die Bedrohtheit durch das gleiche Schicksal sehr viel glaubwürdiger werden müsse. »Wenn die Liebesbefriedigung auf dem Boden des Ödipuskomplexes den Penis kosten soll, so muß es zum Konflikt zwischen dem narzißtischen Interesse an diesem Körperteile und der libidinösen Besetzung der elterlichen Objekte kommen. In diesem Konflikt siegt normalerweise die erstere Macht; das Ich des Kindes wendet sich vom Ödipuskomplex ab« (XIII, 398). Dies geschieht dadurch, daß die »Objektbesetzungen ... aufgegeben und durch Identifizierung ersetzt« werden. »Die ins Ich introjizierte Vater- oder Elternautorität bildet dort den Kern des Über-Ichs, welches vom Vater die Strenge entlehnt, sein Inzestverbot perpetuiert und so das Ich gegen die Wiederkehr der libidinösen Objektbesetzung versichert. Die dem Ödipuskomplex zugehörigen libidinösen Strebungen werden zum Teil desexualisiert und sublimiert, was wahrscheinlich bei jeder Umsetzung und Identifizierung geschieht, zum Teil zielgehemmt und in zärtliche Regungen verwandelt. Der ganze Prozeß hat einerseits das Genitale gerettet, die Gefahr des Verlustes von ihm abgewendet, andererseits es lahmgelegt, seine Funktion aufgehoben. Mit ihm setzt die Latenzzeit ein, die nun die Sexualentwicklung des Kindes unterbricht« (XIII, 399).

Im Hinblick auf die entsprechende Entwicklung des kleinen Mädchens wird unser »Material ... – unverständlicherweise – weit dunkler und lückenhafter. Auch das weibliche Geschlecht entwickelt einen Ödipuskomplex, ein Über-Ich und eine Latenzzeit. Kann man ihm auch eine phallische Organisation und einen Kastrationskomplex zusprechen? Die Antwort lautet bejahend, aber es kann nicht dasselbe sein wie beim Knaben. Die feministische Forderung nach Gleichberechtigung der Geschlechter trägt hier nicht weit, der morphologische Unterschied muß sich in Verschiedenheiten der psychischen Entwicklung äußern. Die Anatomie ist das Schicksal, um ein Wort Napoleons zu variieren. Die Klitoris des Mädchens benimmt sich zunächst ganz wie ein Penis, aber das Kind nimmt durch die Vergleichung mit einem männlichen Gespielen wahr, daß es ›zu kurz gekommen‹ ist, und empfindet diese Tatsache als Benachteiligung und Grund der Minderwertigkeit. Es tröstet sich noch eine Weile mit der Erwartung, später, wenn es heranwächst, ein ebenso großes Anhängsel wie ein Bub zu bekommen. Hier zweigt dann der Männlichkeitskomplex des Weibes ab. Seinen aktuellen Mangel versteht das weibliche Kind aber nicht als Geschlechtscharakter, sondern erklärt ihn durch die Annahme, daß es früher einmal ein ebenso großes Glied besessen und dann durch Kastration verloren hat. Er scheint diesen Schluß nicht von sich auf andere, erwachsene Frauen auszudehnen, sondern diesen, ganz im Sinne der phallischen Phase, ein großes und vollständiges, also männliches, Genitale zuzumuten. Es ergibt sich also der wesentliche Unterschied, daß das Mädchen die Kastration als vollzogene Tatsache akzeptiert, während sich der Knabe vor der Möglichkeit ihrer Vollziehung fürchtet« (XIII, 400). »Mit der Ausschaltung der Kastrationsangst entfällt auch ein mächtiges Motiv zur Aufrichtung des Über-Ichs und zum Abbruch der infantilen Genitalorganisation. Diese Veränderungen scheinen weit eher als beim Knaben Erfolg der Erziehung, der äußeren Einschüchterung zu sein, die mit dem Verlust des Geliebtwerdens droht« (XIII, 401). »Mit dem Wegfall der Kastrationsangst entfällt das Hauptmotiv, das den Knaben gedrängt hatte, den Ödipuskomplex zu überwinden. Das Mädchen verbleibt in ihm unbestimmt lange, baut ihn nur spät und dann unvollkommen ab. Die Bildung des Über-Ichs muß unter diesen Verhältnissen leiden, es kann nicht die Stärke und die Unabhängigkeit erreichen, die ihm seine kulturelle Bedeutung verleihen und – Feministen hören es nicht gerne, wenn man auf die Auswirkungen dieses Moments für den durchschnittlichen weiblichen Charakter hinweist« (XV, 138f.).

Die Kastrationsangst als (beim männlichen Kind) gegebene Voraussetzung für die zur Überich-Bildung führenden Verdrängungs-, Identifizierungs- und Introjektionsprozesse ist nach Freud in ihrer Existenz und Stärke keineswegs abhängig von der Häufigkeit und Intensität der tatsächlich durch die realen Eltern ausgesprochenen Kastrationsdrohungen. Vielmehr wird die Kastrationsangst, wie der Ödipuskomplex, auf die inhaltliche Vererbung vorgeschichtlicher Erfahrungen in der »Urhorde«, hier die reale Kastration der Söhne durch den Urvater, zurückgeführt, womit nicht die aktuellen Erlebnisse die entscheidenden Ursachen der Kastrationsangst sind, sondern umgekehrt nur Anlässe darstellen, die gemäß dem phylogenetischen Kastrationsschema selegiert und akzentuiert werden: »Der Knabe hat hier ein phylogenetisches Schema zu erfüllen und bringt es zu stande, wenngleich seine persönlichen Erlebnisse nicht dazu stimmen mögen« (XII, 119). »Wo die Erlebnisse sich dem hereditären Schema nicht fügen, kommt es zu einer Umarbeitung derselben in der Phantasie . . . Gerade diese Fälle sind geeignet, uns die selbständige Existenz des Schemas zu erweisen. Wir können oft bemerken, daß das Schema über das individuelle Erleben siegt, so wenn in unserem Falle der Vater zum Kastrator und Bedroher der kindlichen Sexualität wird . . .« (XII, 155). – Freud verallgemeinert derartige Feststellungen zur Annahme von »Urphantasien« als »phylogenetischer Besitz. Das Individuum greift in ihnen über sein eigenes Erleben hinaus in das Erleben der Vorzeit, wo sein eigenes Erleben allzu rudimentär geworden ist. Es scheint mir sehr wohl möglich, daß alles, was uns heute in der Analyse als Phantasie erzählt wird, die Kinderverführung, die Entzündung der Sexualerregung an der Beobachtung des elterlichen Verkehrs, die Kastrationsdrohung – oder vielmehr die Kastration, – in den Urzeiten der menschlichen Familie einmal Realität war, und daß das phantasierende Kind einfach die Lücken der individuellen Wahrheit mit prähistorischer Wahrheit ausgefüllt hat. Wir sind wiederholt auf den Verdacht gekommen, daß uns die Neurosenpsychologie mehr von den Altertümern der menschlichen Entwicklung aufbewahrt hat als alle anderen Quellen« (XI, 386).

Die *Identifizierungen*, die von Freud als »eine Angleichung eines Ichs an ein fremdes, in deren Folge dieses erste Ich sich in bestimmten Hinsichten so benimmt wie das andere, es nachahmt, gewissermaßen in sich aufnimmt« bestimmt werden (XV, 69) und die gemäß seiner Theorie sich in der prä-ödipalen und ödipalen Phase als erst positive, dann immer stärker ambivalente Vater- bzw. Mutteridentifizierungen herausgebildet hatten, erfahren nach Freud mit dem Aufbau des Über-Ich durch Verdrängung des Ödipuskomplexes nicht nur eine große Verstärkung, sondern gewinnen eine neue Qualität. Freud bestimmte diese Identifizierungen als Ersatz für die unter dem Einfluß der Kastrationsdrohung aufgegebenen Objektbesetzungen der Eltern: »Wir verstehen, mit dem Auflassen des Ödipuskomplexes mußte das Kind auf die intensiven Objektbesetzungen verzichten, die es bei den Eltern untergebracht hatte, und zur Entschädigung für diesen Objektverlust werden die wahrscheinlich längst vorhandenen Identifizierungen mit den Eltern in seinem Ich so sehr verstärkt« (XV, 70); dies bedeutet, »daß hier die Objektwahl gleichsam zur Identifizierung regrediert« (XV, 69). Die Besonderheit, die die *Identifizierungen* mit der *Überich-Bildung* erlangen, ist die »ins Ich *introjizierte Vater- oder Elternautorität«* (XIII, 399, Hervorh. U. O.). Durch die »Introjektion«[13] oder »Verinnerlichung« werden die vorher äußeren Autoritäten zu inneren Autoritäten, die das Ich in sich aufrichtet, was nur dadurch möglich ist, daß die Herkunft der inneren Autorität aus der äußeren Autorität der Eltern verdrängt wird (womit der Vorgang der Introjektion zu den unbewußten Anteilen des Ich gehört). – Durch die »dynamische« Funktion der »Einsetzung des Über-Ichs als ein gelungener Fall von Identifizierung mit der Elterninstanz« (XV, 70) muß sich auch der Inhalt der »introjektiven« Identifizierungen des Über-Ich gegenüber den früheren Identifizierungen wandeln: »Das Über-Ich ist . . . nicht einfach ein Residuum der ersten Objektwahlen des Es, sondern es hat auch die Bedeutung einer energischen Reaktionsbildung gegen dieselben. Seine Beziehung zum Ich erschöpft sich nicht in der Mahnung: So (wie der Vater) sollst du sein, sie umfaßt auch das Verbot: So (wie der Vater) darfst du nicht sein, das heißt nicht alles tun, was er tut; manches bleibt ihm vorbehalten. Dies Doppelangesicht des Ichideals leitet sich aus der Tatsache ab, daß das Ichideal zur Verdrängung des Ödipuskomplexes bemüht wurde, ja, diesem Umschwung erst seine Entstehung dankt« (XIII, 262); auf diese Weise sind also nach Freud die früher geschilderten Überich-Funktionen, das verbietende »Gewissen« und die »Idealfunktion« in den Identifizierungen des Über-Ich miteinander verbunden. – Die entscheidende »dynamische« Aufgabe erwächst dem Über-Ich gemäß Freuds Auffassung aus seiner Gewissensfunktion, als *verbietende Instanz*, deren Stärke durch die Ausgeprägtheit des Ödipuskomplexes wie die Vollständigkeit seiner Zerschlagung bzw. Verdrängung bedingt ist. Die Herausbildung der »Strenge« des Über-Ich wird von Freud zunächst damit erklärt, daß das infantile Ich sich für die vom Vater erzwungene Leistung der Verdrängung des Ödipuskomplexes gewissermaßen die Kraft von diesem ausleiht: »Das Über-Ich wird den Charakter des Vaters bewahren und je stärker der Ödipuskomplex war, je beschleunigter (unter dem Einfluß von Autorität, Religionslehre, Unterricht, Lektüre) seine Verdrängung erfolgte, desto strenger wird später das Über-Ich als Gewissen . . .« (XIII,

[13] Der Freudsche Begriff der »Introjektion« ist von der allgemeineren Verwendung dieser Bezeichnung durch Holzkamp, der damit die Umdeutung objektiver Lebensbedingungen in »psychische Sachverhalte« kennzeichnet (vgl. S. 289), zu unterscheiden.

263). Darüberhinaus kommt Freud aber noch zu einer anderen, aus seiner Lehre von den ursprünglichen Aggressionstrieben (als nach außen gewendeten Todestrieben) abgeleiteten Erklärung der Überich-Strenge als Resultat des Verzichts auf die Befriedigung des Aggressionstriebes, wobei »jeder neue Verzicht« die »Strenge und Intoleranz« des Gewissens steigert (XIV, 448). Die »Unstimmigkeit« mit der ersten Ableitung, der gemäß die »ursprüngliche Aggression des Gewissens die fortgesetzte Strenge der äußeren Autorität ist, also mit Verzicht nichts zu tun hat« beseitigt Freud für sich mit einer Umdeutung der Entstehung der Überich-Aggression: »Gegen die Autorität, welche das Kind an den ersten, aber auch bedeutsamsten Befriedigungen verhindert, muß sich bei diesem ein erhebliches Maß von Aggressionsneigung entwickelt haben, gleichgültig welcher Art die geforderten Triebentsagungen waren. Notgedrungen mußte das Kind auf die Befriedigung dieser rachsüchtigen Aggression verzichten. Es hilft sich aus dieser schwierigen ökonomischen Situation auf dem Wege bekannter Mechanismen, indem es diese unangreifbare Autorität durch Identifizierung in sich aufnimmt, die nun das Über-Ich wird und in den Besitz all der Aggression gerät, die man gern als Kind gegen sie ausgeübt hätte ... Der wesentliche Unterschied ... ist, daß die ursprüngliche Strenge des Über-Ichs nicht – oder nicht so sehr – die ist, die man von ihm erfahren hat oder die man ihm zumutet, sondern die eigene Aggression gegen ihn vertritt.« Diese Interpretation ist für Freud mit der ersten vereinbar, »denn die rachsüchtige Aggression des Kindes wird durch das Maß der strafenden Aggression, die es vom Vater erwartet, mitbestimmt werden« (XIV, 490). Unabhängig von den real erfahrenen Aggressionen kann man jedoch, wie Freud meint, »... auch sagen, wenn das Kind auf die ersten großen Triebversagungen mit überstarker Aggression und entsprechender Strenge des Über-Ichs reagiert, folgt es dabei einem phylogenetischen Vorbild und setzt sich über die aktuell gerechtfertigte Reaktion hinaus, denn der Vater der Vorzeit war gewiß fürchterlich und ihm durfte man das äußerste Maß von Aggression zumuten« (XIV, 490).

Die emotionale Reaktion des Ich auf die im Über-Ich errichtete strafende »Gewissens«-Instanz ist nach Freud das *»Schuldbewußtsein«* oder *»Schuldgefühl«*. – Eine Vorform von »Gewissen« und »Schuldgefühl« findet sich, wie Freud darlegt, als *»Entdeckungsangst«* bereits beim kleinen Kind, vor dem Aufbau des Über-Ich. »Das Böse ist ... anfänglich dasjenige, wofür man mit Liebesverlust bedroht wird; aus Angst vor diesem Verlust muß man es vermeiden. Darum macht es auch wenig aus, ob man das Böse bereits getan hat, oder es erst tun will; in beiden Fällen tritt die Gefahr erst ein, wenn die Autorität es entdeckt, und diese würde sich in beiden Fällen ähnlich benehmen. Man heißt diesen Zustand ›schlechtes Gewissen‹, aber eigentlich verdient er diesen Namen nicht, denn auf dieser

Stufe ist das Schuldbewußtsein offenbar nur Angst vor dem Liebesverlust, ›soziale‹ Angst. Beim kleinen Kind kann es niemals etwas anderes sein, aber auch bei vielen Erwachsenen ändert sich nicht mehr daran, als daß an Stelle des Vater oder beider Eltern die größere menschliche Gemeinschaft tritt. Darum gestatten sie sich regelmäßig das Böse, das ihnen Annehmlichkeiten verspricht, auszuführen, wenn sie nur sicher sind, daß die Autorität nichts davon erfährt oder ihnen nichts anhaben kann, und ihre Angst gilt allein der Entdeckung. Mit diesem Zustand hat die Gesellschaft unserer Tage im allgemeinen zu rechnen« (XIV, 484). »Eine große Änderung tritt erst ein, wenn die Autorität *durch die Aufrichtung eines Über-Ichs verinnerlicht* wird. Damit werden die Gewissensphänomene auf eine neue Stufe gehoben, im Grund sollte man erst jetzt von Gewissen und Schuldgefühl sprechen« (XIV, 484, Hervorh. U. O.). »Wir kennen also zwei Ursprünge des Schuldgefühls, den aus der Angst vor der Autorität und den späteren aus Angst vor dem Über-Ich. Das erstere zwingt dazu, auf Triebbefriedigungen zu verzichten, das andere drängt, *da man den Fortbestand der verbotenen Wünsche vor dem Über-Ich nicht verbergen* kann, *außerdem zur Bestrafung*« (XIV, 486, Hervorh. U. O.). Bei der Angst vor der äußeren Autorität verzichtet man »auf Befriedigungen, um deren Liebe nicht zu verlieren. Hat man diesen Verzicht geleistet, so ist man sozusagen mit ihr quitt, es sollte ein Schuldgefühl erübrigen. Anders ist es im Falle der Angst vor dem Über-Ich. Hier hilft der Triebverzicht nicht genug, denn der Wunsch bleibt bestehen und läßt sich von dem Über-Ich nicht verheimlichen. Es wird also trotz des erfolgten Verzichts ein Schuldgefühl zustande kommen und dies ist ein großer ökonomischer Nachteil der Über-Ich-Einsetzung, wie man sagen kann, der Gewissensbildung. Der Triebverzicht hat nun keine voll befreiende Wirkung mehr, die tugendhafte Enthaltung wird nicht mehr durch die Sicherung der Liebe gelohnt, *für ein drohendes äußeres Unglück – Liebesverlust und Strafe von Seiten der äußeren Autorität* – hat man ein *andauerndes inneres Unglück, die Spannung des Schuldbewußtseins, eingetauscht*« (XIV, 487, Hervorh. U. O.). – Gelegentlich, wenn er den Unterschied zwischen der Gewissens- und der Ideal- oder Vorbildfunktion des Über-Ich akzentuiert, kommt Freud zur Annahme eines vom Schuldgefühl abzuhebenden »Minderwertigkeitsgefühls« in Reaktion auf das »Ichideal« als »Niederschlag der alten Elternvorstellung, der Ausdruck der Bewunderung jener Vollkommenheit, die das Kind ihnen damals zuschrieb . . . Das Gefühl der Minderwertigkeit hat starke erotische Wurzeln. Das Kind fühlt sich minderwertig, wenn es merkt, daß es nicht geliebt wird, ebenso der Erwachsene. . . . Aber der Hauptanteil des Minderwertigkeitsgefühls stammt aus der Beziehung des Ichs zu seinem Über-Ich, ist ebenso wie das Schuldgefühl ein Ausdruck der Spannung zwischen beiden« (XV, 71). – Als positive Entsprechung der bei Verletzung der Überich-Gebote auftretenden

Schuld- und Minderwertigkeitsgefühle nennt Freud den Stolz des Individuums, wenn es den Forderungen des Über-Ich nachkommen kann: »Während ... der Triebverzicht aus äußeren Gründen nur unlustvoll ist, hat der aus inneren Gründen, aus Gehorsam gegen das Über-Ich, eine andere ökonomische Wirkung. Er bringt außer der unvermeidlichen Unlustfolge auch einen Lustgewinn, eine Ersatzbefriedigung gleichsam. Das Ich fühlt sich gehoben, es wird stolz auf seinen Triebverzicht wie auf eine wertvolle Leistung« (XVI, 224); Freud erklärt diesen Stolz mit der Verinnerlichung des Stolzes und der Befriedigung, die das Kind vor der Aufrichtung des Über-Ich bei der von den Eltern für Triebverzicht gewährten Belohnung erfahren hat; die Befriedigung, daß man sich so die Liebe der Eltern »verdient« habe, beziehe sich nunmehr auf das Über-Ich.

Zwar ist das »Über-Ich ... Nachfolger und Vertreter der Eltern« (XVI, 224), aber dabei ist nach Freud zunächst zu bedenken, »daß das Kind seine Eltern in verschiedenen Lebenszeiten verschieden einschätzt. Zur Zeit, da der Ödipuskomplex dem Über-Ich den Platz räumt, sind sie etwas ganz Großartiges, später büßen sie sehr viel ein. Es kommen dann auch Identifizierungen mit diesen späteren Eltern zustande, sie liefern sogar regelmäßig wichtige Beiträge zur Charakterbildung, aber sie betreffen dann nur das Ich, beeinflussen nicht mehr da Über-Ich, das durch die frühesten Elternimagines bestimmt worden ist« (XV, 70). »Im Laufe seiner Entwicklung nimmt das Über-Ich auch die Einflüsse jener Personen an, die an die Stelle der Eltern getreten sind, also von Erziehern, Lehrern, idealen Vorbildern. Es entfernt sich normalerweise immer mehr von den ursprünglichen Elternindividuen, es wird sozusagen unpersönlicher« (a.a.O). Die in diesen beiden Sätzen liegende Widersprüchlichkeit, daß das Über-Ich einerseits durch die frühesten Elternbilder bestimmt ist, aber andererseits durch spätere Einflüsse anderer Autoritäten beeinflußt werden kann, löst Freud durch die für seine Theorie sehr bedeutsame Annahme, daß von vornherein die Eltern nicht lediglich als Individuen, sondern als »Elterninstanzen«, als Vertreter verallgemeinerter gesellschaftlicher Ansprüche, Autorität verlangen: »In der Regel folgen die Eltern und die ihnen analogen Autoritäten in der Erziehung des Kindes den Vorschriften des eigenen Über-Ichs. Wie immer sich ihr Ich mit ihrem Über-Ich auseinandergesetzt haben mag, in der Erziehung des Kindes sind sie streng und anspruchsvoll. Sie haben die Schwierigkeiten ihrer eigenen Kindheit vergessen, sind zufrieden, sich nun voll mit den eigenen Eltern identifizieren zu können, die ihnen seinerzeit die schweren Einschränkungen auferlegt haben. So wird das *Über-Ich des Kindes eigentlich nicht nach dem Vorbild der Eltern, sondern des elterlichen Über-Ichs aufgebaut; es wird zum Träger der Tradition, all der zeitbeständigen Wertungen, die sich auf diesem Wege über Generationen fortgepflanzt* haben ..., in den Ideologien des Über-Ichs lebt die Vergangenheit, die Tradition der Rasse und des Volkes fort« (XV, 73, Hervorh. U. O.). In dieser Freudschen Konzeption, daß das Über-Ich eigentlich der Durchsetzung tradierter Werte und Normen der Kultur bzw. Gesellschaft im Individuum dient, wobei der introjektiven Identifizierung mit den Ge- und Verboten der Eltern nur eine Vermittlungsfunktion zukommt, liegt die wesentliche Voraussetzung für die Brauchbarkeit des Überich- und Identifizierungskonzepts zur Kennzeichnung individueller Vergellschaftungsprozesse, wie sie die soziologische »Sozialisationstheorie« versteht.

Eine Grundeigenart des so verstandenen Vergesellschaftungs-Mechanismus liegt in der Annahme der weitgehenden Determiniertheit des Über-Ich durch die seiner Entstehung zugrundeliegenden Identifizierungsprozesse, womit das Über-Ich des Erwachsenen gegenüber dem kindlichen Über-Ich keine grundlegenden Wandlungen mehr durchmachen kann, d. h. der *individuelle Vergesellschaftungsprozeß* nach der Verdrängung des Ödipuskomplexes durch Introjektion der Eltern-Autorität, also etwa mit dem *5. Lebensjahr*, trotz danach noch möglicher kleinerer Veränderungen im Prinzip abgeschlossen und auch die wesentliche individuelle Lebensthematik mit den generellen Konfliktkonstellationen bei der Bewältigung gesellschaftlicher Anforderungen hier bereits in den Grundzügen festgelegt ist. Das Über-Ich, da es eine »Identifizierung ist, die vorfiel, solange das Ich noch schwach war«, und da es weiterhin »der Erbe des Ödipuskomplexes ist, also die großartigsten Objekte ins Ich einführte . . . verhält sich gewissermaßen zu den späteren Ichveränderungen wie die primäre Sexualphase der Kindheit zum späteren Sexualleben nach der Pubertät. Obwohl allen späteren Einflüssen zugänglich, behält es doch zeitlebens den Charakter, der ihm durch seinen Ursprung aus dem Vaterkomplex verliehen ist, nämlich die Fähigkeit, sich dem Ich entgegenzustellen und es zu meistern. Es ist das *Denkmal der einstigen Schwäche und Abhängigkeit des Ichs* und setzt seine Herrschaft auch über das reife Ich fort. Wie das Kind unter dem Zwang stand, seinen Eltern zu gehorchen, so unterwirft sich das Ich dem kategorischen Imperativ seines Über-Ichs« (XIII, 277f., Hervorh. U. O.).

Mit der Aufrichtung des Über-Ich wären nunmehr alle drei »Instanzen« der Persönlichkeit, wie Freud sie in seinem zweiten topischen Modell gekennzeichnet hat, entwickelt und somit auch die funktionale Position des »Ich« in seiner Beziehung zur Realität, zum »Es« und zum »Über-Ich« endgültig bestimmt: »Das arme Ich . . . dient drei gestrengen Herren, ist bemüht, deren Ansprüche und Forderungen in Einklang miteinander zu bringen . . . Die drei Zwingherren sind die Außenwelt, das Über-Ich und das Es. Wenn man die Anstrengungen des Ichs verfolgt, ihnen gleichzeitig gerecht zu werden, besser gesagt: ihnen gleichzeitig zu gehorchen, kann man nicht bereuen, dieses Ich personifiziert, es als ein besonderes Wesen hingestellt zu haben. Es fühlt sich von drei Seiten her eingeengt, von dreierlei Gefahren bedroht, auf die es im Falle der Bedrängnis mit Angstentwicklung reagiert. Durch seine Herkunft aus den Erfahrungen des Wahrnehmungssystems ist es dazu bestimmt, die Anforderungen der Außenwelt zu vertreten, aber es will auch der getreue Diener des Es sein, im Einvernehmen mit ihm bleiben, sich ihm als Objekt empfehlen, seine Libido auf sich ziehen. In seinem Vermittlungsbestreben zwischen Es und Realität ist es oft genötigt, die ubw Gebiete des Es mit seinen vbw Rationalisierungen zu bekleiden, die Konflikte des Es mit der Realität zu vertuschen, mit diplomatischer Unaufrichtigkeit eine Rücksichtsnahme auf die Realität vorzuspiegeln, auch wenn das Es starr und unnachgiebig geblieben ist. Andererseits wird es auf Schritt und Tritt von dem gestrengen Über-Ich beobachtet, das ihm bestimmte Normen seines Verhaltens vorhält, ohne Rücksicht auf die Schwierigkeiten von Seiten des Es und der Außenwelt zu nehmen, und es im Falle der Nichteinhaltung mit den Spannungsgefühlen der Minderwertigkeit und des Schuldbewußtseins bestraft. So vom Es getrieben, vom Über-Ich eingeengt, von der Realität zurückgestoßen, ringt das Ich um die Bewältigung seiner ökonomischen Aufgabe, die Harmonie unter den Kräften und Einflüssen herzustellen, die in ihm und auf es wirken. . . . . Wenn das Ich seine Schwäche einbekennen muß, bricht es in Angst aus, Realangst vor der Außenwelt, Gewissensangst vor dem Über-Ich, neurotische Angst vor der Stärke der Leidenschaften im Es« (XV, 84 f.).

Mit dem Über-Ich entsteht also nach Freud im »Ich als armes Ding« (XIII, 286), das »ja die eigentliche Angststätte« ist (287), neben der früher diskutierten »Realangst« und »neurotischen Angst« eine weitere Form, die *»Gewissensangst«* oder *»Angst vor dem Über-Ich«*. Die »Gewissensangst«, die sich nach Freud um die frühere Kastrationsangst als deren Kern ablagert (XIII, 288), hat engste Beziehungen zum dargestellten Konzept des *»Schuldbewußtseins«*, ja wird von Freud diesem weitgehend gleichgesetzt: Es muß auffallen, »daß das Schuldbewußtsein viel von der Natur der Angst hat; es kann ohne Bedenken als ›Gewissensangst‹ beschrieben werden. Die Angst deutet aber auf unbewußte Quellen hin. . . . Dazu wollen wir erinnern, daß auch beim Schuldbewußtsein etwas unbekannt und unbewußt ist, nämlich die Motivierung der Verwerfung. Diesem Unbekannten entspricht der Angstcharakter des Schuldbewußtseins« (IX, 86). Nach Freud hat das »Schuldbewußtsein« aber nicht nur unbewußte Quellen: »Man kann weiter gehen und die Voraussetzung wagen, daß ein großes Stück des Schuldgefühls normalerweise unbewußt sein müsse, weil die Entstehung des Gewissens innig an den Ödipuskomplex geknüpft ist, welcher dem Unbewußten angehört« (XIII, 281). Demgemäß stellt Freud im Hinblick auf die Angst vor dem Überich fest: »Und bei der Angst zeigen sich im Verhältnis zum Bewußtsein dieselben außerordentlichen Variationen. Irgendwie steckt die Angst hinter allen Symptomen, aber bald nimmt sie lärmend das Bewußtsein ganz für sich in Anspruch, bald verbirgt sie sich so vollkommen, daß wir genötigt sind, von unbewußter Angst oder – wenn wir ein reines psychologisches Gewissen haben wollen, da ja die Angst zunächst nur eine Empfindung ist, – von Angstmöglichkeiten zu reden« (XIV, 495). Die unbewußte »Gewissensangst« kann sich in einem *»Strafbedürfnis«* äußern, daß u. U. sogar zu kriminellen Aktivitäten führt, so daß das Schuldgefühl hier nicht die Folge, sondern das Motiv der Tat ist, »als ob es als Erleichterung empfunden würde, dies unbewußte Schuldgefühl an etwas Reales und Aktuelles anknüpfen zu können« (XIII, 282). Unbewußte Gewissensängste führen nach Freud auch zu jenem »Unbehagen an der Kultur«, in dem »eine Unzufriedenheit zum Vorschein kommt, für die man andere Motivierungen sucht« (XIV, 495, s. u.). – Die Freudsche Konzeption der »Gewissensangst« ist im Rahmen seiner zweiten Theorie der Angst als »Angstsignal« im Vergleich zur Explikation der beiden anderen Konzepte der »Realangst« und »neurotischen Angst« nicht sehr eingehend behandelt worden.

5.4.3 Die Verfehltheit der Freudschen Vorstellungen von der ödipalen Ursituation und der Vergesellschaftung durch in Triebversagung gegründeter Überich-Bildung

Bei der nun folgenden Kritik der dargestellten Freudschen Konzeption des Über-Ich, der Identifizierung, des Schuldbewußtseins und zugeordneter Begriffe (damit gleichzeitig der theoretischen Grundlagen der soziologischen »Sozialisationsforschung«) haben wir, wie eingangs festgestellt, wiederum zunächst die inadäquaten triebtheoretischen Voraussetzungen dieser Grundkonzepte am Maßstab unserer funktional-historischen Bedürfnistheorie schrittweise zu problematisieren und zu eliminieren, damit ihre falsche »allgemein-menschliche« Konkretisierung rückgängig zu machen; im Anschluß daran (im Kap. 5.5) wird dann zu zeigen sein, wieweit und auf welche Weise auch in diesem Zusammenhang eine Reinterpretation der Freudschen Grundbegriffe als abstrakt-allgemeiner, auf jeweils bestimmte historische Verhältnisse hin konkretisierbarer Züge menschlicher Lebenstätigkeit möglich ist, demgemäß mit Hilfe der so freigelegten psychoanalytischen Einsichten ein weiterer Ausbau der kritisch-psychologischen Persönlichkeitslehre erreicht werden kann.

Wir beginnen die Kritik mit der Analyse der Freudschen Lehre vom Ödipuskomplex als grundlegender Entstehungsvoraussetzung für die Identifizierungen des Über-Ich. Der »Ödipuskomplex« gehört zu den am meisten diskutierten und umstrittenen psychoanalytischen Grundbegriffen. Während die »orthodoxen« Psychoanalytiker seit Freud (einschließlich der meisten Freudomarxisten) unbeirrt an dieser Konzeption festhielten und die Anerkennung des Ödipuskomplexes zur Scheidemünze für die Zugehörigkeit zur Psychoanalyse machten, haben die psychoanalytischen »Revisionisten« von Anfang an ihre Kritik gerade auf den Freudschen Anspruch der Allgemeingültigkeit der Ödipuskonstellation gerichtet, etwa unter Heranziehung »kulturanthropologisch« gedeuteten ethnologischen Materials seine historische Relativität aufweisen wollen, wobei die wesentlichen Vertreter revisionistischer psychoanalytischer Auffassungen, wie z. B. Horney, Sullivan und Fromm, jeweils eigene Versionen der Ödipus-Situation, teilweise sogar unter entsprechender Umdeutung der antiken Ödipus-Sage, vorlegten (vgl. dazu das monumentale Sammelwerk von Mullahy, »Oedipus. Myth and Complex«, 1948). Eine radikale, quasi imperialismuskritische Umwertung des Ödipuskomplexes findet sich neuerdings in dem Buch von Deleuze & Guattari, »Anti-Ödipus. Kapitalismus und Schizophrenie I« (1974). Es ist für uns hier unmöglich, die weitverzweigten Gesichtspunkte und Argumente des Streits um den Ödipuskomplex in unserer Kritik aufzunehmen und zu verarbeiten. Wir können nur versuchen, möglichst direkt und ohne Thematisierung von Ähnlichkeiten oder Unterschieden zwischen unseren und anderen Auffassungen aufgrund der von uns bisher erarbeiteten Konzeptionen und Kriterien die für unseren weiteren Argumentationsgang nötigen Klärungen herbeizuführen.

Die wesentliche Stütze für Freuds Überzeugung von der Absolutheit und Allgemeingültigkeit des Ödipuskomplexes wie des zu seinem »Untergang« führenden »Kastrationskomplexes« war, wie ausgeführt, die Annahme seiner Gegründetheit in phylogenetisch weitergegebener urgeschichtlicher Erfahrung der Menschheit. Diese Annahme ist eine Konsequenz von Freuds früher geschilderter und analysierter Auffassung von der zeitlosen Natur der Triebe und des »Es«: Wenn die Inhalte der Triebrepräsentanzen, damit der »Objektbeziehungen«, vor aller individuellen Erfahrung apriori festliegen sollen, so ist es nur ein kleiner Schritt, um auch den triebdeterminierten Inhalt der interpersonalen Beziehungen innerhalb der Familienkonstellation als zeitlos und außergeschichtlich bzw. archaisch (was auf das gleiche hinauskommt), damit nicht als Resultat, sondern als »allgemeinmenschliche« Voraussetzung jeglicher individuellen interpersonalen Erfahrung zu betrachten. Die theoretischen »Vorteile« einer solchen Sichtweise liegen auf der Hand: Man muß auf diese Weise die Existenz des Ödipuskomplexes und Kastrationskomplexes nicht an jeder individuellen Biographie erst nachweisen, sondern kann diese Existenz schlicht setzen und hat nun die Möglichkeit, die Komplexe aus ihren Mystifikationen im Ich zu rekonstruieren. Damit werden auch alle »kulturanthropologischen« Relativierungsversuche irrelevant, da durch sie lediglich die Aufgabe erwachsen kann, die besondere Form der Verkleidung und Mystifizierung der Ödipuskonstellation und Kastrationsdrohung in der jeweiligen Ethnie zu deuten, ohne die Existenz des Ödipus- und Kastrationskomplexes dabei in irgendeiner Weise in Frage stellen zu müssen.

Die Möglichkeit und Notwendigkeit eines von der individuellen Erfahrung unabhängigen phylogenetischen Zugangsweges zu den biologischen Voraussetzungen dieser Erfahrung soll dabei keineswegs bestritten werden. Allerdings muß wohl nicht mehr aufgewiesen werden, daß Freuds *spezifische Theorie einer »archaischen Erbschaft«* des Menschen durch *phylogenetische Weitergabe* von interpersonalen Erfahrungsinhalten als »Erinnerungsspuren an das Erleben früherer Generationen«, womit die Menschen es z. B. »immer gewußt« haben können, »daß sie einmal einen Urvater besessen und erschlagen haben«, *wissenschaftlich unhaltbar* ist. Man muß die Ungeschütztheit bewundern, mit der Freud der »biologischen Wissenschaft«, die »von der Vererbung erworbener Eigenschaften auf die Nachkommen nichts wissen will« in »aller Bescheidenheit« entgegenhält, »daß wir trotzdem diesen Faktor in der biologischen Entwicklung nicht entbehren können«. Es ist allerdings auch ohne jede Einschränkung zuzugestehen, daß Freuds »unvermeidliche Kühnheit«, wie die biologische Forschung seither immer eindeutiger nachweisen konnte, hier in die Irre geführt hat: Freuds »Beweis« aus den »Resterscheinungen der analytischen Arbeit, die eine Ableitung aus der Phylogenese erfordern« ist gegenüber den biologischen Forschungsresultaten völlig bedeutungslos und die Folgerung, daß die Psychoanalyse somit »weder in der Analyse noch in der Massenpsychologie auf dem eingeschlagenen Weg einen Schritt weiter« kommt, mit aller Schärfe zu ziehen.

Wenn es nun aber gemäß dem heutigen Stand der Evolutionstheorie keine Vererbung erworbener Erfahrungsinhalte gibt, so brauchen wir uns mit der Theorie der »Urhorde« und der von Freud ausführlich ausgebreiteten und an verschiedensten Stellen wiederholten Annahme der durch den Urvater vollzogenen Kastration, des »Vatermordes« und des Schuldbewußtseins der Söhne und des daraus entstehenden Tabus der am Totemtier vollzogenen symbolischen Vatertötung und des *Inzests* nicht mehr kritisch auseinanderzusetzen. Was auch immer man von dieser Annahme halten will, auf jeden Fall haben die von Freud dargelegten archaischen Ereignisse und Erfahrungen auf die Entstehung eines »Ödipus«- und »Kastrationskomplexes« als realer familialer Konfliktkonstellation empirischer Individuen nicht den geringsten »erbbedingten« Einfluß. Es ist deshalb notwendig, den Ödipus- und Kastrationskomplex jeder »archaischen« oder »mythologischen« Überhöhung zu entkleiden, den Bezug zur antiken Ödipussage auf seinen wirklichen Stellenwert als entbehrliche, wenn nicht irreführende Veranschaulichung zu reduzieren und ihnen den »erkenntnistheoretischen« Rang einer allgemeinen Voraussetzung jeder inhaltlichen interpersonalen Erfahrung radikal abzustreiten. »Ödipuskomplex« und

»Kastrationskomplex« sind nichts weiter als gewisse konflikthafte Elternbeziehungen eines jeweils bestimmten Kindes, deren Existenz mit ihrem wirklichen empirischen Vorkommen zusammenfällt und deren von Freud behauptete universelle Bedeutung für die Lebens- und Konfliktbewältigung der erwachsenen Persönlichkeit sich aus den tatsächlich evolutionstheoretisch ableitbaren biologischen Voraussetzungen und den allgemeinen, auf historisch bestimmte Verhältnisse konkretisierbaren gesellschaftlichen Bedingungen der Persönlichkeitsentwicklung nachweisen lassen müßte.

Die Frage, ob den biologischen Voraussetzungen nach kleine Kinder überhaupt zu sexuell bestimmten Beziehungen ihren Eltern gegenüber fähig sind, die zu »ödipalen« Dreiecksverhältnissen etc. führen könnten, ist sicherlich uneingeschränkt mit Ja zu beantworten. An der Existenz frühkindlicher Sexualität kann es aufgrund der psychoanalytischen Forschungen keinen Zweifel mehr geben. – Hinsichtlich der von Freud (und von anderen Psychoanalytikern, aber auch etwa dem »Strukturalisten« Levy-Strauss) vertretenen Auffassung einer »menschlichen« bzw. »kulturellen« Spezifik des Inzest-Tabus (das nach Freuds Fehlkonzeption dann seinerseits inhaltlich »vererbt« wird) bei fehlenden Inzestschranken im Tierreich ist jedoch festzustellen, daß sich die entsprechenden Argumentationen leicht als Fehlschlüsse aufweisen lassen. Durch ethologische Beobachtungen ist vielmehr im Gegenteil als gesichert zu betrachten, daß Inzestbarrieren verschiedener Art zum mindesten bei höheren Tieren die Regel sind. N. Bischoff (1973) kommt in seinem Artikel »Die biologischen Grundlagen des Inzesttabus« nach sorgfältiger Analyse des vorliegenden Materials zu der zusammenfassenden Feststellung, »daß das . . . bereits von Diogenes in der Tonne ausgedachte und seitdem unbesehen weiter kolportierte Märchen von der Inzesttoleranz im Tierreich die tatsächlichen Verhältnisse geradewegs auf den Kopf stellt« (S. 447). Zum biologischen Sinn der Inzestvermeidung, aus dem ihre selektionsbedingte evolutionäre Entstehung erklärlich wird, führt Bischoff den Selektionsnachteil der Verminderung der Merkmalsvielfalt durch »Inzucht« an, wodurch die Wahrscheinlichkeit des Entstehens von an die jeweiligen Umweltbedingungen angepaßten Varianten verringert werden muß, so daß die Art »in der Regel . . . mangels adaptiver Elastizität zum Aussterben verurteilt« ist. »Das heißt praktisch: Existierende Arten sind solche, die der Gefahr obligatorischer Inzucht entgangen sind – entweder durch die Gunst der Umstände oder durch die Entwicklung eigener Hemm-Mechanismen« (Bischoff 1973, S. 450). Demnach ist die Annahme von Freud, das *Inzesttabu*, dem durch die Kastrationsdrohung Geltung verschafft wird, sei zentrales Unterscheidungsmerkmal des Menschen vom Tier und in seiner triebunterdrückenden Funktion Bedingung der Entstehung menschlicher Kultur und Gesittung, schon weil es gesicherten biologischen Befunden widerspricht, unhaltbar, und die gesellschaftlichen Inzesttabus wären mithin nicht als Unterdrükkung biologischer Inzesttendenzen, sondern als ideologische Deutung, damit Überformung und Stabilisierung (niemals hundertprozentig wirksamer) biologischer Inzestschranken zu interpretieren. Eine »Kastrationsdrohung« zur Durchsetzung der Inzestverbote wäre demgemäß in diesem Zusammenhang weitgehend überflüssig. – Aus den von Bischoff (1973) referierten (hier nicht im einzelnen darzustellenden) Untersuchungen zum Problem der Inzestschranken beim Menschen läßt sich, grob gesehen, zweierlei verallgemeinern: 1. Biologische Inzesthemmungen sind, analog wie bei bestimmten nichtmenschlichen Primaten etc., vermutlich nicht bereits im frühen Kindesalter gegeben, sondern »reifen« erst mit der Fortpflanzungsfähigkeit der Individuen in der Pubertät (was aus dem erwähnten biologischen Sinn der Inzesthemmung erklärlich wäre); 2. die Annahme einer besonderen biologischen Inzestneigung ist in jedem Falle ungerechtfertigt und evolutionär widersinnig (vgl. Bischoff 1973, S. 451 ff.).

Die sexuellen Beziehungen innerhalb einer familialen Dreieckskonstellation ließen sich im Hinblick auf die ihnen innewohnenden biologischen Tendenzen demnach hypothetisch und schematisiert folgendermaßen kennzeichnen: Beim Kind »ungehemmtes« sexuelles Interesse, das zwar keineswegs primär bevorzugt auf die Eltern gerichtet ist, aber sich mangels anderer Kontaktmöglichkeiten und wegen der großen räumlichen und emotionalen Nähe der Eltern sicherlich in besondem Maße auf diese beziehen kann; bei den Eltern möglicherweise gewisse, bei ihnen als Erwachsenen inzwischen »gereifte« biologische Inzesthemmungen, die zu einer Zurückweisung der kindlichen Sexualannäherung und durch gleichzeitiges eigenes sexuelles Angesprochensein vielleicht auch zu einer Ambivalenz gegenüber den sexuellen Wünschen des Kindes beitragen könnten. Es ist offensichtlich, daß aus dieser hypothetischen Konstellation, wenn die angenommenen Inzesthemmungen bzw. Ambivalenzen der Eltern durch bestimmte gesellschaftliche Bedingungen nicht verarbeitet werden können, sondern verschärft werden, elterliche Aktivitäten zur Stimulierung wie zur Unterdrückung der kindlichen Sexualität bis hin zu Kastrationsdrohungen entstehen können (auf die Eigenart solcher gesellschaftlicher Bedingungen kommen wir später zurück). Dies berechtigt aber keineswegs dazu, in dieser Konstellation ein »allgemein-menschliches« Basismodell konflikthafter interpersonaler Beziehungen nach Art des Ödipus- und Kastrationskomplexes und in der Verdrängung der ödipalen Wünsche eine notwendige Voraussetzung der individuellen Vergesellschaftung zu sehen. Eine solche Verallgemeinerung ist schon deswegen nicht möglich, weil die früher ausführlich dargestellte und kritisch zurückgewiesene radikal einseitige und damit falsche psychoanalytische Gleichsetzung der menschlichen Bedürfnisstruktur mit Sexualtrieben und u. U. noch Ich- bzw. Aggressionstrieben, also die Verkennung und Ausklammerung der biologischen Voraussetzungen und gesellschaftlichen Entwickelbarkeit der Form von Bedürfnissen, die wir als »produktive Bedürfnisse« bezeichnet haben, eine adäquate Erfassung nicht nur der frühkindlichen Bedürfnisentwicklung allgemein, sondern auch der kindlichen Entwicklung bedürfnisgegründeter interpersonaler Beziehungen ausschließt.

Durch die Ausklammerung der Naturgrundlage und gesellschaftlichen Entwickelbarkeit »produktiver«, auf Kontrolle über die allgemeinen, damit auch eigenen Lebensbedingungen einschließlich vorsorgender Absicherung sinnlich-vitaler Bedürftigkeiten gerichteten Bedürfnisse kann, wie schon bei der Kritik der Freudschen Lehre von der frühkindlichen Partialtriebentwicklung aufgewiesen (S. 207ff.), Freud die spontane Gerichtetheit des Kindes auf die Umwelt stets nur soweit fassen, wie diese Umwelt aus Objekten sexueller bzw. im engeren Sinne organischer Bedarfsaufhebung besteht; »Objektwahl« meint die Wahl von anderen Menschen als Sexualobjekten, wobei sich diese Wahl wiederum an deren Möglichkeiten zur Befriedigung der »großen Lebensbedürfnisse« (z. B. XIII, 112), vor allem des Nahrungsbedarfs, ausrichtet bzw. anlehnt. Die als Voraussetzung der gesellschaftlichen Integration und dadurch ermöglichten Einflußnahme auf die allgemeinen und damit eigenen Lebensbedingungen notwendige Gerichtetheit des Kindes auf die Aneignung der gegenständlich-bedeutungsvollen, von Menschen geschaffenen gesellschaftlichen Umwelt, d. h. die Entwicklung bloßen Verhaltens zur von der »Logik der Sache« geprägten Tätigkeit bleibt unerfaßt. Die Bindungen der Kinder an die Erwachsenen und darüberhinaus interpersonale Bindungen überhaupt erscheinen der Psychoanalyse durch diese Sichtverkürzung notwendig nur als kurzgeschlossen-sachentbundene, lediglich »soziale« Beziehungen, in welchen das jeweilige menschliche »Objekt« der Bindung niemals eine andere subjektiv bedeutungsvolle Funktion haben kann als die Gewährung oder Versagung der »Triebbefriedigung«. Die bereits im späteren Säuglingsalter deutlich hervortretende »Vermitteltheit« der Beziehung Kind-Erwachsener über die »sachlichen« Anforderungen der gesellschaftlichen Realität, d. h. die Unterstützungsfunktion des Erwachsenen bei der Ausdehnung kindlicher Lebens- und Erlebnismöglichkeiten in der Aneignung gesellschaftlicher Gegenstands- und Symbolbedeutungen als Voraussetzung der Kontrolle der relevanten Lebensbedingungen bleibt außer acht. Damit wird aber auch die subjektive Bedeutung der mit der Entwicklung individueller Fähigkeiten einhergehenden Reduzierung unmittelbarer Abhängigkeiten, des Ausgeliefertseins an vorgegebene, durch andere beherrschte Lebensverhältnisse durch die damit bewirkte und gesicherte gesellschaftliche Integration als elementares biologisch fundiertes Bedürfnis verfehlt. Durch die Blindheit gegenüber kooperativen Beziehungen müssen die auf diesen gründende emotionale Gebundenheit an die Erwachsenen bzw. die Personen, mit deren Hilfe eine Erweiterung individueller Lebensmöglichkeiten erreichbar wird, und die gravierenden Versagungserlebnisse bei Einschränkung oder Verweigerung der Unterstützungsfunktion, damit Reduzierung der Lebens- und Erlebnismöglichkeit, theoretisch unerfaßbar bleiben.

5.4.4 Die Gegenüberstellung »des« bedürftigen Individuums und »der« versagenden Gesellschaft als ein Grundirrtum psychoanalytisch-sozialisationstheoretischen Denkens

Entscheidendes Charakteristikum der kurzschlüssig-sachentbundenen Interpersonalität, wie die Psychoanalyse sie allein kennt, ist die absolute Undurchschaubarkeit und Unkontrollierbarkeit der Gründe und der Berechtigung der gewährenden oder versagenden, gebietenden oder verbietenden Aktivitäten der »Autorität« als mächtiger Bezugsperson, d. h. die Abhängigkeit von deren zufälligem oder schicksalhaftem Wohlwollen. – Innerhalb kooperativer Beziehungen zwischen Kind und Erwachsenem mit dem gemeinsam übernommenen Ziel der Erhöhung der kindlichen Umweltkontrolle und der gesellschaftlich integrativen Fähigkeits- und Bedürfnisentwicklung muß das Kind die Normen und Wertungen des Erwachsenen nicht »unbesehen« übernehmen, sondern kann sie an den sachlichen Erfordernissen des Zieles, denen Kind wie Erwachsener gemeinsam unterstehen, *auf ihre Berechtigung, Nützlichkeit, Notwendigkeit hin kontrollieren und überprüfen.* Schon die Unterstützungstätigkeit des Erwachsenen bei Aneignung des adäquaten bedeutungsgerechten Gebrauchs etwa von Löffel oder Teller durch das Kind unterliegt eindeutigen, am objektiven Erfolg überprüfbaren Kriterien; demgemäß kann das Kind hier den Aneignungserfolg und Fähigkeitserwerb im Prinzip aus eigener, von der Willkür des Erwachsenen unabhängiger Erfahrung erfassen und ggf. (mit wachsendem Alter und Erwerb entsprechender Beurteilungskriterien immer mehr) auch gegen die Werturteile des Erwachsenen zur Geltung bringen. Innerhalb der allein durch libidinöse »Objektbesetzungen« und deren Zurückweisung gekennzeichneten Ödipussituation als Freudschem Modell »allgemein-menschlicher« Interpersonalität dagegen ist schon von der Grundbegrifflichkeit her eine andere Lebenslage des Kindes als die des Ausgeliefertseins an die blind-zufälligen Gewährungen, Versagungen und Bedrohungen der Eltern, damit Abhängigkeit von deren undurchschaubarer und an einsehbaren Lebensnotwendigkeiten nicht überprüfbarer Machtausübung gar nicht denkbar, und die Möglichkeit einer Einflußnahme des Kindes zur Abwendung der ärgsten Bedrohungen und Versagungen besteht bestenfalls in einer ebenso blinden Willfährigkeit gegenüber den elterlichen Verboten durch »Triebverzicht« bzw. im günstigen Fall in der Ausweitung des »erlaubten« Spielraums der individuellen Bedürfnisbefriedigung. Mögliche Kriterien des Kindes, wieweit die Ge- und Verbote der Eltern in seinem Interesse sind und die daran sich regulierenden emotionalen Beziehungen zu den Eltern sind hier für keine kindliche Entwicklungsstufe bis hin zum Erwachsenenstadium überhaupt nur thematisierbar, weil es solche Kriterien im Bereich kurzschlüssig-»sozialer« libidinöser Beziehungen tatsächlich nicht gibt. Dabei ist zu bedenken, daß ja nach Freud auch den Eltern selbst die Gründe für ihre triebunterdrückenden, einschränkenden, bedrohenden Aktivitäten gegenüber den Kindern nicht bekannt sein können, weil die entsprechenden Haltungen aufgrund der gleichen, ihrerseits undurchschaubaren Einschränkungen und Drohungen der eigenen Eltern entstanden sind und sich im Über-Ich installiert haben.

Aus der in unhaltbaren »triebtheoretischen« Voraussetzungen gegründeten inadäquaten Fixierung sachentbundener, kurzschlüssig-»libidinöser« Abhängigkeitsverhältnisse des »Ödipuskomplexes« als »allgemeinmenschliche« Basissituation interpersonaler Beziehungen läßt sich ohne weiteres ableiten, daß auch die Konzeption der aus dem »Untergang des Ödipuskomplexes« erwachsenden Herausbildung der introjektiven Elternidentifizierungen des »Über-Ich« mit seiner Vorbild- und vor allem Gewissensfunktion, seiner aggressiven Strenge und der Erzeugung von Schuldbewußtsein, Strafbedürfnis und Überich-Angst im Ich etc. zur wissenschaftlich angemessenen Erklärung des emotional-motivationalen Aspektes individueller Vergesellschaftung in ihrer allgemeinen Eigenart ungeeignet ist. Die Fehler der Freudschen Ausklammerung der Unterstützungsfunktion bei der kindlichen Aneignung gesellschaftlicher Wirklichkeit als Fähigkeit zur Kontrolle der eigenen Lebensbedingungen und die Einschränkung der Bedeutung der Erwachsenen auf die bloße Funktion der Befriedigung oder Versagung unmittelbarer Triebbedürfnisse und die daraus folgende kriterienlose, blinde Ausgeliefertheit an die Autorität müssen auch in der Konzeption einer Introjektion der äußeren Elternautorität ins Ich, damit Errichtung der inneren Autorität des Über-Ich, voll durchschlagen. Mehr noch: Durch die bei der Introjektion vollzogene Verdrängung der Herkunft des »Gewissens« aus der äußeren Elterninstanz ist die Ausgeliefertheit an undurchschaubare Ge- und Verbote des Über-Ich im Vergleich zur äußeren Elternautorität noch wesentlich erhöht und perfektioniert, da ein realer Ursprung der Bedrohung, der man damit ausweichen könnte, nicht mehr erfahrbar ist; das »Gewissen« ist immer anwesend, »schläft nie«, kennt darüberhinaus, anders als die Eltern, auch die verborgenen, sogar verdrängten Triebwünsche des Individuums und ist so eine unfehlbare irrationale Kontrollinstanz. Damit ist auch der individuelle

Vergesellschaftungsprozeß hier nicht anders verstehbar denn als ein durch das Über-Ich als Vertreter »der« Gesellschaft vermittelter Prozeß kriterienlos-undurchschaubarer, perfektionierter Selbstunterdrückung individueller Bedürfnisse. Vergesellschaftung als Prozeß der »Vorbereitung« auf individuelle Beiträge zu gesellschaftlicher Lebenssicherung, der die Entstehung der Fähigkeit und Bedürftigkeit, mit der Verfolgung gesellschaftlicher Ziele gleichzeitig die eigene Person weiterzuentwickeln, verständlich macht, und dessen potentielles Resultat die Teilhabe des Menschen an bewußter gesellschaftlicher Realitätskontrolle, damit Kontrolle der eigenen Lebensbedingungen ist, bleibt für die Freudsche Psychoanalyse schon allein aufgrund der Beschränktheit ihrer Grundkategorien notwendig unerfaßbar.

Durch die psychoanalytische Konzeption der individuellen Vergesellschaftung als Überich-Bildung ist der *Weg*, auf dem das Kind im Laufe seiner Entwicklung mit Unterstützung der Erwachsenen die individuellen Voraussetzungen, d. h. die Fähigkeiten und Bedürfnisse zur Teilhabe an der gesellschaftlichen Lebenssicherung und damit Erhaltung seiner eigenen Existenz erwerben kann, unsichtbar und wissenschaftlich unerklärlich. Das Kind in psychoanalytischer Sicht bleibt auch auf dem Wege zum Erwachsenenwerden (und als Erwachsener) im *»infantilen«* Stadium seiner Bedürftigkeit, in welchem es mehr oder weniger passiv der Befriedigung durch die Umwelt harrt bzw. nur *Anforderungen an die Umwelt* stellt; es erreicht niemals die Stufe, auf der es in und mit der *Übernahme gesellschaftlicher Forderungen,* d. h. in selbständigen Beiträgen zur gesellschaftlichen Existenzsicherung und in den dadurch bedingten Einflußmöglichkeiten auch auf seine individuellen Lebensbedingungen Befriedigung findet. Die schon früher (I, S. 323) von uns angeführte »genetizistische« Maxime Freuds, »das Kind sei psychologisch der Vater des Erwachsenen und die Erlebnisse seiner ersten Jahre seien von unübertroffener Bedeutung für sein ganzes späteres Leben« (FGW XVII, 113, Hervorh. U. O.), bedeutet eine »Verkindlichung« der Erwachsenenwelt nach dem Modell der ödipalen Abhängigkeit, wobei nach der Gleichung: äußere Elternautorität = Über-Ich = »Gesellschaft« die Gesellschaft als eine ihrem Wesen nach genauso undurchschaubare, kriterienlos »gewährende« und »versagende«, nur durch willfährigen »Triebverzicht« zu besänftigende Autorität erscheinen muß wie die anderen Autoritäten, nach deren Muster sie im Individuum repräsentiert ist. »Gesellschaft« ist mithin in psychoanalytischer Sicht nicht der Inbegriff der in gesellschaftlichen Verhältnissen zur gegenständlichen Welt und zueinander in Beziehung stehenden und in diesen ihre Existenz reproduzierenden wirklichen Menschen, sondern eine verselbständigte Wesenheit, die dem »Individuum« als fremde Macht, mit der es »nichts zu tun hat«, und die nur durch unergründbare »Versagungen« in sein Leben hineinwirkt, gegenübersteht[14]. Damit ist für die Psychoanalyse gänzlich unerklärlich, wie in der individuellen Vergesellschaftung jemals Menschen sich entwickeln können, die aufgrund ihrer Fähigkeiten und Bedürfnisse in der Lage und bereit sind, durch ihre Arbeit das gesellschaftliche Leben und darin ihr eigenes Leben materiell zu reproduzieren. Der »Mensch« der Psychoanalyse, der lediglich dazu fähig und motiviert ist, angesichts der in seinem »Über-Ich« repräsentierten gesellschaftlichen Versagungen dennoch Wege zu einer minimalen Befriedigung seiner – wie auch immer scheinbar verwandelten und unkenntlich gemachten – infantilen Triebwünsche zu gelangen, hätte weder im Vollzug des Übergangs von der bloß naturgeschichtlichen zur gesellschaftlich-historischen Entwicklung damit beginnen können, seine Lebensmittel gesellschaftlich zu produzieren, noch wäre es ihm möglich, durch seinen Beitrag das gesellschaftliche und damit eigene Leben zu erhalten; er ist kein wirklicher materiell existenzfähiger Mensch, sondern bloßes *idealistisches Hirngespinst.* In der psychoanalytischen Gegenüberstellung »des« triebbestimmten Individuums auf der einen Seite und »der« als selbständige Wesenheit unabhängig von ihm bestehenden triebunterdrückenden »Gesellschaft« auf der anderen Seite wird in Verständnis- und Begriffslosigkeit gegenüber der gesellschaftlichen Natur des Menschen ein ontologischer Gegensatz zwischen der genuin ungesellschaftlichen, ja gesellschaftsfeindlichen Triebnatur des Menschen und den ihm notwendig gegen seine Natur abgezwungenen gesellschaftlichen Leistungen hypostasiert. Deswegen können Lebensbedingungen, unter denen die unmittelbaren Produzenten *tatsächlich* durch ihr Ausgeschlossensein von der bewußten gesellschaftlichen Planung der Produktion einer undurchschaubaren und unbeeinflußten »Gesellschaft« als davon getrennte Individuen gegenüberstehen und mithin kaum gesellschaftlich-integrative, produktive Bedürfnisse zur Teilhabe an gesellschaftlicher Realitätskontrolle ausbilden konnten bzw. diese nur in Form des Leidens an der Abhängigkeit erfahren und weitgehend auf die direkte, ungesicherte Befriedigung organischer und sexueller Bedürfnisse zurückgeworfen sind, von der Psychoanalyse nicht als historisch gewordene, bestimmte gesellschaftliche Verhältnisse, die in gesellschaftlicher Praxis veränderbar sind, begriffen werden.

Dieses radikale Unverständnis gegenüber dem Prozeß der Vergesellschaftung des Individuums als Entwicklung von Fähigkeiten und Bedürfnissen zur Teilhabe an gesellschaftlicher Lebenserhaltung, damit Möglich-

14 »Es ist vor allem zu vermeiden, die ›Gesellschaft‹ wieder als Abstraktion dem Individuum gegenüber zu fixieren. Das Individuum ist das *gesellschaftliche Wesen.* Seine Lebensäußerung – erscheine sie auch nicht in der unmittelbaren Form einer *gemeinschaftlichen,* mit anderen zugleich vollbrachten Lebensäußerung – ist daher eine Äußerung und Bestätigung des *gesellschaftlichen Lebens*« (Marx).

keit individueller Reproduktion, das zwangsläufig aus der Eliminierung der individuellen Aneignung der gegenständlich-bedeutungsvollen, historisch-konkreten gesellschaftlichen Realität und der Beschränkung der Interpersonalität auf sachentbundene, kurzschlüssig »soziale« Beziehungen resultiert, charakterisiert nicht nur die Freudsche Psychoanalyse, sondern alle psychoanalytischen Richtungen und psychoanalytisch beeinflußten sozialwissenschaftlichen Konzeptionen.

So verbleibt z. B. selbst Lorenzer, der die vielleicht intensivste Anstrengung zur Integration von Psychoanalyse und historischem Materialismus unternommen hat, dennoch gänzlich in der ontologisierenden Gegenüberstellung von »Individuum« und »Gesellschaft« befangen. In seinem Grundkonzept der »bestimmten Interaktionsformen« (etwa 1974) ist genau jene Beschränktheit auf kurzschlüssig-sachentbundene »soziale« Beziehungen in einem neuen Begriff stilisiert, die der Psychoanalyse im Ganzen eigen ist; die »innere Natur« des Kindes, die in der Interaktion mit der Mutter »bearbeitet« wird, ist auch Lorenzers Auffassung zufolge die ungesellschaftliche Triebstruktur als genuines Wesensmerkmal menschlicher Subjektivität, die es gegenüber der Gesellschaft durchzusetzen gilt. Alle Versuche Lorenzers, den Einfluß der bürgerlichen Produktionsverhältnisse auf die bestimmten Interaktionsformen nachzuweisen, sind deswegen von vornherein durch das übliche psychoanalytische Schema der Einschränkungsfunktion »der« Gesellschaft gegenüber ungesellschaftlichen Triebansprüchen »des« Individuums enthistorisiert. Eine Herausarbeitung der historisch bestimmten Einschränkungen individueller Entwicklung durch bürgerliche Produktionsverhältnisse ist durch die verfehlte Grundkategorie der »bestimmten Interaktionsform« selbst notwendig unmöglich: Da sachentbunden-kurzschlüssige »Interaktion« als Wesensmerkmal der menschlichen Interpersonalität überhaupt mißdeutet wird, kann nicht begriffen werden, daß die Reduzierung von zwischenmenschlichen Beziehungen auf bloße soziale »Interaktion« selbst das entscheidende Merkmal der Verkümmerung menschlicher Bindungen unter den spezifischen Bedingungen bürgerlicher Produktionsverhältnisse ist (vgl. dazu die unter Einbeziehung kritisch-psychologischer Grundbegriffe geleistete Lorenzer-Kritik von Gerhardt, 1977).

In der erwähnten, wesentlich durch Parsons inaugurierten soziologischen »Sozialisationsforschung« sind Freuds Grundbegriffe gelegentlich »lerntheoretisch« oder »rollentheoretisch« ausgeweitet und aufgeweicht; man spricht z. B. nicht mehr von der Kastrationsdrohung durch die Eltern, sondern von positiven oder negativen »Sanktionen«, nicht mehr von introjektiver Identifizierung mit der Elterninstanz im Überich, sondern von »Verinnerlichung« der »Normen« oder »Rollenerwartungen« etc. Diese Modifikationen ändern aber nichts daran, daß die Vorstellung der Modellierung der ungesellschaftlichen, libidinösen oder aggressiven Triebnatur des Menschen durch die Gesellschaft, demgemäß die unhistorische Gegenüberstellung von »Individuum« und »Gesellschaft« hier einschränkungslos beibehalten ist. Alle Versuche, kapitalismusspezifische Einflüsse auf den

»Sozialisationsprozeß« herauszuarbeiten, müssen somit letztlich daran scheitern, daß man den Prozeß der tätigen Aneignung historisch bestimmter gesellschaftlicher Gegenstandsbedeutungen, d. h. der Entwicklung von Fähigkeiten und entsprechenden Bedürfnissen zur »produktiven« Teilhabe an gesellschaftlicher Realitätskontrolle gemäß den Notwendigkeiten gesellschaftlicher und individueller Lebenserhaltung, aufgrund der verfehlten psychoanalytischen Gleichsetzung menschlicher Beziehungen überhaupt mit sachentbunden-»sozialen« Abhängigkeitsverhältnissen schon kategorial nicht fassen, deswegen auch seine historisch bestimmten Beschränkungen niemals aufweisen kann. Was dabei an scheinbar kapitalismusspezifischen Bedingungen der »Sozialisation« herauskommt, ist deswegen allemal nichts weiter als die bekannte triebunterdrückende Funktion »der« Gesellschaft, der man äußerlich kapitalistische Züge beilegt, und die vorgebliche Kapitalismus-Kritik ist *nichts weiter als die Herausstellung der naturhaft-ungesellschaftlichen Triebansprüche »des« Individuums gegenüber der »Triebunterdrückung« durch »die« Gesellschaft.* Dieser verfehlte psychoanalytische Grundansatz, damit die wissenschaftliche Unhaltbarkeit der soziologischen »Sozialisations«-Konzeption, ist in den verschiedenen Varianten der »Sozialisationstheorie« hinter unterschiedlichen, eklektizistisch angefügten marxistischen, kognitionstheoretischen etc. Auffassungen verborgen, jedoch *in jedem Falle* den soziologischen Vergesellschaftungsvorstellungen inhärent. Da der Nachweis dieser Behauptung hier von uns aus Platzgründen nicht zu leisten ist, soll zur exemplarischen Verdeutlichung wenigstens eine besonders charakteristische Passage aus dem erwähnten, weit verbreiteten Buch »Sozialisationsforschung« von Gottschalch, Neumann-Schönwetter und Soukup (1971) angeführt und kritisch analysiert werden:

Die Autoren stellen zum Prozeß der »primären«, familialen Sozialisation, »durch den das Kind zum Mitglied einer Gesellschaft wird«, folgendes fest: »Mit Abschluß dieser Phase hat das Kind gelernt, Normen unabhängig von seinen primären Bezugspersonen zu befolgen. Stufen dieses Prozesses sollen durch ein Beispiel von Berger und Luckmann verdeutlicht werden: '. . . der Übergang von ›jetzt ist Mami böse auf mich‹ zu ›Mami ist immer böse auf mich, wenn ich meine Suppe verschütte‹ bedeutet einen Fortschritt. Wenn weitere . . . andere – Vater, Oma, große Schwester und so weiter – Mamis Abneigung gegen verschüttete Suppe teilen, wird die Gültigkeit der Norm subjektiv ausgeweitet. Der entscheidende Schritt ist getan, wenn das Kind erkennt, daß jedermann etwas gegen Suppeverschütten hat. Dann wird die Norm zum ›Man verschüttet Suppe nicht‹ verallgemeinert. ›Man‹ ist dann man selbst als Glied einer Allgemeinheit, die im Prinzip das Ganze einer Gesellschaft umfaßt, soweit diese für das Kind signifikant ist . . . Es hat nun . . . überhaupt Identität, die es als gleichbleibend erfährt, welchen anderen . . . es auch begegnet' (Berger u. a., 1969, S. 143/144)« (1971, S. 46f.). Der hier von Gottschalch et al. zur Verdeutlichung eigener Auffassungen angeführte Text von Berger und Luckmann ist ein eindrucksvolles

Beispiel für die absurden Folgen der Ausklammerung der Aneignung gegenständlicher gesellschaftlicher Bedeutungen und Blickverkürzung auf sachentbunden-»soziale« Beziehungen beim Versuch der Erklärung des individuellen Vergesellschaftungsprozesses. – Die Vermeidung des Suppeverschüttens ist ein Aspekt der Aneignung der allgemeinen gesellschaftlichen Gegenstandsbedeutungen von »Löffel«, »Teller« etc., liegt also in der vom Kind in seiner Tätigkeit und Fähigkeitsentwicklung zu berücksichtigenden »Sachlogik« dieser Gebrauchsgegenstände. Die Unterstützungstätigkeit der Erwachsenen besteht in der tätigen, helfenden Verdeutlichung dieser »Sachlogik«, also des Gebrauchswerts und der »Nützlichkeit« der Gebrauchsgegenstände, damit das Kind lernt, »wozu« sie dienen und welchen Vorteil sie bei der Bewältigung lebenswichtiger Aufgaben im Sinne der Erhöhung der Kontrolle über die eigenen Lebensbedingungen erbringen. Wenn »Mami böse« auf das Kind ist, weil es Suppe verschüttet, so ist dies (sofern keine »sachfremden« Emotionen hineinspielen) ein Hinweis auf die noch unvollkommene, also zu verbessernde Beherrschung, damit Hilfe für das praktische Verstehen der Gegenstandsbedeutungen von Löffel und Teller, wobei diese Verbesserung dem Bedürfnis des Kindes zum Erwerb der Fähigkeit zu selbständiger Beherrschung der Mittel für seine organische Bedürfnisbefriedigung entspricht. Wenn das Kind die Gegenstandsbedeutung einmal praktisch »begriffen« hat, so sind weitere unterstützende Hinweise von Mami, Vater, Oma, großer Schwester zur Verallgemeinerung der »Norm«, keine Suppe zu verschütten, gänzlich überflüssig, weil die »Verallgemeinerung« in den durch die Herstellung in Löffel und Teller vergegenständlichten allgemeinen gesellschaftlichen Zwecksetzungen selbst liegt und deshalb für das Kind sich »aus der Sache« ergibt. Umgekehrt, wenn das Kind den Gebrauch von Löffel und Teller einmal beherrscht, ist deren allgemeine Nützlichkeit jetzt unabhängig von lobenden oder tadelnden Hinweisen der Erwachsenen praktisch einsichtig, und es kann nun seinerseits deren Umgang mit den Gebrauchsgegenständen auf ihre Sachadäquatheit hin beurteilen, etwa feststellen, daß und warum »Oma« durch ihre zittrigen Bewegungen Suppe verschüttet, also der Sachlogik des Löffels nicht mehr praktisch genügen kann. Damit hat das Kind gegenüber den Erwachsenen und deren Zustimmung oder Tadel ein Stück Selbständigkeit bei der Kontrolle über die eigenen Lebensbedingungen erreicht (s. u.).

In der Vorstellung »primärer Sozialisation«, wie sie in den Ausführungen von Berger et al. zum Ausdruck kommt, ist die Norm »Keine-Suppe-Verschütten« nicht ein Aspekt einsichtiger elementarer Notwendigkeiten gesellschaftlich ermöglichter Beherrschung vitaler Lebensumstände, sondern ein gänzlich uneinsichtiges Gebot von Autoritäten, deren Anweisungen, Zu- und Abneigungen das Kind kriterienlos ausgeliefert ist, wobei das Befolgen des Gebots allein aus der Erhaltung des Wohlwollens der Autoritäten, von denen das Kind abhängig ist, sich empfiehlt. (Der umgekehrte Fall, »Mami, Vater, Oma, große Schwester und so weiter« mögen Suppeverschütten, müßte demgemäß genauso zu der Norm »Man verschüttet Suppe« verallgemeinert werden, womit das Kind, um den Autoritäten nicht zu mißfallen, sich zunehmender Unterernährung preiszugeben hätte; die Behauptung, zwischen diesen beiden Fällen sei doch ein Unterschied, kann »sozialisationstheoretisch« in keiner Weise begründet werden.) Hier, wie in allen psychoanalytisch beeinflußten »Sozialisations«-Konzeptionen, wird die Situation infantiler Abhängigkeit zur

Grundsituation »des« Individuums gegenüber »der« Gesellschaft verfälscht, womit die historisch bestimmten Bedingungen solcher Abhängigkeit und ihrer Überwindbarkeit durch bewußte Bestimmung über die eigenen Lebensumstände gemäß gesellschaftlichen Notwendigkeiten unsichtbar bleiben müssen.

Gottschalch, Neumann-Schönwetter und Soukup schließen nun an ihr Zitat der Passage von Berger & Luckmann selbst einen kapitalismuskritisch gemeinten Kommentar an, wobei in unserem Zusammenhang von Interesse ist, was daran kritikwürdig gefunden wird: »Bei dieser Betrachtungsweise wird vernachlässigt, daß die kindliche Entwicklung eine Folge von Phasen der Triebunterdrückung ist. Das Rollenkonzept zeichnet sich durch Triebfeindlichkeit aus. Die Harmonisierung der Beziehung von Individuum und Gesellschaft ist wiederum Ausdruck der apologetischen Tendenz dieses unhistorisch entwickelten Konzepts. Sexualunterdrückung als Grundlage der Erziehung in unserer Gesellschaft kann nur im Zusammenhang mit der psychoanalytischen Theorie im Hinblick auf ihre Auswirkung für die Persönlichkeitsstruktur erklärt werden.« Hervorgehoben wird also die »spezifische Bedeutung der Triebunterdrückung in der kapitalistischen Gesellschaft . . .« (1971, S. 47). – Indem die Autoren in ihrer Kritik die Individualentwicklung unter spezifisch kapitalistischen Verhältnissen gegenüber der »Rollentheorie«, die diesen Aspekt vernachlässige, zur Geltung bringen wollen, führen sie, da hier der Widerspruch zwischen den menschlichen »Triebbedürfnissen« und der triebunterdrückenden Funktion der Gesellschaft hervorgehoben wird, in Wirklichkeit lediglich Momente der ursprünglichen Freudschen Auffassungen gegen ihre Verwässerungen in der Sozialisationstheorie ins Feld. Zwar sind damit tatsächlich bestimmte apologetische und harmonisierende Tendenzen der Freud-Nachfolge gegenüber Freuds Lehre selbst gekennzeichnet (s. u.), die spezifischen Bedingungen kindlicher Entwicklungsbeschränkung in der bürgerlichen Gesellschaft sind aber genauso wenig erfaßt wie bei Freud; vielmehr wird hier lediglich *»die«* Gesellschaft, wie sie nach Freud *»dem«* Individuum als undurchdringliche versagende Naturmacht gegenübersteht, mit einem »kapitalistischen« Etikett versehen. Die eigentliche und zentrale Problematik der Auffassung, wie sie im Zitat aus Berger & Luckmann vertreten ist, die Ausklammerung der Entwicklung der Kontrolle über die eigenen Lebensbedingungen gemäß gesellschaftlichen Notwendigkeiten, damit die Unfähigkeit, das Ausgeschlossensein der Masse der Bevölkerung von der gesellschaftlichen Realitätskontrolle, damit bewußt vorsorgenden Kontrolle über die eigene Eixstenzerhaltung und -entfaltung, als Charakteristikum der Unterdrückung menschlicher Fähigkeiten und Bedürfnisse unter historisch bestimmten Verhältnissen zu begreifen, wird dagegen von Gottschalch, Neumann-Schönwetter & Soukup nicht einmal andeutungsweise gesehen. Der Grund hierfür liegt darin, daß die allen psychoanalytisch beeinflußten Auffassungen inhärente Reduzierung der Interpersonalität auf kurzschlüssig-sachentbundene »soziale« Beziehungen und Fehldeutung »der« Gesellschaft als einer undurchschaubaren versagenden Instanz gegenüber »dem« in infantiler Abhängigkeit Zuwendung, Triebbefriedigung o. ä. fordernden Individuum Gottschalch et al. und Berger et al. gemeinsam ist.

Die psychoanalytischen Vorstellungen von individueller Vergesellschaftung führen in ihren politischen Konsequenzen je nach den konkreten gesellschaftlichen Umständen entweder mehr zu opportunistischen Konzeptionen eines Arrangements mit den ökonomisch-politisch »mächtigen« Vertretern des Kapitalstandpunktes, die durch Wohlverhalten zu gewissen Zugeständnissen im Hinblick auf die Bedürfnisbefriedigung geneigt gemacht werden sollen, um damit »das Schlimmste zu verhüten« etc. oder zu ultralinken bis anarchistischen Konzeptionen der Beseitigung der »Triebunterdrückung« durch Befreiung des Menschen von der Gesellschaft überhaupt. In jedem Falle aber sind die psychoanalytischen Vergesellschaftungsvorstellungen (wie antikapitalistisch oder gar marxistisch sie sich im »Freudomarxismus« wie in der modernen soziologischen Sozialisationstheorie auch immer geben mögen), indem sie den Menschen als (ob nun resignativ oder aufbegehrend) Wünschenden in seiner Abhängigkeit gegenüber »der« Gesellschaft fixieren und damit die realen Möglickeiten und geforderten Schritte zur Verbesserung seiner Lage durch Entwicklung der Fähigkeiten und Bedürfnisse zu bewußter kooperativer Kontrolle der gesellschaftlichen und individuellen Lebensbedingungen gemäß eingesehenen objektiven Notwendigkeiten nicht erkennen können, in ihrer wissenschaftlichen Unhaltbarkeit gleichzeitig politisch falsch.

5.5 Reinterpretation der Freudschen Konzeption des »Über-Ich« und der »Identifizierung« durch Ausbau des kritisch-psychologischen Konfliktmodells: Kindliche Vergesellschaftung als Verarbeitungs- und als Abwehrprozeß

5.5.1 Vorbemerkung

Im Anschluß an die Kritik der Freudschen Konzeption des Über-Ich und der Identifizierung und darauf aufbauenden »sozialisationstheoretischen« Vorstellungen müssen wir nun, wie angekündigt, die Frage zu klären versuchen, ob und auf welche Weise diese Grundbegriffe Freuds (mit den zugehörigen Begriffen des »Ichideals«, des »Gewissens«, des »Schuldbewußtseins« etc.), wenn man von ihrer inadäquaten triebtheoretischen Einbettung, damit auch der universalistischen Fassung des Ödipus- und Kastrationskomplexes absieht, innerhalb der kritisch-psychologischen Theorie als weiterführende Grundkategorien, die auf die Erfassung bestimmter Subjektivitätsmomente unter historisch bestimmten Verhältnissen hin konkretisierbar sind, reinterpretiert werden können. Da die zur Diskussion stehenden Freudschen Konzepte sich auf kindliche Vergesellschaftungsprozesse beziehen, müssen wir jetzt bei ihrer Reinterpretation die bisher dargelegten kritisch-psychologischen Auffassungen über individuelle Vergesellschaftung in Richtung auf die kategoriale Kennzeichnung kindlicher Vergesellschaftung hin explizieren.

Um der Klärung der nun zu behandelnden Fragen näher zu kommen, heben wir den u. E. in diesem Zusammenhang zentralen Umstand heraus, daß die Prozesse der Überich-Bildung durch introjektive Identifikation mit der Eltern-Instanz, wie Freud sie beschreibt, mit den »Abwehr«-Vorgängen im Freudschen Sinne nahe verwandt sind.

Die Ausgangssituation vor der Überich-Bildung ist, wie bei den »Abwehr«-Vorgängen, das »Angstsignal«, in dem eine zukünftige Situation der Hilflosigkeit antizipiert wird, hier, innerhalb der Ödipus-Konstellation, die Angst vor der durch die eigenen inzestuösen Sexualstrebungen gegenüber dem gegengeschlechtlichen (beim »vollständigen« Ödipuskomplex auch gleichgeschlechtlichen) Elternteil drohenden Kastration (bzw. beim kleinen Mädchen dem drohenden Liebesverlust). Das Über-Ich ist, wie die Abwehrformen auch, eine im Ich entstandene Instanz zur Angstvermeidung durch Triebabwehr, hier zur Vermeidung der Angst vor der Kastration (bzw. vor Liebesverlust) durch Verdrängung der ödipal-inzestuösen Triebwünsche des Kindes. Das »Über-Ich« gehört dabei in wesentlichen Aspekten, wie die Abwehrmechanismen, zu den unbewußten Anteilen des Ich, da nur so der Verdrängungserfolg erreichbar ist. Der partiell unbewußte Charakter des Über-Ich ist aus der »introjektiven« Eigenart seiner Eltern-Identifizierungen erklärlich. Durch die »Introjektion« wird der Ursprung der »inneren« Autorität des Über-Ich aus der »äußeren« Autorität der Eltern verdrängt; so kommt das »Gewissen« als »innere Stimme« zustande, die dem Ich den Ausweg der Flucht vor der äußeren Autorität nicht mehr läßt, sondern als aus dem Ich selbst erwachsener Wächter, dem es nicht entkommen kann, die Bestrafung der inzestuösen Wünsche fordert (die »Introjektion« wird deshalb häufig unmittelbar den »Abwehrmechanismen« zugerechnet, vgl. Anna Freud 1946). Das »Schuldgefühl«, das daraus entsteht, daß man den Fortbestand der verbotenen Wünsche auch in ihrer verdrängten Form vor dem Bestrafung fordernden Über-Ich nicht verbergen kann, ist quasi das subjektive »Leiden«, das man für die Vermeidung der Angst vor der äußeren Autorität durch ihre »Introjektion« eingetauscht hat (wobei »ein großes Stück« des Schuldbewußtseins, da die Entstehung des Über-Ich eng an das Unbewußtwerden der Ödipus-Siuation geknüpft ist, selbst unbewußt sein muß.) – Wir brauchen in dieser globalen Zusammenfassung Freudscher Konzeptionen die neben allen Ähnlichkeiten auch bestehenden Unterschiede zwischen den Überich-Identifizierungen und den eigentlichen Abwehrmechanismen nicht darzulegen. Für unseren Argumentationszusammenhang ist der Aufweis hinreichend, daß die Herausbildung des Über-Ich nach Freud essentiell mit der »Abwehr« von Realität verbunden ist: »Abwehr« der Triebansprüche gegenüber den Eltern, »Abwehr« der Tatsache, daß die »inneren« Verbote des Über-Ich ihren Ursprung in den Verboten der »äußeren« Elternautorität haben, »Abwehr« des Umstandes, daß die Permanenz der eigenen Schuldgefühle mit der »Hereinnahme« der Elterninstanz in das eigene Ich zusammenhängen, etc.

Aus diesen Überlegungen geht hervor, daß gemäß psychoanalytischen und verwandten Vorstellungen die individuelle Vergesellschaftung als solche einen Prozeß der *»Realitätsabwehr«* i.w.S. darstellt. Dies gilt eindeutig auch für die »neutralisierten« Auffassungen der Sozialisationstheorie, da gemäß den Konzepten der »Verinnerlichung« von »Normen« bzw. Rollenerwartungen« durch »Identifizierung« etc. sowohl der ursprüngliche Gegensatz zwischen eigenen Bedürfnissen und aufgrund äußerer Sanktionen übernommenen »Normen« bzw. »Rollenerwartungen« wie die Tatsache, daß es die äußeren Sanktions-Instanzen sind, die jetzt in »verinnerlichter« Form das eigene Verhalten regulieren, unbewußt geworden sind, so daß das Individuum nunmehr »wie von selbst« gemäß den gesellschaftlichen Normen und Erwartungen agiert[15]. Wir können demgemäß unsere frühere Kritik hier noch in einem wesentlichen Punkt verdeutlichen, indem wir hervorheben, daß in den psychoanalytischen und »sozialisationstheoretischen« Vergesellschaftungsvorstellungen die individuelle Vergesellschaftung als ein Prozeß gekennzeichnet wird, der seiner »allgemeinmenschlichen« Charakteristik nach einen *Vorgang der Verleugnung und Verkennung gesellschaftlich-personaler Realität* durch das sich vergesellschaftende Individuum bedeutet, wobei die »Realitätsabwehr« hier als notwendige Voraussetzung des zu erreichenden Vergesellschaftungs-Effektes betrachtet wird. In dieser im Grunde absurden Gleichsetzung von Vergesellschaftung und *Verminderung* des Realitätsbezuges kann Vergesellschaftung als Erweiterung des personalen und sachlichen Beziehungsreichtums, damit immer umfassendere bewußte Berücksichtigung realer Notwendigkeiten bei der durch Teilhabe an gesellschaftlicher Realitätskontrolle ermöglichten Kontrolle über die eigenen Lebensbedingungen niemals begriffen werden. Dies schließt auch ein Verständnis des gesellschaftlich-historischen Prozesses als im (wenn auch zunächst durch Klassenantagonismen zerrissenen) stets wachsenden Wissens- und Bewußtseinsstand der Gesellschaftsmitglieder sich realisierender Erweiterung der Erkenntnis realer, natürlich-gesellschaftlicher Gesetzmäßigkeiten als Grundlage bewußter, geplanter Realitätsveränderung zur Sicherung und Entfaltung menschlicher Lebensmöglichkeiten aus. Die historisch bestimmten gesellschaftlichen Bedingungen der Beschränkung menschlicher Entwicklung, d. h. hier Bedingungen, unter denen *tatsächlich* Individuen nur durch *Verleugnung und Verkennung* wesentlicher Aspekte der ihnen gegebenen gesellschaftlich-personalen Realität handlungsfähig werden und ihre Existenz erhalten können, bleiben somit in den psychoanalytischen bzw. »sozialisationstheoretischen« Grundkategorien prinzipiell uner-

[15] Versuche, wie die von Habermas (etwa 1973), die »Rollentheorie« der Sozialisationsforschung durch Dimensionen wie Ich-Spontaneität und »Selbstreflexion« bzw. »Rollendistanz« zu ergänzen, ändern nichts daran, da hier lediglich die vermeintlichen Möglichkeiten des »autonomen« Individuums, sich dem Vergesellschaftungsprozeß partiell zu entziehen, zur Geltung gebracht werden sollen, aber keineswegs neue Konzeptionen über die individuelle Vergesellschaftung selbst entwickelt sind (s. u.).

kannt. Das soziologische »Rollen«-Konzept wird mit der Realisierung von Individualitätsformen über – durch gesellschaftliche »Sanktionen« blind gesteuerte – »Rollenübernahme« unter spezifischen Bedingungen menschlicher Fremdbestimmtheit und Abhängigkeit mit der individuellen Aneignung von Individualitätsformen überhaupt gleichgesetzt (vgl. S. 84f.) und erweist so seinen theoretischen Zusammenhang mit dem Konzept der Überich-Bildung und Identifizierung, in welchem gewisse Mechanismen einer solchen »Normenübernahme« als allgemeine Formen individueller Erfüllung gesellschaftlicher Anforderungen verkannt werden.

Um aufweisen zu können, daß die Freudsche Überich-Bildung durch introjektive Identifizierung mit der Elterninstanz den Vorgang der individuellen Vergesellschaftung (wenn überhaupt) nur soweit fassen kann, wie er Abwehrprozeß ist, bedarf es einer angemesseneren Theorie der Verarbeitung interpersonaler Konflikte im individuellen Vergesellschaftungsprozeß, von welcher aus angebbar ist, ob und in welchem Sinne die Freudschen Prozesse der Überich-Bildung als subjektiv notwendig gewordene Vorgänge der Realitätsabwehr verstanden werden können. Wir werden demnach im folgenden an unser früher in Reinterpretation der »dynamischen« Freudschen Konzeptionen der »Abwehr«, des »Unbewußten«, der »Verdrängung« etc. andeutungsweise entwickeltes Konfliktmodell anknüpfen, in welchem Grundvorstellungen über Eigenart und Entstehungsbedingungen des Mißlingens der Realitätsverarbeitung und subjektiven Notwendigkeiten von Realitätsabwehr bei der Konfliktbewältigung dargelegt worden sind (Kap. 5.3.4); diese Konfliktkonzeption ist hier soweit auszubauen und zu spezifizieren, daß die Eigenart von interpersonalen Konflikten, besonders mit Autoritätsinstanzen im kindlichen Vergesellschaftungsprozeß, sich soweit verdeutlicht, daß eine Reinterpretation der (von ihren falschen triebtheoretischen Voraussetzungen befreiten) Freudschen Konzeption der Überich-Bildung und Identifizierung als Vorgang der Realitätsabwehr aufgrund mißlungener Verarbeitung solcher Konflikte sinnvoll versucht werden kann, womit auch die Frage nach der Konkretisierbarkeit der so gefaßten Freudschen Grundbegriffe auf die Vergesellschaftung unter historisch bestimmten Verhältnissen klärbar wäre.

5.5.2 Realisierung immer spezifischerer Anforderungsformen und höherer Niveaus relativer Handlungsfähigkeit bei der Hinentwicklung des Kindes auf die Übernahme gesellschaftlicher Individualitätsformen

Bei der früheren zusammenfassenden Darstellung der funktional-historischen Grundkategorien zur Erfassung individueller Vergesellschaftung (S. 78ff.) haben wir das Schwergewicht stets auf die Charakterisierung der »erwachsenen« Persönlichkeit, die über ihren Beitrag zur gesellschaftlichen

Reproduktion ihr eigenes Dasein reproduziert, gelegt, die Phase des individuellen Vergesellschaftungsprozesses, in welcher der junge Mensch noch nicht unmittelbar in den gesellschaftlichen Produktions- und Reproduktionsprozeß einbezogen ist, mithin auch noch nicht selbst sein materielles Leben erhalten kann, als »Vorbereitungs«-Stadium gekennzeichnet und dabei von »Vorformen«, »Derivaten« etc. der entwickelten Vergesellschaftung in ihren verschiedenen Aspekten gesprochen, ohne näher zu spezifizieren, was darunter zu verstehen ist. Nun müssen wir, da es uns darum geht, die Freudschen Vorstellungen der kindlichen Genese interpersonaler Konflikte im Zusammenhang unserer Gesamtkonzeption zu reinterpretieren, das kindliche und jugendliche Stadium der Vergesellschaftung des Individuums und die darin liegende »Vorbereitungsfunktion« mit »Vorformen« der Vergesellschaftung des erwachsenen Individuums genauer zu erfassen versuchen. Dabei können wir hier keine i.e.S. »entwicklungspsychologischen« Aussagen über den realen kindlichen Vergesellschaftungsprozeß unter bürgerlichen Lebensverhältnissen und die dabei sich herausbildenden kognitiven Möglichkeiten, motivationalen Strukturen und Handlungskompetenzen etc. machen, weil dazu empirische Untersuchungen mit Kindern und Jugendlichen unter den Prämissen unseres Grundansatzes nötig sind. Es ist aber für die gegenwärtige Fragestellung hinreichend, wenn wir die wesentlichen Kategorien zur Erfassung individueller Vergesellschaftung, die wir aus der naturgeschichtlichen und gesellschaftlichen Analyse menschlicher Subjektivität gewonnen haben und die der empirischen Erforschung einzelner Entwicklungsprozesse notwendig vorgeordnet sind, aufweisen können, da es sich bei den psychoanalytischen Konzeptionen der Vergesellschaftung (bzw. der »Sozialisation«) des Kindes, die wir im Kontext unseres Ansatzes reinterpretieren wollen, ebenfalls um solche Grundkategorien handelt (vgl. dazu unsere methodischen Anmerkungen auf S. 205 ff.).

Wir müssen die beiden Schlüsselkategorien der individuellen Vergesellschaftung, wie wir sie begreifen, die *objektiven Individualitätsformen* als Vermittlungsinstanzen zwischen gesellschaftlichen und individuellen Lebensnotwendigkeiten innerhalb historisch spezifischer arbeitsteiliger Strukturen und die *individuelle Handlungsfähigkeit* zur Realisierung der in den Individualitätsformen gegebenen Anforderungsstrukturen, damit Fähigkeit, im Beitrag zur gesellschaftlichen Realitätskontrolle die eigenen Existenzbedingungen zu sichern, auf »Vorformen« innerhalb der Vorbereitungsphase kindlicher Vergesellschaftung hin analysieren.

Das Kind sieht sich, wie der Erwachsene, der zu seiner Reproduktion gesellschaftliche »Individualitätsformen« realisieren muß, bestimmten gesellschaftlich vorgegebenen *Anforderungen* gegenüber, deren Erfüllung durch entsprechende Fähigkeiten und Haltungen modal gesehen gesellschaftlich und individuell lebensnotwendig ist; darin liegt ihre wesentliche Gemeinsamkeit mit den Indivdualitätsformen, deren »Vorformen« sie sind. Die Besonderheit der gesellschaftlichen Anforderungsformen als Zielvorgaben kindlicher Entwicklung, worin ihr Charakter als »Vorformen« liegt, ist ihr im Vergleich zu den eigentlichen Individualitätsformen geringerer Grad der Spezifität, sodaß man Entwicklung unter diesem Aspekt global als Durchlaufen eines Prozesses von der Erfüllung gesellschaftlicher Anforderungen geringerer zu höherer Spezifität in Annäherung an den Spezifitätsgrad der Individualitätsformen kennzeichnen kann, was in antagonistischen Klassengesellschaften zugleich eine wachsende Auswirkung der in den Individualitätsformen gegebenen Widersprüche auf die individuelle Existenz einschließt. Die Anforderungsformen, deren Realisierung immer die Aneignung sachlicher und personaler Gegenstandsbedeutungen (und Symbolbedeutungen) in ihrem Verhältnis zueinander ist, sind auf der frühesten Stufe noch weitgehend der (lediglich) unspezifisch-organismischen Ebene elementarer Lebenserhaltung angenähert: Die Anforderung, Nahrung aufzunehmen, erst durch Gesäugt-, dann durch Gefüttertwerden, einschließlich Koordination mit den Bewegungen der Mutter; das Erfordernis, die Mutter zur Befriedigung elementarer kindlicher Bedürfnisse zu aktivieren; die Anforderung der Stuhlkontrolle, etc.. Dabei sind natürlich auch schon auf dieser Ebene gesellschaftliche Notwendigkeiten innerhalb der jeweiligen Anforderungen wirksam, die sich aber noch weitgehend lediglich in Variationen der Forderungen auf unspezifisch-organismischem Niveau niederschlagen (wie im Einzelnen, kann nur durch entwicklungspsychologische Forschungen festgestellt werden). Aus dieser Art von Anforderungsformen entsteht mit fließenden Übergängen eine nächste Art, in der die explizite »Beherrschung« von Gebrauchsgegenständen und anderen gegenständlichen Realitätskonstellationen durch Aneignung ihrer sachlichen und darauf bezogenen personalen Gegenstandsbedeutungen gefordert ist. Die Aneignung der Fähigkeit zum Umgang mit Löffel und Teller, aus der sich auch ein anderes Verhältnis zu den Erwachsenen ergibt, haben wir ja schon ausführlich dargestellt und diskutiert; hierher gehört aber auch das Erfordernis der Aneignung einer Vielzahl weiterer »sachbezogener« Qualifikationen mit Konsequenzen für die interpersonalen Beziehungen: Lernen, auf dem Stuhl zu sitzen, die Tür zu öffnen, die Lichtschalter zu bedienen, selbst auf die Toilette zu gehen, sich selbst an- und auszuziehen, Wasserhähne auf- und zuzudrehen, aus Regal, Schrank, Kühlschrank Dinge zu entnehmen, aus dem Haus zu gelangen, über die Straße zu gehen, wieder nach Hause zu finden, etc. In Wechselwirkung damit und neue Möglichkeiten der Höherentwicklung eröffnend entsteht eine weitere Form von Anforderungen, bei welchen die Aneignung der Fähigkeit zu interpersonaler Einflußnahme erfordert ist, die die Möglichkeit zur Selbstartikulation gegenüber anderen einschließt; in diesem Zusammenhang ist natürlich das Sprechenlernen, damit die Qualifikation zur Aneignung von sachlich-personalen Symbolbedeutungen von großer Wichtigkeit. Anforderungen auf diesem Niveau sind: Lernen, nach dem Ort und Verbleib von Dingen und Personen, nach dem Weg, nach der Zeit, nach Gründen und Motiven für fremdes Tun und Lassen zu fragen, um Hilfe und Information zu bitten, das Wissen und Können anderer für sich nutzbar zu machen, die Bedürfnisse, Einwände o. ä. anderer zu erkennen und zu berücksichtigen, etc., ebenso selbst Auskunft über den Ort und Verbleib von Dingen und Personen, über den Weg, die

Zeit, Gründe für eigenes Tun und Lassen, Hilfe und Information zu geben, das eigene Wissen und Können adäquat in eine Situation einzubringen, eigene Bedürfnisse, Einwände o. ä. für andere verständlich zum Ausdruck und zur Geltung zu bringen, etc. Eine wesentliche neue Qualität von Anforderungsformen in diesem Bereich ist die Forderung nach der Fähigkeit zum Umgang mit Geld; Lernen, Geld nicht zu verlieren, es zu zählen, damit einzukaufen, den Rest wiederzubringen, Geldausgaben zu planen, Geldbeträge einzuteilen etc. – Bei derartigen gesellschaftlichen Anforderungsformen, deren Differenzierung und Fortgang wir hier nicht mehr weiter veranschaulichen wollen, verlagern sich die »fordernden« Situationen und Instanzen immer mehr aus der familialen Umwelt hinaus in weitere Lebensbereiche und schließlich in Institutionen zur intentionalen Vertretung gesellschaftlicher Anforderungen, wie Kindergarten, Vorschule, Schule (mit der elementaren Forderung nach Aneignung der »Kulturtechniken« Lesen, Schreiben und Rechnen), Berufsschule, Berufsausbildung, womit eine immer größere Annäherung an das Niveau und die jeweils historisch bestimmte Ausprägungsart der von einem gewissen gesellschaftlichen Standort aus gegebenen Individualitätsformen erfolgt, die schließlich vom Individuum zu seiner eigenen materiellen Reproduktion übernommen werden müssen, womit es die Kindheit und Jugend verlassen hat und ins »Erwachsenenstadium« eingetreten ist. Die jeweiligen Anforderungsarten von steigendem Spezifitätsniveau lösen sich dabei nicht einfach ab, vielmehr schließt die jeweils spezifischere Art die aufgrund aller weniger spezifischen Anforderungen gewonnenen Fähigkeiten und Haltungen ein, wobei auch die unspezifischen Qualifikationen sich parallel mit den spezifischeren weiterentwickeln und sich mit diesen wechselseitig beeinflussen. Die auf dem Niveau der Individualitätsformen gegebenen Anforderungsstrukturen wirken dabei, wenn auch mit abnehmender Spezifität des Einflusses, bis in die elementarsten Anforderungsformen hinein, womit die gesamte Entwicklung der Anforderungsformen ihren Charakter als Prozeß kindlicher Vergesellschaftung, mithin »Vorbereitung« auf historisch bestimmte Weisen über die Realisation von Individualitätsformen vermittelter individueller Lebenserhaltung und -entfaltung gewinnt[16].

Zur näheren Bestimmung des früher entwickelten Konzeptes der »Handlungsfähigkeit« bei der Realisierung von Individualitätsformen in Hinsicht auf seine Vorformen innerhalb des Prozesses der kindlichen Vergesellschaftung greifen wir zurück auf unsere Konzeption verschiedener Niveaus »relativer Handlungsfähigkeit« (vgl. S. 78ff.). Solche Niveauunterschiede der Handlungsfähigkeit sind – wie dargelegt – zunächst abhängig von den Individualitätsformen, die von einem bestimmten

[16] Es sei nochmals betont, daß die geschilderten Anforderungsformen innerhalb des kindlichen Vergesellschaftungsprozesses nicht als empirische Stufenfolge der kindlichen Entwicklung mißverstanden werden dürfen, sondern nur die kategoriale Bestimmung einer zum Erreichen des Vergesellschaftungszieles der Übernahme von Individualitätsformen unter gegenwärtigen gesellschaftlichen Bedingungen notwendig zu durchlaufenden Entwicklung darstellen, wobei solche (natürlich noch genauer auszuarbeitenden) Kategorien die Voraussetzung für eine in entwicklungspsychologischer Forschung zu leistende adäquate Erfassung der jeweils individuellen kindlichen Entwicklungsprozesse in ihrer gesellschaftlichen Bestimmtheit sind.

Menschen realisiert wurden, da verschiedene gesellschaftliche Individualitätsformen selbst ein unterschiedliches Niveau der Teilhabe an gesellschaftlicher Realitätskontrolle und Integration, damit Kontrolle über die eigenen Lebensbedingungen ermöglichen. Darüber hinaus läßt sich, wie bereits erwähnt, das Konzept der verschiedenen Niveaus relativer Handlungsfähigkeit aber auch auf die Vorbereitungsphase der Kindheit und Jugend anwenden, da hier auf jeweils bestimmten Stufen Handlungsfähigkeiten erreicht werden, die im Hinblick auf die dabei zu erlangende Kontrolle über die eigenen Lebensbedingungen mehr oder weniger weit hinter der auf der Ebene der Individualitätsformen erreichbaren (relativen) Handlungsfähigkeit zurückbleiben. In den Anforderungsformen ist stets dem Kind die Erlangung eines bestimmten Grades an Kontrolle über die eigenen Lebensbedingungen objektiv »aufgegeben«, wobei die so erforderte relative Handlungsfähigkeit mit dem steigenden Spezifitätsniveau der Anforderungsformen zunimmt und sich dem Niveau der jeweiligen Individualitätsformen annähert. Die Realisierung der Anforderungsformen steigender Spezifität ist als Voraussetzung für die Erreichung der in den Individualitätsformen erforderten relativen Handlungsfähigkeit selbst gesellschaftlich und individuell notwendig. – In diesem Prozeß der steten Annäherung an die zu realisierende Individualitätsform unterscheiden sich die verschiedenen Anforderungen hinsichtlich des Erwerbs relativer Handlungsfähigkeit und der Selbst- und Umweltkontrolle durch das Kind nach Umfang und Art der Rahmenbedingungen und der Fremdkontrolle, d. h. durch die dabei durch die Erwachsenen geleisteten Schutz- und Unterstützungsaktivitäten. Bei der genannten frühesten Form von Anforderungen auf dem noch weitgehend organismischen Niveau elementarer Lebenserhaltung z. B. ist vom Kind etwa nur das Halten der Flasche, das Mundaufmachen, wenn der Löffel kommt, das »Melden« bei Stuhldrang etc. gefordert, alle anderen zur Erhaltung und Entfaltung des kindlichen Lebens notwendigen Aktivitäten werden von den Erwachsenen übernommen. Bei den schon spezielleren Anforderungsformen im Sinne der »Beherrschung« von Gebrauchsgegenständen und anderen gesellschaftlich bedeutungsvollen Umweltkonstellationen dagegen ist der Rahmen für die geforderte Kontrolle der eigenen Lebensbedingungen bereits weiter gesteckt: Das Kind »darf«, »soll« und »kann« jetzt selbst mit dem Löffel essen, aus der Tasse trinken, sich an- und ausziehen, zum Nachbarn und wieder nach Hause gehen etc., wobei die Selbst- und Weltkontrolle des Kindes in Abhängigkeit vom Entwicklungsstand der angeeigneten Fähigkeiten von den Erwachsenen durch Zurücknahme der Fremdkontrolle schrittweise erweitert werden muß. Diese Tendenz besteht auch bei den auf die Aneignung der Fähigkeit zu interpersonaler Einflußnahme und Fähigkeit zur Selbstartikulation gegenüber anderen bezogenen Anforderungsformen: Hier ist dem Kind ermöglicht und von ihm gefordert, sich durch Fragen selbständig in der Umwelt zu orientieren, fremdes Wissen für sich nutzbar zu machen, eigene Bedürfnisse, Absichten etc. spontan oder auf Befragen zu artikulieren und zur Geltung zu bringen; die Erwachsenen müssen und wollen nicht mehr das Kind fragen, seine Bedürfnisse und Absichten »erraten«, sondern das Kind soll und kann sich selbst artikulieren. Ein Spielraum der Selbst- und Weltkontrolle neuer Qualität ist die Übertragung von Geldsummen, etwa als »Taschengeld«, womit durch das allgemeine Äquivalent der Bereich der gemäß eigenen Vorstellungen und Bedürfnissen zu gewinnenden Gebrauchswerte für das Kind entscheidend erweitert ist, gleichzeitig aber auch die

»Sorge« um Geld und Planung der Geldausgabe partiell von den Erwachsenen an das Kind delegiert wird, etc. Schließlich, auf den höchsten Stufen gesellschaftlicher Anforderungsformen, ist den Jugendlichen fast der gleiche Grad der Kontrolle über die eigenen Lebensbedingungen zugestanden und abverlangt, den die unterstützenden Erwachsenen selbst besitzen, mit dem einzigen wesentlichen Unterschied, daß ihm die Sorge um den Lebensunterhalt, etwa das Geldverdienen, noch abgenommen ist. In dem Maße, wie er selbst verdient, vollzieht sich der Übergang vom Niveau der Realisation von Anforderungsformen innerhalb der Vorbereitungsphase zur Realisation von Individualitätsformen, damit von der Jugend zum Erwachsenenstadium.

Der auf einer bestimmten Anforderungsstufe durch die Fremdkontrolle der Erwachsenen vorgegebene Rahmen der vom Kind geforderten Selbst- und Weltkontrolle ist der Bereich, innerhalb dessen das Kind relative Handlungsfähigkeit erwerben »soll« und »darf«. Das Niveau der relativen Handlungsfähigkeit bemißt sich hier nach dem Anteil, den die Selbstverantwortung des Kindes und die unmittelbare Fremdkontrolle der Erwachsenen bei der Lebenserhaltung und -entfaltung des Kindes haben. – Wie das Kind auf jeder Stufe der Anforderungsformen relative Handlungsfähigkeit erlangen kann, so kann ihm auch auf jeder Stufe die Gewinnung von Handlungsfähigkeit durch Realisierung der Anforderungsformen mißlingen, so daß es in den Zustand der Handlungsunfähigkeit gerät. Handlungsunfähigkeit bedeutet hier zwar im allgemeinen nicht, wie bei der Handlungsunfähigkeit des »Erwachsenen« gegenüber den Anforderungen der Individualitätsformen, Bedrohung der unmittelbaren Existenz, da große Teile der Existenzsicherung des Kindes ja noch von den Erwachsenen getragen werden und beim »Versagen« des Kindes auf einer bestimmten Anforderungsstufe die Erwachsenen normalerweise helfend »einspringen«, womit das Kind nur auf ein geringeres Niveau der Handlungsfähigkeit »regrediert«. Dennoch ist ein solcher »Mißerfolg« bei der geforderten und damit prinzipiell als möglich erscheinenden Ausweitung der Handlungsfähigkeit – ganz abgesehen davon, daß dadurch der Status der Abhängigkeit von den Erwachsenen konserviert und damit das Ausmaß individueller Lebensmöglichkeiten zwangsläufig weiterhin beschränkt ist – auch für das Kind u. U. von existentieller Bedeutung, dann nämlich, wenn dieses »Versagen« der eigenen Unzulänglichkeit zugerechnet wird und damit »Probleme« künftig nicht nur durch die äußeren Anforderungen, sondern auch durch subjektive Verunsicherung, elementare Angst, den gesellschaftlichen Anforderungen nicht zu genügen, entstehen (s. u.).

5.5.3 Der emotional-motivationale Aspekt des Prozesses kindlicher Vergesellschaftung: Aufhebung von Abhängigkeitsbeziehungen durch mit kooperativer Integration erreichbare Kontrolle über die eigenen Lebensbedingungen

Zur Behandlung des emotional-motivationalen Aspektes kindlicher Vergesellschaftung, dabei des zentralen Problems der Bedingungen für die Möglichkeit eines motivierten Anstrebens der Realisierung gesellschaftlicher Anforderungsformen sind die früher erarbeiteten Resultate über die Bedürfnisse und die Motivation in ihrer »menschlichen« Spezifik nun im Hinblick auf die »Vorbereitungsphase« der individuellen Entwicklung zu explizieren. – Wir haben davon auszugehen, daß das primitive, »subhumane« Niveau der ausschließlichen Bestimmtheit des Verhaltens durch aktuell auftretende und direkt zu befriedigende sinnlich-vitale Bedürfnisse nur in den allerfrühesten Stadien der kindlichen Entwicklung (und unter gesellschaftlichen Sonderbedingungen, s. u.) vordergründig ist, daß aber normalerweise bereits beim Säugling in der spontanen Umweltzuwendung mit elementaren »sachbezogenen« und sozialen Interessen Vor- und Frühformen »produktiver« Bedürfnisse wesentlich handlungsbestimmend werden (vgl. unsere Ausführungen auf S. 206ff.). Schon die geschilderten elementaren Anforderungen nach Übernahme gewisser »lebenserhaltender« Teilfunktionen etwa bei der Nahrungsaufnahme sind durch das Kind, in dem Maße, wie dabei Möglichkeiten zur Exploration, Manipulation, sozialen Kontaktaufnahme und Beeinflussung gegeben sind, auf der Basis der noch unspezifischen »Naturgrundlage« der produktiven Bedürfnisse »motiviert« zu erfüllen. Entscheidend für unseren Argumentationszusammenhang ist, daß, während in dieser Frühphase die Befriedigung der vitalen Bedürfnisse ausschließlich durch die Eltern geschieht und die »produktiven« Bedürfnisse in ihren Vorformen noch nicht auf die sinnlich-vitalen Bedürfnisse bezogen sind, schon im späten Säuglingsstadium, und immer deutlicher bei Anforderungsformen im Sinne der Beherrschung von Gebrauchsgegenständen und gesellschaftlich bedeutungsvollen Umweltkonstellationen, sich in der Persönlichkeit des Kindes jenes charakteristische *Verhältnis der Unterordnung der sinnlich-vitalen unter die »produktiven« Bedürfnisse* (mindestens ansatzweise) herstellt, wie wir es als *Grundeigenart der »menschlichen« Bedürfnisstruktur* gekennzeichnet haben. Das Kind hat jetzt die Möglichkeit, mit der Erfüllung der jeweiligen »Anforderungen« in den Grenzen der auf einer jeweiligen Stufe von der Fremdkontrolle durch die Erwachsenen ausgesparten Spielräume aufgrund der erworbenen Kompetenzen und Fähigkeiten für die Befriedigung der vitalen Bedürfnisse selbständig Vorsorge zu treffen und damit die Abhängigkeit von der Bedürfnisbefriedigung durch andere Personen zu reduzieren. Dies bedeutet, daß hier die Realisierung der Anforderungsformen als Erwerb der jeweiligen relativen Handlungsfähigkeit als Ausweitung der Einflußnahme auf die eigenen Lebensbedingungen bereits im eigentlich »menschlichen« Sinne »motiviert« anstrebbar sein kann.

Schon durch die Aneignung der Fähigkeit zum Gebrauch von Löffel und Teller ist das Kind nicht mehr im gleichen Maße wie vorher darauf angewiesen zu warten, bis die Nahrung ihm gegeben wird, es kontrolliert vielmehr einen kleinen Aspekt seiner eigenen Lebensbedingungen: Das Kind kann selbst bestimmen, wann und wie schnell es den Löffel zum Munde führen will, es kann seinen eigenen Eßrhythmus finden und muß sich nicht mehr einem fremden Fütterungsrhythmus anpassen, gewinnt dabei die Möglichkeit, selbst aufzuhören, wenn es genug hat, und weitere Nahrung zu sich zu nehmen, wenn es noch nicht satt ist. Bereits die Fähigkeit zum Umgang mit dem Löffel u. ä. befriedigt also nicht mehr nur den unspezifischen Manipulationsbedarf auf dem Niveau des Neugier- und Explorationsverhaltens, hier wird vielmehr durch die Umsetzung der angeeigneten gesellschaftlichen Gegenstandsbedeutungen in Tätigkeit mit der Übernahme einer gesellschaftlich notwendigen Funktion, bzw. der Entlastung anderer Personen von dieser, ein Stück Selbständigkeit als Voraussetzung der gesellschaftlichen Integration und Einflußnahme gewonnen, somit ein echtes »produktives« Bedürfnis befriedigt. Dies wird im Hinblick auf die Anforderungserfüllung durch Aneignung komplexerer Bedeutungsstrukturen, damit erweiterter Tätigkeitsmöglichkeiten, immer deutlicher: Wenn das Kind die Fähigkeit erworben hat, die Tür zu öffnen, den Lichtschalter zu bedienen, auf die Toilette zu gehen, sich selbst an- und auszuziehen, Schränke zu öffnen, aus dem Haus zu gehen und zurückzufinden etc., hat es über die praktische Einsicht in sachliche Zusammenhänge und Erfordernisse jeweils ein wesentliches Stück Kontrolle über die eigenen Lebensbedingungen, damit Unabhängigkeit von dem Wohlwollen und der Willkür bzw. der Zeit und den Plänen der Erwachsenen, also Selbstbestimmung und »Freiheit« gewonnen, was, wie dies für die »produktiven« Bedürfnisse charakteristisch ist, gleichzeitig die immer verbesserte Möglichkeit der Vorsorge für die sinnlich-vitale Bedürfnisbefriedigung, damit ihre »Vermenschlichung«, die Reduzierung des Ausgeliefertseins an einen gebenden (und u. U. auch verweigernden) »Mächtigen« bzw. die eigene Bedürftigkeit einschließt. Diese mit der Anforderungserfüllung erworbenen Fähigkeiten zur Einflußnahme auf sachliche und personale Lebensumstände müssen sich im Zusammenhang mit dem schrittweisen Zurücktreten der Fremdkontrolle durch die Erwachsenen immer mehr erhöhen, womit potentiell auch die »produktive« Motivation zur Realisierung der jeweiligen Anforderungsformen und Handlungsfähigkeiten immer ausgeprägter werden muß.

Wieweit angesichts einer bestimmten objektiven Anforderungsform tatsächlich »produktive« Motivation in ihren kindlichen Erscheinungsweisen zustandekommt, dies hängt (wie wir das im Hinblick auf die Möglichkeit motivierter Übernahme gesellschaftlicher Ziele generell ausführlich begründet hatten) auch hier von der vom Kind kognizierten Beschaffenheit der jeweiligen Anforderung ab. Zum einen muß eine Anforderungsform tatsächlich dazu geeignet sein, durch ihre Realisierung dem Kind eine erweiterte Möglichkeit der Kontrolle der eigenen Lebensbedingungen, damit Annäherung an die zur Erfüllung gesellschaftlicher Beiträge individuell notwendigen Fähigkeiten und Haltungen zu vermitteln (s. u.). Zum anderen muß aber das Kind dazu in der Lage sein oder dazu gebracht werden können, solche Entwicklungsmöglichkeiten, sofern sie bestehen, auch wirklich in ihrer objektiven Bedeutung zu erkennen und in kognitiver Erfassung seiner zur Anforderungserfüllung vorhandenen oder entwickelbaren Fähigkeiten zu einer »motivierten« Anstrengungsbereitschaft in Richtung auf die Realisierung zu kommen. – Derartigen Erkenntnismöglichkeiten müssen beim Kind selbst im günstigsten Falle in Abhängigkeit vom erreichten Entwicklungsstand mehr oder weniger enge Grenzen gesetzt sein. Allerdings sind bereits dann, wenn die objektive und subjektive Bedeutung der Anforderung noch kaum erfaßt werden können, bei entsprechender Anforderungsbeschaffenheit die in die »produktiven« Bedürfnisse eingehenden unspezifisch biologischen Antriebsmomente, Angezogenheit von allem »Neuen«, »Erkundungsdrang«, »Funktionslust« (vgl. S. 22f.) Bedarf nach sozialen Beziehungen »um ihrer selbst willen« (vgl. S. 23) dennoch ein wesentlicher Motor für die Aneignungstätigkeit des Kindes zur Erfüllung einer Anforderung; hier werden also, quasi durch eine »List der Natur«, die gesellschaftlich notwendigen Lernprozesse vom Kind mit spontaner emotionaler Beteiligung vollzogen, wobei jedoch, wenn dabei nicht zugleich die prinzipielle Ausweitung individueller Lebensmöglichkeiten erfahrbar wird, auch die spontane Lernfreude alsbald nachlassen muß, da die für jedes Lernen erforderliche Anstrengungsbereitschaft über diese unspezifischen Vorformen »produktiver« Bedürfnisse keineswegs langfristig abgesichert ist. Weiterhin ist zu berücksichtigen, daß die Einsicht in die über den Erwerb entsprechender Voraussetzungen erreichbare Verbesserung der Kontrolle über die eigenen Lebensbedingungen nicht nach dem »Alles-oder-nichts-Gesetz« entweder vorhanden oder nicht vorhanden ist, sondern daß hier mannigfache Zwischenformen auftreten, wobei mit jedem minimalen Zuwachs an Einsicht in die Beherrschbarkeit eigener Lebensbedingungen die Motivationslage sich über ihre unspezifische Naturbasis hinaus in Richtung auf echte, »menschliche« produktive Motivation akzentuiert. Dabei kann sich erst allmählich eine die jeweilige Einzelmotivation zur Erfüllung einer bestimmten Anforderung übergreifende *Motivation zur Selbstentwicklung* in Richtung auf immer weitergehende Aneignung gesellschaftlicher Möglichkeiten der Welt- und Selbstkontrolle in Annäherung an den Erwachsenenstatus herausbilden, da hierzu die wachsende Erkenntnis der Abhängigkeit individueller Lebensbedingungen von den gesellschaftlichen Verhältnissen und der Realisierung gesellschaftlich-notwendiger Fähigkeiten in der eigenen Entwicklung als Voraussetzung kooperativer Beziehungen und der durch diese erhöhte Einflußmöglichkeit auf den gesellschaftlichen Entwicklungsprozeß erfordert ist.

Das Niveau der durch Realisierung einer bestimmten Individualitätsform erreichbaren relativen Handlungsfähigkeit ist, wie aufgewiesen, als Niveau der Integration in gesellschaftliche Kooperationsstrukturen zu charakterisieren. Mit wachsender gesellschaftlicher Integration, d. h. Bedeutung der Beiträge zum gemeinsamen Ziel der Erhöhung gesellschaftlicher Realitätskontrolle, damit bewußten, vorsorgenden Kontrolle der jeweils individuellen Lebensbedingungen, wächst der Einfluß des Einzelnen auf den gesellschaftlichen Entwicklungsprozeß und seine Bedeutung für die anderen, was eine immer weitergehende Überwindung von »bloß« sozialen in Richtung auf spezifisch menschliche, d. h. kooperative Formen der Verbundenheit bedeutet. – Auch das Erreichen eines neuen Niveaus der Handlungsfähigkeit durch Realisierung von Anforderungen einer höheren Ausprägungsform im kindlichen Vergesellschaftungsprozeß muß stets als ein, wenn auch noch so minimaler, Fortschritt von »bloß« sozialen Beziehungen zu den Erwachsenen zu gesellschaftlicher Integration, damit Herausbildung der neuen Qualität »produktiver« Lebensbewältigung und entsprechender Bedürfnisse begriffen werden. Mit jeder durch tätige Aneignung bestimmter Gegenstandsbedeutungen gewonnenen neuen Fähigkeit zur Beherrschung eines Aspektes der eigenen Lebensbedingungen, etwa der Fähigkeit zum Lichteinschalten, wiederholt das Kind die jetzt mögliche Tätigkeit nicht nur unermüdlich unter gespannter Beobachtung und tief befriedigter Registrierung des von ihm selbst hervorbringbaren nützlichen Effektes (wenn ich hier schalte, geht dort das Licht an); es fordert auch mit Nachdruck und Ausdauer die Erwachsenen auf, seine neue Fähigkeit zur Kenntnis zu nehmen und anzuerkennen. Es ist offensichtlich, daß das Kind hier seine neu gewonnenen sozialen Möglichkeiten in Richtung auf kooperative Beziehungen, damit auch Annäherung an eine neue Qualität des Verhältnisses zu den Erwachsenen in den jeweils altersspezifischen Grenzen bewußt erfaßt: Das Kind *weiß*, daß es jetzt in einem bestimmten Punkt nicht mehr abhängig von den Erwachsenen ist, sondern, indem es die neue Fähigkeit für sich nutzen kann, gleichzeitig auch einen, wenn auch noch so kleinen, in seiner objektiven Nützlichkeit sachlich ausweisbaren Beitrag zur gemeinsamen Lebensgestaltung zu leisten imstande ist; wenn die Mutter am Tisch sitzt und liest und es allmählich dunkel wird, muß sie nicht ihre Beschäftigung unterbrechen und aufstehen, sondern das Kind kann ihr jetzt das Licht anmachen bzw. eine entsprechende Bitte der Mutter erfüllen. Damit ist es nicht mehr ganz so einseitig auf die »bloße« soziale Zuwendung des Erwachsenen, deren Gegebensein und Ausmaß immer unsicher ist, angewiesen, sondern gewinnt seinerseits eine objektiv ausweisbare Bedeutung für den anderen und damit eine zunehmende Sicherheit bzw. Einflußmöglichkeit hinsichtlich der Stabilität der Beziehung.

Der damit gekennzeichnete Wandel der interpersonalen Beziehungen zu den Erwachsenen schließt auch einen Wandel der vom Kind erlebten emotionalen Eingebettetheit ein, die – wie wir früher darstellten (I, S. 214ff.) – schon auf höchstem organismischen Niveau die Grundlage für den Umweltausgriff des Jungtieres als Voraussetzung jeglichen Lernens darstellt. Während die emotionale Einbettung, Zuwendung, Wärme dem sehr kleinen Kind im günstigen Fall noch vorbehaltlos und ohne »Gegenleistung« gewährt wird, hängt in dem Grade, wie an das Kind, wenn auch zunächst minimale, Forderungen an die Kontrolle über seine eigenen Lebensbedingungen gestellt werden, die emotionale Zuwendung und Bestätigung durch die Erwachsenen auch von der Erfüllung der gestellten Forderungen durch das Kind ab. Die Erhaltung oder Wiederherstellung der für die Umweltauseinandersetzung unerläßlichen emotionalen Einbettung wird damit immer mehr zu einer vom Kind selbst zu leistenden Aufgabe. Solange das Kind noch in »bloß« sozialen Abhängigkeitsbeziehungen zu den Erwachsenen steht, ist die Gewährung oder Entziehung der emotionalen Zuwendung hier von ihm weitgehend unbeeinflußbar, durch aus der Sicht der Kinder prinzipiell unvorhersehbare »Willkürakte« der Erwachsenen bedingt. In dem Grade jedoch, wie das Kind durch die Entwicklung »nützlicher« Fähigkeiten immer mehr zu »kooperativ« akzentuierten Beziehungen zu den Erwachsenen gelangt, ist ihm in der Kontrolle über seine eigenen Lebensbedingungen auch die Möglichkeit der Kontrolle über seine Beziehungen zu den Erwachsenen gegeben, womit es die Sicherheit gewinnt, daß es nicht nur jeweils im Augenblick, sondern auch in Zukunft von den Erwachsenen geschätzt und geliebt wird. Die emotionale Abgesichertheit ist auf jedem Niveau der relativen Handlungsfähigkeit die Voraussetzung für die Fähigkeit des Kindes zur weiteren Umweltauseinandersetzung und Entwicklung in Richtung auf die Gewinnung immer höherer Niveaus der Handlungsfähigkeit.

Das neue kooperative Verhältnis zu den Erwachsenen einschließlich der dadurch mitgegebenen emotionalen Abgesichertheit muß sich mit jeder Erhöhung des Niveaus der tätig anzueignenden Anforderungsformen, weil damit die objektiv ausweisbare Nützlichkeit der eigenen Beiträge für andere wächst, weiter verstärken und damit die »bloß« sozialen Gebundenheiten zurückdrängen. Leontjew (dessen theoretische Konzeptionen auch an dieser Stelle eine wesentliche Grundlage der von uns entwickelten Auffassungen bilden) kennzeichnet den mit dem Schuleintritt erreichten weiteren Schritt in dieser Richtung: »Ein Kind, das sich zu Hause auf den Unterricht vorbereitet, hat vielleicht erstmalig das Gefühl, mit einer ernsthaften Sache beschäftigt zu sein. Die jüngeren Geschwister dürfen den kleinen Schüler nicht ablenken und auch die Erwachsenen verzichten auf viele Dinge, um ihn ungestört lernen zu lassen. Das Lernen ist etwas ganz anderes als die früheren Spiele und Beschäftigungen. Es ändert die Stellung des Kindes in der Welt der Erwachsenen: Einem Vorschulkind kann man ein Spielzeug schenken oder auch nicht. Braucht der Schüler ein Heft oder ein Buch, dann muß man es ihm kaufen. Er bittet um ein Buch oder Heft auch ganz anders als um ein Spielzeug, und seine Bitten haben nicht nur für die Eltern, sondern auch für ihn selbst einen anderen Sinn« (1973, S. 399f.). – In unserem Zusammenhang entscheidend ist, daß mit jeder Relativierung der »bloß« sozialen Abhängigkeit das Kind über die objektive Erfüllung gesellschaftlicher Anforderungen die Beziehungen der Erwachsenen und anderer zu ihm nicht mehr blind hinzunehmen hat, sondern diese Beziehungen und damit seine gesellschaftliche Integration als Voraussetzung der bewußten Einflußnahme auf die allgemeinen Lebensbedingungen immer mehr aktiv mitbestimmen kann. Dabei ist davon auszugehen, daß der höhere »produktive« Befriedigungswert der Erlangung gesellschaftlicher Integration aufgrund nützlicher Fähigkeiten im Vergleich zu bloß »sozialen« Zuwendungen von den Kindern in immer höherem Grade auch bewußt erfaßt wird. Dies geht eindrucksvoll aus Leontjews Darstellung seiner Resultate der Untersuchung der Persönlichkeitsentwicklung im Vorschulalter hervor: »Einem Kinde, das eine Aufgabe nicht bewältigt hatte, wurde gesagt, es habe ebensogut abgeschnitten wie die anderen Jungen und Mädchen, es erhielt zur Belohnung ein Bonbon. Es nahm die Süßigkeit, blieb jedoch unzufrieden und lehnte es entschieden ab, sie zu kosten. Die Belohnung durch den Versuchsleiter hatte seinen Kummer über den Mißerfolg nicht zu lindern vermocht; das Bonbon war ihm bitter geworden. Wir bezeichneten in unserem Laboratorium solche Erscheinungen bei Kindern (und nicht nur bei Kindern!) als ›bittere Süßigkeit‹« (1973, S. 438).

Wie beim Erwachsenen, so ist auch in der kindlichen Vergesellschaftung für die Realisierung der jeweiligen Stufe objektiver Anforderungen mehr oder weniger ausgeprägt das Aufsichnehmen von Anstrengung unter bewußter Distanz zu den unvermittelten Bedürfnissen, also eine die Möglichkeit des Aufschiebens einschließende Regulation der unvermittelten Befriedigung zur Ausrichtung der Handlungsimpulse an den objektiven Erfordernissen der Aufgabe notwendig, womit auch an der produktiven Motivation des Kindes die früher dargestellte »Willens«-Komponente (vgl. Kap. 4.3.1 u. 4.3.4) herauszuheben ist. In dem Grade, wie angesichts einer bestimmten Anforderung die mit ihrer Erfüllung gegebene Möglichkeit der Verbesserung der Kontrolle über die eigenen Lebensbedingungen, damit »produktive«, die sinnlich-vitale in neuer Qualität erschließende Befriedigung nicht vorhanden ist, kann das Kind die Anforderung nicht »motiviert« übernehmen und realisieren; es wird mithin entweder der Anforderung ausweichen, oder, wo dies nicht möglich ist, die Anforderung nur unter äußerem Zwang bzw., wenn mit der Nichterfüllung der Anforderungen letztendlich negativere Befindlichkeiten antizipierbar werden, als mit deren Erfüllung verbunden sind, unter innerem Zwang auf sich nehmen (s. u.).

Die individuelle Notwendigkeit, gesellschaftliche Anforderungen nicht »motiviert«, sondern vorwiegend unter äußerem bzw. innerem Zwang zu übernehmen, ist, wie wir ausführlich dargestellt haben, die Grundsituation der abhängigen Klassen in antagonistischen Klassengesellschaften, somit auch der bürgerlichen Gesellschaft. Während in der kindlichen Vergesellschaftung bis zum Erreichen des Berufslebens die Übernahme von Aufgaben und die – wenn auch vielfältig behinderte – Erweiterung der Kontrolle über die eigenen Lebensbedingungen auf stets erweitertem Niveau in wechselseitiger Beziehung stehen und die motivierte Übernahme gesellschaftlicher Anforderungen somit prinzipiell möglich ist, kommt mit dem Erreichen des Erwachsenenstadiums für die überwiegende Mehrheit der unmittelbaren Produzenten diese Entwicklung zu einem Stillstand, ist die weitere Ausdehnung der Kontrolle über die eigenen Lebensbedingungen und die individuelle Aufhebung der unmittelbaren Abhängigkeit von den »Mächtigen«, hier als Personifikationen der herrschenden Klasse, nicht mehr möglich. Da, wie dargestellt, die Anforderungsformen in der »Vorbereitungsphase« der kindlichen Vergesellschaftung bis in die niedrigsten Spezifitätsniveaus hinein durch die historische Bestimmtheit der gesellschaftlichen Verhältnisse, »auf die hin« die individuelle Entwicklung erfolgt, geprägt sind, müssen diese Beschränkungen der Fähigkeits- und Bedürfnisentwicklung und gesellschaftlichen Integration der Erwachsenen durch deren Ausgeschlossensein von der bewußten kooperativen Realitätskontrolle im gesamtgesellschaftlichen Maßstab auch auf den kindlichen Vergesellschaftungsprozeß als »Vorbereitung« nicht nur auf die Möglichkeiten, sondern auch auf die Beschränkungen der jeweils klassenspezifischen Individualitätsformen zurückwirken. Damit gewinnt in der bürgerlichen Gesellschaft die Unterstützungstätigkeit und Fremdkontrolle durch die erziehenden Instanzen notwendig einen zutiefst widersprüchlichen Charakter, indem hier über verschiedenartige gesellschaftlich »angebotene«, teilweise institutionell festgelegte Erziehungstechniken, -normen und -haltungen als Bestandteile der bürgerlichen Ideologie, die vom Erziehenden individuell angeeignet werden, beim Kind die Möglichkeit, durch Realisierung von gesellschaftlichen Anforderungformen ein immer höheres Niveau der Handlungsfähigkeit, damit gesellschaftlich vermittelter Kontrolle über die eigenen Lebensbedingungen zu gewinnen, zwar einerseits gefördert, aber andererseits auch in spezifischer Weise systematisch behindert wird. Eine wesentliche Funktion dieses Aspektes der Erziehungstätigkeit des Erwachsenen im Sinne der Erhaltung gesellschaftlicher Klassenstrukturen ist die Einschränkung des im Zusammenhang mit der Umweltauseinandersetzung bzw. mit der bei den Bemühungen um Erweiterung individueller Lebensmöglichkeiten erfahrenen Widerständigkeit der Realität entstehenden Weiterfragens nach den zugrundeliegenden gesellschaftlichen Ursachen, d. h. die *aktive Unterdrükkung des Weiterdenkens im Sinne des begreifenden Erkennens.* Da den in einer »Sache« liegenden, auf immer umfassendere Zusammenhänge verweisenden Denkanstößen hier gegengesteuert werden muß, genügt es nicht, bestimmte Aspekte des Problems in der Erziehung einfach auszusparen; es müssen vielmehr aktive Denk- und Fragehemmungen, die auch die entsprechenden Handlungsbereitschaften und daraus folgende Praxis erst gar nicht aufkommen lassen, gesetzt werden, womit die weitere Aneignungstätigkeit kanalisiert, gestutzt, »verkehrt« und so gegenüber den »kritischen« gesellschaftlichen Bedeutungsgehalten immunisiert wird. Hier verdeutlicht sich der für die kritisch-psychologische Forschung zentrale Umstand, daß in der Unterstützungs- und Kontrolltätigkeit des Erwachsenen, durch die beim Kinde einerseits die zur »Vorbereitung« auf die spätere Lebensbewältigung notwendigen Fähigkeiten, Bedürfnisse und Haltungen vermittelt werden, mit der Induzierung von Denk-, Frage- und Tätigkeitshemmungen gleichzeitig und im Widerspruch dazu die vom Standpunkt der herrschenden Klassen notwendigen Fähigkeitsgrenzen, Bedürfnisbeschränkungen und Fehlhaltungen als »Vorbereitung« auf das Hinnehmen und Ertragen der fremdbestimmten Erwachsenenexistenz der abhängigen Klasse als unveränderliche »Naturtatsache« erzeugt werden: Es ist zu klären, wie solche Hemmungen in ihrer Herausbildung, Beschaffenheit und Funktionsweise im Einzelnen zu charakterisieren sind.[17]

5.5.4 Überich-Bildung als globale Konfliktabwehr durch Deformation bewußter Selbstkontrolle zur »verinnerlichten« Zwangsinstanz unter historisch bestimmten Restriktionen der kindlichen Vergesellschaftung

Durch die bisherigen Darlegungen über den kindlichen Vergesellschaftungsprozeß in seinem emotional-motivationalen Aspekt sind wir nun soweit vorbereitet, um unter Rückgriff auf unser früher angedeutetes Konfliktmodell eine kritisch-psychologische Reinterpretation der Freudschen Konzeption der Überich-Bildung, Identifizierung etc. versuchen zu können: Nachdem wir eingangs festgestellt hatten, daß Freuds Überich-Konzept, da in ihm eine bestimmte Art von Realitäts*abwehr* angesprochen ist, nicht als allgemeine Theorie des menschlichen Vergesellschaftungsprozesses taugt, ist nun zu untersuchen, wieweit und in welchem Sinne im Zusammenhang unseres Ansatzes die Herausbildung eines »Überich« als individualgeschichtlicher Prozeß der Realitätsabwehr unter den historisch bestimmten Bedingungen individueller Vergesellschaftung unter bürgerlichen Lebensverhältnissen gekennzeichnet werden kann. Dazu haben wir aufzuweisen, wie die *realistische* Verarbeitung von Konflikten im kindlichen Vergesellschaftungsprozeß zu charakterisieren ist und unter welchen Bedingungen und in welcher Art es hier bei *mißlungener* Konfliktverarbeitung zu Abwehrprozessen kommt, die man mit dem *Freudschen Prozeß der Überich-Bildung in Zusammenhang bringen* kann. – Da nach Freud die

[17] Vgl. hierzu die im Rahmen der »Texte zur Kritischen Psychologie« erscheinende Untersuchung der Funktion des Rollenspiels für die Gegensteuerung des Begreifens gesellschaftlicher Zusammenhänge bei gleichzeitiger Förderung »funktionaler« sozialer Kompetenz von F. Haug (1977).

Entstehung des Über-Ich in der Frühphase der kindlichen Entwicklung liegen soll, versuchen wir zunächst, bestimmte Charakteristika der Verarbeitung bzw. Abwehr von Konflikten in *frühen Stadien* der kindlichen Vergesellschaftung darzulegen, wobei die Konfliktbewältigung in späteren Entwicklungsphasen im Anschluß daran in die Betrachtung einbezogen wird. Dabei sind uns an dieser Stelle nur relativ globale Aussagen über kindliche Entwicklungskonflikte möglich, zu differenzierteren Feststellungen über Konflikte dieser Art kommen wir erst im letzten Teilband, bei der kritischen Analyse der Lewinschen Feldtheorie und der dort entwikkelten Konfliktkonzeption.

Da, wie früher ausführlich gezeigt, psychische Konflikte immer aufgrund von emotional gegründeten Handlungsbereitschaften einerseits und dem mit der Realisierung dieser Bereitschaften drohenden Verlust der eigenen Handlungsfähigkeit auf erreichtem Niveau andererseits entstehen, müssen zur Erklärung der Eigenart der kindlichen Entwicklungskonflikte jeweils die emotionalen Handlungsbereitschaften, bei deren Realisierung das Kind die drohende eigene Handlungsunfähigkeit antizipieren muß, herausgehoben werden. Da die kindliche Handlungsfähigkeit in den Frühstadien der Entwicklung wesentlich durch die Schutz- und Unterstützungsfunktion der Erwachsenen getragen bzw. garantiert ist, in welche sich die Aktivitäten des Kindes zur Beherrschung relevanter Umweltbezüge zunächst als untergeordnetes und unselbständiges Teilmoment integrieren, so ist hier die Bedrohung der Handlungsfähigkeit, d. h. der Sicherung der Befriedigung lebensnotwendiger Bedürfnisse, zunächst stets *Bedrohung der Abgesichertheit durch Einbuße der Zuwendung und Hilfe der Erwachsenen.* – Um mögliche Entstehungsbedingungen von Konflikten in den Frühphasen der kindlichen Vergesellschaftung aufweisen zu können, vergegenwärtigen wir uns, daß hier mit den geschilderten noch sehr unspezifischen Anforderungsformen in der Entwicklung zunächst das erwähnte organismische Stadium der direkten Befriedigung sinnlich-vitaler Bedürfnisse durch die Erwachsenen und der »beziehungslos« daneben bestehenden organismischen Vorformen »produktiver« Umweltzuwendung (Neugier, Erkundungsdrang, Funktionslust) durch die Fähigkeit zur Unterordnung der vitalen Bedürfnisbefriedigung unter die vorsorgende Kontrolle über die eigenen Lebensbedingungen ansatzweise überwunden und damit die immer stärkere Herausbildung der eigentlich »menschlichen« Bedürfnisstruktur eingeleitet wird. Die Ausdehnung der Kontrolle über die eigenen Lebensbedingungen schließt, wie dargestellt, die zunehmende Kontrolle über die eigenen sinnlich-vitalen Bedürfnisse als Voraussetzung der gerichteten Auseinandersetzung mit der Umwelt, der Planbarkeit des eigenen Verhaltens und der Vorherbestimmbarkeit des Handlungserfolges und seiner Auswirkungen auch auf die Beziehungen zu den anderen als wesentliches Bestimmungsmoment subjektiver Befindlichkeit ein. Wie einerseits die sozialen Beziehungen an ihrer objektiven Bedeutung für die eigene Lebenssicherung bzw. -erweiterung gemessen werden, so muß andererseits die eigene Bedeutung für die anderen sich in deren Bewertung der eigenen Lebenstätigkeit niederschlagen. Solange aber die Beziehungen zu den Mitmenschen sich auf wenige Personen des unmittelbaren Lebenskreises beschränken, was in der frühen Kindheit immer der Fall ist, werden auch nur diese wenigen für die Existenz des Kindes direkt relevanten Personen in ihrer Bewertung seiner Lebenstätigkeit für das Kind Gewicht haben. Das zur Geltung-Bringen der gesellschaftlichen Möglichkeiten und Forderungen im Hinblick auf die Kontrolle der kindlichen Vitalbedürfnisse geschieht also vorwiegend durch die jeweils verantwortlichen Erwachsenen, die ihre »Autorität« dazu einsetzen, um das Kind in jeweils begrenzten Aspekten zur Übernahme gesellschaftlicher Anforderungen hinsichtlich der Kontrolle seiner sinnlich-vitalen Bedürfnisse zu bringen. Die »Pole« möglicher Konflikte liegen also in dieser Elementarphase einerseits in der kindlichen Tendenz zur direkten und sofortigen Beseitigung aller sinnlich-vitalen Bedürfnisspannungen und andererseits den Anforderungen der Erwachsenen nach Einhaltung bestimmter »Regeln«, »Normen« bei der vitalen Bedürfnisbefriedigung, von deren Erfüllung der Grad ihrer Zuwendung als wesentlicher Voraussetzung der emotionalen Eingebettetheit und Angstfreiheit des Kindes abhängt, andererseits. Typische Konfliktkonstellationen dieser frühen Ausprägungsform sind etwa gegeben, wenn die kindliche Tendenz zur sofortigen Nahrungsaufnahme bei geringgradigen einschlägigen Organempfindungen auf die Forderung der Erwachsenen nach Nahrungsaufnahme zu bestimmten Zeiten, auf bestimmte Weise, und immer mehr auch durch Eigenaktivität, etwa mittels selbständigen Löffel-, Teller-, Messer- und Gabelgebrauchs stößt, oder die Tendenz zur sofortigen Stuhlentleerung durch das Gebot der Erwachsenen, »sich zu melden«, später selbst auf die Toilette zu gehen, etc. kanalisiert wird. Sofern nach einer bestimmten jeweils zugestandenen Lernphase das Kind die Tendenz zur direkten Beseitigung vitaler Spannungen immer noch sofort in entsprechende Handlungen umsetzt, also bei »Hunger« sofort schreit, das Am-Tisch-Sitzen und gemeinsam Essen, den Gebrauch des Löffels verweigert, weiter spontan uriniert oder seinen Stuhl entleert etc., ist in den meisten Gesellschaften mit mehr oder weniger starkem Zuwendungsentzug der Erwachsenen zu rechnen; das Kind macht die Erfahrung, (aktuell) nicht geliebt zu werden, die sich unter bestimmten Umständen zur allgemeinen Überzeugung, nicht »liebenswert« zu sein, steigern kann, wodurch eine wesentliche Verunsicherung der kindlichen Existenz gesetzt ist. Damit sind aber, insofern das Kind bei Nichterfüllung der an es gestellten Anforderungen den Verlust der Zuwendung der Erwachsenen und die damit verbundene allgemeine Verunsicherung als Beeinträchtigung seiner Handlungsfähigkeit antizipieren kann, hier die Voraussetzungen für die Entstehung von Konflikten gegeben. Das Kind lernt in dieser Phase, daß die vorher bedingungslos »verschenkte« Zuwendung der Erwachsenen, Freundlichkeit, Liebkosung, emotionale »Wärme« o. ä. immer mehr auch von bestimmten, von ihm selbst zu erfüllenden Bedingungen, nämlich der Erlangung der geforderten Selbst- und Umweltkontrolle, abhängig ist.

Die Bewältigung derartiger frühkindlicher Konflikte, womit das Kind zum Aufbau der spezifisch »menschlichen« Bedürfnisstruktur kommt, hat man sich, wie aus unserer früheren Darlegung über kindliche Vergesellschaftung ableitbar, nun aber keineswegs notwendig als erzwungene Übernahme der Forderungen der Erwachsenen, bei deren »Verinnerlichung« es zur Herausbildung eines »Über-Ich« im Sinne Freuds kommen muß, vorzustellen. Zwar ist es unangemessen, dem kleinen Kind bereits die Fähigkeit zur vollen Einsicht in die Notwendigkeiten der Selbstkontrolle zuzusprechen; Bedürfniskontrolle ist, besonders in frühesten Phasen, sicherlich zunächst in beträchtlichem Maße auch »Dressur«-Resultat. Die Konfliktbewältigung kann sich dabei aber schon *in Richtung* auf ein allmählich immer ausgeprägteres kognitives Erfassen der *Nützlichkeit* der Forderung nach Kontrolle sinnlich-vitaler Bedürfnisse für das Kind selbst, der damit zu gewinnenden Möglichkeit der Reduzierung von Abhängigkeit durch Beherrschung eigener Lebensumstände, »kooperative« Absicherung des sozialen Eingebettetseins, also zur »produktiv« motivierten Übernahme entsprechender Anforderungen entwickeln. So kann das Kind »einsehen« lernen, daß die unkontrollierte Urin- und Stuhlentleerung einerseits unmittelbar spannungsreduzierend und »befriedigend«, andererseits den Nachteil des Angewiesenseins auf Säuberung durch die Erwachsenen hat, womit das Kind jedesmal aus seinem Tätigkeitszusammenhang herausgerissen und zum fremden Eingriffen in seine Körpersphäre ausgelieferten »Objekt« gemacht ist, so daß die geforderte Urin- und Stuhlkontrolle als Gewinn eines kleinen Stücks »Freiheit« und Selbstbestimmung eine Verbesserung der Lebenslage und Gesamtbefindlichkeit antizipierbar macht und so »motiviert« übernommen werden kann. Dabei erfährt das Kind gleichzeitig, daß es mit seiner Fähigkeit und Bereitschaft zur Urin- und Stuhlkontrolle tatsächlich auch den Interessen der Erwachsenen entgegenkommt, die nun ihrerseits nicht mehr aus ihrem Tätigkeitszusammenhang herausgerissen werden und das für sie unangenehme Geschäft der Säuberung etc. des Kindes übernehmen müssen; das Kind »verdient« sich damit quasi die Zuwendung der Erwachsenen, die in Akzentuierung des »kooperativen« Verhältnisses zwischen Kind und Erwachsenem einen »vorhersehbaren« Zug gewinnt, womit die emotionale Abgesichertheit als wesentliches Moment der Kontrolle über die eigenen Lebensbedingungen sich weiterentwickelt und stabilisiert. Ebenso bringt z. B. die von den Erwachsenen beim Kind durchgesetzte Forderung nach immer genauerer Einhaltung von, bald mit den Erwachsenen gemeinsamen, Terminen z. B. für die Nahrungsaufnahme zwar die Notwendigkeit des Verzichts auf jeweils sofortige Befriedigung mit sich, dabei kann dem Kind aber einsichtig werden, daß es hier eine neue Stufe der Kontrolle über seine eigenen Lebensbedingungen erreicht, die geforderte Ordnung eigentlich einen Zuwachs an Unabhängigkeit und »Freiheit« bedeutet, da das Kind jetzt nicht mehr von der unkontrollierbaren Bereitschaft der Mutter, ihm Nahrung zu geben, abhängig ist und ihr deshalb dauernd »am Rockzipfel hängen« muß, sondern zu den festgesetzten Terminen Nahrung mit Sicherheit erwarten kann. Damit ist dem Kind die Möglichkeit eröffnet, in den Zeiten zwischen den Mahlzeiten sich ungestört anderen Aktivitäten voll zuzuwenden und dabei aktuelle Bedürfnisspannungen in dem Bewußtsein, daß sie auf vorhersehbare Weise befriedigt und dadurch ein bestimmtes geringes Maß nicht überschreiten werden, zu ignorieren; das Kind kann mit der Einhaltung der Essenszeiten auch hier einen kooperativen Akzent in die bisher »bloß« sozialen Abhängigkeitsbeziehungen zu den Erwachsenen bringen, indem es, da sein Beitrag zur gemeinsamen Lebensgestaltung auch für die Erwachsenen nützlich ist, die von der »Disziplin« des Kindes profitieren, hier mit Gründen deren Anerkennung und Zuwendung erwarten darf und nun seinerseits die Erwachsenen auf die gemeinsame Verabredung zu verpflichten und Abweichungen begründet zu reklamieren berechtigt ist. So vermag das Kind durch Antizipierbarkeit emotionaler Abgesichertheit und kooperativer Integration, damit eines, wenn auch noch so geringen, Fortschritts bewußter Vorsorge für die vitale Bedürfnisbefriedigung, die Anforderungen der Erwachsenen ansatzweise »motiviert« zu übernehmen. Dabei wird mit wachsendem Verständnis für die Nützlichkeit der Kontrollforderungen der Erwachsenen immer mehr die egozentrische Fixierung des Kindes auf den eigenen subjektiven Standort überwunden; das Kind lernt, daß, wie es einerseits auch für es selbst nützlich ist, daß andere die Forderungen, die an das Kind gestellt werden, ebenfalls einhalten, es dies nur dann berechtigt erwarten kann, wenn es seinerseits die Forderungen erfüllt, wobei mit der Einsicht in die Reziprozität kooperativer Beziehungen eine weitere positive Umwertung der Übernahme der Forderungen als Selbstanforderungen erfolgen muß, etc. So erlangt das Kind immer mehr die Fähigkeit zu einer realistischen Konfliktverarbeitung, indem es zu einer adäquateren kognitiven Erfassung der Voraussetzungen und Konsequenzen seiner Bedürfnislage und einer entsprechenden Umstrukturierung der emotionalen Handlungsbereitschaft kommt.

Die Entstehung einer solchen in der Frühphase kindlicher Vergesellschaftung sich herausbildenden Tendenz zu immer realistischerer Konfliktverarbeitung ist allerdings nur unter Bedingungen möglich, innerhalb derer dem Kind der Zusammenhang zwischen dem geforderten Aufschub der aktuellen Bedürfnisbefriedigung durch Übernahme entsprechender gesellschaftlicher Anforderungen und der Möglichkeit der Erlangung erster Ansätze der Kontrolle über seine eigenen Lebensbedingungen und der Herstellung kooperativer Beziehungen zu den Erwachsenen tatsächlich einsichtig werden kann. Das ist jedoch von vornherein in dem Maße ausgeschlossen, wie die Notwendigkeit zur Übernahme der Anforderungen zur Bedürfniskontrolle als auch im individuellen Interesse liegend nicht ausweisbar ist, insbesondere dann, wenn die Forderungen weder von den Eltern noch vom Kind in ihrer Nützlichkeit für die individuelle Entwicklung und die damit sich eröffnenden Lebensmöglichkeiten erkannt werden können, weil sie diese Nützlichkeit objektiv nicht besitzen, sondern in ihrem Zustandekommen lediglich aus der »ideologischen« Funktionalität im Sinne der Erhaltung der bestehenden Klassenverhältnisse sich ableiten. Sofern die geforderten Bedürfniseinschränkungen in dieser Weise als gesellschaftliche »Normen« undurchschaubar und irrational sind, können sie als solche von den Eltern nur ohne adäquate Begründung blind durchgesetzt werden. – Die sich aus der mangelnden Bewußtheit der gesellschaftlichen Existenz und Verantwortung ergebende Inkompetenz der Erwachsenen zur Erziehung, die in dem Maße vorliegen muß, wie die Frage des Erziehungs*zieles*, der Befähigung des heranwachsenden Individuums zur bewußten Übernahme gesellschaftlich notwendiger Aufgaben als Voraussetzung der geplanten Einflußnahme auf den gesellschaftlichen Entwicklungsprozeß, damit Absicherung der eigenen Existenz, vernachlässigt wird, die Erziehung also in der mehr oder weniger blinden Reproduktion gesellschaftlich überlieferter Erziehungs*stile* besteht, führt zu einer subjektiven Geringschätzung von »Wissen«, die sich u. a. auch in der Art und Weise der Informationsvermittlung an das Kind und den Heranwachsenden ausdrückt: Diesen werden in solchen Fällen gewöhnlich die Zusammenhänge, innerhalb derer die von ihm zu erfüllenden Anforderungen stehen, nicht erklärt, und nicht selten werden die Kinder sogar »aus Spaß« bzw. »liebevoller Neckerei« durch Falschinformationen irregeführt, wobei diese Falschinformation häufig in der gezielten Absicht gegeben wird, sich über das Kind, für den Fall, daß es sie akzeptiert, »lustig zu machen«; die Kinder und Jugendlichen müssen in Reaktion darauf wiederum eine allgemeine Skepsis gegenüber jeder Vermittlung von Information überhaupt herausbilden und die Bedeutung von Wissen für die Sicherung und Entwicklung ihrer eigenen Lebensmöglichkeiten verkennen etc.

Wenn das Kind in den Frühphasen des Aufbaus der spezifisch »menschlichen« Bedürfnisstruktur sich Konfliktkonstellationen ausgesetzt sieht, innerhalb derer bei direkter und sofortiger Befriedigung sinnlich-vitaler

Bedürfnisse Zuwendungsverlust durch die Erwachsenen und damit eine Verschlechterung der bestehenden Lebensbedingungen droht, zugleich aber die Bedürfnisbeschränkung durch die Erwachsenen nicht tendenziell als Voraussetzung der langfristigen Verbesserung der eigenen Lebenslage und Gesamtbefindlichkeit erfahrbar ist, dann kann es auch nicht aufgrund einer »realistischen« Bedingungsanalyse zur motivierten Übernahme gesellschaftlicher Anforderungen und zur Ausrichtung seiner spontanen Handlungsimpulse an diesen kommen. Es ist in einem solchen Fall für das Kind »nicht einzusehen«, warum es auf die direkte und sofortige Bedürfnisbefriedigung verzichten soll, und es kann somit auch keine Kontrolle über seine spontanen Handlungsimpulse bekommen; diese Impulse bleiben vielmehr in aller Schärfe bestehen, drängen auf Realisierung und belassen das Kind durch Antizipation des mit den eigenen Handlungen drohenden Verlustes der Zuwendung der Eltern und der damit einhergehenden allgemeinen Ungesichertheit der Existenz im Zustand der Angst. Dieser Konflikt muß sich in einer zusätzlichen Dimension noch dadurch verschärfen, daß durch emotionale Wertung des kognitiv erfaßten Tatbestandes, daß die Erwachsenen hier »grundlos« die vitale Bedürfnisbefriedigung des Kindes einzuschränken scheinen, »aggressive« Tendenzen gegen die Autoritäten entstehen, deren Realisierung aber die Gefahr des Zuwendungsverlustes bzw. der Gegenreaktion durch diese, damit der Handlungsunfähigkeit des Kindes hochgradig verstärken muß, so daß die Konfliktangst sich immer mehr erhöht. Die Bewältigung dieses Konfliktes kann, da die Möglichkeit einer »motivierten« Übernahme der Forderung zur Bedürfniskontrolle als Selbstanforderung hier nicht gegeben ist, im vorliegenden Falle nur durch die Übernahme des »äußeren Zwanges« durch die Autorität als »innerer Zwang«, den das Individuum gegen sich selbst ausübt, gelingen. – Der »innere Zwang«, wie wir ihn früher (S. 66ff.) ausführlich dargestellt haben, ist nun keineswegs selbst schon notwendig als ein »Abwehr«-Vorgang zu interpretieren, sondern kann durch bewußte »Willensanstrengung« aus Einsicht in die Notwendigkeit einer Abwendung der Existenzbedrohung bewußt gegenüber sich selbst durchgesetzt werden. Wenn wir nun aber den früher dargelegten Sachverhalt berücksichtigen, daß »Willensanstrengung« nur im Zusammenhang motivierten Handelns, als Kontrolle konsistenter Zielausrichtung, subjektiv funktional ist, die bloße, verselbständigte »Willensanspannung« ohne Motivation aber eine hochgradige emotionale Belastung darstellt und deswegen nur begrenzt möglich ist (vgl. S. 114f.), wenn wir weiterhin die (wohl auch ohne nähere Belege akzeptierbare) Zusatzannahme machen, daß die Fähigkeit zur »Willensanspannung« ein Aspekt der Persönlichkeitsentwicklung und deswegen beim kleinen Kind noch wenig ausgeprägt ist, so erscheint die Annahme der Möglichkeit kindlicher Bedürfniskontrolle durch bewußten inneren Zwang als alleiniger Bewältigungsweise der Konflikte hier als unzureichend. Vielmehr ist davon auszugehen, daß für das Kind angesichts von Konflikten durch prinzipiell »uneinsichtige« Autoritätsanforderungen zur Unterdrückung aktueller Bedürfnisse der einzig verbleibende Ausweg zur Konfliktbewältigung und damit Angstreduzierung in der Realitätsabwehr besteht: Der Realitätsbezug des Individuums muß so reduziert werden, daß das innere Zwangsverhältnis und damit die prinzipielle Ungesichertheit der Existenz nicht bewußt wird, sondern sich durch entsprechende »dynamische« Mechanismen quasi automatisch, ohne bewußtes Zutun des Individuums herstellt und aufrechterhält: das Kind muß also dazu kommen, den durch den äußeren Zwang der Autoritäten induzierten »inneren Zwang« als Ausdruck von *eigenen Interessen entspringenden Handlungstendenzen zu akzeptieren, also »freiwillig« zu übernehmen.* Dazu muß die tatsächliche Unbegründetheit der Bedürfniseinschränkung durch die Autorität aus dem Bewußtsein des Kindes eliminiert werden, was nur dadurch geschehen kann, daß es seine eigenen Bedürfnisspannungen als unberechtigt, »unmoralisch« etc. kogniziert, um so die emotionalen Voraussetzungen für die Reduzierung der entsprechenden Handlungsbereitschaft zu haben. Damit erfährt aber das Kind in der Befindlichkeit seiner persönlichen Integrität bzw. »Liebenswürdigkeit« zugleich eine erhebliche Verletzung, was wiederum zu einer wesentlichen Beeinträchtigung seines Selbstvertrauens als Basis expansiver Umweltzuwendung, zu einer allgemeinen Verunsicherung und demzufolge zu einer Erhöhung der subjektiven Abhängigkeit von dem Wohlwollen der anderen führen muß. So wird vom Kind die individuelle Notwendigkeit der Erweiterung der Kontrolle über die eigenen Lebensbedingungen verleugnet und die Abhängigkeitsbeziehung zu den über die Mittel zur kindlichen Lebenserhaltung verfügenden Autoritäten immer wieder als naturgegeben und unüberwindbar aufgefaßt, somit auch die Einsicht in die Berechtigung der Ge- und Verbote der Erwachsenen und die Nützlichkeit der von ihnen vertretenen Normen vom Kind nicht mehr als notwendig erkannt. Übrig bleibt das blinde Faktum der Ge- und Verbote der Autorität, denen zu folgen ist, um die durch die Erwachsenen gewährte Lebenserhaltung und emotionale Einbettung nicht zu gefährden. Die so entstehende *»innere« Instanz zum blinden Vollzug der Ge- und Verbote der äußeren Autorität gewinnt damit ein wesentliches Merkmal des von Freud gekennzeichneten »Über-Ich«.* Während die Freiwilligkeit der Selbstanforderung zur Bedürfniskontrolle bei »begründeten« Anforderungen aus der Einsicht, daß die Erfüllung der Forderungen auch im eigenen Interesse ist, sich ergibt, kann der Schein der »Freiwilligkeit« des inneren Zwangs nur erzeugt und durchgehalten werden, wenn die *Tatsache und die Herkunft des inneren Zwangs aus dem »äußeren Zwang« selbst verdrängt* wird, womit die Kontrollinstanz hier den Charakter der *introjektiven Identifizierung als weite-*

rem wesentlichen Merkmal des »Über-Ich« im Freudschen Sinne annehmen muß. Die »Introjektion« ist darüber hinaus deswegen hier ein »dynamisches« Erfordernis, weil infolge der nicht verarbeitbaren Autoritätskonflikte auch die aggressiven Impulse gegen die Eltern aufgrund der von ihnen ausgehenden unberechtigten Bedürfnisunterdrückung emotional umgewertet werden müssen, um die Gefahr des mit ihrer Realisierung verbundenen Zuwendungsentzuges und der Strafe abzuwenden. Durch die Verdrängung der Tatsache, daß die Eltern die Instanz der Bedürfnisunterdrückung sind, können sich auch die Aggressionen nicht gegen sie richten, sodaß der Abwehrvorgang auch auf diese Weise weiterhin gestützt wird. Da, wie von uns früher ausgeführt, die Abwehrprozesse generell niemals ein für allemal gelingen, sondern zu ihrer Aufrechterhaltung ständiger selektiver Kognitionsvorgänge zur Vermeidung von Erkenntnissen, die die Abwehr gefährden könnten, bedürfen, so erfordert auch die geschilderte Konfliktabwehr durch die Deformierung der bewußten Selbstkontrolle zu den introjektiven Identifizierungen des »Über-Ich« zu ihrer Erhaltung ständige kognitive Vermeidungsaktivitäten. Es müssen hier all solche Kognitionen vermieden werden, aus denen die Tatsache, daß der als »freiwillig« verfälschte innere Zwang nicht im eigenen Interesse ist, sondern der Willkür der äußeren Autoritäten entspringt, für das Kind erkennbar wird, womit die abgewehrte Konfliktangst zurückkehren und der Konflikt von neuem aufbrechen müßte. Daraus verstehen sich die von der Kontrollinstanz des »Über-Ich« ausgehenden Denk-, Frage- und Tätigkeitshemmungen, durch welche die Berechtigung von Ge- und Verboten, Vorschriften, Normen der Autoritäten nicht nur unangetastet bleibt, sondern die Schranken der vorhandenen Spielräume prinzipiell niemals ausgenutzt und die gegebenen Grenzen niemals berührt werden, weil nur so der Schein der »Freiwilligkeit« des inneren Zwanges aufrechtzuerhalten ist.

Der damit von uns versuchte Aufweis der Entwicklungsbedingungen, unter denen es bei frühkindlichen Konflikten, die noch vorwiegend im Zusammenhang mit der Erlangung der Fähigkeit zur Kontrolle aktueller sinnlich-vitaler Bedürfnisspannungen entstehen, durch mißlungene Konfliktverarbeitung zu einer »verinnerlichten« Kontrollinstanz kommen kann, die wesentliche Merkmale des Freudschen »Über-Ich« hat, läßt sich auch auf innerhalb der späteren Entwicklung entstehende Konflikte (die wir ausführlich erst im letzten Teilband, im Zusammenhang mit den weiteren Theorien vor allem zu Leistungsproblematik, diskutieren werden) erweitern.

Im Laufe der weiteren Entwicklung sind Voraussetzungen für die Entstehung von Konflikten z. B. dann gegeben, wenn das Kind hinter den Anforderungen der Erwachsenen nicht nur hinsichtlich der Kontrolle seiner individuellen sinnlich-vitalen Bedürfnisse, sondern allgemeiner in Bezug auf die Ausbildung von Fähigkeiten zur Übernahme gesellschaftlich notwendiger, damit unmittelbar auch für andere nützlichere Aufgaben zurückbleibt und in seinem Verharren auf dem relativ niedrigen Niveau der schon erreichten Handlungsfähigkeit und damit Abhängigkeit von anderen, die immer auch eine Belastung für diese darstellt, Kritik und u. U. Bestrafung oder Zuwendungsverlust antizipieren muß. Hier ist die Möglichkeit einer Konfliktbewältigung durch Verarbeitung davon abhängig, wieweit für das Kind erkennbar und subjektiv bedeutungsvoll werden kann, daß mit der Übernahme der Anstrengung zur Fähigkeitsentwicklung durch Reduzierung »bloß« sozialer Abhängigkeiten ein höheres Niveau der Kontrolle der eigenen Lebensbedingungen, kooperativen Integration, damit produktiven Bedürfnisbefriedigung erreichbar ist, so daß die Anforderungen der Erwachsenen als Sachnotwendigkeiten der Lebensverbesserung motiviert übernommen werden können. Der unterstützende Erwachsene stellt dabei hier für das Kind, indem er die Fähigkeiten, deren Entwicklung er vom Kinde fordert, selbst schon in ausgeprägtem Maße besitzt, jeweils das »Modell« dar, von dem es den Weg des Fähigkeitserwerbs und die Kriterien der Anforderungserfüllung lernen kann. Darüber hinaus können im Laufe der Entwicklung auch andere Erwachsene, die nicht zum unmittelbaren Lebensbereich gehören, vom Kind und Heranwachsenden immer ausgeprägter bewußt zum Vorbild genommen werden. Ein solches Vorbild, wenn es als Leitlinie für die eigene Höherentwicklung unter Verarbeitung der aus der Diskrepanz zwischen Anforderungen und Fähigkeiten entstehenden Konflikte dient, ist eine Verkörperung tatsächlicher menschlicher Entwicklungsmöglichkeiten, macht dem sich entwickelnden Individuum also auf sinnlich-unmittelbare Weise deutlich, welchen Entfaltungsgrad seiner Persönlichkeit auch es selbst erreichen kann. Ein »Vorbild«, das nicht blind vergötzt und »unkritisch« überhöht, sondern in seinen wirklichen, überlegenen Fähigkeiten und Eigenschaften realistisch erfaßt wird, ist damit eine entscheidende Bezugsgröße für die bewußte Lebensplanung und Förderung der eigenen Entwicklung durch motivierte Übernahme immer höherer Anforderungen in Richtung auf Kontrolle der eigenen Lebensbedingungen und gesellschaftliche Integration. – Eine Konfliktverarbeitung muß stets in dem Maße mißlingen, wie hier das Kind zwar mit der Anforderung zu erhöhter Anstrengung und Handlungsausrichtung konfrontiert ist, die mit der Anforderungserfüllung gegebenen Möglichkeiten erweiterter Kontrolle der eigenen Lebensbedingungen, emotionaler Absicherung und kooperativer Integration, damit Bedürfnisbefriedigung auf höherem Niveau, für das Kind aber nicht kognitiv erfaßbar sind und so nicht subjektiv bedeutungsvoll werden können. Eine solche mangelnde Einsichtsmöglichkeit besteht auch hier für das Kind in dem Maße, wie durch fehlende Erziehungskompetenz, Willkür, Informationsverweigerung, Irreführung durch die Erwachsenen vorhandene Zusammenhänge zwischen der Anforderungserfüllung und verbesserten Lebensmöglichkeiten dem Kinde nicht durchsichtig werden können; vor allem aber dann, wenn die vom Kind geforderte Anstrengung zur Entwicklung bestimmter Fähigkeiten objektiv nicht als im Interesse des Kindes bzw. der die Forderung vertretenden Erwachsenen liegend ausweisbar ist, weil der entsprechende Zusammenhang in der gesellschaftlichen Realität faktisch nicht gegeben ist, die Erwachsenen also die gesellschaftlichen Anforderungen und Normen, weil sie von ihnen selbst nicht »verstanden« werden, dementsprechend notwendigerweise nur »blind« bei den Kindern durchsetzen können. Die früheren Ausführungen über die aus der Unmöglichkeit motivierter Anforderungsübernahme entstehende Konfliktverschärfung mit aggressiven Tendenzen gegen den fordernden Erwachsenen, den »inneren Zwang« zur Erfüllung der Fremdanforderungen und die Bedingungen der Deformation der bewußten Handlungsregulative zur »freiwilligen Zwangsinstanz des »Über-ichs« gelten vollinhaltlich auch in diesem Zusammenhang und brauchen hier nicht ausführlich wiederholt zu werden. – Die dargestellte bewußte Vorbildfunktion von »äußeren« Autoritäten, bei der das Individuum weiß, *warum* es deren Fähigkeiten und Eigenschaften zum Vorbild nimmt und *den Weg kennt,* auf dem es sich dem Vorbild annähern kann, gewinnt hier Züge des Ich-Ideals als Teilfunktion des Über-Ich im Freudschen Sinne, das an die Stelle von realen, in ihren Eigenschaften und Fähigkeiten kontrollierbaren Vorbildern tritt, also einer »inneren« Vorbild-Instanz, die in sich unüberprüfbar und damit unerreichbar ist, somit blinde Gefolgschaft fordert und damit die Abhängigkeit des Individuums erhält und festigt.

Ein weiterer Aspekt der Entwicklungskonflikte des Kindes und Jugendlichen läßt sich an dem Umstand verdeutlichen, daß im Laufe der kindlichen Fähigkeitsentwicklung der Rahmen der durch die Erwachsenen gesetzten Fremdkontrolle den gewachsenen Fähigkeiten des Kindes nicht mehr entspricht, wobei Konflikte dadurch entstehen können, daß das Kind in seiner *»motivierten« Tendenz zur Überwindung dieses Rahmens und Erreichung eines neuen Niveaus der Handlungsfähigkeit gleichzeitig den Widerstand der seine Entwicklung einschränkenden Erwachsenen antizipieren* bzw. überwinden muß. Leontjew schildert derartige Konflikte auf anschauliche und präzise Weise: »Das Kind ist zu einem gewissen Zeitpunkt mit der Stellung, die es unter den Mitmenschen einnimmt, nicht mehr zufrieden; es wird sich bewußt, daß sie seinen Möglichkeiten nicht mehr entspricht, und es versucht sie zu verändern« (1973, S. 403f.). Bei einem Kind z. B., »das aus dem Vorschulalter ›hinauswächst‹, . . . haben sich . . . die Kenntnisse und Fertigkeiten . . . erweitert und seine Kräfte sind gewachsen. Die Tätigkeit im Kindergarten hat ihren früheren Sinn verloren, den das Kind zunächst durch einen neuen Inhalt zu ersetzen sucht«. Durch das Streben des Kindes, sich selbst zu behaupten, kommt es hier zu einer Krise. »Wird ein solches Kind ein Jahr später in die Schule aufgenommen, wird es zu Hause weiterhin wie ein kleines Kind behandelt und überträgt man ihm nicht rechtzeitig konkrete Arbeiten, dann kann sich diese Krise außerordentlich verschärfen ... Solche Krisen hängen immer mit dem *Wechsel zweier Entwicklungsstadien zusammen. Sie zeugen von der inneren Notwendigkeit dieser Übergänge von einem Stadium zum anderen«* (1973, S. 404). Hier gibt es nur einen Weg zu einer realistischen Konfliktverarbeitung: Die Durchsetzung der legitimen Entwicklungsinteressen des Kindes bzw. Jugendlichen bei den Erwachsenen bzw. Erziehungsinstanzen, die dazu gebracht werden müssen, den bisher u. U. aus der mangelnden Entwickeltheit entsprechender Fähigkeiten des Kindes begründbaren, aber jetzt überflüssig gewordenen Einschränkungsrahmen aufzugeben und entsprechend den Fähigkeiten des Kindes bzw. Jugendlichen die Möglichkeiten der Einflußnahme auf seine Lebensbedingungen zu erweitern und bei deren Realisierung Unterstützung zu gewähren. Während also in den bisher diskutierten Entwicklungskonflikten die Verarbeitung lediglich in einer adäquateren kognitiven Erfassung der realen Zusammenhänge zwischen gesellschaftlichen Anforderungen und eigenen Interessen, damit Neustrukturierung der emotionalen Gesamtbefindlichkeit besteht, kann der Konflikt hier nur durch die *Veränderung der objektiven Lebensbedingungen selbst* verarbeitet werden. – Voraussetzungen für das Mißlingen der Konfliktverarbeitung liegen hier im – durch Machtausübung gegen die legitimen Entwicklungsinteressen der Kinder bzw. Jugendlichen durchgesetzten – Festhalten der Erziehungsinstanzen an den »überfälligen« Formen der Fremdkontrolle, etwa aufgrund des rigiden Beharrens auf eingefahrenen Erziehungsgewohnheiten, der beim Erwachsenen selbst »dynamisch« begründeten Tendenz, das Kind möglichst lange »klein« und damit abhängig zu halten, etc. Besonders wesentlich sind jedoch die sowohl innerhalb der Familie wie auch in den weiteren Erziehungsinstitutionen gegebenen, mit der Notwendigkeit der Entwicklungsförderung in Widerspruch stehenden objektiven Entwicklungsbehinderungen, die von bloßem Mangel an ausreichenden Förderungsmöglichkeiten, über systematischen Informationsentzug, Vermittlung von Fehlhaltungen und Vorurteilen im Sinne der bürgerlichen Ideologie bis zu quasi gezielten Verdummungsaktivitäten reichen und zu dem geschilderten Arsenal der »Vorbereitung« auf ein »reibungsloses« Funktionieren bei der Realisierung späterer Individualitätsformen unter den Bedingungen der kapitalistischen Klassengesellschaft gehören.

Die Erfahrung von Widerständen gegen die notwendige Expansion zum Erreichen einer neuen Ebene der Handlungsfähigkeit ist aufgrund der objektiven Behinderung der Teilhabe an bewußter gesellschaftlicher Realitätskontrolle für die Situation der erwachsenen Angehörigen der abhängigen Klasse paradigmatisch. Die per »introjektive Identifikation« und »Überich-Bildung« sich vollziehende Konfliktabwehr durch Installierung eines inneren Zwanges zur Selbstunterdrückung der gegenüber den bestehenden Verhältnissen kritischen und auf Erweiterung individueller Einflußmöglichkeiten und damit gegen die einschränkenden Autoritäten gerichteten Tendenzen als Ausdruck des »freiwilligen« Verzichts auf Veränderung der objektiven Lebensbedingungen ist somit eine wesentliche Voraussetzung für die später verlangte »Fähigkeit«, sich mit der Situation grundsätzlicher Fremdbestimmtheit in der notwendigen Willfährigkeit gegenüber den unmittelbaren Autoritäten abzufinden. – Die hier diskutierten Konflikte können, wie dargestellt, nur dann entstehen, wenn vom Individuum bestimmte Handlungsmöglichkeiten zur prinzipiellen Verbesserung seiner Lebenslage kogniziert werden konnten und zu entsprechenden Handlungsbereitschaften führten, durch deren Realisierung es aber dann in Widerspruch zu den einschränkenden Instanzen gerät, von deren »Wohlwollen« als Schlüssel zu ihm sonst nicht zugänglichen Mitteln der Existenzerhaltung es sich zugleich abhängig sieht. Nur unter dieser Voraussetzung stellt sich überhaupt die Alternative der Verarbeitung oder Abwehr der Entwicklungskonflikte, kann die Konfliktabwehr durch »Überich«-Bildung verstanden werden, mit welcher das Individuum sich quasi um scheinbarer gegenwärtiger Gesichertheit und kurzfristiger Vorteile willen hat bestechen lassen, auf an sich bestehende Entwicklungs- und Einflußmöglichkeiten im allgemeinen und längerfristigen eigenen Interesse zu verzichten bzw. entsprechende Handlungstendenzen zur Realisierung dieser Möglichkeiten aktiv zu unterdrücken. Sofern hingegen aufgrund der klassenspezifischen Eigenart einer bestimmten Individualitätsform Möglichkeiten zur Erweiterung der kooperativen Integration und Verbesserung der eigenen Lebensbedingungen über die Entwicklung entsprechender Fähigkeiten nicht gesehen werden können, wird man sich von vornherein in den Grenzen seiner geringen Handlungs- und Einflußmöglichkeiten einrichten und mit den vorhandenen aktuellen Befriedigungsmöglichkeiten abfinden, sodaß es nicht zu den geschilderten Entwicklungskonflikten, also auch nicht zur Abwehr solcher Konflikte durch Realitätsausklammerung, etwa in Form der »Überich-Bildung«, kommen kann. (Auf das Problem der Bestimmtheit der Überich-Bildung durch die Klassenlage bzw. Schichtzugehörigkeit kommen wir in Kap. 5.7 noch ausführlich zurück.)

Bei unserem Reinterpretationsversuch der Freudschen Überich-Konzeption sollte einmal konkret aufgewiesen werden, daß »Überich«-Bildung nicht mit individueller Vergesellschaftung überhaupt gleichzusetzen ist, sondern im Gegenteil eine unter restriktiven Entwicklungsbedingungen der antagonistischen Klassengesellschaft entstehende abwehrbedingte Fehlentwicklung darstellt, durch welche die *volle Vergesellschaftung des*

Individuums gerade behindert wird. Aber auch nach dieser Aufhebung der Verkehrung der Freudschen Überich-Konzeption zur allgemeinen Vergesellschaftungsvoraussetzung konnten wir das Überich-Konzept Freuds wegen seiner früher aufgewiesenen Einbettung in die verfehlte psychoanalytische Trieblehre nicht einfach übernehmen, sondern mußten es im Kontext der dargelegten, u. E. wissenschaftlich haltbareren Auffassungen über den emotional-motivationalen Aspekt kindlicher Vergesellschaftung und die Verarbeitung bzw. Abwehr dabei auftretender Konflikte neu durchdenken. Dabei erwies sich, daß der Erfahrungsgehalt des Freudschen Überich-Begriffs sich im Zusammenhang des geschilderten widersprüchlichen Charakters der Erziehung in der bürgerlichen Gesellschaft durch Erziehungstechniken, -normen und -haltungen als Bestandteil der bürgerlichen Ideologie verdeutlicht, wodurch die Ausweitung der Fähigkeit des Kindes zur Kontrolle über seine Lebensbedingungen nicht nur gefördert, sondern im Widerspruch dazu auch behindert wird und dabei durch die gekennzeichnete Unterdrückung der sachnotwendigen Tendenzen des Kindes zum Weiterdenken und Weiterfragen in Erzeugung aktiver Denk- und Fragehemmungen, damit auch Hemmung der entsprechenden Handlungsbereitschaften, das Kind gegen die Aneignung von Möglichkeiten des begreifenden Erkennens der im Hinblick auf das Kapitalinteresse »kritischen« gesellschaftlichen Realitätsaspekte immunisiert wird: Bei Behinderungen der Konfliktverarbeitung und Tendenzen zur Konfliktabwehr, wie wir sie dargestellt haben, lernt das Kind nicht in der Planung seiner Handlungen und Handlungserfolge seine Beziehung zu den anderen bewußt zu gestalten, auf diese gezielt Einfluß zu nehmen und sich entsprechend auch für sie »verantwortlich zu fühlen«, sondern sieht sich, um die existentiell notwendige Zuwendung der Erwachsenen nicht zu verlieren, gezwungen, die von diesen diktierten Lebensbedingungen einfach zu akzeptieren. Die Verhaltensmaximen ergeben sich somit nicht aus den objektiven Erfordernissen der durch das Individuum angestrebten Ziele, sondern sind willkürliche, in ihrer Notwendigkeit nicht nachvollziehbare Gebote. Dabei kann, wie aufgewiesen wurde, der Realitätsbezug des Kindes tatsächlich auf eine Weise verkürzt und verkehrt werden, daß es durch Verdrängung der spontanen kindlichen Lebensäußerungen wie durch Verdrängung der Herkunft der Einschränkung und Unterdrückung dieser Impulse durch die äußere Autorität etc. Züge des durch introjektive Identifikation entstandenen Freudschen Über-Ichs annimmt. Durch einen Prozeß der Konfliktabwehr nach Art der Herausbildung und Stärkung des »Über-Ichs« wäre so gesehen das Kind daran gehindert, die objektiv gegebenen Handlungsräume der Kontrolle über seine eigenen Lebensbedingungen auf dem jeweiligen Entwicklungsniveau voll zu erkennen und auszunutzen und diese Entwicklungsmöglichkeiten gegenüber den Erwachsenen hinreichend zur Geltung zu bringen: es hält sich mehr als sachlich gefordert in Abhängigkeit von den Autoritäten und bildet generell eine Haltung des »automatischen« und »freiwilligen« Sich-Einrichtens innerhalb gesetzter Schranken heraus, durch welche diese Schranken niemals berührt werden und deshalb auch kein Bewußtsein der Beschränkung entstehen kann, also der subjektive Schein der Freizügigkeit gegeben und die relative Entwicklungslosigkeit bzw. die daraus resultierende allgemeine Unzufriedenheit inneren Ursachen attribuiert ist. Das Individuum, da es die Ursachen seiner Eingeschränktheit und Schwäche nicht erkennt, wird so immer mehr in eine subjektive Situation geraten, in der es, quasi durch Identifikation mit dem Aggressor, schließlich für den Schutz derjenigen, die es in die Abhängigkeit gebracht haben, sogar noch dankbar ist.

Durch die gravierenden Unterschiede zwischen der ursprünglichen Freudschen Konzeption des »Über-Ich« und dem Konzept der »Überich«-Bildung, wie wir es im Zusammenhang unserer Konzeption über kindliche Vergesellschaftung entwickelt haben, stellt sich die Frage, wieweit es berechtigt ist, *im Rahmen der kritisch-psychologischen Theorienbildung überhaupt psychoanalytische Termini wie den des »Über-Ich« weiter zu verwenden.* Eine ähnliche Problematik ergibt sich auch bei unserer früheren Übernahme von Begriffen wie »Abwehr«, »Verdrängung« etc., wenn diese Bezeichnungen auch schon in höherem Grade in den allgemeinen Sprachgebrauch übergegangen sind und deswegen weniger als psychoanalytisch geprägt erscheinen. Die mit derartigen terminologischen Adaptionen verbundenen Schwierigkeiten sind einerseits nicht zu übersehen: Durch die jeweils gleiche Bezeichnung können die unterschiedlichen und in wesentlicher Hinsicht geradezu »umgekehrten« Bestimmungen des gemeinten Sachverhaltes im Kontext psychoanalytischen und kritisch-psychologischen Denkens vermengt werden, und eine »freudomarxistische« Fehldeutung unserer Reinterpretation psychoanalytischer Konzeptionen ist weniger leicht auszuschließen. Andererseits ist in den psychoanalytischen Termini aber ein bestimmter Erfahrungsgehalt verdichtet, der, wenn auch in radikal anderem Zusammenhang, auch unseren Argumentationen zugute kommt, und es ist praktisch kaum möglich, auf Anhieb für jeden reinterpretierten psychoanalytischen Begriff einen anderen Terminus auszudenken, der nicht »gesucht« ist und der den gemeinten Sachverhalt auf adäquate Weise trifft und aufschließt. Allerdings betrachten wir die terminologischen Anleihen bei der Psychoanalyse nur als durch die *Zielsetzung der Reinterpretation bedingte vorläufige Lösung:* In dem Grade, wie unsere konkrete Forschungsarbeit und pädagogisch-therapeutische Praxis am Institut sich entwickelt, werden sich allmählich differenziertere und präzisere neue Bezeichnungen einbürgern und bewähren, die nach und nach in einem historischen Wachstumsprozeß die psychoanalytischen Termini ablösen.

5.5.5 Abwehrtendenzen durch Überich-Bildung als verfestigter Persönlichkeitszug; zum Problem der Entstehungsbedingungen von »Schuldgefühlen« und »Aggression«

Die bisher von uns angedeuteten Konflikte im Prozeß der kindlichen Vergesellschaftung und daraus entstehenden Abwehrprozesse müssen sich bei der Persönlichkeitsentwicklung zu einer jeweils bestimmten komplexen Struktur von Tendenzen zur Konfliktverarbeitung bzw. -abwehr integrieren, die wir beim noch unvollständigen Stand der Ausarbeitung unserer Konfliktkonzeption hier nicht genauer diskutieren können (nach der kritischen Analyse anderer bürgerlicher Konfliktauffassungen, besonders denen der Lewinschen Feldtheorie, werden sich dafür weitere Anhaltspunkte ergeben). Allgemein kann sicherlich davon ausgegangen werden, daß die Weise der Verarbeitung bzw. Abwehr späterer Konflikte durch die Verarbeitungsmöglichkeiten bzw. Abwehrprozesse beim Auftreten früherer Konflikte mitbedingt bzw. vorgeprägt ist. Wie unter bestimmten (aufgrund der von uns herausgearbeiteten Kategorien jeweils genau zu analysierenden) Bedingungen die Fähigkeit des Individuums zur Konfliktverarbeitung sich immer mehr erhöhen kann, worin ein wesentliches Kennzeichnen der »positiven« Persönlichkeitsentwicklung zu sehen ist[18], so sind die unter ungünstigen Umständen entstehenden verschiedenen, sich kumulierenden, verfestigenden und in Wechselwirkung miteinander tretenden Formen der Abwehr von Autoritätskonflikten durch Verformung der bewußten Selbstkontrolle des Individuums zum »Über-Ich« etc., durch welche objektiv vorhandene Verarbeitungsmöglichkeiten immer weniger ausgenutzt werden können, zentrale Charakteristika der Fehlentwicklung der Persönlichkeit. Durch die hier gegebene kumulative Verstärkung bzw. Verfestigung der Abwehrtendenzen können das Kind oder der Jugendliche u. U. auch dann nicht mehr zur angemessenen kognitiven und emotionalen Strukturierung einer Situation kommen, wenn im Hinblick auf die Charakteristika der konkreten Situation und die aktuell geleistete Unterstützung der Erwachsenen die Voraussetzungen dafür »normalerweise« günstig wären, sodaß die Gründe für das Mißlingen der Konfliktverarbeitung sich immer mehr von den jeweils gegenwärtigen Konfliktanlässen zu bei der Persönlichkeit selbst liegenden Bedingungen verlagern können, womit die Abwehrtendenzen sich gegenüber den gegebenen Möglichkeiten zur Konfliktverarbeitung verselbständigen und – wie später noch genauer darzulegen – schließlich zu manifesten psychischen Störungen führen können. – Die kumulative Deformierung der bewußten Selbstkontrolle zur »freiwil-

[18] Die so gefaßte Fähigkeit zur Konfliktverarbeitung ist in gewisser Weise ein Pendent zum psychoanalytischen Begriff der »Ich-Stärke« im Kontext kritisch-psychologischer Persönlichkeitstheorie.

ligen« Zwangsinstanz des »Überich« muß durch den damit verbundenen Realitätsverlust und die »freiwillig« übernommenen Entwicklungsbeschränkungen die *Fähigkeitsentwicklung* des Individuums auf gravierende Weise beeinflussen. Zwar muß der Mensch hier einerseits solche Fähigkeiten herausbilden und möglichst weitgehend perfektionieren, durch welche er den im »Überich« verinnerlichten Ge- und Verboten der herrschenden Instanzen genügen, so deren »Wohlwollen« und Schutz bei der Erhaltung der eigenen Existenz erlangen kann. Andererseits aber ist hier durch den »freiwilligen« Verzicht auf die Ausdehnung der bewußten Teilhabe an gesellschaftlicher Realitätskontrolle und damit der Kontrolle über die eigenen Lebensbedingungen die Entwicklung der für die allgemeine und individuelle Lebensverbesserung wirklich relevanten Aspekte der Fähigkeiten zentral behindert, was rückwirkend wiederum auch die Ausprägung der Fähigkeitsmomente, die im Sinne der bestehenden Verhältnisse notwendig sind, einschränken muß, sodaß das geschilderte Dilemma des Kapitals, die individuelle Vergesellschaftung des Menschen einerseits fördern, andererseits behindern zu müssen, sich hier in Widersprüchen der Fähigkeitsentwicklung niederschlägt. Die Überich-Bildung und die Vereinseitigung und damit Unzulänglichkeit der Entwicklung von Fähigkeiten müssen sich dabei gegenseitig verstärken: durch die Behinderung der Teilhabe an gesellschaftlicher Realitätskontrolle muß die Fähigkeit zur kooperativen Integration, die bloß soziale Abhängigkeitsverhältnisse überwindbar macht und realistische Konfliktverarbeitungen begünstigt, beschränkt bleiben, was wiederum eine Verstärkung der »verinnerlichten« Fremdkontrolle zur Konfliktbewältigung erforderlich macht, etc.

Eine zentrale Annahme der Freudschen Entwicklungslehre ist, wie dargestellt (etwa S. 299) das Postulat der weitgehenden Determiniertheit der Konflikte und daraus entstehenden Abwehrprozesse und psychischen Störungen der Erwachsenen durch die mißlungene Konfliktverarbeitung während der ersten fünf Lebensjahre durch Aufrichtung eines massiv einschränkenden und strafenden Über-Ich aufgrund der nicht bewältigten, unbewußt gewordenen Ödipus-Konstellation. Im Prozeß der Konfliktverarbeitung, wie wir ihn kennzeichneten, wird dagegen auf jeder Stufe kindlicher Vergesellschaftung und auch der Vergesellschaftung der Erwachsenen eine neue Ebene der gesellschaftlichen Integration, damit der umfassenden Realitätsberücksichtigung und Möglichkeit erkenntnisgeleiteter Lebenspraxis erreicht, so daß es sich hier tatsächlich um keinen auf frühe Lebensabschnitte beschränkten, sondern »lebenslangen« Fortschritt der Persönlichkeitsentfaltung unter Verwertung aller relevanten Erfahrungen handelt. Soweit allerdings die Persönlichkeitsentwicklung durch Prozesse der Konfliktabwehr auf der Basis der Deformation der subjektiven Kontrollinstanz zum »Über-Ich« gekennzeichnet ist, muß –wie dargelegt – auch unserer

Auffassung nach mit einer Kumulation der Abwehreffekte gerechnet werden, wobei durch die Konfliktabwehr auf einer jeweils früheren Stufe und die damit verbundene Ausdehnung der »unbewußt« gewordenen, weil bedrohlichen Aspekte des Gedächtnisses die Fähigkeit zur Konfliktverarbeitung, damit Aufnahme und Verwertung neuer Erfahrung, sich immer mehr vermindert. Die Determination späterer Möglichkeiten zur Konfliktverarbeitung durch frühkindliche Konflikte, die Freud als »allgemein-menschliches« Schicksal auffaßte, muß mithin auf die geschilderte Weise stets in dem Maße entstehen, wie durch historisch bestimmte gesellschaftlich-personale Bedingungen die Indviduen in der frühen Kindheit in hohem Grade Tendenzen zur Konfliktabwehr herausbildeten und so bestimmte Abhängigkeitsbeziehungen bei ihnen »psychisch« konserviert wurden. Die Fähigkeit zur Konfliktverarbeitung ist dagegen die Überwindung der Determination durch frühere biographische Ereignisse, also bewußte Verfügung auch über die eigene Lebensgeschichte, somit Determination des Handelns durch die jeweils gegenwärtigen gesellschaftlichen und individuellen Lebensnotwendigkeiten.

Die Entstehung des *»Schuldbewußtseins«* bzw. *»Minderwertigkeitsgefühls«*, wie es nach Freud aus der Aufrichtung des Über-Ich in seiner Gewissens- bzw. Idealfunktion resultiert (vgl. S. 307ff.), muß aufgrund unserer geschilderten Reinterpretation im Zusammenhang mit dem Umstand diskutiert werden, daß die jeweiligen Handlungstendenzen, die durch die verinnerlichte »freiwillige« Zwangsinstanz reglementiert werden, beim Individuum immer zunächst einmal bestehen müssen, da nur so ihre Einschränkung oder Kanalisierung zur Konfliktabwehr subjektiv notwendig ist. Die emotionale Qualität der so entstehenden Widerspruchserlebnisse muß von der Art der Konfliktkonstellationen, durch deren mangelnde Verarbeitbarkeit die innere Zwangsinstanz sich herausgebildet hat, speziell der Charakteristik der Handlungsbereitschaften, die durch die »innere Stimme« reguliert werden, abhängen. Da das »Überich« in seiner Bedingtheit durch die geschilderten Entwicklungsbehinderungen in der bürgerlichen Gesellschaft wesentlich die Funktion der »freiwilligen« Einschränkung von solchen Handlungen hat, in denen die durch die herrschenden Instanzen gesetzten Schranken der bewußten Bestimmung über die eigenen Lebensbedingungen tangiert werden, müssen entsprechende »kritische« Handlungstendenzen durch ihre Unvereinbarkeit mit den »verinnerlichten« Ge- und Verboten zu Befindlichkeiten führen, denen man die Qualität von *»Schuldgefühlen«* zuschreiben kann: Das Individuum hat ein »schlechtes Gewissen«, weil es Handlungsbereitschaften bei sich wahrnimmt, die den Selbstanforderungen an sein Wohlverhalten widersprechen, ihm als »unvernünftig«, »maßlos« und vor allem auch als »undankbar« erscheinen müssen, da es damit das Wohlwollen und den Schutz der »Mächtigen«, zu denen es durch die »Überich«-Bildung in einer introjizierten Abhängigkeitsbeziehung steht, aufs Spiel setzt. Derartige Schuldgefühle müssen sich in dem Maße verstärken und eine neue Qualität gewinnen, wie das Individuum bei Konflikten infolge der Einschränkung seiner Lebens- und Entfaltungsmöglichkeiten aggressive Tendenzen gegen die »Autoritäten« als Ursache dieser Beschränkungen entwickelt, dann aber durch Konfliktabwehr diese Tendenzen »freiwillig« unterdrückt; solche aggressiven Impulse des Protestes müssen einerseits in besonderem Maße als »undankbar« und »verwerflich« erlebt werden, da sie sich gegen den introjizierten »Wohltäter«, mit dessen Verboten man sich identifiziert, richten, also »auf die Hand schlagen, die einen ernährt«, zum anderen aber die Beziehung zu diesem belasten, zusätzliche Spannungen – quasi von sich aus – provozieren, die dazu führen können, wegen mangelnder Willfährigkeit oder zu großer »Kompliziertheit«, Undurchschaubarkeit o. ä. »fallengelassen« zu werden. – Da die »Überich«-Bildung nur auf der Grundlage der durch die freiwillige Normübernahme antizipierbaren Sicherung der Lebensbedingungen möglich und mit dem Wunsch verbunden ist, den Mächtigen, mit denen man sich identifiziert, gleichzuwerden, werden Konflikte sich nicht nur durch Auftreten von kritischen Handlungstendenzen, sondern auch im Zusammenhang mit bestimmten Anforderungen ergeben, die als notwendige Voraussetzung der »Beförderung« bestehen, zugleich aber, da sie hier nicht an den eigenen Interessen, sondern an denen der Herrschenden orientiert sind, nur unter »innerem Zwang« erfüllt werden können. So kann die erlebte Diskrepanz zwischen den Selbstanforderungen und der Tendenz, diesen Forderungen auszuweichen, da hier quasi die »Idealfunktion« des »Über-Ich« vordergründig wird, auch eine Qualität von *Minderwertigkeitsgefühlen* gewinnen, insofern sich das Individuum als unfähig erlebt, die eigenen Handlungen diszipliniert an den introjizierten Ansprüchen auszurichten und damit seine »Karriere« gefährdet (wir kommen auf diesen Aspekt im letzten Teilband, im Zusammenhang mit »Arbeitsstörungen«, ausführlich zurück).

»Schuldgefühle« aufgrund erlebter Diskrepanzen zwischen »kritischen« Handlungstendenzen und »freiwilligen« Überich-Beschränkungen sind tatsächlich, wie Freud in seiner Version des Schuldbewußtseins feststellt, zu einem wesentlichen Teile »unbewußt« (vgl. S. 311), da sowohl die durch die herrschenden Instanzen gesetzten Entwicklungsbarrieren wie auch die bestehenden Entwicklungsmöglichkeiten durch die »Introjektion« verdrängt worden sind und jetzt nur noch als kriterienlos-blinde Selbsteinschränkungen bzw. Selbstvorwürfe erscheinen. Das Individuum weiß hier weder, warum es permanent Schuldgefühle hat, noch kennt es irgendwelche handhabbaren Mittel, um diese Art »unbewußter« Schuldgefühle zu überwinden. Derartige Schuldgefühle können durch ihre »Grundlosigkeit«, den

Mangel eines bewußt identifizierbaren Anlasses, aus dem man Schuldgefühle hat, und einer bewußt identifizierbaren Person (oder Personengruppe), der gegenüber man Schuldgefühle hat, tatsächlich in gewisser Weise zu den von Freud beschriebenen verselbständigten »Affekten« werden, die primär kein Objekt zu haben scheinen und sich sekundär an allerlei Anlässen und Personen festmachen. Auch das geschilderte »Minderwertigkeitsgefühl«, das beim Hervortreten von Selbstanforderungen gemäß der »Idealfunktion« des Überich vordergründig werden kann, müßte durch den introjektiven Charakter der Forderungen als unfaßbar und kriterienlos erscheinen. Da das Individuum weder genau weiß, wie es den »Selbstanforderungen« nachkommen kann, noch sich des Erfolges seiner Bemühungen um die prinzipielle Abgesichertheit und Unterstützung durch die jeweils Mächtigen sicher sein kann, kommt es hier u. U. zu einer permanenten Überforderungssituation. Die Unvollkommenheit der Lebensbedingungen und die Mißerfolge bei dem Versuch ihrer Verbesserung werden dann allein dem individuellen Versagen, d. h. der unzureichenden Berücksichtigung der auferlegten Verhaltensgebote zugerechnet, so daß jeder aktuelle Mißerfolg die Tendenz der strengeren Einhaltung der entsprechenden Normen zur Folge hat und die Diskrepanz zwischen »Ichideal« und den realen Möglichkeiten des Individuums somit immer größer wird, bis es resigniert, d. h. mehr und mehr jeden Anspruch gegenüber der Umwelt aufgibt und letztlich »zufrieden« ist, in seiner Unzulänglichkeit überhaupt geduldet zu werden und Kompensation für seine »Kleinheit« und Bedeutungslosigkeit bestenfalls in seinen Träumen sucht (s. u.).

Die geschilderten, im Zusammenhang mit der Überich-Bildung entstehenden »Schuldgefühle«, die partiell »unbewußt«, d. h. in ihrer objektiven Bedingtheit nicht erkennbar sind, müssen als ein Aspekt des Prozesses der Konfliktabwehr betrachtet werden, und zwar einmal als Resultat des Umstandes, daß durch die Überich-Bildung zwar die »kritischen« Handlungstendenzen »normalerweise« soweit reduziert werden können, daß sie nicht zu manifesten Handlungen werden, aber dennoch aufgrund wahrgenommener Möglichkeiten einer Erweiterung der Kontrolle über die eigenen Lebensbedingungen immer wieder im Erleben hervortreten und so die »Reaktionen« des Überich provozieren; zum anderen sind solche Schuldgefühle aber selbst Regulativ der »verinnerlichten« Selbstkontrolle durch das Überich, da so die Handlungen, wenn auch im Prinzip vergeblich, auf die Vermeidung der Schuldgefühle durch Einhaltung der Überich-Einschränkungen gerichtet sein müssen und der Abwehreffekt dadurch verstärkt wird. Die Möglichkeit der Entstehung von Schuldgefühlen als emotionaler Befindlichkeit in Konfliktkonstellationen muß nun noch unter einem erweiterten Aspekt diskutiert werden, da, wie aus früheren Überlegungen ableitbar ist, *Schuldgefühle* nicht nur im Zusammenhang von Abwehrprozessen, sondern auch im Zuge der realistischen Konfliktverarbeitung als ein emotionaler Motor des Verarbeitungsprozesses selbst entstehen können. Um dies aufzuweisen, knüpfen wir an Freuds früher (S. 457) dargestellte Überlegungen zur »Entdeckungsangst« als Vorform der eigentlichen Schuldgefühle beim kleinen Kinde vor dem Aufbau des Über-Ich an, die nach Freud auch bei den meisten Erwachsenen mehr oder weniger verhaltensbestimmend bleibt. Diese Entdeckungsangst bezieht sich nach Freud auf die realen, äußerlich gegebenen Elterninstanzen und ist gekennzeichnet durch die Antizipation des Liebesverlustes der Eltern bei Entdeckung von schon vollzogenen oder geplanten Verstößen gegen deren Ge- und Verbote. Da die Angst hier allein der Entdeckung gilt, wird das Kind bzw. der Erwachsene stets bedenkenlos gegen die jeweiligen Normen verstoßen, soweit nur sicher ist, daß die Autoritäten nichts davon erfahren oder einem nichts anhaben können. Die Übernahme der Normen als Selbstanforderungen, die man unabhängig davon, wieweit eine Entdeckung und Bestrafung droht oder nicht, aus »eigenem Antrieb« erfüllt, damit die Entstehung des eigentlichen Schuldbewußtseins, ist nach Freud nur auf dem Weg über die Aufrichtung des Über-Ich möglich. Da wir, anders als Freud, menschliche Beziehungen nicht mit »bloß« sozialen Abhängigkeitsbeziehungen gleichsetzen, sondern in ihrer möglichen Entwicklung zu immer weitergehenden kooperativen Verhältnissen gemäß sachlichen Notwendigkeiten herausgearbeitet haben, gibt es für uns keineswegs nur die Freudsche Alternative: Entdeckungsangst gegenüber der äußeren Autorität mit Antizipation von Liebesverlust ohne Selbstübernahme von Anforderungen oder Schuldbewußtsein bei Introjektion der äußeren Autorität zum Über-Ich. Überich-Bildung stellt vielmehr für uns einen Abwehrprozeß dar, während bei der Konfliktverarbeitung die äußeren Autoritäten nicht zum Über-Ich introjiziert werden, sondern als äußere Instanzen erkennbar und in ihrem Handeln überprüfbar bleiben und die Übernahme der gesellschaftlichen Anforderungen als Selbstanforderungen, die nicht nur aus Angst vor Entdeckung, sondern »aus eigenem Antrieb« erfüllt werden, erfolgt; und zwar deswegen, weil das Kind die Nützlichkeit der Übernahme der Anforderungen der Autoritäten für die Erweiterung der Kontrolle über seine Lebensbedingungen und kooperativen Integration, damit Verbesserung der eigenen Lebens- und Befriedigungsmöglichkeiten verstanden und entsprechend emotional gewertet hat. Die Entdeckungsangst muß sich also nicht bei Herausbildung von Selbstanforderungen in Überich-Angst verwandeln. Sofern eine Konfliktverarbeitung gelingt, können vielmehr aufgrund der bewußt übernommenen Selbstanforderungen auch *bewußte Schuldgefühle* entstehen, nämlich dann, wenn man einerseits die erforderlichen Anstrengungen zur Verbesserung bestehender Lebensbedingungen als objektiv leistbar erkannt und entsprechend emotional bewertet hat, wenn man aber andererseits den so bewußt übernommenen Selbstanforderungen noch nicht vollständig nachkommen kann. Da die fortschreitende individuelle Vergesellschaftung mit stets höheren Niveaus der Handlungsfähigkeit gleichzeitig die immer wachsende kooperative bzw. gesellschaftliche Integration darstellt, durch welche andere Individuen auf die zur gemeinsamen Lebensbewältigung und Zielerreichung nötigen eigenen Beiträge auf dem erforderten Niveau angewiesen sind, und nur über den von mir geleisteten Beitrag auch meine Lebensmöglichkeiten langfristig durch die anderen abgesichert werden, ist ein solches bewußtes Schuldgefühl immer die Kehrseite interpersonaler Verantwortung; nur in dem Grad, wie ich verstanden habe, daß ich mit meinen eigenen Beiträgen zur gesellschaftlichen Lebenssicherung für die Ermöglichung der Umweltkontrolle, Weiterentwicklung und Bedürfnisbefriedigung anderer Menschen verantwortlich bin und mein Versagen stets auf Kosten anderer geht, deren Arbeit und Entwicklung nur über die Erfüllung der jeweils übernommenen Aufgaben aller im Kooperationszusammenhang Stehenden sinnvoll möglich wird, kann es bei mir, sofern ich die erforderten Beiträge aus vermeidbaren Gründen nicht hinreichend leiste, zu Schuldgefühlen kommen. Solche Schuldgefühle sind dabei *keineswegs altruistisch*. Infolge des Wechselverhältnisses des Angewiesenseins der anderen auf mich und meines Angewiesenseins auf die anderen ist in dem Moment der Verantwortlichkeit für die anderen auch stets die Antizipation möglicher Einbußen an kooperativer Zuwendung, damit aber Reduzierung meiner eigenen Handlungsfähigkeit, Integration und emotionalen Abgesichertheit für die bewußten Schuldgefühle mitbestimmend. Die damit gekennzeichnete Art von Schuldgefühlen ist, anders als die vorher geschilderten »unbewußten« Schuldgefühle bei abwehrbedingter Introjektion von Konflikten, da ich ihren Grund kenne, den Weg zu ihrer Beseitigung weiß und die Verfügung über die entsprechenden objektiven und subjektiven »Mittel« habe, ein Moment der immer weitergehenden kooperativen Integration und ein subjektiver Motor der Konfliktverarbeitung durch Erfüllung der als notwendig erkannten gesellschaftlichen Anforderungen. Derartige Schuldgefühle sind jeweils durch entsprechende Herausbildung von Möglichkeiten der Selbstkontrolle, Fähigkeitsentwicklung etc. geplant und ohne Rest zu überwinden. – Die Bedingungen für das Auftreten und die Qualität solcher bewußten Schuldgefühle liegen in der Charakteristik der jeweiligen Konflikte und hängen dabei davon ab, wieweit die Erfüllung von Anforderungen, Entwicklung von Fähigkeiten, Überwindung von Widerständen etc. subjektiv als bereits möglich, »zumutbar«, das damit verbundene Risiko als tragbar erlebt wird und trotzdem vom Individuum, obwohl man dies hätte verlangen bzw. erwarten können, nicht geleistet worden ist. Die kognitive Erfassung solcher Diskrepanzen führt dann zu »selbstkritischen« emotionalen Wertungen wie »Faulheit«, »Risikoscheu«, »Disziplinlosigkeit« und sonstige persönliche Unzulänglichkeiten. Man »wirft sich selbst vor«, daß man Möglichkeiten zur langfristigen Klärung und Verbesserung der Situation aus »Bequemlichkeit« hat vorübergehen lassen; man kogniziert und bewertet bei sich mangelhafte Konsistenz und »Zuverlässigkeit« bei der Beteiligung an der Realisierung des gemeinsamen Ziels aufgrund von »Bestechlichkeit« durch aktuelle Vorteile, Erleichterungen, Befriedigungsmöglichkeiten, etc., wobei man stets gleichzeitig die entsprechenden Einschätzungen durch andere, mit denen man kooperativ verbunden ist, als berechtigt antizipiert und eine entsprechende Verunsicherung der Existenz erfährt, etc. In dem Maße, wie das Individuum zwar einerseits die Notwendigkeit seines Beitrags zur Verbesserung der allgemeinen und damit eigenen Lebensbedingungen erkennt, aber andererseits das damit verbundene Risiko nicht auf sich zu nehmen vermag, kann auch hier u. U. die Ursache der Schuldgefühle verdrängt werden, so daß das Individuum nicht mehr »weiß«, daß es sich schuldig fühlt, weil es in der Vernachlässigung der eigenen Entwicklungsmöglichkeiten auch die Interessen anderer verletzt hat, sondern nur ein diffuses Gefühl, durch eigene Schuld Gelegenheiten nicht genutzt und wesentliche Lebensmöglichkeiten verpaßt zu haben, ein allgemeines Erlebnis des Ungenügens und der selbstverschuldeten Kleinlichkeit des eigenen Daseins übrigbleibt. Diese Art von »partiell unbewußten« Schuldgefühlen läßt sich allerdings aus psychoanalytischen Konzeptionen keinesfalls mehr ableiten. Wir kommen in Kap. 5.7.3 und 5.7.4, bei Diskussion der Einschränkung psychoanalytischer Theorie und Praxis auf die gesellschaftliche Schicht der »priviligierten Abhängigen«, ausführlich darauf zurück.

Zu den Freudschen Ausführungen über die Entstehung der *aggressiven Tendenzen* des Über-Ich, die von Freud zunächst als Introjektion der aggressiven Strenge des mit Kastration drohenden Vaters, später als Resultat der durch bestimmte »ökonomische« Prozesse dem Über-Ich zugeschlagenen kindlichen Aggression gegen den Vater interpretiert wird (vgl. S. 307f.), ist im Kontext unserer Konfliktkonzeption festzustellen, daß, sofern die Möglichkeit zur Konfliktverarbeitung besteht, der expansive Umweltausgriff notwendige Voraussetzung zur Reduzierung zunächst bestehender Abhängigkeiten von den Autoritäten durch Zuwachs an Kontrolle über die eigenen Lebensbedingungen ist. Diese expansiven Tendenzen zur Lebenserweiterung als Bestandteil des kindlichen Strebens nach Durchsetzung seiner Interessen wird dabei in dem Grade aggressive Züge gewinnen, wie diesen Tendenzen Grenzen gesetzt sind und das Kind die Nützlichkeit der geforderten Einschränkungen etc. für die eigene Lebensentfaltung und Bedürfnisbefriedigung nicht erfassen kann und diese deswegen als willkürlich und unberechtigt kognizieren und entsprechend »aggressive« Handlungsbereitschaften im Sinne der Beseitigung dieser Einschränkungen herausbilden muß. Besonders ausgeprägte aggressive Tendenzen werden normalerweise bei solchen Entwicklungskonflikten, in denen das Kind seine legitimen Forderungen nach erweiterten Einflußmöglichkeiten auf seine Lebensbedingungen gegen den »anachronistischen« Widerstand der Erziehungsinstanzen durchsetzen muß, entstehen, da hier die Unbegründetheit der fortgesetzten Einschränkungen durch die Erwachsenen die Antizipation der Aufhebung des Zustandes des Zurückbleibens hinter den prinzipiell gegebenenen Lebensmöglichkeiten ausschließt. – Sofern die Konfliktbewältigung nicht gelingen kann, muß, wie dargestellt, die Aggressivität gegen die Autoritäten sich verstärken und es zu einer Verselbständigung aggressiver Handlungstendenzen gegen die die Entwicklungsbestrebungen einschränkenden äußeren Instanzen kommen, wobei diese manifesten Aggressionen zusätzlich, d. h. über den jeweils aktuellen Konflikt hinaus, das Verhältnis zu diesen belasten: Die mögliche Äußerung der aggressiven Tendenzen und der daraufhin zu erwartende Verlust der »Zuwendung« durch die Autoritäten bedeuten eine weitere Gefahr, die die Konfliktangst erhöht und das Einsetzen von Abwehrprozessen beschleunigt. Nach der Konfliktabwehr durch introjektive Identifikation mit den Autoritäten, also Aufrichtung bzw. Verstärkung der »freiwilligen« Zwangsinstanz des Überich, hat die Aggression einerseits ihren bewußten Gegenstand, die äußere Autorität, verloren, wird also wie das »Schuldbewußtsein« und »Minderwertigkeitsgefühl« partiell unbewußt, bleibt aber andererseits, da der Aggressionsanlaß, die »Unterdrückung« von für die prinzipielle Verbesserung der eigenen Lebenssituation als notwendig erkannten Handlungstendenzen nicht verschwunden, sondern nur verdrängt ist, dennoch in aller Stärke bestehen, so daß unter diesen Umständen die Aggressivität zur beherrschenden Qualität der emotionalen Gesamtbefindlichkeit werden kann und infolge der Unmöglichkeit zielgerichteten Handelns zur Situationsverbesserung eine ausgeprägt *destruktive Komponente* gewinnt. Eine *Wendung der destruktiven Tendenzen gegen die eigene Person* wird in dem Maße begünstigt, wie man einerseits diese Aggressionen gegen die äußeren Instanzen nicht voll zu unterdrücken vermag, damit durch seine eigenen Handlungsimpulse die Absicherung der individuellen Existenz in gravierender Weise gefährdet, zum anderen aber in dem Grade, wie man Gelegenheiten zur langfristigen Verbesserung der eigenen Lebensbedingungen hat vorübergehen lassen, aus einer allgemeinen Ängstlichkeit und »Übervorsicht« heraus, quasi durch ein Übersoll an Normerfüllung, auf Möglichkeiten der Lebensbereicherung »freiwillig« verzichtet hat, die andere »unbeschadet« verwirklicht haben. Durch die abwehrbedingte Verkennung der objektiven Ursachen der eigenen Unfähigkeit wird diese als naturhaft-individuelle Unzulänglichkeit personalisiert, so daß eine adäquate Erkenntnis der realen Zusammenhänge als wesentliche Voraussetzung der Möglichkeit zur Beseitigung der tatsächlichen Bedingungen der Beschränkungen der Lebensentfaltung und Bedürfnisbefriedigung, damit eine konstruktive Wendung und Überwindung der Aggressionen durch Einbettung in zielgerichtetes Handeln zusätzlich behindert wird. – Auch bei radikaler Ablehnung eines ursprünglichen »Aggressionstriebes« lassen sich somit, zunächst hypothetisch, bestimmte Voraussetzungen angeben, unter denen Aggressivität sich im Freudschen Sinne verselbständigt, destruktive Komponenten gewinnt und sich gegen die eigene Person richtet, womit die zweite Version der Freudschen Erklärung des Zustandekommens der Überich-Aggressionen als Widerspiegelung ursprünglicher Aggressionen gegen die versagende äußere Autorität im Kontext unserer Konzeption in gewisser Weise reinterpretierbar wird. Die erste Version einer einfachen Analogisierung der »Strenge« der Ge- und Verbote der äußeren Autoritäten mit der Strenge der inneren Autorität des Über-Ich läßt sich im Zusammenhang unserer Überlegungen demgegenüber weniger leicht in ihrer relativen Berechtigung ausweisen, da ja unserer Auffassung nach nicht die Strenge der Autoritätsforderungen, sondern ihre Irrationalität im Sinne mangelnder Durchschaubarkeit bzw. Unausgewiesenheit der Beziehung zu den individuellen Lebens- und Entwicklungsnotwendigkeiten die Konfliktverarbeitung behindert und die Abwehrprozesse in Richtung auf blinde, introjektive Forderungserfüllung unter Verdrängung ihrer Unbegründetheit einleitet.

Die (auf S. 309f.) geschilderte Freudsche Konzeption, der gemäß sich das Über-Ich eigentlich nicht nach dem Vorbild der Eltern, sondern des elterlichen Über-Ich aufbaut und so zum Träger gesellschaftlicher Traditionen wird, bezieht sich nur auf den durch Abwehr und Realitätsverlust reduzierten individuellen Vergesellschaftungsprozeß, als dessen Resultat sich ein *geringerer Grad der Vergesellschaftung und damit »Vermenschlichung« des Individuums* ergibt als bei Vergesellschaftungsprozessen, die durch *gelungene* Konfliktverarbeitungen vorangetrieben sind. Auch das elterliche »Über-Ich« ist stets Symptom einer Behinderung der gesellschaftlichen Integration durch eine »freiwillige« Zwangsinstanz, aus der Denk-, Frage- und Tätigkeitshemmungen resultieren, die eine adäquate Erfassung der gesellschaftlichen Realität erschweren und an die Stelle der Umweltauseinandersetzung den Schein der Konfliktlosigkeit der Umweltbeziehungen durch freiwillige Vermeidung der Grenzen der Handlungs- und Entwicklungsräume setzen. Eine solche Deformation der Verantwortlichkeit individuellen Handelns gegenüber gesellschaftlichen Erfordernissen zur introjizierten Zwangsinstanz des »Über-Ich« muß nun auch die Art der Unterstützungs- und Kontrolltätigkeit der Eltern gegenüber ihren Kindern prägen, indem die adäquate Förderung der kindlichen Einsicht in die Gründe und die Berechtigung der gestellten Forderungen, dabei die angemessene Beantwortung der Fragen des Kindes, Vermittlung von Denkanstößen etc., durch die eigene Denk- und Fragehemmungen der Eltern schwerwiegend beeinträchtig werden, womit wiederum die Fähigkeit des Kindes zur Konfliktverarbeitung behindert und die Konfliktabwehr in Richtung auf die Entstehung bzw. Stärkung des Über-Ich gefördert werden muß. Da die jeweiligen, durch die Eltern vertretenen Einschränkungen und Forderungen in ihrer objektiven und subjektiven Notwendigkeit nicht ausweisbar sind, wird hier *von elterlichem zu kindlichem Über-Ich die Haltung eines blinden Hinnehmens gesellschaftlicher Normen, damit eine zutiefst »unmenschliche« Existenz unter Verzicht auf bewußte Kontrolle über die eigenen Lebensbedingungen, weitergereicht.* Die Freudsche Auffassung, das kindliche Über-Ich sei nach dem Vorbild des elterlichen Über-Ich aufgebaut, hat also schon ihre Berechtigung; was in dieser Staffete von »Über-Ichen« weitergegeben und tradiert wird, ist allerdings nicht die menschliche Gesellschaftlichkeit, sondern die *Behinderung* einer vollen Entwicklung zur Gesellschaftlichkeit durch introjizierte Fixierung von »bloß« sozialen Abhängigkeitsbeziehungen, damit Beschränkung einer weitergehenden gesellschaftlichen Integration des Individuums in Richtung auf eine immer wachsende Kontrolle der eigenen Lebensbedingungen, also notwendige »Vorbereitung« auf eine fremdbestimmte, von der bewußten gesellschaftlichen Realitätskontrolle ausgeschlossenen Erwachsenenexistenz innerhalb abhängiger Schichten in der bürgerlichen Gesellschaft.

5.6 Kritik an Freuds »anthropologischer« Universalisierung der Sexualität: Die Akzentuierung der sexuellen Lebensthematik durch Sexualunterdrückung und sexuelle »Freizügigkeit« als Formen historisch bestimmter Beschränkung der Bedürfnisentwicklung

Nachdem sich für uns aus der Aufgabe der kritischen Reinterpretation von Freuds Konzepten des Über-Ich und der Identifizierung die Notwendigkeit und Möglichkeit der weiteren Explikation des kritisch-psychologischen Konfliktmodells in Richtung auf die Herausarbeitung von als »Überich-Bildung« und »Identifizierung« charakterisierbaren Prozessen der kumulativen Realitätsabwehr bei der individuellen Vergesellschaftung unter antagonistischen Klassenverhältnissen der bürgerlichen Gesellschaft ergeben hatte, bestehen für uns nun die Voraussetzungen, um das früher behandelte Problem der Bedeutung der Sexualität innerhalb der psychoanalytischen Theorie unter neuen Aspekten wieder aufzugreifen. Während in unserer früheren kritischen Analyse die wissenschaftliche Unhaltbarkeit der Freudschen Triebkonzeption als Lehre von den menschlichen Bedürfnissen überhaupt, insbesondere die Universalisierung der »Sexualtriebe« als allgemein-menschliches Paradigma des »Trieblebens«, der »Objektwahlen«, der Entstehung von Konflikten etc. dargestellt wurde, müssen wir jetzt zu klären versuchen, wieweit die Freudsche Hervorhebung der zentralen Relevanz und Funktion der Sexualität für die menschliche Entwicklung unter spezifischen Bedingungen von Entwicklungsprozessen innerhalb der bürgerlichen Gesellschaft Geltung hat. Dies kann wiederum nur auf dem Wege der Neuinterpretation von Freuds Auffassungen im Kontext kritisch-psychologischer Konzeptionen, von denen aus die Bestimmung der Eigenart und Gesetzmäßigkeiten menschlicher Lebenstätigkeit und Subjektivität unter historisch bestimmten Bedingungen aufgrund entsprechend konkretisierbarer allgemeiner Kategorien möglich ist, geschehen. Dabei wird den weiteren Ausführungen die These zugrundegelegt, daß die reale Hervorhebung sexueller Bedürfnisse unter den Bedingungen der individuellen Vergesellschaftung in der bürgerlichen Gesellschaft sowohl durch Sexualunterdrückung als auch durch gewisse Formen »sexueller Freizügigkeit« zu einem wesentlichen Faktor der geschilderten Behinderung der Konfliktverarbeitung bzw. der durch Konfliktabwehr per Überichbildung und Identifikation entstehenden Reduzierung des Realitätsbezuges als »freiwilliges« Sich-Einrichten innerhalb gegebener Schranken in »Vorbereitung« auf die fremdbestimmte Erwachsenenexistenz werden kann. Freud hätte demnach, indem er einerseits auf unhaltbare Weise die universelle Bedeutung der Sexualtriebe für das Verständnis menschlicher Lebenstätigkeit überhaupt aufweisen wollte, andererseits tatsächlich in theoretischer Spiegelung einer durch spezifische gesellschaftliche Bedingungen entstandenen realen Universalisierung der Sexualität in der kapitalistischen Gesellschaft einen Beitrag zum psychologischen Verständnis der Verstärkung und Perpetuierung der Abhängigkeit, also Behinderung der vollen Vergesellschaftung, damit »Vermenschlichung« unter bürgerlichen Lebensverhältnissen geleistet. Beim Versuch, diese Annahme zu explizieren und zu belegen, sind auch bestimmte Aspekte der bisher entwikkelten kritisch-psychologischen Konflikttheorie zu verdeutlichen und zu präzisieren.

Wir können im folgenden nicht den Anspruch erheben, das Problem der Sexualität und ihrer Unterdrückung etc. im Zusammenhang der kritisch-psychologischen Konzeption umfassend und adäquat zu behandeln. Dazu wäre einmal die Sexualität selbst in ihrem phylogenetischen Gewordensein, ihrer allgemeinen gesellschaftlichen Charakteristik und ihrer historischen Spezifik in der bürgerlichen Gesellschaft funktional-historisch zu analysieren, was bisher weder in unserer Arbeit noch in einer der anderen Texte zur Kritischen Psychologie geleistet ist. Weiterhin wären die gesellschaftlich-historische Entstehung und Funktion der Sexualunterdrückung in ihren verschiedenen Wandlungen und Erscheinungsformen aus dem Realzusammenhang der Entwicklung der Produktionsweise und der dadurch bedingten staatlichen, religiösen etc. Institutionen abzuleiten sowie – als dritte der miteinander interdependenten Ebenen der Analyse – die bisherige wissenschaftliche Diskussion über das Thema »Sexualität und Herrschaft« u. ä. kritisch aufzuarbeiten und zu verwerten. Auch dies kann im Rahmen dieses Buches nicht geleistet werden. Die anschließenden Ausführungen haben also einen, gemessen an unseren eigenen Ansprüchen, sehr vorläufigen Charakter. Wir verweisen auf die Unterdrückung sexueller Impulse in der Erziehung und im Erwachsenenleben innerhalb der bürgerlichen Gesellschaft, gewissen gegenwärtige Tendenzen zu erhöhter sexueller Freizügigkeit etc. nur auf einem mehr deskriptiven Niveau, rekurrieren dabei auf ein allgemeines Vorverständnis und analysieren lediglich das Problem, welche Funktionalität dieser als gegeben vorausgesetzten gesellschaftlichen »Behandlung« der Sexualität bei der früher dargestellten Behinderung der Konfliktverarbeitung, Entstehung von kumulativen Abwehrprozessen und dadurch verursachten Entwicklungsbeschränkungen unter bestimmten Bedingungen individueller Vergesellschaftung innerhalb der bürgerlichen Gesellschaft zukommen könnte. Die damit erreichbare Verdeutlichung sowohl der Eigenart der psychoanalytischen Sexuallehre wie der kritisch-psychologischen Konflikttheorie wird von uns so hoch veranschlagt, daß wir diese Vorläufigkeiten und die eventuelle Notwendigkeit von weitergehenden Korrekturen nach einer gründlicheren Bearbeitung des Gegenstandes in Kauf nehmen.

Bei der Darstellung der Einschränkungen und Forderungen durch die Autorität, deren Nützlichkeit für die Lebensverbesserung des Kindes bzw. der Eltern vom Kind nicht verstanden werden kann, die demgemäß nicht durch Konfliktverarbeitung motiviert übernehmbar sind, sondern Prozesse der Konfliktabwehr und Überich-Bildung etc. begünstigen, haben wir stets den Umstand als besonders gravierend herausgehoben, daß die Unbegreiflichkeit dieser Einschränkungen und Forderungen für das Kind nicht allein Resultat von mehr individueller Erziehungsinkompetenz, Gleichgültigkeit, Ignoranz der Eltern ist, sondern aus der im Sinne der Erhaltung der bestehenden Klassenverhältnisse ideologisch »funktionalen« Unbegründbarkeit und Irrationalität der hier vermittelten gesellschaftlichen Normen selbst sich ableitet, so daß diese Normen weder von Eltern noch von Kindern in ihrer Nützlichkeit und Berechtigung verstehbar, sondern nur blind durchzusetzen bzw. zu übernehmen sind. Derartige im Hinblick auf menschliche Lebensinteressen »irrationale« (wenn auch vom Standpunkt der herrschenden Klasse durchaus »rationale«) Normen müssen quasi den »Kern« des jeweils elterlichen »Über-Ich«, das auf die geschilderte Weise als »innere« Zwangsinstanz an die Kinder weitervermittelt wird, darstellen. – Einen besonderen Stellenwert unter den auf in diesem Sinne »irrationale« gesellschaftliche Normen zurückgehenden elterlichen Einschränkungen kindlicher Lebensäußerungen hat u. E. die *Unterdrückung der kindlichen Sexualität durch die Eltern.* Damit wird von uns nicht behauptet, daß die Sexualunterdrückung aus der bürgerlichen Gesellschaft abgeleitet werden kann, sondern lediglich ihre *Funktionalität* bei der Verformung kindlicher Vergesellschaftungsprozesse in Richtung auf Realitätsabwehr als »Vorbereitung« auf das »freiwillige« Sich-Einrichten mit der fremdbestimmten Erwachsenenexistenz in der bürgerlichen Gesellschaft hervorgehoben. – Die »Sexualunterdrückung« wird von uns im folgenden nicht in ihren verschiedenen empirischen Formen und Abstufungen berücksichtigt, sondern quasi »idealtypisch« vorausgesetzt und auf ihre möglichen Konsequenzen hin untersucht.

Bereits im Zusammenhang mit den frühkindlichen Bedürfniskonflikten, durch deren Verarbeitung die spezifisch »menschliche« Bedürfnisstruktur mit Unterordnung der vitalen Bedürfnisse unter die gesellschaftlich vermittelte Kontrolle über die eigenen Lebensbedingungen, also »produktive« Bedürfnisbefriedigung, sich herausbildet, läßt sich die Unterdrückung der kindlichen Sexualität als eine besonders gravierende Behinderung der Konfliktverarbeitung, damit Vorbedingung für die Entstehung von Abwehrprozessen, aufweisen. – Bei den anderen vitalen Spannungen, auf die sich die lenkenden Aktivitäten der Eltern beziehen, wie Stuhldrang, Nahrungsbedürfnis etc., lernt das Kind auch unter ungünstigen erzieherischen Bedingungen, wie geschildert, meist wenigstens ansatzweise die Nützlichkeit einer Übernahme der Anforderungen sowohl für sich selbst wie für die Erwachsenen erkennen, deren Gebote damit »verständlich« werden; zudem sind die Forderungen der Erwachsenen hier nicht auf die absolute Unterdrückung entsprechender Bedürfnisse, sondern lediglich auf Kontrolle ihrer Befriedigung gerichtet, die zugleich, wie dargestellt, auch immer für das Kind ein erhöhtes Maß an Unabhängigkeit einschließt, so daß sich hier eine von den Erwachsenen unterstützte Konfliktverarbeitung anbahnen kann.

Die sexuellen Betätigungen gewinnen gegenüber allen anderen Aktivitäten dadurch einen besonderen Charakter, daß man, gleichgültig ob man sie allein oder zusammen mit anderen ausführt, hier gleichzeitig Subjekt und Objekt der Handlung ist, als bestimmten Umweltbereich in diesem Fall den eigenen Körper erkundet und in dieser Erkundung aus der Berührung des eigenen Körpers zugleich lustvolle Sensationen erfährt. Das Kind wird darum bestrebt sein, im weiteren Erkundungsverhalten die lustvollen Empfindungen unter Kontrolle zu bringen, d. h. ihre Gesetzmäßigkeiten zu erkennen und sich somit in die Lage zu versetzen, wann immer es mag, die entsprechenden Empfindungen erneut hervorzurufen bzw. die u. U. spontan entstehenden Spannungen einer lustvollen Lösung zuzuführen. Dabei kommt das Kind bald dazu, nicht nur den eigenen Körper, sondern auch den Körper der Bezugspersonen daraufhin zu untersuchen, inwieweit man durch Manipulation an diesem auch bei den anderen lustvolle Reaktionen erreichen kann, wobei es auch die reaktive eigene Befriedigung an solchen Aktivitäten erfährt, etc. Die Sexualität erweist sich also als eine Lustquelle, die man immer und »mühelos« zur Verfügung hat, wobei man bei der Befriedigung hier nicht notwendig andere in Anspruch nehmen muß und die sexuellen Aktivitäten für einen selbst und für die Personen, auf die man sie richtet, offensichtlich nur einen Befriedigungszuwachs bedeuten, ohne erkennbare Nachteile oder Interessenkollisionen bei den Beteiligten.

Die Unterdrückung sexueller Verhaltensweisen des Kindes geschieht da, wo Sexualität gesellschaftlich tabuiert ist, im Gegensatz zur Behinderung anderer vitaler Aktivitäten in besonders radikaler und zugleich äußerst affektiver Weise. Die Eltern müssen, sofern sie aufgrund ihrer eigenen individuellen Vergesellschaftung blinde irrationale Überich-Gebote ausgebildet haben, die sexuellen Praktiken der Kinder als gravierende Gefährdung der Verdrängung eigener sexueller Wünsche erleben. Früher abgewehrte Konflikte werden reaktualisiert, rufen entsprechende Angst hervor und führen zu einer am Anlaß gemessen außergewöhnlich heftigen und schroffen Zurückweisung der kindlichen Aktivitäten, auch gerade dann, wenn diese sich auf die Eltern selbst erstrecken: Die Forderungen der Erwachsenen richten sich hier nicht lediglich auf Kontrolle und Aufschub der Befriedigung bis zu angemessenen und »verabredeten« Gelegenheiten, sondern die Eltern fordern mit Permanenz und Härte die totale Unterdrückung der sexuellen Impulse, indem sie die autoerotischen und später auf andere bezogenen Aktivitäten des Kindes unter allen Umständen bestrafen und zu unterbinden trachten. Damit muß die elterliche Unterdrückungsaktivität hier beim Kind in ihrer grundlos gegen vitale Interessen des Kindes gerichteten Willkür auf unvergleichliche Weise »unfaßbar« erscheinen. Es findet sich hier für das Kind nicht der geringste Ansatz, um die geforderte Selbstunterdrückung sexueller Impulse aus Einsicht in die Nützlichkeit dieser Unterdrückung für sich und andere emotional umwerten und »motiviert« übernehmen zu können; außerdem erhält es von den Eltern bei dem Bemühen, mit der aufgezwungenen Sexualunterdrückung »fertig zu werden«, keinerlei Unterstützung: das Kind ist hier ganz und gar auf sich allein gestellt und auf sich selbst zurückgeworfen. Der aus der bei Realisierung der Sexualimpulse antizipierbare Zuwendungsverlust der Eltern muß also in radikaler Weise unverstanden bleiben und der Konflikt sich durch die daraus resultierenden aggressiven Impulse gegen die Eltern noch verschärfen.

Da durch die Totalität der elterlichen Unterdrückung der kindlichen Sexualimpulse Möglichkeiten zu einer kontrollierten Befriedigung nicht aufgewiesen werden, sondern jede Befriedigung hart bestraft wird, sieht sich das Kind gegenüber dem Verbot sämtlicher sexueller Aktivitäten notwendigerweise ganz und gar überfordert; die bei der Abwehr solcher Konflikte mit den Eltern aufgerichtete, den äußeren Zwang introjizierende »innere« Zwangsinstanz des »Über-Ich« kann mithin eine vollständige Selbstunterdrückung der Sexualität, damit Konfliktbewältigung, niemals erreichen; der äußere Konflikt wird also auf die geschilderte Weise zum »inneren« Dauerkonflikt, bei dem das Individuum angesichts der Unfähigkeit zur Erfüllung der scheinbar selbst akzeptierten Forderungen permanent »Niederlagen« hinnehmen muß, was wiederum eine ständige »narzißtische Kränkung«, d. h. eine wesentliche Beeinträchtigung des Selbstwertgefühls zur Folge hat, die wiederum die Neigung »unauffällig« zu bleiben, auf die Durchsetzung einer erweiterten Bestimmung über die eigenen Lebensbedingungen gegenüber der Umwelt zu verzichten und sich den vorgegebenen Verhältnissen zu fügen, immer mehr erhöhen muß. Durch die harte Unterdrückung und Zurückweisung elementarer Glücks- und Zuwendungsmöglichkeiten, also die radikale Abwertung von Lebensäußerungen, die ihm selbst ursprunglich Freude bedeuten, muß sich das Kind als mit einem für es selbst unbegreiflichen Makel behaftet und damit in seiner vitalen Existenzberechtigung in Frage gestellt erleben. – Die Intensität der Handlungsbereitschaft zur Verbesserung der eigenen Lage und damit die Kritik an den bestehenden Verhältnissen wird hier generell so geschwächt werden, daß beim Kind und Heranwachsenden unter solchen Bedingungen die Tendenz zur »freiwilligen« Beschränkung der Aktivitäten auf die Grenzen, innerhalb derer man keinen »Anstoß« erregt, immer mehr erhöht wird. Eine solche umfassende Resignation, bei der einem nichts passieren kann, weil man nichts will, man somit unverletzlich ist, pflegt dabei durch entsprechende ideologische Angebote zu einer besonderen Weisheit, einem Lebenskünstlertum, das aus jeder Lebenslage das Beste zu machen versteht, rationalisiert zu werden: freiwillige Selbstbescheidung ist höchste Tugend der Ausgebeuteten in den Augen der Ausbeuter.

Da bei der Unterdrückung der kindlichen Sexualität ein bewußtes Verhältnis zu den eigenen sexuellen Impulsen und die Möglichkeit ihrer vollen Befriedigung im Zusammenhang der Umweltkontrolle und kooperativen Integration nicht zu erwerben ist, können die sexuellen Strebungen aufgrund der Unabgesichertheit ihrer Befriedigung eine das Denken und Handeln bestimmende Stärke gewinnen und somit weitgehend ihre organismische Eigenart behalten, indem sie, wenn sie einmal ins Bewußtsein gelangt sind, auf sofortige Befriedigung ohne Rücksicht auf die jeweiligen objektiven Bedingungen drängen. Das Kind ist in solchen Fällen in seinem Bemühen um Kontrolle seiner Lebensumstände und Erhaltung seiner Handlungsfähigkeit, dabei dem Bestreben, den Erwartungen der Erwachsenen gerecht zu werden, stets durch seine unkontrollierbaren sexuellen Spannungen bedroht, die gerade durch ihre Nichtbefriedigung bewußtseinserfüllende Breite gewinnen und über die durch sie verursachten Konfliktängste und Schuldgefühle zu einer prinzipiellen Hervorhebung der sexuellen Lebensthematik führen. – Diese Akzentuierung des Sexuellen wird weiterhin dadurch verstärkt, daß die sexuelle Thematik in der Umwelt des

Kindes und des Jugendlichen von Anfang an eine »Sonderbehandlung« erfährt, sowohl durch die strenge Tabuisierung, deren ambivalenter Charakter dem Kinde kaum verborgen bleiben kann, wie auch durch andere Formen der Geheimnistuerei, das Ausweichen gegenüber Fragen, das Sich-Ergehen in Andeutungen, Lachen, Zweideutigkeiten, wodurch das sexuelle Interesse des Kindes zusätzlich hochgetrieben und wachgehalten werden muß; in der vollen sexuellen Befriedigung scheint eine unerhörte, vor allen anderen bekannnten Erfahrungen herausgehobene Glücksmöglichkeit zu liegen, die dadurch, daß sie mit der widersprüchlichen Qualität des Geheimen, Verbotenen, Sündhaften versehen ist, ihre zwiespältige Faszination gewinnt und behält.

Mit der Vordergründigkeit der sexuellen Thematik ist das Kind auch in späteren Entwicklungsphasen quasi »narzißtisch« auf sich selbst rückbezogen, mit dem ambivalenten, ängstigenden, zwiespältigen Phänomen seiner sexuellen Erregung, der dauernden Überprüfung seiner Wirkung auf andere, dem Geheimhalten des Makels des eigenen sexuellen Interesses, der aus jeder Lebensäußerung von den anderen erraten und bestraft werden könnte, beschäftigt und, dadurch absorbiert, von der Umweltauseinandersetzung und Fähigkeitsentwicklung zur Durchsetzung seiner Interessen in Kooperation mit anderen Menschen abgehalten, was die allgemeine Infantilisierung der Umweltbeziehung noch verstärkt; gerade durch diese Fixation auf die individuelle sexuelle Problematik ist man in besonders hohem Maße von der Außenwelt abhängig und darauf aus, sich mit den Mächtigen »gut zu stellen«, durch eigenes Wohlverhalten der Bestrafung zu entgehen, das »schlechte Gewissen« durch Beflissenheit zu beschwichtigen, etc.

Ein weiterer Aspekt der durch die Sexualunterdrückung bedingten spezifischen Behinderung der Konfliktverarbeitung und der Entwicklung in Richtung auf immer höhere emotionale Abgesichertheit und kooperative Integration liegt in der zunächst noch unbestimmten, aber bald immer mehr zur Gewißheit werdenden kindlichen Erfahrung, daß die Erwachsenen die sexuellen Aktivitäten, die sie beim Kinde so hart und permanent bestrafen, selbst ausüben. Das Ausgeschlossensein des Kindes von den sexuellen Lebens- und Befriedigungsmöglichkeiten der Erwachsenen ist dabei hier für das Kind nicht, wie bei Ausgriffen auf andere Lebensbereiche, aus dem noch geringeren Entwicklungsstand seiner Fähigkeiten als sachlich berechtigt verständlich zu machen und deshalb »verarbeitbar«; vielmehr weiß das Kind aus eigenem Erleben, daß zur Sexualbefriedigung keine besonderen Fähigkeiten gehören und diese Befriedigungsmöglichkeit dem Kind selbst voll zugänglich wäre; das elterliche Privileg der Sexualbefriedigung muß demnach für das Kind als eine ganz und gar unberechtigte Anmaßung und die von ihnen mit Machtmitteln durchgesetzte Unterdrückung der sexuellen Betätigung des Kindes als gravierende, zutiefst ungerechte Benachteiligung erscheinen, was die aggressive Komponente der »bedrohlichen« Handlungsbereitschaften erhöhen und eine »kooperative« Konfliktverarbeitung zusätzlich erschweren muß. Hinzu tritt, daß die Erwachsenen die Sexualbefriedigung nicht, wie andere Privilegien, offen praktizieren, sondern streng geheimhalten, einschlägige Themen nicht berühren und entsprechende Fragen zurückweisen etc., so daß man erst allmählich »dahinterkommen« muß, wobei aus ihrem gesamten Verhalten eindeutig hervorzugehen scheint, daß die Verwerflichkeit und Anstößigkeit sexuellen Tuns auch für die Eltern gilt, daß sie also verbotenerweise gegen diese Norm verstoßen, sich entsprechend schuldig machen und deswegen ein schlechtes Gewissen haben. Damit muß die Vorbildfunktion der Erwachsenen, die – wie dargelegt (S. 351) – eine wesentliche Leitlinie für die kindliche Entwicklung darstellt, auf eine besondere und schwerwiegende Weise relativiert werden, da die Vorbilder, an denen man sich einerseits auszurichten hat, andererseits offensichtlich selbst Verbotenes und Anrüchiges tun, also in wesentlichen Bereichen nicht integer und vertrauenswürdig sind. Auf diese Weise muß durch die Verstärkung einer zwiespältigen emotionalen Haltung und inneren Distanz zu den Eltern die Herausbildung kooperativer Beziehungen mit den Erwachsenen als Voraussetzung für die Entwicklung zu immer weitergehender gesellschaftlicher Integration auf spezifische Art erschwert und die Orientierungslosigkeit, Isolation und emotionale Verunsicherung des Kindes verstärkt werden.

Bei der introjektiven Identifizierung und Überich-Bildung, zu der das Kind zur Überwindung der Konfliktangst und Existenzbedrohung durch Zuwendungsverlust der Eltern, von denen es materiell abhängig ist, gezwungen wird, muß unter den damit geschilderten Umständen zu den schon dargestellten Abwehrprozessen eine weitere Art von zur Aufrechterhaltung der Identifizierung notwendiger Realitätsabwehr hinzukommen; das Kind muß nämlich, wenn die blinde Übernahme aller Ge- und Verbote der Autoritäten als Selbstanforderungen gelingen und »dynamisch« abgesichert sein soll, hier zusätzlich seine Zweifel an der Vorbildhaftigkeit und Integrität der Eltern verdrängen, was sich gemäß Freuds Konzeption einmal in einer als »Reaktionsbildung« zu verstehenden Überidealisierung des Elternbildes, aus dem alle negativen Züge entfernt sind, niederschlägt, zum anderen in einer übergroßen Heftigkeit der Zurückweisung jeder Kritik an den Eltern, aus der die stattgehabte Verdrängung, die durch die aufgrund der Kritik reaktivierten Zweifel an den Eltern gefährdet wird, ex negativo erfaßbar ist.

Die allmähliche Erweiterung der kindlichen Einsicht, daß die Eltern die von ihnen aufgestellten Sexualverbote permanent selbst durchbrechen, zu der allgemeinen Erfahrung, daß im Hinblick auf die Sexualität jeder die Normen, die er offiziell vertritt, insgeheim selbst verletzt, wobei dies zudem jeder vom anderen auch weiß, muß auf charakteristische Weise zu einer Zersetzung der kooperativen Grundlagen menschlicher Beziehungen beitragen, indem hier eine Art von anrüchiger Kumpanei mit anderen entsteht, bei der gegen die Verbote nicht offen angekämpft wird, sondern man sich in ihrer geheimen Durchbrechung bei offizieller Anerkennung einig ist, also die offiziellen Bekundungen der Tugend quasi wechselseitig augenzwinkernd durchschaut. Auf ein solches bigottes Einverständnis ist dabei keinerlei Verlaß, da zwar normalerweise das Verbotene stillschweigend toleriert wird, aber die Möglichkeit, sich unter Berufung auf das offizielle Verbot gegen einzelne Individuen zusammenzutun, diese bloßzustellen, ihre Bestrafung zu fordern o. ä., immer besteht, so daß jeder damit rechnen muß, daß die »an sich« vorgesehenen negativen Sanktionen plötzlich und unberechenbar mit aller Schärfe gegen ihn auch tatsächlich vollzogen werden. Man ist hier in einer zutiefst zwiespältigen Situation, weil man einerseits die Tendenz haben muß, die Befriedigungsmöglichkeiten, die alle sich »herausnehmen«, auch selbst zu nutzen, da man, wenn man sich als einziger wirklich an die Normen hält, »der Dumme ist«, andererseits aber gerade dadurch den anderen eine Handhabe gegen sich gibt, was diese irgendwann gegen einen ausnutzen könnten; so wird man den sexuellen Impulsen nur halb und gebrochen nachgeben, dabei gleichzeitig normgerechtes Verhalten demonstrieren und bei Gelegenheit sich denen anschließen, die laut die Bestrafung eines »Erwischten« fordern, um auf diese Weise den Verdacht von sich abzulenken und die Barrieren gegen die eigene Neigung zu den gleichen Verhaltensweisen so zu verstärken, daß »unvorsichtige« Lebensäußerungen und damit die Entdeckung unwahrscheinlicher werden. Der untergründigen, bigotten Kumpanei entspricht also ein allgemeines Mißtrauen, da hier jeder jeden denunzieren kann, man also dem anderen möglichst wenig Gelegenheit geben will, Punkte gegen einen zu sammeln, aber gleichzeitig prophylaktisch Punkte gegen diesen sammelt, stets der Bloßstellung durch andere gewärtig und selbst bereit, andere bloßzustellen. Der Umstand, daß hier die Befriedigung sexueller Bedürfnisse von der bewußten gemeinsamen Regelung menschlicher Angelegenheiten im Interesse der Beteiligten total ausgeschlossen und quasi in biologischem Rohzustand dem Einzelnen überlassen ist, verdeutlicht sich auch unter diesem Aspekt; ebenso, daß die »unverarbeitete« Sexualität die Individuen voneinander trennt und die subjektiv entwicklungsnotwendige Absicherung der emotionalen Einbettung in die Gesellschaft als Voraussetzung für kooperative Integration gravierend stören muß.

Aus unseren Darlegungen über die Behinderung der Konfliktverarbeitung durch Unterdrückung kindlicher Sexualität geht bereits hervor, daß hier unter den spezifischen Bedingungen gesellschaftlich »geforderter«, von den Eltern beim Kind durchgesetzter Sexualunterdrückung die emotionale Gesamtbefindlichkeit tatsächlich in einer Weise durch die sexuelle Thematik beherrscht und die Beziehung zu anderen Menschen sexuell akzentuiert werden können, wie sie Freud als kennzeichnend für die Sexualzentriertheit menschlicher Subjektivität und menschlicher »Objektbeziehungen« überhaupt mißdeutet hat. Dies läßt sich noch verdeutlichen an dem bereits erwähnten Umstand, daß unter gesellschaftlichen Bedingungen, bei denen eine Einbeziehung der Befriedigung sexueller Bedürfnisse in die wachsende, gesellschaftlich vermittelte Kontrolle über die eigenen Lebensbedingungen gravierend behindert ist und demgemäß die unspezifisch-organismischen Tendenzen zu direkter und sofortiger sexueller Befriedigung nicht voll überwunden sind, die Sexualität sowohl für das Subjekt wie für andere genau jene »gefährlichen«, angsterregenden, eruptiven, atavistischen Züge annehmen muß, die Freud der Sexualität als solcher zuschreibt. – Da unter den geschilderten Bedingungen der Sexualunterdrükkung Möglichkeiten zur Befriedigung in »offiziell« akzeptierter Weise, damit in bewußter »Kenntnisnahme« und Kontrolle der Bedürfnisse nicht gegeben sind, werden die soweit wie möglich verleugneten und unterdrückten Sexualimpulse meist erst dann in manifesten sexuellen Handlungen realisiert werden, wenn der Bedürfnisdruck unwiderstehlich groß geworden ist, die Bedürfnisse also quasi automatisch handlungsbestimmende Gewalt gewonnen haben. Unter solchem extremen Druck wird das Individuum die Sexualbedürfnisse dann u. U. tatsächlich wahllos und möglicherweise in ästhetisch wie moralisch problematischen Situationen befriedigen müssen, dabei Normen, deren Einhaltung als notwendige Regelung menschlichen Zusammenlebens vom Individuum bewußt akzeptiert werden, wider bessere Einsicht verletzen, z. B. die Abhängigkeit anderer Menschen zur Sexualbefriedigung an ihnen ausnutzen, sie also (gemäß Freuds Terminologie) tatsächlich zum »Objekt« der eigenen Sexualbedürfnisse machen, so die begründete Zurückweisung durch die Gemeinschaft und Eliminierung aus kooperativen Verhältnissen provozieren und die Handlungsfähigkeit zur Lebensbewältigung auf fundamentale Weise einbüßen. So muß in regressiven Konfliktsituationen die eigene Sexualität als bedrohlicher »Fremdkörper« innerhalb der Subjektivität erscheinen, der einen als der Kontrolle entzogenes autonomes »Es« jederzeit überwältigen, »aus der Bahn werfen« und damit die eigene Existenz gefährden kann. Auch für Individuen als mögliche Sexualpartner oder »Sexualobjekte« muß die Sexualität des anderen unter diesen Bedingungen in der bedrohlichen Form der »Triebhaftigkeit« erscheinen; der andere verliert, wenn er dem überstarken Druck seiner sexuellen Tendenzen nachgibt, dem Partner nicht als solchem zugewandt bleibt, sondern diesen als bloßes Objekt seiner Befriedigung mißbraucht, seine »menschlichen« Züge, wird als fremd und angsterregend erfahren, wobei seine sexuellen Ansprüche, die sich in den Phantasien, von denen er im Wachen und Träumen beherrscht ist, herausgebildet haben, und die gewöhnlich Ausdruck unverarbeiteter subjektiver Schwierigkeiten bei der allgemeinen Lebensbewältigung sind (s. u.), in ihrer Unmäßigkeit und Bizarrheit für den Partner häufig nicht mehr einfühlbar sind und somit für diesen eine subjektive Überforderung darstellen müssen.

Sexuelle »Triebe« unter den Bedingungen der Sexualunterdrückung sind tatsächlich ein »primitiver«, nicht vergesellschafteter und damit »vermenschlichter« Bodensatz innerhalb der Subjektivität, so daß Freud für diesen besonderen Fall durchaus Recht hat, wenn er feststellt, daß sich die Sexualität des Menschen seit der »Urhorde« nicht geändert hat. Ebenso spricht in diesem Zusammenhang vieles dafür, daß Lebensschwierigkeiten vieler Erwachsener wesentlich durch unbewältigte sexuelle Konflikte in der Kindheit mitdeterminiert sind. Die Unfähigkeit zur Verarbeitung der frühkindlichen Sexualkonflikte kann in besonderem Maße die geschilderte kumulative Verfestigung von Tendenzen zur Konfliktabwehr statt der Konfliktverarbeitung begünstigen, womit hier die spezifischen Bedingungen der von Freud als allgemein-menschlich betrachteten Determiniertheit des Menschen durch sexuelle Erfahrungen in der frühen Kindheit, also der ontogenetischen Primitivität seines Bedürfnislebens angegeben wären.

Unter diesen besonderen Umständen ist es auch richtig, daß die eigenen sexuellen Impulse, deren »ungehemmte« Entladung von Freud als höchstes Glück dargestellt wird, da man die in ihnen liegenden Handlungsimpulse wegen der bedrohlichen, existenzgefährdenden Konsequenzen ihrer Realisierung unterdrücken muß, zu einer schweren Last werden müssen. »Wie Triebbefriedigung Glück ist, so wird sie Ursache schweren Leidens, wenn die Außenwelt uns darben läßt, die Sättigung unserer Bedürfnisse verweigert« (FGW XIV, 437). – Die Unterdrückung sexueller Impulse durch die Eltern muß, wie wir darstellten, bereits beim kleinen Kind einen schweren Bruch in der Beziehung zu seinen Eltern, deren Unterdrückungsaktivitäten als von »unfaßbarer« Willkür und Ungerechtigkeit erfahren werden, hervorrufen und in dem Grade, wie die »dahinterstehenden« gesellschaftlichen Normen sichtbar werden, das »Individuum« subjektiv in einen tiefen Gegensatz zur »Gesellschaft«, die zentrale Lebensäußerungen und Glücksmöglichkeiten des Menschen radikal verneint und ihn damit in die Vereinzelung und Isolation treibt, bringen. Die wissenschaftlich falsche Freudsche Gleichsetzung »der« Gesellschaft überhaupt mit einer »triebunterdrückenden« Instanz, die dem isolierten Individuum und seinen Bedürfnissen äußerlich ist und feindlich gegenübersteht, wäre demnach eine blinde Projektion der subjektiven Situation des Menschen unter den spezifischen gesellschaftlichen Bedingungen der Sexualunterdrückung auf eine allgemeine »gesellschaftliche« Ebene. – Der Mensch, dem die gesellschaftliche Möglichkeit der Gewinnung eines bewußten »Verhältnisses« zu seinen sexuellen Bedürfnissen und zu ihrer Befriedigung in der »menschlichen« Qualität kooperativer Lebenssicherung radikal entzogen ist, muß durch seine unbewältigbaren regressiven Sexualkonflikte tatsächlich durch ein Moment tiefer »Asozialität«, Gesellschafts- und Menschenfeindlichkeit geprägt und durch seine »Triebhaftigkeit« zu einer latenten oder manifesten Bedrohung seiner selbst und der Gemeinschaft werden (wodurch auch ein »Sexualstrafrecht«, das der Gefährlichkeit einer solchen Sexualität Rechnung trägt, entstehen mußte, etc.); er muß zu einem scheinhaft außerhalb der Gesellschaft stehenden, bloß »habenwollenden«, also zutiefst machtlosen Individuum werden, das entweder blind und hilflos gegen die Autorität anrennt, sich damit selbst zerstört, oder genauso blind und hilflos sich als Einzelner mit der Autorität arrangiert; ein solches Individuum aber entspricht »dem« Menschen überhaupt, wie die psychoanalytische Anthropologie ihn sieht.

Die *Funktionalität* der von uns idealtypisch herausgehobenen, durch die Unterdrückung der frühkindlichen Sexualität bedingten möglichen Fehlentwicklung der Persönlichkeit vom Standpunkt der herrschenden Klasse in der bürgerlichen Gesellschaft scheint evident: Die früher dargestellte, durch Unfähigkeit zur Konfliktverarbeitung und introjektive Identifikation mit der Autorität entstehende globale Tendenz zum Verzicht auf die bewußte Beeinflussung der allgemeinen Lebensbedingungen und zum »freiwilligen« Sich-Einrichten innerhalb der bestehenden Beschränkungen als unveränderlichen gesellschaftlichen Naturverhältnissen müßte bei der Unterdrückung sexueller Impulse in besonders radikaler Weise zutagetreten. Allerdings sind, wie dargestellt, einer solchen Funktionalität Grenzen gesetzt. Die durch die individuelle Vergesellschaftung sich vollziehende Reproduktion von Persönlichkeitsmerkmalen im Sinne der Erhaltung der bestehenden Klassenstrukturen ist, wie ausgeführt, nicht nur eine Behinderung der Entwicklung, sondern im Widerspruch dazu stets auch die Vermittlung der für die gesellschaftliche Lebenserhaltung notwendigen Qualifikationen und Haltungen. In dieser Widersprüchlichkeit, daß individuelle Höherentwicklung stets einerseits zur Erfüllung der notwendigen Qualifikationsanforderungen unterstützt, andererseits aber zur Verhinderung der damit entstehenden Fähigkeit zur Einsicht und Praxis in Richtung auf die bewußte Gestaltung des gesellschaftlichen Lebens im Interesse aller Gesellschaftsmitglieder beschränkt werden muß, liegt das objektive Dilemma jeder Erziehung und Ausbildung im Sinne kapitalistischer Partialinteressen. Bei Berücksichtigung dieses Gesichtspunktes wird man global feststellen können, daß unter den Konsequenzen der schweren frühkindlichen Sexualunterdrückung sicherlich diejenigen nicht im Interesse des Kapitals sein können, durch die gesellschaftsfeindliche und »asoziale« Tendenzen so stark werden, daß der vorgegebene – systematisch beschränkte – Grad von

Integration und Handlungsfähigkeit, der zu Beiträgen zur Reproduktion der kapitalistischen Gesellschaft notwendig ist, nicht erreicht werden kann, so daß der Mensch in die Kriminalität oder psychische Krankheit verfällt und damit in den Augen des Kapitals zum kostspieligen Ballast wird. Wenn man den mit der Produktivkraftentwicklung im Kapitalismus steigenden Qualifikationsbedarf in Rechnung stellt, so läßt sich eine mögliche Dysfunktionalität der schweren Sexualunterdrückung bei der Reproduktion von Eigenschaften und Fähigkeiten im Sinne der Erhaltung der bürgerlichen Gesellschaft noch unter einem allgemeineren Gesichtspunkt vermuten. Die rigorose Unterdrückung der kindlichen Sexualität kann, wie wir zeigten, zu einer so nachhaltigen Konfliktscheu und Grundhaltung der Resignation und des mangelnden Vertrauens zu sich selbst und zur Umwelt führen, daß auf diese Weise mit »freiwilligem« Verharren in weitem Abstand von den zugestandenen Entwicklungsspielräumen gleichzeitig die innerhalb dieser Spielräume gestellten Forderungen zur Entwicklung notwendiger Qualifikationen nicht mehr erfüllt werden können; die im Bereich der Sexualität von den Erwachsenen praktizierte Informationsverweigerung und harte Bestrafung sexuellen »Erkundungsverhaltens« könnte zu so schwerwiegenden allgemeinen Frage- und Denkhemmungen führen, daß das Individuum auch solche Informationen aufzunehmen und zu verarbeiten bzw. Haltungen zu entwickeln nicht fähig oder bereit ist, die zur adäquaten Erfüllung gesellschaftlicher Anforderungen im Rahmen bestehender Verhältnisse unabdingbar sind.

Mit diesen globalen Hinweisen ist natürlich keineswegs eine zureichende Erklärung der gesellschaftlichen Entstehung und Funktion von neueren Tendenzen zur Überwindung schwerer Formen der Sexualunterdrückung und zur »Liberalisierung« des Sexuallebens innerhalb der bürgerlichen Gesellschaft gegeben. Immerhin soll aber auf dem Hintergrund solcher Überlegungen hervorgehoben werden, daß Sexualunterdrückung, wie ihr Auftreten keineswegs auf die bürgerliche Gesellschaft beschränkt ist, auch auf keinen Fall notwendige Vorbedingung für die Erzeugung von Eigenschaften und Haltungen im Sinne der Erhaltung der bestehenden Klassenverhältnisse ist. Einerseits gibt es, wie wir im vorigen Kapitel (5.5) ausführlich darlegten, mannigfache und schwerwiegende Bedingungen für das Mißlingen der Konfliktverarbeitung und die Entstehung oder Verstärkung von Abwehrprozessen, die mit Sexualität nicht das geringste zu tun haben, sondern aus der für das Kind unverarbeitbaren Beschränkung der Erweiterung der Kontrolle über die eigenen Lebensbedingungen, damit der Ungesichertheit der Bedürfnisbefriedigung entstehen. Andererseits sind die geschilderten schweren Formen der kindlichen Sexualunterdrückung heute zwar keineswegs überwunden, aber doch offensichtlich reduziert und haben in manchen Schichten der Bevölkerung sogar dem Gegenteil einer ausgesprochenen Freizügigkeit der Sexualerziehung Platz gemacht; man wird also davon ausgehen müssen, daß die Sexualunterdrückung nicht ein Wesensmerkmal des Kapitalismus darstellt, sondern nur eine bestimmte Entwicklungsphase innerhalb des Kapitalismus kennzeichnet und mit fortschreitender Entwicklung der Produktivkräfte möglicherweise vom Kapitalstandpunkt aus gänzlich überfällig oder gar schädlich wird.

Damit stellt sich das Problem der Funktionalität der Hervorhebung der Sexualität für die Erhaltung der bürgerlichen Lebensverhältnisse auf dieser Ebene noch einmal neu. Wir haben (wobei wir auch hier auf eine erschöpfende Darstellung verzichten müssen) die Frage zu klären, wie – nicht unter den diskutierten Bedingungen der Sexualunterdrückung, sondern unter den (ebenfalls idealtypisch angenommenen) Bedingungen *sexueller Freizügigkeit* – von unseren kritisch-psychologischen Konzeptionen der individuellen Vergesellschaftung und Konfliktbewältigung aus die Akzentuierung der Sexualität in ihrem Einfluß auf die Persönlichkeitsentwicklung zu bestimmen ist und wieweit Freuds theoretische Ausführungen über die universelle Bedeutung der Sexualität auch unter diesen Umständen noch als Spiegelung von Merkmalen menschlicher Subjektivität unter bestimmten bürgerlichen Lebensverhältnissen zu reinterpretieren sind. Damit nähern wir uns dem Problem einer nicht nur realhistorisch-faktischen, sondern strukturell notwendigen Funktionalität der wirklichen Universalisierung der sexuellen Lebensthematik für die »ideologische« Stabilisierung bürgerlicher Lebensverhältnisse und müssen deshalb hier an frühere allgemeine Überlegungen über die subjektive Situation abhängiger Schichten in der kapitalistischen Gesellschaft anknüpfen.

Freuds gesamtes Lebenswerk, indem hier die Unterdrückung der menschlichen Sexualität auf den Begriff gebracht und zur Diskussion gestellt wird, ist selbst schon ein bestimmter Aspekt der Aufhebung der Sexualunterdrückung, da das Verbot der öffentlichen Rede über Sexualität, damit die sprachlose Isolation und Icheingeschlossenheit der sexuellen Unterdrückung hier durchbrochen ist; andererseits findet darin auch der ungeheure Einfluß der Psychoanalyse und ihre Rückwirkung auf das allgemeine Bewußtsein weiter Bevölkerungsschichten eine Erklärung: Hier wird das Recht des Menschen auf Befriedigung seiner sexuellen Bedürfnisse quasi als allgemeines Menschenrecht gegen die gesellschaftliche Unterdrückungsinstanz zur Geltung gebracht. Damit sind reale Nöte und Wünsche jedes Einzelnen angesprochen. Der Protest gegen die Irrationalität und Verlogenheit der Sexualunterdrückung, die eine Quelle des Leidens und der Verkümmerung des Menschen ist, hat eine tiefe humane Legitimität und ist für sich genommen fortschrittlich und verallgemeinerbar, da mit der Entwicklung von Gesellschaftsformationen, die die Ausbeutung des Menschen durch den Menschen beenden und in immer höherem Maße die bewußte Gestaltung gesellschaftlicher Verhältnisse durch alle und im Interesse aller Menschen verwirklichen, auch die sexuelle Not der Menschen, die ihre allseitige Entfaltung behindert, überwindbar sein muß.

Die Fortschrittlichkeit und Verallgemeinerbarkeit der Forderung nach sexueller Befreiung der Menschen wird allerdings widersprüchlich überformt und in gewisser Weise wieder zurückgenommen durch die von uns ausführlich dargestellte und kritisierte wissenschaftlich unhaltbare »anthropologische« Universalisierung der Sexualität als zentraler Lebensthematik des Menschen überhaupt.

Zugespitzt kommt diese »allgemein-menschliche« Universalisierung der sexuellen Thematik in Freudschen Formulierungen zum Ausdruck, in denen er etwa feststellt: »Es ist, wie man merkt, einfach das Programm des Lustprinzips, das den Lebenszweck setzt« (FGW XIV, 434). »Das Glücksgefühl bei Befriedigung einer wilden, vom Ich ungebändigten Triebregung ist unvergleichlich intensiver, als das bei Sättigung eines gezähmten Triebes« (XIV, 437). Die »Erfahrung, daß die geschlechtliche (genitale) Liebe dem Menschen die stärksten Befriedigungserlebnisse« gewährt, macht die »Glücksbefriedigung im Leben . . . auf dem Gebiet der geschlechtlichen Beziehungen« zum ». . . Vorbild für alles Glück« (XIV, 460).

Allerdings äußert Freud in seinem Spätwerk selbst gelegentlich Zweifel an der Vollkommenheit des durch Sexualbefriedigung erlangbaren menschlichen Glücks: Man »möchte sagen, die Absicht, daß der Mensch ›glücklich‹ sei, ist im Plan der ›Schöpfung‹ nicht enthalten. Was man im strengsten Sinne Glück heißt, entspringt der eher plötzlichen Befriedigung hoch aufgestauter Bedürfnisse und ist seiner Natur nach nur als episodisches Phänomen möglich. Jede Fortdauer einer vom Lustprinzip ersehnten Situation ergibt nur ein Gefühl von lauem Behagen; wir sind so eingerichtet, daß wir nur den Kontrast intensiv genießen können, den Zustand nur sehr wenig. Somit sind unsere Glücksmöglichkeiten schon durch unsere Konstitution beschränkt« (XIV, 434). »Das Sexualleben des Kulturmenschen ist doch schwer geschädigt, es macht mitunter den Eindruck einer in Rückbildung befindlichen Funktion, wie unser Gebiß und unsere Kopfhaare als Organe zu sein scheinen. Man hat wahrscheinlich ein Recht anzunehmen, daß seine Bedeutung als Quelle von Glücksempfindungen, also in der Erfüllung unseres Lebenszweckes, empfindlich nachgelassen hat. Manchmal glaubt man zu erkennen, *es sei nicht allein der Druck der Kultur, sondern etwas am Wesen der Funktion selbst versage uns die volle Befriedigung und dränge uns auf andere Wege*. Es mag ein Irrtum sein, es ist schwer zu entscheiden« (XIV, 465, Hervorh. U. O.) In allen derartigen Zweifeln wird indessen die Unvollkommenheit des sexuellen Glückes durchgehend als eine naturgegeben-schicksalhafte Beschränkung menschlicher Glücksmöglichkeiten überhaupt betrachtet; das »Glücksgefühl bei Befriedigung einer wilden, vom Ich ungebändigten Triebregung« wird als zentraler »Lebenszweck« nicht in Frage gestellt; alternative Glücksmöglichkeiten von vergleichbarer Intensität sind nirgends angedeutet; allein die volle Erreichbarkeit dieses Lebenszwecks wird angezweifelt.

Mit der Herausstellung der Erlangung sexuellen Glücks als zentraler allgemein-menschlicher Lebensthematik, die nur sekundär, durch bestimmte Anpassungsnotwendigkeiten, auf andere Ziele hin umorientiert ist, hat Freud die früher dargestellte, als Resultat der sexuellen Unterdrückung entstehende bewußtseinserfüllende Breite der Sexualität als Grundkennzeichen menschlicher Bedürftigkeit überhaupt fehlinterpretiert. In unserem Argumentationszusammenhang stellt sich damit die Frage, inwieweit und in welchem Sinne die »Beherrschtheit« des Menschen von seinen sexuellen Strebungen, die von Freud als »anthropologische« Konstante mißdeutet wird, auch nach Aufhebung der Sexualunterdrückung, als Resultat gesellschaftlicher Bedingungen der Verkümmerung und Vereinseitigung menschlichen Bedürfnislebens unter bürgerlichen Lebensverhältnissen, gesehen werden kann.

Zur Klärung dieser Frage knüpfen wir an frühere ausführliche Darlegungen über die scheinhafte Zerreißung des Produktionsbereichs und des Konsumtionsbereichs in der bürgerlichen Gesellschaft an. Holzkamp (1973, S. 247ff.) hat herausgehoben, warum die Lebensentfaltung und Erfüllung von Glücksansprüchen notwendig nicht in der kapitalistischen Produktion, in welcher weitgehend sinnentleerte, fremdbestimmte Arbeit unterm Kommando des Kapitals ausgeführt werden muß, sondern im »Privatbereich« innerhalb der Konsumtionsphäre, in der das Individuum scheinhaft »sich selbst gehört«, gesucht wird, und warum eine solche Lebenserfüllung in der Perspektivlosigkeit des von der bewußten Gestaltung des gesellschaftlichen Lebens und der Integration in umfassende gesellschaftliche Beziehungen abgeschnittenen Privatbereichs notwendig niemals gefunden werden kann, so daß die »private« Glückserwartung nichts als eine Ablenkung des Menschen von der Aufgabe gesellschaftlicher Umgestaltung zur Schaffung von Verhältnissen, die tatsächlich individuelle Lebenserfüllung ermöglichen, damit ideologischer Schein im Interesse des Kapitals ist (vgl. I, S. 298). Wir haben aufgewiesen, daß die subjektive Befindlichkeit bei Realisierung der Individualitätsform des »Lohnarbeiters« generell durch die weitgehende Abgeschnittenheit von bewußt-kooperativen Beziehungen durch das Ausgeschlossensein von der gesellschaftlichen Realitätskontrolle und das dadurch bedingte Zurückgeworfensein auf das organismische, »unmenschliche« Niveau jeweils aktueller Bedürfnisbefriedigung gekennzeichnet ist. Diese Charakterisierung gilt, wie aus Holzkamps Darlegungen (1973, S. 253ff.) hervorgeht, in zugespitzter Weise für den »Privatbereich«, mit gewissen Einschränkungen und Modifikationen auch anderer abhängiger Schichten in der bürgerlichen Gesellschaft. – Wir haben nun angesichts dieser Problemsituation zu klären, warum bzw. unter welchen Bedingungen die auf den bürgerlichen Privatbereich zurückbezogene scheinhafte Glückserwartung gerade auf die Befriedigung sexueller

Bedürfnisse gerichtet sein kann, dabei die bewußtseinserfüllende Breite der sexuellen Thematik aus spezifischen Lebensbedingungen innerhalb der bürgerlichen Gesellschaft verständlich zu machen.

Das Suchen nach Glück in den sexuellen Beziehungen ergibt sich, sofern die Befriedigung organischer Bedürfnisse jeweils soweit abgesichert ist, daß daraus keine stärkeren aktuellen Mangelerlebnisse oder Ängste entstehen, u. E. einerseits daraus, daß bei Abwesenheit relevanter gesellschaftlicher Aufgaben und Ziele das Streben nach sexuellen Kontakten durch die hier erforderten Annäherungs- und Verführungsstrategien und -techniken, die einen ständigen Aufwand an Phantasie, Geschick und Initiative nötig machen und mit einer lustvollen Unruhe verbunden sind, die Sexualität eine gewisse Spannung und Erlebnisfülle einschließt, die in anderen Daseinsbereichen aufgrund der mehr oder weniger unvermittelten Fremdbestimmtheit des Handelns für die meisten Menschen nicht gegeben ist. Auf der anderen Seite – dieses Moment ist besonders wichtig – scheinen *zur sexuellen Befriedigung keine besonderen Fähigkeiten und Voraussetzungen* zu gehören, scheint sexuelles Glück *ohne besondere Anstrengung für jeden erreichbar* zu sein. – Die Bedingungen, unter denen man zu sexuellem Glück gelangen kann, gehören sozusagen zum sozialen Nahraum, liegen, wie es scheint, ausschließlich bei dem jeweils Einzelnen und seinem Partner, sind deshalb, wiederum anders als die gesellschaftliche Realität, offensichtlich leicht durchschaubar und leicht herzustellen. Die sexuelle Glückserwartung scheint auch alle Insuffizienzerlebnisse aufgrund gesellschaftlicher Benachteiligung und Entwicklungslosigkeit zu mildern und lenkt ab von der Frage nach deren objektiven Ursachen, da im Streben nach sexueller Erfüllung, weil hier weder Fähigkeiten noch persönliche Entwickeltheit erfordert werden, alle Menschen mehr oder weniger gleich sind. Zentriertheit auf die sexuelle Glückserwartung bedeutet, dies wurde ausführlich abgeleitet, Fixiertheit auf einen tatsächlich weitgehend entwicklungslosen Lebensbereich; so scheint es denn, als ob alle, Kapitalisten und Arbeiter, Privilegierte und »Benachteiligte«, »im Grunde« das eine wollen, sexuelles Glück gewinnen, und als ob auch alle dazu weitgehend die gleiche Chance hätten. – Es wird schon an dieser Stelle deutlich, worin die Funktionalität der Akzentuierung der sexuellen Thematik und Glückserwartung vom Kapitalstandpunkt liegt: Die Menschen stellen hier überhaupt nicht mehr den Anspruch, durch Beteiligung an der gesellschaftlichen Realitätskontrolle ihre Lebenslage und damit ihre Lebens- und Erlebnismöglichkeiten zu entwickeln, kehren vielmehr der gesellschaftlichen Produktion quasi den Rükken, betrachten sie nur noch als Mittel zum Zweck der materiellen Ermöglichung des »eigentlichen« Lebens im Privatbereich und konzentrieren all ihre Lebensenergie auf ein Daseinsgebiet, in welchem ihnen die gesellschaftliche Bedingtheit ihrer Existenz niemals einsichtig werden kann und in dem sie weder die Erkenntnisse noch das Wissen und die Fähigkeiten erwerben können, um diese Existenz tatsächlich in Richtung auf ein befriedigenderes Leben zu verändern; die Zentrierung des »Lebenszweckes« auf die Erlangung sexuellen und damit verbundenen familialen Glücks wirkt also, da politischer Einfluß nur über gesellschaftliche Integration erreichbar ist, auf eine umfassende Weise »entpolitisierend«. Daraus versteht sich das ungeheure Ausmaß der über alle Massenmedien gehenden bürgerlichen Ideologieproduktion zur Verherrlichung des sexuellen Glücks als höchster, für den Menschen erreichbarer Lebenserfüllung, die absurde Idealisierung eines maßlosen unvergleichlichen Lebensglücks von ewiger Dauer, das sich angeblich zwei Menschen durch die »Liebe« und das daran anschließende Familienleben gewähren können. Diese sexuell-familiale Glücksverheißung ist objektiv ein ungeheurer Betrug durch Fehlleitung der Menschen in eine Richtung, in der sie ihre wirkliche Daseinserfüllung notwendigerweise niemals finden können; die Funktionalität des sexuell-familialen Glücksversprechens vom Kapitalstandpunkt wird dabei durch die objektive Unerfüllbarkeit dieses Versprechens, wie sich zeigen soll, noch wesentlich erhöht[19]. – Die in den wiedergegebenen Äußerungen Freuds auftretende Widersprüchlichkeit zwischen der Verherrlichung der sexuellen »Glücksbefriedigung« als stärkstem menschlichem Befriedigungserlebnis und »Vorbild für alles Glück« und seinen Zweifeln an der Erreichbarkeit wirklichen Glücks durch sexuelle Befriedigung wäre demnach eine als Naturverhältnis mißdeutete Spiegelung des wirklichen Widerspruchs zwischen der scheinhaften, ideologisch überhöhten Glücksvortäuschung und der realen Unmöglichkeit der Lebenserfüllung durch Sexualbefriedigung im Privatbereich der bürgerlichen Gesellschaft.

Die Gründe für die mangelnde Erreichbarkeit befriedigender und be-

[19] Diese Funktionalität vom Kapitalstandpunkt ist allerdings auch hier widersprüchlich, da die Individuen zwar einerseits an einem Grad der gesellschaftlichen Integration, aus dem ihnen die Fähigkeit und das Bedürfnis zum Erkennen und Ändern ihrer Lebenslage erwächst, gehindert werden müssen, andererseits dabei dennoch soviel an Fähigkeiten und »Motivation« entstehen muß, daß die Individuen zur Erfüllung ihrer Aufgaben in der kapitalistischen Produktion in der Lage und bereit sind. Deswegen wird die auf der einen Seite mit ungeheuren ideologischem Aufwand geförderte Privatisierung des Menschen – wie dargestellt – auf der anderen Seite etwa von den mit der betrieblichen Motivation befaßten »Arbeitswissenschaftlern« beklagt und dosiert und punktuell rückgängig zu machen versucht. Diese Widerspruchsituation ist ein Aspekt des schon öfter erwähnten (im Projekt des Instituts über »Automation und Qualifikation« zum zentralen Thema gemachten), mit der Produktivkraftentwicklung innerhalb des Kapitalismus immer wachsenden und immanent unaufhebbaren, Dilemmas des Kapitals.

glückender interpersonaler Beziehungen einschließlich sexueller Beziehungen im bürgerlichen Privatbereich hat Holzkamp (1973) abzuleiten und aufzuweisen versucht:

»Die Gestaltung zwischenmenschlicher Interaktion und Kommunikation, sofern unter dem Aspekt des ›privaten Daseins‹ betrachtet, ist gekennzeichnet durch die abstrakte Negation der aus der reaktiven Übernahme des Verwertungsstandpunktes stammenden ›Leistungs‹-Anforderung. Während der einzelne Arbeiter durch den Zwang zur ›Leistung‹, aus der der ›Verdienst‹ scheinhaft entspringt, zum anderen Arbeiter, der potentiell seinen Arbeitsplatz und seine Existenz bedroht, im *isolierenden Verhältnis der Konkurrenz* steht, sind die *Interaktions- und Kommunikationsformen des privaten Daseins auf Gemeinsamkeit gerichtet:* Gemeinsamkeit des Konsumierens, des Lebensgenusses, der Daseinsentfaltung. Dieses Streben nach Gemeinsamkeit im privaten Leben kann aber den gesetzten Anspruch nicht erfüllen. Zwar entfällt hier – mindestens primär – das Trennende des Konkurrenzverhältnisses; *ebenso fehlt aber die Verbundenheit der Menschen über eine ›gemeinsame Sache‹, über eine gesellschaftlich sinnvolle Aufgabe* ... Demgemäß ist auch die Isolation hier nicht tatsächlich überwindbar. Die ›privaten‹ Beziehungen sind gekennzeichnet durch ein *kurzschlüssiges In-sich-Zurücklaufen, durch den vergeblichen Anspruch, im unvermittelten Aufeinander-Bezogensein von vereinzelten Subjekten Daseinserfüllung zu finden.* Kurzschlüssigkeit und Perspektivelosigkeit der ›privaten‹ Gemeinsamkeit sind Voraussetzungen für die Gebrechlichkeit der ›rein menschlichen‹ Beziehungen, Abkapselungen von einzelnen oder Gruppen und für jene ›privaten‹ Konflikte, die aus dem immer erneuten Versuch und dem immer erneuten Scheitern des Versuchs der Gestaltung eines sinnvollen gemeinsamen Lebens auf ›privater Basis‹ entstehen« (1973, S. 250). Die bei solchen Beziehungen bestehende »Wahrnehmungsdimension rein persönlicher Zuneigungen und Abneigungen« nennt Holzkamp die *»Dimension der ›Sympathie‹«* (S. 251). »Die Sympathiebeziehung, da nicht auf erfahrene Entäußerungen des Menschen in seiner Tätigkeit begründet, ist ... *ihrem Wesen nach kriterienlos und inhaltsleer.* Die Frage: warum ist dieser mir sympathisch, jener mir unsympathisch, widerstreitet schon als Frage der Eigenart der ›Sympathie‹, weil es für ›Sympathie‹ eben keinerlei objektivierbare Gründe gibt. ›Sympathie‹ als das scheinhaft ›rein subjektive‹ Bindemittel zwischen Privatmenschen konstituiert und speist sich auf *zirkuläre Weise aus ihrer vermuteten Reziprozität:* Du bist mir sympathisch, weil ich dir sympathisch bin« (S. 251). Holzkamp hebt sodann heraus, daß die Kriterienlosigkeit des *»Wechselbestätigungsverhältnisses«* der »Sympathie« zu einer dauernden Labilität und Bedrohtheit der darin gegründeten zwischenmenschlichen Beziehungen führen muß, da es keine Gründe gibt und geben kann, aus denen man die Sympathie eines anderen beanspruchen kann und dem Aufkündigen der Sympathiebeziehung nichts entgegenzusetzen hat. – Holzkamp bezieht diese seine Darlegungen ausdrücklich auch auf die Geschlechtsliebe: »Für die ›Liebe‹ ... als *Voraussetzung und Inbegriff ›privaten Glücks«* ... gilt zugespitzt, was früher über die ›Sympathie‹ gesagt worden ist: Die ›Liebe‹ als abstrakte Negation der ›Tüchtigkeit‹, die dadurch charakterisiert ist, daß sie sich ›auszahlt‹, ist ›Zweck in sich‹. ›Wirkliche Liebe‹ ... ist *eine Liebe, in der die Partner sich buchstäblich für ›nichts‹ lieben.* Mehr noch: Eine solche Liebe beweist sich gerade darin, daß sie in ihrem Fortbestand und ihrer Intensität gänzlich unberührt davon ist, ob der Partner mit seinem Benehmen die Interessen des anderen verletzt; der Anspruch, um *seiner selbst willen geliebt* zu werden, bedeutet den Anspruch auf Liebe obwohl, oder gerade weil man in seinen Lebensäußerungen nicht ›liebenswert‹ ist« (S. 255).

Holzkamp hat mit der Heraushebung der »Sympathie«-Dimension zweifellos ein wesentliches Charakteristikum zwischenmenschlicher Beziehungen im bürgerlichen »Privatbereich« herausgehoben. Seine Darlegungen sind jedoch einseitig, weil er durch die (aus seiner Themenstellung verständliche) Vernachlässigung der phylogenetischen Gewordenheit der »Soziabilität« die subjektive Notwendigkeit bloß sozialer Beziehungen und der damit verbundenen emotionalen Einbettung auf organismischem Niveau als Voraussetzung für jeden Umweltausgriff nicht gesehen hat und deswegen auch nicht erkennen konnte, daß die interpersonalen Beziehungen im Privatbereich der bürgerlichen Gesellschaft durch das sinnentleerte Wechselbestätigungsverhältnis der »Sympathie«, wie er sie versteht, nicht konstituiert werden, sondern daß dadurch die lebensnotwendige soziale Verbundeheit und emotionale Einbettung nur widersprüchlich überformt und quasi wieder zurückgenommen ist, aber dennoch die Grundlage für die Entstehung und Aufrechterhaltung der zwischenmenschlichen Beziehungen bildet. Weiterhin scheint bei Holzkamp die »Sympathie«-Dimension etwas zu schematisch als zwangsläufige Folge der abstrakten Negation der fremdbestimmten Arbeit im Produktionsbereich hingestellt, wobei der für die Kritische Psychologie zentrale methodische Gesichtspunkt der Vermittlung zwischen gesellschaftlicher und individueller Notwendigkeit, also hier der Vermittlung zwischen der Funktionalität der Fixiertheit auf kurzschlüssig-»soziale« Beziehungen wie sexuelle Bindungen vom Kapitalstandpunkt und der Funktionalität derartiger Beziehungen bei der individuellen Daseinsbewältigung unter den Lebensbedingungen des bürgerlichen »Privatbereichs« vernachlässigt wurde. Wir müssen hier also, im Hinblick auf die für uns thematische Sexualität, noch zu einigen weiteren Auseinanderlegungen kommen.

Wenn auch mit dem Nachlassen der unmittelbaren Sexualunterdrückung in der bürgerlichen Gesellschaft (sofern ein solches Nachlassen konstatierbar ist) eine schwere Belastung und vitale Beschränkung verringert ist, so ist damit, weil sich an der generellen Situation der Fremdbestimmtheit nichts geändert hat, keineswegs bereits die Möglichkeit einer Befriedigung auch der sexuellen Bedürfnisse auf »menschlichem« Niveau gegeben. Die plötzlich ermöglichte größere Freizügigkeit des Sexuallebens ist hier für das von der bewußten gesellschaftlichen Realitätskontrolle ausgeschlossene Individuum genauso »zufällig« und unverständlich wie die vorherige Sexualunterdrückung, damit quasi nur ein anderer Ausdruck der Abhängigkeit.

Da die Möglichkeit wirklicher Daseinserfüllung im Privatbereich der bürgerlichen Gesellschaft durch das Ausgeschlossensein von der bewußten Teilhabe an gesellschaftlicher Realitätskontrolle beschränkt ist und umfassende »produktive« Bedürfnisbefriedigung, die die Vorsorge für adäquate sinnlich-vitale, also auch sexuelle Bedürfnisbefriedigung einschließt, nur durch den gemeinsamen Kampf um gesellschaftliche Verhältnisse, die die volle kooperative Integration aller Gesellschaftsmitglieder erlaubt, erreichbar wäre, müßte bei realistischer Sicht auf die eigene Lebenslage die weitgehende Unbegründetheit der Erwartung, Glück und Lebenserfüllung durch »private« sexuelle Beziehungen zu finden, offenbar werden. Wenn nun derartige sexuelle Glückserwartungen dennoch in aller Ausgeprägtheit vorfindlich sind, so scheint dies nicht Resultat der Verarbeitung, sondern der Abwehr der Erkenntnis der wirklichen Lebenslage zu sein. Der hier »abgewehrte« Konflikt wäre generell so zu kennzeichnen: Einerseits erkennt das Individuum (mindestens bis zu einem gewissen Grade) die in den objektiven gesellschaftlichen Schranken liegenden wirklichen Ursachen für die Behinderung seiner Möglichkeiten zur progressiven Entwicklung gesellschaftlich relevanter Fähigkeiten, damit kooperativen Integration und Lebenserfüllung; andererseits aber erlebt es die sich daraus ergebende Handlungsbereitschaft in Richtung auf einen Protest gegen die gesellschaftlichen Schranken seiner Lebensentfaltung und Aktivitäten zur Beseitigung dieser Beschränkungen als angsterregend, weil es die bei Realisierung dieser Handlungsbereitschaften drohenden negativen Sanktionen der gesellschaftlich Mächtigen, damit den Verlust seiner Handlungsfähigkeit auf gegebenem Niveau antizipiert. So werden die »bedrohlichen«, auf Protest und Veränderung gerichteten Handlungsbereitschaften durch Ausklammerung der Einsicht in die wirklichen Ursachen der mangelnden Lebenserfüllung und durch die illusionäre Erwartung, Glück und Lebensentfaltung seien auch innerhalb bürgerlicher Verhältnisse ohne Risiko und Kampf durch sexuelle Befriedigung im Privatbereich in vollem Maße zu erreichen, reduziert, womit der Konflikt durch Realitätsabwehr bewältigt ist; die geschilderte scheinbare Problemlosigkeit und Durchschaubarkeit der sexuellen Konstellation und Erreichbarkeit der Befriedigung ohne besondere Anstrengungen und Fähigkeiten begünstigt, unterstützt durch entsprechendes ideologisches Angebot, als »Weg des geringsten Widerstandes« diese Art von Konfliktabwehr.

Wenn diese Interpretation adäquat ist, dann ist das Streben nach »sexuellem Glück« im bürgerlichen Privatbereich in Wirklichkeit gar nicht allein oder primär auf lediglich sexuelle Befriedigung gerichtet. Die Sexualbefriedigung wäre vielmehr lediglich Symbol für eine »eigentlich« angestrebte viel umfassendere Daseinserfüllung, nämlich die, die tatsächlich nur durch immer weitergehende Integration in die Gesellschaft, durch den wachsenden Beziehungsreichtum als Voraussetzung der ständig erweiterten Möglichkeit zur Bestimmung über die relevanten Lebensbedingungen, etc. erreichbar ist, was aber durch die geschilderte Konfliktabwehr aus dem Bewußtsein eliminiert wurde. Der Partner, von dem man scheinbar nur Sexualbefriedigung erwartet, wäre demgemäß unbewußt nur »Mittel zum Zweck« der Erfüllung von Lebensansprüchen, die in Wirklichkeit niemals durch einen einzelnen anderen Menschen und die kurzschlüssig-»soziale« Beziehung zu ihm erfüllbar sein können. Die Partner würden sich demgemäß in ihren vordergründig bloß sexuellen, tatsächlich aber kompensatorisch auf die Ermöglichung der vollen Daseinserfüllung gerichteten Glückserwartungen, deren alleinige Erreichbarkeit durch gesellschaftliche Intepation abgewehrt wurde, einander auf eine gravierende Weise wechselseitig überfordern, könnten den objektiv absurden Anspruch, sich als zwei kurzschlüssig aufeinander fixierte Menschen durch den Sexualverkehr »alles Glück der Welt« zu geben, notwendigerweise niemals erfüllen. Daraus wäre die tiefe Widersprüchlichkeit der »sexuellen« Glückserwartungen im Privatleben der bürgerlichen Gesellschaft erklärlich, die darin liegt, daß hier das scheinbar Einfache, Naheliegende, leicht zu Durchschauende, für jeden Erreichbare gleichzeitig Quelle dauernder und tiefgehender Mißerfolge, Enttäuschungen, Leidenszustände ist, das scheinbar so wohlfeile »Glück« hier also permanent in schweres Unglück umschlägt und die Beziehungen zum anderen wie die eigenen Verhaltensweisen keineswegs leicht durchschaubar, sondern unklar und rätselhaft sind und den Charakter eines fremden, von einem selbst kaum beeinflußbaren Prozesses haben.

Aus diesen Darlegungen ergibt sich, daß unserer Konzeption nach die geschilderte Freudsche Auffassung, gesellschaftsbezogene Bedürfnisse seien nur Resultat der »Triebversagung« durch die Gesellschaft, also zielgehemmte und sublimierte sexuelle Bedürfnisse als Ersatz für die gesellschaftlich unterbundene »wilde, vom Ich ungebändigte« sexuelle Triebbefriedigung, um die es dem Menschen im Grunde allein geht (»zielgehemmte Liebe war eben ursprünglich vollsinnliche Liebe und ist es im Unbewußten des Menschen immer noch«, XIV, 462), der gesellschaftlichen Oberfläche des »Privatlebens« aufsitzt und die wirklichen Zusammenhänge radikal auf den Kopf stellt. *Umgekehrt: Die elementare sexuelle Befriedigung, die dem Menschen einerseits die Sexualität als Glücksquelle nahelegt, ist hier andererseits quasi ein »Ersatz« für die Entwicklungs- und Erlebnismöglichkeiten, die sich nur aus der Teilhabe an der bewußten Gestaltung des gesellschaftlichen Lebens ergeben könnten;* die vordergründig bloß sexuellen Bedürfnisse sind also quasi »zielgehemmte« gesellschaftsbezogene Bedürfnisse; die schweren Versagungserlebnisse bei der sexuellen Befriedigung stammen daher, daß man »eigentlich« viel mehr will, als bloß sexuelle Befriedigung, dieses »Mehr«, nämlich die Tendenz zur Verbesserung und Absicherung der eigenen gesellschaftlichen Lage und damit erreichbaren höheren Daseinserfüllung, aufgrund der geschilderten Konfliktabwehr aber »unbewußt« geworden ist.

Der »Ersatz«-Charakter der sexuellen Beziehungen im bürgerlichen Privatbereich für nur durch kooperative Integration erreichbare Bedürfnisbefriedigung auf »menschlichem« Niveau bewußter Vorsorge durch Kontrolle über die eigenen Lebensbedingungen und die dadurch gegebene unbewußte Überforderung und »Verdinglichung« des Partners läßt sich auf verschiedenen Ebenen darlegen (was hier nur exemplarisch verdeutlicht werden soll; weitere Klärungen erfordern empirisch-biographische Untersuchungen). – Sofern die kooperative Verbundenheit über gemeinsame gesellschaftliche Ziele nicht möglich ist, muß die Sexualität zum wesentlichen Bindemittel zwischen Menschen werden. Die sexuellen Bindungen sind dabei von vornherein durch den Widerspruch charakterisiert, daß hier einerseits beim Partner mangels anderer Bezugsmöglichkeiten die emotionale Einbettung und Absicherung gesucht werden muß, die Voraussetzung zur Angstvermeidung und emotionaler Ermöglichungsgrund für die aktive Umweltauseinandersetzung sind, andererseits aber die dazu erforderte, bewußt kontrollierbare zeitliche Konsistenz und Stabilität der Beziehung nicht durch lediglich »soziale« Verbundenheit, sondern nur durch kooperative Verbundenheit über weitgesteckte gesellschaftliche Ziele zu erreichen ist. Gerade die sexuellen Beziehungen sind ihrer Natur nach als solche keineswegs auf Dauer angelegt, die unmittelbar-sexuelle Attraktivität der Partner läßt durch Sättigungserscheinungen bald nach und andere, durch ihre »Neuheit« attraktivere Partnerbeziehungen bieten sich an. Die Stabilität und Abgesichertheit der Bindung, die allein durch Einbeziehung sexueller in übergreifende kooperative Beziehungen gelingen kann, muß – da ohne emotionale Sicherheit durch längerfristigen Zusammenhalt der Individuen eine angstfreie, umweltzugewandte menschliche Existenz nicht möglich ist – »unbewußt« auf anderem Wege gesucht werden. Dies kann offensichtlich nur dadurch geschehen, daß man versucht, den Partner von sich abhängig zu machen, ihm die Möglichkeit zu nehmen, die Beziehung von sich aus zu beenden und sich selbst in den Besitz der Mittel zu bringen bemüht, die Bindung, solange man mag, aufrechtzuerhalten oder abzubrechen, wann immer es opportun erscheint. Die Abhängigkeit, die der wahre Grund für die mangelnde Möglichkeit zur Daseinserfüllung ist, wird hier im Bestreben, sich wechselseitig zur Befriedigung aller Lebensansprüche gefügig zu machen, quasi nach unten weitergegeben, indem die gesellschaftliche Fremdbestimmung durch die totale Verfügung über einen anderen Menschen, der einem alle Sicherheit und Erfüllung geben soll, zu kompensieren versucht wird.

Eine der gröbsten Formen einer solchen Abhängigkeitsbeziehung im Privatbereich der bürgerlichen Gesellschaft ist die traditionelle Abhängigkeit der Frau vom Mann bei ihrer materiellen Lebenserhaltung. Eine wesentliche durch subjektive Abwehrvorgänge bedingte Stütze dieser primär materiell verursachten Abhängigkeit ist die geforderte und per Identifikation introjizierte »Dankbarkeit« für die materielle Lebenserhaltung mit entsprechenden Schuldgefühlen bei emanzipativen oder aggressiven Handlungsimpulsen, also »Identifikation mit dem Aggressor« in unserer Reinterpretation als wesentliches Kennzeichen der systematischen »Infantilisierung« der Frau. Die komplementären Techniken der Frauen, um den Mann seinerseits von ihnen abhängig zu machen und so der Gefahr des Verlassenwerdens und der damit verbundenen Existenzbedrohung zu begegnen, bestehen etwa in der Ausnutzung der von Freud präzise auf den Begriff gebrachten Erfahrung, daß nur aus zielgehemmten, nicht aber aus voll befriedigten Sexualbedürfnissen dauerhafte Bindungen entstehen können, also dem bekannten Spiel der partiellen Verweigerung von Sexualkontakten, des Kokettierens, »Sich-rar-Machens«, womit die Frau sich (möglicherweise bei Unterdrückung ihrer spontanen sexuellen Bedürfnisse) zum »Rätsel Weib« aufbaut, das nach unergründlichen Gesetzen manchmal Befriedigung gewährt, manchmal verweigert, sich damit in die Position der »Herrin«, die über die Ressourcen der von ihr Abhängigen verfügt, zu bringen versucht, etc.

Solche Techniken des Abhängigmachens können nur dadurch wirksam sein, daß sie vom jeweils anderen Partner reziprok, mindestens unbewußt, akzeptiert und bestätigt werden. Das heißt, insofern beide Partner daran interessiert sind, zu ihrer gegenseitigen emotionalen Absicherung der Beziehung Stabilität zu verleihen, werden sie, da die jeweilige Abhängigkeit wesentliche Voraussetzung hierfür ist, sich dem jeweils anderen in dieser Abhängigkeit von ihm darzustellen versuchen, um ihn auf diese Weise wiederum von sich selbst abhängig zu machen. So erklärt sich hier die Entstehung eines »Wechselbestätigungsverhältnisses« im Holzkampschen Sinne. Innerhalb der traditionellen Mann-Frau-Beziehung wird also z. B. nicht nur der Mann die Frau materiell und psychisch, durch die geschilderte »Infantilisierung« mit introjizierter Dankbarkeit und Schuldgefühlen, von sich abhängig und damit seinem Bedürfnis nach emotionaler Absicherung gefügig zu machen suchen, die Frau wird auch ihrerseits den Mann in seiner Position als »Ernährer«, »großer starker Mann«, mächtiger Beschützer der Seinen etc. bestätigen und ihre eigene Kindlichkeit und Abhängigkeit ihm als Liebesgabe darbringen. Umgekehrt wird nicht nur die Frau durch Techniken der partiellen Verweigerung, des Sich-rar-Machens etc., als unergründliches Weib, das dem »triebhaften« Mann durch das bewußtlose »Verschenken« ihrer Liebe immer neue Rätsel aufgibt, den Mann in Abhängigkeit zu bringen und zu halten suchen, der Mann wird auch seinerseits die Frau als geheimnisvolles, vielleicht gar anbetungswürdiges Wesen bestätigen, das gerade ihm durch ein gütiges Schicksal geschenkt worden ist und dessen einmalige Liebeszuwendung durch nichts ersetzt werden kann. (Bei »moderneren« Liebesbeziehungen auf mehr »partnerschaftlicher« Grundlage müssen sich die Inhalte solcher Wechselbestätigungen verändern – möglicherweise mehr die einmalige Potenz, Liebeskunst, Sensibilität etc. des anderen akzentuieren – wobei aber auch hier die subjektive Notwendigkeit solcher Wechselbestätigungsverhältnisse nur in wirklichen kooperativen Beziehungen überwunden werden kann). Die Idealisierung des Partners, die einerseits aus der akzeptierten Position der eigenen Abhängigkeit und Unterlegenheit entsteht, muß andererseits auch eine positive dynamische Funktion dadurch gewinnen, daß die eigenen Riesenansprüche an den anderen, nämlich alle zentralen Lebensbedürfnisse zu befriedigen, tatsächlich nur von einem Übermenschen erfüllbar wären und umgekehrt die eigene Hoffnung, des anderen Riesenansprüche zu erfüllen, nur darin sich gründen kann, daß man wenigstens aus seiner Sicht die Möglichkeiten eines Übermenschen hat, etc.

Damit sind wir aus unserem Argumentationszusammenhang zu einer Erklärung für das gekommen, was Freud innerhalb seiner »Narzißmus«-Theorie die »Überschätzung des Sexualpartners« durch Verlagerung wesentlicher Libidopositionen auf ihn kennzeichnete. Ebenso können wir die von Freud im gleichen Kontext formulierte Annahme einer »Ichverarmung« in der Liebe, bei der alle Libido dem »Objekt« zugeschlagen ist, an dieser Stelle reformulieren: Sofern im bürgerlichen Privatbereich, wo entfaltete kooperative Bindungen zwischen Menschen nicht möglich sind, das Interesse der Partner an einer Fortsetzung der Beziehung die gegenseitige Abhängigkeit als Ersatz für wirkliche Absicherung durch kooperative Integration einschließt, bedeutet »Liebe« tatsächlich ein partielles Aufgeben der erreichten Verfügung über sich selbst und der Kontrolle über die eigenen Lebensbedingungen, also Verarmung der Persönlichkeit. Diese Effekte müssen umso stärker hervortreten, je einseitiger die Abhängigkeit des einen vom anderen ist, je mehr der eine den anderen durch völliges Aufgeben seiner eigenen Interessen zu verpflichten, durch eigene Unterwerfung den anderen gefügig zu machen sucht.

Die Widersprüchlichkeit des Erfordernisses, im bürgerlichen Privatbereich die Dauerhaftigkeit von Partnerbeziehungen, die in kooperativen Verhältnissen nicht abgesichert werden kann, auf für sich genommen dazu ungeeigneten, bloß sexuellen Bindungen zu gründen, wird auch in der Massivität des entsprechenden ideologischen Angebots deutlich, so etwa in der Verherrlichung der »Treue«, in der »Liebe« und »Treue« nicht nur gleichgesetzt sind (jede »wahre« Liebe ist »ewig«), sondern die Treue als Fortsetzung der Beziehungen ohne Liebe eine moralische Überhöhung erfährt, indem die Aufnahme sexueller Kontakte zu einem anderen Partner nicht nur als »Untreue«, sondern als »Betrug« gekennzeichnet wird. In das Eherecht hat die ideologische Tendenz, ihrer Natur nach vorübergehende sexuelle Beziehungen als dauerhaft zu zementieren, z. B. dadurch Eingang gefunden, daß ein Ehepartner unabhängig von seinen Bedürfnissen dazu verpflichtet ist, mit dem anderen sexuell zu verkehren und die Verweigerung des »ehelichen Verkehrs« juristische Konsequenzen hat, weiterhin dadurch, daß bis vor kurzem »Ehebruch« sogar ein strafrechtlich relevanter Tatbestand war, etc.

Die tiefe Widersprüchlichkeit und Problematik von interpersonalen Bindungen, in denen die lebensnotwendige emotionale Einbettung nur um den Preis wechselseitiger Abhängigkeit notdürftig abgesichert werden kann, der Surrogatcharakter der Befriedigungsmöglichkeiten, die man sich gegenseitig bietet, die Vergeblichkeit der Erwartung, in kurzschlüssig-»sozialen« Beziehungen, in denen jeder den anderen nur für seine individuellen Interessen ausnutzen will, Glück und Lebenserfüllung zu finden, werden sich (besonders mit fortschreitendem Nachlassen der sexuellen Attraktion) in Abhängigkeit von der Klassen- und Schichtzugehörigkeit (vgl. Holzkamp 1973, S. 256f.) und der je konkreten Lebenslage und Individualgeschichte auf unterschiedliche Weise und mit verschiedenartiger Realisierung des wahren Sachverhalts im Bewußtsein der Betroffenen niederschlagen. Unter welchen Bedingungen die Partner sich dabei eine Auflösung der Beziehung, damit mindestens vorübergehenden Verlust der emotionalen Einbettung und elementaren wechselseitigen Lebenshilfe, »leisten« können, unter welchen Bedingungen es nach reziproker »Ernüchterung« zu einem resignativen Sich-Einrichten oder zu realistischer gemeinsamer Einschätzung der objektiven Beschränktheiten der eigenen Lebensmöglichkeiten und zu ansatzweise kooperativer Solidarität zum Bestehen der alltäglichen Last oder zur gemeinsamen Abkehr vom bloßen »Privatleben« und Beteiligung am bewußten Kampf um Verbesserung der allgemeinen Lebensbedingungen, damit Überwindung der wechselseitigen Ersatzfunktion in wirklicher gesellschaftlicher Integration kommt, dies muß in empirisch-biographischer Forschung abgeklärt werden und kann uns deswegen hier nicht näher beschäftigen. In unserem Argumentationszusammenhang wesentlich ist der Umstand, daß – soweit die objektiven Gründe für die Widersprüchlichkeit und Problematik sexueller Bindungen im bürgerlichen Privatbereich und die notwendige Vergeblichkeit der damit verbundenen Glückserwartung nicht durchschaut werden, also unter den gegenwärtigen Bedingungen in unserer Gesellschaft im Normalfall – die Ursachen der Schwierigkeiten oder des Scheiterns nur in den scheinbar so einfachen und durchschaubaren Beziehungen und Eigenschaften der unmittelbar involvierten Partner gesucht und auch nur dort fest gemacht werden können. Charakteristisch dabei sind die unausbleiblichen wechselseitigen Vorwürfe, daß der andere den eigenen Erwartungen nicht entsprochen hat, ohne Einsicht in den Sachverhalt, daß dies wesentlich nicht am anderen, sondern an den Erwartungen liegt; die Enttäuschung beim etwaigen Versuch mit dem nächsten Partner ist damit schon vorprogrammiert. Durch den Widerspruch, daß es scheinbar nur an einem selbst liegt, wenn man das »große Glück« bisher nicht gefunden hat, d. h. die Hoffnung, daß man dieses Glück noch erreichen wird, wenn man es nur richtig anfängt, den richtigen Partner hat etc., und andererseits die Tatsache, daß diese Glückserwartung sich in der privaten Partnerbeziehung innerhalb der bürgerlichen Gesellschaft real niemals erfüllen kann, ist das hoffnungsvolle, aber vergebliche »Herumprobieren« ein Dauerzustand, womit die früher geschilderte Fixierung auf den Privatbereich und Abwendung von der gesellschaftlichen Produktion, die allein den Schlüssel zum Begreifen der eigenen objektiven Lage und damit zur Ermöglichung politischer Praxis zu deren Verbesserung enthält, sich noch hochgradig verstärken muß.

Aus unseren Überlegungen hat sich verdeutlicht, daß die sexuelle Freizügigkeit unter den Bedingungen der Abhängigkeit im Privatbereich der bürgerlichen Gesellschaft keineswegs mit wirklicher sexueller Freiheit gleichzusetzen ist. Vielmehr muß man davon ausgehen, daß hier auch nach der Aufhebung der früher diskutierten unmittelbaren manifesten Sexualunterdrückung eine andere, sublimere Form der Unterdrückung sexueller Befriedigung immer noch bestehen bleibt, die in diesem Zusammenhang darauf zurückzuführen ist, daß bei dem scheinbaren Wunsch nach lediglich sexuellem Glück aufgrund der geschilderten Prozesse der Konfliktabwehr unbewußt die Sexualität eine Ersatzfunktion für nur über die Teilhabe an bewußter gesellschaftlicher Realitätskontrolle und kooperativer Integration zu gewinnende umfassende Lebenssicherung und Daseinserfüllung hat, womit die sexuellen Beziehungen in gravierender Weise überfrachtet und überfordert sind, einem unaufhebbaren Leistungsdruck unterliegen, schwere Enttäuschung, Ernüchterung, Unglück, Resignation mit sich bringen müssen und so befriedigende und beglückende sexuelle Erfahrungen kaum möglich sind. Diese Art der quasi indirekten Sexualunterdrükkung hat, wenn auch in abgeschwächter und modifizierter Form, ähnliche Merkmale wie die früher geschilderte direkte Sexualunterdrückung, so daß auch in diesem Kontext in gewissem Maße die von Freud als allgemeinmenschlich mißdeuteten Charakteristika der Sexualität als Kennzeichen menschlicher Subjektivität unter historisch bestimmten Bedingungen, nunmehr als Surrogatfunktion der Sexualbefriedigung im Privatbereich der bürgerlichen Gesellschaft, reinterpretiert werden können. – Die bewußtseinserfüllende Breite der sexuellen Thematik, bei der direkten Unterdrükkung auf die Gefahr übergroßen Bedürfnisdrucks und damit drohender »regressiver« Bedürfniskonflikte zurückzuführen, hat nunmehr die Form einer Überakzentuierung des Sexuellen als unbewußtes »Symbol« für menschliches Glück überhaupt. Die bei der direkten Unterdrückung aus dem Makel verbotener, nicht beherrschbarer Sexualimpulse und Entdekkungsangst etc. entstehende Isolation von anderen Menschen gewinnt hier den Charakter der Isolation aufgrund wechselseitiger Überforderung, Ausnutzung und psychischen Abhängigkeit und dem permanenten Erlebnis des Versagens bei der vollen Befriedigung, das man durch fehlende Einsicht in seine objektiven Ursachen als persönlichen Makel erfahren muß. Dieser Makel ist zwar anderer Art als der bei direkter Sexualunterdrükkung, muß aber auch zur Isolation von anderen führen. Die Angst vor Strafe gewinnt hier die Qualität einer allgemeinen Angst vor dem Versagen als Antizipation der Unfähigkeit, den Ansprüchen des anderen zu genügen und so dessen Liebe und die damit verbundene lebensnotwendige emotionale Einbettung zu verlieren, und führt angesichts der Gewißheit des unausbleiblichen Nachlassens der eigenen Attraktivität, der mit dem Alter abnehmenden körperlichen Anziehungskraft, Potenz u. ä. und angesichts der Vergeblichkeit des Ankämpfens gegen diesen natürlichen Prozeß zu tiefer Resignation oder Verzweiflung. Die geschilderte latente Gesellschaftsfeindlichkeit, die subjektive Kluft zwischen dem Individuum und der »triebunterdrückenden« Gesellschaft bei schwerer manifester Sexualunterdrückung wird bei der dargestellten indirekten Unterdrückung der Sexualität mehr zu einer »freiwilligen« Abkehr, einem Desinteresse an der Gesellschaft durch das totale Absorbiertsein von den unerfüllbaren »sexuellen« Wünschen und daraus entstehenden »sozialen« Schwierigkeiten und den vergeblichen Versuchen, doch noch zu der verheißenen Befriedigung zu kommen. Unter diesem Aspekt wird nochmals deutlich, warum die indirekte Sexualunterdrückung in ihrer Erscheinungsform der *»Freizügigkeit«* für den »fortgeschrittenen« Kapitalismus *in höherem Grade funktional ist als die direkte manifeste Unterdrückung.* Die schweren Entwicklungsschäden, die zu einer Behinderung des Erwerbs notwendiger Qualifikationen und Haltungen führen können, scheinen vermieden, das Konfliktpotential und die unerwünschten Zuspitzungen als Krankheit oder Asozialität reduziert; die Menschen sind in diesem Falle nicht nur negativ, durch Konfliktscheu und Denkhemmungen, sondern quasi »positiv«, durch den Glauben an das »Glück« des Privatlebens und das Bemühen, dieses Glück zu erreichen, von der Erkenntnis und Durchsetzung ihrer wirklichen Interessen abgehalten, können sich damit subjektiv in vollem Einklang mit einer Gesellschaft finden, die die Freizügigkeit ihres »Privatlebens« ihnen nicht nur zugesteht, sondern aktiv garantiert und ideologisch als gleichbedeutend mit menschlicher Freiheit vorspiegelt.

Da das kompensatorische scheinhaft-»sexuelle« Glücksstreben im bürgerlichen Privatbereich als indirekte Form der Unterdrückung, wie dargestellt, Resultat einer bestimmten Art von Konfliktabwehr ist, muß diese subjektive Fehlhaltung sich, wie die Konsequenzen der direkten Unterdrückung, über Abwehrvorgänge im Prozeß der kindlichen Vergesellschaftung, also Mängel bei der Konfliktverarbeitung auf den verschiedenen Spezifitätsstufen von Anforderungsformen und relativer Handlungsfähigkeit, reproduzieren, wobei entsprechende Deformierungen der bewußten Selbstkontrolle, introjektive Identifizierungen und Überich-Ausprägungen oder auch andere speziellere Abwehrformen bei den Erwachsenen sowohl Bedingung wie Ergebnis solcher Vergesellschaftungsvorgänge sind. Um dies näher auseinanderzulegen, wären hier vor allem solche Erziehungshaltungen und -techniken genauer zu analysieren, bei denen das elterliche Angebot an »Liebe«, »Zuneigung«, »Wärme«, auch deren Permissivität gegenüber sexuellen Aktivitäten und Annäherungen des Kindes, nicht die Funktion der emotionalen Stabilisierung des Kindes als Voraussetzung für dessen Umweltausgriff zur Gewinnung immer höherer

Niveaus der Handlungsfähigkeit als Kontrolle über die eigenen Lebensbedingungen hat, sondern eher als »Ersatz« für die Ermöglichung und Unterstützung zunehmender bewußter Umweltkontrolle und kooperativer Integration fungiert und das Kind auf »bloß« soziale Beziehungen und »Belohnungen«, also den Status der Abhängigkeit von den Erwachsenen, fixiert (Wir können dies hier nicht näher ausführen)

Ein *wirklich freies Verhältnis zur Sexualität,* dies läßt sich aus den Überlegungen dieses Abschnittes resümieren, ist nur zu erreichen, wenn nicht nur die direkte Sexualunterdrückung aufgehoben ist, sondern wenn ebenso die geschilderte Überfrachtung und Überforderung der sexuellen Befriedigung mit Glücksansprüchen, die sie ihrem Wesen nach niemals erfüllen kann, überwunden wird, wenn *die Partner sexueller Beziehungen also wirklich nichts weiter voneinander verlangen als sexuelle Befriedigung.* Dies ist nur dann möglich, wenn die Individuen sich nicht durch ihre »privaten« Sexualbeziehungen einen weitgehend illusionären Ersatz für emotionale Absicherung, gesellschaftliche Integration und »produktive« Bedürfnisbefriedigung bieten müssen, sondern wenn sie in übergreifende kooperative gesellschaftliche Beziehungen einbezogen sind, die ihnen diese Absicherung, Integration und Befriedigung tatsächlich gibt. Nur unter diesen Voraussetzungen der bewußten gesellschaftlichen Abgesichertheit, damit Angstfreiheit und begründbarem Vertrauen in die Unbedrohtheit der eigenen Existenz und Entwicklung, kann es zu jener Gelassenheit und Entspanntheit kommen, die (wie ausgeführt auf S. 45ff.) nicht nur Voraussetzung für die weitere vorausschauende Aneignung der Welt, sondern auch Voraussetzung für den vollen Genuß des Gegenwärtigen ist. Erst eine unter solchen Bedingungen gewonnene sexuelle Befriedigung wird alle Möglichkeiten und Nuancen der in sexueller Verbundenheit biologisch ermöglichten und gesellschaftlich entwickelten wechselseitigen Beglückung und Daseinsfreude entfalten. Dabei wird die sexuelle Befriedigung nur eine unter vielen sinnlichen und ästhetischen Möglichkeiten eines Genusses des Gegenwärtigen und die individuelle Befriedigung generell nicht der kurzschlüssig primäre »Lebenszweck« des Menschen sein, sondern die stets umfassendere bewußte gesellschaftliche Entwicklung immer »befriedigenderer«, reicherer und erfüllterer Lebensverhältnisse für alle Menschen, die mit der »produktiven«, die sinnlichen Befriedigungsmöglichkeiten absichernden und in »menschlicher« Qualität einschließenden Bedürfnisbefriedigung des Einzelnen zusammenfällt. Mit der Überwindung der antagonistischen Klassenstruktur und immer weitergehenden kooperativen Gestaltung gesellschaftlicher Verhältnisse im Interesse aller (wie auch ansatzweise mit der Entfaltung des kooperativ-solidarischen Kampfes um die Schaffung solcher Verhältnisse) wären also Lebensbedingungen hergestellt, unter denen die von Freud als »allgemein-menschlich« fehlgedeutete *Zen-*

trierung des Daseins auf die sexuelle Thematik zunehmend überwunden ist und gerade dadurch zunehmend *auch* eine volle Befriedigung sexueller Bedürfnisse möglich wird. In welchen Formen interpersonaler Beziehungen dabei innerhalb dauerhafter übergreifender kooperativer Verbundenheit die sexuelle Verbundenheit zwischen Menschen sich realisieren wird, dies kann erst mit der Weiterentwicklung des realen Sozialismus und Annäherung an den Kommunismus immer deutlicher als historische Wirklichkeit sichtbar und analysierbar werden.

5.7 Kritik der Freudschen Neurosenlehre und Therapiekonzeption und ihre Reinterpretation als Perspektive einer kritisch-psychologischen Theorie psychischer Störungen und ihrer Behandlung

5.7.1 Vorbemerkung

Bei unserer bisherigen Darstellung, Kritik und kritisch-psychologischen Reinterpretation psychoanalytischer Grundbegriffe war stets mitzudenken, daß die Psychoanalyse ihre Konzeptionen in einer speziellen, innerhalb der Human- und Sozialwissenschaften beispiellosen Grundsituation der Erfahrungsgewinnung aufstellt, überprüft und verändert: Der Situation der durch den »Analytiker« vollzogenen, meist mehrjährigen, mehrere Wochenstunden beanspruchenden psychoanalytischen Behandlung (in der Regel erwachsener) »Neurotiker«. Die unvergleichliche Intimität und lebensgeschichtliche Fülle, aber auch Exklusivität und Hermetik dieser besonderen psychoanalytischen »Empire« sind es, aus denen sich zu einem guten Teil die Herausgehobenheit wie Isoliertheit, die Wirkmächtigkeit wie Umstrittenheit der Psychoanalyse verstehen, und die man berücksichtigen muß, wenn man die Eigenart der psychoanalytischen Theorie adäquat erfassen will.

Im Folgenden soll die psychoanalytische Lehre von der Eigenart und Genese der »Neurosen« und des therapeutischen Prozesses zu ihrer Behandlung, die bisher nur implizit mitdiskutiert wurde, in den Mittelpunkt der Analyse gestellt werden. Dabei können wir uns auf die Darstellung und Kritik psychoanalytischer Grundvorstellungen wie die daraus abgeleiteten positiven kritisch-psychologischen Konzeptionen, wie wir sie in früheren Abschnitten entwickelt haben, beziehen. Dort ist bereits die Basis für die Darstellung, Kritik und Reinterpretation des psychoanalytischen Neurosen- und Therapiekonzeptes gelegt, die wir hier nur noch auf das Problem der psychischen Störungen und ihrer Behandlung hin zu explizieren und zu ergänzen brauchen. Dabei finden unsere vom Prinzip der Einheit von

Kritik und Weiterentwicklung geleiteten Auseinanderlegungen da notwendig ihre Grenzen, wo aus der kritisch-psychologischen Forschungsarbeit entsprechende Resultate noch nicht vorgelegt werden können: Wir haben zwar aufgrund unserer bisherigen funktional-historischen Durcharbeitung von empirischem Material über die phylogenetischen Voraussetzungen, die allgemeinen gesellschaftlichen Charakteristika und die historische Bestimmtheit des emotional-motivationalen Aspektes individueller Vergesellschaftungsprozesse unter bürgerlichen Lebensbedingungen die Möglichkeit, auch die psychischen Störungen und den therapeutischen Prozeß im Hinblick auf die kategorialen Voraussetzungen seiner adäquaten wissenschaftlichen Erfaßbarkeit zu verdeutlichen und dabei Einseitigkeiten, Verzerrungen, Verkehrungen durch Reinterpretation innerhalb einer entwickelteren Konzeption kritisch »aufzuheben«; wir sind jedoch einstweilen noch nicht in der Lage, von unserem Ansatz aus wissenschaftlich begründete Aussagen über die Vielfalt der empirisch vorfindlichen Bedingungen der Entstehung von psychischen Störungen zu machen und daraus konkrete therapeutische Konsequenzen zu ziehen. Dies wird erst mit dem Fortschreiten der pädagogisch-therapeutischen Praxis in den Projekten des Instituts (von der bald berichtet werden wird) in immer höherem Grade möglich sein, wobei die kategorialen Vorarbeiten, zu denen hier ein Beitrag zu leisten ist, aber eine unabdingbare Voraussetzung für eine wissenschaftlich fundierte therapeutische Forschung und Praxis sind.

Da unsere Analysen auf der Ebene prinzipieller Grundlagenklärungen über psychische Störungen und ihre therapeutische Beeinflussung liegen, ist das Eingehen auf spezielle Formen »neurotischer« Störungen (»Hysterie«, »Zwangsneurose«, »Phobien« etc.), deren Darstellung und Diskussion bei Freud breiten Raum einnimmt, hier nicht notwendig; wir können uns auf die Herausarbeitung des allgemeinen Gehalts des psychoanalytischen Neurosen- und Therapiekonzeptes beschränken, um von da aus auf gleichem Allgemeinheitsniveau zu *grundlegenden Klärungen über Wesen, Zielsetzungen und Verfahrensweisen unserer pädagogisch-therapeutischen Praxis zu kommen.* – Die folgenden Darlegungen sind dabei nur unser erster Schritt in dieser Richtung, wobei hier, wie noch genauer zu zeigen, bestimmte Einseitigkeiten und Unausgewogenheiten der entwickelten Auffassungen sich aus dem Gegenstand der Kritik, der Psychoanalyse, selbst ergeben. Im letzten Teilband, bei der kritischen Analyse bürgerlicher Motivationskonzeptionen wie der Lewinschen Feldtheorie, des Konzeptes der »Leistungsmotivation« und der »humanistischen Psychologie« werden in Kritik und Reinterpretation der dort gegebenen Therapievorstellungen auch unsere positiven Auffassungen über psychische Störungen und den pädagogisch-therapeutischen Prozeß weiter ausgebaut werden. Eine systematische und in allen Teilen abgeleitete kritisch-psychologische Therapietheorie kann sich allerdings erst in der erwähnten Praxis innerhalb der Projekte des Instituts allmählich immer deutlicher herausbilden.

5.7.2 Darstellung der Freudschen Auffassungen über das Wesen und die Entstehung neurotischer Symptome, die Ziele und die Techniken psychoanalytischer Therapie

Der wesentliche Anlaß für die Entstehung einer Neurose ist nach Freud eine mehr oder weniger durch »kulturelle Einschränkungen« mitbedingte, aktuelle sexuelle Versagungssituation: »Das Individuum war gesund, solange seine Liebesbedürftigkeit durch ein reales Objekt der Außenwelt befriedigt wurde; es wird neurotisch, sobald ihm dieses Objekt entzogen wird, ohne daß sich ein Ersatz dafür findet« (VIII, 323). Derartige Versagungssituationen sind aber noch kein hinreichender Grund für die Veranlassung der Neurose, vielmehr gibt es »zwei Möglichkeiten, sich bei anhaltender realer Versagung der Befriedigung gesund zu erhalten, erstens, indem man die psychische Spannung in tatkräftige Energie umsetzt, welche der Außenwelt zugewendet bleibt und endlich eine reale Befriedigung der Libido von ihr erzwingt und zweitens, indem man auf eine libidinöse Befriedigung verzichtet, die aufgestaute Libido sublimiert und zur Erreichung von Zielen verwendet, die nicht mehr erotische sind und der Versagung entgehen. Daß beide Möglichkeiten in den Schicksalen der Menschen zur Verwirklichung kommen, beweist uns, daß Unglück nicht mit Neurose zusammenfällt, und daß die Versagung nicht allein über Gesundheit oder Erkrankung der Betroffenen entscheidet« (VIII, 323). Ob es angesichts einer bestimmten aktuellen Versagung zur Neurose kommt, dies hängt von der mitgebrachten neurotischen Disposition des Individuums ab. Sofern diese in genügend starker Ausprägung vorhanden, wendet die Libido »sich von der Realität ab, welche durch die hartnäckige Versagung an Wert für das Individuum verloren hat, wendet sich dem Phantasieleben zu, in welchem sie neue Wunschbildungen schafft und die Spuren früherer, vergessener Wunschbildungen wiederbelebt. Infolge des innigen Zusammenhangs der Phantasietätigkeit mit dem in jedem Individuum vorhandenen infantilen, verdrängten und unbewußt gewordenen Material und dank der Ausnahmestellung gegen die Realitätsprüfung, die dem Phantasieleben eingeräumt ist, kann die Libido nun weiter rückläufig werden, auf dem Wege der Regression infantile Bahnen auffinden und ihnen entsprechende Ziele anstreben. Wenn diese Strebungen, die mit dem aktuellen Zustand der Individualität unverträglich sind, genug Intensität erworben haben, muß es zum Konflikt zwischen ihnen und dem anderen Anteil der Persönlichkeit kommen, welcher in Relation zur Realität geblieben ist. Dieser Konflikt wird durch Symptombildungen gelöst und geht in manifeste Erkrankung aus.

Daß der ganze Prozeß von der realen Versagung ausgegangen ist, spiegelt sich in dem Ergebnis wider, daß die Symptome, mit denen der Boden der Realität wieder erreicht wird, Ersatzbefriedigungen darstellen« (VIII, 323f.).

Zum Ausbruch der Neurose angesichts einer aktuellen Versagung ist also nach Freud folgendes vorausgesetzt: Einmal die Unfähigkeit, die aufgestaute Libido auf »normale« Weise, durch reale Objektfindung und Sublimierung unterzubringen, damit die Regression auf infantile Befriedigungsmöglichkeiten; zum anderen der »Widerspruch des Ichs«, wodurch die infantilen Triebwünsche als mit der Individualität unvereinbar abgelehnt werden. An dieser Stelle »scheidet sich der Weg zur Perversion scharf von dem der Neurose. Erwecken diese Regressionen nicht den Widerspruch des Ichs, so kommt es auch nicht zur Neurose, und die Libido gelangt zu irgendeiner realen, wenn auch nicht mehr normalen Befriedigung« (XI, 373). Nach Ausarbeitung seines zweiten topischen Modells präzisiert Freud diese Aussage: Es ist wesentlich der Anteil des Ich, der sich als »Über-Ich« verselbständigt und gegen den Rest des Ich gestellt hat, durch dessen Forderungen das Ich die infantilen Triebwünsche als unvereinbar zurückweisen muß. Sofern entsprechende pathogene Bedingungen gegeben sind, kann das Ich ». . . die Aufgabe, welche ihm die Außenwelt einschließlich der menschlichen Gesellschaft stellt, nicht mehr erfüllen . . . Seine Aktivität wird durch strenge Verbote des Überichs gehemmt, seine Energie verzehrt sich in vergeblichen Versuchen zur Abwehr der Ansprüche des Es«, etc. (XVII, 107). Gemäß der zentralen Bedeutung, die dem Grad der Ausbildung des Über-Ich für »sehr viele, vielleicht für alle schwereren Fälle von Neurose« zukommt, wobei »das Verhalten des Ichideals[20] . . . die Schwere einer neurotischen Erkrankung maßgebend bestimmt« (XIII, 280), sind die »Schuldgefühle«, die (wie früher von uns ausführlich dargestellt) nach Freud durch das Über-Ich hervorgerufen werden, in unterschiedlichen Ausprägungsformen und funktionalen Zusammenhängen ein wesentliches Charakteristikum der subjektiven Leidenszustände bei neurotischen Erkrankungen verschiedener Art (vgl. Freud XIII, 280ff.).

Der Konflikt zwischen den infantilen Triebwünschen und dem Ich-Überich ist, wenn es zum Ausbruch einer neurotischen Erkrankung kommt, so stark, daß die »normalen« Abwehrsysteme des Ich, insbesondere die Verdrängung, für die Bewältigung des Konfliktes und der daraus entstehenden Angst nicht mehr ausreichen, insbesondere der früher ausführlich geschilderte Verdrängungsprozeß bis zu seiner dritten Phase, der »Wiederkehr des Verdrängten«, fortschreitet (X, 257), womit das neu-

[20] Der Begriff »Ichideal« wird an dieser Stelle von Freud synonym mit dem Begriff des »Über-Ich« gebraucht.

rotische Symptom als eine besondere, das Individuum »krank« machende, Abwehrform einspringt, die Freud als »Ersatzbildung« oder »Kompromißbildung« kennzeichnet, zu denen er aber auch die früher geschilderten Charakterdeformationen der »Reaktionsbildung« zählt. Nach der dargestellten Revision seiner Angsttheorie hebt Freud die Signalangst als Vorbedingung für die Symptomentstehung heraus: ». . . die Angstentwicklung leite(t) die Symptombildung ein, ja sie . . . (ist) eine notwendige Voraussetzung derselben, denn wenn das Ich nicht durch die Angstentwicklung die Lust-Unlust-Instanz wachrütteln würde, bekäme es nicht die Macht, den im Es vorbereiteten gefahrdrohenden Vorgang aufzuhalten . . . Die Symptombildung hat also den wirklichen Erfolg, die Gefahrsituation aufzuheben. Sie hat zwei Seiten: die eine, die uns verborgen bleibt, stellt im Es jene Abänderung her, mittels deren das Ich der Gefahr entzogen wird, die andere uns zugewendete zeigt, was sie an Stelle des beeinflußten Triebvorganges geschaffen hat, die Ersatzbildung« (XIV, 176).

Der Kompromiß- bzw. Ersatzcharakter als wesentliches Kennzeichen der Symptombildung ist nach Freud dadurch näher bestimmt, daß die infantile Wunschregung im Symptom einerseits nicht aufgegeben wurde, aber andererseits durch Prozesse der »Verdichtung«, »Verschiebung« etc. (vgl. S. 218) für das Ich so unkenntlich geworden ist, daß seine Verdrängungsmechanismen darauf nicht mehr ansprechen. »Die beiden Kräfte, die sich entzweit haben, treffen im Symptom wieder zusammen, versöhnen sich gleichsam durch den Kompromiß der Symptombildung. Darum ist das Symptom auch so widerstandsfähig; es wird von beiden Seiten her gehalten« (XI, 373). Der »Kompromiß« besteht also darin, daß die Libido von ihrem ursprünglichen, infantilen Befriedigungsobjekt sich ein Stück weit entfernt und sich mit der »Ersatzbefriedigung« durch das Symptom abfindet, das Ich dafür die in der Symptombildung unkenntnlich gewordenen Triebrepräsentanzen nicht mehr durch Verdrängung eliminiert. – Die »Versöhnung« zwischen den infantilen Triebwünschen und dem den Überich-Forderungen ausgesetzten Ich im Symptom geht auf Kosten des Individuums, das neurotisch erkrankt, d. h. für Freud seine Lebenstüchtigkeit und Fähigkeit zur Bewältigung der alltäglichen Aufgaben und Pflichten teilweise oder ganz einbüßt. »Die Symptome . . . sind für das Gesamtleben schädliche oder wenigstens nutzlose Akte, häufig von der Person als widerwillig beklagt und mit Unlust oder Leiden für sie verbunden. Ihr Hauptschaden liegt in dem seelischen Aufwand, den sie selbst kosten, und in dem weiteren, der durch ihre Bekämpfung notwendig wird. Diese beiden Kosten können bei ausgiebiger Symptombildung eine außerordentliche Verarmung der Person an verfügbarer seelischer Energie und somit eine Lähmung derselben für alle wichtigen Lebensaufgaben zur Folge haben« (XI, 372). Die »Erledigung eines Konflikts durch Symptombildung« ist demnach »ein automatischer Vorgang . . ., der sich den Anforderungen des Lebens nicht gewachsen zeigen kann, und bei dem der Mensch auf die Verwertung seiner besten und höchsten Kräfte verzichtet hat. Wenn es eine Wahl gäbe, sollte man es vorziehen, im ehrlichen Kampf mit dem Schicksal unterzugehen« (XI, 400).

Das Symptom als psychische »Krankheitserscheinung« ist generell dadurch gekennzeichnet, daß hier die aktuelle Konfliktangst gegen dauerndes »Leiden« eingetauscht ist, wobei das Individuum (bei verschiedenen Neurosearten auf unterschiedliche Weise) ein Stück Verfügung über seine eigene Person und/oder die Außenwelt verloren hat, sich Teilen seiner Persönlichkeit als von ihm unbeeinflußbarem »Fremdkörper« gegenübersieht. Die »Ersatzbildung für die verdrängte Idee – das Symptom – ist gegen weitere Angriffe von seiten des abwehrenden Ichs gefeit, und an Stelle des kurzen Konflikts tritt jetzt ein in der Zeit nicht endendes Leiden« (VIII, 25). Der »Vorgang, der durch die Verdrängung zum Symptom geworden ist, behauptet nun seine Existenz außerhalb der Ichorganisation und unabhängig von ihr«. Die Symptome genießen jetzt das »Vorrecht, man möchte sagen: der Exterritorialität, und wo sie mit Anteilen der Ichorganisation assoziativ zusammentreffen, wird es fraglich, ob sie diese nicht zu sich herüberziehen und sich mit diesem Gewinn auf Kosten des Ichs ausbreiten werden. Ein uns längst vertrauter Vergleich betrachtet das Symptom als einen Fremdkörper, der unaufhörlich Reiz- und Reaktionserscheinungen in dem Gewebe unterhält, in das er sich eingebettet hat« (XIV, 125). Die Symptome sind »gleichsam ein Staat im Staat, eine unzugängliche, zur Zusammenarbeit unbrauchbare Partei« (XVI, 181).

Da die neurotische Symptombildung das Resultat einer bestimmten Art von Konfliktbewältigung ist, bei der das Individuum, um den Preis des Leidens und des Verlustes an Verfügung über sich selbst, libidinöse Spannung bzw. unerträgliche Angst vermindert hat, kann man die Neurose als »Flucht in die Krankheit« kennzeichnen, durch welche dem Individuum »ein gewisser innerer *Krankheitsgewinn* zuteil wird« (XI, 397); dieser Krankheitsgewinn ist allerdings stets zwiespältig, da dem »Gewinn« der Konfliktbewältigung der »Verlust« der Leidenserhöhung gegenübersteht: »Soweit die Neurose Vorteile hat, ist das Ich wohl mit ihr einverstanden, aber sie hat nicht nur Vorteile. In der Regel stellt sich bald heraus, daß das Ich ein schlechtes Geschäft gemacht hat, indem es sich auf die Neurose einließ. Es hat eine Erleichterung des Konflikts zu teuer erkauft, und die Leidensempfindungen, welche an den Symptomen haften, sind vielleicht ein äquivalenter Ersatz für die Qualen des Konflikts, wahrscheinlich aber ein Mehrbetrag an Unlust. Das Ich möchte diese Unlust der Symptome loswerden, den Krankheitsgewinn aber nicht herausgeben, und das bringt es eben nicht zustande« (XI, 398). Der unmittelbar im Symptom selbst beschlossene »primäre Krankheitsgewinn« geht gemäß Freuds Konzeption in aus den Folgen oder Begleiterscheinungen der neurotischen Erkrankung erwachsenden *»sekundären Krankheitsgewinn«* über. Das »Symptom ist einmal da und kann nicht beseitigt werden; nun heißt es, sich mit dieser Situation befreunden und den größtmöglichen Vorteil aus ihr ziehen. Es findet eine Anpassung an das ichfremde Stück der Innenwelt statt, das durch das Symptom repräsentiert wird, wie sie das Ich sonst normalerweise gegen die reale Außenwelt zustande bringt« (XIV, 126); so mögen die »Systembildungen der Zwangsneurotiker« etwa »ihrer Eigenliebe ... schmeicheln ... durch die Vorspiegelung, sie seien als besonders reinliche oder gewissenhafte Menschen besser als andere; die Wahnbildungen der Paranoia eröffnen dem Scharfsinn und der Phantasie dieser Kranken ein Feld zur Betätigung, das ihnen nicht leicht ersetzt werden kann.« (XXIV, 127). Neben solchen sekundären »psychischen« Vorteilen kann der sekundäre Krankheitsgewinn aber auch in durch die Krankheit bedingten handfesten äußeren Vorteilen bestehen, wie Verminderung oder Wegfall von Leistungsanforderungen, Reduzierung des Verantwortlichseins für die eigenen Handlungen, durch die Sonderstellung als Kranker beanspruchbare besondere Hilfe und Zuwendung, etc.

Der Unterschied zwischen Neurosen (wie Zwangsneurosen, Hysterie, Phobien etc.) und Psychosen (wie schizophrene Formen, etwa Paranoia) wird von Freud global so gekennzeichnet: »die Neurose sei der Erfolg eines Konfliktes zwischen dem Ich und seinem Es, die Psychose aber der analoge Ausgang einer solchen Störung in den Beziehungen zwischen Ich und Außenwelt« (XIII, 387). Wir haben Freuds Auffassung über die unterschiedliche Art der Reduzierung des Realitätsbezuges bei »Neurosen« und »Psychosen« in Abhebung von »gesundem« Verhalten schon früher herangezogen: »... bei der Neurose (wird) ein Stück der Realität fluchtartig vermieden, bei der Psychose aber umgebaut ... Oder: bei der Psychose folgt auf die anfängliche Flucht eine aktive Phase des Umbaues, bei der Neurose auf den anfänglichen Gehorsam ein nachträglicher Fluchtversuch. Oder noch anders ausgedrückt: Die Neurose verleugnet die Realität nicht, sie will nur nichts von ihr wissen; die Psychose verleugnet sie und sucht sie zu ersetzen. Normal und ›gesund‹ heißen wir ein Verhalten, welches bestimmte Züge beider Reaktionen vereinigt, die Realität so wenig verleugnet wie die Neurose, sich aber dann wie die Psychose um ihre Abänderung bemüht. Dies zweckmäßige, normale Verhalten führt natürlich zu einer äußeren Arbeitsleistung an der Außenwelt und begnügt sich nicht wie bei der Psychose mit der Herstellung innerer Veränderungen; es ist nicht mehr autoplastisch, sondern alloplastisch« (XIII, 365 f.). Den Symptomen als »Staat im Staat« kann es u. U. gelingen, »das andere, sog. Normale zu überwinden und in ihren Dienst zu zwingen. Geschieht dies, so ist damit die Herrschaft einer inneren psychischen Realität über die Realität der Außenwelt erreicht, der Weg zur Psychose eröffnet. Auch wo es nicht so weit kommt, ist die prakische Bedeutung dieser Verhältnisse kaum zu überschätzen. Die Lebenshemmung und Lebensunfähigkeit der von einer Neurose beherrschten Person ist ein in der menschlichen Gesellschaft sehr bedeutsamer Faktor, und man darf in ihr den direkten Ausdruck ihrer Fixierung an ein frühes Stück ihrer Vergangenheit erkennen« (XVI, 181f.).

Da der Ausbruch einer Neurose nach Freud stets eine Regression der »normal« nicht unterzubringenden Libido auf infantile Befriedigungsweisen bzw. -objekte zur Voraussetzung hat, liegen die allgemeinen ontogenetischen Vorbedingungen der Neurosenentstehung gemäß Freuds Konzeption in der frühkindlichen Phase der Sexualorganisation und der »Objektbeziehungen«, also der Herausbildung der »Partialtriebe« sowie der Entstehung und des durch die Kastrationsdrohung erzwungenen Unterganges des »Ödipuskomplexes«, wie wir sie ausführlich dargestellt und diskutiert haben (vgl. S. 202ff. u. S. 303ff.). Die »Neurose« ist also nach Freuds Auffassung immer die Regression auf prägenitale Befriedigungsweisen bzw. ödipale Objektbesetzungen, die wegen der Verbote des Über-Ich vom Ich nicht zugelassen und als »Perversionen« nicht ausgelebt werden können, sondern zur Ersatzbefriedigung der neurotischen Symptombildung führen. Da bei gegebener Stärke einer aktuellen Versagung nicht alle Individuen die »Flucht« in die Neurose antreten, sondern manche auch die Außenwelt ihren Wünschen gemäß verändern bzw. zu bewußtem Befriedigungsverzicht und Sublimation fähig sind, erhebt sich die Frage nach den Sonderbedingungen, unter denen ein Mensch gerade den »neurotischen« Weg der Konfliktbewältigung wählt. Freud unterscheidet an solchen pathogenen Bedingungen »konstitutionelle« von »akzidentellen« Faktoren, deren Verhältnis zueinander man sich als »eine sogenannte ›Ergänzungsreihe‹« vorzustellen habe, »in welcher die fallenden Intensitäten des einen Faktors durch die steigenden des anderen ausgeglichen werden« (V, 141f.). Als angeborene »konstitutionelle« Faktoren beim Kinde, die zur späteren Neurose disponieren, nennt Freud etwa besondere quantitative Erhöhung der Libido, »Frühreife«, angeborene »Verdrängungsneigung«, weiterhin Mangel an »Kunst«, die »Triebe zu sublimieren« (VIII, 385); generell spricht er von der »Schwäche des Kranken«, charakterisiert ihn als einen »nicht Vollwertigen« (VIII, 385) und redet von dem »schwächlichen Menschenmaterial«, mit dem sich die seelenärztliche Forschung begnügen müsse (VIII, 128). »Akzidentelle Faktoren« sind nach Freud »rein zufällige Erlebnisse der Kindheit«, die »imstande sind, Fixierungen der Libido zu hinterlassen« (XI, 375), wobei durch die Deponierung außergewöhnlich hoher Libidobeträge auf frühkindlichen Triebformen oder Objekten die Regression auf diese Partialtriebe bzw. Objekte begünstigt wird. An derartigen potentiell krankmachenden, »traumatischen« Kindheitserlebnissen nennt Freud solche »wie der sexuelle Mißbrauch von Kindern durch Erwachsene, ihre Verführung durch andere wenig ältere Kinder (Geschwister) und . . . ihr Ergriffensein durch die Teilnahme als Ohren- und Augenzeugen an sexuellen Vorgängen zwischen Erwachsenen (den Eltern)«

(XVII, 113), insbesondere aber die Kastrationsdrohung mit ihren vielfältigen Folgen, etwa der durch die erzwungene Aufgabe der Onanie verstärkt wuchernden Phantasietätigkeit etc. Die frühkindlichen Erlebnisse sind »um so folgenschwerer, weil sie in die Zeiten der unvollendeten Entwicklung fallen, und gerade durch diesen Umstand geeignet, traumatisch zu wirken« (XI, 376). Der früher dargelegte von Freud angenommene Tatbestand, daß der Mensch, da seine zentralen Triebwünsche vor der Phase des Ich-Aufbaus etabliert sind, über seine infantilen Strebungen im Grunde nie hinauskommt, wird also im Falle der zusätzlichen »traumatischen« Kindheitserlebnisse in Richtung auf eine pathogene Fixierung an die frühkindlichen Triebwünsche verstärkt.

Während Freud zunächst von der biographischen Faktizität der genannten akzidentellen Kindheitstraumen als genetischen Bedingungen der Neurosenentstehung ausgegangen war, kam er später zu der Auffassung, »daß diese Infantilszenen nicht immer wahr sind. Ja, sie sind in der Mehrzahl der Fälle nicht wahr, in einzelnen Fällen im direkten Gegensatz zur historischen Wahrheit« (XI, 381). Freud faßt nach Diskussion der vielfältigen Mischungen von Reproduktionen frühkindlicher Phantasien und Erinnerungen an wirkliche Ereignisse in den Schilderungen der Neurotiker seine Position zu diesem Problem zusammen: »Diese Phantasien besitzen *psychische* Realität im Gegensatz zur materiellen, und wir lernen allmählich verstehen, daß *in der Welt der Neurosen die psychische Realität die maßgebende ist«* (XI, 383). Bei der genaueren Bestimmung des von ihm angenommenen Verhältnisses zwischen realen Kindheitsereignissen und kindlichen Phantasien sowie der besonderen Dignität, die den Phantasien als psychischer Realität zukommen soll, bezieht sich Freud auf seine von uns schon ausführlich diskutierte Vorstellung der Ergänzung individueller Erfahrungen durch vererbte Urerfahrungen der Menschheit, hier das Konzept der Urphantasien (vgl. S. 302): »... diese *Urphantasien* ... sind phylogenetischer Besitz. Das Individuum greift in ihnen über sein eigenes Erleben hinaus in das Erleben der Vorzeit, wo sein eigenes Erleben allzu rudimentär geworden ist. Es scheint mir sehr wohl möglich, daß alles, was uns heute in der Analyse als Phantasie erzählt wird, die Kinderverführung, die Entzündung der Sexualerregung an der Beobachtung des elterlichen Verkehrs, die Kastrationsdrohung – oder vielmehr die Kastration, – in den Urzeiten der menschlichen Familie einmal Realität war, und daß das phantasierende Kind einfach die Lücken der individuellen Wahrheit mit prähistorischer Wahrheit ausgefüllt hat« (XI, 386). – Die ätiologischen Traumen in der frühen Kindheit führen nach Freud, sofern sie zuammen mit den genannten konstitutionellen Faktoren pathogene Größenordnung gewonnen haben, zu *frühkindlichen Neurosen*, die selten kontinuierlich in die Erwachsenenneurose übergehen, meist mit der Latenzzeit verschwinden und von einer

Zeit ungestörter Entwicklung abgelöst werden; die *endgültige Neurose* manifestiere sich als verspätete Wirkung des Traumas häufig erst *nach der Pubertät*, in welcher die zunächst verdrängten Triebe durch die physische Reifung verstärkt auf Realisierung drängen und die früher erworbenen Abwehrformen des Ich den jetzt gegebenen größeren Anforderungen nicht mehr genügen könnten, so daß es, sofern auf die geschilderte Weise aktuelle Versagungen als Auslösebedingungen auftreten, zum Ausbruch der Neurose kommen muß, etc. (wir brauchen dies hier nicht näher auszuführen).

Die allgemeinen Ziele der psychoanalytischen Behandlung leiten sich aus Freuds Konzeption von der Entstehung der neurotischen Symptomatik ab: Die verfehlte, krankmachende Konfliktbewältigung durch die Symptombildung soll rückgängig gemacht und durch eine der genannten »gesunden« Formen der Konfliktlösung, die Durchsetzung der Triebforderungen in der Realität oder den bewußten Verzicht auf die Triebbefriedigung und die Sublimierung der dadurch »überschüssigen« Libidoenergie ersetzt werden; das kann nur gelingen, wenn die verdrängten infantilen Triebwünsche bewußt gemacht und vom durch die Hilfe des Analytikers gestärkten Ich anerkannt und verarbeitet werden, womit die der Verfügung des Individuums entzogenen Symptome aufgelöst, die durch die Symptombildung bisher verbrauchte Energie frei wird und so der Mensch die Möglichkeit zur Bewältigung seiner Lebensaufgaben voll zurückgewinnt.

»Als das Ziel der Behandlung kann hingestellt werden, durch die Aufhebung der Widerstände und Nachprüfung der Verdrängungen des Kranken die weitgehendste Vereinheitlichung und Stärkung seines Ichs herbeizuführen, ihm den psychischen Aufwand für innere Konflikte zu ersparen, das beste aus ihm zu gestalten, was er nach Anlagen und Fähigkeiten werden kann, und ihn so nach Möglichkeit leistungs- und genußfähig zu machen« (XIII, 226). »Es muß wohl die Ersetzung des Unbewußten durch Bewußtes sein, wodurch wir nützen. Richtig, das ist es auch. Indem wir das Unbewußte zum Bewußten fortsetzen, heben wir die Verdrängungen auf, beseitigen wir die Bedingungen für die Symptombildung, verwandeln wir den pathogenen Konflikt in einen normalen, der irgendwie seine Entscheidung finden muß« (XI, 451). »Entweder wird die Persönlichkeit des Kranken überzeugt, daß sie den pathogenen Wunsch zu Unrecht abgewiesen hat und veranlaßt, ihn ganz oder teilweise zu akzeptieren, oder dieser Wunsch wird selbst auf ein höheres und damit einwandfreies Ziel geleitet (was man seine Sublimierung heißt), oder man erkennt seine Verwerfung als zu Recht bestehend an, ersetzt aber den automatischen und darum unzureichenden Mechanismus der Verdrängung durch eine Verurteilung mit Hilfe der höchsten geistigen Leistungen des Menschen; man erreicht seine bewußte Beherrschung« (VIII, 25f.). Es ist demnach ein »böses und nur durch Unkenntnis gerechtfertigtes Mißverständnis . . ., wenn man meint, die Psychoanalyse erwarte die Heilung neurotischer Beschwerden vom ›freien Ausleben‹ der Sexualität. Das Bewußtmachen der verdrängten Sexualgelüste ermöglicht vielmehr eine Beherrschung derselben, die durch die vorgängige Verdrängung nicht zu erreichen war. Man kann mit mehr Recht sagen, daß die Analyse den Neurotiker von den Fesseln seiner Sexualität befreit« (XIII, 227f.).

Um die damit charakterisierten Ziele der psychoanalytischen Behandlung zu erreichen, ist nach Freud *auf der Seite des Analysierten* ein zur adäquaten Strukturierung der Behandlungssituation unerläßliches Verhalten erfordert, dessen Herbeiführung Freud als *analytische »Grundregel«* formuliert: die freie Assoziation, bei der ohne irgendwelche Selektion dem Analytiker sämtliche Gedanken, emotionalen Befindlichkeiten, Erinnerungen, Einfälle etc. mitgeteilt werden.

»Mit den Neurotikern schließen wir also den Vertrag: volle Aufrichtigkeit gegen strenge Diskretion. Das macht den Eindruck, als streben wir nur die Stellung eines weltlichen Beichtvaters an. Aber der Unterschied ist groß, denn wir wollen von ihm nicht nur hören, was er weiß und vor anderen verbirgt, sondern er soll uns auch erzählen, was er nicht weiß. In dieser Absicht geben wir ihm eine nähere Bestimmung dessen, was wir unter Aufrichtigkeit verstehen. Wir verpflichten ihn auf die analytische *Grundregel*, die künftighin sein Verhalten gegen uns beherrschen soll. Er soll uns nicht nur mitteilen, was er absichtlich und gern sagt, was ihm wie in einer Beichte Erleichterung bringt, sondern auch alles andere, was ihm seine Selbstbeobachtung liefert, alles was ihm in den Sinn kommt, auch wenn es ihm *unangenehm* zu sagen ist, auch wenn es ihm *unwichtig* oder sogar *unsinnig* erscheint. Gelingt es ihm, nach dieser Anweisung seine Selbstkritik auszuschalten, so liefert er uns eine Fülle von Material, Gedanken, Einfällen, Erinnerungen, die bereits unter dem Einfluß des Unbewußten stehen, oft direkte Abkömmlinge desselben sind und die uns also in den Stand setzen, das bei ihm verdrängte Unbewußte zu erraten und durch unsere Mitteilung die Kenntnis seines Ichs von seinem Unbewußten zu erweitern.« (XVII, 99).

Auf der Seite des Analytikers sind nach Freud zur Herstellung einer adäquaten Behandlungssituation solche Verhaltensweisen erfordert, die die Fähigkeit des Analytikers zur »Deutung« des Unbewußten der zu analysierenden Person erhöhen, also die Eigenart der Psychoanalyse als *»Deutungskunst«* voll zur Geltung bringen (XIII, 215). Als wesentliche Charakteristika einer solchen »technisch« angemessenen Haltung des Analytikers nennt Freud die *»gleichschwebende Aufmerksamkeit«*, bei der der Analytiker in Entsprechung zur dem Patienten aufgegebenen »Grundregel« die Äußerungen des Zu-Analysierenden ohne Selektion und Wertung entgegennimmt und gemäß der Resonanz aus seinem eigenen Unbewußten in Deutungszusammenhänge bringt; aufgrund des strikten *»Neutralitätsgebotes«* darf dabei der Analytiker seine eigenen Auffassungen, Werturteile etc. über die jeweiligen vom Patienten angesprochenen Themen nicht in das Gespräch einbringen und hat sich auch der Darstellung einschlägiger eigener Erfahrungen, Lebensschwierigkeiten und deren Lösungsversuche etc. strikt zu enthalten.

»Die Erfahrung zeigte bald, daß der analysierende Arzt sich« bei der Deutungsarbeit »am zweckmäßigsten verhalte, wenn er sich selbst bei *gleichschwebender Aufmerksamkeit* seiner eigenen unbewußten Geistestätigkeit überlasse« (XIII, 215). »Wie der Analysierte alles mitteilen soll, was er in seiner Selbstbeobachtung erhascht, mit Hintanhaltung aller logischen und affektiven Einwendungen, die ihn bewegen wollen, eine Auswahl zu treffen, so soll sich der Arzt in den Stand setzen, alles ihm Mitgeteilte für die Zwecke der Deutung, der Erkennung des verborgenen Unbewußten zu verwerten, ohne die vom Kranken aufgegebene Auswahl durch eine eigene Zensur zu ersetzen, in eine Formel gefaßt: er soll dem gebenden Unbewußten des Kranken sein eigenes Unbewußtes als empfangendes Organ zuwenden, sich auf den Analysierten einstellen wie der Receiver des Telephons zum Teller eingestellt ist. Wie der Receiver die von Schallwellen angeregten elektrischen Schwankungen der Leitung wieder in Schallwellen verwandelt, so ist das Unbewußte des Arztes befähigt, aus den ihm mitgeteilten Abkömmlingen des Unbewußten dieses Unbewußte, welches die Einfälle des Kranken determiniert hat, wiederherzustellen« (VIII, 381). – Zur *Neutralitätsforderung* stellt Freud etwa fest, es sei unangemessen, wenn man in der Analyse »einen anderen Standpunkt einnimmt als den der Einfühlung, etwa einen moralisierenden, oder wenn man sich als Vertreter oder Mandatar einer Partei gebärdet, des anderen Elternteiles etwa usw.« (VIII, 474). »Wir haben es entschieden abgelehnt, den Patienten, der sich Hilfe suchend in unsere Hand begibt, zu unserem Leibgut zu machen, sein Schicksal für ihn zu formen, ihm unsere Ideale aufzudrängen und ihn im Hochmut des Schöpfers zu unserem Ebenbild, an dem wir Wohlgefallen haben sollen, zu gestalten . . . ich habe Leuten helfen können, mit denen mich keinerlei Gemeinsamkeit der Rasse, Erziehung, sozialen Stellung und Weltanschauung verband, ohne sie in ihrer Eigenart zu stören« (XII, 190). Unzweckmäßig sei die emotionale Beteiligung am Schicksal des Patienten: »Die Rechtfertigung dieser vom Analytiker zu fordernden Gefühlskälte liegt darin, daß sie für beide Teile die vorteilhaftesten Bedingungen schafft, für den Arzt die wünschenswerte Schonung seines eigenen Affektlebens, für den Kranken das größte Ausmaß von Hilfeleistung, das uns heute möglich ist« (VIII, 381). Ein grober Kunstfehler bei der Behandlung besteht darüber hinaus nach Freud darin, daß der Arzt dem Patienten »Einblick in die eigenen seelischen Defekte und Konflikte gestattet, ihm durch vertrauliche Mitteilungen aus seinem Leben die Gleichstellung ermöglicht . . . Für die Aufdeckung des dem Kranken Unbewußten leistet diese Technik nichts, sie macht ihn nur noch unfähiger, tiefere Widerstände zu überwinden, und sie versagt in schwereren Fällen regelmäßig an der rege gemachten Unersättlichkeit des Kranken, der dann gerne das Verhältnis umkehren möchte und die Analyse des Arztes interessanter findet als die eigene . . . Ich stehe darum nicht an, diese Art der Technik als eine fehlerhafte zu verwerfen. Der Arzt soll undurchsichtig für den Analysierten sein und wie eine Spiegelplatte nichts anderes zeigen, als was ihm gezeigt wird.« (VIII, 384).

Im Zusammenhang mit Freuds Vorstellungen über die Schaffung einer für die Behandlung optimalen Situation zwischen Therapeut und Patient muß auch die räumliche Anordnung während des analytischen Gesprächs, in welcher der Therapeut die Patienten »eine bequeme Rückenlage auf einem Ruhebett einnehmen läßt, während er selbst, ihrem Anblick entzogen, auf einem Stuhle hinter ihnen sitzt« (V, 5) gesehen werden. Diese Situation, die zunächst der Ausschaltung möglicher suggestiver oder hypnotischer Beeinflussung der Patienten dienen sollte, wird von Freud weiterhin in ihrer Notwendigkeit so begründet: »Zunächst wegen eines persönlichen Motivs, das aber andere mit mir teilen mögen. Ich vertrage es nicht, acht Stunden täglich (oder länger) von anderen angestarrt zu werden. Da ich mich während des Zuhörens selbst dem Ablauf meiner unbewußten Gedanken überlasse, will ich nicht, daß meine Mienen dem Patienten Stoff zu Deutungen geben oder ihn in seinen Mitteilungen beeinflussen. Der Patient faßt die ihm aufgezwungene Situation gewöhnlich als Entbehrung auf und sträubt sich gegen sie, besonders wenn der Schautrieb (das Voyeurtum) in seiner Neurose eine bedeutende Rolle spielt. Ich beharre aber auf dieser Maßregel, welche die Absicht und den Erfolg hat, die unmerkliche Vermengung der Übertragung (s. u. / U. O.) mit den Einfällen des Patienten zu verhüten, die Übertragung zu isolieren und sie zur Zeit als Widerstand scharf umschrieben hervortreten zu lassen« (VIII, 467). Die von Freud eingeführte Anordnung während der Therapie, die häufiger abgewandelt worden ist, sich aber wohl heute im wesentlichen durchgesetzt hat, erscheint quasi als räumliche Symbolisierung und Begünstigung der beiden Grundforderungen an den Therapeuten: »Gleichschwebende Aufmerksamkeit« und »Neutralität«.

Im Zusammenhang mit diesen Grundforderungen an die Haltung des Analytikers ist auch das Postulat zu sehen, jeder zukünftige Therapeut habe sich als Vorbereitung auf seine berufliche Tätigkeit selbst einer psychoanalytischen Kur, der sog. *»Lehranalyse«* zu unterziehen, weil er nur so in der Lage sei, seine unbewußten Strebungen hinreichend zu kontrollieren und so die Resonanz des eigenen Unbewußten auf das Unbewußte des Patienten für eine adäquate Deutungsarbeit auszunutzen, Störungen des Behandlungsverlaufs durch die Realisierung eigener unerkannter Konflikte zu vermeiden, der Gefahr des Aufgebens der Neutralität und des Hineingezogenwerdens in einen aktuellen, involvierten Kommunikationsprozeß mit dem Patienten zu begegnen etc. Freud selbst war der Auffassung, daß die »Eigenanalyse« als »Vorbereitung« für die »künftige Tätigkeit« des Therapeuten keineswegs das Ausmaß einer therapeutischen Analyse zu haben braucht. Vielmehr »kann diese« aus »praktischen Gründen . . . nur kurz und unvollständig sein, ihr hauptsächlicher Zweck ist, dem Lehrer ein Urteil zu ermöglichen, ob der Kandidat zur weiteren Ausbildung zugelassen werden kann. Ihre Leistung ist erfüllt, wenn sie dem Lehrling die sichere Überzeugung von der Existenz des Unbewußten bringt, ihm die sonst unglaubwürdigen Selbstwahrnehmungen beim Auftauchen des Verdrängten vermittelt und ihm an einer ersten Probe die Technik zeigt, die sich in der analytischen Tätigkeit allein bewährt hat . . .« (XVI, S. 94f.). Später hat sich, besonders unter dem Einfluß Ferenczis, die Meinung durchgesetzt, die Lehranalyse sei nach Intensität und Umfang der therapeutischen Analyse gleichzustellen. Gegenwärtig ist in wohl allen psychoanalytischen Lehrstätten die mehrjährige Lehranalyse der zentrale Bestandteil der Ausbildung zum Therapeuten.

Die *Technik der psychoanalytischen Beeinflussung* hat nach Freud *drei Entwicklungsstufen* durchgemacht, die Stufe der *bloßen Mitteilung* der Deutungen des Therapeuten an den Patienten, die der *Analyse der Widerstände* des Patienten und die der therapeutischen Ausnutzung der *»Übertragung«*. Freud faßt diese Entwicklung global wie folgt zusammen:

»Fünfundzwanzig Jahre intensiver Arbeit haben es mit sich gebracht, daß die nächsten Ziele der psychoanalytischen Technik heute ganz andere sind als zu Anfang. Zuerst konnte der analysierende Arzt nichts anderes anstreben, als das dem Kranken verborgene Unbewußte zu erraten, zusammenzusetzen und zur rechten Zeit mitzuteilen. Die Psychoanalyse war vor allem eine Deutungskunst. Da die therapeutische Aufgabe dadurch nicht gelöst war, trat sofort die nächste Absicht auf, den Kranken zur Bestätigung der Konstruktion durch seine eigene Erinnerung zu nötigen. Bei diesem Bemühen fiel das Hauptgewicht auf die Widerstände des Kranken; die Kunst war jetzt, diese baldigst aufzudecken, dem Kranken zu zeigen und ihn durch menschliche Beeinflussung . . . zum Aufgeben der Widerstände zu bewegen. Dann aber wurde es immer deutlicher, daß das gesteckte Ziel, die Bewußtwerdung des Unbewußten, auch auf diesem Wege nicht voll erreichbar ist. Der Kranke kann von dem in ihm Verdrängten nicht alles erinnern, vielleicht gerade das Wesentliche nicht, und erwirbt so keine Überzeugung von der Richtigkeit der ihm mitgeteilten Konstruktion. Er ist vielmehr genötigt, das Verdrängte als gegenwärtiges Erlebnis zu *wiederholen* anstatt es, wie der Arzt es lieber sähe, als ein Stück Vergangenheit zu *erinnern.* Diese mit unerwünschter Treue auftretende Reproduktion hat immer ein Stück des infantilen Sexuallebens, also des Ödipuskomplexes und seiner Ausläufer, zum Inhalt und spielt sich regelmäßig auf dem Gebiete der Übertragung, das heißt der Beziehung zum Arzt ab. Hat man es in der Behandlung so weit gebracht, so kann man sagen, die frühere Neurose sei nun durch eine frische Übertragungsneurose ersetzt« (XIII, 16f.).

Der *Widerstand* des Kranken gegen die Deutungskonstruktionen des Analytikers, von Freud zunächst als Hindernis auf dem Wege zur Genesung betrachtet, ist gemäß Freuds späteren Auffassungen selbst in seinem Ausmaß, seiner Eigenart und den Bedingungen seines Auftretens ein wesentlicher Hinweis auf die Verdrängungen des Patienten und damit auf Ursprung und Charakter seiner neurotischen Störung. Damit wurden die Widerstände des Analysierten zu einem zentralen Gegenstand der psychoanalytischen Deutungstätigkeit, wobei dem Patienten die Ursachen für seine Widerstände mitgeteilt wurden, um damit bei ihm einen Prozeß des Durcharbeitens einzuleiten, an dessen Ende »man dann in gemeinsamer Arbeit mit dem Analysierten die verdrängten Triebregungen« auffindet, »welche den Widerstand speisen und von deren Existenz und Mächtigkeit sich der Patient durch solches Erleben überzeugt« (X, 135f.).

Die Widerstände gegen die Deutung werden von Freud mit *Widerständen gegen die Heilung* gleichgesetzt. Ein wesentlicher Grund für solche Widerstände ergibt sich aus dem *Sinn der Neurose* für den Patienten: Da der Kranke das neurotische Symptom mit dem Effekt der Konfliktbewältigung und Angstvermeidung durch Vervollständigung bzw. Ergänzung der Verdrängung auf dem Wege der Ersatzbildung aufgebaut hat, also aus seiner Neurose primären Krankheitsgewinn zieht, muß in dem Maße, wie in der analytischen Behandlung die Aufdeckung der einschlägigen infantilen

Triebwünsche »droht«, der Konflikt sich reaktualisieren, die gegen Leiden »eingetauschte« Angst wieder hervorbrechen, so daß hier der Widerstand gegen die Deutungskonstruktion des Analytikers die Funktion der Aufrechterhaltung der Verdrängung hat, damit als eine bestimmte Art von im Behandlungsprozeß selbst entstehender Abwehrform zu betrachten ist. Neben diesem »Verdrängungswiderstand« (vgl. etwa XVII, 104f.) nennt Freud weitere Arten des Widerstandes, z. B. das vom Über-Ich ausgehende *Schuldbewußtsein* und daraus entstehende *»Krankheits- oder Leidensbedürfnis«:* »Das Individuum soll nicht gesund werden, sondern krank bleiben, denn es verdient nichts besseres« (XVII, 106f.), etc. (zusammenfassende Heraushebung von fünf Arten des Widerstandes XVII, 192f.).

Der Widerstand, der stets in einer Verletzung der psychoanalytischen Grundregel besteht, kann sich nach Freud in verschiedenen Formen äußern, etwa Blockierung der Assoziationen (»mir fällt nichts ein«), Rekurs auf Zerstreutheit, vorgebliches Gestörtsein durch Geräusche aus dem Nebenzimmer, verschiedene Arten der Rationalisierung des Nichtmitteilens von Einfällen (z. B. »das haben Sie mir eingeredet«, oder »das ist kein echter Einfall, das habe ich hinzugefügt«), Beschränkung der Darstellung auf aktuelle Lebensprobleme, theoretische Zweifel an den Konzeptionen des Therapeuten (als Fall von »Intellektualisieren«), Verhalten in der Analyse nach vorher ausgedachten Richtlinien, Ausweichen in allgemeine Erörterungen mit dem Versuch, den Therapeuten in Diskussionen zu ziehen, Zweifel am Sinn der Behandlung, Leugnung von Fortschritten, was einen Abbruch rechtfertigen würde, bis zu Angriffen auf den Therapeuten, um ihn zum Abbruch der Behandlung zu bringen, etc. (eine frühe Zusammenstellung solcher Widerstandsformen findet sich schon in den »Studien über Hysterie«, 1895, I, 280ff.).

In der positiven oder negativen *»Übertragung«*, wie Freud sie bestimmt, entsteht eine reale libidinöse und/oder aggressive Bindung des Patienten an den Therapeuten, etwa als »Verliebtheit« der weiblichen Kranken in den männlichen Analytiker, aber auch in jeder anderen Form hetero- oder homosexueller Beziehungen; solche Bindungen sind gemäß Freuds Verständnis, wie alle libidinösen Bindungen, nicht allein aus der aktuellen interpersonalen Konstellation abzuleiten, sondern stellen in ihrem Kern eine symbolische, klischeehafte Wiederholung infantiler Sexualwünsche bzw. Objektbeziehungen aus der ödipalen Situation dar. Die besondere Eigenart solcher »Übertragungen« in der therapeutischen Behandlung ergibt sich nach Freud wesentlich aus ihrer Nähe zum geschilderten Phänomen des »Widerstandes«; die »Liebe« oder auch die ambivalenten bzw. aggressiven Bindungen werden vom Patienten quasi als »Ereignis höherer Ordnung« in die therapeutische Situation eingebracht, ein Ereignis, das die Verletzung der analytischen Grundregel rechtfertigt, den Abbruch der Psychoanalyse, etwa im Übergang zu einer realen Liebesbeziehung zwischen Patientin und Therapeut, unausweichlich zu machen scheint, etc. – Die »Übertragung«, von Freud anfangs als bloße Behinderung der analytischen Kur betrachtet, wird von ihm in späterer Zeit, und noch mehr innerhalb der Entwicklung der Psychoanalyse nach Freud, als das entscheidende Vehikel des Fortschritts der Behandlung angesehen. In dem Maße, wie die Übertragung »positiv ist, leistet sie uns die besten Dienste« durch die Absicht des Patienten, »dem Analytiker zu gefallen, seinen Beifall, seine Liebe zu gewinnen. Sie wird die eigentliche Triebfeder der Mitarbeit des Patienten, das schwache Ich wird stark, unter ihrem Einfluß bringt es Leistungen zustande, die ihm sonst unmöglich wären . . .« (XVII, 100). Ein weiterer Vorteil der Übertragung liegt nach Freud darin, daß der »Patient den Analytiker an die Stelle seines Vaters (seiner Mutter)« setzt, so ihm »auch die Macht . . . (einräumt), die sein Überich über sein Ich ausübt, denn diese Eltern sind ja der Ursprung des Überichs gewesen. Das neue Überich hat nun Gelegenheit zu einer Art von *Nacherziehung* des Neurotikers, es kann Mißgriffe korrigieren, die sich die Eltern in ihrer Erziehung zu Schulden kommen ließen« (100f.). Die adäquate Handhabung der Übertragung wird nun zum wesentlichen Kriterium psychoanalytischer Kunst. Anhand der Übertragung als Verliebtheit der Patientin in den Therapeuten erläutert dies Freud so: »Man hält die Liebesübertragung fest, behandelt sie aber als etwas Unreales, als eine Situation, die in der Kur durchgemacht, auf ihre unbewußten Ursprünge zurückgeleitet werden soll und dazu verhelfen muß, das Verborgenste des Liebeslebens der Kranken dem Bewußtsein und damit der Beherrschung zuzuführen« (X, 314f.). Dabei sei der Patientin durch die Deutung des Analytikers einmal der Anteil des Widerstandes am Zustandekommen der Übertragung einsichtig zu machen, zum anderen müsse der Kranken deutlich werden, daß die scheinbar aktuelle libidinöse Bindung in Wirklichkeit »nicht einen einzigen neuen, aus der gegenwärtigen Situation entspringenden Zug an sich trage, sondern sich durchwegs aus Wiederholungen und Abklatschen früherer, auch infantiler Reaktionen zusammensetze« (X, 316). – Die besondere Problematik, aber auch spezifische therapeutische Verwertbarkeit der »Übertragung« liegt für Freud darin, daß hier die infantilen Regungen des »Es« quasi blind in die Therapie durchschlagen, dabei einerseits den Prozeß des bloßen Erinnerns als Ziel der analytischen Behandlung zunächst blockieren, aber andererseits die Es-Regungen sozusagen direkt bearbeitbar machen und so schließlich das Erinnern von Verdrängungen ermöglichen, deren der Patient auf anderem Wege nicht hätte habhaft werden können:

»Die unbewußten Regungen wollen nicht erinnert werden, wie die Kur es wünscht, sondern sie streben danach, sich zu reproduzieren, entsprechend der Zeitlosigkeit und Halluzinationsfähigkeit des Unbewußten. Der Kranke spricht ähnlich wie im Traume den Ergebnissen der Erweckung seiner unbewußten Regungen Gegenwärtigkeit und Realität zu; er will seine Leidenschaften agieren, ohne auf die reale Situation Rücksicht zu nehmen. Der Arzt will ihn dazu nötigen, diese Gefühlsregungen in den Zusammenhang der Behandlung und in den seiner Lebensgeschichte einzureihen, sie der denkenden Betrachtung unterzuordnen und nach ihrem psychischen Werte zu erkennen. Dieser Kampf zwischen Arzt und Patienten, zwischen Intellekt und Triebleben, zwischen Erkennen und Agierenwollen, spielt sich fast ausschließlich an den Übertragungsphänomenen ab. Auf diesem Felde muß der Sieg gewonnen werden, dessen Ausdruck die dauernde Genesung von der Neurose ist. Es ist unleugbar, daß das Bezwingen der Übertragungsphänomene dem Psychoanalytiker die größten Schwierigkeiten bereitet, aber man darf nicht vergessen, daß gerade sie uns den unschätzbaren Dienst erweisen, die verborgenen und vergessenen Liebesregungen des Kranken aktuell und manifest zu machen, denn schließlich kann niemand *in absentia* oder *in effigie* erschlagen werden« (VIII, 374).

Als Pendent zur »Übertragung« erwähnt Freud das Phänomen der *»Gegenübertragung«*, d. h. der libidinösen Bindung des Therapeuten an den Patienten; die »Gegenübertragung« ist von der früher geschilderten, in der »gleichschwebenden Aufmerksamkeit« zu erzielenden »Resonanz von Unbewußt zu Unbewußt« zu unterscheiden und in engerer Bedeutung als eine affektive Reaktion des Therapeuten auf die »Übertragung« des Patienten, also im Falle der »positiven Übertragung« als von diesem beim Analytiker provozierte »Gegenliebe« zu verstehen. So gesehen ist die »Gegenübertragung« als Verletzung der Neutralitätsforderung ein schwerer Kunstfehler des Therapeuten, und die Beherrschung und Ausschaltung von Gegenübertragungen ist wesentliche Voraussetzung für die Eignung zur Durchführung der psychoanalytischen Behandlung: »Andere Neuerungen der Technik betreffen die Person des Arztes selbst. Wir sind auf die ›Gegenübertragung‹ aufmerksam geworden, die sich beim Arzt durch den Einfluß des Patienten auf das unbewußte Fühlen des Arztes einstellt, und sind nicht weit davon, die Forderung zu erheben, daß der Arzt diese Gegenübertragung in sich erkennen und bewältigen müsse. Wir haben . . . bemerkt, daß jeder Psychoanalytiker nur so weit kommt, als seine eigenen Komplexe und inneren Widerstände es gestatten, und verlangen daher, daß er seine Tätigkeit mit einer Selbstanalyse beginne« etc. (VIII, 108). Speziell bezogen auf die Übertragung als »Verliebtheit« der Patientin in den Therapeuten stellt Freud fest: Die Tatsache, daß eine Patientin, die wegen einer Übertragung die Analyse abbricht, bei dem nächsten Therapeuten die gleiche Art von »Verliebtheit« produziert, bedeutet für den Arzt eine »kostbare Aufklärung und eine gute Warnung vor einer etwa bei ihm bereitliegenden Gegenübertragung. Er muß erkennen, daß das Verlieben der Patientin durch die analytische Situation erzwungen wird und nicht etwa den Vorzügen seiner Person zugeschrieben werden kann, daß er also gar keinen Grund hat, auf eine solche ›Eroberung‹, wie man sie außerhalb der

Analyse heißen würde, stolz zu sein« (X, 308).

Die »Gegenübertragung«, bei Freud nur an wenigen Stellen erwähnt, hat sich in der Folge offenbar als eine zentrale Problematik der psychoanalytischen Behandlung erwiesen, denn es gibt eine kaum mehr übersehbare Fülle von Literatur zu dieser Frage. Die dargestellte, von Freud erhobene Forderung, der Analytiker habe dem Patienten »undurchsichtig« zu sein und »wie eine Spiegelplatte nichts anderes zu zeigen, als was ihm gezeigt wird«, ist von der theoretischen Grundkonzeption über spezifisch psychoanalytische Kompetenz her genauso unerläßlich, wie sie in der therapeutischen Praxis unerfüllbar zu sein scheint.

Die Bedingtheit der »Einfälle« des Patienten, seines »Widerstandes«, der Tendenz zur »Übertragung« etc. durch frühkindliche Triebstrebungen bzw. ödipale Objektbeziehungen ist (primär) nicht ein einfach vorfindlicher Tatbestand, sondern wird allein in den Deutungen des Analytikers dem Patienten zur Strukturierung seiner phänomenalbiographischen Selbstsicht angeboten, wobei diese Deutungen durch vom Patienten reproduzierte Erinnerungen bestätigt, aber auch zurückgewiesen werden können, manchmal entsprechende Erinnerungen überhaupt ausbleiben, etc. Dadurch entsteht hier das Problem, ob bzw. unter welchen Umständen man die Deutungen des Analytikers als zutreffende Aussagen über wirkliche, realbiographische Ereignisse in der frühen Kindheit des Patienten betrachten kann, wie man hier Fehler aufgrund der durch Suggestion oder aus anderen Gründen gegebenen Zustimmung des Patienten ohne entsprechende Erinnerung oder aufgrund der Unfähigkeit des Patienten, zwischen seinen Erinnerungen und bloßem »Rückphantasieren« hinreichend zu unterscheiden, o. ä. auszuschalten vermag. – Freuds Haltung zu diesem Problem ist widersprüchlich: Einerseits scheint er gemäß seiner Auffassung von der Maßgeblichkeit der »psychischen Realität« im Hinblick auf die Frage, wieweit die frühkindlichen Traumen reale Erfahrungen oder nur infantile Phantasien sind (vgl. S. 205), auch für die in Deutungen des Therapeuten angesprochenen frühkindlichen Erfahrungen in erster Linie den Status *lediglich »psychischer« Realität für den Patienten* zu beanspruchen, etwa wenn er über die Konzeption der Phasen frühkindlicher Libidoentwicklung sagt: »Es sind dies gewiß *nichts anderes als Konstruktionen*, aber wenn Sie die Psychoanalyse praktisch betreiben, werden Sie finden, daß es *notwendige und nutzbringende Konstruktionen* sind« (XI, 338, vgl. unsere Ausführungen auf S. 205f.). In die gleiche Richtung weist Freuds Feststellung: »Der Weg, der von der Konstruktion des Analytikers ausgeht, sollte in der Erinnerung des Analysierten enden; er führt nicht immer so weit. Oft genug gelingt es nicht, den Patienten zur Erinnerung des Verdrängten zu bringen. Anstatt dessen erreicht man bei ihm durch korrekte Ausführung der Analyse eine *sichere Überzeugung von der Wahrheit der Konstruktion, die therapeutisch dasselbe leistet wie eine wiedergewonnene Erinnerung.* Unter welchen Umständen dies geschieht und wie es möglich wird, daß ein scheinbar unvollkommener Ersatz doch die volle Wirkung tut, das bleibt ein Stoff für spätere Forschung« (XVI, 52f., Hervorh. U. O.). Andererseits hebt Freud aber immer wieder das Finden der »Wahrheit« über die verdrängten infantilen Triebwünsche als die zentrale Aufgabe heraus, die in der psychoanalytischen Therapie an den Patienten zu stellen ist, und charakterisiert die Psychoanalyse geradezu als *»die Erziehung zur Wahrheit gegen sich selbst«* (XI, 451). Demgemäß ist für ihn der Terminus »Konstruktion« gleichbedeutend mit »Rekonstruktion«, die er mit der Arbeit »des Archäologen, der eine zerstörte und verschüttete Wohnstätte oder ein Bauwerk der Vergangenheit ausgräbt« vergleicht (XVI, 45). Freud versuchte in diesem Zusammenhang, genaue Kriterien für den Wahrheitsgehalt der Konstruktionen und ihre Unterscheidung von bloßen Suggestionen aus dem Verhalten des Patienten abzuleiten und kennzeichnete die Deutungskonstruktionen des Analytikers als Arbeit, »das Stück historischer Wahrheit von seinen Entstellungen und Anlehnungen an die reale Gegenwart zu befreien und es zurechtzurücken an die Stelle der Vergangenheit, der es zugehört« (XVI, 55).

Diese widersprüchlichen Freudschen Auffassungen über die realbiographische Faktizität der therapeutischen Deutungen sind z. B. in modernen »hermeneutischen« Versionen der Psychoanalyse zur Ansicht vereindeutigt worden, die Forderung nach biographischer Richtigkeit der Deutung sei selbst ein Teil des *»szientistischen Selbstmißverständnisses«* der Psychoanalyse und deshalb radikal abzulehnen: »Nicht die Faktenwahrheit, sondern die logische Konsistenz der Aussagen insgesamt wird im Zuge der Entfaltung der Einzelaussagen zum Angelpunkt«. Die Psychoanalyse »hat offensichtlich kein leitendes Erkenntnisinteresse an der Faktenregistrierung« (Lorenzer 1974, S. 107). Demgemäß sind die »Konstruktionen« nach Lorenzer »keine Erklärungen, sondern szenische Darstellungen, es sind nicht allgemeine Hypothesen, sondern szenische Entwürfe in subjektiver Konkretheit . . ., die im hermeneutischen Annäherungsgang in ihrer subjektiven Stimmigkeit erarbeitet wurden.« (a.a.O., 149). Die Vorstellung, psychoanalytische Konstruktionen bezögen sich auf reale biographische Vergangenheit des Patienten, ist nach Lorenzer geradezu das Kernstück einer *»erklärungswissenschaftlichen« Fehldeutung* der Psychoanalyse als auf »Ereignisse« bezogener historisch-kausalgenetischer Hypothesenbildung, wobei dieser Fehlansatz durch die allein adäquate Auffassung des psychoanalytischen Verfahrens als einer auf »Erlebnisse« bezogenen hermeneutisch-»strukturanalytischen« Interpretation zu überwinden sei. Demgemäß wird (worauf etwa Lorenzer a.a.O., S. 107 hinweist) auch die Heranziehung von unabhängigen Daten, etwa Dokumenten, Aussagen von Angehörigen etc., über die Lebensgeschichte des Patienten zur Ergänzung und Überprüfung der phänomenalbiographischen Daten aus der Therapie nicht nur für überflüssig gehalten, sondern als schädlicher, dem Wesen der Psychoanalyse widersprechender *Kunstfehler* zurückgewiesen (wobei in diesem

Punkt auf ähnliche Einschätzungen bei Freud selbst Bezug genommen werden kann; längere Ausführungen darüber sind hier nicht möglich).

Aus der Grundkonzeption der psychoanalytischen Behandlung, die Beseitigung der Symptome sei gleichbedeutend mit der – ob nun mehr phänomenalbiographisch oder mehr realhistorisch verstandenen – Rekonstruktion verdrängter infantiler Triebwünsche bzw. Objektbeziehungen im Bewußtsein des Patienten, ergibt sich, daß der aktuellen Lebensgeschichte und -praxis des Patienten während des Zeitraums der Behandlung nur eine indirekte Relevanz für die Therapie zugesprochen wird, (insofern, als der Rekurs darauf den Behandlungsfortschritt fördern oder stören kann). – Wenn der Patient in der Analyse auch von gegenwärtigen Erlebnissen und Erfahrungen, etwa seiner Arbeit, realen Schwierigkeiten seiner Lebensbewältigung etc. berichtet, so wird dies der Therapeut in »freischwebender Aufmerksamkeit« zusammen mit den anderen Schilderungen und »Einfällen« des Analysierten zur Kenntnis nehmen und durch die Resonanz seines eigenen Unbewußten aus dem Zusammenhang mit den verdrängten frühkindlichen Konfliktkonstellationen zu »verstehen« suchen. Lorenzer charakterisiert diese Haltung (unter Akzentuierung seines »hermeneutischen« Psychoanalyseverständnisses) auf anschauliche Weise: »Erzählt der Patient z. B. von seiner Arbeit, berichtet er von irgendwelchen Auseinandersetzungen mit Freunden, fügt er Schilderungen aus seiner Kindheit ein, so wird keine dieser Berichtsebenen vernachlässigt oder auch nur auf getrennten Blättern registriert. Das Interesse des Analytikers an einer Abrundung des einen oder anderen Themas tritt hinter die Frage nach der psychologischen Bedeutung des Gedankenbezugs im momentanen Erlebniszusammenhang zurück. Diese Hinwendung zum ›psychologischen Verstehen‹ . . .« etc. (1973, S. 1974). Sofern Schilderungen der aktuellen Lebenssituation des Patienten stark in den Vordergrund treten, dabei ein Hintendieren der Assoziationen zu den infantilen libidinösen Konfliktvoraussetzungen nicht feststellbar ist, wird – wie dargestellt – die Interpretation solcher Schilderungen als »Widerstand« des Patienten für den Analytiker nahegelegt und er wird den Patienten im Interesse des Fortgangs der Behandlung durch entsprechende Deutungen und Konstruktionen zum Aufgeben des Widerstandes zu bringen und dabei gleichzeitig aus der Art des Widerstandes neue Einsichten in Art und Ursprung der Neurose zu gewinnen versuchen.

Da somit aktuelle Lebensprobleme in ihrer wirklichen inhaltlichen Eigenart nicht Gegenstand des analytischen Gesprächs sein können, da dies der zentralen Zielsetzung der psychoanalytischen Therapie widersprechen würde, ist auch eine direkte Hilfe des Therapeuten durch Beratung des Patienten bei der Lösung seiner aktuellen lebenspraktischen Probleme nicht mit der psychoanalytischen Grundkonzeption vereinbar. Im Gegenteil, Bemühungen des Analysierten um die Bewältigung seiner gegenwärtigen Schwierigkeiten müssen als Ablenkung von seinen »eigentlichen« Problemen, den verdrängten und in Symptomen verselbständigten infantilen Triebregungen, aufgefaßt werden, so daß sozusagen eine *weitgehende Stillstellung des Lebenslaufs des Patienten* während des Zeitraums der Behandlung wünschenswert erscheinen muß. Freud hat diese Gesichtspunkte prägnant zusammengefaßt:

»Und überdies kann ich Ihnen versichern, daß Sie falsch berichtet sind, wenn Sie annehmen, Rat und Leitung in den Angelegenheiten des Lebens sei ein integrierendes Stück der analytischen Beeinflussung. Im Gegenteil, wir lehnen eine solche Mentorrolle nach Möglichkeit ab, wollen nichts lieber erreichen, als daß der Kranke selbständig seine Entscheidungen treffe. In dieser Absicht fordern wir auch, daß er alle lebenswichtigen Entschlüsse über Berufswahl, wirtschaftliche Unternehmungen, Eheschließung oder Trennung über die Dauer der Behandlung zurückstelle und erst nach Beendigung derselben zur Ausführung bringe. . . . Nur bei gewissen sehr jugendlichen oder ganz hilf- und haltlosen Personen können wir die gewollte Beschränkung nicht durchsetzen. Bei ihnen müssen wir die Leistung des Arztes mit der des Erziehers kombinieren; wir sind uns dann unserer Verantwortung wohl bewußt und benehmen uns mit der notwendigen Vorsicht« (XI, 450).

Die Zurückweisung der Funktion der Therapie als Hilfe und Beratung in aktuellen Lebensschwierigkeiten des Patienten hängt eng mit der dargestellten Neutralitätsforderung als Grundmaxime »kunstgerechten« Verhaltens des Therapeuten zusammen. Bei einer Lebensberatung des Patienten kann der Therapeut ja nicht mehr in der Position der »Undurchsichtigkeit« und bloßen »Spiegelplatte« verharren, sondern muß Stellung nehmen und dabei notwendigerweise auch seine eigenen Beurteilungsmaßstäbe offenlegen und begründen, was mit einer Durchführung der psychoanalytischen Behandlung »lege artis« nicht vereinbar ist. – Die Verweigerung der Funktion der Lebensberatung hat aber für Freud über die »technischen« hinaus noch andere Gründe, die die praktischen Möglichkeiten des Analytikers selbst betreffen und politischer Natur sind. Freud sieht, daß die Gründe für die Erkrankung des Patienten teilweise in dessen gegenwärtiger objektiver Lebenslage zu suchen sind: ». . . all das, was wir als die ›reale Versagung‹ zusammengefaßt haben, als das Unglück des Lebens, aus dem die Entbehrung an Liebe hervorgeht, die Armut, der Familienzwist, das Ungeschick in der Ehewahl, die Ungunst der sozialen Verhältnisse und die Strenge der sittlichen Anforderungen, unter deren Druck eine Person steht. Das wären freilich Handhaben genug für eine sehr wirksame Therapie . . .« (XI, 448). Freud charakterisiert eine solche Therapie als »das wohltätige Eingreifen eines Mächtigen, vor dessen Willen Menschen sich beugen und Schwierigkeiten verschwinden« (448) und lehnt sie aufgrund dieser Interpretation als Möglichkeit der Psychoanalyse ab: »Aber wer sind wir, daß wir solches Wohltun als Mittel in unsere Therapie aufnehmen könnten? Selbst arm und gesellschaftlich ohnmächtig, genötigt von unserer ärztlichen Tätigkeit unseren Unterhalt zu bestreiten ...« (448). Das hinter dieser Einschätzung stehende politische Motiv wird noch deutlicher in einer Stellungnahme Freuds zu Problemen psychoanalytischer Erziehungskonzeptionen: Das »Ziel, das man der Erziehung setzen will, wird ein parteiisches sein, und es ist nicht Sache des Analytikers, zwischen den Parteien zu entscheiden. Ich sehe ganz ab davon, daß man der Psychoanalyse jeden Einfluß auf die Erziehung verweigern wird, wenn sie sich zu Absichten bekennt, die mit der bestehenden sozialen Ordnung unvereinbar sind. Die psychoanalytische Erziehung nimmt eine ungebetene Verantwortung auf sich, wenn sie sich vorsetzt, ihren Zögling zum Aufrührer zu modeln. Sie hat das ihrige getan, wenn sie ihn möglichst gesund und leistungsfähig entläßt. In ihr selbst sind genug revolutionäre Momente enthalten, um zu versichern, daß der von ihr Erzogene im späteren Leben sich nicht auf die Seite des Rückschritts und der Unterdrückung stellen wird. Ich meine sogar, revolutionäre Kinder sind in keiner Hinsicht wünschenswert« (XV, 162).

5.7.3 Das Problem der Freudschen Einschränkung seiner Neurosen- und Therapiekonzeption auf den »Kulturträger« bzw. »Zwangstyp« als privilegierten Abhängigen in Abgrenzung von den »Massen« und den »Führern«

Bevor wir sinnvoll den Versuch machen können, unsere früheren Ansätze zur Kritik und kritisch-psychologischen Reinterpretation Freudscher Grundkonzepte auch auf seine Konzeption des Wesens und der Therapie neurotischer Erkrankungen auszudehnen, haben wir eine zentrale Frage zu klären, die bisher schon in verschiedenen Zusammenhängen angeklungen ist, aber jetzt explizit behandelt werden muß: *Welche Art von Menschen* innerhalb eines gesellschaftlichen Gefüges ist es, auf die sich Freuds einschlägige Vorstellungen und Verfahren bevorzugt beziehen? Dieses Problem hat zwei miteinander zusammenhängende Teilaspekte: Welche Art von Individuen erkrankt bevorzugt an »Neurosen«, wie Freud sie charakterisiert hat? Auf welche Art von Individuen ist das psychoanalytische Therapieverfahren bevorzugt anzuwenden?

Zum ersten Problemaspekt kann zunächst generell festgestellt werden, daß Freud die Frage nach dem Zusammenhang zwischen dem gesellschaftlichen Standort von Individuen und deren Neigung zu neurotischen Erkrankungen nicht systematisch bearbeitet hat. Dennoch lassen sich aus seinen Darlegungen u. E. recht eindeutige Aussagen darüber ableiten, welche Art von Menschen im gesellschaftlichen Gesamt in erster Linie zu »Neurosen«, wie Freud sie gekennzeichnet hat, disponiert ist. Der Schlüssel zu einer Klärung liegt hier in dem Umstand, daß einerseits (wie dargestellt) Freuds Auffassung nach ein stark ausgebildetes Über-Ich mit entsprechenden Schuldgefühlen eine zentrale (wenn auch für sich genommen nicht hinreichende) Voraussetzung für die Entstehung von Neurosen ist, und daß andererseits die Tendenz zu einer solchen Überich-Bildung nach Freud keineswegs bei allen Gesellschaftsmitgliedern in gleicher Stärke vorhanden ist.

Es ist, wie dargestellt, die wesentliche Grundkonzeption Freuds über das Verhältnis zwischen »Individuum« und »Gesellschaft«, daß *»jede Kultur auf Zwang und Triebverzicht aufbauen muß«* (XIV, 328, Hervorh. U. O.), wobei die Herausbildung des Über-Ich die entscheidende Voraussetzung für die Kulturentwicklung und -erhaltung darstellt: »Es liegt in der Richtung unserer Entwicklung, daß äußerer Zwang allmählich verinnerlicht wird, indem eine besondere seelische Instanz, das Über-Ich des Menschen, ihn unter seine Gebote aufnimmt. Jedes Kind führt uns den Vorgang einer solchen Umwandlung vor, wird erst durch sie moralisch und sozial. Diese Erstarkung des Über-Ichs ist ein höchst wertvoller psychologischer Kulturbesitz. Die Personen, bei denen er sich vollzogen hat, *werden aus Kulturgegnern zu Kulturträgern.* Je größer ihre Anzahl in einem Kulturkreis ist, desto gesicherter ist diese Kultur, desto eher kann sie der äußeren Zwangsmittel entbehren« (XIV, 332, Hervorh. U. O.). Mit einer solchen »kulturtragenden« Überich-Bildung muß für Freud auch das Schuldgefühl zu einer kulturellen Notwendigkeit werden, er hebt demgemäß als seine Absicht hervor, »das Schuldgefühl als das wichtigste Problem der Kulturentwicklung hinzustellen und darzutun, daß der Preis für den Kulturfortschritt in der Glückseinbuße durch die Erhöhung des Schuldgefühls bezahlt wird« (XIV, 493f.).

Freud weist in seinen »kulturtheoretischen« Schriften immer wieder in verschiedenen Zusammenhängen darauf hin, daß nur die »Bevorzugten«, die besser »beteilten« Klassen durch Verinnerlichung gesellschaftlicher Normen, Überich-Bildung und entsprechende Schuldgefühle zu »Kulturträgern« werden können, während die »Masse« nur dem äußeren Zwang gehorcht, ihre Triebwünsche ohne Schuldgefühle verwirklicht und zum freiwilligen Verzicht im Interesse der Kulturerhaltung nicht bereit ist – Freuds Vorstellungen über die Gründe dieser Kulturfeindschaft kommen in den folgenden Formulierungen besonders prägnant zum Ausdruck: »Bei den Einschränkungen, die sich nur auf bestimmte Klassen der Gesellschaft beziehen, trifft man auf grobe und auch niemals verkannte Verhältnisse. Es steht zu erwarten, daß diese zurückgesetzten Klassen den Bevorzugten ihre Vorrechte beneiden und alles tun werden, um ihr eigenes Mehr von Entbehrung los zu werden. Wo dies nicht möglich ist, wird sich ein dauerndes

Maß von Unzufriedenheit innerhalb dieser Kultur behaupten, das zu gefährlichen Auflehnungen führen mag. Wenn aber eine Kultur es nicht darüber hinaus gebracht hat, daß die Befriedigung einer Anzahl von Teilnehmern die Unterdrückung einer anderen, vielleicht der Mehrzahl, zur Voraussetzung hat, und dies ist bei allen gegenwärtigen Kulturen der Fall, so ist es begreiflich, daß diese Unterdrückten eine intensive Feindseligkeit gegen die Kultur entwickeln, die sie durch ihre Arbeit ermöglichen, an deren Gütern sie aber einen zu geringen Anteil haben. Eine *Verinnerlichung der Kulturverbote darf man dann bei den Unterdrückten nicht erwarten*, dieselben sind vielmehr nicht bereit, diese Verbote anzuerkennen, bestrebt, die Kultur selbst zu zerstören, eventuell selbst ihre Voraussetzungen aufzuheben. Die Kulturfeindschaft dieser Klassen ist so offenkundig, daß man über sie die eher latente Feindseligkeit der besser beteilten Gesellschaftsschichten übersehen hat. Es braucht nicht gesagt zu werden, daß eine Kultur, welche eine so große Zahl von Teilnehmern unbefriedigt läßt und zur Auflehnung treibt, weder Aussicht hat, sich dauernd zu erhalten, noch es verdient« (XIV, 333, Hervorh. U. O.).

Aus der Freudschen Auffassung, daß nur in den »bevorzugten« Schichten, nicht aber innerhalb der Masse der Benachteiligten sich durch Verinnerlichung gesellschaftlicher Verbote ein Über-Ich mit entsprechenden Schuldgefühlen herausbilden kann, folgt, daß dementsprechend bei der »Masse« auch die in der Überich-Bildung liegende wesentliche Voraussetzung für die Entstehung von Neurosen, wie Freud sie versteht, kaum gegeben ist, so daß solche »Neurosen« nur als in bestimmten privilegierten Schichten, nicht aber bei der »Masse« der »Unterprivilegierten« auftretende psychische Erkrankungen zu bestimmen sind. Wenn auch, wie noch zu zeigen, Freuds Auffassungen über die »Neurosen« des »gemeinen Mannes« widersprüchlich sind, so läßt sich jedoch aus manchen seiner Darlegungen eine derartige Konsequenz durchaus ableiten, so etwa aus folgendem zu Veranschaulichungszwecken erfundenem Beispiel (das vor der Einführung des Überich-Konzeptes datiert):

»Zu ebener Erde wohnt der Hausbesorger, im ersten Stock der Hausherr, ein reicher und vornehmer Mann. Beide haben Kinder, und wir wollen annehmen, daß es dem Töchterchen des Hausherrn gestattet ist, unbeaufsichtigt mit dem Proletarierkind zu spielen. Dann kann es sehr leicht geschehen, daß die Spiele der Kinder ungezogenen, das heißt sexuellen Charakter annehmen, daß sie ›Vater und Mutter‹ spielen, einander bei den intimen Verrichtungen beschauen und an den Genitalien reizen. Das Hausmeistermädchen, das trotz seiner fünf oder sechs Jahre manches von der Sexualität der Erwachsenen beobachten konnte, mag dabei die Rolle der Verführerin übernehmen. Diese Erlebnisse reichen hin, auch wenn sie sich nicht über lange Zeit fortsetzen, um bei beiden Kindern gewisse sexuelle Regungen zu aktivieren, die sich nach dem Aufhören der gemeinsamen Spiele einige Jahre hindurch als Masturbation äußern. Soweit die Gemeinsamkeit; der endliche Erfolg wird bei beiden Kindern sehr verschieden sein. Die Tochter des Hausbesorgers wird die Masturbation etwa bis zum Auftreten der Periode fortsetzen, sie dann ohne Schwierigkeiten aufgeben, wenige Jahre später einen Gelieben nehmen, vielleicht auch ein Kind bekommen, diesen oder jenen Lebensweg einschlagen, der sie vielleicht zur populären Künstlerin führt, die als Aristokratin endigt. Wahrscheinlich wird ihr Schicksal minder glänzend ausfallen, aber jedenfalls wird sie ungeschädigt durch die vorzeitige Betätigung ihrer Sexualität, frei von Neurose, ihr Leben erfüllen. Anders das Töchterchen des Hausherrn. Dies wird frühzeitig und noch als Kind die Ahnung bekommen, daß es etwas Unrechtes getan habe, wird nach kürzerer Zeit, aber vielleicht erst nach hartem Kampf, auf die masturbatorische Befriedigung verzichten und trotzdem etwas Gedrücktes in seinem Wesen behalten. Wenn sie in den Jungmädchenjahren in die Lage kommt, etwas vom menschlichen Sexualverkehr zu erfahren, wird sie sich mit unerklärtem Abscheu davon abwenden und unwissend bleiben wollen. Wahrscheinlich unterliegt sie jetzt auch einem von neuem auftretenden unbezwingbaren Drang zur Masturbation, über den sich zu beklagen sie nicht wagt. In den Jahren, da sie einem Manne als Weib gefallen soll, wird die Neurose bei ihr losbrechen, die sie um Ehe und Lebenshoffnung betrügt. Gelingt es nun durch Analyse, Einsicht in diese Neurose zu gewinnen, so zeigt sich, daß dies wohlerzogene, intelligente und hochstrebende Mädchen seine Sexualregungen vollkommen verdrängt hat, daß diese aber, ihr unbewußt, an den armseligen Erlebnissen mit ihrer Kinderfreundin haften.« »Die Verschiedenheit der beiden Schicksale trotz gleichen Erlebens rührt daher, daß das Ich der einen eine Entwicklung erfahren hat, welche bei der anderen nicht eingetreten ist. Der Tochter des Hausbesorgers ist die Sexualbetätigung später ebenso natürlich und unbedenklich erschienen wie in der Kindheit. Die Tochter des Hausherrn hat die Einwirkung der Erziehung erfahren und deren Ansprüche angenommen. Ihr Ich hat aus den ihm dargebotenen Anregungen Ideale von weiblicher Reinheit und Unbedürftigkeit gebildet, mit denen sich die sexuelle Betätigung nicht verträgt; ihre intellektuelle Ausbildung hat ihr Interesse für die weibliche Rolle, zu der sie bestimmt ist, erniedrigt. Durch diese höhere moralische und intellektuelle Entwicklung ihres Ich ist sie in den Konflikt mit den Ansprüchen ihrer Sexualität geraten« (XI, 366f.).

Außer der Abgrenzung des »Kulturträgers«, den sein Überich bei zusätzlichen ungünstigen Umständen zur Neurosenneigung prädestiniert, zur »Masse«, also »nach unten«, läßt sich aus manchen Freudschen Darlegungen auch eine Abgrenzung »nach oben« gegen die eigentlichen »Führer« der Massen ablesen. Die Führerpersönlichkeiten sind, wie Freud bei der Darstellung der Sozialbeziehungen innerhalb der »Urhorde« hervorhebt, die »überstarken Einzelnen inmitten einer Schar von gleichen Genossen« (XIII, 136). Im Gegensatz zu den »Einzelnen der Masse«, die »gebunden«, »im höchsten Grade autoritätssüchtig« sind und »nach Le Bons Ausdruck den Durst nach Unterwerfung« haben (XIII, 138, 142) und keine Vorstellung »in Willen umzusetzen« sich getrauten, »wenn sie nicht durch die Wahrnehmung ihrer allgemeinen Verbreitung gestärkt« war (XIII, 137), ist die Persönlichkeit des Führers frei: »seine intellektuellen Akte waren auch in der Vereinzelung stark und unabhängig, sein Wille bedurfte nicht der Bekräftigung durch den anderer. Wir nehmen konsequenterweise an, daß sein Ich wenig libidinös gebunden war, er liebte niemand außer sich, und die anderen nur, insoweit sie seinen Bedürfnissen dienten. Sein Ich gab nichts Überschüssiges an die Objekte ab« (XIII 138). »Noch heute bedürfen die Massenindividuen der Vorspiegelung, daß sie in gleicher und gerechter Weise vom Führer geliebt werden, aber der Führer selbst braucht niemand anderen zu lieben, er darf von Herrennatur sein, absolut narzißtisch, aber selbstsicher und selbständig« (XIII, 138). Der Umstand, daß auch derartige »Führer« nach Freuds Auffassung kein ausgeprägtes Über-Ich besitzen, wird aus seinen Darlegungen über *»libidinöse Typen* (1931, XIV) deutlich, wo er neben dem *»erotischen Typus«*, dessen Hauptinteresse dem Liebesleben zugewendet ist und der die elementaren Triebwünsche des Es vertritt, den *»Zwangstypus«* und den *»narzißtischen Typus«* unterscheidet: Der Zwangstypus »zeichnet sich durch die Vorherrschaft des Über-Ichs aus, das sich unter hoher Spannung vom Ich absondert. Er wird von der Gewissensangst beherrscht an Stelle der Angst vor dem Liebesverlust, zeigt eine sozusagen innere Abhängigkeit anstatt der äußeren, entfaltet ein hohes Maß von Selbständigkeit und wird sozial zum eigentlichen, vorwiegend konservativen Träger der Kultur. Der dritte, mit gutem Recht *narzißtisch* geheißene Typus ist wesentlich negativ charakterisiert. Keine Spannung zwischen Ich und Über-Ich, – *man würde von diesem Typus her kaum zur Aufstellung eines Über-Ichs gekommen sein* – keine Übermacht der erotischen Bedürfnisse, das Hauptinteresse auf die Selbsterhaltung gerichtet, unabhängig und wenig eingeschüchtert. Dem Ich ist ein großes Maß an Aggression verfügbar, das sich auch in Bereitschaft zur Aktivität kundgibt; im Liebesleben wird das Lieben vor dem Geliebtwerden bevorzugt. Menschen dieses Typus imponieren anderen als ›Persönlichkeiten‹, sind besonders geeignet, anderen als Anhalt zu dienen, die Rolle von Führern zu übernehmen, der Kulturentwicklung neue Anregungen zu geben oder das Bestehende zu schädigen« (XIV, 510f., 2. und 3. Hervorh. U. O.).

Demnach wären nicht nur die »Massenindividuen«, sondern auch die eigentlichen Führerpersönlichkeiten und »Herrennaturen« durch ein schwaches Überich charakterisiert und demgemäß nicht die Art von Menschen, die zu »Neurosen«, wie Freud sie charakterisiert hat, tendieren. Freud stellt demgemäß über die narzißtischen Führertypen fest: »Die narzißtischen Typen, die bei ihrer sonstigen Unabhängigkeit der Versagung von seiten der Außenwelt ausgesetzt sind, enthalten eine besondere Disposition zur Psychose, wie sie auch wesentliche Bedingungen des Verbrechertums bereitstellen« (XIV, 513). Man kann deshalb, wenn auch mit einiger Vorsicht, zu der Verallgemeinerung kommen, daß es nach Freuds Auffassung vorwiegend die Angehörigen der »Mittelschicht«, die sich von den Massen durch ihre Privilegien, aber von den »Führern« durch ihre Abhängigkeit unterscheiden, also sozusagen die *»privilegierten Abhängigen«* sind, auf die das Konzept der »neurotischen« Erkrankung, wie es im Zentrum der psychoanalytischen Lehre steht, zu beziehen ist. Als Ursachen für die individuellen Unterschiede der Angehörigen verschiedener Schichten, die sie in verschiedener Weise zu Neurosen disponieren, nimmt Freud (wie sich aus seiner Gesamtkonzeption von selbst versteht) nicht unterschiedliche gesellschaftliche Entwicklungsbedingungen an, sondern vorwiegend primäre »natürliche« Differenzen. Dies wird in der folgenden Formulierung besonders deutlich: »Es ist ein Stück der angeborenen und nicht zu beseitigenden Ungleichheit der Menschen, daß sie in Führer und Abhängige zerfallen. Die letzteren sind die übergroße Mehrheit, sie bedürfen einer Autorität, welche für sie Entscheidungen fällt, denen sie sich meist bedingungslos unterwerfen. Hier wäre anzuknüpfen, man müßte mehr Sorge als bisher aufwenden, um eine Oberschicht selbständig denkender, der Einschüchterung unzugänglicher, nach Wahrheit ringender Menschen zu erziehen, denen die Lenkung der unselbständigen Massen zufallen würde« (XVI, 24).

Gewisse Komplikationen im Hinblick auf die Berechtigung einer Einschränkung des Freudschen Neurosenkonzepts auf die priviligierten Abhängigen ergeben sich allerdings, wenn man das genannte zweite Teilproblem, die Frage, auf welche Art von Individuen nach Freud das psychoanalytische Behandlungsverfahren anzuwenden ist, in die Darstellung einbezieht. – In manchen seiner Formulierungen weist Freud die psychoanalytische Behandlung von mittellosen »breiten Volksschichten« unter dem Aspekt der mangelnden Zahlungsfähigkeit zurück: »Selbst arm und gesellschaftlich ohnmächtig, genötigt von unserer ärztlichen Tätigkeit unseren Unterhalt zu bestreiten, sind wir nicht einmal in der Lage, unsere Bemühung auch dem Mittellosen zuzuwenden, wie es doch andere Ärzte bei anderen Behandlungsmethoden können. Unsere Therapie ist dafür zu zeitraubend und zu langwierig« (XI, 448). Wir »sind durch die Bedingungen unserer Existenz auf die wohlhabenden Oberschichten der Gesellschaft eingeschränkt, die ihre Ärzte selbst zu wählen pflegen . . . Für die breiten Volksschichten, die ungeheuer schwer unter den Neurosen leiden, können wir derzeit nichts tun« (XII, 192). In anderen Ausführungen spitzt Freud die Feststellung, daß die Therapie »sich lohnen« muß, über das Kriterium der Zahlungsfähigkeit hinaus auf den Wert oder Unwert des Patienten als Menschen zu: »Man übersehe nicht über die Krankheit den sonstigen Wert einer Person und weise Kranke zurück, welche nicht einen gewissen Bildungsgrad und einen einigermaßen verläßlichen Charakter besitzen. Man darf nicht vergessen, daß es auch Gesunde gibt, die nichts taugen, und daß man nur allzu leicht geneigt ist, bei solchen minderwertigen Personen alles, was sie existenzunfähig macht, auf die Krankheit zu schieben, wenn sie irgendeinen Anflug von Neurose haben. Ich stehe auf dem Standpunkt, daß die Neurose ihren Träger keineswegs zum dégénéré stempelt, daß sie sich aber häufig genug mit den Erscheinungen der Degeneration vergesellschaftet an demselben Individuum findet. Die analytische Psychotherapie ist nun kein Verfahren zur Behandlung der neuropathischen Degeneration, sie findet im Gegenteil an derselben ihre Schranke« (V, 20f.).

Im Gegensatz zu den Aspekten dieser Freudschen Darlegungen, in welchen nicht nur Zahlungsunfähigkeit, sondern auch *Bildungsmangel* und *»Wertlosigkeit«* der Individuen breiter Volksschichten als Grund für die Unmöglichkeit ihrer analytischen Behandlung erscheint (vgl. dazu auch XIII, 226) fordert Freud in manchen seiner Ausführungen explizit die staatlich organisierte kostenlose Therapie der »Armen«: »Irgendeinmal wird das Gewissen der Gesellschaft erwachen und sie mahnen, daß der Arme ein ebensolches Anrecht auf seelische Hilfeleistung hat wie bereits jetzt auf lebensrettende chirurgische. Und daß die Neurosen die Volksgesundheit nicht minder bedrohen als die Tuberkulose und ebensowenig wie diese der ohnmächtigen Fürsorge des Einzelnen aus dem Volke überlassen werden können. Dann werden also Anstalten oder Ordinationsinstitute errichtet werden, an denen psychoanalytisch ausgebildete Ärzte angestellt sind, um die Männer, die sich sonst dem Trunk ergeben würden, die Frauen, die unter der Last der Entsagungen zusammenzubrechen drohen, die Kinder, denen nur die Wahl zwischen Verwilderung und Neurose bevorsteht, durch Analyse widerstands- und leistungsfähig zu erhalten. Diese Behandlungen werden unentgeltliche sein. Es mag lange dauern, bis der Staat diese Pflichten als dringende empfindet. Die gegenwärtigen Verhältnisse mögen den Termin noch länger hinausschieben, es ist wahrscheinlich, daß private Wohltätigkeit mit solchen Instituten den Anfang machen wird; aber irgend einmal wird es dazu kommen müssen« (XII, 193).

In den Ausführungen wie den zuletzt zitierten, in denen die gegenwärtige Ausgeschlossenheit der »breiten Volksschichten« von der psychoanalytischen Behandlung nur als äußerlich und durch öffentliche Gesundheitsversorgung überwindbar betrachtet wird, läßt Freud nicht nur seine an anderen Stellen geäußerten Bedenken hinsichtlich der intellektuellen und moralischen Voraussetzungen für eine Behandelbarkeit bzw. Behandlungswürdigkeit der »Armen« außer acht: Sehr viel schwieriger ist der Widerspruch zu den vorher dargestellten Eigenarten der Freudschen Konzeption, aus denen die theoretische Ungeeignetheit von Freuds Neurosen-Konzeption zur Erfassung psychischer Störungen der »Massen« abgeleitet werden kann, womit die auf dieser Neurosenlehre basierende therapeutische Verfahrensweise als solche zur Behandlung »breiter Volksschichten« ungeeignet wäre. Freud ist diese Problematik einerseits bewußt, er zieht daraus aber kaum eindeutige Konsequenzen, sondern formuliert (vielleicht aus taktischen Gründen) meist nur mehr oder weniger unklare Einschränkungen: Sofern zukünftig die ökonomischen und organisatorischen Bedingungen für die psychoanalytische Behandlung der »Armen« geschaffen sein werden, ». . . wird sich für uns die Aufgabe ergeben, unsere Technik den neuen Bedingungen anzupassen. Ich zweifle nicht daran, daß die Triftigkeit unserer psychologischen Annahmen auch auf den Ungebildeten Eindruck machen wird, aber wir werden den einfachsten und greifbarsten Ausdruck unserer theoretischen Lehren suchen müssen. Wir werden wahrscheinlich die Erfahrung machen, daß der Arme noch weniger zum Verzicht auf seine Neurose bereit ist als der Reiche, weil das schwere Leben, das auf ihn wartet, ihn nicht lockt, und das Kranksein ihm einen Anspruch auf soziale Hilfe bedeutet. Möglicherweise werden wir oft nur dann etwas leisten können, wenn wir die seelische Hilfeleistung mit materieller Unterstützung nach Art des Kaiser Josef vereinigen können. Wir werden auch sehr wahrscheinlich genötigt sein, in der Massenanwendung unserer Therapie das reine Gold der Analyse reichlich mit dem Kupfer der direkten Suggestion zu legieren, und auch die hypnotische Beeinflussung könnte dort wie bei der Behandlung der Kriegsneurotiker wieder eine Stelle finden. Aber wie immer sich auch diese Psychotherapie fürs Volk gestaltet, aus welchen Elementen sie sich zusammensetzen mag, ihre wirksamsten und wichtigsten Bestandteile werden gewiß die bleiben, die von der strengen, der tendenzlosen Psychoanalyse entlehnt worden sind« (XII, 194). An anderer Stelle äußert sich Freud zu diesem Thema sehr viel vorsichtiger: »Welche Modifikationen erforderlich sind, um das psychoanalytische Heilverfahren breiteren Volksschichten zugänglich zu machen und schwächeren Intelligenzen anzupassen, muß erst die Erfahrung an poliklinischem Material lehren« (XIII, 226). Die möglicherweise redlichste und nüchternste Einschätzung der klassenbedingten Einschränkungen des eigenen psychologischen Denkens findet sich in folgender Stelle eines frühen Briefes von Freud: »Die Armen sind zu ohnmächtig, zu exponiert, um es uns gleichzutun. Wenn ich das Volk sich gütlich tun sehe mit Hintansetzung aller Besonnenheit, denke ich immer, das ist ihre Abfindung dafür, daß alle Steuern, Epidemien, Krankheiten, Übelstände der sozialen Einrichtungen sie schutzlos treffen. Ich will diese Gedanken nicht weiter verfolgen, aber man könnte darlegen, wie ›das Volk‹ ganz anders urteilt, glaubt, hofft und arbeitet als wir. Es gibt *eine Psychologie des gemeinen Mannes, die von der unsrigen ziemlich unterschieden ist«* (Freud 1968, S. 57, Hervorh. U. O.).

5.7.4 Aufhebung von Freuds Neurosenlehre in kritisch-psychologischen Grundkategorien zur Erfassung psychischer Störungen; Reinterpretation der Neurosenneigung des »Zwangstyps« als Störungsdisponiertheit des »Opportunisten«

Bei der nun folgenden kritischen Analyse beschäftigen wir uns zunächst mit Freuds Konzeption über das Wesen und die Entstehung von Neurosen. Da, wie dargestellt, die Freudsche Neurosenlehre entscheidend auf der bereits von uns kritisierten und reinterpretierten allgemeinen Grundbegrifflichkeit beruht, die Freudsche Gesamtkonzeption in einem weiteren Sinne generell als »Neurosenlehre« gekennzeichnet werden kann, erübrigt sich hier eine systematische Kritik und Neuinterpretation. Wir haben vielmehr an unseren früheren Analysen anzuknüpfen und am Leitfaden der Freudschen Darlegungen über die Besonderheit neurotischer Störungen einerseits unhaltbare Freudsche Positionen zu verdeutlichen, andererseits aber die von uns bei Reinterpretation psychoanalytischer Grundbegriffe schon erarbeitete Konzeption daraufhin zu explizieren, wie in diesem Kontext »psychische Störungen« in ihrem Wesen und ihrer Entstehung zu bestimmen sind. Die Möglichkeiten einer solchen Bestimmung sind dabei für uns in zweierlei Hinsicht beschränkt: Die Freudsche Neurosenlehre ist an umfangreichem klinischem Material entwickelt und kommt, wie eingangs erwähnt, zu sehr differenzierten Darstellungen und Analysen unterschiedlicher »neurotischer« Krankheitsbilder im Formkreis der »Zwangsneurosen«, der »Hysterie«, von denen man die »phobischen« Erkrankungen als gesonderte Form abheben kann, auch zu Deutungen psychotischer Erscheinungen etc. Dem haben wir mangels eigener klinischer Arbeit auf der Grundlage unseres Ansatzes vorläufig auf gleicher Ebene nichts entgegenzusetzen. Aus unserer Gesamtableitung ergeben sich lediglich bestimmte in historisch aufgearbeitetem empirischem Material gegründete kategoriale Bestimmungen über den emotional-motivationalen Aspekt der Lebenstätigkeit des vergesellschafteten Individuums, von denen aus entsprechende kategoriale Bestimmungen der Psychoanalyse in ihrer wissenschaftlichen Anfechtbarkeit und Überholtheit sich verdeutlichen. Auch im Hinblick auf die Freudsche Neurosenlehre bezieht sich unsere Kritik auf die zur Erfassung der psychischen Störungen herangezogenen wissenschaftlichen Grundkategorien, durch deren Problematik das auf ihrer Basis erhobene klinische Material ebenfalls problematisch werden muß; mit der Herausarbeitung von unserer Auffassung nach angemesseneren Kategorien zur wissenschaftlichen Aufschließung gestörter Lebenstätigkeit ist also erfordert, zukünftig neue klinische Erfahrungen auf einer adäquateren kategorialen Grundlage zu gewinnen, womit der von der Psychoanalyse erreichte Grad an Fülle und Differenziertheit klinischer Aussagen in wissenschaftlich angemessenerer

Weise wieder einzuholen ist. Aus dem Umstand, daß, wie gesagt, die funktional-historische Ableitung psychologischer Grundkategorien zwar durch aktualempirische Forschung nicht ersetzbar oder relativierbar ist, aber sich dennoch in der Wechselbeziehung von historischen und individualgeschichtlichen Analysen für beide Analyseebenen immer neue Fragestellungen ergeben, resultiert die Vorläufigkeit unserer folgenden, noch ohne Einbeziehung eigener klinischer Erfahrungen versuchten kategorialen Bestimmungen psychischer Störungen. Eine weitere wesentliche Beschränkung der anschließenden Darlegungen ergibt sich daraus, daß wir durch unser Verfahren der kritisch-psychologischen Reinterpretation am Leitfaden Freudscher Konzeptionen auch da, wo wir die psychoanalytischen Grundbegriffe in ihrer »Verkehrtheit« explizieren und in entwickelteren Konzepten aufzuheben versuchen, in gewisser Weise noch im psychoanalytischen Denken verhaftet bleiben, weil wir hier Fragen, die die Psychoanalyse nicht gestellt hat, auch innerhalb unserer Darlegungen erst gar nicht thematisieren können. Im gegenwärtigen Zusammenhang gilt dies insbesondere für die geschilderte weitgehende Begrenztheit der Freudschen Neurosen- und Therapiekonzeption auf eine »Mittelschicht«, die man als »privilegierte Abhängige« charakterisieren kann: Wir können auch bei der kritischen Reinterpretation der verschiedenen Aspekte von Freuds Neurosenbegriff zwar zu adäquateren wissenschaftlichen Vorstellungen gelangen, aber zu Aussagen über Wesen und Entstehung psychischer Störungen von Bevölkerungsschichten, die nicht als privilegierte Abhängige gekennzeichnet werden können, also etwa des größten Teils der Arbeiterklasse in der bürgerlichen Gesellschaft, auf diesem Wege nicht vordringen (s. u.). Allerdings sind wir, wie aufgewiesen werden soll, anders als die Psychoanalyse, in der Lage, diese Beschränkung selbst wieder wissenschaftlich zu reflektieren, den Stellenwert der gewonnenen Bestimmungen im Zusammenhang einer umfassenden Konzeption psychischer Störungen anzugeben und die Perspektiven der theoretischen Erfassung und klinischen Untersuchung der psychischen Störungen der Masse der Bevölkerung von unserem Grundansatz aus aufzuweisen. Bestimmte Aspekte dieses Programms werden sich schon im letzten Teilband dieser Abhandlung, bei der kritischen Reinterpretation therapeutischer Vorstellungen innerhalb Lewins Feldtheorie, des Konzeptes der Leistungsmotivation und der »humanistischen Psychologie« realisieren lassen; voll ausgearbeitete Konzeptionen können sich hier jedoch erst im Laufe der weiteren pädagogisch-therapeutischen Praxis und Forschung in den Projekten des Instituts ergeben.

Bei dem Versuch, die früher erarbeitete Konflikt-Konzeption am Leitfaden der dargestellten Freudschen Auffassungen psychischer Störungen weiter auszubauen, sollen zunächst die Aspekte der Freudschen Konzeption, die in der verfehlten psychoanalytischen Triebtheorie und in den falschen Vorstellungen über »allgemein-menschliche« Ursituationen der Konfliktgenese etc. verhaftet sind, zurückgewiesen werden, wobei die jeweiligen Konzeptionen, aus denen die Kritik begründet wird, schrittweise auf ihre Bedeutung für die Charakterisierung psychischer Störungen hin akzentuiert werden. Im Fortgang der Analyse sollen dann auch die weiterführenden Aspekte der Freudschen Neurosen- und Therapiekonzeption, soweit dies schon möglich ist, im Zusammenhang der Entwicklung einer kritisch-psychologischen Theorie psychischer Störungen und ihrer Behandlung reinterpretiert werden.

Die geschilderte Freudsche Auffassung, der entscheidende Anlaß für den Ausbruch einer Neurose bei einem dafür disponierten Individuum sei eine aktuelle sexuelle Versagungssituation (vgl. S. 398f.), ist, wie aus unseren früheren Darlegungen hervorgeht, in dieser Allgemeinheit inadäquat, enthält u. E. kaum wesentliche Einsichten, sondern ist eher geeignet, von den wirklichen Auslösebedingungen psychischer Störungen abzulenken. Zwar wird man allgemein davon ausgehen müssen, daß der Umstand des Entstehens einer psychischen Störung gerade in einer bestimmten Lebenslage und zu einer bestimmten Zeit die Annahme einer aktuellen Verschärfung der Konfliktsituation des Individuums erforderlich macht. Unserer Konfliktkonzeption nach kann es zu einer solchen aktuellen Entstehung oder Zuspitzung von Konflikten einmal dadurch kommen, daß aufgrund von Änderungen der objektiven Lebenslage des Individuums emotionale Wertungen sich ergeben, die zu neuen subjektiven Handlungsnotwendigkeiten führen, bei deren Realisierung das Individuum bedrohliche Konsequenzen für seine allgemeine Handlungsfähigkeit und Existenzsicherung antizipieren muß; zum anderen dadurch, daß durch Änderungen der objektiven Lebenslage bestimmte Handlungstendenzen, die bisher risikolos realisiert werden konnten, nunmehr eine bei ihrer Realisierung eintretende Bedrohung der Handlungsfähigkeit und Existenzsicherung antizipierbar machen. Welche Art von auf diese Weise aktualisierten Konflikten gerade zur Auslösung psychischer Störungen führt, dies läßt sich aber an inhaltlichen Beschaffenheiten der Konflikte für sich genommen nicht ausmachen, sondern hängt allein vom Zusammentreffen der Aktualisierung bestimmt gearteter Konflikte und darauf bezogener spezifischer Unfähigkeiten des Individuums zur Konfliktbewältigung ab (s. u.).

Global gesehen steht das Individuum – wie früher genau ausgeführt – bei Konflikten auf »menschlichem« Niveau stets vor der Alternative, ob es bestimmte als notwendig und möglich bewertete Handlungen zur Verbesserung bzw. Bewahrung der erreichten Kontrolle über allgemeine, damit auch seine eigenen Lebensbedingungen ausführen oder sich angesichts des damit verbundenen Risikos mit dem erreichten Stand der Umweltkontrolle bzw. mit deren Verschlechterung »abfinden« soll. Die Bewältigung dieser

Konflikte wird in dem Maße für das Subjekt erschwert, wie die Auswirkungen der verschiedenen Handlungsalternativen auf die eigene Lebenslage für das Individuum nicht klar vorhersehbar sind, und das wiederum umso mehr, wie seine allgemeinen Umweltbeziehungen ungesichert sind, d. h. das Individuum sich nicht im »Vertrauen« darauf, im Falle des Scheiterns seiner Anstrengungen durch die anderen »aufgefangen« zu werden, den mit der Entwicklung verbundenen Risiken stellen kann, sondern befürchten muß, daß mögliche Mißerfolge voll auf die individuelle Existenz zurückschlagen. Diese Problematik wird sich in dem Maße noch zuspitzen, wie das Individuum als Widerspiegelung seiner instabilen Beziehungen zur sozialen Umwelt und der darin zum Ausdruck kommenden relativen Ohnmacht in seinem »Selbstwert«-Gefühl beeinträchtigt und auf die kurzfristige Gewinnung der Anerkennung durch die »andren« als Voraussetzung seiner weiteren Lebens- und Wirkmöglichkeiten im besonderen Maße, quasi unter dem Druck seiner unmittelbaren Bedürftigkeit, ausgerichtet ist und durch weitere Mißerfolge und entsprechende Mißachtung sich immer mehr existentiell bedroht sieht. – Konflikte, die aufgrund antizipierter Existenzgefährdung durch übermächtige Sexualimpulse entstehen, sind, wie dargestellt, »regressiver« Art und als »unmenschlicher« Sonderfall einzustufen, wobei ein wesentlicher Effekt der diesen Konflikten zugrundeliegenden Sexualunterdrückung, d. h. der öffentlichen Mißachtung sexueller Impulse, gerade darin besteht, die »Selbstzweifel« und »Minderwertigkeitsgefühle« des Individuums als Voraussetzung seiner relativen Anspruchslosigkeit und Fügsamkeit gegenüber den Umweltanforderungen und als Vorbedingung seiner Bereitschaft zum Verzicht auf die offene Durchsetzung nicht nur der sexuellen Strebungen, sondern auch aller anderen »öffentlich« nicht »erwünschten« Aktivitäten zu stärken.

Ebensowenig wie die Freudsche Annahme einer inhaltlich fixierten sexuellen Grundsituation für die Auslösung neurotischer Erkrankungen ist – wie aus unseren früheren Darlegungen ableitbar – Freuds Konzeption von der notwendigen Determiniertheit der individuellen Disposition zu Neurosen durch unverarbeitbare frühkindliche Sexualkonflikte innerhalb der um den Ödipus-Komplex zentrierten ahistorisch-archaischen Ursituation der Sexualbeziehung wissenschaftlich haltbar. Wir haben vielmehr davon auszugehen, daß die von uns ausführlich dargelegten verschiedenartigen Entwicklungskonflikte, sofern ihre individuelle Verarbeitung nicht gelingt, unter bestimmten Umständen zu Entstehungsbedingungen psychischer Störungen werden können. Allerdings kann dabei, wie gezeigt, wenn gewisse konkret-historische Bedingungen der Sexualunterdrückung gegeben sind, frühkindlichen Sexualkonflikten eine besondere Bedeutung zukommen. Dies heißt aber keineswegs, daß man die Freudschen Auffassungen über die sexuelle Genese von Neurosen lediglich durch die Annahme anderer, aus den nichtsexuellen Entwicklungskonflikten stammender Formen psychischer Störungen zu ergänzen hat, im übrigen aber, mit einer historischen Relativierung, den Vorstellungen Freuds über den Zusammenhang zwischen frühkindlichen Sexualkonflikten und der Entstehung gewisser Neurosen zustimmen könnte: Die frühkindlichen Sexualerfahrungen, die die spätere Entstehung psychischer Störungen begünstigen können, bestehen unserer Konzeption nach nicht in »Fixierungen« der Libido auf prägenitalen Befriedigungsformen oder »ödipalen« Objektbeziehungen, auf die das Individuum angesichts aktueller Versagung »regrediert«, sondern, wie ausgeführt, darin, daß durch die absolute Willkür und Unbegründbarkeit der Sexualunterdrückung das Kind hier nicht zur motivierten Übernahme von Anforderungen aufgrund der ansatzweisen Einsicht in ihre Nützlichkeit für sich selbst oder für andere, die sich in deren »kooperativer« Zuwendung niederschlägt, kommen kann, sondern die Verbote blind introjizieren muß. Die Ursache psychischer Störungen durch Unterdrückung sexueller Impulse liegt also darin, daß dem Kind hier die Möglichkeit fehlt, die Kontrolle über seine sinnlich-vitalen Bedürfnisse als Teilmoment der Kontrolle über seine eigenen Lebensbedingungen, damit Bedürfnisbefriedigung auf höherem Niveau zu erfahren, wodurch u. U. in der weiteren Entwicklung die Sexualimpulse sich verselbständigen, d. h. der Kontrolle des Individuums entziehen und den Menschen in seiner kooperativen Integration und Handlungsfähigkeit behindern und bedrohen (vgl. S. 377ff.). Wenn wir kindliche Sexualkonflikte als mögliche Ursachen psychischer Störungen zu untersuchen haben, gehen wir von gänzlich anderen Grundvorstellungen über den Zusammenhang zwischen den frühkindlichen Sexualkonflikten und späteren Störungen aus als Freud. – Auch die Freudsche Annahme von der notwendigen Determiniertheit der wesentlichen Neurosen des Erwachsenen durch frühkindliche Konflikte ist, wie aus früheren Darlegungen (S. 358f.) hervorgeht, in dieser Allgemeinheit problematisch. Zwar hat man auch im Zusammenhang unserer Konzeption davon auszugehen, daß mißlungene Konfliktverarbeitung in der Kindheit über die (auf S. 357f.) geschilderten Prozesse der Kumulation von Abwehrtendenzen und die damit verbundenen allgemeinen Erlebnisse der Verunsicherung und Beeinträchtigung, da sie zu einer wachsenden Behinderung des Umweltausgriffs und der Bereitschaft zur Risikoübernahme angesichts zu bewältigender neuer Konflikte führt, Prädispositionen, auf spezifische Belastungen mit psychischen Störungen zu reagieren, begünstigen muß. Jedoch ist dabei eine schon durch die *Grundbegrifflichkeit festgelegte Einschränkung* der Neurosendisposition auf eine bestimmte, zeitlich umschriebene Phase der frühen Kindheit unberechtigt. Vielmehr muß hier mit komplizierten Wechselwirkungen gerechnet werden, wobei u. U., wie dargestellt, auch dem Scheitern der Verarbeitung von Konflikten in späteren Lebensjahren zentrale ätiologische Bedeutung zukommen kann. – Da wir die Freudsche Annahme der notwendigen Determiniertheit menschlicher Entwicklung und Fehlentwicklung durch frühkindliche Sexualkonflikte im Umkreis der »ödipalen« Ursituation zurückzuweisen haben, ist auch der Versuch Freuds, die biographischen Bedingungen, die zu einer spezifischen Neurosendisposition eines Menschen führen sollen, als notwendig mit dem Ödipuskomplex und prägenitaler Sexualität zusammenhängende erschwerende Sonderumstände zu charakterisieren, als inadäquat zu betrachten. Die früher (S. 403f.) dargestellten »traumatischen« Kindheitserlebnisse innerhalb der sexuellen Ursituationen[21], wie Freud sie in der »Verführung« der Kinder durch ältere Personen, der Beobachtung des elterlichen Sexualverkehrs und insbesondere der Kastrationsdrohung sehen will, sind zur Heraushebung notwendiger Grundbedingungen individueller Neurosenneigung gänzlich ungeeignet, was sich schon daran verdeutlicht, daß Freud zur Abstützung dieser Erklärung auf seine falsche phylogenetische Ableitung von »Urphantasien«, die bei Mangel individueller »traumatischer« Erfahrung des Kindes einspringen sollen, zurückgreifen muß. Mit der Zurückweisung der Annahme »traumatischer« Grundsituationen im Freudschen Sinne als Bedingungen der Neurosenentstehung ergibt sich für uns, daß die Freudsche Konzeption der drei notwendigen ersten Schritte zur Neurosenbildung – aktuelle sexuelle Versagung, Unfähigkeit zur Durchsetzung realer Befriedigung oder Sublimierung, Abwendung von der Realität und Regression auf die durch traumatische Erfahrungen abnormal libidobesetzten infantilen Triebwünsche bzw. Objektwahlen – in keiner Hinsicht eine geeignete Grundlage für die Ausarbeitung eines kategorialen Rahmens einer kritisch-psychologischen Theorie psychischer Störungen sein kann. Die von Freud formulierte zentrale Frage nach den Bedingungen, unter denen angesichts einer gegebenen aktuellen Konfliktsituation bei einem bestimmten Individuum nicht nur die »normalen« Verarbeitungsprozesse bzw. Abwehrprozesse ohne »krankhafte« Erscheinungen auftreten, sondern psychische Störungen sich herausbilden, läßt sich nicht durch Hypostasierung einiger »allgemein-menschlicher« Standardsituationen der »Neurosenentstehung« beantworten, sondern erfordert eine kategoriale und aktualempirische Analyse derjenigen spezifischen individuellen Vergesellschaftungsprozesse, die auf solche Weise zur Reduzierung der individuellen Fähigkeit und Bereitschaft zur aktiven Konfliktbewältigung und zum Auf-

[21] Die Unwissenschaftlichkeit von Freuds Annahmen über mit den akzidentellen in einer »Ergänzungsreihe« stehenden »konstitutionellen« Faktoren der individuellen Neurosenneigung samt der Inhumanität der dabei vorgenommenen Abqualifizierungen der Patienten als »nicht vollwertig«, »schwächliches Menschenmaterial« u. ä. (vgl. S. 403) liegt so auf der Hand, daß wir uns mit Bezug darauf eine Kritik ersparen können.

geben der Bemühungen um aktive Einflußnahme auf die allgemeinen Lebensbedingungen führen, daß dabei psychische Störungen resultieren, was eine genauere Herausarbeitung der Bedingungen einschließt, unter denen bestimmte Aspekte der Lebenstätigkeit für den Betroffenen und für andere als »psychische Störung« in Erscheinung treten.

Um hier zu gewissen Klärungen zu kommen, beziehen wir uns zunächst auf die referierten Darlegungen Freuds über die *Funktion des »Über-Ich« bei der Entstehung von Neurosen,* in denen er ausführt, daß neurotische Störungen wesentlich durch die Forderungen des Über-Ich, aufgrund derer das Ich die infantilen Triebwünsche als mit diesen unvereinbar zurückweisen muß, entstehen, und zwar genauer dadurch, daß die »verbotenen« infantilen Strebungen nicht mehr mit den Abwehrsystemen des Ich bewältigt werden können, und es somit zu einer *»Wiederkehr des Verdrängten«* kommt, die Voraussetzung für die Bildung des neurotischen Symptoms ist. – Wenn wir diesen Zusammenhang aufgrund unserer früheren Interpretation der Freudschen Überich-Konzeption in Begriffen der dabei erarbeiteten kritisch-psychologischen Auffassungen ausdrücken (vgl. die Zusammenfassung auf S. 354ff.) so heißt das, daß notwendige Vorbedingung für das Entstehen von psychischen Störungen aus der Funktion des Über-Ich die (auf S. 357f.) dargestellte kumulative Reduzierung des Realitätsbezuges ist, bei welcher sich die Gründe für das Mißlingen der Konfliktverarbeitung immer mehr von den ursprünglich äußeren Bedingungen zu bei der Persönlichkeit selbst liegenden Bedingungen verschieben. Zu psychischen »Symptomen« kommt es stets dann, wenn das Individuum einen aktuell entstandenen oder verstärkten Konflikt mit den »normalen« Abwehrformen, durch welche seine Handlungsfähigkeit, wenn auch u. U. auf sehr niedrigem Niveau, im Ganzen erhalten bleibt, nicht mehr bewältigen kann, die Fernhaltung »bedrohlicher« Kognitionen aus dem Bewußtsein nicht gelingt und Angst als emotionale Spiegelung der Richtungslosigkeit des Verhaltens und des hilflosen Ausgeliefertseins an zufällige aktuelle Lebensbedingungen entsteht und über die zwanghafte Verhaltensausrichtung in der Symptombildung wiederum bewältigbar wird. Die früher (S. 359ff.) von uns in Reinterpretation entsprechender Freudscher Auffassungen dargestellten spezifischen Schuldgefühle und »Minderwertigkeitserlebnisse« sind dabei als Gefühle des permanenten Versagens vor den eigenen kriterienlos-blinden Selbstanforderungen unmittelbare Voraussetzungen der gegenwärtig diskutierten Art psychischer Symptome.

Die *neurotischen »Symptome«* wurden, wie dargestellt, von Freud beschrieben als vom Subjekt unbeeinflußbarer »Fremdkörper« innerhalb seines eigenen Ich, als »Staat im Staat, als unzugängliche, zur Zusammenarbeit unbrauchbare Partei«; die Symptombildung führt nach Freud zu einer »Lähmung« des Individuums »für alle wichtigen Lebensaufgaben«, womit der Mensch sich »den Anforderungen des Lebens nicht mehr gewachsen« zeigt und »auf die Verwertung seiner besten und höchsten Kräfte verzichtet hat«. Psychische Symptome der Art, wie sie Freud phänotypisch charakterisiert hat, sind somit im Kontext unserer Konzeption als umschriebene Bezirke innerhalb der eigenen Lebenstätigkeit zu kennzeichnen, die auf eine »anormale« Weise der Selbstkontrolle des Individuums entzogen sind; Holzkamp (1973/74) spricht in diesem Zusammenhang von an der Person ablaufenden, aber ihrer Verfügung entzogenen »Vorgängen dritter Person«, die von den normalen, der Kontrolle des Individuums unterliegenden »Vollzügen« zu unterscheiden sind. Während die einfachen Abwehrvorgänge aufgrund der durch Überichbildung kumulierten Abwehrtendenzen lediglich eine allgemeine Reduzierung der relativen Handlungsfähigkeit, also ihre Stagnation oder Regression auf Handlungsfähigkeits-Niveaus bei einem hohen Grad der »Außenstabilisierung« durch Fremdkontrolle, damit Abhängigkeit von »Mächtigen« zur Folge haben, aber das Individuum im jeweils gegebenen Rahmen handlungsfähig bleibt, sind psychische Symptome als *Störungen der Handlungsfähigkeit selbst* zu betrachten. Das Individuum hat hier, indem bestimmte Aspekte seiner Handlungen, über die Menschen normalerweise verfügen, seiner Kontrolle entzogen sind, damit zusätzlich einen wesentlichen Teil der Kontrolle seiner Lebensbedingungen verloren, ist damit im erhöhten Maße wiederum an die Umweltbedingungen ausgeliefert und entsprechenden Ängsten unterworfen. – Eine als psychische Symptomatik in Erscheinung tretende Störung der Handlungsfähigkeit führt dabei nicht in jedem Fall zur Unfähigkeit der Realisierung der jeweiligen Anforderungen oder Individualitätsformen, also etwa Arbeitsunfähigkeit im engeren Sinne. Häufig kann das Individuum seine Störungen in gewissem Maße kompensieren oder seine Arbeitsbedingungen in einer Weise den Störungen anpassen, daß die Fähigkeit zur Verrichtung der gestellten Anforderungen gerade noch erhalten bleibt, wobei jede aktive Ausweitung bestehender Handlungsräume bzw. jeder Versuch der aktiven Veränderung der äußeren Lebensbedingungen jedoch von vornherein unmöglich wird, der Betreffende voll durch die Aufgabe beansprucht ist, sich mit seinen eigenen Schwierigkeiten zu arrangieren. Die völlige Hilflosigkeit, Unfähigkeit zur Verrichtung jeder Arbeit und totale Pflegebedürftigkeit ist dabei der Grenzfall, bei dem psychische Symptome in manifeste psychopathologische Erscheinungen übergehen.[22]

[22] Genauere Ausführungen über den Begriff der psychischen Krankheit, das Problem der »Normalität« und »Abnormalität« von Merkmalen der Lebenstätigkeit etc. können wir hier nicht machen; vgl. dazu die auf Grundlage der kritisch-psychologischen Konzeption verfaßte Abhandlung von Maiers, »Normalität und Pathologie des Psychischen« (1975).

Einer der wichtigsten Beiträge Freuds zum psychologischen Verständnis psychischer Erkrankungen ist die Einsicht, daß die *»Symptome«* einen *»Sinn«* haben, d. h., daß ihnen für das Individuum eine Funktion im Zusammenhang seiner subjektiven Daseinsbewältigung zukommt, so daß man diese Funktion erfassen muß, wenn man die psychischen Erkrankungen richtig begreifen und angemessene Wege zu ihrer Behandlung finden will. Der Sinn der psychischen Symptome liegt, wie dargestellt, für Freud in ihrem Kompromiß- oder Ersatzcharakter: Das Individuum ist wegen des Versagens der Abwehr nicht fähig, seine infantilen Sexualwünsche zu unterdrücken, so daß sie mit den durch das Ich vertretenen Überich-Forderungen in Konflikt geraten. Dieser Konflikt wird durch das »Symptom« dadurch umgangen, daß das Individuum zwar einerseits seine infantilen Sexualtendenzen nicht aufgibt, sie aber andererseits für das Ich so unkenntlich gemacht sind, daß es eine Abwehr nicht mehr auf sie richten kann; die Libido hat sich in der Symptombildung zwar ein Stück weit von dem ursprünglichen Befriedigungsobjekt entfernt, findet sich also mit der Ersatzbefriedigung ab, die dafür andererseits aber vom Ich zugelassen ist; der damit zustandegekommene »Kompromiß« geht auf Kosten des Individuums, weil es hier zwar den unmittelbaren Konflikt zwischen dem Triebwunsch und dem Ich-Überich und die damit verbundene Angst bis zu einem gewissen Grade losgeworden ist, dafür aber das anhaltende *neurotische Leiden* an dem Symptom eingetauscht hat. In der unmittelbaren Konfliktreduzierung und Angstvermeidung liegt die Funktionalität des Symptoms als primärer Krankheitsgewinn, der allerdings stets durch das neurotische Leiden mit seinen schweren Unlusterlebnissen partiell wieder aufgehoben ist; darüber hinaus kann, wie dargestellt, das Symptom auch zu einem sekundären Krankheitsgewinn führen, der in verschiedenartigen positiven Reaktionen der Umwelt auf die Krankheit des Individuums besteht und die subjektive Funktionalität der Symptomatik noch erhöht. – Wenn es nun unserer Konzeption nach zur die Symptombildung einleitenden »Wiederkehr des Verdrängten« auf »menschlichem« Niveau nicht durch mißlungene Abwehr infantiler Triebwünsche kommt, sondern dadurch, daß bei einem gegebenen aktuellen Konflikt die in der Erkenntnis gegebener Handlungsmöglichkeiten gegründeten emotionalen Handlungsbereitschaften zur Verbesserung der eigenen Lebenslage, die mit der bei ihrer Realisierung antizipierten Existenzgefährdung in Widerspruch stehen, so stark sind, daß sie durch die »freiwillige« Zwangsinstanz des »Überich« nicht gänzlich emotional umgewertet und neutralisiert werden können, also die einfachen Abwehrtechniken versagen, so muß die Funktionalität der »Symptome« für die Vermeidung des Zustandes der Hilflosigkeit und Angst auch hier in ihrem Charakter als Kompromiß- und Ersatzbildungen zu finden sein. Dies bedeutet in diesem Zusammenhang, daß die spontanen Handlungstendenzen, die aus der eingesehenen Notwendigkeit und Möglichkeit der aktiven Einflußnahme auf die allgemeinen Lebensbedingungen entstanden sind, hier zwar einerseits nicht völlig zu verhindern sind, aber andererseits in der Symptombildung eine Form annehmen, in der sie nicht mehr ohne weiteres als Verstoß gegen die im Überich verinnerlichten Denk- und Tätigkeitsverbote im Sinne der Hinnahme der bestehenden Lebenseinschränkungen erkennbar werden. Die »irrationale« Angst, mit Verletzung der »freiwillig« übernommenen Handlungsnormen sich in seiner unmittelbaren Existenz zu gefährden, wird somit trotz des in der Symptombildung liegenden »verdeckten« Infragestellens dieser Normen beherrschbar: die »bedrohliche« emotionale Wertung im Sinne notwendiger Erweiterung der Umweltkontrolle äußert und verbirgt sich zugleich, indem ihr gefährlicher Charakter mit der Art ihrer Realisierung quasi wieder zurückgenommen und durch eine solche Kompromißbildung die Konfliktangst reduziert ist. So verstandene psychische Symptome sind quasi unbewußte »Ausweichmechanismen«, durch welche der Mensch seine Bereitschaft zu einer als notwendig und möglich erkannten Verbesserung der eigenen Lebensbedingungen, die er nicht völlig unterdrücken kann, nicht in entsprechenden Aktivitäten zur Veränderung der Außenwelt, sondern lediglich in Ersatzbildungen realisiert: So kann das Individuum z. B. Handlungen auf ungefährliche, risikolos zu beherrschende Bereiche »verschieben«, etwa nach Art von »Phobien« die Angst an Objekten oder Situationen festmachen, denen man leicht aus dem Weg gehen kann, oder nach Art von »Zwangshandlungen« Rituale aufbauen, mit welchen die »eigentlichen« Handlungen immer wieder aufgeschoben und »abgebogen« werden, Gegenstrategien entwickeln, die die »gefährlichen« Handlungstendenzen in Reaktionsbildungen kompensieren und abfangen, »fixe Ideen« als durch die Realität nicht erreichbare »Gründe« herausbilden, aus denen die jeweiligen notwendigen Handlungen noch nicht, nicht in dieser Situation, nicht in dieser Form ausgeführt werden können, krankhafte Erscheinungen produzieren, die die Realisierung der bedrohlichen Handlungstendenzen tatsächlich unmöglich machen, etc. Der primäre Krankheitsgewinn der geschilderten Art von »Symptomen« besteht darin, daß hier trotz nicht unterdrückbarer »kritischer« Handlungsbereitschaften die offene Umweltauseinandersetzung und damit die aktuelle Konfliktangst vermieden werden kann. Das dagegen eingetauschte »Leiden« ist die geschilderte, mit dem Symptom gegebene Störung der Handlungsfähigkeit. Das Individuum kann hier seine Angst nur um den Preis der Verfügung über einen bestimmten Teil seiner eigenen Lebenstätigkeit reduzieren, nur durch Aufgabe der Selbstkontrolle im Bereich des »Symptoms« die völlige Hilflosigkeit und den totalen Zerfall der Handlungsfähigkeit in den übrigen Bereichen verhindern, der dadurch entstehen muß, daß es die bestehenden Normen nicht mehr akzeptieren,

»gefahrlose« Wege der Veränderung bestehender Verhältnisse jedoch nicht erkennen, eine neue Verhaltensausrichtung somit nicht gewinnen kann. Allein dadurch, daß sie im Symptom und der dadurch gegebenen Handlungsstörung transformiert und »aufgefangen« werden, können die »kritischen« Handlungsbereitschaften nicht für das gesamte Handeln bestimmend werden und damit zu einer unbewältigbaren Existenzbedrohung führen. Das subjektive Leiden ist hier dadurch charakterisiert, daß mit der Handlungsstörung des Symptoms selbst ein Moment der Hilflosigkeit und Verunsicherung gegeben ist, darüber hinaus in der Symptombildung die Angstbewältigung nicht wirklich und endgültig gelingt, sondern die Angst lediglich »gemanaged« wird, d. h. durch Vermeidungsverhalten, Rituale, Strategien etc. an bestimmte relativ beherrschbare Umstände gebunden ist. Das Gefühl des subjektiven Ungenügens angesichts bestehender Anforderungen, die mit dem Erlebnis des Versagens verbundenen Schuld- und Minderwertigkeitsgefühle sind durch die »Halbheiten« der Symptombildung nicht zu beseitigen, sondern höchsten zu beschwichtigen und werden durch die fortbestehenden bedrohlichen Handlungstendenzen immer wieder neu genährt. Weiterhin muß die emotionale Befindlichkeit des Leidens am eigenen Ungenügen durch das niemals völlig zu unterdrückende Bewußtsein verstärkt werden, mit der psychischen Störung auf einem prinzipiell überwindbaren Stand der Entwicklungslosigkeit festgehalten zu sein, d. h. gegebene Möglichkeiten der Entwicklung relevanter Fähigkeiten, damit erweiterter und intensiverer Lebens- und Befriedigungsmöglichkeiten ungenutzt zu lassen. – Diese zwei Arten des Ungenügens, einmal hinsichtlich der »gesellschaftlichen« Anforderungen, andererseits im Hinblick auf die Durchsetzung der als möglich erkannten Verbesserung der allgemeinen Lebensbedingungen, spiegeln in gewisser Weise die zwei Quellen der Freudschen Überich-Aggression wider: Die Aggression des Überich als Reflexion der Stärke der äußeren Aggressionen, die bei einem Verstoß gegen die gesellschaftlichen Normen zu erwarten sind, und Aggression des Überich als Ausdruck der vom Individuum zurückgehaltenen Aggression, also des Verzichts auf Handlung. – Neben dem für das Leiden eingetauschten primären Krankheitsgewinn kann ein sekundärer Krankheitsgewinn durch die Symptomatik stets in dem Maße erreichbar sein, wie diese in ihrer Erscheinungsweise wesentliche Merkmale von »Krankheit« auf eine Weise erfüllt, durch welche das Individuum vor sich und anderen verminderte Verantwortlichkeit und Sonderbehandlung beanspruchen kann, also aus zwingenden, von ihm selbst nicht zu verantwortenden und zu verändernden Gründen Hilfe erwarten darf, in leichteren Fällen durch Rücksicht, Einräumung von Sonderrechten, Verminderung von Pflichten und Verantwortlichkeit, in schweren Fällen durch teilweise Übernahme wesentlicher Funktionen der individuellen Lebenserhaltung durch andere. – Mit der von uns versuchten kritisch-psychologischen Reinterpretation der Freudschen Konzeption vom »Sinn der Symptome« konnten bisher nicht mehr als gewisse Rahmenannahmen, verbunden mit bestimmten Hypothesen, beigebracht werden; dennoch sollte deutlich geworden sein, daß auch an dieser Stelle mit der positiven Aufhebung Freudscher Einsichten wichtige kategoriale Voraussetzungen für künftige Analysen und Forschungen zu gewinnen sind.

Gemäß der Freudschen Neurosen-Konzeption, durch deren Reinterpretation wir Gesichtspunkte für den Aufbau einer kritisch-psychologischen Theorie psychischer Störungen und ihrer Behandlung zu gewinnen versuchen, sind – wir dargestellt (vgl. S. 419ff.) – entscheidende Voraussetzungen für die Neurosenentstehung, nämlich die Herausbildung eines starken Über-Ich, nicht bei allen Menschen gleichermaßen vorhanden, sondern bevorzugt bei einem bestimmten Typ, den Freud als *»Kulturträger«* oder *»Zwangstyp«* bezeichnet und nach unten gegen die »Masse« wie nach oben gegen die »Führer« und »Herrennaturen«, die jeweils aus verschiedenen Gründen nur eine schwache Überich-Entwicklung aufweisen, abgrenzt (wobei diese typologische Einschränkung im Gegensatz dazu steht, daß Freud seine Vorstellungen über die Genese von Neurosen uneingeschränkt formuliert und spezifische Auffassungen über besondere Erscheinungsformen und Entstehungsbedingungen psychischer Erkrankungen bei der »Masse« und den »Führern« kaum dargelegt hat). Um zu Klärungen darüber zu kommen, was aus der »typologischen« Beschränktheit der Freudschen Neurosenlehre für unseren Reinterpretationsversuch folgt, müssen wir Freuds »Typologie« aus ihrer naturalistischen Verkehrung befreien, die – wie geschildert – darin liegt, daß Freud die von ihm dargestellten Unterschiede zwischen verschiedenen gesellschaftlichen Gruppen auf »ein Stück angeborene und nicht zu beseitigende Ungleichheit der Menschen« zurückführt, in der sich die gesellschaftliche Ungleichheit lediglich sekundär manifestiert.

Tatsächlich gehen Persönlichkeitsunterschiede zwischen verschiedenen Klassen, Schichten und Individuen der Gesellschaft primär auf Unterschiede der von ihnen realisierten gesellschaftlichen Individualitätsformen zurück und sekundär auf unterschiedliche Weisen der Verarbeitung bzw. Abwehr der in einer Individualitätsform liegenden Widersprüche angesichts der subjektiven Notwendigkeit, gegenüber den gesellschaftlichen Anforderungen handlungsfähig zu werden bzw. zu bleiben und die individuelle Existenz reproduzieren zu können. In Hinsicht auf den besonders zur Neurose disponierten Freudschen »Kulturträger« können wir spezifizierend feststellen, daß das stark ausgeprägte »Überich«, durch das er charakterisiert ist, unserer Konzeption nach Resultat der Kumulation bestimmt gearteter Abwehrprozesse bei der Realisierung von Anforderungs- und Individualitätsformen, also einer Verminderung des Realitätsbezuges ist, wobei die Alternative einer individualgeschichtlichen Realisierung der gleichen Individualitätsformen ohne Überich-Bildung und Realitätsverlust durch realistische Verarbeitung der in der Individualitätsform liegenden Widersprüche hier immer mitzudenken ist. Die »Neurosenneigung« des »Kulturträgers« wäre also gegründet in einer allgemeineren Unfähigkeit zur personalen Verarbeitung bestimmter gesellschaftlicher Widersprüche, die bei ungünstigen Zusatzbedingungen zur Entstehung einer psychischen Störung führen kann. Wir haben demnach, wenn wir die Konsequenzen der Einschränkung des Freudschen Neurosenkonzeptes im Hinblick auf den Stellenwert unserer daraus reinterpretierten bisherigen Bestimmungen über psychische Störungen und Symptombildungen erfassen wollen, zu klären, *welche Individualitätsformen* im arbeitsteiligen Gesamt der bürgerlichen Gesellschaft bei ihrer Realisierung den Freudschen *»Kulturträger«* ergeben könnten, und wie die Fehlentwicklungen durch kumulierte Prozesse der Konfliktabwehr zu kennzeichnen sind, die gerade zu der besonderen Überich-Stärkung und spezifischen Neurosendisposition des »Kulturträgers« führen. (Unsere Interpretationsversuche müssen dabei zwangsläufig genauso global bleiben, wie die »typologischen« Aussagen Freuds, auf die wir uns beziehen).

Freud hat seine »Kulturträger« und »Zwangstypen«, wie dargestellt, als *im Vergleich zu den »Massen« bevorzugt,* besser »beteilt« etc., jedoch *im Vergleich zu den »Führern« und »Herrennaturen« »innerlich abhängig«* und *»eingeschüchtert«* charakterisiert. Zur Entstehung des Über-Ich kommt es nach Freud hier deswegen, weil der »Kulturträger« an den Gütern der Gesellschaft einen wesentlichen Anteil hat und sich deswegen, anders als die »zurückgesetzten Klassen«, mit der Gesellschaft identifizieren und ihre Verbote »verinnerlichen« kann, dabei gleichzeitig nicht über die Unabhängigkeit und Uneingeschüchtertheit des »Führers« als des »narzißtischen Typs«, der sich um die Verbote nicht kümmert und selbst positiv oder negativ auf die Gesellschaft Einfluß nimmt, verfügt; Voraussetzung für die im Überich vollzogene Verinnerlichung gesellschaftlicher Zwänge ist also nach Freud die durch *Privilegierung motivierte Verwandlung von äußerer in innere Abhängigkeit.*

In den Individualitätsformen, durch deren Realisierung u. U. der »Zwangstypus« zustandekommt, müssen also solche Bestimmungen enthalten sein, durch welche das Individuum zu der Auffassung kommen kann, es könne in der Verwirklichung gesellschaftlicher Anforderungen durch seine *individuelle Anstrengung* die eigene Lebenslage verbessern, und habe mit dem so Erreichten individuell etwas zu verlieren, sei also sowohl in der Lage, sich persönliche Vorteile zu verschaffen wie in der Gefahr, diese Vorteile durch eigenes Verschulden wieder einzubüßen. Gleichzeitig muß es für das Individuum jedoch unmöglich sein, in der Realisierung der Individualitätsform wirklichen Einfluß auf den gesellschaftlichen Prozeß zu nehmen und so seine eigenen Lebensbedingungen bewußt selbst mitzubestimmen. Nur, wenn diese beiden Voraussetzungen gegeben sind, kann es für den Menschen einerseits als lohnend erscheinen, durch Erfüllung vorgegebener Anforderungen seine eigenen Lebensmöglichkeiten innerhalb gesetzter Grenzen zu verbessern oder zu erhalten, wie andererseits die Anforderungsübernahme nicht aus Einsicht in deren Notwendigkeit und Nützlichkeit im allgemeinen und individuellen Interesse, sondern in der Überich-Bildung als »freiwilliger Zwang« erfolgen und blind verinnerlicht werden kann. Freud hat diesen Zusammenhang prägnant auf den Begriff gebracht: »Ich meine, solange sich die Tugend nicht schon auf Erden lohnt, wird die Ethik vergeblich predigen« (XIV, 504). Individualitätsformen, die diese Bedingungen erfüllen, sind in der bürgerlichen Gesellschaft generell schon dadurch gegeben, daß die Klassen und Schichten innerhalb der jeweiligen Klassen hier nicht mehr, wie in den vorbürgerlichen Gesellschaften, hermetisch gegeneinander abgeschlossen und praktisch unüberschreitbar sind, sondern durch das Oberflächenverhältnis der »Freiheit und Gleichheit« scheinbar für jeden die Möglichkeit besteht, in eine höhere Schicht oder sogar Klasse aufzusteigen und in eine niedrigere Schicht bzw. Klasse abzusteigen. In den Bereich subjektiver Lebensthematik wird diese Möglichkeit allerdings nur da gelangen können, wo ihr gleichzeitig mindestens ein gewisser Grad der Wahrscheinlichkeit zukommt, also auf der einen Seite in solchen gesellschaftlichen Schichten, die trotz prinzipieller Fremdbestimmtheit sich durch Privilegien vor der Masse der Bevölkerung herausheben und diese Privilegien »zu verlieren« haben, und auf der anderen Seite in solchen, bei denen, ebenfalls unter Bedingungen der Fremdbestimmtheit, ein individueller Aufstieg durch persönlichen Einsatz mindestens nicht hinreichend ausgeschlossen erscheint, um entsprechende Pläne oder Illusionen gänzlich zu eliminieren. Die Individualitätsformen, durch deren Aneignung »Kulturträger« bzw. »Zwangstypen« entstehen können, lassen sich innerhalb der Klassenstruktur der bürgerlichen Gesellschaft aufgrund der bisherigen Ausführungen nicht eindeutig orten: Man kann dazu offensichtlich sowohl verschiedene privilegierte Mittelschichten zählen, die in dem Maße, wie sie in der Realisierung ihrer Individualitätsform hinsichtlich der Kontrolle und Verwaltung der Bevölkerung die Interessen des Kapitals wahrnehmen, zu Nutznießern der bestehenden kapitalistischen Ordnung werden, wie auch etwa obere Schichten der unmittelbaren Produzenten, in denen bestimmte individuelle Aufstiegsorientierungen u. ä. in Erscheinung treten können.

Weitere Klärungsgesichtspunkte gewinnt man, wenn man sich deutlich macht, daß Freud (gemäß seiner mehrfach geschilderten generellen Tendenz zur Ausschaltung und Verdrängung des Produktionsbereichs) seine Gesichtspunkte zur Unterscheidung der von ihm eingeführten kulturellen »Typen« praktisch ausschließlich aus dem gesellschaftlichen Konsumtionsbereich bezieht. Gesellschaftliche Unterschiede sind für Freud allein Unterschiede in der »Beteilung«. Die gesellschaftlichen Güter sind auf irgendeine Weise bereits vorhanden und müssen nur noch umverteilt werden. Dadurch stehen die einzelnen Gesellschaftsmitglieder wie die gesellschaftlichen »Klassen« in Freuds Sicht notwendig dadurch in Konkurrenz miteinander, daß der Anteil, den der eine okkupiert hat, vom anderen nicht mehr erlangt werden kann. Menschen gewinnen im wesentlichen nur über den Produktionsbereich, den Freud ausklammert, dadurch, daß in der gemeinsamen Zielverfolgung die Möglichkeiten aller an der Kooperation Beteiligten weit über die jeweils individuellen Grenzen hinaus erweitert werden, Bedeutung füreinander; im Konsumtionsbereich, den Freud allein berücksichtigt, dagegen ist jeder andere nur der Konkurrent um den eigenen Anteil und würde besser nicht existieren. Die Privilegierten haben ihre bessere »Beteilung« notwendig auf Kosten der Benachteiligten erreicht und können an deren Besserstellung nicht interessiert sein, weil dies immer eine relative Verkleinerung des eigenen Anteils bedeuten würde. Aus der Beschränkung auf den Konsumtionsbereich ergibt sich auch die notwendige und unaufhebbare Abhängigkeit der um ihren Anteil konkurrierenden Gesellschaftsmitglieder von den Mächtigen, die die gesellschaftlichen Güter verwalten und in deren Willkür es liegt, welcher Anteil auf die jeweiligen Individuen oder Schichten entfallen wird: Nur in der bewußten Beteiligung an der gesellschaftlichen Produktion können die Menschen Einfluß auf die gesellschaftlichen und damit individuellen Lebensbedingungen erreichen und damit auch die »Verteilung« im Interesse aller bewußt mitbestimmen. Gemäß dem weitgehend auf die Konsumtion eingeschränkten Gesellschaftsbild bleibt zur Absicherung der Privilegien demzufolge gar keine andere Wahl, als durch Überich-Bildung die Verbote der »Mächtigen«[23] zu verinnerlichen; sie müssen sich, da sie von der gezielten Einflußnahme auf den gesellschaftlichen Entwicklungsprozeß abgeschnitten sind, mit dem Willen der »Mächtigen«, von denen ihre Lebensbedingungen abhängen, identifizieren und sich durch »freiwilliges« Wohlverhalten mit ihnen arrangieren,

[23] Die gesellschaftliche Macht ist hier natürlich objektiv nicht an Personen gebunden, sondern hat den Charakter der durch das Kapital als unpersönlicher Kraft ausgeübten Klassenherrschaft; dennoch treten die Interessen der herrschenden Klasse dem Individuum meist in personifizierter Form gegenüber (bereits die Eltern können derartige Personifikationen sein), so daß es berechtigt erscheint, den psychologischen Aspekt der Klassenherrschaft personifiziert, etwa mit der Formulierung »die Mächtigen« o. ä., auszudrücken.

ihnen daher insbesondere permanent ihre Nützlichkeit beweisen, indem sie zu Vermittlern der Interessen des Kapitals werden, d. h. diese gegenüber den allgemeinen und damit letztendlich auch gegen ihre eigenen längerfristigen Interessen durchsetzen helfen. – »Kulturträger« und »Zwangstypen«, die die Welt nur vom Verteilungsstandpunkt aus betrachten und gerade deswegen ein besonders starkes Überich herausbilden, das sie zur Neurose disponiert, scheinen also von der unmittelbaren Produktion als Quelle der Entstehung des gesellschaftlichen Reichtums und Ort möglicher bewußter Gestaltung des gesellschaftlichen Lebens im Interesse aller ausgeschlossen und eher in den abgeleiteten Bereichen der arbeitsteiligen Gesellschaft, wie z. B. im wissenschaftlichen, künstlerischen, sozialen, administrativen Sektor durch Realisierung der dort gegebenen Individualitätsformen ihre Existenz zu erhalten. Aber auch diese Zuordnung ist keineswegs eindeutig, da etwa auch der Arbeiter, der auf individuellen Aufstieg in eine höhere Schicht hin orientiert ist, einerseits mit den übrigen Arbeitern in Konkurrenz steht und deren Lebenslage durch seine Vereinzelung potentiell verschlechtert, andererseits, da er aus der kollektiven Durchsetzung gemeinsamer Interessen der Arbeiterschaft ausgeschert ist, um seinen individuellen Vorteil zu wahren, sich ebenfalls mit den Mächtigen, von denen er abhängig ist, arrangieren muß, also auch zur Herausbildung eines starken »Überich« kommen könnte, etc.

Die Individualitätsformen, mit denen die privilegierten Abhängigen konfrontiert sind, repräsentieren also den Widerspruch der antagonistischen Klassengesellschaft auf eine spezifische Weise, indem hier zwar bestimmte Möglichkeiten, sich ein besseres Leben als die Masse der Bevölkerung zu verschaffen und zu bewahren, gegeben sind, aber nur um den Preis der bedingungslosen aktiven Parteinahme für die herrschende Klasse. Diese Parteinahme schließt aber immer neben dem Verzicht auf die bewußte, d. h. an den allgemeingesellschaftlichen Erfordernissen ausgerichtete Lebensführung auch die Bereitschaft ein, die Interessen des Herrschenden um des eigenen kurzfristig-kleinlichen Vorteils willen gegen die der Allgemeinheit durchzusetzen, wobei diese unter dem Schutz der herrschenden Instanzen »risikofreie« parasitäre Ausnutzung der Arbeiterklasse als der unmittelbaren, die gesellschaftlichen Werte schaffenden Produzenten durch die Übernahme entsprechender »gesellschaftlich« angebotener Ideologien – etwa über deren »natürliche« Bedürfnislosigkeit, Unfähigkeit und Unwilligkeit zur Herausbildung höherer Interessen, über die besondere Qualität des »einfachen Lebens« und das Glück der Anspruchslosigkeit, über die »Leiden« des Menschen an der hochentwickelten Zivilisation etc. – nachträglich rationalisiert und kompensiert werden. Das Individuum hat sich mithin bei der Realisierung solcher Individualitätsformen *objektiv zwischen den Interessen der Allgemeinheit und dem Partialinteresse des Kapitals zu ent-*

scheiden bzw. von den entsprechenden Ideologien, die ihm im Prozeß der individuellen Vergesellschaftung als Orientierungsgerüst seiner Umweltverarbeitung vermittelt worden sind, angesichts der dazu in Widerspruch stehenden Realität nachträglich zu befreien, was, wie dargestellt, eine doppelte Gefährdung bedeutet: den Verlust bis dahin gültiger Wertmaßstäbe und zugleich den Verlust des Schutzes und des Wohlwollens der »Mächtigen«, so daß das Individuum gerade in der durch die Umorientierung bestehender Bezugssysteme gegebenen allgemeinen persönlichen Verunsicherung zusätzlich durch die Sanktionen der Herrschenden, von deren Ideologien es sich zu befreien sucht, getroffen wird. In solcher Situation muß die Tendenz, die widersprüchliche Realität zu leugnen und damit die eigne nutznießerische Position zu rechtfertigen, relativ groß, zugleich aber in dem Maße, wie die objektiven Zusammenhänge einmal erkannt worden sind, auch erfolglos sein, so daß die entsprechenden Einsichten stets wiederkehren und die Konflikte bei gegebenen Anlässen erneut aufbrechen und mit besonderem Aufwand wiederum »abgewehrt« werden müssen, etc. Wenn die entsprechenden objektiven und subjektiven Voraussetzungen gegeben sind, kann das Individuum dieses Dilemma überwinden, indem es zu einer immer realistischeren Erkenntnis seiner wirklichen langfristigen Interessen kommt, aus seiner Vereinzelung heraustritt und sich dem gemeinsamen Kampf um »menschliche« Lebensbedingungen für alle anschließt, sich damit selbst immer mehr »vermenschlicht« (und damit das theoretische Fassungsvermögen der Psychoanalyse überschreitet und aus deren Gesichtskreis gerät). Sofern das Individuum aber trotz seiner Einsicht in die Notwendigkeit einer Veränderung gesellschaftlicher Verhältnisse zur Verbesserung allgemeiner, damit der eigenen Lebensverhältnisse und entsprechender emotionaler Handlungsbereitschaften das Risiko der Auseinandersetzung mit den Herrschenden scheut, den aus der Widersprüchlichkeit der Individualitätsform erwachsenen Konflikt im Partialinteresse der Herrschenden gegen das Allgemeininteresse zu lösen versucht, muß es die Tatsache, daß es damit Verrat an gesellschaftlichen Notwendigkeiten, sich selbst und allen Betroffenen übt, permanent aus dem Bewußtsein abwehren. Es muß ein »Überich« ausbilden, durch welches die gegen die allgemeinen und eigenen Interessen gerichteten Forderungen und Einschränkungen der Herrschenden als seinem eigenen »freiwilligen« Dafürhalten bzw. der »Vernunft« (der Anpassung) zu entspringen scheinen, kurz zu jenem »innerlich abhängigen« und »eingeschüchterten« Menschen werden, den Freud als den eigentlichen und einzigen Träger und Bewahrer der menschlichen Kultur herausgestellt hat und der tatsächlich als *»Opportunist«* und *»Nutznießer«* bezeichnet werden muß und der in dem Maße, wie ihm diese Rolle unerträglich ist, er aber andererseits auch nicht die Kraft findet, sich aus ihr zu befreien, »neurotisch« wird.

Die spezielle Lebensproblematik des Freudschen »Zwangstypus« in unserer Reinterpretation, also des »Opportunisten«, ergibt sich daraus, daß er in der antagonistischen Klassengesellschaft quasi zwischen den Fronten steht, einerseits Notwendigkeiten und Möglichkeiten der Verbesserung allgemeiner und individueller Lebensverhältnisse erkennt, aber andererseits diese Verbesserungen für sich persönlich erreichen zu können meint, ohne dabei in einen totalen Konflikt mit der herrschenden Klasse zu geraten, was objektiv jedoch immer bedeutet, an der Ausbeutung der abhängigen Klasse, zu der man in gewissem Sinne selbst gehört, teilzuhaben. Der »Zwangstyp« als Opportunist versucht, durch permanente Prozesse der Realitätsabwehr die Tatsache, daß man in der bürgerlichen Gesellschaft durch jede Tätigkeit und jedes Versäumnis einer Tätigkeit immer und notwendig für eine der antagonistischen gesellschaftlichen Kräfte Partei nimmt, aus dem Bewußtsein fernzuhalten. So gerät der »Opportunist«, falls er zur Wahrung seiner Privilegien und Abwendung des Risikos ihres Entzuges einen Konflikt im Sinne der Herrschenden lösen konnte, stets quasi »vom Regen in die Traufe«, weil dadurch – ganz abgesehen davon, daß er damit seine eigenen längerfristigen Interessen verraten hat – notwendig ein mindestens latenter neuer Konflikt mit jenen Bevölkerungsmassen entsteht, auf deren Kosten er seinen Vorteil gesucht hat. Sein Aufstieg gefährdet zwangsläufig die Interessen der Zurückgebliebenen. Jede soziale Ungerechtigkeit erhöht, wie Freud präzis erkannt hat, die Gefahr der gewaltsamen Auflehnung der Benachteiligten.

Die Schuldgefühle des »Zwangstypus« als Opportunisten, nach Freud »Preis für den Kulturfortschritt«, sind also nicht nur Widerspiegelung der zu erwartenden Sanktionen seiner kritischen Tendenzen gegenüber den bestehenden Verhältnissen, d. h. seiner auf Veränderung der gegebenen Lebensbedingungen gerichteten Handlungstendenzen; dies ist nur eine Seite. Gerade dadurch, daß er versucht, durch Gehorsam gegen die innere Zwangsinstanz des Überich diese Art Schuldgefühle zu reduzieren, erwächst ihm eine andere Art von Schuldgefühlen denen gegenüber, auf deren Kosten er sich mit den Mächtigen arrangiert hat. Diese Schuldgefühle entstehen aus dem mindestens latenten Wissen, daß man mit der Unterwerfung unter die Partialinteressen des Kapitals gesellschaftlich verantwortungslos handelt, indem man diejenigen verrät, von deren Beiträgen die gesellschaftliche Lebenserhaltung und Entwicklung unmittelbar getragen wird und damit in Widerspruch zur Sache des Fortschritts und der Gerechtigkeit und somit auch zu sich selbst gerät, insofern als damit die Grundlagen der eigenen Existenz zwangsläufig brüchig sein müssen. Da durch eine volle Einsicht in diesen Zusammenhang und entsprechende Handlungsbereitschaften wiederum die Bedrohung durch die Herrschenden sich verstärken würde, müssen vom »Zwangstyp« als »Opportunisten« in unserem Sinne auch die Schuldgefühle gegenüber den Benachteiligten »verdrängt«, d. h. durch kognitive Verfälschung ihres Anlasses reduziert werden. Dies kann etwa dadurch geschehen, daß man, wie dies aus den zitierten Freudschen Passagen deutlich wird, die eigene Privilegierung als persönlichen Verdienst interpretiert, etwa sich selbst vortäuscht, mit der durch das Überich erzwungenen Unterdrückung und Verkümmerung sinnlich-vitaler Bedürfnisse habe man das moralische Recht und die Qualifikation erworben, um sich über die Massen, die nicht zur Beherrschung und Unterdrückung ihrer unmittelbaren Bedürftigkeit fähig sind, zu erheben: »Ebensowenig wie den Zwang zur Kulturarbeit, kann man die Beherrschung der Masse durch eine Minderzahl entbehren, denn die Massen sind träge und einsichtslos, sie lieben den Triebverzicht nicht . . .« (Freud, XIV, 328), etc. – Eine weitere Form der Abwehr solcher Schuldgefühle ist z. B. die Rechtfertigung der eigenen Handlungsabstinenz mit der Rücksicht auf wiederum abhängige Personen im sozialen Nahraum, wie Eltern, Ehegatten, Kinder, die durch die Handlungskonsequenzen in ihrer Existenz gefährdet, mindestens aber subjektiv belastet wären, etc. (vgl. dazu genauere Ausführungen im 3. Teilband).

Die Freudsche Neurosenlehre ist, wie aus den letzten Ausführungen schon deutlich wurde, nicht nur dadurch charakterisiert, daß sie bevorzugt die psychischen Störungen des »Zwangstyps« charakterisiert, sondern auch und wesentlich dadurch, daß sie dabei selbst den gesellschaftlichen Standort des »Zwangstyps« und »Kulturträgers«, also einer bestimmten Art von Realitätsabwehr der Angehörigen privilegierter Mittelschichten, einnimmt. Wie Freud bereits die Überich-Bildung nicht als eine abwehrbedingte Fehlentwicklung, sondern als normalen Prozeß menschlicher Vergesellschaftung deutete, so wird von ihm der »Zwangstyp« und »Kulturträger« als gesellschaftlich notwendige, für das Fortbestehen der Kultur absolut unerläßliche Erscheinung betrachtet, wobei sich seine Kritik besonders auf die kulturgefährdenden Massen, aber auch auf den u. U. verantwortungslos die Kultur aufs Spiel setzenden »narzißtischen Typ« richtet. Freud weiß sich also durch die Überich-Geprägtheit und »Kulturträgerschaft« mit seinen Patienten verbunden; Arzt und Patient unterscheiden sich nicht auf dieser Ebene, sondern nur dadurch, daß der Patient das Schicksal als »Kulturträger« nicht hinreichend bewältigte und deswegen neurotisch geworden ist. In der Freudschen Neurosenlehre werden also die geschilderten Rechtfertigungssysteme, durch welche die Privilegierung des »Kulturträgers« gegenüber den »Massen« als berechtigt und naturgegeben erscheint, nicht angetastet; im Gegenteil, über den Abbau »übertriebener« Schuldgefühle – durch Verweisung auf die Unzulänglichkeit der »Massen« und die mühselige, aber notwendige Funktion des »Kulturträgers« – werden diese vielmehr gegenüber den Widersprüchlichkeiten der Realität stabilisiert, die

»produktive« Wendung der Unruhe verhindert und die Handlungsabstinenz damit allgemein gefestigt. Die Neurosen treten hier lediglich als Komplikationen innerhalb dieses Naturverhältnisses auf, durch deren Beseitigung die Möglichkeit zur Ausübung der »kulturerhaltenden« Funktionen und zum Genuß der Privilegien wieder hergestellt ist.

Aufgrund dieser Auseinanderlegung läßt sich nun der Unterschied und Widerspruch zwischen Freuds Konzeption psychischer Störungen und Symptombildungen und unserer kritisch-psychologischen Reinterpretation dieser Konzeption zugespitzt herausheben. Die Freudsche Einengung der allgemeinen Voraussetzungen, der besonderen genetischen Vorbedingungen und der aktuellen Auslösebedingungen von Neurosen auf sexuelle Versagungen bzw. Konflikte als allgemein-menschlicher Urproblematik erweist sich hier in ihrer wissenschaftlichen Unhaltbarkeit gleichzeitig als eine *in der Theorie selbst liegende »Abwehr« der wirklichen Zusammenhänge,* die damit auch den Patienten vorenthalten werden; die theoretische »Verschiebung« der konkreten Lebensproblematik des Patienten auf den Bereich der Sexualität erscheint dabei als eine schwerwiegende *Verharmlosung der tatsächlichen Gründe für die Lebensschwierigkeiten des Patienten,* die zu seiner psychischen Störung geführt haben. So wird von Freud das Über-Ich zu einem abstrakten Repräsentanten »der« versagenden Gesellschaft, in welchem das Individuum Verbote der Äußerung und Realisierung infantiler Triebwünsche verinnerlicht hat, verharmlost; damit wird davon abgelenkt, daß im »Überich« tatsächlich die gegen die Interessen der Allgemeinheit gerichteten Forderungen und Einschränkungen der Herrschenden vom Individuum verinnerlicht sind, daß das Überich also einen Mechanismus darstellt, durch welchen das Individuum als Verkörperung eines »opportunistischen« Arrangements mit den Mächtigen sich selbst daran hindert, aufgrund seiner Einsichten in gesellschaftliche Notwendigkeiten die eigenen Privilegien zu gefährden. Weiterhin ist die Freudsche Version von »Schuldgefühlen« aufgrund des Verstoßes gegen die vom »Über-Ich« geforderte Unterdrückung infantiler Triebwünsche vom Betroffenen sicherlich sehr viel eher zu akzeptieren als die Herausarbeitung des Umstandes, daß seine »Schuldgefühle« wesentlich durch seinen wider bessere Einsicht um kurzfristiger Vorteile willen begangenen Verrat an der Allgemeinheit, damit an seinen richtig verstandenen eigenen Interessen, bedingt sind, daß er sich schuldig fühlt, weil er unbewußt die Berechtigung der Aggressionen derjenigen, deren Interessen er um seines individuellen »Fortkommens« willen verletzt hat, und seine eigene Verantwortung für die Kümmerlichkeit und Kleinlichkeit seines durch Willfährigkeit gegenüber den Herrschenden erkauften »privilegierten« Daseins mehr oder weniger klar erkennen muß. Auch Freuds Auffassung über die Eigenart psychischer Symptome als Kompromißbildungen zwischen nicht voll abzuwehrenden infantilen Sexualstrebungen und durch das Ich vertretenen Überich-Verboten muß sich für alle Beteiligten relativ harmlos ausnehmen im Vergleich zur Anerkennung der Einsicht, daß derartige »Symptome« für das Individuum die Funktion haben, Handlungsbereitschaften zur Verbesserung der allgemeinen und damit individuellen Lebenslage in »Kompromiß«- und »Ersatzbildungen« so aufzufangen und zu neutralisieren, daß sie nicht mehr handlungsbestimmend werden können, womit um den Preis des individuellen »Leidens« hier das Risiko der offenen Auseinandersetzung vermieden und der Konflikt »opportunistisch« im Sinne der Partialinteressen der Herrschenden gegen das Allgemeininteresse »bewältigt« ist, etc. Die vergleichsweise »Harmlosigkeit« der Freudschen Neurosentheorie läßt sich allgemein daran verdeutlichen, daß durch die Interpretation der Neurose als privates Schicksal angesichts abstrakter gesellschaftlicher Sexualversagungen, wodurch der Patient über seine widersprüchliche und fragwürdige gesellschaftliche Existenz und die tatsächlich anstehenden schweren Entscheidungen hinweggetäuscht und hinweggetröstet und in seinem Nutznießerstatus bestätigt wird, die Psychoanalyse und der Psychoanalytiker sich im Hinblick auf die wahren Zusammenhänge ihrer gesellschaftlichen Existenz und Wirksamkeit genau so schonen und sich in ihrer eigenen wissenschaftlich beschränkten, daher »opportunistischen« Position genau so wenig in Frage stellen wie den Patienten. Die von uns herausgearbeitete Erkenntnis dagegen, daß psychische Störungen, wie wir sie bisher diskutiert haben, letztlich auf die Abwehr der Einsicht zurückgehen, daß in der antagonistischen Klassengesellschaft die Parteinahme für das Partialinteresse des Kapitals und die Parteinahme für die Interessen der Allgemeinheit, damit die eigenen wohlverstandenen Interessen sich notwendig ausschließen, hat zwingende existentielle Konsequenzen nicht nur für den Klienten, sondern auch für die therapeutische Theorienbildung und daraus abgeleitete Behandlungspraxis des Therapeuten selbst (siehe weiter unten).

Aus den letzten Darlegungen bestätigt sich unsere eingangs getroffene Feststellung, daß wir mit der Reinterpretation der Freudschen Neurosenkonzeption auch bei der Zurückweisung ihrer Verkehrtheiten und dem Versuch ihrer Aufhebung in einer wissenschaftlich angemesseneren Konzeption psychischer Störungen dennoch durch die Begrenztheiten der psychoanalytischen Fragestellungen, die wir dabei aufgegriffen haben, in unserer eigenen Analyse beschränkt sein müssen: Wenn wir auch die Freudsche Bezogenheit seines Neurosenkonzepts auf den »Zwangstypus« und »Kulturträger« unter Aufhebung scheinbarer Naturgegebenheit menschlicher Unterschiede auf die Individualitätsform privilegierter Abhängiger und dabei auftretende Fehlentwicklungen hin expliziert haben, wobei der Klassencharakter der von Freud auf ein abstraktes Verhältnis zwischen Individuum und Gesellschaft verkürzten Überich-Konflikte zutagetrat, so haben wir dennoch auch in unserer Reinterpretation bisher nur solche Voraussetzungen und Erscheinungsformen psychischer Störungen verdeutlicht, die durch die Überich-Bildung als »Verinnerlichung« von Forderungen und Einschränkungen im Interesse der herrschenden Klasse zusammenhängen. Wir haben damit, wie ausgeführt, nur persönliche Fehlentwicklungen innerhalb solcher Individualitätsformen berücksichtigt, die für die Individuen die Möglichkeit oder wenigstens die Illusion einschließen, durch ein Arrangement mit den Herrschenden ihre individuellen Privilegien erhalten oder einen individuellen Aufstieg erreichen zu können; nur unter dieser Voraussetzung ist die Herausbildung eines Überich als »freiwillige« Identifikation mit den herrschenden Normen zur Vermeidung von eigenen Verhaltenstendenzen, die die Privilegien und Aufstiegsmöglichkeiten gefährden könnten, psychologisch erklärlich. Ausgeklammert blieb dabei also notwendigerweise das Problem der Genese und Erscheinungsweise psychischer Störungen all solcher Gesellschaftsmitglieder, bei denen durch die Beschaffenheit der zu realisierenden Individualitätsform die Entstehung eines starken »Überich« von vornherein weitgehend ausgeschlossen ist, also (wenn wir die Bourgeoisie beiseitelassen) jener breiten Schichten der Arbeiterklasse, in welchen die Perspektive eines individuellen Aufstiegs praktisch nicht existiert. Ein zentrales Konfliktpotential entsteht hier, wie dargestellt, durch die wahrgenommene Diskrepanz zwischen der eigenen Entwicklungsbeschränkung und den gesellschaftlichen Entwicklungsmöglichkeiten. In diesem Zusammenhang entstehende Konflikte zwischen Handlungsnotwendigkeiten zur Verbesserung der eigenen Lebenslage und dadurch zu antizipierenden Bedrohungen der Existenzgrundlage durch die herrschende Klasse können letztlich nur in Aufhebung der Bedeutungslosigkeit des Einzelnen durch Zusammenschluß der Arbeiterklasse im Kampf um die Überwindung der objektiven Entwicklungsbeschränkungen verarbeitet werden; sofern eine solche Konfliktverarbeitung nicht möglich ist, kann es zu den früher dargestellten Formen der Konfliktabwehr kommen, etwa der Art von Abwehrformen, in welchen, wie geschildert, auf verschiedene Weise durch Bezugssystem-Veränderung, Einschränkung der Vergleichsdimensionen, Maßstabverkehrung etc. die objektive Diskrepanz zwischen der eigenen Entwicklungsbeschränkung und den gesellschaftlichen Entwicklungsmöglichkeiten aus dem Bewußtsein eliminiert und damit der Konflikt verdrängt wird (vgl. S. 288ff.). Man kann von der Annahme ausgehen, daß auch hier, sofern die Konfliktbewältigung durch einfache Abwehr nicht gelingt, also eine »Wiederkehr des Verdrängten« droht, psychische Störungen und Symptome auftreten, durch welche der aktuelle Konflikt und die dadurch hervorgerufene Angst um den Preis der Einbuße an bewußter Einflußnahme auf die allgemeinen Lebensbedingungen und des damit verbundenen Leidens reduziert werden. Die dabei auftretenden Symptome müßten allerdings gänzlich anderer Art sein als die früher von uns in Reinterpretation entsprechender Freudscher Vorstellungen diskutierten Symptome. Zu denken wäre hier etwa an »symptomatische« Handlungen, in denen die Abhängigkeit der eigenen Entwicklung, Bedeutung und Daseinserfüllung von der gesellschaftlichen Integration, die einem objektiv verwehrt ist (und die man nur im organisierten Zusammenschluß vorwegnehmen könnte), praktisch negiert wird, z. B. indem man durch »Ausflippen« jeder Art, Gammeln, »Verwahrlosung«, Alkoholismus, Drogensucht, in illusionärer Selbstgenügsamkeit ohne die anderen seine Befriedigung sucht oder durch Angeberei, Aufschneiderei, expansive, selbstdarstellerische Aggressivität, Gewalttätigkeit gegenüber Schwächeren die eigene Machtlosigkeit in der illusionären Aufblähung der Bedeutung der eigenen Person überspielt, etc., wobei hier Übergänge zu bestimmten Arten der »Kriminalität« gegeben sind, mit der man sich individuell nimmt, was einem gesellschaftlich verwehrt ist, seine blinde Aggressivität bis zur Selbstzerstörung steigert, etc. Die Handlungsstörungen bestehen hier nicht, wie bei den durch Überich-Bildung begünstigten psychischen Symptomen, in den der Verfügung des Individuums entzogenen Verschiebungen, Ritenbildungen, Gegenstrategien etc. zur Neutralisierung der den Überich-Geboten widersprechenden »gefährlichen« Handlungen zur Verbesserung der allgemeinen und individuellen Lebensbedingungen, sondern können möglicherweise ebenfalls als dem Individuum nicht verfügbare und von ihm nicht zu steuernde Aktivitäten charakterisiert werden, in denen um einer illusionären gegenwärtigen Erleichterung oder Bestätigung willen die Handlungskonsequenzen radikal ausgeklammert sind. Das Individuum verschlechtert mithin durch seine »Gestörtheit« progressiv die eigene objektive Lebenslage, womit der primäre Krankheitsgewinn hier bald gegenüber dem »Leiden« zurücktritt, und sekundärer Krankheitsgewinn dabei ohnehin nicht zu erwarten ist, sondern häufig eher sein Gegenteil, zusätzliche gesellschaftliche Sanktionen, provoziert werden. Der Mensch kann hier dennoch seine »Gestörtheit« nicht aufgeben, weil die Umwelt ihm immer weniger einen anderen Ausweg läßt; etc. – Mit diesen globalen Hinweisen sollte nur veranschaulicht werden, wo Probleme einer kritisch-psychologischen Analyse und Erforschung psychischer Störungen liegen, deren Beschaffenheiten durch Reinterpretation psychoanalytischer Neurosenkonzeptionen keineswegs mehr hinreichend klärbar ist. Eine weitere Gruppe von psychischen Störungen läßt sich u. E. aus der geschilderten Art von Abwehrformen herleiten, in welchen auf verschiedene Weise das Vorhandensein oder die Entwickelbarkeit von Fähigkeiten zur Verbesserung der eigenen Lebenslage geleugnet wird, so daß die eigene Lebensverbesserung nicht zur subjektiven

Notwendigkeit werden kann, sondern nur noch »Wunschvorstellung« ist. Wir wollen jedoch über die möglicherweise auf der Basis solcher Abwehrprozesse entstehenden Symptome hier keine Vermutungen formulieren, weil wir darauf bei Diskussion der Leistungsproblematik und entsprechender bürgerlicher Theorien im letzten Teilband eingehen werden. Eine systematische kritisch-psychologische Theorie psychischer Störungen, in welcher die Einseitigkeiten und Verzerrungen durch den Versuch der positiven Aufhebung und damit wissenschaftlichen Verwertung von partiellen Einsichten und Befunden bürgerlicher Konzeptionen überwunden sind, kann jedoch, wie gesagt, erst im Fortgang der pädagogisch-therapeutischen Praxis in den Projekten des Instituts allmählich erarbeitet werden.

5.7.5 Das Ziel der therapeutischen Aktivität: Nicht isolierte Beeinflussung der »psychischen« Verfassung, sondern Erweiterung von Handlungsräumen des Klienten zur Verbesserung seiner objektiven, damit subjektiven Lebenslage

Die allgemeinen Rahmenziele therapeutischer Aktivitäten, wie sie aus dem kritisch-psychologischen Grundansatz ableitbar sind, haben in manchen sehr allgemeinen Bestimmungen Ähnlichkeiten mit der (auf S. 405ff.) dargestellten Freudschen Zielbestimmung der psychoanalytischen Behandlung. Wenn es Freud etwa als »Ziel der Behandlung« betrachtet, dem Patienten »den psychischen Aufwand für innere Konflikte zu ersparen, das beste aus ihm zu gestalten, was er nach Anlagen und Fähigkeiten werden kann, und ihn so nach Möglichkeit leistungs- und genußfähig zu machen«, die »Ersetzung des Unbewußten durch Bewußtes« zu erreichen, »Verdrängungen« aufzuheben, die »Bedingungen für die Symptombildung« zu beseitigen, damit den »pathogenen Konflikt in einen normalen, der irgendwie seine Entscheidung finden muß«, zu verwandeln, so die bisher durch die psychische Erkrankung verbrauchte Energie für die reale Lebensbewältigung verfügbar zu machen, so können wir dem global durchaus zustimmen. Man könnte demgemäß als Gemeinsamkeit psychoanalytischer und kritisch-psychologischer Therapie-Konzeptionen das Ziel der *»Bewußtseinsentwicklung«* herausheben und damit die psychoanalytische wie (zu erarbeitende) kritisch-psychologische »Bewußtseinstherapie« etwa von der »Verhaltenstherapie« jeder Spielart abgrenzen. Zentrale und unüberbrückbare Unterschiede zwischen psychoanalytischen und kritisch-psychologischen Auffassungen zur therapeutischen Zielbestimmung ergeben sich allerdings sofort, wenn man die globale Ebene verläßt und die verwendeten Begriffe ansatzweise konkretisiert. Dann stellt sich heraus, daß wir aufgrund der von uns geleisteten funktional-historischen Ableitung der Kategorien zur Erfassung menschlicher Entwicklung und dabei auftretender

Konflikte und Störungen jedes der von Freud bei der Kennzeichnung der therapeutischen Ziele benutzten Konzepte essentiell anders zu spezifizieren haben, als dies vom psychoanalytischen Ansatz aus geschieht. Insbesondere gilt dies für den zentralen Schlüsselbegriff des »Bewußtseins«.

Bei der therapeutisch unterstützten Bewußtseinsentwicklung, wie die Kritische Psychologie sie versteht, geht es nicht darum, verdrängte infantile Triebwünsche »bewußt« zu machen, um sie dann der »Verarbeitung« durch Akzeptieren Verzicht oder Sublimierung zuzuführen, sondern, allgemein, immer darum, durch Verbesserung des bewußten Bezuges zur konkreten gesellschaftlichen Realität, damit Erweiterung der Erkenntnis und des Wissens über die objektiven Bedingungen der eigenen Lebensschwierigkeiten, die emotionale Handlungsbereitschaft des Individuums so zu verändern, daß es nicht im Zustand der Abhängigkeit gegenüber den vorgegebenen Lebensbedingungen verbleibt, sondern durch die bewußte Teilhabe am gesellschaftlichen Entwicklungsprozeß (in den von seinem gesellschaftlichen Standort aus relevanten Aspekten s. u.) Einfluß auf die eigenen Lebensbedingungen zu gewinnen sucht. Das Individuum muß im therapeutischen Prozeß in dem Sinne zu einer Überwindung der Störungen seiner Handlungsfähigkeit gebracht werden, daß es seine eigenen subjektiven Handlungsimpulse bewußt zur Kenntnis nimmt, indem es sie auf ihre objektiven Ursachen zurückzuführen lernt und dabei zugleich zu der Einsicht kommt, daß der Grad der Entwicklung relevanter Fähigkeiten und damit Möglichkeiten der Bedürfnisentwicklung auf »menschlichem« Niveau einschließlich der »menschlichen« Befriedigung sinnlich-vitaler Bedürfnisse immer vom Grad seines Einflusses auf die gesellschaftlichen Bedingungen abhängig ist, und daß es diesen Einfluß nur durch die bewußte Koordination der eigenen Anstrengungen mit denen anderer gewinnen kann. Generelles Rahmenziel der Therapie ist für uns mithin stets die Reduzierung individualgeschichtlich erworbener Prädispositionen zur Konfliktabwehr durch Förderung der Möglichkeit zu realistischer Konfliktverarbeitung, damit Erhöhung der Kontrolle über die eigenen Lebensbedingungen und kooperativen Integration, also Verminderung »bloß« sozialer Abhängigkeitsbeziehungen, was gleichzeitig die erhöhte Abgesichertheit elementarer emotionaler Einbettung bedeutet. Da verbesserte Kontrolle über die eigenen Lebensbedingungen und kooperative Integration die Entwicklung der dazu nötigen Fähigkeiten zwingend einschließt, ist die direkte oder indirekte Förderung der jeweils einschlägigen Fähigkeiten integrierender Bestandteil jeder Therapie, wie wir sie verstehen. Demgemäß hat sich am Psychologischen Institut zur Kennzeichnung unserer therapeutischen Arbeit die Bezeichnung pädagogisch-therapeutische Tätigkeit durchgesetzt, wobei der Akzent einmal mehr auf den pädagogischen und ein anderes mal mehr auf dem therapeutischen Moment liegen kann (vgl.

Studienplan des PI). Ziel der pädagogisch-therapeutischen Bemühungen ist die volle Ausnutzung bzw. weitestmögliche Ausdehnung der vorhandenen »Handlungsräume« zur Auflösung der Ausgeliefertheit an zufällige je aktuelle Lebensbedingungen in Richtung auf Teilhabe an bewußt-geplanter Lebensführung in kooperativer Verfolgung gemeinsamer Ziele zur Verbesserung gesellschaftlicher Daseinsbedingungen, damit Erweiterung individueller Lebens- und Erlebnismöglichkeiten. – Holzkamp hat die subjektiv-phänographische Seite des Ausgangs- und des angestrebten Endzustandes einer so verstandenen pädagogisch-therapeutischen Aktivität verdichtet auf folgende Weise umschrieben:

»Unbewältigtes Dasein, wie es einer Bewältigung durch ... (therapeutische Aktivitäten) bedürftig und unter Umständen auch fähig ist, ist Eingefangenheit in der scheinbaren Zufälligkeit der eigenen subjektiven Erfahrung, Ausgeliefertsein an den jeweils übermächtigen Augenblick, Begriffslosigkeit gegenüber einem als blinde Faktizität undurchdringlichen Welt- und Selbsterleben, Hilflosigkeit angesichts des eigenen Lebensprozesses als eines unfaßbaren und unbeeinflußbaren ›Vorgangs dritter Person‹ . . . So gefaßtes unbewältigtes Dasein ist Vereinzelung, Partialisierung, Zusammenhangsblindheit, Realitätsverlust, Vergangenheitslosigkeit, damit Zukunftslosigkeit, der Mangel an Einsicht in die objektiven Grenzen und Möglichkeiten der Perspektive eines vernünftig zu entwickelnden und zu entfaltenden persönlichen Lebens. Soweit sich ... (im Fortgang des therapeutischen Prozesses) gesellschaftlich-allgemeine Charaktere meiner Erfahrung verdeutlichen, kann ich der Bedrängnis des blinden Lebensvollzuges meine Besinnung und Besonnenheit entgegensetzen. Die Proportionen rücken sich zurecht; ich vermag den Schein meiner Vereinzelung zu durchschauen, damit – wenn auch nicht notwendig schon in begreifender Erkenntnis meiner wirklichen gesellschaftlichen Lage den objektiven Forderungen gesellschaftlicher Praxis mich zu unterstellen – mich aber überhaupt erst wieder in die Verfassung eines potentiell Erkennenden bringen, mir die Fähigkeit zurückgeben, mich den Notwendigkeiten dessen, was mir zu tun bleibt und was ich zu tun habe, mit Gelassenheit zu unterstellen. Die so erreichbare Entwicklung meiner Welt- und Selbsterfahrung beinhaltet zwar nicht schon selbst Solidarität im Kampf gegen die gesellschaftlichen Bedingungen der Verstümmelung menschlicher Möglichkeiten, vielleicht aber klärt sich hier die ›Verständigungsbasis‹ darüber, was der Mensch sein könnte, ist mir durch die Herausstellung meiner auch in ihrer Verkümmerung und Entstellung tatsächlichen menschlichen Potenzen die Artikulation dessen, was ich wirklich brauche und werden muß, vor anderen, damit vor mir selbst erleichtert . . .« (In Holzkamp & Henkel, noch unveröff. Manuskr.).

Gemäß den damit angedeuteten allgemeinen Zielen der Therapie müssen mit dem Fortgang des pädagogisch-therapeutischen Prozesses auch die psychischen Symptome als Verselbständigung psychischer Störungen reduzierbar sein, d. h. die als Symptombildung in Erscheinung getretenen, der Kontrolle des Individuums entzogenen »Fremdkörper«, die »Vorgänge dritter Person«, müssen wieder in die Verfügung des Subjekts gebracht, damit die krankheitsbedingten »Exklaven« der Handlungsfähigkeit aufgehoben werden, oder, in Holzkamps Terminologie: der bloße »Vorgangscharakter« bestimmter Aspekte der Lebenstätigkeit ist in vom Individuum bewußt intendierte und steuerbare »Vollzüge« zu überführen, so daß das Individuum in gewissem Sinne wieder »Autonomie« und »Freiheit« im Hinblick auf seine eigenen Handlungen gewinnt. Während wir, wie dargestellt (S. 431 ff.), mit der Freudschen Charakterisierung der Symptome als »Fremdkörper«, »Staat im Staate« o. ä. bei unserer Reinterpretation des Symptom-Begriffs auf deskriptiver Ebene weitgehend übereinstimmen, ist die Eigenart der durch therapeutische Reduzierung der Symptome anzustrebenden Selbstkontrolle, »Autonomie« o. ä. des Individuums im Kontext unseres Grundansatzes prinzipiell anders zu kennzeichnen. Für Freud ist die »Bewußtmachung« von verdrängten Impulsen als Voraussetzung ihrer möglichen Verarbeitung entweder bewußte Realisierung oder bewußte Beherrschung und Sublimierung, aber stets ein Akt, den das jeweils einzelne Individuum vollziehen muß und kann und dessen Möglichkeiten allein von der individuellen »Ich-Stärke«, den moralischen Eigenschaften etc. des individuellen Patienten abhängt. Unserer Auffassung nach ist dagegen die Beherrschung der Handlungsimpulse nur über die bewußte Einflußnahme auf die eigenen Lebensbedingungen durch Erweiterung der Teilhabe an gesellschaftlicher Realitätskontrolle, also als bewußte Planung und Führung des Lebens gemäß der emotional gewerteten Einsicht in den jeweiligen Zusammenhang zwischen gesellschaftlichen und individuellen Lebensnotwendigkeiten zu erlangen. Die in der Therapie anzustrebende Erhöhung der Selbstkontrolle, des »Vollzugscharakters«, der »Freiheit« und »Autonomie« der Lebenstätigkeit ist also für uns gleichbedeutend mit der Ausdehnung der Umweltkontrolle, d. h. mit der Erweiterung der an sachnotwendigen gesellschaftlichen Zielen ausgerichteten Aspekte der individuellen Lebenstätigkeit, wodurch allein Abhängigkeiten als Ursache individueller Ausgeliefertheit und Angst in Richtung auf die volle Selbstbestimmung des Individuums zu vermindern sind. Holzkamp (1973/74) hat diesen entscheidenden Unterschied der pädagogisch-therapeutischen Zielbestimmung von der Position des marxistisch fundierten kritisch-psychologischen Ansatzes gegenüber bürgerlichen Therapiekonzeptionen wie der Psychoanalyse verallgemeinernd auf den Begriff gebracht:

»Autonomie, Selbstkontrolle, Selbstbeherrschung, oder auch Freizügigkeit, Ungebundenheit, Enthemmtheit des einzelnen Menschen, seine Fähigkeit, individuelle Bedürfnisse und Interessen gegen die Interessen anderer Individuen zur Geltung zu bringen, Bindungen nach Belieben einzugehen und zu lösen, zwischen Partnern, Lebenslagen, Lebensperspektiven zu wählen, dies sind Zielvorstellungen unterschiedlichster therapeutischer Konzeptionen, von der Psychoanalyse (mit ihrem modernen Lieblingsbegriff der ›Ichstärke‹) bis selbst hin zur Verhaltenstherapie, wenn sie den

Menschen trainiert, sich durchzuboxen. Im Hintergrund solcher Vorstellungen stehen bürgerliche Ideologien über die ›Freiheit des Individuums‹ von Konservativ bis Ultralinks (unterschieden nur hinsichtlich der Frage, in welchem Grade, mit welchen Mitteln und für welchen Personenkreis diese persönliche ›Freiheit‹ gesellschaftlich durchzusetzen sei). Was hier als ›Autonomie‹ etc. bzw. ›Freiheit‹ ausgegeben wird, ist . . . illusionäre Unabhängigkeit des Einzelmenschen von der Gesellschaft, Standpunktlosigkeit, Kriterienlosigkeit, Beliebigkeit des Handelns angesichts einer unbegriffenen gesellschaftlichen Realität, Blindheit gegenüber dem Realzusammenhang zwischen gesamtgesellschaftlichen und individuellen Interessen. Die Gleichsetzung von Freiheit des gesellschaftlichen Menschen mit Ungebundenheit, Willkürlichkeit, Wahlfreiheit wird von Engels (im Anti-Dühring) durch Diskussion der Hegelschen Bestimmung der *Freiheit als Einsicht in die Notwendigkeit* überzeugend als falsch aufgewiesen: »Je *freier* . . . das Urteil eines Menschen in Beziehung auf einen bestimmten Fragepunkt ist, mit desto größerer *Notwendigkeit* wird der Inhalt dieses Urteils bestimmt sein; während die auf Unkenntnis beruhende Unsicherheit, die zwischen vielen verschiedenen und widersprechenden Entscheidungsmöglichkeiten scheinbar willkürlich wählt, eben dadurch ihre Unfreiheit beweist, ihr Beherrschtsein von dem Gegenstande, den sie gerade beherrschen sollte« (MEW 20, S. 106). Makarenko faßt den gleichen Gedanken bündig im Hinblick auf pädagogische Probleme: »Die Disziplin wird häufig der Freiheit gegenübergestellt. Das ist (falsch). Freiheit ist nicht Ungebundenheit. *Ungebundenheit ist die Möglichkeit des isolierten Individuums, alles zu tun* . . . Freiheit ist eine *soziale Kategorie,* es ist keine isolierte Position in den Wolken, sondern ein Teil des Allgemeinwohls. *Wenn ich Freiheit habe, hat mein Nachbar sie auch* . . . Die Freiheit muß der *Willkür gegenübergestellt werden.* Eine auf die Beschränkung der Willkür gerichtete Disziplin in der Gesellschaft *stellt mich in das rechte Verhältnis zu allen Elementen der Gesellschaft und gestattet mir dadurch, genau meine Lage zu berücksichtigen und genau zu bestimmen, was ich zu tun habe.* Ungebundenheit ist . . . Lauf im ›leeren Raum‹ (Werke, Berlin, Volk und Wissen, Bd. 7, S. 431 f., Hervorh. Ref.)«. – Auch wenn Freud nicht das »Ausleben«, sondern die »bewußte Beherrschung« der Sexualtriebe als Therapieziel herausstellt, liegt dem die geschilderte falsche bürgerliche Vorstellung von persönlicher Freiheit und Autonomie zugrunde. Es kann von ihm nicht begriffen werden, daß bewußte Einflußnahme auf die eigenen aktuellen Bedürfnisimpulse nicht durch einen individuellen Entschluß zur Übernahme entsprechender gesellschaftlicher Normen, sondern nur aus Einsicht in den Zusammenhang der gesellschaftlichen Notwendigkeit einer solchen Bedürfniskontrolle und der damit erreichbaren individuellen Verbesserung der Lebenslage und Bedürfnisbefriedigung, also durch die gesellschaftliche Integration zu erreichen ist. Bewußte Lebensführung, »Freiheit«, »Autonomie« stehen einerseits im Gegensatz zur blinden Unterwerfung unter gesellschaftliche Normen, können aber andererseits nicht *gegen* oder *ohne* die Gesellschaft, sondern nur *über* die Gesellschaft, durch gesellschaftliche Integration, erreicht werden, sind also in ihrer Möglichkeit davon abhängig, wieweit die *gegebenen gesellschaftlichen Verhältnisse eine solche Integration erlauben.*

Die damit skizzierten allgemeinen Rahmenbestimmungen der Ziele pädagogisch-therapeutischer Tätigkeit sind lediglich eine generelle »Richtungsangabe«, aus der das Wesen der therapeutischen Aktivität und des dabei zu erreichenden Fortschritts wissenschaftlich ableitbar sein soll, können aber als solche noch nicht zu Zielen des Klienten werden, weil sie im Allgemeinheitsgrad oberhalb seines wirklichen Lebensprozesses und der darin von ihm anstrebbaren Änderungen liegen. Im Verlauf jeder pädagogisch-therapeutischen Tätigkeit muß es also zu speziellen therapeutischen Zielsetzungen kommen, die zu den übergeordneten allgemeinen Rahmenzielen im Verhältnis von Konkretisierungen und Teilzielen stehen und die in der tatsächlichen Lebensführung des Klienten realisierbar und damit auch für den Ausschnitt sozial-gesellschaftlicher Realität, in die er mit seiner Lebenstätigkeit hineinwirkt, folgenreich sind.

Das Problem, woher solche Zielsetzungen stammen und ob ihre Festlegung und Begründung eine Aufgabe der Psychologie sein kann oder als außerwissenschaftlich vorgegeben betrachtet werden muß, hat Holzkamp (1973/74) ausführlich behandelt, indem er die beiden traditionellen Versionen der Klärung dieses Problems, den *»individualethischen«* Lösungsversuch, bei dem die Zielsetzung in die Verantwortung und das Gewissen des Psychologen als »Mensch« und Staatsbürger, außerhalb seiner wissenschaftlichen Tätigkeit, gestellt wird, und den *»pragmatischen«* Lösungsversuch, bei dem der Psychologe in der Therapie lediglich die Ziele des Patienten oder der Institutionen, über welche er »vermittelt« wurde, quasi als Dienstleistung für den »Auftraggeber«, realisieren will, in ihrer Widersprüchlichkeit und Fehlerhaftigkeit verdeutlicht hat. Aufgrund seiner Analysen kommt Holzkamp zu der Konsequenz, daß, wie die individualgeschichtliche Entwicklung eines Individuums immer auch die Herausbildung von Entwicklungszielen als notwendigen Bestandteil enthält, auch die therapeutische Unterstützung als spezielle Hilfe bei der individuellen Entwicklung die Problematisierung und u. U. Veränderung der Entwicklungsziele einschließen muß. Die Zielsetzungen der Klienten sind also nicht außerhalb des therapeutischen Prozesses vorgegeben, sondern sozusagen Teil des Befundes und ihre Modifikation in Richtung auf die Rahmenziele ein Aspekt des therapeutischen Fortschritts. Holzkamp verdeutlicht dies an dem zugespitzten Fall der Identität von inadäquater Zielsetzung und Symptombildung als Ausgangsbefund der Therapie: »Nicht nur: Zielvorstellungen sind Moment der individuellen Entwicklung, müssen erst entstehen, können nicht vorausgesetzt werden. Sondern auch: Fehlende oder falsche Zielvorstellungen können gerade das Symptom sein, das es therapeutisch anzugehen gilt.... Wenn aber die Ziele selbst Symptom sein können, dann kann ich nicht die von Klienten angegebenen Ziele als eigene Therapieziele einfach übernehmen«. – Wir haben demgemäß die Entwicklung spezieller therapeutischer Zielsetzungen in Orientierung an den wissenschaftlich begründeten Rahmenzielen, also die adäquate Zielfindung durch den Klienten als wesentlichen Aspekt des pädagogisch-therapeutischen Gesamtprozesses zu betrachten. Gemäß der therapeutischen Rahmenzielsetzung ist nicht die einfache Symptombeseitigung Aufgabe der Therapie, sondern primär die Verbesserung der Handlungsfähigkeit als Kontrolle über die eigenen Lebensbedingungen beim Klienten, die die Symptombildung überflüssig macht. Die konkreten Veränderungen der Lebensführung, durch die in einem jeweils bestimmten Fall erhöhte Kontrolle über die eigenen Lebensbedingungen erreichbar wird, müssen aber im Zielfindungsprozeß während des Verlaufs der pädagogisch-therapeutischen Tätigkeit für die Klienten als notwendig erkennbar und in seiner Lebenspraxis umsetzbar sein.

Da eigentliche, bewußte Zielsetzungen, wie wir sie früher bestimmt haben, im Gegensatz zu bloßen Wunschvorstellungen, Phantasien, Illusionen etc. sich nur zugleich mit der Erkenntnis und Verfügbarkeit der Mittel zu ihrer Realisierung herausbilden können, ist auch im therapeutischen Prozeß eine adäquate Zielfindung durch den Klienten von der bewußten, realistischen Erfassung der Ausnutzbarkeit bzw. Erweiterbarkeit tatsächlich gegebener Handlungsräume abhängig. Derartige »Handlungsräume« bestimmen sich in der Art und dem Grad der realen wie optimalen Ausdehnung ihrer Grenzen nach der konkreten Lebenslage des Individuums, deren Determinanten demgemäß im therapeutischen Prozeß genau erfaßt werden müssen, wobei stets zwischen dem *situationalen* und dem *personalen* Aspekt der Lebenslage und den in ihr gegebenen Handlungsräumen und weiterhin zwischen der *objektiven* und *subjektiv-phänomenalen* Charakteristik der Lebenslage in ihrem situationalen wie personalen Aspekt zu unterscheiden ist. – Die objektive individuelle Lebenslage in ihrem situationellen Aspekt ist notwendig eine bestimmte konkrete Ausprägungsform der Klassenlage des Individuums in der bürgerlichen Gesellschaft, die objektiven situationellen Handlungsräume wie ihre Ausdehnbarkeit sind also direkt durch klassenspezifische Individualitäts- bzw. Anforderungsformen vom besonderen gesellschaftlichen Standort des Individuums innerhalb der Klasse determiniert. In ihrem personalen Aspekt ist die objektive Lebenslage des Individuums gekennzeichnet durch den realen Entwicklungsstand seiner Fähigkeiten, Bedürfnis- und Haltungsdispositionen einschließlich der tatsächlichen sachlichen und sozialen bzw. kooperativen Weltbeziehungen, wobei dieser Entwicklungsstand einerseits Resultat eines realen biographischen Prozesses, der zu ihm geführt hat, ist und andererseits bestimmte reale Möglichkeiten und Grenzen der individuellen Weiterentwicklung enthält. Die personale Lebenslage ist dabei Resultat der Aneignung und Bewältigung früherer situationaler Anforderungen und insofern gegenüber der situationalen Lebenslage in gewissem Sinne sekundär, wobei sich, wie früher gezeigt, der individualgeschichtliche Prozeß aber aufgrund der ihm eigenen Entwicklungsgesetzlichkeiten in bestimmten Grenzen gegenüber der äußeren Lebenslage verselbständigen kann und nun seinerseits die Fähigkeit zur Bewältigung neuer situationaler Anforderungen determiniert. Damit können die Handlungsräume des Individuums durch seine personale Lebenslage gegenüber den situationell tatsächlich gegebenen Möglichkeiten aufgrund der früher geschilderten ungünstigen biographischen Prozesse der Kumulation von Tendenzen zur Konfliktabwehr auf »anormale« Weise eingeschränkt sein, bis hin zu Handlungsstörungen aufgrund psychischer Symptome etc. – Die subjektiv-phänomenale Charakteristik[24] der Lebenslage ist die objektive situationelle wie personale Lebenslage, wie sie vom Individuum kognitiv erfaßt und emotional bewertet wird. Spezielle Verkürzungen und Verzerrungen dieser subjektiven Repräsentanz der objektiven Lebenslage sind, wie ausführlich gezeigt, solche Beeinträchtigungen der »normalen« Abwehrprozesse des Individuums, die zu psychischen Symptomen, etwa nach Art der früher geschilderten Kompromiß- und Ersatzbildungen, führen, die also aufgrund subjektiver Fehlentwicklung nicht nur zu einer Verkennung der objektiven Realität führen, sondern die eine Verzerrung des subjektiven Rahmens der Umweltbegegnung selbst bedeuten.

Da die in der Therapie zu erarbeitenden, an den dargestellten allgemeinen Rahmenzielen ausgerichteten konkreten Zielsetzungen in Richtung auf Ausnutzung oder Erweiterung der in der individuellen Lebenslage gegebenen Handlungsräume sich nicht, wie in der Psychoanalyse, lediglich auf den therapeutischen Prozeß selbst und in diesem registrierbare Veränderungen des (im wesentlichen verbalen) Verhaltens des Klienten, sondern auf reale Veränderungen der wirklichen, außertherapeutischen Lebensführung des Klienten beziehen, ist der therapeutische Zielfindungsprozeß notwendig zugleich eine Neustrukturierung der zwischenmenschlichen Beziehungen des Klienten innerhalb seiner außertherapeutischen Lebenslage, handle es sich dabei um Beziehungen im interpersonalen »Nahraum« oder um Beziehungen, die über organisatorische oder institutionelle Verfestigungen vermittelt sind. – Da die gemäß der Rahmenzielsetzung anzustrebende Erweiterung der bewußten Kontrolle über die eigenen Lebensbedingungen notwendig nur über die Erweiterung der kooperativ-gesellschaftlichen Integration erreichbar ist, sind die therapeutisch zu erarbeitenden konkreten Ziele objektiv immer »gemeinsame Ziele« mit anderen Menschen. Die in der therapeutischen Bewußtseinsentwicklung zu erreichende Durchbre-

[24] Die subjektive Charakteristik der Lebenslage ist dabei, wie aus unseren früheren Ausführungen hervorgeht, nicht eine besondere, der objektiven gegenüberzustellende Art »Realität«, sondern die objektive Lebenslage in der mehr oder weniger verkürzten und verzerrten Erfahrung des Subjekts (zum Verhältnis von »Objektivem« und »Subjektivem« in diesem Sinne vgl. auch Rubinstein 1970, S. 49ff.).

chung des Scheins der Privatheit und Einmaligkeit der eigenen Lebenslage und ihrer psychischen Problematik durch Herausarbeitung der objektiven klassenabhängigen Bedingungen, deren Spezifizierung sie darstellt, bedeutet also zwingend auch die Durchbrechung des Scheins, die eigene Lebensproblematik sei durch die Realisierung bloß individueller Zielsetzungen im Rahmen der gegebenen Handlungsräume zu bewältigen. Der Klient muß schrittweise immer klarer erkennen, damit in seinen emotionalen Handlungsbereitschaften berücksichtigen lernen, daß und in welcher Weise er bei dem Bemühen um Verbesserung seiner objektiven und subjektiven Lebenslage auf andere gleiche Ziele verfolgende Menschen »angewiesen« ist. Die Herausarbeitung konkreter therapeutischer Zielsetzungen in unserem Sinne heißt die Erkenntnis und motivierte Anstrebbarkeit von solchen Zielen, deren gemeinsame Verfolgung mit der Verbesserung der Lebenslage aller Beteiligten auch die eigene Lebenslage verbessert, die also in höherem Grade kooperative Beziehungen zu schaffen und die gesellschaftliche Integration zu verstärken geeignet sind. Dabei muß der Klient auch erkennen und berücksichtigen lernen, mit welchen Menschen bzw. Organisationen und Institutionen solche gemeinsamen Ziele der bewußten Einflußnahme auf die allgemeinen und damit individuellen Lebensbedingungen überhaupt möglich sind, was die immer bewußtere Erfassung der eigenen Lebenslage als Spezifizierung der gesellschaftlichen Klassenlage zwangsläufig einschließt.

Eine umfassende Ausnutzung und Erweiterung von Handlungsräumen ist, wie aus unseren früheren Darlegungen hervorgeht, häufig nur bei Gegebensein bestimmter gesellschaftlich-personaler Voraussetzungen der Lebenslage und in der Teilhabe am organisierten Kampf um Verbesserung der Lebensbedingungen der Klasse, und vor allem um Überwindung der gesellschaftlichen Klassenverhältnisse, die eine volle Kontrolle über die eigenen Lebensbedingungen und gesellschaftliche Integration für alle Gesellschaftsmitglieder verhindern, möglich. Bei therapeutischen Aktivitäten wird in vielen Fällen das »nächstliegende Erreichbare« weit »unter« dem Bewußtseinsstand und der daraus folgenden Lebenspraxis liegen, deren gesellschaftlicher Integrationsgrad in die neue Qualität solidarischer Integration im organisierten Kampf um Verbesserung der allgemeinen Lebensbedingungen umschlagen kann. Dennoch muß, wie gezeigt, mit jedem Fortschritt des therapeutischen Prozesses, da er gleichbedeutend mit der fortschreitenden Durchdringung der scheinbar bloß privaten und individuellen Lebensschwierigkeiten in Richtung auf ihre objektive gesellschaftliche Bedingtheit ist, gleichzeitig die antagonistische bürgerliche Klassenwirklichkeit in ihren innerhalb der individuellen Lebenslage des Klienten durchschlagenden Aspekten erfahrbar und erkennbar werden. Der therapeutische Fortschritt entwickelt den Klienten also immer *in die*

Richtung auf die bewußte Teilhabe an der Schaffung gesellschaftlicher Verhältnisse, die den Interessen aller Gesellschaftsmitglieder gerecht werden – wie weit entfernt von diesem Ziel der Klient auch immer stehen bleiben mag. Auf andere Weise ist eine adäquate therapeutische Arbeit, die die Förderung realistischer Konfliktverarbeitung und realitätsgerechter Lebensführung zum Ziele haben muß, nicht möglich, da die zur Frage stehende Realität nun einmal die der historisch bestimmten Klassenwirklichkeit der bürgerlichen Gesellschaft ist. Holzkamp formuliert diese Einsicht mit Bezug auf die Therapie Jugendlicher im gleichen Sinne:

»Begründete Kritik an der bürgerlichen Klassenwirklichkeit entspringt nicht vorgängigen ›kritischen‹ Neigungen des jeweiligen Subjekts, sondern wird einem durch das Objekt, die ›Sache‹, die kapitalistische Gesellschaftsformation, aufgezwungen. Erkenntnis und Kritik ist hier notwendig das gleiche. Sofern die Jugendlichen durch den therapeutischen Prozeß Einsicht und Übersicht im Hinblick auf ihre ›Lage‹ gewinnen, so bedeutet dies in bestimmten Ausschnitten und Facetten die Erkenntnis der Unterdrükkung menschlicher Entfaltung und Lebenserfüllung unterm Kapitalverhältnis. Die Verhinderung einer solchen ›kritischen‹ Erkenntnis wäre gleichbedeutend mit der Verhinderung des Entstehens von Einsicht und Übersicht bei den Jugendlichen. ›Politische‹ Implikationen sind hier also schon mit dem Therapieziel der Bewußtseinsentwicklung (im früher geschilderten Sinne) gegeben« (In Holzkamp & Henkel, noch unveröff.).

5.7.6 Das pädagogisch-therapeutische Verfahren im Sinne der Kritischen Psychologie: Schrittweise Durchdringung der scheinbaren Privatheit psychischer Schwierigkeiten in Richtung auf die bewußte Erfassung und kooperative Veränderung ihrer objektiven Bedingungen, damit Verfügung über die eigenen Lebensumstände

Wenn über die adäquate Strukturierung der Behandlungssituation und die angemessenen therapeutischen Techniken vom Ansatz der Kritischen Psychologie aus auch erst mit dem Fortschritt einschlägiger therapeutischer Praxis und Forschung (wie sie in den Projekten des Instituts betrieben werden) ins einzelne gehende Aussagen gemacht werden können[25], so sind aus

[25] Praktische therapeutische Ansätze, die nicht am Institut entwickelt wurden, aber mit unseren Konzeptionen konvergieren, sind die vom Maler Manfred Henkel in der mehrjährigen Arbeit mit schwererziehbaren Jugendlichen innerhalb von Westberliner Heimen entwickelte und erprobte Konzeption der Gruppentherapie durch gemeinsame Malaktivitäten (vgl. Henkel & Holzkamp »Malaktion als soziale Therapie«, noch unveröff.) und der Bericht von Kappeler über die Behandlung eines Jugendlichen, in deren Verlauf der Therapeut zu einer Revision psychoanalytischer Ansätze in Richtung auf marxistisch begründete Therapiekonzeptionen gebracht wurde (Kappeler u. a. 1977).

den dargelegten kritisch-psychologischen Grundkategorien der Entstehung psychischer Störungen und Ziele des therapeutischen Prozesses dennoch allgemeine kategoriale Bestimmungen über angemessene Behandlungssituationen und Verfahren ableitbar, wobei sich, wie aus unseren früheren Ausführungen deutlich gemacht werden kann, fast in jedem Punkt Konzeptionen über die richtige Art therapeutischen Vorgehens ergeben müssen, die denen der Psychoanalyse diametral entgegengesetzt sind.
Die therapeutische Kompetenz des Analytikers, die er in die Behandlung einbringt, besteht nach psychoanalytischer Auffassung in dem begründeten Wissen des Therapeuten, daß Schwierigkeiten und Störungen des Patienten, die zur Einleitung der Behandlung geführt haben, (grob gesagt) auf nicht adäquat verarbeitete und deswegen in der Symptomatik »verdinglichte« infantile Triebwünsche bzw. Objektbindungen zurückgehen. Die spezifische Inkompetenz des Patienten besteht demgemäß hier darin, daß er den Umstand, daß seine Störungen Ausdruck infantiler Konfliktkonstellationen sind, nicht durchschaut, seine gegenwärtigen Verhaltensweisen einschließlich der dabei auftretenden Schwierigkeiten und Symptome, soweit er sie überhaupt als solche versteht, also irrtümlicherweise für aus den realen äußeren Lebensumständen hinreichend erklärlich bzw. verständlich hält. Alle psychoanalytischen Konzeptionen der Strukturierung der Behandlungssituation und der Behandlungstechniken haben nun den Zweck, dieses Kompetenzgefälle bis zu einem zur Heilung des Patienten nötigen Grade zu verringern, d. h. den Patienten zum Bewußtsein und emotionalen Akzeptieren der Gegründetheit seiner Handlungsweisen in unbewußt gewordenen infantilen Wünschen und Beziehungen zu bringen.

So sollen etwa die früher (S. 406) geschilderte »Grundregel«, der der Patient verpflichtet ist, und die »gleichschwebende Aufmerksamkeit« des Therapeuten durch Resonanz »von Unbewußt zu Unbewußt« zum »freien Steigen« von Abkömmlingen der verdrängten Wunschregungen führen, über welche diese dann selbst per Deutung ins Bewußtsein gezogen werden können, wobei auch die »eigentliche« »unbewußte« bzw. »szenische« Bedeutung von Schilderungen des Patienten über seine aktuelle Lebenslage (etwa Arbeitssituation) aufscheinen soll. In der Widerstandsanalyse soll dem Patienten klar werden, daß z. B. sein Insistieren auf gegenwärtigen Lebensproblemen, seine scheinbar intellektuell berechtigten Einwände gegen die Behandlung bzw. die ihr zugrundeliegende Theorie, etc. in Wirklichkeit unbewußt im Dienste der Verhinderung des Zutagetretens der verdrängten infantilen Wünsche und Bindungen steht, damit gleichzeitig ein Ausdruck dieser Wünsche sind; durch die Deutung der »Übertragungssituation« soll der Patient zu der Einsicht gebracht werden,daß seine scheinbar aktuell begründeten positiven oder negativen emotionalen Bindungen an den Therapeuten in Wirklichkeit nur eine unbewußt-zwanghafte Wiederholung infantiler Objektbeziehungen und Konflikte sind etc. Die vom Patienten zu vollziehenden »Lernprozesse« bestehen also in einer Art von fortlaufender »Entaktualisierung« seiner realen Lebensbeziehungen, der »Entlarvung« scheinbar wirklicher gegenwärtiger Erfahrungen als »uneigentlich«, wobei der Rekurs auf die »Eigentlichkeit« hier ein immer stärkeres »Hinabsteigen« zu den individuellen »Ursituationen« infantiler Wünsche und Konflikte, die den Lebenslauf determinieren sollen, also eine radikale Individualisierung und »Psychologisierung« der Lebensproblematik des Patienten bedeutet. Letzte Konsequenz dieser Psychologisierung ist die Freudsche Relativierung der Wirklichkeit der pathogenen frühkindlichen Sexualerfahrungen als durch phylogenetisch gewordene »Urphantasien« ergänzt, weiterhin die von Freud als Möglichkeit eingeräumte und später von anderen Analytikern wie Lorenzer als einzig legitime Sichtweise verabsolutierte Auffassung, die aufgrund der Deutungskonstruktionen des Therapeuten analysierten »frühkindlichen« Konfliktsituationen seien keine Erinnerungen an wirkliche biographische Ereignisse, sondern lediglich »Überzeugungen« bzw. »Erlebnisse«, also die radikale subjektivierend-phänomenalbiographische Auflösung der realbiographischen Dimension. Im Laufe der Therapie soll der Patient dazu gebracht werden, seine allein in den infantilen Wurzeln der eigenen Biographie (bzw. deren phänomenalbiographischem Niederschlag) liegenden Probleme immer mehr »mit sich selbst auszumachen«; es wird angenommen, daß die Bewältigung der Lebensschwierigkeiten des Patienten durch das Zurückgeworfensein auf seine isolierte Person und deren phänomenal-biographische »Tiefe« nicht nur möglich ist, sondern daß in diesem Zurückgeworfenwerden der einzige Weg der Heilung von seinen psychischen Störungen besteht.

Daraus ist begreiflich, daß der Therapeut gemäß der psychoanalytischen Konzeption den Lebenslauf des Patienten zwischen den einzelnen Therapiestunden am liebsten anhalten möchte, weil daraus nur Störungen des individualbiographischen Versenkungsprozesses, damit des Heilungsprozesses, erwachsen können, und daß demgemäß »Rat und Hilfe in Lebensfragen«, die sich ja auf den außertherapeutischen Lebenslauf des Patienten beziehen müßten, in der Behandlung unterbleiben sollen: Daraus versteht sich auch, warum der Therapeut der »Neutralitätsforderung« unterliegt, »undurchdringlich« zu sein hat, sich durch die Sitzordnung dem Blick des Patienten entzieht, etc., ebenso, warum das Einbringen eigener Lebenserfahrungen, ebenso die »Gegenübertragung«, durch welche der Therapeut in eine aktuelle Beziehung mit dem Patienten involviert ist, u. ä., in psychoanalytischer Sicht so schwere Kunstfehler darstellen müssen: Der Therapeut kann in dem Grade, wie er als wirklicher Mensch mit einer eigenen Lebensgeschichte, der erkennend und wertend sein Leben zu bewältigen hat, in der Behandlungssituation hervortritt, die ihm zugeschriebene

Aufgabe als Katalysator für das Bewußtwerden der frühkindlichen Wünsche und Beziehungen des Patienten nicht mehr erfüllen, da er die Therapie dadurch von der allein zulässigen »Resonanz zwischen Unbewußt und Unbewußt« in eine reale interpersonale Beziehungssituation, die den Patienten von seinen »eigentlichen« Problemen ablenkt, »verfälschen« muß.

Auch gemäß der kritisch-psychologischen Therapiekonzeption besteht zwischen dem Therapeuten und dem Klienten zu Beginn der Therapie eine Kompetenz-Differenz, die im Laufe der Behandlung bis zu einem die Aufhebung der Lebensschwierigkeiten und Störungen des Klienten ermöglichenden Grad zu reduzieren ist: Der Therapeut bringt in die Behandlungssituation Wissen und Einsicht ein über den Realzusammenhang zwischen den Beschaffenheiten empirischer Subjektivität eines Menschen und den Gesetzmäßigkeiten der Prozesse ihres individualgeschichtlichen Zustandekommens, die immer durch Aneignung klassenspezifischer gesellschaftlicher Bedeutungsstrukturen geprägt sind, vor allem aber auch über die Prozesse, die zu Abwehrtendenzen bei der Konfliktbewältigung und schließlich zu psychischen Störungen und Symptomen, damit zu einer spezifischen Reduzierung des gesellschaftlichen Realitätsbezuges führen. Weiterhin muß er über Kenntnisse hinsichtlich der kategorialen und »behandlungstechnischen« Mittel zur Durchdringung und Aufschließung der subjektiven Lebenslage im Hinblick auf ihre objektiven gesellschaftlichen Determinanten und die in ihr gegebenen Möglichkeiten der Ausnutzung oder Erweiterung von Handlungsräumen in Richtung auf erhöhte Kontrolle über die eigenen Lebensbedingungen und kooperativen Integration, damit Überwindbarkeit der Lebensschwierigkeiten und psychischen Störungen, verfügen. Jedoch kann der Therapeut unserer Konzeption nach keinerlei inhaltliches Apriori-Wissen darüber beanspruchen, in welcher Lebensphase und aufgrund welcher Konfliktkonstellationen die Lebensschwierigkeiten des jeweils konkreten Klienten zustandegekommen sind; es gibt keine »allgemein-menschlichen Ursituationen« wie den Ödipus-Komplex, auf den der Klient nur hinzulenken ist, damit die Ursachen seiner Probleme zutagetreten. Vielmehr ist der Therapeut hier ganz und gar auf Informationen über die objektive Lebenslage des Klienten in ihrem individualgeschichtlichen Gewordensein angewiesen. Die im Laufe der Behandlung zu erreichende Reduzierung der Kompetenz-Differenz zwischen Therapeut und Klient besteht also quasi in einem gegenläufigen Prozeß, durch welchen einerseits der Klient in immer höherem Grade seine scheinbar bloß private, individuelle Lebenslage und die darin liegende Problematik in ihrer objektiven Determination durch Bedingungen seiner Klassenlage in Spezifizierung auf einen bestimmten gesellschaftlichen Standort und dadurch bedingte Prozesse der biographischen »Verselbständigung« von Abwehrtendenzen, psychischen Störungen und Symptomen etc. erkennen lernt und so die emotionale Handlungsbereitschaft zur »realistischen« Verbesserung seiner Lage erwirbt, andererseits der Therapeut in immer höherem Grade seine im Hinblick auf den vorliegenden Einzelfall »abstrakten« Kenntnisse, Einsichten und Verfahrensweisen mit Bezug auf die gesellschaftliche Bedingtheit empirischer Subjektivität, dabei auftretende Lebensschwierigkeiten und die Möglichkeiten ihrer Überwindung auf die einmalige Lebenslage und Biographie des Klienten hin zu konkretisieren lernt und darüber zugleich wieder sein »abstraktes« Wissen erweitern kann. Auf diese Weise müssen sich das wissenschaftliche Vorwissen des Therapeuten und die subjektive Welt- und Selbstsicht des Klienten im Therapieprozeß allmählich immer mehr miteinander vermitteln, indem somit die Weitergabe des Wissens vom Therapeuten an den Patienten immer weniger in allgemeinen Einsichten über »derartige« Probleme wie die des Klienten besteht und immer mehr auf diesen Klienten bezogen ist, der Klient durch die Verwertung des so vom Therapeuten eingebrachten Wissens die objektiven, klassen- und standortspezifischen gesellschaftlichen Bedingtheiten tatsächlich als verallgemeinerbare Züge seiner eigenen unmittelbar erfahrenen Lebenslage erkennen und so seine realen Möglichkeiten kooperativer Lageverbesserung erfassen und im Rahmen der gegebenen Handlungsräume in Lebenspraxis umsetzen kann.

Die zu Beginn des therapeutischen Prozesses gegebene subjektive Auffassung des Klienten über die Eigenart und die Ursachen seiner Lebensschwierigkeiten wird also auch vom Ansatz der Kritischen Psychologie aus, wie von dem der Psychoanalyse, als noch oberflächlich, vordergründig und auf seine wesentlichen Bedingtheiten hin zu durchdringen aufgefaßt. Die notwendige Richtung dieser Durchdringung ist jedoch unserem Ansatz nach genau umgekehrt zu bestimmen: Während in psychoanalytischer Sicht die »eigentlichen« Zusammenhänge, in denen die psychischen Störungen stehen, durch phänomenalbiographischen Rückgang auf individuelle »psychische« Infantilerfahrungen aufzudecken sind, müssen der kritisch-psychologischen Konzeption gemäß die wirklichen Eigenarten und Ursachen der Lebensschwierigkeiten durch Aufdeckung der in ihnen auf gesetzmäßige Weise transformierten objektiven, von der Klassenlage und dem Standort abhängigen gesellschaftlichen Bedingungen herausgearbeitet, also das »Subjektive« oder »Psychische« in seiner scheinbaren Selbstgenügsamkeit entschleiert und als bestimmte Weisen der Widerspiegelung außerpsychischer Realität erkennbar gemacht werden, die sich aus gesellschaftlichen und individuellen Lebensnotwendigkeiten ergeben. Auch die Aufarbeitung früher, u. U. frühkindlicher, Stadien in der Lebensgeschichte des Klienten darf, wo sie nötig ist, niemals von der Explikation der dabei gespiegelten objektiven gesellschaftlichen Bedingungen wegführen, sondern kann nur in der Verdeutlichung der gesellschaftlich-allgemeinen, klassen- und standortspezifischen Züge der früheren Erfahrungen und der spezifischen Art ihrer Kumulation und Transformation in der gegenwärtigen subjektiven Lebenslage des Klienten bestehen. Der in der psychoanalytischen Therapie angestrebte Rückgang des Patienten in die phänomenalbiographische »Tiefe« psychischer Infantilkonflikte, dabei die Ablösung dieses Selbstdeutungsprozesses von all seinen objektiven Bedingtheiten – sowohl die Ausklammerung des möglichen Realitätsgehalts der Berichte über frühkindliche Erlebnisse wie die möglichst weitgehende Abschirmung der Therapiesituation von allen realen Lebenszügen außerhalb und innerhalb der Therapie – ist also für uns keineswegs ein Weg zu den »eigentlichen« Zusammenhängen der psychischen Störungen, sondern ein *Ausweichen in die »Uneigentlichkeit«*.

Die früher (S. 230ff.) gekennzeichnete Eigenart der Psychoanalyse als Spielart bürgerlicher Psychologie, die zirkuläre Erklärung von »Psychischem« aus »Psychischem«, schlägt also auch in der Konzeption psychoanalytischer Behandlung durch: Die Bedingungen der psychischen Erkrankungen können bestenfalls soweit erfaßt werden, wie sie schon »psychisch« repräsentiert sind, nicht aber als Widerspiegelung objektiver gesellschaftlicher Bedingungen, die sich in den psychischen Erscheinungen in gesetzmäßiger Weise niederschlagen: Deswegen kann sich auch der therapeutische ›Fortschritt‹ immer nur auf die Änderung scheinhaft »bloß« psychischer Gegebenheiten beziehen; die wirkliche gesellschaftliche Lebenstätigkeit des Menschen unter historisch bestimmten klassenspezifischen Lebensumständen, aus der die psychischen Störungen erwachsen sind und die darum notwendigerweise mitverändert werden müssen, bleibt hier ausgeblendet.

Da, wie ausgeführt, die Rahmenzielsetzung der pädagogisch-therapeutischen Aktivität, wie wir sie verstehen, in der Beseitigung von Handlungsstörungen und Entwicklung optimaler Handlungsfähigkeit des Individuums, also Kontrolle über die eigenen Lebensbedingungen bestehen, und die im therapeutischen Prozeß zu erarbeitenden, an den Rahmenzielen orientierten konkreten Therapieziele sich auf das Erkennen der objektiven, situationalen und personalen Lebenslage des Klienten, damit Ausnutzung bzw. Erweiterung der gegebenen Handlungsräume in Richtung auf erhöhte Kontrolle und Integration beziehen, ist die Einbeziehung von Problemen der außertherapeutischen Lebensführung des Klienten in den Therapieverlauf nicht etwa ein Kunstfehler, sondern eine unabdingbare therapeutische Notwendigkeit, während der »Kunstfehler« gerade in der von der Psychoanalyse geforderten weitgehenden Isolation der therapeutischen Situation zu sehen ist: Die Therapie ist wesentlich als eine Vorbereitung und Nachbereitung im Hinblick auf die außertherapeutische Lebenspraxis des Klienten zu strukturieren: die therapeutische Aufarbeitung der Lebensgeschichte des Klienten, aber auch z. B. Aktivitäten der Wissens- und Fähigkeitsaneignung verschiedener Art (s. u.), stehen immer im Dienste der Klärung und Verbesserung der außertherapeutischen Lebensführung des Klienten als Voraussetzung der Verbesserung der subjektiven Befindlichkeit und Handlungsfähigkeit und gewinnen nur daraus ihre Rechtfertigung und ihren Stellenwert.

Der zentrale Grund für diese Therapie-Konzeption liegt darin, daß die in der Therapie zu fördernde »Handlungsfähigkeit«, wie wir sie auseinandergelegt haben, ja nicht eine isolierte und isoliert zu entwickelnde »Eigenschaft« des einzelnen Individuums ist, sondern zu ihrer Entwicklung reale Möglichkeiten der Verbesserung der Kontrolle über die eigenen Lebensbedingungen und kooperativen Integration voraussetzt, die vom Klienten als in seiner Lebenslage gegebene Handlungsräume erkannt und über emotionale Handlungsbereitschaften ausgenutzt werden können. Jeder therapeutische Schritt, in welchem der Klient ein Stück Abwehrneigung und Realitätseinbuße zugunsten realistischer Konfliktverarbeitung, damit Erhöhung der Handlungsfähigkeit, aufgeben soll, ist an das Vorhandensein von, wenn auch noch so begrenzten, wirklichen Perspektiven einer möglichen Verbesserung seiner objektiven Lebenslage gebunden. Andernfalls könnten – da das Bewußtwerden der Unzulänglichkeit einer Situation und das Bewußtwerden gegebener Möglichkeiten zu ihrer Verbesserung notwendig zusammenhängen – dem Klienten seine psychischen Schwierigkeiten und Leidenszustände nicht in ihrer Veränderbarkeit einsichtig gemacht werden, also auch nicht als Beschränkungen seiner Lebensmöglichkeiten zum Bewußtsein kommen. Andernfalls kann aber auch beim Klienten keineswegs die Motivation zur Übernahme der Anstrengungen zur Selbstentwicklung in Richtung auf Erweiterung seiner Handlungsfähigkeit entstehen: Wenn der Klient etwa die innere Zwangsinstanz des »Überich«, die zu den geschilderten globalen Denk- und Tätigkeitshemmungen als symptombegünstigenden Einbußen des Realitätsbezuges geführt hat, zugunsten einer realistischen Wirklichkeitserkenntnis und motivierten Übernahme gesellschaftlicher Anforderungen abbauen soll, so müssen ihm, in wie begrenztem Rahmen auch immer, gesellschaftliche Ziele gegeben und für ihn erreichbar sein, durch deren Verfolgung er tatsächlich eine Erhöhung der Kontrolle über seine eigenen Lebensbedingungen und kooperativen Integration antizipieren kann, etc. Der Zusammenhang zwischen gesellschaftlichen Notwendigkeiten und individuellen Notwendigkeiten, durch dessen Erkenntnis und emotionale Wertung der Klient zur Verminderung seiner Abwehrneigungen und psychischen Symptome, in denen die subjektiven Handlungstendenzen sich von den gesellschaftlichen Notwendigkeiten abgesondert haben, gebracht werden soll, kann dem Klienten in der Therapie ohne Betrug und Täuschung jeweils nur soweit einsichtig gemacht werden, wie er in seiner konkreten Lebenslage tatsächlich existiert.

Die damit angesprochene, für uns zentrale Problematik besteht für die Psychoanalyse nicht, weil gemäß deren falschem Triebkonzept gesellschaftliche Ziele vom Menschen nicht nur unter historisch-bestimmten gesellschaftlichen Bedingungen, sondern generell allein unter Zwang bzw. als Ergebnis früheren Zwanges übernommen werden können, die psychoanalytische Theorie also die spezifisch »menschliche« Weise der motivierten, in genuinen produktiven Bedürfnissen gegründeten Übernahme von gesellschaftlichen Zielen, sofern ihre Verfolgung die verbesserte Kontrolle über die eigenen Lebensbedingungen und gesellschaftliche Integration erhöht, nicht wissenschaftlich erfassen kann. Demgemäß hat die Psychoanalyse dem Patienten an Gründen, die das Gesundwerden für ihn wünschenswert machen könnten, nur sehr wenig anzubieten. »Auf der Seite des Patienten wirken für uns einige rationelle Momente wie das durch sein Leiden motivierte Bedürfnis nach Genesung und das intellektuelle Interesse, das wir bei ihm für die Lehren und Enthüllungen der Psychoanalyse wekken konnten, mit weit stärkeren Kräften aber die positive Übertragung, mit der er uns entgegen kommt« (XVII, 107). Die positive Übertragung »verändert die ganze analytische Situation, drängt die rationelle Absicht, gesund und leidensfrei zu werden, zur Seite. An ihre Stelle tritt die Absicht, dem Analytiker zu gefallen, seinen Beifall, seine Liebe zu gewinnen. Sie wird die eigentliche Triebfeder der Mitarbeit des Patienten« (100). Abgesehen von der durch unspezifisch-»soziale« Bindung an den Analytiker entstehenden infantilen Tendenz, »ihm zu Liebe« den Therapiefortschritt anzustreben, die nicht aus dem eigentlichen Therapieziel erwächst, sondern nur sekundärer Art (und, wie noch zu zeigen, zudem therapeutisch äußerst fragwürdig) ist, bleibt hier außer dem »intellektuellen Interesse« an den Enthüllungen der Psychoanalyse lediglich die charakteristischerweise als bloß »rationell« – also nicht emotional gegründet – gekennzeichnete »Absicht, gesund und leidensfrei« zu werden, die den Patienten auf die psychische Gesundung hin orientieren soll. Da die psychoanalytische Theorie, wie gezeigt, die Persönlichkeitsentwicklung des Patienten ausklammert und seine gesunde Persönlichkeit lediglich als »Leerstelle« betrachtet, an der die neurotische Störung aufgetaucht ist und wieder verschwinden soll, kann sie also dem Patienten als wirklich durch die Therapie erreichbare Änderung seiner Subjektivität nur die Beseitigung der speziell neurosebedingten negativen Zuständlichkeiten bis zum »Nullpunkt« der neurosefreien Ausgangssituation in Aussicht stellen, überläßt ihn aber in seiner möglicherweise auch nach dem Verschwinden des neurotischen Symptoms sehr schlechten und unerträglichen situationellen und personalen Lebenslage ganz und gar sich selbst. Ein »Gewinn« bei der Bemühung um Verbesserung seiner objektiven Lebenslage, der Erweiterung der Kontrolle über die eigenen Lebensbedingungen, damit Angstvermeidung und erhöhte Entwicklung und Erlebnismöglichkeiten einschließt, ist für den Patienten aus der psychoanalytischen Behandlung niemals zu ziehen, weil die psychoanalytische Theorie selbst für derartige Entwicklungsmöglichkeiten des gesellschaftlichen Menschen absolut blind ist. Deswegen kann hier für den Patienten auch keine Heilungsmotivation durch Antizipation einer solchen Lebensverbesserung entstehen. Von unserer Position aus sind dagegen, wie gezeigt, die nur über gesellschaftliche Integration erreichbare Persönlichkeitsentwicklung des Klienten und die Überwindung seiner psychischen Schwierigkeiten und Symptome zwei Seiten des gleichen Prozesses. Damit sind wir aber auf die in der konkreten Lebenslage gegebenen realen Handlungsräume unausweichlich verwiesen: Dem Klienten müssen bestehende Handlungsmöglichkeiten zur Verbesserung der Lebenssituation erkennbar und erfahrbar werden, weil nur so seine realen Entwicklungsperspektiven als Grundvoraussetzung des therapeutischen Fortschritts sich für ihn verdeutlichen können.

Die Psychoanalyse, indem sie den Patienten auf die von realen Lebensbezügen abgesonderte therapeutische Situation und die dort vermeintlich durch rein »psychische« Veränderungen zu erlangende Beseitigung seiner Lebensschwierigkeiten fixiert, betrügt ihn quasi um die möglicherweise gegebene Perspektive eines tatsächlich erreichbaren Gewinns an Angstfreiheit, Lebenserfüllung und wirklicher psychischer Gesundheit: Da man aber bei der Verbesserung der subjektiven Befindlichkeit und psychischen Gesundung an die klassenspezifischen gesellschaftlichen Möglichkeiten der erweiterten Integration und Kontrolle über die eigenen Lebensbedingungen unabdingbar gebunden ist, werden auch die mit den objektiven gesellschaftlichen Entwicklungsschranken gegebenen Grenzen in jeder therapeutischen Arbeit wirksam. Die Tröstungen und Verheißungen einer nur durch »psychische« Veränderungen im isolierten therapeutischen Raum erreichbaren wirklichen und dauerhaften Linderung menschlichen Leidens, oder gar Entwicklung menschlicher Glücksmöglichkeiten, sind damit objektiv Täuschungen des Klienten.

In einer therapeutischen Praxis gemäß der kritisch-psychologischen Konzeption, durch welche mit der Herausarbeitung der personalen Entstehungsbedingungen für die gegenwärtige durch Entwicklungsrückstände und kumulative Abwehrprozesse entstandene Reduzierung der Handlungsfähigkeit des Klienten und der Förderung der Möglichkeit zu realistischer Konfliktbewältigung und Weiterentwicklung gleichzeitig auch die in der außertherapeutischen Lebenslage des Klienten liegenden realen Handlungsräume für verbesserte Umweltkontrolle und Integration aufgewiesen bzw. erweitert werden müssen, ergeben sich für den Therapeuten Aufgaben, die weit über die der traditionellen psychologisch-therapeutischen Arbeit hinausgehen. So muß der Therapeut in der bürgerlichen Gesellschaft zum einen den allgemeinen

Zusammenhang zwischen bestimmten gesellschaftlichen Individualitäts- bzw. Anforderungsformen, den durch ihre Realisierung im Aneignungsprozeß zu erwartenden Konflikten und gleichzeitig gegebenen Möglichkeiten zu ihrer Überwindung etc. kennen; darüber hinaus muß er über die kategorialen Voraussetzungen zur Erfassung der für die Persönlichkeitsentwicklung und ihre Störungen relevanten Dimensionen verfügen, und weiterhin in seiner berufspraktischen Tätigkeit in der Lage sein, die entsprechenden Informationen über die objektive Lebenslage des Klienten, das Ausmaß und die Erweiterbarkeit der dabei gegebenen Handlungsräume etc. zu erlangen.

Dazu ist etwa die Fähigkeit des Therapeuten zum Erfassen der psychologisch relevanten Aspekte der Arbeits-Situation des Klienten nötig: Der Therapeut muß die in den zu realisierenden Individualitätsformen liegenden speziellen Entwicklungsbeschränkungen und Widersprüche, durch welche in jeweils besonderer Weise für den Klienten unverarbeitbare Konflikte und Verstärkungen der Abwehrneigung, »Psychologisierungen« der eigenen Lebenslage und Tendenzen zur »resignativen« Bescheidung entstehen können, begreifen; dazu gehört auch das Erkennen der gerade in den jeweils bestimmten Arbeitssituationen liegenden Möglichkeiten und Perspektiven zur Ausbildung von Fähigkeiten zur Verbesserung der kooperativen Kontrolle über die eigenen Lebensbedingungen, etc. (allgemeine Vorarbeiten zur Schaffung der wissenschaftlichen Grundlagen für derartige Analysen werden von unserem Projekt »Automation und Qualifikation«, etwa 1975 u. 1977, geleistet).

Unter den entsprechenden Gesichtspunkten sind auch gesellschaftliche Institutionen im außerproduktiven Bereich, etwa Schulen und Hochschulen, Kindertagesstätten, Heime, Strafvollzugsanstalten, sofern sie für die Lebenslage des Klienten bestimmend sind, im Hinblick auf die hier vom Standort des Klienten aus gegebenen besonderen Anforderungsstrukturen zu analysieren: So z. B. die objektiven Widersprüche in der je bestimmten Institution, die Weise des Auseinandertretens von institutionellen Anforderungen und den wirklichen Lebensinteressen der Betroffenen, die Eigenart der vom Standpunkt der Betroffenen irrationalen Momente der in der Institution »verdinglichten« Autorität, die besonderen Arten der institutionellen Bedrohung der Handlungsfähigkeit beim Versuch der Durchsetzung der Entwicklungsinteressen der Betroffenen etc., damit Erschwerungen realistischer Konfliktverarbeitung und institutionelle Begünstigung von Abwehrtendenzen, etwa Verstärkung der »Überich«-Bildung, Personalisierungsneigungen, »introjektive« Psychologisierungen objektiver Entwicklungsschranken etc., also Gefahren institutionell bedingter Fehlentwicklungen der Persönlichkeit bis hin zu durch die Institution hervorgebrachter oder geförderter Entstehung von psychischen Störungen als partiellen Suspendierungen der Handlungsfähigkeit. Gleichzeitig sind aber auch die dem Klienten in dem jeweils bestimmten institutionellen Zusammenhang tatsächlich gegebenen Handlungsräume zur Erhöhung seiner Lebenskontrolle und kooperativen Integration herauszuarbeiten. Die gesellschaftliche Funktion der jeweiligen Institution unter kapitalistischen Verhältnissen, die daraus sich ergebende objektive Natur der institutionellen Widersprüche und vom Standpunkt der Betroffenen partiell irrationalen Anforderungsstrukturen etc. müssen vom Therapeuten konkret erkannt und dem Klienten nach Maßgabe seiner Möglichkeiten vermittelt werden, damit er psychologisierende Verkennungen seiner institutionellen Lebenslage und personalisierende Fehldeutungen der Handlungsweisen und Eigenschaften anderer Personen im gleichen Institutionszusammenhang o. ä. aufgeben kann. Nur unter Einbeziehung einer solchen therapeutischen Institutionsanalyse kann hier in Wechselwirkung mit der Aufarbeitung der biographischen Ursachen der personal verfestigten Abwehrtendenzen und Symptombildungen des Klienten tatsächlich seine Fähigkeit zur realistischen Konfliktverarbeitung und Selbstentwicklung im Rahmen des Möglichen als Voraussetzung für die Reduzierung seiner Symptomatik erhöht werden.

In manchen solcher Institutionen kann der Psychologe sich unter günstigen Umständen Möglichkeiten schaffen, durch direkten Eingriff in die institutionellen Bedingungen die Lebenslage und die Entwicklungsmöglichkeiten des Klienten zu verbessern, indem er im Arbeitszusammenhang der Institution selber wirksam wird. Dies setzt allerdings meist eine organisatorische Gestaltung und Einbettung der therapeutischen Arbeit des Psychologen voraus, durch welche die Voraussetzungen für derartige Einfluß- und Verbesserungsmöglichkeiten allererst zu schaffen sind. Die Entwicklung und Erprobung solcher Organisationsformen gehört deswegen zu den integrierenden Bestandteilen der Kritischen Psychologie, wobei derartige organisatorische Konzeptionen mit den persönlichkeitstheoretischen Konzeptionen, die ja auch theoretische Vorstellungen über institutionsbedingte Entwicklungen und Fehlentwicklungen der Persönlichkeit und ihre pädagogisch-therapeutische Beeinflußbarkeit einschließen, auf das engste zusammenhängen. (Unter den Projekten des Instituts am weitesten in dieser Richtung entwickelt ist wohl das »Legasthenie-Zentrum«, das unter Mitarbeit von Lehrern, Eltern und Senatsvertretern aufgebaut wurde, und in welchem die therapeutische wie organisatorische Umsetzung der kritisch-psychologischen Konzeption als Einheit von Forschung und Ausbildung von Studierenden einschließlich der Schaffung und Erweiterung von Berufsperspektiven am Institut ausgebildeter Psychologen in permanenter Wechselwirkung von theoretischer Arbeit und praktischer Erprobung vorangetrieben wird; ähnliche Bemühungen der organisatorisch-theoretischen Integration unserer Arbeit mit Ausbildungserfordernissen und berufspraktischen Perspektiven bestehen auch in anderen Projekten; vgl. unsere Konzeption der »Praxisintegrierenden Studieneinheiten«, Studienplan des PI).

Hervorzuheben in diesem Zusammenhang ist auch die therapeutisch-künstlerische Arbeit, die der Maler Manfred Henkel über mehrere Jahre in Kooperation mit Jugendlichen in Westberliner Heimen entwickelt hat (vgl. Henkel & Holzkamp, noch unveröff.). Besonders wesentlich an Henkels Konzeption (die hier nicht dargestellt werden kann) ist die Einbeziehung des gesamten Heims in die von ihm mit den Jugendlichen durchgeführte gruppentherapeutische Malaktivität, womit teilweise durch Klärung und Umstrukturierung der sachlichen und interpersonalen Verhältnisse des Heims nicht nur die psychische Verfassung der Jugendlichen, sondern damit im Zusammenhang auch deren wirkliche Lebenslage im Heim verbessert werden konnte, also in gewisser Weise jeweils das gesamte Heim der »Klient« der therapeutischen Aktivität war.

Eine weitere Ebene der therapeutisch erforderlichen Erfassung und womöglich Änderung der objektiven Lebenslage des Klienten ist die kategoriale Aufschließung und Durchdringung des interpersonalen Nahraums im Hinblick auf die objektiv-gesellschaftlichen Determinanten der darin liegenden Entwicklungsbehinderungen und möglichen Perspektiven für realistische Konfliktverarbeitung, Verbesserung der Kontrolle über die eigenen Lebensbedingungen und kooperativen Integration, wie wir sie beschrieben haben. – Eine entscheidende Dimension dieses interpersonalen Nahraums sind die unmittelbaren materiellen Reproduktionsbedingungen des Klienten. Dabei reicht die präzise Erhebung der »Einkommensverhältnisse«, Ausgaben, Zahlungsverpflichtungen etc. des Klienten, so unerläßlich sie ist, für sich genommen keinesfalls aus. Der Grad der »Zahlungsfähigkeit« des Klienten muß nicht nur als entscheidende Voraussetzung für die Möglichkeiten und Grenzen der Befriedigung seiner Bedürfnisse im konsumtiven Bereich der bürgerlichen Gesellschaft begriffen werden (vgl. dazu die Ausführungen von Holzkamp 1973, etwa S. 292ff.)[26]: Darüber hinaus muß das »Geldhaben« als zentrales Binde- und Scheidungsmittel von interpersonalen Beziehungen, Abhängigkeits- und Unterdrückungsverhältnissen, Schuldgefühlen, Minderwertigkeitserlebnissen, »Dankbarkeit«, Konstituens menschlicher Hochschätzung und Geringschätzung der anderen Person, vom Therapeuten verstanden und dem Klienten durchschaubar gemacht werden. Es muß deutlich werden, auf welche spezielle Weise die genuin sozialen oder ansatzweise kooperativen interpersonalen Verhältnisse des Klienten durch die »Geldverhältnisse«, also quasi »hinter dem Rücken« der Beteiligten, widersprüchlich überformt und pervertiert werden, ohne daß eine phänomenale Trennung der »menschlichen« und »geldlichen« Beziehungen möglich ist (vgl. die Ausführungen von Holzkamp 1973 über die »Habens-Variable«, S. 222ff. und S. 254ff.); dabei ist die besondere »Irrationalität« der Konflikte, die mit den auf »Geldhaben« beruhenden Machtverhältnissen zusammenhängen, also die hier gegebene Gefahr der Konfliktabwehr unter Fixierung von Abhängigkeitsbeziehungen und Begünstigung psychischer Störungen für den Klienten begreiflich zu machen, etc. Auf dem Hintergrund der durch die besonderen Reproduktionsbedingungen des Klienten bestimmten Determinanten seiner Befindlichkeit und zwischenmenschlichen Verhältnisse im »Nahraum« müssen die dadurch geprägten familialen und sexuellen Beziehungsgefüge, in denen der Klient steht, im Hinblick auf ihre speziellen Eigenarten erfaßt und auf ihre gesellschaftlich-allgemeinen Charakteristika hin begreiflich werden. Die früher (S. 382ff.) ausführlich herausanalysierte Problematik sexueller und familialer Bindungen im »Privatbereich« der bürgerlichen Gesellschaft, die auf das »private« Leben fehlgeleitete Glückserwartung, die notwendige wechselseitige Überforderung der Partner sexueller und familialer Liebesbeziehungen und die daraus typischerweise entstehenden unverarbeitbaren Konflikte etc. müssen auf die klassen- und standortspezifische Lebenslage des Klienten hin konkretisiert werden. Auch hier müssen im Therapieprozeß die realen Perspektiven und Grenzen kooperativer Veränderungen des interpersonalen Beziehungsgefüges sichtbar werden: Die im Nahraum tatsächlich bestehenden gemeinsamen Ziele in Richtung auf die reale Verbesserung der Lebenslage, der Zusammenhang zwischen der eigenen kooperativen Veränderung des Verhaltens und der Ermöglichung entsprechenden Verhaltens beim anderen Menschen, die Erfordernisse wechselseitiger Förderung der Fähigkeitsentwicklung, Erweiterung, Veränderung, des Abbruchs, der Neuaufnahme von Beziehungen in Orientierung an den sachlichen gesellschaftlichen Notwendigkeiten derjenigen objektiven Ziele, deren

[26] Kappeler (1977) hat in seiner Klausuranamnese ein Beispiel für eine derartige Erhebung gegeben.

Verfolgung im gemeinsamen Interesse der Beteiligten ist, müssen dem Klienten allmählich immer mehr zum Bewußtsein kommen; dies ist gleichbedeutend mit einer progressiven Überschreitung des interpersonalen Nahraums in Richtung auf die Einbeziehung immer umfassenderer gesellschaftlicher Bezüge in den Bereich des subjektiv Bedeutungsvollen. Da derartige Entwicklungen des Klienten nicht bloß individuelle Vorgänge sind, sondern von komplementären Entwicklungen seiner Bezugspersonen im interpersonalen Nahraum abhängen, muß der Klient zur Förderung entsprechender Entwicklungsprozesse seiner Lebenspartner im Rahmen gegebener objektiver situationaler und personaler Möglichkeiten fähig werden. Darüber hinaus wird aber auch der Therapeut, wenn nötig und möglich, seine therapeutische Hilfe – stets als Zwischenschritt zur Selbständigkeit des Klienten – direkt auf die Verbesserung realer Entwicklungsperspektiven, auch im Nahraum des Klienten, ausdehnen, angefangen bei der Unterstützung zur Verbesserung der materiellen Reproduktionsbedingungen samt Aktivierung entsprechender institutioneller Möglichkeiten (Sozialamt, Jugendamt, Arbeitsamt), über Hilfe bei der Verbesserung der »technischen« Organisation der Lebensführung, bis zur Einbeziehung der jeweils relevanten Bezugspersonen, Eltern, Ehegatten, Partner, Freunde, Erzieher, Lehrer etc., in den therapeutischen Prozeß[27] (soweit jeweils realisierbar). Auch dazu sind entsprechende kollektive Organisationsformen der therapeutischen Arbeit selbst erforderlich (wobei auch aufgrund derartiger Notwendigkeiten in unseren »praxisintegrierenden Einheiten« kooperative Formen der therapeutischen Arbeit entwickelt und erprobt werden).

5.7.7 Die fundamentale »Verkehrtheit« der psychoanalytischen Behandlungstechniken als Fixierung des Patienten auf seine phänomenal-biographische »Innenwelt«, damit Vorspiegelung einer lediglich »innerpsychischen« Bedingtheit und Überwindbarkeit seiner Lebensschwierigkeiten.

Aus unserer bisherigen kategorialen Darstellung des pädagogisch-therapeutischen Prozesses, wie wir sie in Kritik und Reinterpretation entsprechender psychoanalytischer Vorstellungen entwickelt haben, ergibt sich, daß wir die früher geschilderten Freudschen Auffassungen über die Strukturierung der Behandlungssituation, therapeutischen Techniken und Regelungen des Verhältnisses zwischen Therapeut und Patient, wenn sich darin auch wirkliche therapeutische Erfahrungen in jeweils bestimmten Aspekten niederschlagen, dennoch in ihrem theoretischen Kerngehalt und prinzipiellen Geltungsanspruch als einseitig, verkürzt und »verkehrt« zurückweisen müssen.

[27] Der radikale Unterschied zwischen einer im therapeutischen Prozeß, wie die Kritische Psychologie ihn begreift, u. U. notwendigen Einbeziehung von Familienmitgliedern in die therapeutische Kommunikation und in der psychoanalytischen Triebtheorie und entsprechenden falschen Vorstellungen von der familialen Ursituation befangenen Konzeptionen der »Familientherapie«, wie sie etwa von H. E. Richter durchgeführt und propagiert wird (etwa 1970), muß wohl nicht eigens hervorgehoben werden (zur Kritik an Richterschen Denkweisen vgl. Wulff 1975).

Das Paradigma der psychoanalytischen Behandlungssituation[28] mit dem auf dem Sofa liegenden, gemäß der »Grundregel« freie Assoziationen produzierenden Patienten und dem in »gleichschwebender Aufmerksamkeit« hinter ihm sitzenden Therapeuten ist quasi eine Verkörperung der falschen theoretischen Auffassung vom für den Heilungsprozeß unerläßlichen Rückgang auf die infantile Ursituation des Patienten mit ihren traumatischen Sexualerfahrungen und symbolische Darstellung der Isolation des therapeutischen Prozesses vom realen Leben und des »psychologisierenden« »Hinabsteigens« in die scheinhaft »bloß private« Innerlichkeit des Patienten. Wenn der kritisch-psychologischen Konzeption nach die wirkliche außertherapeutische Lebenspraxis des Klienten und seine ihm zur Verfügung stehenden Möglichkeiten verbesserter Kontrolle über die eigenen Lebensbedingungen und kooperative Integration im Mittelpunkt der therapeutischen Aufarbeitung stehen müssen, dabei die scheinbare Privatheit der Lebensschwierigkeiten des Klienten in Richtung auf ihre als Spezifizierung der objektiven Klassenlage zu verallgemeinernden Züge durchschaubar werden soll, so muß vom Therapeuten wirkliches Wissen über die klassenspezifischen Determinanten individueller Vergesellschaftungsprozesse und die bei Kumulation ungünstiger gesellschaftlich-personaler Bedingungen entstehenden psychischen Störungen in die Behandlungssituation eingebracht und durch die aufgrund dieses Wissens immer besser auf ihre gesellschaftliche Bedingtheit hin explizierbare Erfahrung des Klienten hindurch auf dessen besondere situationell-personale Lebenslage hin konkretisiert werden. Dabei müssen, da – wie aufgewiesen – erhöhte gesellschaftliche Integration stets Entwicklung entsprechender Fähigkeiten und des Bewußtseins erfordert, vom Klienten im therapeutischen Prozeß (in je nach seiner Symptomatik und Lebenslage unterschiedlicher Weise) wirkliche Lernprozesse vollzogen werden. Deswegen dürfte hier eher das Sichgegenübersitzen von Therapeut und Klient am Tisch bei intensiver sachbezogener Diskussion unter Heranziehung verschiedener Unterlagen und Materialien o. ä. für die Behandlungssituation paradigmatisch sein, was aus dem therapeutischen Ablauf gerechtfertigte Phasen entspannten Erfahrungsaustauschs, »Brainstormings« oder gar lange, frei assoziierende Monologe des Klienten keineswegs ausschließt.

Diese Konzeption von der Grundstruktur der therapeutischen Situation steht keineswegs im Widerspruch zu der Tatsache, daß auch gemäß dem kritisch-psychologischen Konfliktmodell die aufgrund mißlungener Kon-

[28] Eine ausführliche, kritisch-psychologische Analyse des psychoanalytischen »Setting« findet sich in der Arbeit von Dannenberger, Kostka & Uhe, »Analyse der diagnostisch-therapeutischen Situation« (1975); wir kommen auf diese Arbeit im letzten Teilband, bei der verallgemeinernden Kritik von Therapiekonzeptionen in der bürgerlichen Psychologie, noch zurück.

fliktverarbeitung kumulierten Abwehrprozesse, die schließlich zu psychischer Störung führten, ein Anwachsen der »unbewußten« Determination der Lebenstätigkeit des Klienten bedeuten, die im therapeutischen Prozeß zugunsten der Fähigkeit bewußt-realistischer Konfliktverarbeitung reduziert werden muß. Das »Unbewußte« besteht, wie dargelegt (vgl. S. 292 ff.), nämlich nicht im wesentlichen aus infantilen sexuellen Triebwünschen, die der Therapeut aus den Assoziationen, Träumen o. ä. des Patienten zu »erraten« hat, um so die Lücken in der Erinnerung oder Rückphantasie des Patienten mit seiner Deutungskonstruktion zu schließen, sondern aus im »Gedächtnis« gespeicherten Kognitionen solcher Realitätsaspekte, die bei früheren Prozessen der Konfliktabwehr eliminiert werden mußten und deren Reproduktion eine Reaktualisierung des Konfliktes mit entsprechenden Angst- und Bedrohtheitserlebnissen bedeutet. Diese »unbewußten« Gedächtnisinhalte führen – da alle gegenwärtigen Realitätsmomente, die mit den verdrängten im Zusammenhang stehen und so zu deren Reaktualisierung führen könnten, »abgewehrt« werden – zu einer progressiven Selektion und Verfälschung der aktuellen kognitiven Erfahrungsgewinnung, demgemäß auch zu einseitigen und verzerrten emotionalen Wertungen. Zur therapeutischen Reduzierung solcher »unbewußten« Realitätsverfälschungen muß dem Klienten bewußt werden, daß diese Realitätsverfälschung zur Konfliktabwehr ihn auf einem niedrigen Niveau der Handlungsfähigkeit und Einflußmöglichkeit, d. h. auf einem Status der Abhängigkeit und Ausgeliefertheit an Zufall und Willkür, damit aber der prinzipiellen Unsicherheit seiner Lebensbedingungen einschließlich der sozialen Beziehungen fixiert. Das ist – wie gezeigt – gleichbedeutend mit dem Aufweis von dem Klienten zugänglichen effektiveren Möglichkeiten zur Konfliktverarbeitung bei Einbeziehung der unverfälschten und unverkürzten gesellschaftlichen Realität, über welche ein erhöhtes Niveau der Kontrolle über die eigenen Lebensbedingungen und der kooperativen Integration als wesentliche Voraussetzung individueller Sicherheit und Angstfreiheit erreichbar ist. Eine solche Bewußtseinsentwicklung durch Zurückdrängung des »Unbewußten« ist aber durch »freie Assoziationen« des Klienten, psychologisierende Deutungen des Therapeuten o. ä. im isolierten therapeutischen Bereich für sich genommen um keinen Deut voranzutreiben, sondern setzt, wie gezeigt, wesentlich die Herausarbeitung der situationalen und personalen Handlungsräume voraus, die aufgrund der Klassenlage und dem gesellschaftlichen Standort dem Klienten in seiner konkreten Lebenslage tatsächlich gegeben sind.

Auch bei der therapeutischen Aufarbeitung der Lebensgeschichte des Klienten, die – da das adäquate Bewußtsein des eigenen Gewordenseins ein entscheidendes Bestimmungsmoment des adäquaten Bewußtseins der eigenen Lage in der Gegenwart und deren Perspektiven ist – in den meisten Fällen bis zu einem bestimmten Grade unerläßlich sein wird, ist unserer Konzeption nach keineswegs die »freie Assoziation« bzw. die therapie-immanente Deutung die zentrale Vorgehensweise. Die Analyse der individuellen Biographie ist u. E. global unter zwei Aspekten therapeutisch notwendig: Einmal ist die Herausarbeitung der biographischen Ursprungsstelle der Tendenzen zur Konfliktabwehr und der wesentlichen biographischen Stadien, in denen diese Tendenzen sich verstärkten und schließlich immer mehr personal verselbständigten, eine wichtige Hilfe bei der Erfassung der Eigenart der gegenwärtigen Abwehrtendenzen und der aus ihrem »Mißerfolg« resultierenden Symptombildungen; zum anderen umfassen die gegenwärtigen Reduzierungen des Realitätsbezuges beim Klienten auch eine Reduzierung der realistischen Erfassung der eigenen Lebensgeschichte, wobei unbewußte subjektive Umdeutungen und Verfälschungen früherer biographischer Stadien zur Stabilisierung und Rechtfertigung gegenwärtiger Lebensführung dienen. Unter beiden Aspekten ist eine Rekonstruktion der Lebensgeschichte durch bloßes psychologisierendes »Hinabsteigen« in die phänomenalbiographische »Innenwelt« der eigenen Vergangenheit unzulänglich. Im therapeutischen Prozeß muß nicht nur die gegenwärtige Lebenslage des Klienten, sondern auch deren individualgeschichtliches Gewordensein auf die in ihnen sich manifestierenden objektiven gesellschaftlich-allgemeinen Züge der Klassenlage und des speziellen gesellschaftlichen Standorts so weit wie möglich durchdringbar sein. Der Klient hat zu begreifen, in welchem Maße und auf welche Weise etwaige restriktive oder willkürliche Erziehungspraktiken der eigenen Eltern nicht lediglich aus deren individuellen Eigenschaften erklärlich, sondern selbst wieder Ausdruck ihres Standorts und ihrer Klassenlage einschließlich dadurch geprägter individueller Vergesellschaftungsprozesse waren, womit personalisierende Mißdeutungen der Familienbeziehungen, innerhalb derer die eigene frühe Lebensgeschichte mit ihren Beschränkungen und Fehlentwicklungen sich vollzog, reduzierbar sind, so die gegenwärtige Beziehung zu den Eltern damit realistischer und »gerechter« wird, etc. Damit ist die Heranziehung von objektiven Daten über die situationale und personale Lebenslage des Klienten in verschiedenen Stadien seiner Biographie einschließlich der frühen Kindheit, soweit sie verfügbar sind, eine therapeutische Notwendigkeit; ebenso ist das Problem, wieweit die phänomenalbiographische Sicht des Klienten seine Lebenslage in verschiedenen Stadien der eigenen Geschichte adäquat widerspiegelt oder nicht, keineswegs gleichgültig oder die Einbeziehung der realbiographischen Dimension sogar ein methodischer Fehler, sondern von höchstem therapeutischem Interesse. Gerade die Widersprüche zwischen früheren biographischen Phasen in der Selbstsicht des Klienten und objektivierten Lebensdaten, auch der Widerspruch zwischen dem phänomenalen Bild von der eigenen Person in früherer Zeit und verfügbaren Dokumenten aus der gleichen Zeit, Schilderungen anderer Personen, Bildern, aber auch eigenen Briefen oder anderen Spuren früherer Lebenstätigkeit, können dem Klienten u. U. wichtige Aufschlüsse über aus den gegenwärtigen Lebensschwierigkeiten erklärliche unbewußt-»interessierte« Verfälschungen des eigenen Lebenslaufs und der eigenen früheren Persönlichkeitseigenarten geben (etwa die Selbstvorspiegelung einer »glücklichen Kindheit« zur Rechtfertigung gegenwärtigen »Zurücksteckens«, da man seinen Teil bereits hatte; oder subjektive »Verkleinerung« früherer eigener Fähigkeiten, Entwicklungs- und Erlebnismöglichkeiten, um das Selbsteingeständnis der Stagnation oder Regression des gegenwärtigen Entwicklungsstandes zu vermeiden, etc.). Das bedeutet nicht, daß als einziges methodisches Erfordernis für die dem Klienten zu ermöglichende bewußte Erfassung solcher abwehrbedingten Verfälschungen der eigenen Biographie und der Gewinnung einer realistischen Erkenntnis der Selbstentwicklung die direkte Konfrontation der phänomenalbiographischen Sicht mit den objektiven Daten oder gar eine einfache Korrektur der »Erinnerung« des Klienten durch die Außenkriterien gesehen wird; der Umstand, daß dem Klienten seine eigene Vergangenheit auf eine bestimmte Weise gegeben ist, ist vielmehr als selbständige subjektive Tatsache zu würdigen; allerdings ist eine angemessene therapeutische Funktionsbestimmung dieser phänomenalbiographischen Gegebenheiten nur über die Klärung der Frage nach dem Grad ihrer Übereinstimmung mit den objektiven biographischen Tatsachen, also wirklichen früheren Lebenslagen des Klienten, möglich; nur so kann entschieden werden, wieweit sich in der subjektiven Sichtweise des Klienten auf bestimmte Stadien seiner Lebensgeschichte bereits frühere Prozesse der Konfliktabwehr niederschlagen, bzw. ob sie »interessierte« Verfälschungen aufgrund früherer oder gegenwärtiger Abwehrtendenzen sind oder einfach im großen und ganzen realistische Erinnerungen. Die von Freud gelegentlich zum Ausdruck gebrachte Gleichgültigkeit gegenüber dem Realitätsgehalt der psychoanalytischen Konstruktion von Erfahrungen des Patienten in der frühen Kindheit, mehr noch die geschilderten modernen Abwertungen der realbiographischen Dimension als »erklärungswissenschaftliche« Verfälschung der Psychoanalyse, sind besonders krasse Manifestationen des haltlosen Psychologismus der Psychoanalyse, die im zirkulären Interpretationsraum der Rückführung von Psychischem auf Psychisches befangen ist: Wenn die subjektive Biographie eines Menschen nicht als mehr oder weniger adäquater oder verfälschter Niederschlag seiner wirklichen Auseinandersetzung mit der gesellschaftlichen Umwelt interessiert, sondern nur als aus sich heraus verständliche Innendimension, so kann auch die Vorbereitung auf die konkrete Realität, an welcher der Klient »gescheitert« und deren Bewältigung eine wesentliche Voraussetzung der Behebung seiner Leiden ist, nicht geleistet werden, sondern ist, solange dic objektiven Verhältnisse die gleichen sind, spätestens dann, wenn der Klient aus der Obhut des Therapeuten in die »rauhe Wirklichkeit« entlassen wird, das Auftreten neuer psychischer Schwierigkeiten fast unvermeidbar.

Die wesentliche Methode, dies zu verhindern, besteht für die Psychoanalyse darin, die Realität zu »entwichtigen«, den objektiven gesellschaftlichen Anforderungen weniger Geltung beizumessen. Die Psychoanalyse erhebt nicht den Anspruch, den Patienten die gesellschaftlichen Verhältnisse und damit seine eigenen Einflußmöglichkeiten zur Durchsetzung seiner Interessen durchschaubar zu machen, sondern abstrahiert von der Gesellschaft bzw. von deren Veränderbarkeit durch die Individuen und versucht, dadurch Erleichterung vom subjektiven Leiden zu schaffen, daß sie den Einzelnen quasi auf sich selbst zurückverweist, womit sie den Zustand seiner absoluten Ausgeliefertheit, Entwicklungslosigkeit, aber auch Erlebnisarmut, der Glückseinbuße und des Leidens prinzipiell verfestigt. (Bestenfalls wird dem Klienten die Unruhe genommen, die aus dem Gefühl erwächst, bestehende Möglichkeiten zur Verbesserung der allgemeinen Lebensbedingungen nicht ergriffen zu haben und damit mitverantwortlich am eigenen Leiden, aber auch dem anderer zu sein, indem dieser Anspruch von vornherein aus der Diskussion ausgeschaltet, wenn nicht schon gar in sich selbst als »Symptom« gewertet wird.)

Die psychoanalytische Grundhaltung der »Enteigentlichung« der wirklichen Lebensverhältnisse des Patienten und der systematische Aufbau der Fiktion, die psychischen Störungen des Patienten seien allein »psychologisch« verständlich und durch lediglich »psychische« Veränderungen des Patienten zu beseitigen, verweist generell auf die früher ausführlich dargestellte und diskutierte Einschränkung der Anwendbarkeit der psychoanalytischen Neurosen- und Therapiekonzeption auf die Mittelschichten »privilegierter Abhängiger«. Nur Individuen, von denen materielle Not in gewissen Grenzen ferngehalten ist, und die sich bis zu einem bestimmten Grade in die illusionäre Freizügigkeit ihres »bevorzugten« Privatlebens einfrieden können, kann eine Umdeutung ihrer realen Lebenssituation in einen bloßen uneigentlichen Bedeutungsträger frühkindlicher Konflikte und das Angebot eines Rückzugs in die biographische Innenwelt zugemutet werden; ja, eine solche »psychologisierende« Umdeutung ihrer wirklichen Daseinsproblematik, durch welche die aus der eigenen Privilegierung entstehenden klassenspezifischen Widersprüche und Bedrohungen geleugnet werden, muß im Gegenteil u. U. sogar auf den Patienten, da sie ihn von der Mitverantwortung für die allgemeinen Lebensbedingungen befreit, als solche schon tröstlich und beruhigend wirken. Dadurch wird eine »opportunistische« Konfliktlösung auf Kosten der Masse, gleichzeitig der eigenen Entwicklung begünstigt. Außerdem werden die Tendenzen des

Patienten zur Abwehr gesellschaftlicher Realität nicht, wie es die Aufgabe einer adäquaten Therapie wäre, beseitigt, sondern durch die psychoanalytische Theorie selbst befestigt und bestätigt. Die Implikationen einer Anwendung der psychoanalytischen »Enteigentlichungs«-Strategien auf die breiten Schichten der Arbeiterklasse, für die keine »Aufstiegsorientierung« möglich ist und die sich durch die Ausgeliefertheit an die Gesetze des kapitalistischen »Arbeitsmarktes« der dauernden Gefahr des Verlustes ihrer Existenzgrundlage gegenübersehen, wurden aus folgenden Formulierungen Kappelers (1977) deutlich: Die »therapeutische Forderung« nach ausschließlicher Bearbeitung genetischen Materials »erweist sich ... als ein Ergebnis der Klassenlage des Therapeuten selbst. Sie ist also nur sinnvoll gegenüber solchen Patienten, die ebenfalls die entsprechenden Voraussetzungen mitbringen. Wie absurd es wäre, die in der Therapie geäußerten Existenzängste eines vom Verlust seines Arbeitsplatzes bedrohten jugendlichen Arbeiters (mit all ihren Auswirkungen auf die Beziehungen innerhalb der proletarischen Familie) als Widerstand gegen die Bearbeitung genetischen Materials oder als Verschiebung der ödipalen Auseinandersetzung auf den Arbeitgeber zu deuten, liegt auf der Hand. Der Widerstand gegen solche Interpretationen muß hingegen als richtige Reaktion – oder therapeutisch gesprochen: als Anzeichen für psychische Gesundheit – eingeschätzt werden. Die Tatsache, daß solche Situationen in der psychotherapeutischen Praxis kaum entstehen, widerlegt nicht die Stichhaltigkeit dieser Einschätzung, sondern ist Ausdruck klassenspezifischer Übereinstimmung der Psychotherapeuten mit ihrer Klientel. Die wenigen Ausnahmen ändern nichts an der hier skizzierten Gesamtlage«.

Da die Rahmenzielsetzung der Therapie gemäß unserer Konzeption, wie dargestellt, das durch optimale gesellschaftliche Integration über seine eigenen Lebensbedingungen verfügende, damit zu Beiträgen zur Verbesserung der allgemeingesellschaftlichen Lebensverhältnisse fähige Individuum ist, muß die Beziehung zwischen Therapeut und Klienten (ob nun als Einzeltherapie oder in verschiedenen Formen von Gruppentherapie) sich im therapeutischen Prozeß zu einem kooperativen Verhältnis entwickeln. Allerdings ist die therapeutische Kooperation gegenüber sonstigen Kooperationsbeziehungen von besonderer Art, da sie nicht eine direkt auf Verbesserung der gesellschaftlichen und individuellen Lebensbedingungen gerichtete Lebens- und Kampfgemeinschaft ist, sondern für den Klienten einen notwendigen Umweg gezielter, wissenschaftlich begründeter Unterstützung darstellt, durch die seine gestörte Fähigkeit zu kooperativer Lebensführung in gesellschaftlichen Alltagsverhältnissen verbessert werden soll, deren Aufgabe es also ist, sich so schnell wie möglich selbst überflüssig zu machen. Die Herstellung und Verstärkung der therapeutischen Kooperation, in welcher das therapeutische Rahmenziel und die jeweiligen konkreten Behandlungsziele als gemeinsame Ziele des Klienten und Therapeuten (bzw. aller an der Therapie Beteiligten) sich verdeutlichen, muß als zentrales »technisches« Erfordernis der Gestaltung der therapeutischen Situation und des Behandlungsablaufs angesehen werden, von dessen Realisierung der Erfolg der Therapie entscheidend abhängig ist. Postulate und Ratschläge über das optimale Verhalten des Therapeuten während der Behandlung und die Art der dabei zum Klienten herzustellenden Beziehungen, wie sie etwa die Psychoanalyse formuliert, sind also sämtlich an diesem Kooperationskriterium auf ihre Berechtigung hin einzuschätzen.

Eine Behinderung der Entstehung therapeutischer Kooperation, damit unserer Konzeption nach schwerer »Kunstfehler«, ist jener Einsatz von Techniken und Tricks innerhalb der psychoanalytischen Behandlung, durch welche ein lückenloses System des »Leerlaufenlassens« des Patienten mit seinen aktuellen Beiträgen und seinem sachlichen oder emotionalen Engagement entsteht, indem man diese als »uneigentlich«, nämlich Ausdruck der Abwehr, Wiederholung frühkindlicher Sexualkonflikte erklärt, etwa als »Widerstand«, »Übertragung«, »Agieren« etc. einstuft. Auf diese Weise werden sämtliche Aktivitäten ins bloß »Persönliche« umgebogen, wirkliches, sachlich-inhaltliches Interesse wird nicht »geglaubt« und als »eigentlich« nur psychisch motiviert »entlarvt«, emotionale Beziehungen zum Therapeuten als in Wirklichkeit »gar nicht so gemeint« hingestellt, etc. Der Patient hat hier also prinzipiell nicht die Möglichkeit, sich gegenüber dem Analytiker mit Argumenten durchzusetzen, der Analytiker sitzt als absolut unangreifbarer Besserwisser hinter ihm. Der Patient befindet sich also aufgrund des therapeutischen Arrangements in genau jener bloß sozialen, infantilen Abhängigkeitsbeziehung zum Therapeuten, die die psychoanalytische Theorie zum Paradigma menschlicher Beziehungen überhaupt erhoben hat, ohne jede Chance, mit dem Therapeuten auch nur ansatzweise in ein kooperatives Verhältnis zu treten. Damit liegt von unserer Konzeption aus hier nicht nur der absurde Sachverhalt vor, daß die Kontrolle über die eigenen Lebensbedingungen, auf deren Verbesserung die Therapie gerichtet sein muß, dem Patienten in der therapeutischen Situation radikal entzogen ist; darüber hinaus ist durch die Unterbindung jeder kooperativen Entwicklung der Therapie auch jeder wirkliche Behandlungsfortschritt unterbunden, da ein solcher Fortschritt nur in der Durchbrechung kurzschlüssiger, bloß innertherapeutischer »Sozialbeziehungen« zwischen Therapeut und Klient durch kooperative Ausrichtung der Beiträge des Klienten wie Therapeuten an den Sachnotwendigkeiten der Verbesserung der konkreten Lebenssituation des Klienten als Behandlungsziel erreichbar ist. Die genannten für die psychoanalytische Therapie zentralen Techniken der »Veruneigentlichung« der Beiträge des Patienten und Herstellung einer infantilen Abhängigkeitsbeziehung zum Therapeuten dienen somit nicht einem wirklichen Fortschritt der Behandlung, sondern nützen hauptsächlich dem Therapeuten bzw. der Psychoanalyse, weil so eine Scheinrechtfertigung dafür besteht, allen inhaltlichen Auseinandersetzungen mit dem Patienten und Anstrengungen zur Erfassung und Verbesserung seiner objektiven Lebensverhältnisse aus dem Wege zu gehen. In diesem Zusammenhang gewinnt auch die geschilderte allgemeine »Neutralitätsforderung«, die nach psychoanalytischer Auffassung an den Therapeuten zu stellen ist, ihre besondere Funktion: Die von Freud geforderte »Undurchsichtigkeit« des Analytikers, der »wie eine Spiegelplatte nichts anderes zeigen (soll) als was ihm gezeigt wird«, ist, indem sie den Patienten durch Entzug aller Kriterien, mit welchen er unter Rückgriff auf sachliche Notwendigkeiten Einfluß auf die therapeutische Situation gewinnen könnte, auf bloß »soziale«, infantile Verhaltensweisen und Bewältigungsformen zurückwirft und auf seine fiktive »psychische« Icheingeschlossenheit fixiert, zusammen mit den genannten spezielleren Techniken der »Enteigentlichung« seiner wirklichen Lebensäußerungen *gleichzeitig ein umgreifender, allgemeiner »Abwehrmechanismus« der Psychoanalyse selbst:* Indem sie in der psychoanalytischen Situation quasi den Menschen erst »schafft«, auf den ihre psychoanalytischen Theoreme zutreffen, so die »Empirie«, an der ihre Sicht- und Vorgehensweisen sich immer wieder »bestätigen«, künstlich herstellt und perpetuiert, ist sie nicht nur gegen die wirklichen Lebensprobleme des Patienten als eines Menschen, der unter antagonistischen Klassenverhältnissen sein Leben erhalten und handlungsfähig bleiben muß, immunisiert, sondern auch gegen jeden Zweifel an der Brauchbarkeit der Psychoanalyse zur Erfassung wesentlicher Züge der menschlichen Lebensproblematik.

Mit dieser fundamentalen Kritik an der durch psychoanalytische Behandlungsmaximen erzeugten künstlichen Infantilisierung des Menschen in der Therapie ist nicht gesagt, daß in der therapeutischen Situation nicht u. U. *»Widerstände«* des Klienten gegen den Fortgang der Behandlung auftreten können; diese sind unserer Konzeption nach vielmehr mit Sicherheit zu erwarten, da nicht bereits mit der Bewußtmachung der Ursachen psychischer Schwierigkeiten diese quasi behoben sind, d. h. das Individuum nur noch seine Ansprüche entweder individuell durchsetzt oder aber, wenn das unmöglich, bewußt darauf verzichtet. Vielmehr sind in der Therapie bestimmte Entwicklungsanforderungen gestellt, nämlich die Bedingungen zu schaffen, unter denen die Aufhebung der Leiden verursachenden Ausgeliefertheit an die zufälligen Lebensbedingungen möglich ist, womit stets ein gewisses Maß an Anstrengung und auch Risiko verbunden ist, dem sich das Individuum, wenn es noch nicht von deren Erfolg bzw. deren Notwendigkeit voll überzeugt ist, zunächst entziehen wird, manchmal auch um den Preis, wieder in den Zustand der aktuell ungefährlicheren und bequemeren Abhängigkeit der psychischen Störung zurückzufallen, wobei es u. U. die daraus resultierenden Leidenszustände angesichts der risikoreichen Alternative der bewußten Aufnahme des Kampfes um die Verbesserung seiner Lebensbedingungen zu »verharmlosen« suchen wird, etc. Solche Widerstände (die wir hier nicht im einzelnen diskutieren können) sind zu erwarten, wenn einerseits die sekundäre Stabilisierung durch das psychische Symptom und der damit verbundene Krankheitsgewinn aufgegeben werden müßte, andererseits aber die Perspektive der realen Erreichbarkeit höher entwickelter Handlungsfähigkeit noch nicht deutlich genug erkannt und entsprechend emotional gewertet werden konnte, so daß der reaktualisierte Konflikt nach wie vor als nicht verarbeitbar erscheint und die Angst weiterhin durch Leugnung der Entwicklungsmöglichkeiten reduziert werden muß, der Klient also unbewußt an der Erhaltung seiner Symptome interessiert ist. Derartige Widerstände sind nichts weiter als Ausdruck von Mängeln im bisherigen Therapieverlauf, wodurch es zu einer Überforderung des Klienten kam, die von diesem noch nicht bewußt auf den Begriff gebracht werden konnte, sondern in »blinde« Abwehraktivitäten umgesetzt wurde; die Widerstände müssen also in den kooperativen Prozeß der Therapie einbezogen und durch Kritik und Selbstkritik mit Bezug auf die bisherigen Beiträge des Therapeuten und Klienten und Nacharbeitung der Fehler und Versäumnisse überwunden werden. – Über die Verfahren einer solchen »Widerstandsanalyse« können wir noch keine genaueren Angaben machen. Allgemein kann aber schon gesagt werden, daß es auch hier nicht darum geht, dem Klienten bestimmte Deutungen anzubieten und auf deren lediglich »innerpsychische« Bestätigung zu warten. So könnte etwa für den Klienten eine Entscheidung darüber, ob bestimmte Kognitionen einer realistischen Situationseinschätzung entspringen oder als »Widerstand« aufzufassen sind, dadurch erreicht werden, daß sich im therapeutischen Prozeß dem Klienten die Handlungskonsequenzen der Kognitionen verdeutlichen: Der Klient hätte die Möglichkeit selbst zu entscheiden, wieweit er die Handlungskonsequenzen auf sich zu nehmen bereit wäre und nur aus realistischer Einsicht auf die Handlung verzichten will, oder wieweit das damit verbundene Risiko für ihn subjektiv noch so untragbar wäre, daß er sich im Verdacht haben muß, die Kognitionen zur Vermeidung der emotionalen Wertungen, die die kritischen Handlungskonsequenzen implizieren, abzuwehren, etc.

Die psychoanalytische Konzeption der *»Übertragung«* ist – soweit darunter die, womöglich noch durch den archaischen »Wiederholungszwang« zustandegekommene, geheimnisvolle Wiederbelebung infantil-ödipaler »Objektbeziehungen« des Patienten in der therapeutischen Sondersituation verstanden wird –, wie sich aus der früher aufgewiesenen Unhaltbarkeit aller hier involvierten theoretischen Grundvorstellungen ergibt, als Mystifikation der wirklichen interpersonalen Beziehungen im therapeutischen Prozeß außerordentlich fragwürdig. Das gleiche gilt entsprechend für das Konzept der »Gegenübertragung«. Die Begrifflichkeit ist hier keine Hilfe, sondern eine Behinderung bei der adäquaten Erfassung der Eigenart und der Determinanten des interpersonalen Prozesses in der Therapie; ihre große Beliebtheit innerhalb der Psychoanalyse versteht sich aus ihrer Funktionalität als theoretische Scheinrechtfertigung des Ausweichens des Analytikers vor einer offenen Auseinandersetzung mit dem Patienten und seinen wirklichen gesellschaftlich bezogenen Lebensproblemen einschließlich der Anerkennung und rationalen Durchdringung wirklicher emotionaler Wechselbeziehungen zwischen Patient und Therapeut im Behandlungsprozeß, die ja immer konkrete Forderungen des Patienten an den Therapeuten einschließen. Allerdings ist davon auszugehen, daß in dem Maße, wie durch die früher geschilderten unverarbeitbaren Autoritätskonflikte die bewußte Lebensführung des Klienten sich zur »freiwilligen« Zwangsinstanz des »Über-Ich« (wie wir es reinterpretiert haben) deformiert hat, seine so entstandene Tendenz zum Aufbau und zur Perpetuierung negativer oder positiver Abhängigkeitsbeziehungen zu »Autoritäten« mit »blinder« Ablehnung oder Gefolgschaft gegenüber den Autoritätsforderungen in frühen Stadien der Behandlung auch seine Beziehung zum Therapeuten prägen wird. Das Erscheinungsbild einer solchen durch introjektive Identifizierung charakterisierten Abhängigkeitsbeziehung ist dann durchaus das der »negativen« oder »positiven Übertragung«. Derartige Autoritätsabhängigkeiten des Klienten sind aber keineswegs als Wiederholungen infantil-ödipaler »Objektbeziehungen« zu deuten, sondern im Laufe der Behandlung in ihrer subjektiven Funktionalität bei der Abwehr von Autoritätskonflikten durch »freiwilligen« Verzicht auf die Durchsetzung sachlich begründeter eigener Interessen gegenüber der Autorität verständlich zu machen, wobei zugleich wirkliche Möglichkeiten zur »realistischen« Verarbeitung der Autoritätskonflikte, damit Reduzierung der Abhängigkeit und Erweiterung der Kontrolle über die eigenen Lebensbedingungen zu eröffnen sind. In dem Grade, wie dies gelingt, wird die Autoritätsabhängigkeit des Klienten sich immer mehr auf die bewußte Orientierung an Vorbildern, in denen menschliche Möglichkeiten auf nachprüfbare Weise in besonders entwickelter Form verkörpert sind, hin verändern, wobei es vom Entwicklungsstand des Therapeuten abhängt, wieweit auch er als ein solches Vorbild in Frage kommt.

Die Freudsche Auffassung, daß die »positive Übertragung«, aufgrund derer der Patient dem Analytiker zuliebe den Regeln der Therapie sich unterwirft und gesund zu werden trachtet, als entscheidendes Vehikel des Behandlungsfortschritts vom Therapeuten auszunutzen sei, ist gemäß unserer Konzeption radikal zurückzuweisen. Die Erfüllung von Autoritätsanforderungen ohne Einsicht in ihre sachliche Berechtigung und die Nützlichkeit ihrer Realisierung für mich selbst wie für die fordernde Autorität ist, wie ausführlich gezeigt, ein Wesensmerkmal infantiler Abhängigkeitsbeziehungen, die in der Therapie zu beseitigen, nicht aber durch ihre Benutzung als therapeutisches Hilfsmittel zu fixieren sind. Eine »technische« Ausnutzung solcher Abhängigkeiten verbietet sich auch deswegen, weil sie die Entstehung und Verstärkung der therapeutischen Kooperation, die ihrerseits entscheidendes Vehikel des therapeutischen Fortschritts ist, verhindern müssen. Die Beziehung zwischen Therapeut und Klient muß von eventuellen anfänglichen Abhängigkeitsverhältnissen so schnell wie möglich zu einer Orientierung der Beziehung an den sachlichen Notwendigkeiten des Therapieziels, damit auch Überprüfbarkeit der Brauchbarkeit und Nützlichkeit der Beiträge des Therapeuten durch den Klienten, also von »bloß« sozialen Gebundenheiten zur kooperativen Verbundenheit über das gemeinsame Ziel, dessen objektiven Erfordernissen der Klient wie der Therapeut unterstellt sind, sich entwickeln; nur dadurch kann der Klient in immer höherem Grade die therapeutische Situation mitkontrollieren und auch in begründeter Kritik am Therapeuten durch nachweisbar nützliche Beiträge den therapeutischen Prozeß bewußt mitgestalten.

Die Entstehung von erotischen Bindungen etwa der Patientin an den Analytiker und entsprechenden sexuellen Wünschen, ebenso von reziproken erotischen Bindungen des Analytikers an die Patientin, ist bei der Eigenart der analytischen Grundkonstellation – jahrelang drei- bis viermal wöchentlich Intimmonologe der auf dem Sofa liegenden Patientin mit ausschließlicher Billigung der sexuellen Thematik durch den Analytiker in einer vom realen Lebensbezug hermetisch abgeschlossenen Therapiesituation – nahezu unausweichlich. Es ist demnach verständlich, daß die psychoanalytische Theorie die unbezweifelbare Realität solcher Liebesbindungen durch die Hilfskonstruktion der »Übertragungs-« und »Gegenübertragungs«-Konzeption, damit »enteigentlichende« Zurückführung auf infantile Objektbeziehungen, zu entschärfen und handhabbar zu machen versucht. Dennoch sind auch hier solche Behelfe als Mystifikationen zurückzuweisen: Die Gründe für die Erotisierung der therapeutischen Beziehung und die Schwierigkeiten einer »realistischen« Verarbeitung sexueller Bindungen im therapeutischen Prozeß sind vielmehr in der Mangelhaftigkeit der psychoanalytischen Therapiekonzeption selbst zu suchen. Bei einer unserer Konzeption nach einzig adäquaten Durchbrechung der Hermetik der Behandlungssituation und Orientierung der Inhalte des Therapieprozesses an der wirklichen klassen- und standortspezifischen Lebenslage des Klienten muß die sexuelle Thematik, soweit ihre Aufarbeitung notwendig ist, von vornherein im Zusammenhang mit den objektiven gesellschaftlichen Lebensbedingungen des Klienten behandelt und in ihrer Geprägtheit durch die aktuelle und bei der individuellen Vergesellschaftung gegebene Klassenlage unter kapitalistischen Bedingungen durchschaubar werden. Dazu würde eine gleichzeitige blinde Reproduktion so bedingter sexueller Bindungen im Therapieprozeß in eklatantem Widerspruch stehen. Weiterhin müssen durch die im Therapieprozeß erforderliche, nicht nur thematische, sondern u. U. auch reale Einbeziehung der konkreten außertherapeutischen Lebenslage des Klienten, also auch des Nahraums seiner interpersonalen Beziehungen, auch seine Liebes- und Sexualpartner in ihrer eigenen Bedürfnislage, ihren Entwicklungsmöglichkeiten und -beschränkungen etc. innerhalb der Therapie in Erscheinung treten: Die gemäß dem Therapieziel zu erreichende Verbesserung der kooperativen Integration des Klienten schließt, wie gezeigt, eine Veränderung seiner Beziehungen zu den wesentlichen Bezugspersonen zwingend ein, womit eine solche Veränderung indirekt oder durch direkten therapeutischen Einfluß im Behandlungsprozeß gefördert werden muß. Auch durch solche therapeutischen Erfordernisse dürfte die gleichzeitige Entstehung einer privatistischen erotischen Beziehung zwischen Therapeut und Patientin (oder in einer anderen hetero- oder homosexuellen Konstellation), die die außertherapeutischen Partner ausschließt, sehr erschwert werden. Schließlich ist auch die Entstehung von kurzschlüssigen Sexualbindungen als verselbständigtes Moment der Beziehung zwischen Klient und Therapeut mit einer Situation, die eine »Versachlichung« der Beziehungen und eine Reduzierung von »bloß« sozialen Abhängigkeiten durch das gemeinsame Bemühen um die Verbesserung der Lebensbedingungen anstrebt, praktisch unvereinbar. – Im Behandlungsprozeß, wie er unserer Konzeption nach zu gestalten ist, ist mithin die Entstehung von erotischen Bindungen zwischen Therapeut und Patient, da solche Beziehungen meist in mehrerer Hinsicht mit den therapeutischen Notwendigkeiten offensichtlich in Widerspruch stehen und die Entstehung von sachbezogenen Beziehungen durch die Art der therapeutischen Aktivität erfordert ist und begünstigt wird, vergleichsweise unwahrscheinlich und, falls es dennoch zu derartigen Bindungen kommt, die Art ihrer Verarbeitung ohne mystifizierende »Übertragungs«-Deutungen o. ä. klar aus der therapeutischen Konzeption ableitbar.

Unsere Zurückweisung der »Neutralitätsforderung«, wie die Psychoanalyse sie formuliert, bedeutet nicht, daß wir ein distanzloses Involviertsein des Therapeuten in das private Lebensschicksal des Klienten, damit die Aufhebung der therapeutischen Sondersituation in eine normale Alltagsbeziehung befürworten. Eine solche Haltung verbietet sich schon deswegen, weil es ja das zentrale Therapieziel ist, das distanzlose Involviertsein in das private Lebensschicksal beim Klienten in Richtung auf Einsicht und Übersicht aus Erkenntnis und emotionaler Wertung der gesellschaftlich-allgemeinen, klassenspezifischen Züge seines scheinhaft bloß privaten Lebens zu reduzieren, wobei der Therapeut, sofern er seiner Aufgabe genügen will, stets durch Einbringung von entsprechendem Wissen diesem Entpersonalisierungs- und Versachlichungsprozeß beim Klienten vorangehen muß. Dies heißt auch, daß u. E. eine spezifisch professionelle Kompetenz des Therapeuten, die ihn vom Klienten unterscheidet, unerläßlich ist und allein aus einer wirklichen Kompetenz dieser Art die Behandlungsaktivitäten des Therapeuten zu rechtfertigen sind. »Egalitäre« Vorstellungen von der Aufhebung jeder Differenz zwischen Therapeut und Klient als »fortschrittlichem« Therapiekonzept (auch der Therapeut ist psychisch krank, psychische Krankheit ist schon als solche politisch, Gesundung ist nur durch aktuellen gemeinsamen politischen Kampf von Therapeuten und Patienten erreichbar, der Patient leidet sensibler an der Gesellschaft, der Therapeut muß von ihm lernen, wir sind alle Menschen in ihrer existentiellen Bedrohtheit und »Entfremdetheit« etc.) sind (in welcher Variante auch immer) theoretischer Unfug und menschlich wie gesellschaftlich verantwortungslos. Allerdings wird von der kritisch-psychologischen Konzeption aus, wie früher (S. 465 ff.) ausführlich dargestellt, die notwendige Kompetenz des Therapeuten prinzipiell anders bestimmt als in psychoanalytischer Sicht, und wir müssen es nachdrücklich in Zweifel stellen, ob dem Psychoanalytiker, der im Hinblick auf die klassen- und standortspezifischen Bedingungen individueller Vergesellschaftung und die Gesetzmäßigkeiten der dabei auftretenden Fehlentwicklungen wie über die Abhängigkeit der Reduzierbarkeit psychischer Störungen von der objektiven Lebenslage und den darin gegebenen Handlungsräumen des Klienten in der bürgerlichen Klassenwirklichkeit programmatisch ahnungslos ist, eine hinreichende therapeutische Kompetenz zugesprochen werden darf.

Die Einbeziehung von eigenen Lebenserfahrungen des Therapeuten, Thematisierung und Diskussion seiner eigenen Lebensschwierigkeiten etc., die Freud unter Berufung auf die »Neutralitätsforderung« generell als Kunstfehler untersagt, wird unserer Konzeption nach in dem Grade sinnvoll, wie daraus verallgemeinerbare Einsichten, die der Klärung der Lebenslage des Klienten dienen, abgeleitet werden können. Sofern die Berichte des Therapeuten über sein eigenes Schicksal im Bereich bloßer »Privatheit« verbleiben, behindern sie den Prozeß der verallgemeinernden Durchdringung der scheinhaft-individuellen Lebenslage des Klienten und damit den Therapiefortschritt. Daraus darf aber niemals gefolgert werden, daß der Therapeut sich Fragen des Klienten über sein Privatleben, seine Lebensziele, seine politischen Konzeptionen etc. autoritär entziehen dürfte. Ein solches Verhalten läßt sich aus den psychoanalytischen, aber nicht aus den kritisch-psychologischen Prinzipien der Gestaltung der Therapeut-Klient-Beziehung im Behandlungsprozeß ableiten. Vielmehr hat der Therapeut, da jede seiner Verhaltensweisen in ihrer Berechtigung dem Klienten gegenüber voll begründbar sein muß, zunächst auf jede der Fragen des Klienten einzugehen. Allerdings wird dies gemäß den Notwendigkeiten der therapeutischen Kooperation stets unter dem Gesichtspunkt der Nützlichkeit der Art der Beantwortung einer Frage im Hinblick auf das gemeinsam übernommene Therapieziel zu geschehen haben. Falls sich dabei herausstellt, daß die ausführliche Darstellung und Diskussion bestimmter Details der eigenen Lebensführung und Biographie des Therapeuten für den Behandlungsfortschritt nichts hergibt, so wird der Klient, da auch er seine Aktivitäten und Forderungen innerhalb der Therapie am gemeinsam übernommenen Therapieziel rational ausweisen muß, gegen die Verkürzung entsprechender Erörterungen nichts seinem eigenen Anspruch nach Stichhaltiges einwenden können.

Das oberste Prinzip der Strukturierung des therapeutischen Prozesses und des darin eingeschlossenen Therapeut-Klient-Verhältnisses ist – und damit verfällt der Kern der psychoanalytischen »Neutralitätsforderung« radikal der Ablehnung – die absolute Durchsichtigkeit und Durchschaubarkeit des therapeutischen Geschehens für den Klienten, da er nur so in der realistischen Einschätzung der Funktion sämtlicher Determinanten des therapeutischen Prozesses zur Verbesserung seiner objektiven und subjektiven Lebenslage zweckmäßige und motivierte Beiträge zum Therapieerfolg leisten kann; dazu gehört auch die absolute Durchschaubarkeit dessen, was der Therapeut tut oder unterläßt, in seiner Funktionalität für die Therapiefortschritte. Die Stilisierung des Therapeuten als undurchdringliche Gummiwand, die alle auf ihn bezogenen Fragen und anderen Lebensäußerungen des Klienten als »eigentlich« nur den Klienten, nämlich seine infantile Konfliktsituation betreffend, auf diesen zurückwirft, ist – mit welchen theoretischen Spitzfindigkeiten sie immer zu rechtfertigen versucht wird – objektiv Ausdruck der Unfähigkeit des Therapeuten zu adäquaten kooperativen Beiträgen zum Behandlungsfortschritt im Interesse des Klienten.

Die geschilderten Freudschen Forderungen einer »Neutralität« der Psychoanalyse, die über bloße Behandlungsmaximen hinausgehen und moralisch oder politisch gerechtfertigt werden, basieren im Prinzip auf der gleichen Fiktion von der Position des Wissenschaftlers außerhalb der Gesellschaft und der Unabhängigkeit der »Werturteile« von der Erkenntnis über den Gegenstand, wie sie Holzkamp (1973/74) bei seiner Kritik des »individualethischen« und »pragmatischen« Lösungsversuchs der Zielproblematik therapeutischer Aktivität durch die bürgerliche Psychologie dargelegt hat. Sicherlich hat Freud recht, wenn er dem Patienten nicht seine, Freuds, »Ideale aufdrängen« und ihn nicht zu seinem »Leibgut« machen will; wir haben aber gerade aufgewiesen, daß die Psychoanalyse, indem sie in der Therapie infantile Abhängigkeitsbeziehungen des Patienten zum Analytiker herstellt, die Hörigkeit »positiver Übertragung« therapeutisch ausnutzt und die Urteilsfähigkeit des Patienten durch Kunstgriffe suspendiert, den Patienten entgegen ihrer eigenen Vornahme in einer Weise zum »Leibgut« des Therapeuten macht, die einer vernünftigen therapeutischen Zielsetzung diametral entgegensteht. Auch muß man Freud zustimmen, daß die Therapie nicht »Rat und Leitung in Angelegenheiten des Lebens«

zu geben habe, wenn man darunter die autoritäre und unbegründete Erteilung von Anweisungen zur Lebensführung des Klienten gemäß dem unhinterfragt diesem oktroyierten moralisch-politischen Wertsystem des Therapeuten versteht. Der Klient soll, wie ausführlich dargelegt, vielmehr in die Lage versetzt werden, sein Leben bewußt gemäß seiner eigenen Einsicht in den Zusammenhang zwischen gesellschaftlichen Notwendigkeiten und den subjektiven Notwendigkeiten einer gesellschaftlich vermittelten Verfügung über die eigenen Lebensbedingungen zu führen und zu gestalten. Freud unterliegt allerdings einer tiefgehenden Illusion, wenn er meint, durch diese Zurückhaltung von »Rat und Leitung« sei die Psychoanalyse der Notwendigkeit politischen Stellungnehmens enthoben und könne der »Parteinahme« bei der Beurteilung der »bestehenden sozialen Ordnung« entgehen. Freud hat hier, wie die gesamte bürgerliche Wissenschaft, nicht begriffen, daß eine derartige Parteinahme hier nicht im freien Ermessen des Wissenschaftlers unabhängig von seiner wissenschaftlichen Aktivität steht, sondern ihm durch die Beschaffenheit des Gegenstandes, den es zu erkennen gilt, notwendig aufgezwungen wird. Man kann die individuellen Vergesellschaftungsprozesse des Menschen, die Ursachen für die dabei auftretenden psychischen Störungen, die in der objektiven Lebenslage gegebenen Möglichkeiten und Grenzen einer individuellen Höherentwicklung und Überwindung der Fehlentwicklungen und Gestörtheiten etc. nicht wissenschaftlich adäquat erforschen, ohne darauf zu stoßen, daß die gesellschaftliche Realität, durch die die Entwicklung und die Lebensmöglichkeiten des Klienten geprägt und spezifisch behindert sind, die antagonistische Klassenwirklichkeit der bürgerlichen Gesellschaft ist, in der die Masse der Menschen an der bewußten Planung und Mitgestaltung des gesellschaftlichen Lebens gehindert und auf einen gemessen an den gesellschaftlichen Möglichkeiten niedrigen Stand der Persönlichkeitsentwicklung und Lebenserfüllung eingeschränkt ist. Diese Klassenwirklichkeit muß auch für den Klienten in relevanten Aspekten erkennbar werden, wenn er die objektiven Bedingungen für seine Lebensschwierigkeiten und die tatsächlich existierenden Möglichkeiten und Schranken ihrer Überwindung immer besser verstehen und in der Lebenspraxis zu berücksichtigen lernen soll. Damit ist im Erkenntnisprozeß des Therapeuten und des Klienten zwangsläufig gegen jene Partei genommen, die den antagonistischen Klassencharakter der gegenwärtigen gesellschaftlichen Verhältnisse und die Notwendigkeit ihrer Überführung in gesellschaftliche Bedingungen, die die Entfaltung aller Menschen ermöglichen, leugnen und die kapitalistische Gesellschaft in ihrem eigenen Partialinteresse gegen die Bedürfnisse der Masse der Bevölkerung verewigen wollen. Eine solche Parteinahme läßt sich nur durch die *Unterdrückung und Verkürzung der wissenschaftlichen Erkenntnis* der gegenwärtigen Lebensverhältnisse der Menschen in ihrer historischen Bestimmtheit vermeiden. Auf diese Weise hat man aber, indem man die gesellschaftlichen Verhältnisse, die im Leben und im Schicksal des Individuums sich manifestieren, als unveränderliche Naturverhältnisse verkennt, automatisch für das Kapital und seine Partialinteressen Partei genommen, eine dritte Möglichkeit ist in der antagonistischen Klassengesellschaft ausgeschlossen, wie »neutral« man auch immer sein möchte. Hiermit haben sich unsere Darlegungen bis zur Notwendigkeit der expliziten Behandlung eines bisher in vielfältigen Zusammenhängen implizit mitdiskutierten Zentralproblems zugespitzt: des Problems des Klassenstandpunktes der Psychoanalyse, darüberhinaus der bürgerlichen Motivationstheorie überhaupt und der Beziehung zwischen den jeweiligen Ausdrucksformen dieser Interessenverhaftetheit der verschiedenen Theorien und den Verkürzungen und Verkehrungen ihrer wissenschaftlichen Erkenntnisse. Die damit angesprochene Problematik steht im Mittelpunkt des 3. Teilbandes.

Literaturverzeichnis

Adorno, T. W., 1952: *Die revidierte Psychoanalyse*, Vortrag, 1946 in San Francisco gehalten; abgedruckt unter dem Titel *Zum Verhältnis von Psychoanalyse und Gesellschaftstheorie* in Psyche 6, 1–18

Balint, M. & Csillag, P., 1931: *Zur Kritik der Libidotheorie nach Bernfeld und Feitelberg*, Imago 17, 411 ff.

Berger, P. & Luckmann, T., 1969: *Die gesellschaftliche Konstruktion der Wirklichkeit*, Stuttgart

Bernfeld, S. & Feitelberg, S., 1930: *Über psychische Energie, Libido und deren Meßbarkeit*, Imago 14, 66–118

Bischof, N., 1973: *Die biologischen Grundlagen des Inzesttabus*, in: W. Wickler & U. Seibt (Hrsg.): *Vergleichende Verhaltensforschung*, 433–457, Hamburg

Boshowitsch, I. L., 1970: *Die Persönlichkeit und ihre Entwicklung im Schulalter*, Berlin (DDR)

Brun, R., 1953/54: *Über Freuds Lehre vom Todestrieb*, Psyche 7, 82–111

Dahmer, H., Horn, K., Leithäuser, T., Lorenzer, A. & Sonnemann, U., 1973: *Das Elend der Psychoanalyse-Kritik. Beispiel Kursbuch 29. Subjektverleugnung als politische Magie*, Frankfurt a. M.

Dannenberger, J., Kostka, W. & Uhe, M., 1975: *Analyse der diagnostisch-therapeutischen Situation. Grundrisse eines Leitfadens zur »klinischen Urteilsbildung«*. Unveröffentlichte Diplomarbeit, Berlin-West, Psychologisches Institut der F. U.

Deleuze, G. & Guattari, F., 1974 (frz. Ausg. 1972): *Anti-Ödipus. Kapitalismus und Schizophrenie I*, Frankfurt a. M.

Deppe, F., 1971: *Das Bewußtsein der Arbeiter. Studien zur politischen Soziologie des Arbeiterbewußtseins*, Köln

Engels, F.: *Die Lage Englands*, Marx-Engels-Werke *(MEW)*, Bd. 1, 550–592, Berlin (DDR)

ders.: *Die Lage der arbeitenden Klasse in England, MEW*, Bd. 2, 225–506, Berlin (DDR)

ders.: *Anti-Dühring, MEW* Bd. 20, 1–303. Berlin (DDR)

ders.: *Dialektik der Natur. Notizen und Fragmente, MEW* Bd. 20, 305–568. Berlin (DDR)

Freud, A., 1946: *Das Ich und die Abwehrmechanismen*, London

Freud, S., *Gesammelte Werke*, S. Fischer, Bd. 1 – Bd. 18, Frankfurt a. M.

Freud, S., 1968: *Briefe 1873–1939*, Frankfurt a. M.

Gerhardt, W., 1977: *Zur Kritik der psychoanalytischen Theorienbildung durch die Frankfurter Schule* (Arbeitstitel, erscheint 1977 bei Campus)

Gibson, E. J., 1969: *Principles of perceptual learning and development*, New York

Gottschalch, W., Neumann-Schönwetter, M. & Soukup, G., 1971: *Sozialisationsforschung. Materialien, Probleme, Kritik*, Frankfurt a. M.

Habermas, J., 1973: *Stichworte zur Theorie der Sozialisation*, in ders.: *Kultur und Kritik*, 118–194, Frankfurt a. M.

Haug, F., 1972: *Kritik der Rollentheorie,* Frankfurt a. M.
Haug, F., 1977: *Rollenspiel zwischen Emanzipation und Manipulation* (Arbeitstitel; Texte zur Kritischen Psychologie Bd. 7, In Vorbereitung)
Henkel, M. & Holzkamp, K.: *Malaktion als soziale Therapie* (Noch unveröffentlicht)
Holzkamp, K., 1972: *Verborgene anthropologische Voraussetzungen der allgemeinen Psychologie,* in ders.: *Kritische Psychologie,* Frankfurt a. M.
ders., 1973: *Sinnliche Erkenntnis – Historischer Ursprung und gesellschaftliche Funktion der Wahrnehmung,* Frankfurt a. M.
ders., 1973/1974: *Methodische Probleme der Zielbestimmung der pädagogisch-therapeutischen Tätigkeit* (Internes Arbeitspapier des Psychologischen Instituts der FU Berlin)
ders., 1974: *Die historische Methode des wissenschaftlichen Sozialismus und ihre Verkennung durch J. Bischoff,* Das Argument 84, 1–75
ders., 1977: *Die historische Methode in der Psychologie* (In Vorbereitung)
ders. & Schurig, V., 1973: Einführung in: A. N. Leontjew: *Probleme der Entwicklung des Psychischen,* XI–LII. Frankfurt a. M.
Holzkamp-Osterkamp, U. 1975: *Grundlagen der psychologischen Motivationsforschung I,* Frankfurt 1975
Jahoda, M., Lazarsfeld, P. F. & Zeisel, H., 1960 (1. Aufl. 1933): *Die Arbeitslosen von Marienthal. Ein soziographischer Versuch mit einem Anhang zur Geschichte der Soziographie,* Allensbach und Bonn
James, W., 1909: *Psychologie,* Leipzig
Kappeler, M., K. Holzkamp & U. H. Osterkamp, 1977: *Psychologische Therapie und politisches Handeln,* Frankfurt 1977
Kornhauser, A., 1965: *Mental health of the industrial worker. A Detroit study.* New York/London/Sidney
Kopnin, P. V., 1970: *Dialektik-Logik-Erkenntnistheorie. Lenins philosophisches Denken – Erbe und Aktualität,* Berlin (DDR)
Kursbuch 29, 1972: *Das Elend mit der Psyche. II Psychoanalyse,* Berlin
Leontjew, A. N., 1973a: *Probleme der Entwicklung des Psychischen,* Frankfurt a. M.
Leontjew, A. N., 1973b: *Das Problem der Tätigkeit in der Psychologie,* Sowjetwissenschaft 4, 415–435
ders., 1973c: *Tätigkeit und Bewußtsein,* Sowjetwissenschaft 5, 515–529
ders., 1968: *Einige aktuelle Aufgaben der Psychologie*
Lorenzer, A., 1974: *Die Wahrheit der psychoanalytischen Erkenntnis. Ein historisch-materialistischer Entwurf,* Frankfurt a. M. 1974
Maiers, W., 1975: *Normalität und Pathologie des Psychischen,* Das Argument 91, 457–493
ders., 1978: *Grundlagenkritik behavioristischer Lerntheorien* (Arbeitstitel)
Makarenko, A. S.: *Werke,* Bd. 7, Berlin (DDR)
Marx, K.: *Ökonomisch-philosophische Manuskripte, MEW,* Ergbd I, 465–588, Berlin (DDR)
ders.: *Lohnarbeit und Kapital, MEW* Bd. 6, 397–423, Berlin (DDR)
ders.: *Einleitung zur Kritik der Politischen Ökonomie, MEW* Bd. 13, 615–642. Berlin (DDR)

ders.; *Grundrisse der Kritik der politischen Ökonomie*, Berlin (DDR) 1953
ders.: *Kritik des Gothaer Programms*, *MEW* Bd. 19, 11–32, Berlin (DDR)
ders.: *Das Kapital*, *MEW* Bd. 23, Berlin (DDR)
ders. & Engels, F.: *Die heilige Familie*, *MEW* Bd. 2, 1–223, Berlin (DDR)
dieselben: *Die Deutsche Ideologie*, *MEW* Bd. 3, Berlin (DDR)
McDougall, W., 1937: *Aufbaukräfte der Seele*, Leipzig
Mullahy, P., 1948: *Oedipus. Myth and complex*, New York
Projekt Automation und Qualifikation. Interdisziplinäres Projekt am Psychologischen Institut der FU Berlin: Baumgarten, M., Gluntz, U., Gottschalch, H., Haug, F., May, H., Menschik, J., Ohm, Chr., Schütte, I., Wenk, S., Zimmer, G., 1973: *Bildungsreform vom Standpunkt des Kapitals*, Das Argument 80: Sonderband *Schule und Erziehung* (V)
Projekt Automation und Qualifkation. Interdisziplinäres Projekt am Psychologischen Institut der FU Berlin: Haug, F. & Baumgarten, M., Gluntz, U., Ohm, Chr., Schütte, I., van Treeck, W., Wenk, S., Zimmer, G., 1975: *Automation in der BRD*, Das Argument AS 7
Projekt Automation und Qualifikation: Haug, F. & Gluntz, U. Gottschalch, H., May, H., Nemitz, R., Ohm, Chr., Räthel, N., van Treek, W., Waldhubel, T., Wenk, S., Zimmer, G.: *Veränderung der Arbeitstätigkeiten und Qualifikationen durch Automatisierung der Produktion. Empirische Untersuchung*, (Arbeitstitel, in Vorbereitung)
Richter, H. E., 1970: *Patient Familie*, Hamburg
Rubinstein, S. L., 1968 (1. russ. Aufl. 1946): *Grundlagen der Allgemeinen Psychologie*, Berlin (DDR)
ders., 1972 (1. russ. Ausg. 1957): *Sein und Bewußtsein*, Berlin (DDR)
Sandkühler, H. J. (Hrsg.), 1975: *Psychoanalyse und Marxismus. Dokumentation einer Kontroverse*, Frankfurt a. M.
Schneider, L. & Lysgaard, S., 1953: *The deferred gratification pattern*, Amer. Sociol. Res. 18, 142–149
Schneider, M., 1973: *Neurose und Klassenkampf. Materialistische Kritik und Versuch einer emanzipativen Neubegründung der Psychoanalyse*, Hamburg
Schülein, J. A., 1975: *Das Gesellschaftsbild der Freudschen Theorie*, Frankfurt a. M.
Schultz-Hencke, H., 1951: *Lehrbuch der analytischen Psychotherapie*, Stuttgart
Sears, R. R., 1943: *Survey of objective studies of psychoanalytic concepts*, New York
Sève, L., 1972 (frz. Ausg. Paris 1972): *Marxismus und Theorie der Persönlichkeit*, Berlin (DDR) und Frankfurt a. M.
ders., 1975: *Zu einigen Kritiken an »Marxismus und Theorie der Persönlichkeit«*. Pädagogik (DDR), 30, 10–23
Spranger, E., 1921: *Lebensformen*, Halle
Stolgarov, A., 1970: *Der Freudismus und die »Freudomarxisten«*, in: Bernfeld, S., Reich, W., Jurinetz, W., Sapir, I., Stolgarov, A.: *Psychoanalyse und Marxismus. Dokumentation einer Kontroverse*, 287–309. Frankfurt a. M.
Taut, H., 1967: *Zur Dialektik von Arbeit und Bedürfnissen im Sozialismus und Kommunismus*, Habilitationsschrift aus dem Institut für Marxismus-Leninismus der Humbold-Universität Berlin
Wulff, E., 1975: *Richters Konzept der Randgruppentherapie*, Das Argument 89, 9–30